红色革命老区高质量发展研究

Study on High-quality Development of Old Revolutionary Base Areas

秦淑娟　刘海泉◎主编

中国经济出版社
CHINA ECONOMIC PUBLISHING HOUSE
北 京

图书在版编目（CIP）数据

红色革命老区高质量发展研究／秦淑娟，刘海泉主编．--北京：中国经济出版社，2023.3（2023.6 重印）
ISBN 978-7-5136-6805-7

Ⅰ.①红… Ⅱ.①秦…②刘… Ⅲ.①区域经济发展-研究-中国 Ⅳ.①F127

中国版本图书馆 CIP 数据核字（2022）第 255323 号

责任编辑 赵静宜
责任印制 马小宾
封面设计 久品轩

出版发行 中国经济出版社
印 刷 者 北京建宏印刷有限公司
经 销 者 各地新华书店
开　　本 710mm×1000mm 1/16
印　　张 31.75
字　　数 569 千字
版　　次 2023 年 3 月第 1 版
印　　次 2023 年 6 月第 2 次
定　　价 168.00 元
广告经营许可证 京西工商广字第 8179 号

中国经济出版社 **网址** www.economyph.com **社址** 北京市东城区安定门外大街 58 号 **邮编** 100011
本版图书如存在印装质量问题，请与本社销售中心联系调换（联系电话：010-57512564）

目　　录

经济建设

社会民生

文化发展

经济建设

探索革命老区平定县的经济建设状况[①]

——以平定县娘子关镇的旅游业与水产养殖业为例

一、引言

（一）调研背景

本次暑期调研的地点娘子关位于山西省阳泉市平定县，处于山西省与河北省的交界处。之所以被称为娘子关，一是因为相传它是万里长城第九关，二是因为它来源于一个故事。相传隋末唐初年间，各地动荡，地方势力都想招兵买马来增强自己的势力。李渊的女儿平阳公主被派到山西招募军队，成立的军队在当地纪律严明，深受百姓爱戴，于是他们驻扎的地方被称为娘子关。当然，这不是唯一的关于娘子关名称来源的故事，但却是流传最广的版本，也是在当地调研时，我们听到次数最多的版本。在抗日战争期间，作为军事要地，娘子关也发挥了防守的重要作用。娘子关战役是太原会战中重要的一场战役，虽然中国军队在娘子关英勇奋战，但最终不敌日军，娘子关迅速被日军占领。日军从北、东两路进入山西，太原很快沦陷。阎锡山也在日记中不无惋惜地说："假使娘关不失败，岂只念三任敌攻。"

让我们关注娘子关的不仅是其多元的历史，还有与娘子关相关的人。据说，"雨果奖"获得者刘慈欣正是在娘子关电站工作时，利用业余时间写出了长篇科幻小说《三体》。是什么样的水土才能孕育出这样想象宏大、瑰丽、奇特的作品？这极大地引起了我们的兴趣。此外，郭沫若在阳泉考察期间写下《过娘子关》，诗中对娘子关奇景的描写也让我们心向往之。

社会实践仅凭兴趣是不能成事的，我们结合队员的专业与特长，决定研究经济方面的话题。暑期实践时间短，不能完成对复杂经济体的研究，于是我们挑选了一个经济体量小而产业鲜明的地方作为我们的第一个挑战。几番讨论下，娘子关映入了我们眼帘。一个以旅游业与水产养殖业为支柱产业的

---

① 作者：侯思琦、蔡吟潞、刘志鹏、刘浩浩、刘文洁。指导老师：郑立军、巩潇然。

小镇正是这次暑期实践的最佳选择。

（二）调研目的和意义

作为著名的革命老区，从工人运动、党支部建立，到“百团大战”的主战场之一，再到成为“中共创建第一城”，阳泉在中国共产党的历史中留下了浓墨重彩的一笔。娘子关在其中的作用也不容小觑，“血战磨河滩”就是最引人注目的一次。新中国成立以来，支持革命老区振兴发展一直是我国的重要政治经济项目。革命老区在中国共产党的百年发展历程中发挥了重要作用，我们提倡老区振兴，正是要饮水思源，不忘党的初心和使命。2021 年 1 月，国务院印发了《关于新时代支持革命老区振兴发展的意见》，提出了新时期对革命老区发展的建议。特别提出了促进实体经济发展，增强革命老区发展活力，包括完善基础设施网络、培育壮大特色产业、提升创新驱动发展能力。近些年来，娘子关镇专注旅游业和水产养殖特色产业，或许会是我们革命老区振兴发展的成功典范。

娘子关城西有桃河水环绕，终年奔流不息，风景秀丽，娘子关瀑布更是名扬四方。这在水资源缺乏的华北地区是不可多得的天时地利条件，在这样的地理条件下，娘子关镇逐渐发展起了独具特色的旅游业和水产养殖业。

在旅游业方面，一是发展以娘子关为主的文化旅游，包括娘子关、承天寨、老君洞、烽火台、点将台、洗脸盆、避暑楼等 10 多处景点；二是开发以“水上人家”为主题的水上乐园。此外，还有丰富的民俗文化活动，如社火、社戏、跑马、放河灯等。2018 年，娘子关镇更是制定了到 2025 年要建成国家 AAAAA 级景区、实现年游客接待量达到 80 万人次的建设目标。

娘子关镇的水产养殖并非自古有之，而是最近 30 年发展起来的产业。养殖的鱼种也主要以鲟鱼为主，辅以虹鳟鱼和罗非鱼。养殖业得益于当地丰富且恒温 18℃的地下水，鲟鱼的产量和质量都极高。如今，当地依托娘子关旅游景区，结合自身渔业优势合力打造“太行渔村”旅游项目，促进村民再增收。

（三）调研方法

（1）问卷调研法：运用统一的问卷向被调研者了解情况或征询意见。

（2）文献调研法：收集各种文献资料，摘录当地的有用信息。

（3）访问调研法：访问者通过口头交谈等方式直接向被访问者了解当地的情况或探讨社会问题。

（4）蹲点调研法：调研者深入基层单位持续一段时间，通过全面、深入的调研，认识调研对象的本质及其发展规律，探索解决社会问题的途径。

（四）调研时间

2021 年 7 月 21—29 日。

二、主体

（一）关于娘子关镇旅游业发展——娘子关景点的调研内容

山西省阳泉市平定县娘子关镇是山西省的东大门。娘子关是我国内长城在太行山的重要关隘，号称“天下第九关”，有众多名胜古迹，属山西省重要旅游区。境内地形多为丘陵山区，属太行山中段最低处，地下水资源丰富，有北方“第一水乡”之称。年降水量为 350～500 毫米，无霜期为 200 天以上，生物多样性丰富，植被类型较多，气候冬暖夏凉，是休闲度假的理想去处。

从旅游景区开发、生态建设的角度，以娘子关山奇、水秀、关险、洞幽等为突破口，全面系统地对娘子关十余个景点进行统一规划，整合为山西省第一门户旅游胜地。分别从“天下第九雄关风景区”“固关长城风景区”“水上人家休闲度假风景区”“瀑布—水上乐园休闲度假风景区”“北方第一仙洞、低山丘陵风景区”五个景区进行高品位旅游规划、综合环境整治、全景点开发和修复相结合的旅游景区建设。

（二）关于娘子关镇水产养殖业发展——地下水养殖中华鲟的调研内容

主要调研渔场的发展历史、目前发现的发展问题、已有的或未实施的措施以及我们给出的解决方案。

中华鲟养殖是马老板几十年来的主要工作。他向我们表达过这样的观点——养鱼是一辈子的事。

当我们问他为什么会选择养殖中华鲟时，马老板说他们当初也准备像大部分渔场一样养殖一些常见的鱼类，但是他又觉得一直囿于寻常的鱼类养殖显得有些乏善可陈。而与此同时，他发现了娘子关地区丰富的地下水资源，再加上他对于中华鲟这种鱼大致了解，一个养殖计划就这样出现在他的脑海里。

中华鲟是体型最大的淡水鱼之一，而娘子关地区丰富的地下水资源能够为其生存提供优质的水源环境，让其在淡水中获取成长所需的营养物质。马老板将用水泵抽取的地下水与普通渠道购买的家庭用水进行养殖比较，从而直观地向我们解释了地下水养鱼的水资源成本低，更有利于养殖经营。

而说到养殖中华鲟所面临的问题，马老板的话逐渐多了起来。

由于中华鲟的品种特点，在市场上的表现一直不太好。鲟鱼没有鳞片，也没有刺，相较于其他淡水鱼类而言，应该更加易于食用。然而，从它的市场表现来看，人们并不青睐这种鱼。当我们询问原因时，得到的答案是，人们对于鲟鱼陌生，甚至对鲟鱼有点让人害怕的外表有些抵触。因此，从第一眼对外形的判断，鲟鱼的市场就被缩小了。

中华鲟的价格甚至逐年降低。和鲟鱼刚进入市场的时候比，价格已经下降很多。由于中华鲟的养殖技术逐渐成熟，对养殖户而言，中华鲟已成为常见的鱼种，导致养殖规模扩张，产量持续增大，然而市场的扩张却是有限的，甚至趋于停滞，因此价格呈现下降趋势。

马老板也曾考虑过对中华鲟进行深加工，加工成鱼子酱或罐头等副产品销售，但是这种做法的人工成本昂贵，与成鱼的直接销售相比，所得利润不高，甚至下降。而且，在食品加工的工艺方面，马老板并不熟悉，还需投入精力与财力继续探索，他害怕得不偿失。

做餐饮行业时遇到困难。目前在娘子关景区内，马老板已经开了一家很大的餐馆，专门做鲟鱼菜。据他说，味道非常不错。因此，老顾客很多，除去游客之外还会有很多人专程来吃，利润丰厚。但是在镇上开餐馆与在大城市开店的成本不同，马老板说，把店开到大城市才能扩大其影响。论菜品风味等，他家的餐馆绝对不输给大城市的饭店，但是昂贵的地租、水电费加上雇工费，实在是不小的开支。因此，马老板说还在考虑当中。他觉得自己年纪大了，害怕没有年轻时那么多精力，怕自己不能很好地顾全餐饮业与养鱼事业，两者需要操心的问题很多，不由得劝说自己安心养鱼，继续过这种稳定的生活。

针对这些问题以及未完善的措施，我们小分队开展了讨论并总结出以下较为可行的策略：

（1）可以通过举办品尝活动、发传单等形式加强对人工养殖中华鲟的宣传。

（2）尝试寻找经验丰富的食品加工公司合作，以实现双赢。

（3）尝试坚持做中华鲟相关的餐饮，积累客户，寻找盈利机会。

我们将结果反馈给马老板，他表示了感谢，并且表示愿意认真考虑我们的想法。

（三）实地调研情况

在暑假调研期间，正值娘子关镇干部群众积极开展“集中一千人，大干三十天，五一迎游客”活动，在景区随处可见热火朝天、大干快上的建设场景。

关于改革的历程、采取的主要措施、目前取得的成绩和存在的问题，相关县区、部门、规划单位及项目方要坚持规划引领，树牢精品意识，坚持统一规划和整体设计，突出功能特色，注重乡村环境和景区风貌协调统一，精心谋划包装项目，切实提升核心景区品质品位。

要坚持问题导向，紧盯“瓶颈”难题，深入研究政策，积极向上对接，推动相关项目顺利落地开工建设。

要加快建设进度，强化时间观念，抓住施工黄金期，挂图作战，加快施工，确保工程建设按照既定时间节点有力有序推进。

要强化环境治理，抓好街区整饬和违建拆除等工作，建立环境综合整治长效机制，不断提高景区环境品质和管理服务水平。

对娘子关景区存在问题的基本原因分析如下：

景区开发没有作出合理的规划设计，没有树牢精品意识和强化整体设计，也没有注重协调统一以及高标准、高质量、高规格推进景区开发建设。当地富有特色以及在历史内涵、时代气息和细节、亮点等方面，没有深度挖掘，没有做到修旧如旧，切实突出特色、提升品位。开展环境治理力度较为薄弱，道路清洁、广告下墙、违建拆除等问题影响了旅游景区环境品质和管理服务水平提高。

针对以上问题，我们提出了一些解决问题的方法、对策和改进建议：加快景区开发建设，打造一批品质高端、声名远扬的龙头精品景区。娘子关景区要在全面完成AAAA级旅游景区创建工程的基础上，启动AAAAA级旅游景区创建工程，完成山地星空露营地、观光小火车、娘子关关城商业街、兴隆古街、枕水湾精品民宿、水上人家、民俗创意文化街、演艺中心、绵山观景平台、自驾车营地、景观集水坝、裂隙（龙泉）公园等工程项目。固关景区要加快推进国家AAAA级旅游景区建设，继续完善景区道路、生态旅游停车场、观光索道、游客服务中心、民宿等配套设施建设。要充分整合上董寨村、下董寨村的旅游资源，一体化开发、一体化运作，突出古代军寨风格，加快龙潭峡谷、王家大院、隋代岩崖古道、明代古桥、明清古街的保护修缮和永续利用步伐，打造独具特色的军寨文化，形成游峡谷、品古街、赏民俗的旅游线路，推进董寨乡村旅游景区创建国家AAAA级旅游景区。

三、调研结论与总结

娘子关镇位于山西省阳泉市平定县东北部，太行山脉西侧，地势起伏较大，耕地面积较少，土壤较贫瘠，降水量较小但地下水资源丰富，发展农业的条件较为有限。娘子关镇本身是一个乡镇，发展工业的基础、交通条件、配套产业、原动力不足，工业发展状况基本是处于未开化状态。

当地的旅游资源较为丰富，自然风光和人文历史交相辉映。在自然风光方面，依托当地丰富的水资源建设包括水上乐园、玻璃栈道等一系列旅游设施，当地人可感受到江南风光。娘子关 2020 年被评为国家 AAAA 级景区。在人文历史方面，当地政府保护、修复古村落遗迹，申请相关保护项目，宣传磨河滩英雄钢铁连、娘子关保卫战等红色革命事迹。根据当地工作人员介绍，当地的旅游产业受到政策支持，娘子关镇的旅游业发展目前客流较为固定且有明显的周期性，旅游资源丰富、有特色但分散，交通相对便利但方式较为单一，下一步考虑加强基础设施建设、加大宣传力度，一方面吸引客流，另一方面提高接待能力，为旅游产业发展奠定基础。同时，通过旅游带动村民农副产品的销售以及第三产业的发展。

娘子关镇的水产养殖业目前以个体户为主要养殖单位，个体间没有较多的交流、合作。我们从当地一家规模较大的渔场老板口中了解到他养鱼的初衷、发展状况、遇到的问题以及未来发展的方向。在采访中，马老板说，当时考虑到娘子关镇地下水资源丰富且长年恒温，加之想养殖一种不同寻常的鱼，于是开设了这家以养殖鲟鱼为主的渔场。鲟鱼是淡水鱼中营养价值较高、体型较大的品种，而且在养殖初期，市场单价较高、利润较高，但在随后的十几年里，鲟鱼的市场受众始终没有明显的扩大，而竞争却愈加激烈，马老板对于自己的鲟鱼养殖事业持悲观态度。对于鲟鱼深加工、开设鲟鱼特色饭店等发展鲟鱼产业的方法，马老板表现出尝试的艰难和守成的不易，但在听取小组成员的分析后，他表示，会认真考虑我们提出的建议。

为庆祝中国共产党成立 100 周年，上海对外经贸大学组织开展了“走老区　看发展”系列专题暑期社会实践活动。社会实践小组“娘子关特遣队”响应该号召，从准备投标书开始，考虑项目的研究方向、实践地点、实践时间、实践方式，查找当地资料，再到线上会议成员确定、时间安排、制作调研问卷、线上公众号宣传，最后到线下实地走访、考察，小组成员都以饱满的热情参与其中。这次实践活动不仅让我们了解到娘子关镇的经济建设状况，更对中国共产党领导下的革命老区发展有了更多切身的体验，以当代青年的热情和才干投入社会主义建设的决心更加坚定。

四、收获与感悟

2021 年 7 月 21 日，社会实践小组“娘子关特遣队”开始了以平定县娘子关镇的旅游业与水产养殖业为目标的革命老区经济建设调研。首先，小组通过对当地养殖人员和政府相关人员的采访以及对养殖场地和旅游景点的实地考察，阅读了解当地政府官网的相关资料，对当地的旅游业和水产养殖业有了一个比较详细的了解。采访的形式让我们与了解娘子关的人员产生了互动，并学习了解了当地的情况和他们所打算采取或正在实施中的旅游业和水产养殖业的策略。小组成员学习当地文化，并在采访后通过讨论交流提出对当地旅游业和水产养殖业有利的新策略和可以改进的地方。小组成员充分表达自己的想法，为娘子关镇旅游业和水产养殖业的未来献力。在这一过程中，小组成员突破自身专业的舒适圈，并尝试突破自我，以综合整体、涉及面更广的视角来思考问题、解决问题，从而提升了自己的复合型能力。其次，此次社会实践活动也加强了各成员的小组合作能力，大家各司其职为呈现更好的实践效果而努力。此外，此次社会实践活动让我们近距离感受到各行各业运行发展过程中的不易，并尝试用自己的所学为当地人提供我们的想法与建议，这是我们与社会进行接触所迈出的重要的一步。实践当天，小组成员在大雨中行进，采访过程中政府人员分享给我们的红色事迹更是让我们感受到当地旅游业的红色气息。在参观养殖场时，大家见到鲟鱼从鱼苗到成鱼的不同形态，还品尝了当地美味的鲟鱼。小组成员在整个过程中都是处于边观察边学习、边发现问题边解决问题的状态。最后，也希望本次社会实践能够为当地红色旅游的发展作出应有的贡献。

尚承老区精神，志在特色发展①

——对黑龙江省一类老区尚志市的调研

一、引言

（一）调研背景

适逢中国共产党成立 100 周年，黑龙江省作为曾经的东北抗联根据地，也为党的建设和发展作出了不可忽视的重要贡献。党的十八大以来，习近平总书记高度重视革命老区发展。身为新时代大学生，我们也想在革命老区建设上贡献自己的力量，传承老区革命精神。于是，在学校暑期社会实践中，我们坚定地选择了马克思主义学院与校团委联合开展的“走老区　看发展”暑期专项社会实践活动。小组成员都来自黑龙江省。黑龙江省是 20 世纪三四十年代东北抗联主战场，在这场战争中，东北抗日联军创造了不朽的光辉业绩，谱写了可歌可泣的英雄篇章，铸就了光耀千秋的东北抗联精神。在广阔的黑龙江大地上，我们选择了尚志市②。尚志市是以英雄的名字命名的城市，更彰显了其特有的红色基因。近年来，尚志市作为黑龙江省一类老区更是在多元化助力下，在经济发展上取得了显著进步。

（二）调研目的

我们希望通过对尚志市的调研，了解其依靠红色文化的传承和资源禀赋的开发在经济、社会、文化等方面取得的成绩。根据我们调研所归纳的“红色、黑色、绿色、粉色、褐色、白色”六色产业发展特色，挖掘亮点并开创新思路。在黑龙江省革命老区经济发展迟缓的大趋势下，能够为其他革命老区发展提供可复制、可操作的经验，帮助其他革命老区实现产业升级与经济

---

① 作者：吴熙、赵婉辰、王露莹、盛明薪、王美惠、栾静怡、郑斯洋、代莹。指导老师：李秀敏。

② 1946 年 11 月，为纪念抗日英雄赵尚志和他所领导的抗日将士在珠河县的丰功伟绩，珠河县第一次农工代表大会通过决议，将珠河县改为尚志县。1988 年 9 月，国务院批准，撤销尚志县，设置尚志市。

发展，找到创新思路与执行方法。同时，也要找出尚志市在发展中存在的一些问题，结合我们在校学习的专业知识，提出建设性意见，为当地经济发展出谋划策。

（三）调研方法

（1）文献资料法：在前往尚志市前，实地调研成员在网络上搜集调研地点相关信息，线上组成员负责在抖音、微博和微信上进行前期宣传。

（2）实地考察法：以两个颜色为一组，三组成员配合着前往调研地点进行实地调研。详细了解六色产业发展现状，挖掘其背后存在的问题，切身体会六色产业发展的优势与不足。

（3）访谈法：参照准备工作期间设置的问题对工作人员、游客以及当地居民进行采访调研，多角度、多层次了解“其他人”对于尚志市六色产业发展现状的看法，以及自身对于尚志市未来发展的期待，及时获得翔实的相关信息。

（4）调研问卷：网上发布调研问卷，调研周围人对尚志市的了解以及不同年龄、地区、性别和职业的人前往尚志市旅游的意愿。

（四）调研时间和地点

2021 年 7 月 19—22 日，我们小队成员分别按照尚志市的“红色、黑色、绿色、粉色、褐色、白色”经济发展特色走访了抗日烈士赵尚志赵一曼纪念馆、尚志碑林、珍珠山润泽菌业公司、中国苇河黑木耳大市场、国家 AAA 级风景区帽儿山、中国（尚志市）树莓种质资源圃、北方中药材种植专业合作社、亚布力滑雪旅游度假区等地，调研采访了尚志碑林内的游客、珍珠山润泽菌业公司负责人、中国苇河黑木耳大市场摊主、尚志市中药材协会会长、苇河当地村民、亚布力森林温泉酒店等地工作人员及游客。

二、主体

（一）实地调研情况

1. 红色产业

在“走老区　看发展”的社会实践中，我们先到了尚志碑林和抗日烈士赵尚志赵一曼纪念馆。纪念馆与珠河抗日游击队纪念碑相对。1986 年 10 月，为缅怀先烈，激励后人，追忆赵尚志、赵一曼等为捍卫民族尊严而英勇牺牲的抗联将士建立该纪念馆，建筑面积为 824 平方米。纪念馆共设 3 个展厅，综合馆陈列面积为192平方米，展出介绍了珠河地区人民群众的抗日斗争历史、东北抗日联军第三军组建沿革和战绩，以及16位抗日英烈的事迹和革命文物。

与过去课本上“宁儿”母亲不同，在这里，我们看到了20岁的赵一曼在上海《妇女周报》上发表的《青年女子与国民会议》以及她中学时代作文手迹《中山中学开校记》，清秀的笔迹背后是一颗热爱祖国的炽热的心。我们更是看到了她在中央军事政治学校的合影与骑马的英姿，“由来巾帼甘心受，何必将军是丈夫”。在风雨飘摇的年代里，这位手持双枪、红装白马的革命者用她的生命坚决捍卫人民的利益与自己崇高的理想。在此地长眠的还有传奇将军赵尚志，正是他建立了珠河、汤原抗日游击根据地。他是令日军闻风丧胆的“王者”，也是毛主席口中的“义勇军领袖”。松花江的滔滔江水里流淌着战士们的热血，帽儿山的成荫绿树下长眠着烈士们的英灵。在祖国的最北方，还有更多的无名英雄长眠于此，正如著名抗联将领冯仲云所说：“谁谓东北无慷慨悲歌之士!”历史无言，精神长存。烈士们的事迹永载史册，他们的精神永垂不朽。

参观后，我们采访了尚志碑林附近经营超市的老板，提到在红色景区附近经营超市是否对超市营业有帮助时，老板表示，许多游客参观完就走了，并不会前往周边的超市购物，因此对于周围超市的经营并没有太多帮助。盈利状况最好的是餐饮业。来到尚志碑林的游客多是坐旅游车前往，中年人居多，且大多数是集体活动，偶尔也有一些老年人来散步。因为临近亚布力旅游区，一定程度上也增加了尚志碑林的来客量。由于正在庆祝建党百年，组织红色学习主题活动，参观人数显著增多。在谈到景区新政策新规划时，一位阿姨表示，尚志碑林计划重建。我们也在碑林南侧发现了施工用的沙土，而重建的决定也会对附近的个体经济经营造成一定损失。在碑林内，我们遇到了一对游客母女，询问后得知那位年轻的妈妈是尚志市当地的居民，且居住在尚志碑林附近。她说，前往尚志碑林的许多游客都是和她一样的本地居民，她认为，尚志碑林是尚志市很有特色的一个旅游景点，不仅具有红色纪念意义，而且也适合周围居民闲暇时散步。

2. 黑色产业

珍珠山润泽菌业公司的吕先生带领我们参观了该厂的木耳大棚，从他的介绍以及相关资料中我们得知，珍珠山润泽菌业公司是当地规模相对较大的集制菌、接菌、育菌于一体的木耳生产加工企业，拥有100多个木耳大棚，日产菌包可达7万袋，年产1500万袋。一个厂房拥有13个育菌室，每间可培育13万～14万个菌包，成熟期会出现上百个采摘工人同时作业的景象。作为“中国黑木耳之乡”的珍珠山乡凭借肥沃的黑土地与充足的光照、丰富的水源、四季分明的优越气候条件，成为木耳种植的天然宝地。

除了优越的自然条件外，珍珠山乡乡民们同样享受着先进的技术支持。“借棚还耳”与“借袋还耳”政策是村民与企业签订合同，利用“针孔开口技术”“节水微喷技术”“棚式化立体挂袋栽培技术”等精准调控黑木耳出耳条件，提高出耳率、土地利用率，应用自动化生产线实现优质高效栽培。从默默无闻的小城市到全国闻名的“黑木耳之乡”，尚志市菌业产业一心打造绿色天然食品，不断追求打造高品质的绿色食品品牌，逐渐完善产销一体的产业链，而珍珠山牌菌类产品均获得无公害、绿色、有机食品和中国地理标志“三品一标”质检体系认证，并相继通过了ISO9001质量体系认证、美国FDA认证，建立了完善的HACCP食品安全认证体系。珍珠山乡更是获得全国首批“农业产业示范强镇”、全国“乡村特色产业十亿元镇”等称号。在老区精神的指引下，政府充分发挥全心全意为人民服务的宗旨作用，协调企业与农户之间关系，在保证农户基本收入的同时，实现木耳产业的发展，促进尚志市经济繁荣。

而后，我们前往了中国苇河黑木耳大市场，大市场的摊位采用的是一摊一屋式，在对摊主的采访中我们了解到，凌晨四五点钟就有来自全国各地的买家陆续进入市场进行采购。与此同时，来自全国各地的木耳也源源不断地被送进市场各个摊位。在这里，木耳会被统一定价，发往全国各地，甚至全世界。其中，尚志市苇河镇本土木耳因其优质的品质闻名，最受买家的青睐。

3. 绿色产业

工作人员为我们介绍了帽儿山景区的特色景点，包括位于山顶惊险刺激的飞拉达攀岩、黑龙江省首条玻璃栈道、高山滑道以及泰式丛林飞跃，也包括新开发的黑龙江省内第一个威亚项目。

帽儿山风景区作为国家AAA级景区，主要围绕旅游、生态、养生、宜居等方面进行发展。景区还推出了与邮政合作的时光邮局这一特色文创项目。“绿水青山就是金山银山”，在可持续发展的目标下，景区内生物种类繁多、自然生态系统保存完整，生态循环的过程分为自然状态和人工维护两种。同时，景区也会投入资金来维护和改善生态环境，针对游客乱扔垃圾问题，景区采用了充实保洁队伍的方法，制定了鼓励游客捡垃圾兑换物品的相关政策。

景区平均年客流量大约在50万人次，在节假日期间能达到日客流量1万人次以上，而且拥有自己的公众号。游客可以在支付宝、飞猪、抖音、快手等App上买票并了解景区相关信息。

帽儿山风景区近年的发展目标是景区二期的温泉小镇项目。项目工期5年左右、总值达20亿元，该项目已经动工。主要推出富含微量元素的温泉产品，同时也能增加冬季游客量。

4. 粉色产业

我们前往尚志市农业局，先采访了相关工作人员。工作人员介绍了尚志市树莓产业近年来发展取得的成绩。尚志市被中国经济林协会授予“中国红树莓之乡”称号。尚志红树莓为黑龙江省尚志市特产、中国国家地理标志保护产品、农产品地理标志产品、地理标志证明商标产品。2019 年，中国经济林协会树莓蓝莓分会年会暨 2019 中国亚布力浆果产业论坛，在尚志市亚布力举行。2020 年，尚志市浆果种植面积达 10 万亩①，建成国家级红树莓质量安全出口示范区。当地政府传承红色精神，坚决维护人民利益，紧抓经济全球化带来的机遇，将中国的红树莓推向世界，扩大市场，促进尚志市经济腾飞。

同时，工作人员也指出了树莓产业存在的优势与劣势。优势在于树莓产业作为尚志市的特色产业，具有品牌效应，会有蒙牛集团这类大企业尝试合作开发；相关企业的产品有鲜果、速冻果、果酒、果汁、花青素 5 大类 20 多个品种，产品出口到欧美、韩国、日本等国家和地区。而劣势在于树莓的质量、产量都不稳定，个体种植规模较小且分散。同时，产业规模较小，很难吸引大企业的加入，产业发展速度缓慢。

最后，工作人员带领调研的同学来到树莓种质资源圃实地观摩，从资源圃负责人处了解近年来树莓的产量、市场价格、果农收益等。

5. 褐色产业

北方中药材种植专业合作社是尚志市在中草药种植方面的龙头企业。该企业负责人指出，尚志市四季分明以及优质无污染的黑土为中药材生长提供了良好的条件，且当地种植中草药的历史悠久，有丰富的种植经验和较为完整的市场营销链条。

发展中草药产业帮助当地贫困户脱贫，政府从生产、资金等方面提供扶持政策，如协同农业农村局、科学技术协会等部门对农户进行技术指导从而提高作物成活率。对农户进行补贴以解决农户资金问题。企业的负责人作为黑龙江省劳动模范、尚志市人大代表、尚志市中药材协会会长、科协会员，通过自身社会影响力开展免费讲座，将自己的种植药材经验和最新药材方面知识传授给大家，并免费提供部分种子，为农民担保，做信誉贷款，为当地农户脱贫提供条件。正因为有这样能够落实党为人民服务宗旨的优秀党员工作者，老区的红色精神才能生生不息，在新时代再添内涵，不断造福人民群众。

---

① 1 亩约等于 666.7 平方米。

针对企业未来发展的方向，企业负责人说，发现了一种新的中草药，这种中草药可以经受北方冬天的严寒并且在东北三省还没有广泛种植，该草药在抗癌方面有可进一步挖掘之处，具有广阔的市场和研究空间。

负责人还带我们参观了地标观光处——中药花海，花海由该企业建设，十分具有特色，花草与中草药相间种植，具有宣传中药和旅游观光的价值。

6. 白色产业

在乘坐出租车到达亚布力景区时，我们通过与出租车司机交谈，了解到前往亚布力滑雪场的游客多数是通过报旅行团的形式，其出行多选择大巴车和出租车，因路况较差，开车单程就需要 4 小时以上，自驾游的极少。受新冠肺炎疫情影响，专门负责前往亚布力的出租车营业收入大大缩减，此前游客量一天可达 1000 人次。

到达亚布力度假区后，最先映入眼帘的是成规模化的民宿区，在美团、携程等软件上都可以进行预约。基础设施相当完善，餐饮业健全，酒店、超市一应俱全。亚布力景区冬季以滑雪场为主要卖点，而 5 年前的这里，游客多、秩序乱，营业员对周边的滑雪用品漫天要价，雪道仅有 1 条，专业人士与普通游客在同一雪道滑雪。现在，经过改革与当地政府的不断完善，滑雪场秩序井然，一张卡就可以租到各类滑雪设备，其价格也基本接近市场价格，内部餐饮也发展飞速。业余雪道与专业雪道分开，且业余雪道配有专门教练。旅游旺季从 11 月开始，春节过后游客开始逐渐减少。

此前，景区夏天主要靠水上乐园盈利，但由于疫情影响，这两年都无法开张，且修复费用过高。水上乐园的关停给周边酒店餐饮等也带来了致命影响，园区内部餐饮业首当其冲。我们采访的亚布力森林温泉酒店距离亚布力南站较近，基础设施较完善，水上乐园的关闭也使温泉酒店游客量大大减少。亚布力森林酒店的特色项目为富硒温泉，可以线上购票，售后服务健全。线上线下相结合的宣传方式也使亚布力森林温泉酒店知名度得到提高，省内推出广告牌、省外建立相应的合作关系让游客以旅游团的形式来参观旅游泡温泉。在红色精神的指引下，政府工作者也在不断学习、不断进步。越来越多好的、新的技术与政策在黑土地上生根发芽，亚布力度假区的推出更是为黑龙江省增加了一张亮丽的名片。

（二）存在的问题

1. 经济发展受季节影响大，旅游淡旺季盈利差异巨大

苇河镇依靠发展木耳产业吸引了大量前来购买木耳的买家，但对游客吸引力较小，第三产业发展深受阻碍，而气候影响了农作物熟制及产量，因此

在下半年中，木耳产业发展滞缓。红树莓的产量波动较大，导致价格波动也较大。当树莓价格低至不足以弥补人工费用时，果农往往会选择放弃种植。

当前，亚布力景区夏季为旅游淡季，景区发展情况并不理想，仅亚布力森林温泉酒店盈利状况较好，而帽儿山旅游区的旅游旺季为夏季。

2. 基础设施不完善，游客旅游体验差、交易不便

（1）交通通达度低

在前往木耳大棚的途中，我们遇见了正在施工的建桥施工队，由于厂区周围为未开发的草地，地面凹凸不平，有石块、土块等杂物，过往运送菌包的车辆行进困难。进出苇河镇仅有一条道路，且距离苇河镇高铁站较远，游客来回只能靠出租车出行，村民出行以三轮车、私家车为主，且对于前来采购的买家来说也十分不便。

游客夏季旅游，在交通方面存在较大问题，距离亚布力最近的车站——亚布力南站只有在冬季才会安排车次，对夏季来到亚布力的游客来讲，十分不便。尚志市当地公共交通并不发达，公交线路只有两条，且缺乏适宜当地旅游需求的线路安排。往返于酒店、旅游景区与车站之间，大多需要打车，增加了游客出行交通费用。

（2）景区服务设施落后

水上乐园的滑梯等设施由于暴晒和长期不使用的缘故已经开裂，许多池塘已经长出了藻类，倘若不加以修整，将难以保证游客安全，但如果进行修复，修理费用则与重置费用差不多，景区需要合理安排规划。

3. 菌厂分布较为分散，产业规模小且产品科技含量低

苇河镇各菌厂相聚较远，各菌厂距离苇河黑木耳大市场也较远，难以形成集聚优势。尚志碑林的开发仅用于这一旅游景点，并未形成一个旅游区辐射带动周边的经济发展。树莓产业规模较小，对于优质大型企业缺乏吸引力，但是如果没有企业加入，又很难增大规模，这就形成了一个“死循环”。而且，树莓产业并非尚志市的主要产业，产业收益不稳定，这就让外来投资者更加犹豫。这也导致了下面实例的出现：从事鲜果冷冻方面的企业在厂房已经建好的前提下，仍然终止了项目。

药材种植技术方面仍有缺陷，病害问题无法解决。病害发生时，导致大面积感染，植株死亡，造成财产损失，技术方面的缺失一直未得到解决。企业规模较小，无法达到国家对药材深加工的标准，企业还是以直接贩卖种植的中草药为主要业务，或者是进行简单的初步加工，产品附加值小，如将蒲公英制成蒲公英茶。

4. 知名度低，线上发展滞后，旅游资源利用率低

许多景区的主要客流量至今仍依赖哈尔滨市。虽然也有本地企业开发红树莓相关产品，如花青素、红树莓饮品，但是由于规模较小，未能产生很大的影响，同时也没有很好地进行宣传，没有形成品牌效应，缺少代表性的标志，在各大网站上也很难搜索到几家种植业企业的相关信息。网上调研问卷结果显示，在调研对象中八成籍贯为黑龙江省的情况下仍有一半人并没有听说过尚志市以及相关旅游景点。

在对“黑色”和“红色”产业项目调研过程中，通过电话、短信、邮件等方式多次试图联络采访对象，均未收到答复，远程交流十分不便。前期我们在网络上通过百度搜索、高德地图以及美团旅游进行了信息搜索，但是各App相应的界面上并没有标注出明确的营业时间和景区的概况，以至于在调研过程中，第一次到尚志碑林时才通过景区张贴的纸质通知得知景区周一不营业。对景区线上信息更新过于滞后，没有利用好便捷的网络设施，这极易导致对当地了解少的游客产生不必要的交通费用。

受疫情冲击，给景区造成亏损，导致没有足够资金对水上乐园设施进行翻新修复，进而导致游客数量下降，前往亚布力的车辆班次减少，盈利减少，形成了恶性循环。且园内森林氧吧、熊猫馆等娱乐场所都处于闲置休业状态，日常维护产生的费用造成了不必要的支出。

5. 经济发展过程中劳动力缺失，劳动力素质不高

树莓产业基础发展不完善，在采摘中缺少现代化技术的运用。红树莓采摘时间较为集中，没有自动化设备的辅助，只能依赖人工。据第七次全国人口普查报告，10年间黑龙江省流失人口近640万人，损失了大量劳动力，造成了在采摘时节缺少务工人员，导致大量树莓未能被及时采摘，或是错失最好采摘时机而使树莓质量下降，或是最终腐烂在地里，这也造成了树莓产业发展缓慢。

在调研过程中，我们发现，尚志市当地人口流失严重，当地的街道上鲜少能见到年轻人。老龄化严重的人口结构也使当地的发展活力不足，政策少有新意。

在红色旅游的发展设想与实际执行方面也存在一定差异，我们曾两次前往尚志碑林，向保安表明来意，但采访均遭到拒绝。保安只是说自己对景区的一切都不熟悉、不知情。在进入景区的途中，我们遇见了景区的另一位工作人员，向工作人员表明来意后，再次遭到了拒绝。服务人员本身对红色旅游的认可度不足，仅将在尚志碑林内部工作作为谋生手段，服务意识薄弱，这也会影响游客的旅游体验。

6. 中药产业发展过程中资金与种植用地不足

企业缺少资金，很难扩大规模，无法研究新品种，甚至有时候资金无法周转，从而影响企业发展。由于不能占用国家的农业用地和林业用地，其他可种植用地面积很小，无法实现规模化生产。

（三）改进建议

1. 延长产业链加速转型，政府干预稳定市场，旅游业扬长避短

研发以初级优质农产品为原料的加工产品。对中药材深加工制成饮片、中成药，推出木耳加工产品、树莓果汁等。利用丰富的自然资源，适当开发旅游项目，如爬山、漂流、农产品采摘以及相关种植小知识科普等，带动旅游业发展。扭转种植业与旅游业单一产业发展模式，将二者有机融合实现“1+1>2”。

政府加大补助力度，保证种植农户基本收益。增加树莓方面招标项目，吸引更多的企业加入该产业，促进产业良性循环。发布辅助政策，加大扶持力度，对果农给予技术支持，吸引果农种植树莓，扩大产业规模。

在旅游淡季，要因地制宜推出新型项目，如对夏季为旅游淡季的亚布力翻新改造水上乐园，减少闲置设施造成不必要的成本浪费；对冬季为旅游淡季的帽儿山温泉项目抓紧投入建设。

2. 政府投入资金更新已有基础设施，引进先进服务配套技术与模式

改善道路条件，开道扩道，适当增加道路上的指示牌，方便游客自驾出行，提高客流量。增设旅游专线，完善公共交通，提高交通通达度，便捷游客出行的同时也有利于当地市民生活。适当增加亚布力南站车次，减轻组团游客的压力。

将街边店铺纳入景区整体规划，使市容整洁、规范。加大卫生宣传教育，定期检查、定期喷药消杀。在调研问卷中，六成以上的人认为良好的景区内环境和完备的基础设施更能吸引自己前往。

引入更加合理和科学的电子设备引导系统，从景区和产业园的优秀资源出发，为游客和买家提供完备的园区介绍以及相关产品的解说，提升游客旅游体验，同时使产业园内产品的基本信息能被快速了解，提高产品交易效率。问卷结果显示：两成的人认为各地景区相似度过高，没有特色，而新型服务技术的引入则会改善游客体验，形成景区新特色。

3. 放大集聚效应影响，加大科技投入，加快产业升级

加强种植工厂集聚效应，以木耳产业发展带动乡镇发展，进而完善乡镇基础设施。药材种植农户可以与其他农户合并种植，方便规模化发展，降低

成本，提高利润，逐渐扩大规模。

景区可以加强与周边城镇的联系，共同发展，共同进步。景区带来的游客为周边城市的经济发展带来相当程度的助力，而周边城市的发展也会为景区带来更多资源；与周围景区多方联动，发挥好多项红色旅游资源合并的优势，在各景点之间增强联系，强化整体优势。如与赵尚志赵一曼纪念馆联合形成旅游专项。减少游客交通时间，一条线路即可了解尚志红色历史，品味红色文化，体验多方魅力。

形成旅游区，将周边个体商户也囊括到整个红色旅游区的发展中，在改善市区面貌的同时，使旅游业吸引的游客惠及周围商户，实现景区内部一条龙服务的同时也能惠及餐饮、教育行业。通过扩大消费，进而带动生产发展形成良性循环，使整个景区做大做强，充分利用好一类老区的品牌影响力。

研发新品种（此次我们看见了新品种白木耳），利用木耳丰富的营养价值开发药用木耳产品，提升价值链价值弥补农业受气候限制的不足，延长木耳产业价值链，最大限度提升经济效益及木耳产业知名度。

与周边大学或相关科研机构合作，充分利用哈尔滨市及黑龙江地区优秀教育资源，共同研发，提高树莓品质，稳定树莓产量，从而降低农户的流动，使市场更加稳定。在尚志市建立中草药种植点，学校定期检查药材生长情况，帮助农户解决病虫害问题。

4. 加大宣传力度，充分利用线上线下资源

从外到内打造“木耳大镇”形象。举办大型绿色商品展览会等，加强各菌厂的合作，加大媒体宣传力度，结合现代化营销手段，扩大影响范围与提高品牌知名度，做大做强龙头企业，与家乡明星建立合作关系，帮助宣传本土企业及中药材，打造品牌。

扩大对企业的宣传，申报地标，建立公众号及各大平台的账号，及时完善线上信息发布，利用好“互联网+”的模式，加大宣传力度。

对自身的特色景观进行深入发掘，弄清每一类景观和景点的内部联系和外在区分，与文化产业相联系，从文化景观的本质出发挖掘其深层含义，发展成内在文化内涵和外部表现形式相统一的特色景点。

待疫情得到有效控制后，政府可以适时开始准备规划水上乐园的修复与开张工作。熊猫馆以及闲置的亚布力森林氧吧都可以借此机会进行改良并加以宣传，不断提高亚布力滑雪场甚至是整个亚布力景区的知名度。

5. 提高机械化，政企联手留住劳动力，提高劳动力素质

在种植与采摘的过程中，提高现代化技术的运用，如在大面积种植场所用无人机喷洒除草剂等，提高作业效率，减少人工成本。

政府和企业都要增大对果农的补贴力度，保证果农基本收入，让更多的人愿意留在家乡，减少劳动力的流失。可以建立定向工作关系，企业提供免费住房等福利待遇，为家乡留住人才。

引进新型人才，更加科学规范地种植初级产品、管理企业。改善当地人口结构，提高城市活力。可以采取暑期学生志愿服务的形式，让年轻人投入服务业，形成红色旅游景区服务的新模式。这样做既能为当地红色旅游带来活力，同时也可有效减少运营投入，也是对学生的一种锻炼；既可以丰富学生课余生活经历，增强当地学生对家乡的认同感，也为后续尚志市留住人才奠定基础。对红色景区的服务人员做好培训，提高劳动者素质和服务意识，增强工作人员的责任感与使命感。可以引进电子解说（许多景区已经应用）并且自身发展完备的配套服务，在增加园区收入的同时，也能提升游客旅游体验。

6. 与相关部门协调

针对资金问题，可以向银行取得贷款来缓解资金周转不足的困难，与政府沟通，寻求政府部门扶持，如申请补贴、减免相关税收、支持厂房建设、农业技术人员支持。针对土地问题，由政府出面协调农林地冲突问题。

三、调研结论与总结

通过对“六色”产业的调研，我们看到发扬老区精神任重道远，民族精神决定着一个民族的生命力、凝聚力、创造力。唯有发展好老区精神，才能更好地激励一代又一代尚志人、一辈又一辈黑龙江人不忘初心，砥砺前行。正如习近平新时代中国特色社会主义思想指引着脱贫攻坚任务有条不紊地展开，尚志市的经济腾飞同样离不开革命老区精神所带来的凝聚力。在老区精神的指引下，我们更坚信，老区的人们不畏艰辛、排除万难，依托东北革命老区丰富的物质文化资源，一定会实现东北革命老区经济的再发展。

我们在调研中也发现，至今仍在困扰老区经济发展的一个重要因素就是人口老龄化与人才流失。采访过程中，我们见到的以中年人居多，产业的发展离不开年轻人，尤其是年轻的高新技术人才，而近年来东北人才流失问题也值得我们深思。东北的农业不应该只靠老一辈人凭借农作经验去发展，而是要利用现代化技术与先进的农业发展理念帮助农业提质增效。虽然黑龙江省农村综合机械化水平已经获得很大的提升，但离农机化与农业现代化发展要求仍有一定差距。同时，伴随产生的还有劳动力素质低下问题。在东北三省经济下行的形势下，资金缺乏的情况需要政府协助解决，人才不足的问题更需要企业和政府一起面对，政府种好梧桐树，企业做好园丁，一定能引来凤凰。要想实现老区经济再发展不仅要实现“节流”——减少不必要成本投入和资源浪费，更要“开源”——引进新兴人才、留住人才，吸引劳动力注入。如何推动基础设施建设，更好建设新农村任重道远。

在此次调研中，我们也看到了尚志市“六色”产业很多喜人的变化，帽儿山风景区在发展多个“黑龙江第一”的新型旅游项目的同时，兼顾第一产业药材种植，甚至有“中药花海”这种联动型旅游项目。亚布力景区更是充分发挥了黑龙江省冰雪旅游的优势，在短短 5 年间就整顿了景区内的收费乱象，解决了项目支付烦琐的问题，稳定了价格，用“一卡通”即可玩遍全场。在产业转型升级方面，尚志市也给了我们许多惊喜，在黑木耳种植合作中，村民与企业签订合同，这种新型委托方式以及多种新技术的引进，形成了成熟产业链的高品质木耳生产。

四、收获与感悟

在暑期社会实践活动中，我们从最开始的对整项调研任务毫无思路、遇到突发状况不知道怎样解决，到后来渐渐能够结合时政与经济发展情况，发现调研地存在的问题并提出解决方案。这个过程不仅提高了我们综合思考的能力，同时也增强了我们的表达能力，不断提高我们对理论知识转化和拓展的素养。在陌生的地方，面对陌生的人们解决从未想到的问题，在人与人的交往中能够合理地平衡自身与对方的诉求，以达到一种平衡，让大学生也能为家乡作出贡献。

暑期实践不仅是大学生们深入基层、了解民生民事的好机会，还是大学生们离开校园参与到社会生活的不二平台。通过暑期实践，我们深入平时没有机会了解的村镇、景区。通过走访调研，了解到家乡近年来的巨大变化，深入了解黑龙江省老区的革命精神。在这片土地上，越来越多的基层工作者在学史明理、学史增信、学史崇德、学史力行的过程中更深刻地领悟了老区精神的真正含义，他们在党和政府的带领下，以“六色”产业为导向，扎根这片土壤，使老区经济焕发了新的生机。同时，此次调研活动也让我们能有机会深入英雄故地，更近地去体会在老区红色精神激励下，普通百姓生活所产生的巨大变化。我们切实感受到了国家在富强，民族在振兴，人民富裕起来了。

今日美好生活来之不易，我辈更当勇担使命。我们不会忘记来自哪里，无论身处何地，我们始终会带着振兴家乡的责任感与使命感！

以红史观“照”，以发展促“金”[①]

——陕西照金老区的发展及未来

一、引言

（一）调研背景

2021 年是中国共产党成立 100 周年，为党庆生，我们积极参加“走老区看发展”暑期专项社会实践活动，深入调研革命老区，看老区发展，展望老区未来。我们组建起暑期社会实践团队，于 2021 年暑期前往陕西省铜川市耀州区照金镇，实地调研红色经典景区照金。曾经的照金是一个贫困镇，得益于红色旅游产业的发展，现在已经成功脱贫。我们通过对照金当地企业和景点的走访调研，探究照金近年来在红色旅游、精准扶贫理念之下的发展道路。

（二）基本调研情况

调研地点：陕西省铜川市耀州区照金镇。

调研时间：2021 年 7 月 27—29 日。

调研对象：照金革命老区。

调研方法：实地走访参观、采访相关人员、访问相关网站等。

（三）相关基本理论介绍

1. 产业融合

产业融合是指不同产业或同一产业不同行业相互交叉重叠，形成多样化的新型复合产业，多模式融合发展。在农业的供给侧结构性改革中，加快农业现代化发展进程，需要拓展农业多种功能，通过农业与旅游、文化、教育、生态等产业融合，推动资源要素在不同产业间流动。休闲农业旅游是农业与旅游业的相互融合，以农业资源为内容，以旅游服务为表现，产业融合是其

① 作者：韩汶静、刘以恒、杨曼倩、雷沫杉。指导老师：方旭光。

本质属性，在融合中形成新产品、新业态及新的发展模式，两者相互影响、互相促进①。

2. 现代化农业

现代化农业是在现代工业和现代科学技术基础上发展起来的农业。现代化农业不同于农业产业化，也不同于农业工业化，而是智慧农业，是以智慧经济为主导、以大健康产业为核心的自动化、个性化、艺术化、生态化、规模化、精准化农业。我国发展现代农业是解决“三农”问题的根本途径，是经济可持续发展、实现赶超战略的根本途径。

二、经济建设

2012 年，陕西照金村红色旅游发展（集团）有限公司（以下简称照金村集团）组建成立。经过 8 年的发展，现已下设生态农业、景区运营管理、物业服务、园林绿化、溪山假日酒店管理 5 家子公司，逐步成为照金革命老区文化旅游资源整合和老区人民创富增收的实业平台。照金村集团挂牌成立了照金红色城乡统筹就业创业培训基地，完成了园林绿化、景区管理、市场销售、物业管理等 6 个门类的技能培训。

2021 年 7 月 28 日，我们调研小组三人前往照金村集团进行实地调研，通过工作人员的介绍，我们了解到耀州老区的经济建设取得了很大成效。近年来，耀州区牢记习近平总书记“让老区人民生活越来越好”的嘱托，照金镇贫困群众稳定实现医疗、教育、住房和安全饮水有保障，530 户 1647 人易地搬迁，住上新房，圣源小区被国家发展改革委评为“十三五”美丽搬迁安置区；8 个贫困村全部达标出列，现行标准下全镇贫困人口动态清零；村民的收入逐年增加。从图 1 可以看出，2020 年耀州区农村居民人均可支配收入达到 11157 元，同比增长 8.0%。2021 年，照金镇荣获“全国脱贫攻坚先进集体”称号。

下面从农业和旅游业两方面对照金经济建设情况进行分析。

① 陈琳．基于产业融合的农业旅游新模式研究［D］．上海：华东师范大学，2007.

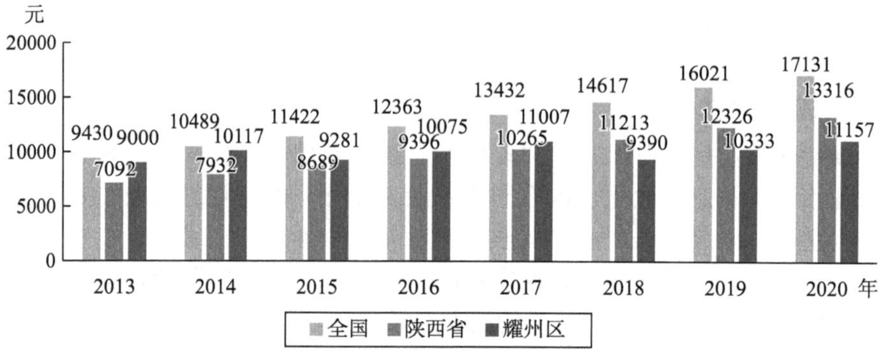

图 1　2013—2020 年农村居民人均可支配收入

注：铜川市耀州区统计局 . 铜川市耀州区 2020 年国民经济和社会发展统计公报［R/OL］.（2021-04-12）［2021-08-19］. http：//yzadmin. yaozhou. gov. cnhtmlxxgk/xxgkmutjxx202104/24405. html.

（一）农业

1. 基本情况

近年来，耀州区坚持以现代农业科技示范园区为引领，以农业增效、农民增收、农村增美为目标，促进了现代农业向前发展。在市委、市政府的大力支持下，坚持“一体两翼多点、一二三产融合”的现代农业发展模式。现代农业科技园区按照“政府引导、企业带动、市场运作、科技支撑、金融扶持”的运行机制，发展现代化农业。目前，耀州区现代农业科技园区转化应用农业科技成果 230 多项，其中专利技术成果 180 余项，有力地促进了耀州区现代科技农业快速发展。

2. 以杨柳坪生态农业基地为例

杨柳坪地处照金西南 5 千米处，林木茂盛，植物植被资源丰富，昼夜温差大，高山空气、土壤和水质无污染，具有较好的种植条件。为促进产业发展，照金村集团与照金村委会联合对杨柳坪进行农业开发，将杨柳坪建设成集高山作物种植、生态养殖、中药材种植、高山花卉景观、民宿体验、观光度假休闲于一体的生态农业项目，着力发展现代化生态农业基地。

杨柳坪生态农业基地总面积 1500 亩，共分为 5 个区域：

①生态种植区。种植 300 亩青贮玉米。进行平衡施肥、增施有机肥等实用技术的推广。

②大棚种植区。全智能控制温室大棚技术，立体栽培时令蔬果。游客可以自主采摘，体验劳动的艰辛和丰收的喜悦。

③中药材种植区。主要种植作物为黄芩、柴胡、苍术、连翘等。周边群众增收，基地良性循环发展模式。

④民宿体验区。在不破坏山林水体等自然条件的前提下，改造当地的民宿建筑。游客可以将自主采摘的蔬果带回民宿区烹饪，享受动手的乐趣。

⑤休闲体验区。以体验农耕文化、品尝生态餐厅的美食为主，农耕实景演出为辅的功能区。

生态农业基地的建设促进了当地农业从传统农耕逐步向生态农业、休闲农业的转变，从而实现第一产业与第二产业、第三产业有机融合，促进杨柳坪现代农业进一步科学发展。

3. 发展原因

①科学规划、合理布局。将农业生产与旅游度假功能相联结，将种植业、农产品加工、销售、餐饮、休闲等产业融合起来，构建为一个相互依存的系列化园区系统。

②政策扶植、加强引导。党的十八大报告为加强现代化农业发展、推进新农村建设指明方向。2015 年 2 月，习近平总书记来陕视察并发表重要讲话，对陕西发展作出追赶超越新定位，提出了“五个扎实”新要求，要求扎实推进特色现代农业建设。新定位、新要求，为照金现代农业的发展注入了强大的精神动力、提供了科学的行动指南。

③技术创新、效益提升。以工业化的理念推动园区建设，积极引进现代农业先进技术和先进设施，大力推行“龙头企业+合作社+农户”生产模式，不断促进企业发展和科技创新，园区的基础设施和投资环境得到改善。在多年的发展中，园区的企业规模不断扩大，产业化程度不断提升。

4. 存在的问题及改进建议

虽然照金现代化生态农业建设取得了一定的成绩，但还存在以下问题：

①农产品深加工能力弱、企业品牌意识不强；

②种植业生产信息化水平有待提高；

③缺少青年科技人才。

针对调研中发现的这些问题，我们提出以下三点改进建议：

①认真总结现代农业产业园建设的经验，引进中药材等特色种植物深加工企业，扩大农产品加工企业规模，增加农产品附加价值，不断延长产业链条。进一步提高本地农产品的知名度和影响力。如加大“照金核桃”“照金土蜂蜜”等照金特色品牌的宣传推广力度。

②推进数字化引领农业现代化，建设农业基础数据资源体系，提高种植业生产管理信息化水平，利用卫星遥感、地面物联网等手段，实现对农业基

地农产品的动态监测，促进数字技术与农业产业体系的融合。同时，积极协调农信担保有限公司和银行放贷，缓解企业资金压力。

③与高校联合开展人才培养工程，分批选派科技人才到高校参加培训、进修，提高理论技术水平。加强农业科技人才引进，吸引现代技能型、管理型农业人才。

（二）旅游业

1. 基本情况

在2012年之前，照金因交通闭塞、观念落后等种种原因成了欠发达地区，城镇建成区布局零乱，建筑质量差，依靠煤炭资源发展却遇到资源枯竭等“瓶颈”问题，农业生产方式落后，第二、第三产业发展缓慢，人民生活艰难，城镇形象与社会期望严重背离。2012年5月，照金红色旅游名镇建设项目启动，这一举措对于贯彻落实《陕甘宁革命老区振兴规划》、推动铜川资源型城市转型、改善当地民生、促进陕西文化旅游发展，具有重大意义。照金以“国内一流的红色文化休闲名镇、全国革命老区综合发展示范区”为战略目标，短短3年时间，照金从默默无闻的山区小镇，一跃成为全国百家红色旅游经典景区之一。

从产业构成来看，2020年的第一、第二、第三产业的结构比重为13.1∶40.8∶46.1，第一、第二、第三产业对经济的贡献率分别为9.4%、9.8%和80.8%，分别拉动经济增长0.5个百分点、0.5个百分点和4.3个百分点（见图2）。第三产业结构比重的增长与照金旅游业的发展密切相关①。

照金充分发掘红色文化底蕴及自然资源，以红色旅游为主，增加自然观光、休闲度假内容，使产品多元化；产品发展增加外向性，融入全国红色旅游线路；拉长产业链，比如旅游食品、纪念品的制造。陕甘边革命根据地照金纪念馆、纪念碑、1933广场、薛家寨、红军洞、照金牧场、西北一流的照金国际滑雪场、大香山寺、秀房沟溪山胜境、商业步行街90余家商铺、3个星级酒店等重点项目投入运营，形成了符合实际、独具特色的发展模式。旅游业同步带动了基础设施建设、产业发展、群众收入提高，成了全镇经济发展和群众脱贫致富新的增长点。

---

① 铜川市耀州区统计局．铜川市耀州区2020年国民经济和社会发展统计公报［R/OL］．（2021-04-12）［2021-08-19］．http：//yzadmin. yaozhou. gov. cnhtmlxxgk/xxgkmutjxx202104/24405. html.

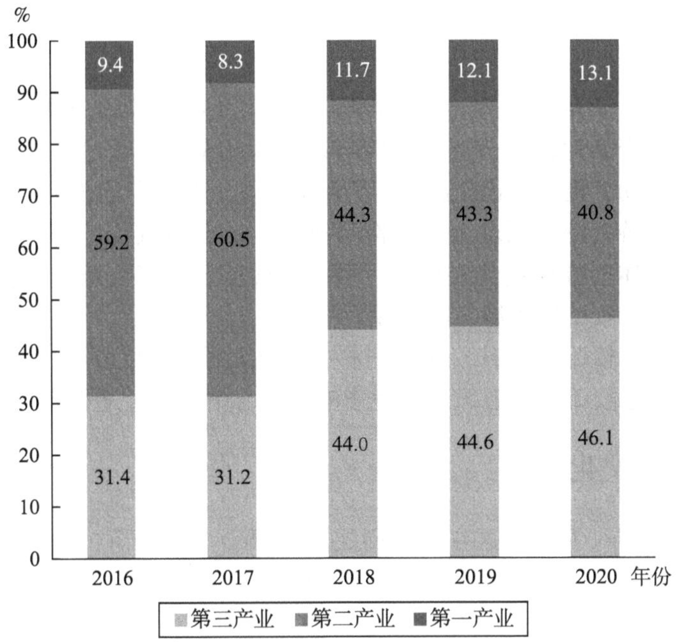

图 2　2016—2020 年产业结构比重

照金坚持产业、文化、旅游“三位一体”，生产、生活、生态“三生”产业融合发展的思路。以农业经济发展为基础，因地制宜，充分整合照金独有资源，最终达到红色旅游、乡村旅游、农业“三产”融合，形成产业链，促进区域经济联动发展。产业融合的新发展模式会推动资源要素在不同产业间流动，这是非常可取且有效的。

2. 存在问题

①旅游产品创新不足。景区内的零售、餐饮、娱乐、购物等旅游配套设施不全面，游客可以在景区内消费的内容不多。文创产品设计缺乏创意也并无突出之处，不能引起大量年轻旅游者的关注和购买。

②旅游宣传力度不足。根据网络搜索关键字出现的信息，薛家寨等景区并未建立成熟的宣传推广体系，且没有官方网站，也没有相关媒体（如微博、微信公众号）的官方账号。

③景点与信息技术合作项目体验感不佳。照金牧场布设的“陕西智道”系统，使用“陕西智道”App，能根据使用者的运动信息，给予个性化的运动计划和指导，并实时显示和播报运动数据及运动计划的完成情况，从而提高群众参与健身的积极性。但实际的 App 体验感比较差，许多用户反映存在软件不运行或打不开等情况。这可能是由于缺乏专门维护和管理的技术人员

所导致。

3. 改进建议

①加强旅游产品的创新。参考全国红色旅游创意产品成果展的优秀作品，改善自己旅游产品的设计，将实用性与艺术性相结合。通过旅游业与文化创意产业双向驱动，提升红色旅游吸引力和影响力，促进红色旅游高质量发展。

②成立旅游营销专项基金，制作具有特色的旅游宣传广告，结合传统媒体和新兴自媒体的推广优势在电视、网络、微博、微信公众号等各大媒体进行针对性投放，吸引广大游客的关注。

③注重游客体验的提升，对于与科技公司的合作项目，后续技术应用的维护和管理体系要确保完备，以避免影响游客心情而产生适得其反的效果。

三、红色文化

1933 年，老一辈革命家在照金创建西北第一个山区革命根据地——陕甘边革命根据地，照金由此成为西北革命的摇篮，在中国革命史上写下光辉绚丽的篇章。现在，这里已经是全国爱国主义教育基地、全国国防教育基地、国家特色景观旅游名镇和国家级丹霞地质公园。在此次调研中，我们采取了线下采访和线上收集资料相结合的方法，认真学习照金的红色历史，旨在发扬伟大红色革命精神。

（一）基本情况

1. 陕甘边革命根据地照金纪念馆

照金纪念馆，以陕甘边革命根据地历史为主线，用翔实的历史资料、图片、文物和各种现代的展陈技术，再现了创建以照金为中心的陕甘边革命根据地的艰难历程。

馆内现存民国时期的铁器、武器等宣传革命类藏品 570 余件。因此对文物的日常保护成为纪念馆工作人员的工作重点：严格执行文物巡查、检查制度，每天对展厅进行全面巡查。严格执行交接班制度。定期开展全馆火灾、疫情大排查。加强安全教育，每周一闭馆不闭工，组织安保人员和工作人员进行培训，定期进行消防演练。同时，为了更好地进行红色文化历史的传承宣传工作，纪念馆设立了办公室、研究室、宣教科、业务科和保卫科。

陕甘边革命根据地照金纪念馆作为全国爱国主义教育示范基地、国家级国防教育基地、全国青少年教育基地，仅 2021 年上半年，就有 260 余批次主要由陕西省内学校学生和机关事业单位组成的研学团队到访学习红色革命精神。截至 2020 年年底，照金纪念馆共接待 579 万人次，举办了 55 场“照金精神”全国巡展，在陕西省乃至全国已成为爱国主义和革命传统教育的主阵地。

2. 薛家寨革命旧址

薛家寨革命旧址位于海拔 1600 多米的山崖间，以雄险著称。在这里发生了历史上有名的薛家寨保卫战。1933 年春，陕甘边党政军领导机关迁驻薛家寨后，在 4 个岩洞中分别设立了军医院、修械厂、被服厂、仓库等后勤单位，建了战壕、哨卡、碉堡、吊桥等设施，使这里成为照金苏区的政治、经济、军事中心，是红军的后方基地。

近年来，薛家寨革命旧址大力挖掘红色基因，积极开展“弘扬照金精神传承红色基因”主题系列活动，累计接待游客 500 余万人次，其中，90%的接待都在进行红色文化传承教育，传承红色基因、发扬照金精神。

3. 陈家坡会议旧址

陈家坡会议，是在陕甘边革命斗争连续遭受严重挫折，陕甘边根据地面临生死存亡的危急关头，召开的一次具有重大战略转折意义的关键性会议，是陕甘边革命历史上一个生死攸关的转折点，在陕甘边根据地党和红军的发展史上具有重要的历史地位，被称为陕甘边革命历史上的“遵义会议”。

据陈家坡党史讲解员、照金干部学院的特聘教师杜天祥介绍，陈家坡会议旧址 2021 年上半年接待党员干部和旅游参观人员 3.6 万余人次，接待团队数量超过 300 个。通过学习、参观，游客们接受了红色革命教育的洗礼，不仅对进一步宣传和扩大陈家坡会议的影响有着重要意义，更对“独立自主的探索精神，不怕牺牲的献身精神，团结奋斗的合作精神”的照金精神代代传承有着深远影响。

（二）问题分析

①讲解服务制度不完备。如陈家坡会议旧址只向游客规模达到 20 人的团队提供讲解服务。像我们这样的几人小团队有好几个，大家只能零零散散地进行参观。虽然是免费讲解，但也在一定程度上限制了游客对这里红色文化历史的了解。

②基础设施不够完善。照金丰富的红色历史和红色革命精神教育资源可供游客、研学人员学习贯彻。但因其在基础设施上尚未完善，红色景点之间相隔甚远，交通不够便利。摆渡车的车次没有醒目、清楚规范的信息展示，目前，游客多是通过与司机直接电话联系车辆。

③宣传技术手段等相对落后。线上线下没有形成大规模的有效宣传，缺乏创新意识；文化旅游方面缺乏系统性管理；仍需加大对村民们的宣传教育；

等等。这些照金红色文化旅游胜地丰富的红色文化历史资源尚未得到充分挖掘，红色文化与现代相结合的创意创新还需加强，红色革命精神应得到更充分的发扬。

（三）改进建议

对于调研中发现的问题，我们有以下几方面提议：

①讲解服务从全天免费讲解改为付费讲解、免费讲解和志愿者讲解 3 种形式。上、下午定时段开放免费讲解，既能吸引游客，也可以提高景点的收入。同时，招募讲解员、志愿者，培训村民，调动社会各方力量，为照金红色精神的传承丰富队伍。

②建议加强基础设施建设，引入专业红色旅游运营管理团队，加大对红色旅游的管理与策划，景区间摆渡车、旅游观光车设立清晰的车次信息牌等，科学性管理，整体性运营。

③在宣传方面，可以开发新媒体、短视频、线上报名直播结合线下活动、制作广告等多元宣传方式，还可以引进宣传方面高质量人才协助进行科学高效的宣传工作，并以此为契机培养村民的宣传意识及能力。兼顾线上信息的完善，线上线下连成一体，为来此地红色旅游、研学旅游的团队提供更多便利，使其了解更多信息，有助于激发大家学习红色历史的热情，携手弘扬红色革命精神，传承红色基因。

④加强对历史文物的保护。对工作人员进行细致分工，落实责任到岗；提高安全演习的演练频次，做到临危不惧，有效保护；在对文物自身的保护方面，建议开展藏品数字化采集，充分利用科技资源，对文物做到双重保护。

⑤在红色旅游、研学旅游的发展中，不妨拓宽思路，坚持创新创业。如建设创意街区，举办创意活动，吸引更多受众，激发多年龄层次的游客对红色文化旅游的兴趣，发扬照金精神、革命精神。

四、社会民生

陕西省铜川市耀州区照金镇地处偏远山区，产业单一，配套匮乏，观念守旧，但是这里同样山清水秀，红色历史文化悠久，照金的民生改善和城乡统筹正是通过凝聚人心、整合资源和激发内力而实现的。改变重硬件轻软件等建设思路，并根据照金的特色和优势，进行系统化的规划，一次性实现城镇化、居住社区化、就业创业社会化、生活生产方式特色化，照金踏上了可持续发展的“红色城乡统筹”之路①。在此次调研中，我们采取了线下走访与线上收集资料相结合的方法。

（一）扶贫工作基本情况

1. 群众生活质量

党的十八大以来，经过4年多的艰苦奋战，照金镇终于在2020年实现整体脱贫，如今，照金革命老区群众稳定实现了“两不愁三保障”目标。照金村民在2013年全部成功搬迁，住进不同户型的水电气暖全通的照金新家园，镇上幼儿园、小学、医院等设施完善，全镇人的生活发生了翻天覆地的变化。

自脱贫攻坚战打响以来，照金老区实施就业扶贫工程。2012年，照金村委会和村民自愿入股成立照金村集团，现有员工200余名。自成立以来，照金村集团业务逐步扩展，先后成立8家子公司。照金村集团连续7年为村民分红，人均年分红80～460元。2020年，38个自然人股东分红63.6万元，累计分红金额达430余万元。照金村集团坚定老区群众创富增收和民生改善的企业使命，开创集团高质量发展新局面，助力老区群众脱贫致富。

2. 就业

照金老区依托红色资源成立照金红色旅游发展集团，建立照金就业创业培训基地，形成了涵盖景区运营、物流管理、特色农产品销售的产业链条。公司根据志愿、特长和年龄等方面为村民提供专业的岗位培训，为更多具备劳动能力、就业困难的贫困户提供培训、就业机会，实现就业脱贫效益最大化。同时，公司也为有创业意愿的村民提供小额贷款，照金旅游景区内的红色文化创意街区面向村民招租，全村每个人可按成本价购买10平方米的商铺，统一管理，统一经营，统一岗前培训，保证村民有稳定的租金收入。2015年以来，照金依托红色教育和红色旅游业推进饮食服务业、手工艺品制造业、休闲农业、养生保健业等多产业融合发展，实现当地及周边沿线3400余人就业，镇区及周边沿线390余人创业。

照金镇坚持把促进就业作为关注民生、改善民生的首要任务。照金村圣源小区的社区工厂于2019年正式投入运营，带动30余人就业；义丰农业、秦发养殖公司托管代养藏香猪和肉牛，带动贫困户104户352人；正裕农林等企业流转土地1155亩，种植青贮玉米和金银花，累计带动务工50余人；杨柳坪设施大棚和村冷藏气调库，带动就业30余人，全村有劳动力的家庭每

---

① 文大鹏．照金小镇在“老区振兴”和“改善民生”中实现蜕变［EB/OL］．（2020-07-21）［2021-08-19］．http：//www.yaozhou.gov.cn/html/zxzx/tzxw/202007/22741.html.

户至少1人实现稳定就业。

3. 医疗和社会保障

以前照金镇自然条件恶劣，生存环境薄弱，而且镇卫生院工作人员少、经费不足、资金匮乏，要搞好照金镇的扶贫工作，仅靠照金医院的力量就显得势单力薄，耀州区6家民营医院成立医疗包村扶贫小分队，深入贫困户家中嘘寒问暖。经过医护工作者的共同努力，照金镇健康扶贫工作取得良好的成绩，工作健康、有序地开展，并已形成常态化的趋势。在铜川市耀州区照金医院2021年部门所属单位综合预算一般公共预算基本支出明细表中①，卫生健康支出金额高达237.85万元（见表1），其中基层医疗卫生机构支出占比最大。此外，为进一步深化医疗体制改革，优化区域医疗资源，切实增强照金革命老区人民群众的健康保障，更好为当地群众提供优质高效的医疗服务，2020年6月成立照金人民医院，进一步为群众提供良好的就医和住院环境，为群众的健康提供更好的医疗保障。

表1　2021年部门所属单位综合预算一般公共预算基本支出明细表
（按支出功能科目分类-不含上年结转）

单位：万元

功能科目编码	功能科目名称	合计	人员经费支出	公用经费支出
	合计	284.38	282.357	2.03
208	社会保障就业支出	26.28	26.28	
20805	行政事业单位养老支出	26.28	26.28	
2080505	机关事业单位基本养老保险缴费支出	26.28	26.28	
210	卫生健康支出	237.85	235.83	2.03
21003	基层医疗卫生机构	225.04	223.01	2.03
2100302	乡镇卫生院	225.04	223.01	2.03
21011	行政事业单位医疗	12.81	12.81	
2101102	事业单位医疗	12.81	12.81	
221	住房保障支出	20.25	20.25	
22102	住房改革支出	20.25	20.24	
2210201	住房公积金	20.25	20.25	

① 刘晓帆，郭颖．照金医院：健康扶贫到农家［EB/OL］．（2017-12-01）［2021-08-19］．http：//www.yaozhou.gov.cn/html/zxzx/tzxw/201712/14333.html.

4. 产业脱贫

由于特殊的地势和气候原因，照金地区的农业发展落后。照金将产业发展作为一大突破口，借助于照金日渐繁荣的旅游市场，老区设立了扶贫产品展销中心，依托互联网实现线下体验、线上购买，着力解决小农户无法对接大市场、农产品供给区域性过剩、价格被压低、贫困户利润被挤压等产业脱贫中产销脱节的关键问题。该项目采取“互联网+扶贫产品平台+公司+合作社+农户”的扶贫创新模式，通过供销网络整合全市扶贫产品，通过照金窗口的宣传效应，全面展示照金的产业扶贫成果并寻求外部资源进行合作；同时积极探索和推进消费扶贫服务，推动扶贫产品进机关、进学校、进社区①。

以照金村核桃油为例，受特殊的地势和气候影响，山地核桃比关中地区多成长两个月，当地在指导村民高质量管理的同时，引进扶贫工厂生产核桃油。照金村的品牌走出大山，照金优质山地核桃远销全国各地，核桃成为照金村村民增收创富的主要产业之一。

（二）教育生活基本情况

照金镇现有幼儿园 1 所和红军小学 2 所。照金北梁红军小学原来校舍简陋，生活条件艰苦。2000 年，在老一辈无产阶级革命家齐心同志的关心支持下，学校得以迁址重建。近年来，各级党政机关高度重视，社会各界慷慨解囊，学校数次对校区进行改、扩建，为教师和学生打造更安全、更舒适的学习环境。

红军小学教学设施先进，校园环境优美，红色教育展室、高配置录播教室等设施齐全。学校秉承“用照金精神立德树人”的办学理念，以红色教育促质量提升，打造优质课堂；学校师资队伍业务精湛、师德高尚，由数名省级、市级教学能手和青年干部支教队的高素质、专业强、年轻化的教师组成。学校创建“红色基因，代代相传”市级德育品牌，多次开展红色教育活动和社团活动，让学生从小树立正确的人生观和价值观；红军小学也先后与西安市凤景小学、西安经发学校等组成结对帮扶学校，并在此契机下提高学校的综合实力。

（三）问题分析

首先，照金老区的城乡统筹和脱贫攻坚截至目前已经取得了不错的成绩，但仍有很长的路要走。在调研中我们发现，照金地区基本解决了村民的就业

① 文大鹏．耀州区：产业扶贫助力乡村振兴［EB/OL］.（2021-02-19）［2021-08-19］. http://www.yaozhou.gov.cn/html/zxzx/tzxw/202102/24090.html.

问题，但是收入低，有待提高。由于照金镇内人口少且老龄化较严重，多数青年劳动力外出务工，村民在政府和公司提供的岗位上的工作过于单一、尚不全面。

其次，依托红色历史和旅游市场，照金老区的特色产业发展助力脱贫攻坚，但扶贫产品展销的薄弱之处在于扶贫电商数量少、力量小，扶贫产业货源监管与销售渠道还需继续拓宽。

最后，在线上调研中我们还发现，照金镇周边村级地区发展和基础设施建设尚未完善，区级信访网站中有数名村民提出道路设施不完善、水电供应的问题等。尽管照金镇解决了老区的可持续发展问题，实现产业振兴，全面带动老区经济发展，但其相邻城镇村间发展差距较大。

（四）改进建议

对于调研中发现的问题，照金村委会和照金村集团可以开展新媒体等宣传、建设性工作，开展高级技术培训，以此为契机培养村民成为能够借助于新科技的农村实用型人才。加强基层人力资源和社会保障公共服务平台建设，推动老区劳动力向经济发达地区转移；建议老区建设创业园区，鼓励外出务工人员回乡创业。照金老区应不断探索创新产业发展模式，着力培育壮大特色产业，做大做强龙头企业，建设老区特色农产品品种保护、选育和生产示范基地，积极推广适用新品种、新技术；大力发展电子商务，加大对农产品品牌推介营销的支持力度，让老区群众享受更多的景区发展红利。照金也应对其周边村级地区加大建设力度，壮大村集体经济，努力缩小相邻村镇间的发展差距。照金镇可以采取对口帮扶的方法，扶持相邻村镇发展，精准施策，将社会发展和成果共享结合起来。

五、调研结论与总结

2015 年 2 月 14 日，习近平总书记在照金村考察时希望村党支部和村委会的干部团结一心，把乡亲们的事办好。如今，照金已经发生了翻天覆地的变化，高速公路修通，便利店、体育馆等基础设施一应俱全，也成了远近闻名的红色经典旅游景点，乡亲们真正过上了好日子。

为调研照金的发展，我们从经济建设、社会民生和红色文化出发，走访了陕甘边根据地照金纪念馆、薛家寨旧址、陈家坡会议旧址和照金村集团等具有代表性的照金旅游景点和企业。在走访过程中，我们实地感受到了照金的发展和乡镇精神面貌的改变，同时也发现了诸如旅游景点宣传力度不够导致旅游资源的浪费以及其他产业较为单一落后等问题。

如今，照金要做的，就是朝着“红色文化鲜明、教育功能突出、生态环境友好、特色产业聚集、城乡统筹发展、百姓富足安康”的革命老区目标进一步迈进。在弘扬照金精神的基础上，照金除了立足资源优势，发掘红色教育、发展红色旅游外，更要发展现代化产业和旅游业，进一步通过旅游产业关联老区经济发展，包括合理配置利用红色资源，并利用新媒体打造有竞争力的、能吸引年轻人的文化品牌；注重人才培养并争取吸引人才；推进产业基础高级化和产业链水平现代化；建立更高水平的开放型经济体制；等等。最后，要让经济发展的成果和福利落实到老区人民生活水平的提升上，才能真正体现振兴老区的意义。

六、收获与感悟

这次暑期社会实践带来的收获在于两部分。一是培养成员的团队协作能力。在实践过程中，从前期准备到实地调研，再到后期工作，都是每位成员在各司其职的同时协作完成的。这期间也发生和解决了一系列问题。这是一段宝贵的协作经历，让我们在以后的团队工作中，能更有经验、更出色地完成任务。

二是来自实践内容本身。照金是一个红色老区，却折射出了全国红色老区的发展现状，照金精神似乎只从这里诞生，却也与整个建党精神有着千丝万缕的联系。这次暑期社会实践活动，不仅让我们从照金历史中更多地了解了党史，更让我们在追忆老区发展的过程中，意识到党的伟大，让我们更具民族自信心。革命老区在红色基因润泽下腾飞，中华民族也终将在党的领导下走向伟大复兴。

“循迹百年太湖畔，书写时代新华章”社会实践报告[①]

——以宜兴市“双招双引”政策为例

一、引言

（一）调研背景

2021 年是中国共产党建党 100 周年，宜兴是红色革命的初心之地，也是江苏省最早建立中共党组织的县之一，拥有丰厚的红色文化底蕴。新中国成立以来，宜兴市依托其传统紫砂壶产业，集聚电线电缆、化纤纺织、环保设备和陶瓷四大产业，推动城市经济发展。作为无锡市“一体两翼”策略中的重要一翼，宜兴坚持以习近平新时代中国特色社会主义思想为指导，解放思想、创新探索，传承“化砂为泥、捏泥作壶、塑壶成金”的匠心，努力在现代化建设的新征程上走出具有宜兴特色的高质量、高价值、高品位的发展道路。近年来，宜兴市常驻全国百强县排名前十榜单，社会经济发展位居全国前列。2020 年，宜兴市全年地区生产总值达到了 1832. 21 亿元，在全球新冠肺炎疫情形势依旧严峻的大环境下成功实现经济发展的逆势增长，经济社会发展取得骄人成就。

（二）调研目的和意义

我们选定宜兴市“双招双引”政策作为本次社会实践的研究对象，希望通过本次调研，研究宜兴本地关于人才引进政策方面的发展成就，发现目前政策实施过程中存在的问题，利用我们积累的知识经验，结合老师指导与群众建议，为宜兴市人才引进献计献策，助力老区新时代新发展。

---

① 作者：姜楠、盈星、常怿、杨祺炜。指导老师：孙益波。

（三）调研时间

2021 年 7 月 15—18 日。

（四）调研地点

江苏省无锡市宜兴市经济技术开发区、党史陈列馆、革命烈士纪念馆、太华山新四军和苏南抗日根据地纪念馆、各商场街道。

（五）调研对象

宜兴市"双招双引"政策。

（六）调研范围

宜兴市经济技术开发区"双招双引"政策的落实成效及未来发展规划；市民群众有关"双招双引"政策的认知度调研及对于城市发展的建议采集；企业、政府、人才三方沟通、对接；宜兴市作为老区的红色文化参观学习。

二、主体

（一）调研对象基本情况

1. 建立与发展过程

"双招双引"即为切实增强新区招商引资和招才引智工作实效，加快新旧动能转换，推动创新经济发展，让经济发展不断更新，与时俱进。近年来，宜兴招商引资步伐频频。一系列"走出去招商，引进来共赢"的"双招双引"活动，以长三角为依托，全面推动城市人才、产业的引进。宜兴网新闻指出，"要把招才引智摆到与招商引资同等重要的位置，充分运用好现有的科创载体、江南大学宜兴校区、各类引才政策等，全方位吸引高层次人才、实用型人才，吸引更多大学生、外地青年落户宜兴，更多宜兴籍高校毕业生回乡就业创业"。宜兴升级人才政策招揽人才的计划目标，即到 2022 年全市新增高层次创业人才 300 名以上、高层次创新人才 300 名以上；与本市合作院校累计 200 家以上，新增在宜创业就业大中专学生 30000 名以上；新增高级技师 100 名以上、技师 1000 名以上、高级工 10000 名以上。在 2020 年无锡市"百企千才高校行"北京专场活动中，宜兴首次上线"直播带岗"引来"强势围观"，网络平台在线人数近 13 万人，青年人才政策"五重大礼包"引来一大拨青年人才的持续关注。无锡人才网公布的消息显示，市人力资源市场共受理人才引进落户在线申请6752人次，通过审核4643人。通过审核人数较2020年同期增长12.7%。通过审核的申请人中，博士占比为1.25%，硕士占比为12.49%，大学本科占比为63.49%，近八成的申请人员具有本科及以上学历。其中，通过审核的“先落户后就业”申请人中，具有本科及以上学历的人占比达99.32%；“直接落户”申请人中，具有本科及以上学历的人占比为61.77%。与2019年同期相比，具有博士、硕士学位的人数分别增长了84.8%和25.27%。高学历申请人数量呈上升趋势①。宜兴市人民政府的信息公开网显示，宜兴市经济技术开发区率先召开“双招双引”工作大会，举办“双招双引”天津专场、集成电路产业特色工艺创新联盟大会等活动。2020年，全区工贸营收突破千亿元大关，在2016年基础上仅用4年实现翻番，年均新增超百亿元。

2. 现实情况

我们查阅资料了解到宜兴市经济技术开发区积极探索“人才+金融+产业”新模式，积极响应政策引导与扶持，构建更加高效的人才资本对接体系。但是，相较于经济较发达地区，宜兴创新资源集聚度还不够充足，未找到有效打通资本与人才、技术、创新联结通道的最佳渠道；并且宜兴自身的发展特色不明显，与周边其他地区如江阴、张家港等相比，宜兴突破创新动力不足，没有抓住几轮重大机遇，传统产业偏重、偏旧，质量效益低，转型困难，新兴产业、龙头企业成长慢，竞争压力大。在紫砂壶传统产业方面，尽管宜兴紫砂壶原料丰富，替代品少，具有灿烂悠久的陶瓷文化，产业成本低、收益高、具有一定规模，但由于科技研发投入不足，技术人员培训不足，紫砂壶产业在经营管理、发展等方面存在一定问题②。

（二）调研方法及调研过程

1. 运用方法与工具

在调研过程中，我们采用线上和线下结合的采访形式，通过线上查询如部分政策介绍、网友评论等，线上线下同步进行问卷调研，对相关负责人进行采访等形式，调研宜兴市“双招双引”政策的落实情况、未来规划、宣传力度等问题，并在参观纪念馆的同时，了解老区的红色文化历史与城市发展史。

2. 调研过程

2021年7月13日晚，调研小组召开第一次全体成员正式会议暨动员大

① 引自2021年7月29日无锡搜狐焦点《无锡半年报出炉》，GDP、人才引进落户数据。
② 引自2021年6月18日快资讯网站工程项目管理《宜兴紫砂壶现状》。

会。会议讨论了小组人员工作分配安排、社会问卷调研的具体问题设置，以及社会实践中可能存在的其他问题。

7 月 15 日，由嘉兴南站出发乘高铁抵达宜兴站。前往宜兴市经济技术开发区江苏群丰智能装备有限公司参观，与公司对接人员进行交流。

7 月 16 日，前往太华山新四军和苏南抗日根据地纪念馆和中国宜兴紫砂博物馆参观，了解宜兴市革命发展历程和传统紫砂壶产业。

7 月 17 日，参观宜兴革命纪念园、宜兴党史陈列馆和革命烈士纪念馆，并参与党史陈列馆“向党集体献词”活动。发表第一篇订阅号推送。在宜兴八佰伴商场及附近区域进行问卷调研。进行次日采访工作的准备，修改采访、问卷内容。

7 月 18 日，采访宜兴市经济技术开发区经发局局长。在宜兴市阳泉中路（荆溪北路至人民北路段）进行第二轮问卷调研。

（三）重点内容

1. 改革的历程

“双招双引”的改革历程包括坚持走在前列目标定位，以产业招商为重点，以人才引进、院校合作为支撑，以资本基金为支持，以优化营商环境为保障，强化机制创新和督导推进，进一步提高产业招商、园区招商和专业化招商水平。

政策实施首先明确招引方向，压实招商责任；其次健全“三项机制”，营造“双招双引”氛围；再次实现“五个提升”，优化营商环境；最后强化“三项支撑”，优化营商环境即优化各项激励扶持政策，突破资源保障，强化服务保障①。

2021 年进入“十四五”时期，开启现代化建设新征程，宜兴也以“快速度进步、大格局开局”的势头迅速发展，在陶都大地奏响“双招双引”最强音。宜兴召开太湖湾科创带建设暨“双招双引”大会后，“双招双引”步伐加快，在北京、上海、天津举办多场洽谈会。为助推持续发展汇聚强动能，彰显出宜兴抢占长三角区域一体化发展先机、构筑对外开放“新高地”的昂扬姿态②。

2021 年以来，宜兴市经济技术开发区着力重构“双招双引”体系，探索“一个产业、一份规划、一个园区、一支队伍、一套政策、一只基金”的招商

---

① 引自 2020 年 7 月 15 日《“双招双引”工作实施方案》。

② 引自 2021 年 5 月 6 日中国江苏网《宜兴奏响双招双引“最强音”开创产业强势新局面》。

机制，全面布局、加快推进“双招双引”工作。助推产才融合、相向发力，推动园区发展提质增效、提档升级①。

2. 采取的主要措施

①“以企引企”。在产业链上下游配套或原材料合作中，通过本地企业对政府的认同，吸引企业，引进企业，契合宜兴市经济技术开发区的宣传标语“近者悦，远者来”。

②“以商引商”。对等招商，产业配套公司人员或高端技术人员（人才）对企业决策更有说服力。企业直观感受比政策更重要。放大政府和国企的关系，加快企业上市和企业汇聚步伐。

③全方面引入人才，组织申报“陶都英才”科技创新创业人才（团队）项目。出台比学赶超考核激励办法②，奖励100万～1000万元不等。大学生有住房补贴和购房方面的奖励。对于引进的高级管理人员减免个人所得税，对于科研项目和科技计划给予金额不等的奖励。对于落户、就业、创新给予不同奖励。加大特殊人才引进力度，为金融人才提供金融产业平台，提供创新人才舞台。

④充分利用无锡教学资源，满足产业需求，为未来发展需要做准备。与高等院校合作，为产业生产提供理论模型和数据分析。以江南大学为例，江南大学研究生学院于2021年9月开始招生。响应无锡一体化布局发展，研究生院为本地产业需求提供理工科人才。

⑤加快企业产业转型，新兴产业上升为主导产业，先人一步，建立关系，提升地方竞争力。培养战略性新兴产业，开拓产业新空间，引进科技创新企业，发展氢能和芯片技术。

⑥响应“十四五”规划，培育上市后备公司，目标一年一家。小步快进，脚踏实地。从无到有，从有到新。循序渐进，有生存，有规模，有品牌响应力。布局新兴产业、战略性产业。

3. 目前取得的成绩

2021年全国百强县榜单宜兴市排名第七；2020年宜兴市经济技术开发区关贸营业额超1000亿元，较成立时实现10倍增长，年均新增超百亿元；至今，宜兴已累计引入省“双创计划”人才66名、团队9个，无锡“太湖人才计划”创新创业领军人才44名，“陶都英才计划”科技创新创业人才146人

---

① 引自2021年2月5日人民网《宜兴市经开区加快推进“双招双引”工作》。

② 引自2021年5月6日中国江苏网《宜兴奏响双招双引“最强音”开创产业强势新局面》。

等①；2020 年，宜兴市经济技术开发区共招引亿元以上项目 26 个，总投资 178 亿元，投资额同比增长 50%，其中 10 亿元以上项目 6 个，较往年同期增加 4 个；2021 年 2 月 26 日，宜兴市经济技术开发区 20 个项目参与无锡市重大产业项目集中开工，总投资 208 亿元，占宜兴市的一半。2021 年 3 月底，宜兴市官林镇与普睿司曼（中国）投资有限公司（具有 140 年发展史的全球 500 强企业）举行中国区总部项目签约仪式，这也是世界级强企中国区总部首次落户宜兴。中钢生态环境科技有限公司计划投资 10 亿元建设的环保装备制造等 14 个项目已成功签约。官林镇箔华电子高性能锂电负极材料等 6 个重点项目建成投产，成功吸引投资 38 亿元的天然气发电调峰机组（9H）项目等。丁蜀镇成功吸引了马丁格无损材料检测中心等一批优质项目。周铁镇成功落户了上海交通大学国家技术转移中心宜兴分中心等一批优质项目②。在紫砂壶传统产业方面，据悉，宜兴陶瓷博物馆附设的陶艺实践基地于 2021 年秋季启用。由宜兴市委组织部、宜兴市文体广电和旅游局、宜兴市人力资源和社会保障局主办，宜兴陶瓷博物馆承办的宜兴青年陶艺人才提升班开班，学制一年。在后续办班过程中，宜兴陶瓷博物馆将加强学员管理，合理安排课程，为宜兴陶瓷行业实现高质量发展输送一批专业骨干，成为宜兴陶瓷博物馆专业人才队伍建设的新起点。

4. *存在的问题*

问题一：人才是创新的第一资源，企业是技术创新的主体，政府部门则是连接人才与企业的桥梁。但在调研时，我们发现政府在政策落实过程中，往往无法完全契合企业的实际需求与人才自身发展的战略目标。企业对人才的需求多元，人才对职业的选择考虑也是多方面的。由此可见，政府、企业、人才在联系沟通方面需加强落实。

问题二：在前期准备过程中，我们搜索网页发现相关信息不多。从社会问卷调研的反馈情况来看，市民对于宜兴“双招双引”政策的具体内容认知度并不高。可见，“双招双引”政策的宣传力度不够，民众对政策内容、落实情况的了解有待提升。

问题三：通过走访部分楼盘销售中心、网上询价等方式，我们得知，宜兴市在地段、房型、品牌方面好一些的房源，均价在 15000 元以上，2020 年年末的房价更是近乎直线上涨。2020 年，宜兴市全年人均可支配收入为 50987 元。这对于毕业不久考虑买房的年轻人来说，是沉重的负担。通过问卷

---

① 引自 2021 年 3 月 15 日大加网《宜兴经开区：创造“双招双引”黄金时代》。

② 引自 2021 年 4 月 14 日《宜兴日报》,《宜兴：精准发力打造招商引资新高地》。

调研，结果显示，大众普遍提到的问题也是房价过高。房价问题为当前宜兴市人才引进政策的推进带来了不小的挑战。

问题四：在采访的过程中，我们了解到目前宜兴市引进的人才依旧以技术型人才为主，金融人才缺少发展舞台。金融市场的发展使资本、资源的配置更为合理有效。因此，金融人才的引进对宜兴城市经济的发展具有至关重要的作用。

当前，金融市场仍集中于超一线城市，而本地企业有关上市、融资扩大规模的意识并不够清晰。因此，人才结构不平衡问题成为宜兴未来发展需要攻克的难关之一。

（四）原因分析

1. 问题一原因分析

①政府人才政策的落实能力往往受现实情况所约束，难以充分匹配企业与人才的需求。宜兴政府虽搭建人才发展平台，推动企业与高校对接直招应届毕业生，但政府的部分规划并未落到实处。企业的产业规划、项目策划不清晰，区域优势不明显，导致招商招引的方向与重点不明确，无法吸引人才的流入。以宜兴市经济技术开发区某企业为例，在政府的帮助下，该企业曾尝试聘用高校毕业生。但实际情况是，企业缺乏统筹安排，缺乏对人才发展优势的准确定位，人才不清楚项目的策划与发展，彼此之间缺乏有效衔接，导致所有进入该企业的实习生在实习期满后仅有两人被录用，并且被录用的两人最终也没有选择进入该公司工作。可以说，政府目前只是提供了“牵线搭桥”的场地，而没有充分关注企业、人才对接的全过程与实际需求。

②尽管政府目前大力推进“双招双引”政策，大量本地企业仍旧缺乏人才需求平台。走访宜兴市经济技术开发区企业的过程中我们发现，本地部分企业以劳动密集型为主，存在招工难、员工流动性大、人才流失率高等问题。大量企业员工学历集中在大专及以下，本地企业对高学历人才的需求并不高。

③人才与企业的相互期望存在偏差，大量本地企业注重人才实践技术的掌握，而高校人才以掌握理论知识为主，人才的综合实践能力难以满足企业的要求。而本地企业的工作环境、薪水、城市的基础设施等方面却无法达到高校毕业生的预期，外来人才受心理预期影响不会选择进入本地企业工作。

2. 问题二原因分析

①政府宣传力度不足，对这项政策缺乏更为新颖、多途径的宣传，使得信息传播渠道少，传播面小，传播速度较慢。且按照惯例，大部分政府政策、

规划的提出以长篇幅的文件为主，缺少关键信息的重点宣传。因此，有相关需求的人才缺乏有效信息的获取渠道。

②如今网络发展迅速，生活节奏加快，现实生活中信息的取得偏向碎片化。因此，当代青年习惯于接收这种碎片信息，反而缺乏对于长篇幅文件中关键信息的提炼能力，对于长篇文字缺少耐心和兴趣。因此，无法及时地关注到与自身发展相关的政策信息。

3. 问题三原因分析

①随着宜兴市经济社会的持续发展，城市规模不断扩大，住房方面土地供给受到影响，部分高质量楼盘存在供不应求的现象，即出现所谓的卖方市场。在该市场中，大部分房地产开发商把滚动式开发作为融资机制，以抬升中的房价为保障，引导消费者通过预售方式，先付款、后提房，同时获得第二轮开发资金并再次提高房价，有迫切需求的消费者则一直处于被动状态，被迫承受日益无法负担的房价。同时，我们发现年轻人才步入社会后的资金储备与房价差距极大。应届毕业生月均工资万元左右，减去必需的开销，在没有父母的帮助下买房是极为困难的。

②大多数中国人秉持"居者有其屋"的置业观，这样的心态使得需求者无论房价走势如何都对购房有着强烈的意愿，且房价越涨，购房者的购买意愿越强，更容易进入开发商融资的循环。这也在一定程度上推动了房地产卖方市场的进一步发展。

4. 问题四原因分析

①金融人才薪酬居高不下。目前，我国的金融人才大多聚集于超一线城市，同时，在宜兴这类发展中的城市中，大多数企业有关上市、融资、扩大生产规模的意识并不明晰，很少有企业权衡之后愿意承担过高的价格去聘请金融人才。从另外的角度看，金融人才不愿意放弃在一线城市的发展机会，他们选择的发展方向也就仅局限于一线城市，而宜兴的企业缺乏经济支撑，难以望其项背，求而不得。

②我国金融类专业毕业生人数不断增加。然而，这部分毕业生可能理论知识扎实但缺乏实践方面的技能培训，我国金融人才缺口依然很大。在这个人才短缺的大环境下，来到宜兴的金融人才更是少之又少。

③相较于理工类专业，金融方面课程缺乏针对性，许多毕业生对理论知识的掌握缺乏专业针对性，甚至依旧处于泛泛而谈的阶段，而企业对人才需求多变，专业针对性强。在人才和企业的双方因素下，许多金融人才无法满足企业要求。

（五）改进建议

1. 针对问题一，提出如下改进建议：

①政府人才政策的制定需要通过改革创新体制，即应引导企业创新人才培养引进机制的改革，引导企业培育出适应政府与现代化建设的人才。同时，应重视人才发展平台建设，吸纳科研机构、高等院校、猎头公司、管理咨询公司参与创新创业平台，借鉴国内外人才发展优秀地区的经验。

②宜兴政府应引导和鼓励高校生以社会生产、生活的实践为依托对学生进行培训，即让综合型人才成为通过市场磨炼的主体。

③年轻人自身心态的转变也是至关重要的一步，不应将目光只局限于一线城市，应多多关注宜兴等发展潜力大的城市。这些城市相应的发展机会不比大城市少，人才应转变心态以锻炼自身能力为主要目的。

2. 针对问题二，提出如下改进建议：

①人才政策可以通过各种社交媒体、社交软件进行广泛宣传，拓宽传播渠道。政策的内容、给予人才的优惠方案应以更加新颖的方式向大众展示，以此提高民众对政策的了解程度。鉴于政府严谨工作的需要，一些相关的重要信息可以在网页建立索引，由需求者通过关键词搜索的方式取得。

②吸引外地企业的一个好方式就是当地企业自身对当地政策的认可和宣传。即通过让“近者悦”吸引“远者来”。政府在帮助扶持当地企业时，可以通过当地企业与其他地区的企业建设沟通桥梁来进行。在经济技术开发区对各地不同企业进行招揽的同时，通过当地企业与其他企业的合作，进行“双招双引”政策的宣传。

③政府、企业与高校合作，向高校师生宣传“人才引进”政策与职位需求信息。由高校人才直接获取相应的关键信息，也可以在联系密切的高校举办讲座、交流会等为应届毕业生解答疑惑，方便需求者获取政策信息。

④年轻人应提升关键信息的提炼能力。所谓“听话听音”，面对长篇幅的文件内容，我们应该耐心阅读，分析获取其中我们所需的相关信息以帮助我们更好把握相关政策。

3. 针对问题三，提出如下改进建议：

①房价持续上涨而不见回落，年轻人传统买房观念没有改变是原因之一。年轻人应该树立“房子不是刚需”的新观念。应届毕业生应当将提升自己能力作为现阶段人生追求的重心。同时，在资金储备中，年轻人应当注重“开源”。近年来，炒股、基金等投资性收入方式热度不断攀升，年轻人在考虑住房问题时可通过投资性手段增加资本储备，而不再单一依靠薪资收入。

②建议政府与企业联动合作提供“人才公寓”，采取竞争机制帮助解决人才住房问题。政府、企业与房地产开发商合作，以一定比例出资建设合理面积、户型的人才公寓。在政府沟通纽带作用下，由企业直招高校人才。通过积分竞争机制，为高积分人才分配“人才公寓”，帮助解决人才引进中遇到的住房问题。

③学习北上广的相关经验，建立符合本地实际情况的“二套房”政策，一定程度上遏制房产投资者“炒楼”现象。采取积分机制，为本地引进人才提供金额不等的住房补贴。

④政府注重人才引进政策的落实。宜兴市目前正在推动“陶都英才计划”实施，将奖励金额提升到100万～1000万元不等。我们认为，应成立相关部门与公众平台，扩大申报途径，推动政策的落实。

4. 针对问题四，提出如下改进建议：

①政府可以为需要扶持的企业提供更多人才引进补贴，并在人才引进计划中强调对金融人才的引进，为金融人才提供与技术型人才对等的福利——通过对企业的扶持和对金融人才的引进，双向切实解决宜兴企业缺乏资本支撑扩大生产的问题，让金融人才不仅仅扎堆于一线城市。

②由政府搭建平台，沟通企业、高校，为金融专业的学生提供培训实践技能、帮助适应现场环境的社会实践机会，以学分、学时代替实习工资。学生通过这样的社会实践机会锻炼实际职场中所需的技能，同时获得学分、学时作为劳动回报。企业提供场地，无须支付薪酬就可获得高质量劳动力，在积极响应政策号召的同时，还能发现人才、扩大企业品牌效应。而政府应通过为企业、高校牵线，大力推进“双招双引”政策。

③政府和高校联合创办金融方面的引进大赛，以案例为题，由参赛人员自由组队，研究并给出解决方案，帮助发现金融人才。

三、调研结论与总结

通过参观红色文化基地，我们学习领悟党的初心和使命。在问卷调研、采访、走访宜兴市经济技术开发区企业过程中，我们研究学习宜兴市百年发展史，以“双招双引”政策为课题，经过总结归纳重点，提出政策落实程度与三方对接效果、政策宣传力度、房价、引进人才结构四方面的问题，并就这四方面问题进行原因分析、提出建议。希望我们的建议能为宜兴市“双招双引”政策的推进尽绵薄之力，我们也期待明日的宜兴取得更令人瞩目的成绩！

四、收获与感悟

姜楠：这是我第一次带队做的有关人才引进政策方面的社会实践，从中受益匪浅。从最初的活动投标书策划到现在的活动报告撰写，我们将青年学生的满腔热情与博学务实注入本次陶都循迹之旅，从课题调研中获得的成就感与满足感是从其他活动中无法得到的。循陶都千年文化，追百年红色记忆，谋时代发展新道路！在本次活动中，我们着眼于宜兴市人才引进政策方面的发展，在各环节中我们看到了市政府在“双招双引”方面的努力，同时为全市未来的人才引进出谋划策。我们也衷心祝福老区能够书写未来新华章！

常怿：回顾整个社会实践的过程，我与队员们都相处得非常愉快，有认真的时候也有搞笑的时候，很感谢他们的照顾。在社会实践过程中，我也终于突破了自己内向的性格，对社会问卷调研作了很大贡献。这次的社会实践是我的一次宝贵经历，可能在这次活动中有很多不足，但我会继续努力。同时也希望宜兴市发展得越来越好！

盈星：为期 4 天的实践活动虽然让我觉得很累很辛苦，但我从中学到了很多课堂上学不到的东西。炎炎夏日，烈日当头。正是因为有这样的环境，我们感受到了团队配合的力量，共同努力奋进换来最终的成果。通过亲身体验社会实践，我们更进一步了解了社会，在实践中增长了见识，锻炼了自己的才干，培养了自己的韧性，同时找出了自己的不足和差距所在。我也非常珍惜有这么一次机会能同基层领导谈心交流，丰富了自己的思想。最后感谢在这次社会实践中帮助过我们的人，他们的支持使我们圆满完成了这次社会实践活动！

杨祺炜：通过本次社会实践，我学到了很多校园里学不到的内容，从中受益匪浅。“走老区　看发展”，在此次实践中，我了解了宜兴的红色历史，也看到无论是政府还是企业，都在助力宜兴经济的蓬勃发展。我很感谢我们小组成员和在实践中其他帮助过我们的人，使得这次社会实践圆满完成。循迹百年太湖畔，书写时代新华章。我们期待看到更具活力的宜兴！

打造特色产业集群，带动老区经济增长①

——对丹阳市汽车零部件产业调研

一、引言

（一）调研背景

丹阳市汽车零部件产业从20世纪80年代兴起，经过30多年的发展，如今已具有一定规模，成为丹阳市的特色产业和支柱产业，被列入江苏省重点培育的100个产业集群。丹阳市汽车零部件产业现有生产企业800余家，相关从业人员约6万人。2020年，丹阳市汽车产业集群实现应税销售收入255.4亿元，同比增长7.6%，占全市应税销售收入的16.4%。回顾历史，汽车产业集群在助推丹阳革命老区实现快速发展方面作出了巨大贡献。在建党百年之际，总结丹阳市汽车产业集群的发展经验和存在问题，能为革命老区实现进一步的经济发展提供有益的启示和借鉴。因此，我们选择了丹阳市代表性的企业——海狮汽车部件有限公司作为重点调研对象。我们重点围绕现有产业集群规模、生产营销方式、园区配套设施完善程度等问题进行实地走访，并对企业在当今大环境下所面临的问题展开深度调研，积极发现问题。组员们发挥专业特长，尝试为新时代的老区经济发展提出切实可行的建议。希望通过本次调研，为革命老区实现经济腾飞提供有益的建议与借鉴。

（二）调研基本情况

调研地点：江苏省丹阳市界牌镇。

调研时间：2021年7月16日。

调研对象：海狮汽车部件有限公司。

调研方法：实地调研、查阅文献。

---

① 作者：夏培原、张致涵、韦仪、顾骏焱、应睿涵、刘芳杉、曹煜、欧阳洁惜。指导老师：李欣。

二、主体

（一）产业发展基本情况

丹阳市汽车零部件产业经过 30 多年的发展，现已成为丹阳市特色产业和支柱产业，被列入江苏省重点培育的 100 个产业集群，先后被授予“中国汽车（摩托车）零部件制造基地”“中国汽车零部件出口基地”“江苏省汽车零部件出口基地”“江苏省优质汽摩配生产示范区”等荣誉称号。目前，在丹阳市 800 余家各类汽车零部件生产企业中，规模以上企业有 163 家，超 10 亿元企业有 4 家，超 5 亿元企业有 6 家，超亿元企业有 45 家。海狮汽车部件有限公司位于丹阳市界牌镇，界牌镇素有丹阳“小香港”的称号。界牌镇曾先后被评为“全国农村教育综合改革先进镇”“全国小城镇建设试点镇”“江苏省新型示范小城镇”“江苏省环境与经济协调发展示范镇”“江苏省农村现代化示范镇”“省级文明镇”“镇江市首富镇”“全国千强镇”。海狮汽车部件有限公司专营汽车、商用车、货车等的零部件，有着成熟的技术、较高的行业水准以及专业的团队。公司秉承“至善尽美，永续经营”的服务理念，始终把顾客满意度放在第一位，力求服务完美、无可挑剔。公司产品严格执行标准进行生产，保证生产的系列产品具有优秀的品质。公司拥有固定资产 5000 多万元，拥有占地 5 万余平方米的现代化标准厂房；生产设备精良，车间拥有大型油压机、大型注塑机、流水线喷塑机等大型器械；现有员工 150 余人，高级工程师和技术人员 14 人。公司已通过 ISO/TS-16949：2009 质量体系认证及 E-MARK 体系认证。目前，海狮汽车部件有限公司是丹阳市汽车零部件产业的标杆，以海狮汽车部件有限公司为重点调研对象，可以代表性地看到丹阳市当地汽车零部件产业发展的现状。

（二）调研方法及调研过程

1. 实地调研

小组成员于 2021 年 7 月 16 日上午 8 点整抵达海狮汽车部件有限公司，正式开始调研之行。小组成员跟随海狮企业相关负责人董欢小姐的脚步从汽车零部件的储存仓库开始考察，了解了现今汽车零部件产成品储存物流情况及其对经营的影响。之后，小组成员有幸深入探访车灯、保险杠等汽车零部件的生产线，参观最新引入的加工仪器生产线。一路上，小组成员认真倾听，不断请教，记录自己的所见所闻，受益良多。经历了 3 小时的参观学习，董欢小姐与同学们进行了问答和讨论，小组成员提出了与仓储物流、生产改革相关的各类问题，每一位成员的问题都得到了悉心解答；针对这些问题，同学们也踊跃提出了许多具有建设性的想法。

2. 查阅文献

在指导老师的协助下，我们在党政信息公开平台、企业官方网站、政府官方网站上收集了大量有关丹阳市汽车零部件产业发展的数据，用以支撑调研报告中的各项内容。

（三）丹阳市汽车零部件产业集群的主要举措和取得的成就

1. 完善配套设施，推动产业集聚

丹阳市通过科学决策制定了以下三点方针：①明确定位，引领产业集群；②政策扶持，助推企业做大做强；③思路创新，加大要素投入和企业集聚。推动产业的集聚，即企业和园区了解自身定位和发展方向，丹阳市政府为企业的发展提供政策上的帮扶，并进一步推动企业发挥集聚优势，促进资源高效合理利用，吸引了大量的相关企业入驻。企业系统管理和模块化供货能力提升，带动了差异化的多层次发展和同心多元化不断推进，实现了规模迅速扩张，在各个细分行业之间形成了协同效应。以新桥、界牌两镇为例，两镇位于丹阳市东北角，地处长江之滨，水陆交通便利，基础设施完善，工业化程度高，居民生活富庶，属长江三角洲对外经济开发区，丹阳市的汽车零部件生产企业主要集中在这里。新桥镇建有“新兴工业集中区”“汽车零部件工业区”等多个工业集中区。产业集聚使得丹阳市的基础设施得到了完善，也使得各个汽车企业共享基础配套设施和服务，节约了能源、运输等方面的成本。

2. 完善产业链，打造网络运营平台

丹阳市汽车零部件行业各企业现有产品总计400余种，其中包括汽车轮毂、灯具、仪表台、保险杠、内外饰件、微电机、安全气囊气体发生器、仪表以及客车顶风窗等，各类零部件的产量在全国均位居前列。国际汽配城在线上发展迅速，目前已建立了网络运营平台“车通配”，手机端App也正式上线。这为作为汽车零部件产业集散地的汽配城提供了初步的供应链平台，形成了丹阳市汽车零部件产业从研发到生产再到销售的完整产业链。同时，网络运营平台的建立也使得丹阳市国际汽配城形成了更加完整的产业链，提高了整体运营效率，有利于促进当地经济的发展。

3. 增加贸易收入，扩大对外贸易

早在2009年，丹阳市汽配产业就实现了销售额150亿元，占全市销售收入总额的15.88%。其中，年销售额超500万元以上的企业达262家。2008年1—9月，丹阳市车辆及零配件出口额高达1.1亿美元，同比增长26%，居出口商品第三位①。据海关部门统计，2019年1—11月，丹阳市汽配企业进出口额为5.56亿美元，其中出口额为4.29亿美元，2020年应税销售收入为255.4亿元，占全市的16.4%②。近年来，丹阳市汽车零部件企业配套能力不断增强，能为国际品牌整车配套的企业数量显著增加。老区汽车零部件产业在国家重大工程和技术专项的支持下，通过企业自主研发、合资合作及技术人才引进，持续加强技术攻关和创新体系建设，在部分领域核心技术逐步实现突破。林泉饰件、超力电器、新通达等企业顺利进入大众全球供应商配套体系，其中林泉顺利成为沃尔沃全球供应商；江苏赛格汽车部件有限公司生产的汽车刹车系统部件已给韩国万都系汽车批量供货；荣嘉精密机械研发了汽车发动机支架，已成为德国大众全球主要供应商；江苏洪昌生产的汽车灯具出口给韩国大宇、海拉车灯等国际知名汽车企业。丹阳本土企业不断开展国际合作，进行跨国贸易，带动对外贸易和经济增长，实现了产业的快速发展。

4. 提供就业岗位，带动经济增长

丹阳市总计拥有汽车整车以及零部件生产企业800余家，从业人员约6万人。数量众多的汽车零部件企业为丹阳市及周边地区的居民源源不断地提供了大量的就业岗位，很大程度上提高了劳动力资源的利用率。从整体来看，国家正在促进汽车行业调整升级，鼓励研发制造高质量、高技术水平的自主品牌汽车，对新能源汽车保持着较大的扶持力度，更为汽车零部件产业创造了更多的发展契机。

汽车产业提供的就业岗位也使得老区重新焕发活力，带动当地经济再度活跃起来。在汽车零部件工厂车间工作的有许多是周边地区的中老年人，在汽配产业内就业，明显提高了他们的收入，使他们更多地参与到市场活动中。汽配行业提供了大量劳动密集型岗位，在广泛地帮助老区人民提高整体收入的同时，也吸引着一批外来务工人员在工厂工作，这不仅为工厂的运转提供了配套服务，而且也为他们在本地生活和消费创造了条件，反过来又促进了当地经济的发展。

5. 打造知名品牌，赢取市场认可

丹阳市汽车零部件代表企业海狮汽车部件有限公司主动创新，积累信誉，

---

① 《镇江日报》2008年11月5日第B04版，《丹阳前三季外贸出口超10亿美元》。

② http：//www.dy001.cn/2020/0109/57022.shtml.

发挥品牌效应，在形成 HIACE（海狮）品牌后，一方面加大创新力度，生产优质零部件，另一方面积极在有业务往来的日本、埃及等东道国申请商标权、核验认证体系，并通过设置专门海外代理等方式，聚拢产品品源、预防盗版、保护品牌，实现全流程的品牌管理，以优质品牌开拓市场，先后获得了“镇江知名商标”“江苏省知名商标”的荣誉称号。截至 2013 年，丹阳市汽车产业集群中有 1 家国家级高新技术企业、1 个国家驰名商标、2 家国家级行业标准技术委员会主任委员单位、8 家省级高新技术企业、2 家省名牌产品企业和 3 个省级著名商标①。2020 年，日本（丹阳）汽车零部件产业园获评省级国际合作园区。丹阳市 3 家汽车零部件企业——新泉、超力、新通达获评第 17 届“全国百家优秀汽车零部件供应商”。目前，丹阳市已经拥有了“中国汽车（摩托车）零部件制造基地”“中国汽车零部件出口基地”“江苏省优质汽摩配生产示范区”等荣誉称号。

（四）汽车零部件产业发展中存在的问题及原因分析

1. 疫情背景下，物流成本提升，效率降低

我们结合所学物流专业知识对物流问题进行了更详细的分析：海狮汽车部件有限公司的大多数业务属于外贸业务，其客户遍及多个国家多个地区。同时，以生产高精汽车零配件为主的博柯莱公司、江苏林慧公司、紫藤汽车零部件公司等主要面向海外市场的生产企业也面临着物流运输上的困难。国际物流可谓连接生产端与销售端的核心环节，直接影响货物安全以及时效性，而其成本的大幅上涨造成了货物本身价值与附加成本的不匹配。在我们调研完成后不久，来自埃及的客户就宣布放弃履约，买家已经无力负担高额的运费；而被弃购的货物只能大量堆放在仓库等待报废回收，这也大大增加了仓储的成本。

最先涉及船运公司，面临的问题就是自新冠肺炎疫情以来，同类国际航运普遍运力不足，直接导致运费提升。其中，外部需求的增长与除中国以外全球制造业萎缩导致的海运需求不平衡也是国内海运费用飙升的主要原因之一。疫情带来的恐慌情绪推高了市场对商品的需求，使得货物进口的运输需求大大增加，航运业不得不面临巨大的需求压力。随着疫情持续，全球经济开始反弹，原有的对大宗商品的需求逐渐复苏，更加挤压了航运的运力，不断推高航运价格。同时，货柜供求不平衡导致中国国内货柜需求数量远远大于国内的货柜供给量，流转效率低下，货物安全无法保证，可能出现包括港

① https：//www. jsw. com. cn-0420/1072846. shtml.

口拥堵、船期延误、爆仓甩柜等问题，外贸企业申请及提取货柜手续烦琐且困难。在客户端方面，运费方式的选择通常有 CIF 以及 FOB 两种常见类型，在疫情之下，客户出于货物安全、便捷性以及成本考虑，往往会选择前者。FOB 价即“离岸价格”，是指卖方承担货物上船前的一切费用以及货物灭失或损坏的风险。当货物在装运港装上船时即完成了交货义务，在此之后货物灭失或损坏的风险转移至买方。与之相对，CIF 即到达买方目的港的价格，包括 FOB、运费和保险费，也称“到岸价格”。若为 CIF，则东道国海关的报关检测阻力和税率波动问题长期存在且无法忽视。

受到上述多重因素的冲击，截至 2021 年 8 月 5 日，世界集装箱综合指数（WCI）给出的海运价格已经上涨至 9371. 30 美元/40 英尺集装箱，比 2020 年同期高出 370%，同时这也是连续第 16 周上涨。此外，Drewry 预测海运费率将在未来继续增长。这样的海运费用使利润率本就不高的制造业企业出口产品的价格大大超过买方所能承受的价格。以海狮汽车部件有限公司为例，物流费用高涨，直接导致了订单数量的下降，也导致许多已经接下的订单是否能完成和交货成疑。此外，更有大量已经生产完成的商品由于货运费用的高涨不得不滞留在厂内。总体来看，运力紧张已将海运费率推高至新冠肺炎疫情大流行前的 4 倍，这极大地影响了诸如海狮汽车部件有限公司这样的企业的运营。

2. 传统出货模式差错率较高，客户满意度较低

在调研过程中，我们走访了位于丹阳界西工业园的零部件生产车间。我们了解到，出于仓储考虑，海狮汽车部件有限公司并未采取生产大量库存的做法，而是采用传统出货模式，即接到订单后车间加工原定数量以及订单数量额外 5%左右的零部件，交货期通常较短。

在具体生产方面，大部分零部件的产生包含生产、组装以及部分工序外包等工序。撇去外包环节的影响，在机器生产环节，部分设备产出次品率高，例如，热胶机和另一款采用超声波嵌合的设备次品率高达 10%左右，而人工组装以及操控机器时造成的失误不可避免，较短的交货期更是加剧了这一问题。此外，相当一部分零部件因包装问题或运输过程中存在不合规的现象，均有可能导致产品不达标，因而出现次品率高于预期、客户满意度较低的问题。

3. 高端人才缺乏，人才结构不合理

在汽车零部件生产领域里，相关企业受到产业规模和第二产业的特殊性质影响，难以吸引和留住高端人才。同时，由于技术门槛较低，创新研发投入不足，更难以为高端人才提供广阔的发展空间。作为劳动密集型企业，员

工多来自周边村镇，受教育程度有限，年龄偏大，受过规范培训的人才不足，高端人才更是处于缺乏的状态。海狮汽车部件有限公司的专业人才面临“什么都会一点儿”“什么都要干”的情况。企业与高校联系不够紧密，高校的人才培养与企业的人才需求脱节，因而造成了专业人才的浪费、部分岗位人才缺失的问题。

4. 原材料、外包环节成本提高且无议价能力

从2020年下半年开始，受产能、疫情等因素的影响，原材料的价格一路飙升，致使涨价与保障原材料品质、部分原材料完全靠进口的矛盾不断加剧。例如，海狮汽车部件有限公司为日本客户生产前保险杠时，日本客户要求只能使用三菱生产的塑胶颗粒制造，而国内也确实无法找到能生产相同级别塑胶颗粒的供应商，只能依赖进口。

5. 创新能力不足，产品附加值低

丹阳市汽车零部件产业的长期发展所面临的重大问题就是创新能力不足，产品附加值低。因此，要谋求更长远的发展必须推动转型升级，但是转型升级困难重重。首先是知识产权带来的风险，西方高精尖科技公司对我国展开了全面的科技封锁，我国企业自主研发任重道远。其次是汽车产业在西方的长期主导下，产品市场和需求趋于固定，要打破西方主导下固有的产品市场体系，打造属于中国汽车零部件市场的需求和创新之路，困难重重。最后是企业本身，现阶段高附加值产品不足且开发能力低下，需要面对长周期、大投入的挑战。

6. 产业集聚优势仍未充分体现

首先是产业战略规划前瞻性不足。产业布局较为分散，涉及车辆制造和改装的重点板块之间缺乏良性互动，产业链从原料的生产到零件的组装，上下游企业缺乏联动，存在中低端项目多地重复建设的现象。其次是产业发展方式亟待优化，产业发展不够均衡，虽然有海狮、新泉等大型企业，但是大多数企业还处在行业发展的中低端，未能有效整合本地零部件企业资源。最后是零部件配套产业结构仍然不够合理。零部件配套企业涵盖面虽然广，但大部分供应商的配套能力较弱，无法充分发挥产业集聚优势①。

---

① 市商务局．优化提升汽车及零部件产业正当时［EB/OL］．［2019-07-13］．http：//cmstop.zt.jsw.com.cn/p/52560.html.

（五）解决方案

1. 搭建新平台，创造新模式，提高物流效率

从企业角度而言，因多级代理层层提价，物流价格居高不下。因此，企业可以通过避开多级代理的方式订购货柜来对抗运费的上涨，降低订货柜的成本。在后续的货柜装运、运输、装船过程中，企业可以招募并培训专门的卡车司机，通过这样的方式一路“护送”货柜出海，提高客户满意度，减少无效精力损耗。同时，在货柜紧缺的大环境下，这样的方式为货柜的获取提供了便利。

从产业集群和各合作企业角度来看，面临的主要问题就是效率低下。从物流管理的专业角度分析，在现实国际贸易中，买家更倾向于指定物流公司。但这直接导致了物流效率低下，买家、卖家、物流公司三方沟通，存在信息交流迟滞、沟通障碍、责任分化不清等一系列问题。要想解决这些问题就需要促进买家、卖家的交流，树立起外贸企业的良好形象。推行交易物流一体化，建立完善的从生产到物流结合体系。从生产到仓储，再到物流不再是孤立的单位，而是完整的、一体化的过程，那么物流的效率就可以大幅提高。作为汽车产业的配套产业，应该发展完善物流产业集群，提高港口服务管理水平，加强汽车产业与物流产业的互动联系，充分利用互联网和大数据技术打造信息共享平台，提高物流效率，降低物流成本。

在调研的过程中，我们受到了新启发。在产业园内的工厂，时常共用集装箱进行发货。目前如 Ceva Logistics 等国际物流企业，就已推出拼箱的服务，让不同的客户共用集装箱，这就是降低物流成本的好方法。如果要将这一方法推广落实，我们需要在产地和生产厂家之间建立成熟的物流互通体系，利用先进信息化技术实现物流需求共享。生产企业间也需要建立足够的信任和相关合作机制，力求达成小货量同货柜发货，大货量同批次发货。在有稳定且大量的运输需求下，与国际物流公司也更易达成合作关系，发挥出产业集群的先天性优势，实现合作共赢。

从政府和国家角度来看，面对海运市场的供需矛盾所带来的巨大冲击，企业在寻求自救的同时更需要政府的大力支持。首先，最直接的是经济支持，丹阳市政府可以效仿浙江省温州市，拨款用于班轮公司调拨外贸空箱，确保外贸集装箱供应量不少于上年同期，巩固并新增加密外贸集装箱国际航线，应对外贸可用集装箱短缺、运价高涨等外贸难题。其次，拨款并非长久之计，此前交通运输部曾鼓励班轮公司与货主企业积极签订长期运输合同，为响应中小客户的运输需求，协调中远海运集团等主动提供服务，新开多条服务专

线，为中小货主企业提供专项的运输服务。从长远来看，政府可以通过建设智慧港口的方式来缓解当前形势，由政府引导，促进资源整合，成立由港口、船公司、集卡公司组成的跨行业联盟，促进信息在不同部门间的流通，将线下服务改造为线上服务，从而大大减少客户到处“跑腿”的次数。同时，也要促进校企联合，对接高校引进人才，缓解企业中一人兼多职的问题，合理分工，从而提高企业效率。正如国家发展改革委在《关于促进中国现代物流业发展的意见》中强调“促进现代物流业发展是一项跨行业、跨地区、跨部门的综合性工作，涉及面广、政策性强，需要各地政府和各有关部门协同配合，形成合力”。

2. 改进管理制度，推动信息共享，提高出货效率

丹阳市一些汽车零部件公司在生产技术、流程管理等方面存在诸多问题，应当改进生产管理，推进现代化、信息化、一体化的生产车间建设，加强如注塑机、热压机生产设备的自主研发和改进，提高良品率，提高技术创新能力，加强企业的内部管理，革新管理架构，做到各司其职，责任到人，专职高效，提高仓储水平，在企业内部的生产和储存过程中减少生产损失。同时，在国际航运物流中，向国际领先的物流企业学习，推动构建互联网货物信息共享平台，实时监测货品在港口和海运时的数据，尽可能减少损失，为买卖双方提供便利。

3. 加强校企合作，多举措吸引人才

高校是我国高等教育人才的“原产地”。老区生产企业应当加强与各个高校的合作，运用“校招”等新方式，吸引开发设计、管理运用等方面高精尖专业人才进入汽车零配件行业。同时，政府也应加强宣传引导，为来老区就业的人才提供良好的发展环境，如住房公积金补贴、养老保险补贴、医疗补贴等政策更使老区汽车零部件行业的发展展现出勃勃的生机。

4. 完善上下游产业链，提高原材料自主生产力

在汽车零配件产业中，原材料的开发、销售、使用，是产业链的源头。要想摆脱西方原材料巨头对原材料价格的控制，必须积极寻找替代材料，同时把原材料创新作为企业研发投入的重点之一，构建完整的上下游产业链，积极推进与国有原材料生产企业如新华阳材料公司、钢研科技有限公司的合作，而不是过于依赖西方上游原材料提供商，否则在面对疫情冲击或突发事件时就会举步维艰，受制于人。

5. 提升创新能力，增加产品附加值

传统产业的技术、工艺、产品、市场都已趋于成熟，要打破僵局首先要克服思维固化。相当一部分企业经营者渴求于获取短期利润，一心想“赚快

钱”，做不到潜心进行核心技术的有效积累。企业经营者必须克服这一错误的思想，加大科研的投入，提高创新能力，从“制造”向“智造”转变。通过转变，成功的案例比比皆是，埼玉铝合金精密锻造（丹阳）有限公司看准了轻量化材料是大势所趋，在疫情困境下仍坚持引进新设备，适应新能源汽车发展趋势，生产铝合金专业锻件，成功渡过难关①。其次要促进企业之间、行业之间的研发成果交流，形成以中国汽车零部件制造业为主导的产品模式，形成以中国汽车零部件制造业为核心的知识产权系统。奇一科技研发的“连续纤维增强热塑性复合材料”获评“国家重点新产品”，该企业成为国内同类领军企业。不断研发新兴产品并提高市场的需求量和地位，才是打破西方国家对汽车零部件产业市场和技术控制的“利剑”。

6. 促进产业集群建设，发挥产业集聚优势

产业集群要作出详细合理的产业规划，明确发展空间布局。加强汽车产业战略规划和前瞻性布局等科学设计，统筹推动产业健康有序发展，防止各地盲目跨界上新项目。

要促进产业集群建设，必须深入了解以下三点：①明确汽车制造与改装相关的各个板块以及企业发展方向和重点。②为汽车零部件产业培育出科学理想的生态环境，全力推动项目的预先审核，在项目建设过程中提供全面扶持、出台帮扶政策，推动企业的投资与合作，积极开展招商活动，与国有企业对接以吸引国有资产加入②。③明确产业招引负面清单，制定失信惩戒和“黑名单”等行业信用管理体系③。取其精华，去其糟粕，为汽车产业集群发展输入健康新鲜的“血液”④。

三、调研结论与总结

在这次丹阳市汽车零部件产业调研活动中，我们从多角度调研分析了老区汽车零部件产业集群的发展现状，针对该产业集群对老区经济发展所作出的贡献和该产业目前面临的困境进行了深入的研究。

研究显示，丹阳市汽车零部件产业集群首先为老区提供了大量的就业岗位，目前相关从业者达到了 6 万人。其次为丹阳革命老区增加了贸易收入，扩大了对外贸易，仅汽车建业园区就为丹阳市提供了数百亿元的贸易额。丹

① https：//k. sina. com. cn/article_ 5675440730_ 152485a5a02000z8ke. html? subch = onews&sudaref = www. baidu. com&display = 0&retcode = 0.

② http：//app. dy001. cn/? app = article&controller = article&action = show&contentid = 57294.

③ http：//app. dy001. cn/? app = article&controller = article&action = show&contentid = 57294.

④ http：//cmstop. zt. jsw. com. cn/p/52560. html.

阳以产业集聚带动地方经济发展的成功经验可为革命老区实现经济腾飞提供启示和借鉴。

老区的汽车产业发展也面临着巨大的挑战，在疫情当下，其面临的主要挑战即物流困难，同时还面临着生产出货模式落后、高精尖人才缺乏、创新能力不足、产品附加值低等问题。小组成员经过调研分析，结合我们自身物流管理专业的知识，从企业、产业集群、政府等多个角度为老区汽车零部件产业集群面临的各项问题提出切实可行的解决方案。

全球疫情防控形势不容乐观，但在习近平总书记的领导下，中国的疫情防控交出了合格的答卷，现在中国制造业的发展迎来了全新的契机，革命老区汽车零部件产业的未来发展虽不可能一帆风顺，但前途是光明的。相信在企业、政府等多方努力之下，在不久的将来，丹阳市汽车零部件产业通过不断研发创新，将会创造更为辉煌的业绩，也必将在更广阔的国际市场发挥更多的引领作用。

四、收获与感悟

经过这次调研，小组成员切实体会到了在复杂多变的外贸交易环境中企业生存发展的种种不易。小组成员从海狮汽车部件有限公司多年发展的历程中见识到了从无到有的伟大，从决策到执行的智慧，也深刻理解了真诚、踏实、坚持等品质对于企业和个人发展的支柱性作用，也被“细节决定成败”的企业价值观深深震撼。

调研小组成员结合所学专业知识，针对部分问题提出了有理论依据、切实可行的解决方案。不仅提高了自身学习思考的能力，也增长了社会实践经验，把专业知识和现实生活结合了起来。把知识和能力用到实处，把思想和信念落到实处，大家受益匪浅，期待将来有更多的实践机会，更期待着通过努力学习，用专业知识为国家的发展作出我们自己的一份贡献。

老区七月杧香十里，脱贫续章稳健起笔①

——以田东县杧果产业为例，探究百色特色农业对脱贫攻坚的助力作用

一、引言

（一）调研背景

2021 年正值中国共产党百年华诞，中国共产党在这百年里不断发展壮大。本次调研走进革命老区百色市田东县，探访那一片生长在红色记忆地的杧果林，深入考察田东县杧果产业对脱贫攻坚的助力作用。

2021 年也是脱贫攻坚战收官后的第一年，本次调研以革命老区的脱贫攻坚工作收官后的发展为立足点，考察革命老区在脱贫攻坚工作收官后特色杧果产业的发展情况，了解田东县杧果产业的发展现状，探究田东县杧果产业现存的发展问题，向当地政府了解未来的发展方案，并根据自身的专业知识结合当地发展给出相应的建议，助力田东县杧果经济可持续发展。

（二）调研基本情况

调研时间：2021 年 7 月 26 日。

调研地点：田东县乡村振兴局。

调研对象：田东县乡村振兴局干部。

调研范围：了解田东县扶贫工作所取得的成果以及后续乡村振兴战略，探讨关于田东县杧果产业发展的政策和现状以及对未来的发展规划。

调研时间：2021 年 7 月 27 日。

调研地点：百冠杧果生态谷。

调研对象：杧果示范区工人。

调研范围：考察广西四星级现代特色农业示范区下属农家乐运营情况，

---

① 作者：陈子馨、韦睿琦、许海清、李娜、周梅、张可欣。指导老师：刘诚洁。

以及智慧农业系统及其他科技农业设施在杧果种植、运输过程中的使用情况。

调研时间：2021 年 7 月 27 日。
调研地点：中国杧果交易中心。
调研对象：个体经营商户。
调研范围：了解杧果销售情况（产业行情、费用、比较优势）、现有杧果销售渠道及模式。

调研时间：2021 年 7 月 27 日。
调研地点：右江工农民主政府旧址。
调研范围：探寻革命老区的文化记忆，感受革命老区的红色文化基因。

调研时间：2021 年 7 月 28 日。
调研地点：那王杧果庄园。
调研对象：那王杧果庄园农德州主管。
调研范围：了解以那王杧果庄园为代表的田东县产旅融合项目的经营情况和经营问题，探讨那王杧果庄园未来的发展规划。

二、主体

（一）调研对象基本情况（按走访的时间顺序）

1. 田东县乡村振兴局

田东县乡村振兴局为田东县扶贫开发办公室整建制重组而成，为田东县人民政府直属机构，由田东县农业农村局统一领导和管理，主要负责巩固拓展脱贫攻坚成果、统筹推进实施乡村振兴战略有关具体工作。重组后的田东县乡村振兴局，原有人员编制、领导职数、内设机构及所属事业单位均保持不变。不再保留田东县扶贫开发办公室。

2. 田东县平马镇百冠果蔬农民专业合作社

田东县平马镇百冠果蔬农民专业合作社成立于 2010 年 11 月，合作社采用灵活多变的运营模式，按照“合作社+农户基地+水果市场+超市+互联网”的经营模式，不断拓展销售渠道：一是紧紧抓住电子商务平台，成立了广西田东百冠电子商务有限公司；二是加强与供销社的合作，开设网上供销社，便于广大消费者购买；三是成立田东县杧果协会，整合各个合作社资源做大做强田东县杧果业；四是自主创立“百冠”品牌和商标，提高知名度；五是结合脱贫攻坚做好扶贫工作，辐射带动杧果产业发展。同时，合作社还利用自身优势，采取“电商+扶贫”模式推动电商发展，方式包括贫困村入股分红带动脱贫、吸收农村贫困户就业。合作社先后被评为“自治区区级农民专业合作社示范社”“国家级农民专业合作社示范社”，所生产的杧果连续获得“百色十大杧果王”“杧果王”“杧果晚熟品种一等奖”等荣誉称号。2015 年，“百冠”商标被评为广西著名商标。

3. 林逢镇东养杧果核心示范区

林逢镇东养杧果核心示范区位于田东县林逢镇东养村，栽培品种以桂七杧、台农一号、金煌杧为主。林逢镇东养杧果核心示范区的建设，调动周边农户种植杧果的积极性，增加社员及周边农户收入，安排农村剩余劳动力就业。这一项目辐射全县乃至周边县市农户，调整和优化杧果品种结构，拓宽农民增收渠道，促进田东县杧果种植规模化、专业化、产业化升级，对农业产业化的发展和改革起到了积极的示范作用。发展农业观光旅游经济，可带动田东县生态旅游业的发展，促进田东县特色产业的发展。

4. 中国杧果交易中心

中国杧果交易中心由田东县投资 1.6 亿元建设而成，目前投入使用的第一期总占地面积达 60 亩，规划为杧果交易大棚、世界精品零售区、杧果包装材料销售区、杧果物流配送区、综合配套服务区五大功能区。田东县的中国杧果交易中心拓宽了田东县杧果的营销渠道，规范了当地杧果的销售行为。

5. 那王杧果庄园

那王杧果庄园是田东县林逢镇产旅融合项目成果之一，是由当地特色杧果产业与旅游业相结合而形成的一个旅游庄园。

6. 林逢镇产旅融合项目

林逢镇产旅融合项目主要包括林驮村那王杧果庄园、东养村那朗杧果观光谷、林驮村祥乐农庄、英和村小龙虾养殖基地、保群村和华润五丰葡萄种植基地、桥扎村吉元蚕业基地等。项目效益如下：一是促进贫困户脱贫摘帽。项目所在地受益村有林驮、东养、英和、保群、桥扎 5 个村，通过发展产业、解决贫困户劳动力就业等，促进涉及村贫困户收入提高。二是促进乡村振兴与产旅融合发展。完善该地区农业基础设施，促进杧果产业发展。三是直接促进相关产业发展和贫困户收入增加。同时，各地形成了多产业共同发展的多样结构。四是提高群众发展生产积极性。项目实施前，由于交通不便、生产成本高，部分群众对该区域的土地进行丢荒闲置处理，虽然种植了杧果但也不管理，任其自然生长。项目实施后，该群体的大部分群众均对闲置丢荒的土地进行了耕种，对疏于管理的杧果进行了精细管理培植，仅此一项就增加了杧果种植面积约800亩，户均增加年收入1.5万元。

（二）调研方式及方法

1. 调研方式

本次实践调研的第一阶段内容为确定小组成员分工、商讨实地考察计划、收集与整理有关资料，此阶段主要采用文献调研法及专家调研法，了解调研对象的背景及现状，同时采用学科交叉研究法规划第二阶段的调研内容。

本次实践调研的第二阶段内容为实地走访当地杧果种植示范区、中国杧果交易中心，参观体验当地特色旅游线路，此阶段综合采用实地观察法、访谈调研法收集有关资料。

本次实践调研的第三阶段内容为综合实地考察资料及先前收集的内容，综合分析杧果特色农业对田东县脱贫攻坚工作的效果，讨论分析现存问题，制定解决方案，以及制作其他展现本次实践活动的影音、文字资料。

2. 调研方法

本次实践采用的主要调研方法见表1至表6。

表1　文献调研法

项目	文献调研法
调研目的	文献调研作为调研的先导，能够进行大范围调研并获取可靠资料，便于汇总整理和分析
调研对象	中国知网、中商产业研究院数据库、田东县人民政府门户网站等多个网络平台
调研内容	小组全体成员在2021年7月12—18日对网络上有关田东县杧果的资料进行了初步的筛选，对田东县杧果产业发展现状及历史发展过程、广西“百色杧果”品牌建设的问题、田东县有关杧果产业的政策等多项内容进行收集。于7月14日晚召开了全体成员的资料介绍、分工解释与查缺补漏会议，以线上会议方式进行

表2　交叉研究法

项目	交叉研究法
调研目的	单学科、分割式的研究不利于对客观事物综合、全面的把握，因而小组在实地考察准备及讨论提出现存问题解决方案两个活动部分将主要运用跨学科研究的方法
调研对象	可用于分析田东县杧果产业的社会科学基础理论

续表

项目	交叉研究法
调研内容	(1) 2021年7月14日小组资料分享后，补充整理了可用于分析的农村与区域发展理论、传播学理论、杧果生产基础知识，对资料反映出的田东县杧果发展问题、缺少或模糊的信息、其他需要用于本次实践调研的内容进行了梳理，汇编成针对乡村振兴局、农业农村局、杧果种植户、经销商及路人四类采访对象的采访提纲。 (2) 在探究解决对策的环节，对杧果扶贫工作效果进行简单评价，并为田东县杧果产业发展建言献策。如对那王杧果庄园在提升庄园自身品牌和运营上仍缺乏资金这一问题，运用经济学、管理学知识提供规划建议

表 3　专家调研法

项目	专家调研法
调研目的	了解当地政府从哪些层面对杧果产业进行支持，从农业种植专业领域的角度评价田东县的杧果种植方式及规划内容
调研对象	乡村振兴局副局长黄凤秋、乡村振兴局战略指挥部产业开发专责小组干部韦再行、乡村振兴局项目股股长农卫书、田东县农业农村局水果站站长黄福泽
调研内容	小组成员以采访提纲为主框架，以提问的方式获取田东县扶贫工作所取得的成果、后续乡村振兴战略安排，田东县杧果产销情况及配套政策与设施，田东县杧果产业现状以及对未来的发展规划等信息

表 4　实地观察法

项目	实地观察法
调研目的	实地观察法主要运用于对当地杧果种植情况、采收情况的观察及实地体验田东县“红色—杧果”特色旅游线路，了解杧果种植业、杧果服务业交叉发展情况
调研对象	百冠杧果生态谷、右江工农民主政府旧址、那王杧果庄园
调研内容	在对杧果核心示范区的实地走访中，小组成员了解了当地杧果产业的实际情况，当地政府对本地杧果依不同品种特性分批上市。在考察期间，正是中晚期成熟的当地特色杧果品种桂七杧上市，占据了主要市场，完成采收的早熟品种杧果树逐步开始剪枝工作。在对特色旅游项目点的考察中，小组成员亲自体验项目情况、整理特色旅游路线、考察景点附近配套设施，对项目点设置的合理性、优劣点进行了综合评估

表 5　访谈调研法

项目	访谈调研法
调研目的	从流通环节参与者视角，了解当地杧果产业，获取杧果经济价值信息
调研对象	杧果种植户、经销商

续表

项目	访谈调研法
调研内容	在林逢镇东养村调研期间，不仅在杧果种植园中参与采收工作，与采收人员亲密交谈工作情况，还前往村内多个杧果处理包装点，与乡亲们交流当年杧果销售情况。2021 年 7 月 27 日，在中国杧果交易市场随机向多位经销商询问当年的杧果销售情况，对比不同销售渠道的销售模式及销售总量

表 6　问卷调研法

项目	问卷调研法
调研目的	了解消费者对杧果的喜好程度和了解情况
调研对象	随机调研消费者 80 人
调研内容	通过发放网络问卷调研，了解受访者对杧果及其副产品的消费喜好及购买情况，对依托特色农业建设的农家乐的参与意愿

（三）调研问卷分析

项目成功与否，很大程度上取决于在市场上的表现。本次调研针对消费者投放网络问卷 80 份，根据调研问卷回收的数据进行以下分析。

1. 消费者对于当地杧果的认知

从问卷调研结果来看，样本中 95%的人是杧果的消费群体，其中仅有 16. 25%的消费者会关注杧果的产地，专门购买某产地的杧果。这从侧面反映出杧果市场规模大，但是未形成对于某种杧果品牌的认可。见图 1。

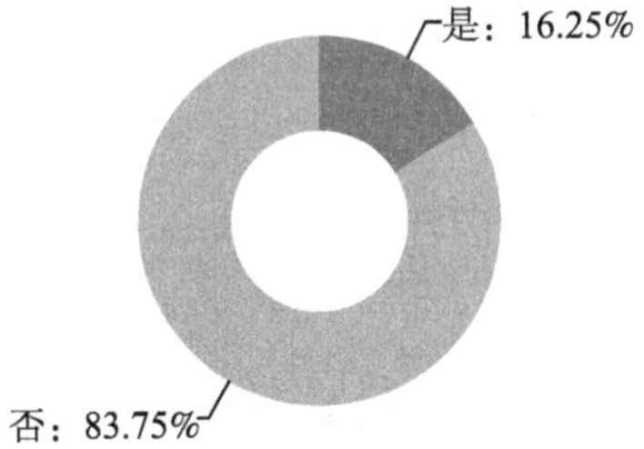

图 1　消费者是否会关注杧果产地

市场中有很多树立品牌认可度而拉动产业发展的案例。例如，智利樱桃、新疆哈密瓜、丹东草莓等，都因消费者对于产地的高度认可，产生了强大的品牌效应。在消费者心中形成了“质优、价优”等优质的品牌形象，甚至能够反向带动其深加工产品的销量。

市面上销售的杧果大多不会特意强调其产地，大多数消费者未形成“杧果产地是哪儿”“哪种杧果是自己的偏好”的认知。对于田东县出产的“百色杧果”，也未形成相应的品牌认知。

2. 消费者的杧果消费习惯

从问卷调研结果来看，消费者以杧果为中心，多样化地消费杧果。消费者除了鲜果购买之外，还会选购各种杧果加工产品。其中，81.25%的消费者会选择由杧果加工制成的果茶、奶茶。超过半数的消费者还会选购杧果干、鲜杧果、水果捞或切块水果制品。见图2。

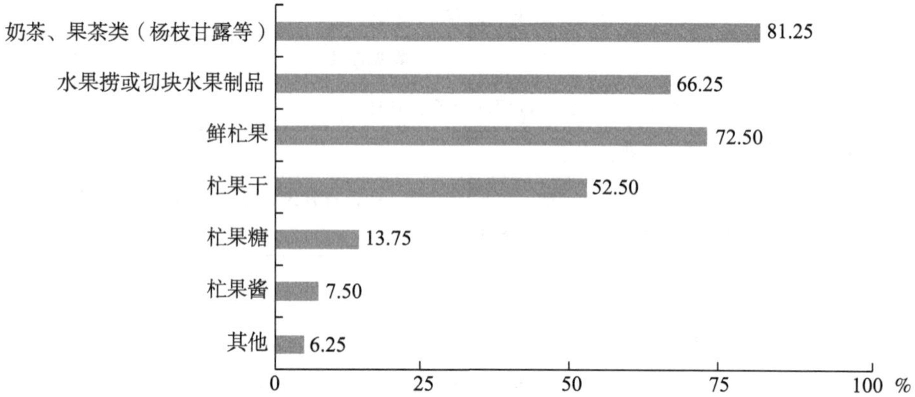

图2　消费者最近消费的含有杧果的产品

除了鲜果，杧果加工产品也具有很大发展空间。因此除鲜果外，可以开辟更多杧果深加工途径，实现增收和发展。

问卷调研结果显示，消费者以门店选购为主，消费渠道多样化。除了门店选购外，近1/3的消费者会选择生鲜App等平台进行网购。见图3。

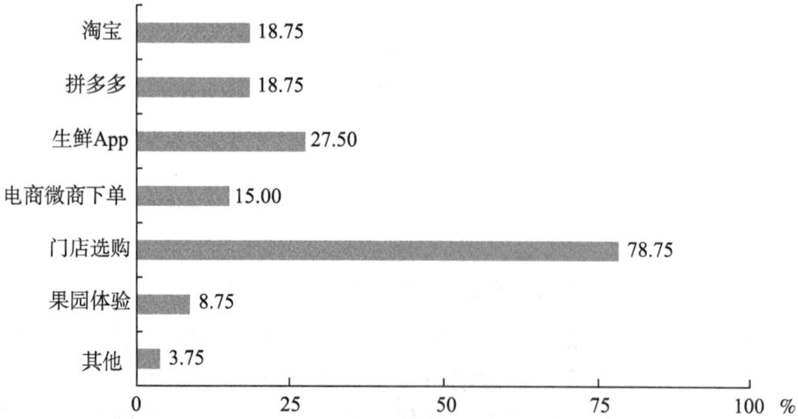

图3　消费者购买杧果途径

门店消费是杧果消费中重要的组成部分，从问卷调研可见，各网购平台也是消费者重要的购买渠道。比起门店选购，电商网购平台的品牌宣传更为便利，价格也更具优势。近年来田东县政府大力发展杧果电商，但是杧果电商的选购率只有 15. 00%，还不是消费的主流。

3. 消费者对于产旅融合的认知

消费者有意愿却无机会体验产旅融合农家乐。田东县当地的产旅融合主要集中于以杧果采摘、观光、休闲、红色旅游为主的特色农家乐。样本中只有 33. 75%的消费者体验过类似项目。未体验过类似项目的消费者中有 47. 17%的人有体验的意愿。大多数调研对象表示，没有机会参与类似的项目体验。见图 4 和图 5。

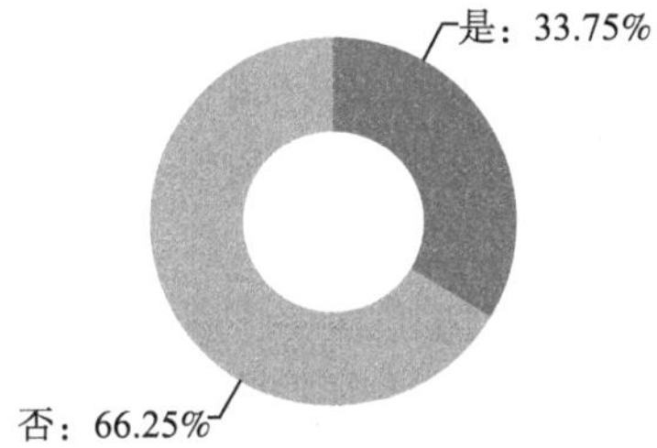

图 4　消费者是否参与过果园采摘

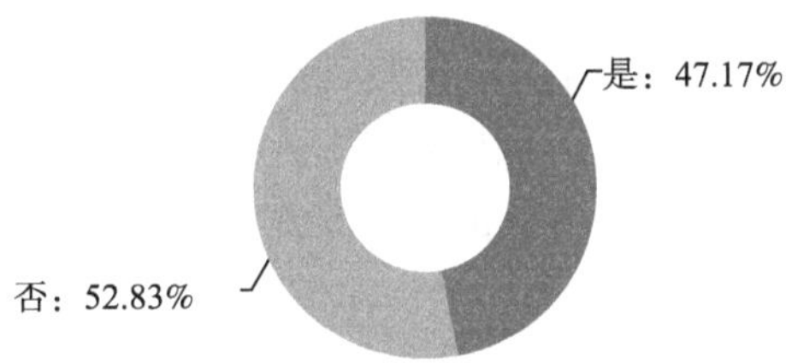

图 5　消费者是否愿意体验农家乐

（四）深度访谈分析

本次调研针对政府工作人员、杧果种植人员、杧果销售人员和产旅融合项目运营人员进行了深度访谈。

访谈总结分析如下：

多措并举，政策助力脱贫攻坚。田东县拥有得天独厚的自然条件，拥有悠久的杧果种植历史。当地政府据此围绕杧果产业部署了一系列相关政策，涉及技术培训、种植奖补、运输储存、销售包装等各个方面。

先富带动后富，发扬老区精神。互相帮扶，共同致富的精神贯穿始终。种植技术共享，多个省市共同交流先进技术。大家互帮互助，攻克难关。

电商与经销商结合，解决销售问题，使销售不愁。杧果销售模式分为 3 种：商家在收获期预定下单，成熟期种植户采收发货；电商收购杧果，包装发货到客户手中；经销商收购运往各个地区批发商户处。联合当地的果蔬专列、快速通道和邮政优惠政策，形成了快速全面的销售网络。

人才缺失，计划推进受阻。针对杧果产业未来发展，当地制订了一系列计划，而在计划推行时，面临着无才可用、人才难寻的问题。例如，杧果国外销售、深加工产业推进、相关旅游项目建设等都面临着管理、实践人才缺乏的问题。当地针对人才引进，有着丰厚的人才奖励政策，但是依然存在人才难留、人才稀少的问题。

融合产业客流量受限，未来发展受限。当地融合产业的代表范例，位于距离县区半小时车程的乡镇上。针对客流量吸引，负责人运用了网络运营、广告宣传手段。据负责人反映，目前园区客流量受园区位置限制，主要是周边县市的居民，难以在数量上得到很大突破。客流量缺少、园区盈利前景受困等一系列问题亟待解决。

鲜果种植趋于饱和，杧果深加工相关产业以引进为主。当地杧果种植面积达到饱和，杧果产量难以依靠种植面积增加而增加。第一产业发展趋于饱和，以第二产业为主的杧果深加工在当地多依靠出口杧果和引进相关企业等方式来完成。

产旅融合项目吸引力有待提升。有意愿而未去体验的消费者表示，针对当地的产旅融合项目，难以进行行程规划，小假期难以协调交通与游玩时间，大部分时间浪费在路上。长假时间拥有更多选择，当地的项目吸引力不足。

三、杧果产业现状总结

1. 改革历程——以市场化理念推动定点扶贫工作

百色作为革命老区、少数民族地区、边境地区、大石山区和水库移民区，长期以来都是广西壮族自治区贫困人口最多、脱贫攻坚任务最重的地区之一。其中，位于百色市的田东县是国家扶贫开发工作重点县，属于典型的“老、少、边、穷”地区，全县人口为43万人。

2015年年底，通过入户精准识别建档立卡贫困户13276户，贫困人口52109人，贫困发生率为15.01%。2016—2018年，田东县累计减贫11159户、贫困人口44951人，40个贫困村脱贫出列，贫困发生率降至2.16%。

回首近30年的扶贫工作，政府对田东县的扶贫思路总结出这样的演进历程：最初“给钱”“给物”，后期转向基础设施建设。直到党的十八大以来，制定一系列全新的扶贫理念，以市场化理念推动定点扶贫工作。由于田东县早年间便是杧果之乡，因此因地制宜发展产业扶贫。加上当地自然风光优美，产旅融合模式也在田东县生根发芽，助力乡村发展。

2019 年，广西壮族自治区政府发出通知，田东县正式退出贫困县序列。

2. 主要改革措施——多方面助力杧果产业发展

（1）加大资金投入，助力产业发展

杧果产业作为当地特色产业，近年来政府给予较多政策优惠：①申请杧果为绿色食品，发放有机肥补贴农户。②提供技术指导，技术人员到户指导种植杧果，提高杧果品质。③对杧果新种植户给予一定额度补助。④以奖代补政策。2020 年，百色杧果网络营销大赛升级为全国青年乡村振兴百色杧果网络营销创新创业大赛，提高奖励额度，扩大销售奖励覆盖人群范围。

（2）多措并举，致力脱贫

一是发展旅游观光，融合当地特色，将杧果特色旅游与红色旅游结合，制定独特旅游路线。二是交流种植技术，总结各地优秀种植经验。三是坚持先富带动后富方针不变，扩大市场，“做大蛋糕”，带领更多贫困户发家致富。

（3）资源统筹，共同富裕

围绕杧果产业，对交通、技术、销售等方面进行资源统筹，实现人与人之间、地区与地区之间互相帮助，取长补短，助力产业发展。

（4）未来稳定增收，政策力度不减

坚持产业发展带动脱贫群众稳定增收，同时巩固拓展脱贫攻坚成果，防止返贫。贯彻目前扶贫政策基本不变，力度不减。

3. 脱贫现状——脱贫摘帽，产业可持续发展

自脱贫攻坚工作开展以来，田东县便把杧果产业作为脱贫主导产业之一，坚持产业发展与农民增收并重，全县杧果种植面积达 32 万亩，产量为 19 万吨，产值达 11.5 亿元，产值居全自治区各县（市、区）前列。杧果已成为田东县农业增效、农民增收的支柱产业。在各方共同努力下，2017 年，田东县实现地区生产总值 160.01 亿元，同比增长 4.9%；城镇居民人均可支配收入 31425 元，同比增长 7.5%；农村居民人均可支配收入 13516 元，同比增长 8.4%。2019 年田东县退出贫困县序列。截至当前，在杧果特色产业扶贫项目上，田东县从种植生产到交易销售均呈良好态势，在产业融合助力脱贫中也取得了一定成绩。

（1）标准化、现代化的杧果生产

在种植生产方面，围绕产业扶贫，政府制定了生产标准化、装备设施化、特色产业化、要素集成化、经营组织化的发展策略。杧果种植在最大限度上实现了机械化，使用电脑等互联网技术对水肥药进行控制。

针对杧果种植技术进行集中培训教学，制定一系列标准，使得先进技术走进种植户的园区，生产的成品果也拥有质量保证。

（2）内外联动，线上线下联动的杧果销售网络

在交易销售方面，杧果交易中心现场交易火爆，运输车辆络绎不绝，据当地商户所言，杧果销售情况十分可观，几乎供不应求。除传统经销商销售方式外，近年来着重培养的电商销售兴起并迅速发展，进一步扩大了销售市场，使得百色杧果远销省外。电子商务服务普及农户，还对交通运输、包装等方面进行政策优惠或补贴，杧果交易将越发便捷。

（3）产业融合，开拓第一、第二、第三产业发展空间

2017 年，田东县被农业部认定为“全国休闲农业和乡村旅游示范县”。近年来，田东县致力于创新财政涉农资金整合使用机制，以入股的方式实施产旅融合和特色种养项目，打造产旅融合示范点，完善产旅融合项目区基础设施，实现涉农资金整合成果共享共用。

产旅融合园区拥有政府支持、可与杧果产业结合、自然风光优美、服务设施完善、可带动村民增收等优势，但也存在宣传不足、地域限制下客流量较少、公路交通不畅通等劣势。在未来发展上，园区计划加大宣传力度，突破季节限制，发展全年旅游项目，在杧果产业特色旅游的基础上加入红色旅游，增加吸引力。

（4）多方面就业增收

在杧果种植、收获、销售、包装、物流运输、深加工、产旅融合等环节发力，为增加就业岗位、增加收入作出重大贡献。为贫困人员提供技术脱贫、劳动脱贫的基础与机会。根据各种情况，制定了一系列奖补政策、帮扶政策。

四、目前存在的问题

1. 可用人才少，人才引进难

据田东县乡村振兴局干部的陈述，该县对于杧果种植和销售方面人才有一定的奖励制度，但在专业人才的培养、吸引人才流入等方面还有需要进一步完善的地方。

田东县乡村振兴局副局长黄凤秋在调研交流中谈道，百色杧果有对外出口以及进行产业深加工的计划，但是缺少外贸人才和相关技术人才，导致相关设想难以实现，百色杧果目前仍然主要以生鲜果品的形式在当地和国内销售。同时，外贸及深加工类人才在市（县）本就屈指可数，加上人才引进计划辐射范围有限，当地配套设施与经济发达地区差距较大，在一定程度上阻碍了杧果产业的后续发展。

2. 种植趋于饱和，技术突破难度大

田东县水果站站长黄福泽描述，全县的杧果种植面积已经达到了极限，

无法通过扩大种植面积的方式来进行增产。

田东县杧果种植面积和产量已经趋于饱和，试图以增加产量来增加利润的道路十分难行。想要达到扩大杧果产量目标，首先应该转向谋求技术方面的突破，让现有面积下的杧果更为高产。其次，保鲜技术也有待发展进步。田东县的杧果主要依赖外销，但外销也意味着对杧果的保鲜技术提出了更高的要求。但同时，上述技术的发展和突破难度也很大。

3. 销售模式值得改进

现如今田东县的杧果在外销时采用的模式主要有两种：一种是本地农户和商贩直接在网上对外销售，另一种是通过经销商的批量订单运往外地进行销售。前者的对外销售量远小于后者。这两种方式都会增加杧果的运输成本和保鲜成本，并最终在实际的销售价格中体现出来。后者的价格因为需要经手不少的承销商，价格的上涨幅度会更大。这样的情况会使得以第二种模式外销的百色杧果相对于进口或外销的本地杧果价格更高，从而失去一定的市场竞争力。

4. 产业链短，深加工能力弱

田东县目前的杧果销售主要以鲜果形式为主，由于价格和技术的限制，为数不多的加工链也是以外包为主，且加工产品单一，产品附加值低。对于鲜果而言，销售的季节限制很大，想要突破这个天然限制，产业向深加工方向发展是在所难免的，但目前的深加工利润不高，发展缓慢，要想实现产业链的延长，仍然需要多方更加努力，而不仅仅是往深加工方面发展。

5. 百色杧果品牌知名度有待提高

百色政府规定官方统称当地杧果为“百色杧果”，原意在于统一宣传，扩大知名度。据当地电商叙述，出于品牌意识，他们会在外包装上打上“百色杧果”的标志并宣传。但作为销售大头的经销商并没有这种意识，他们并不会特意强调“百色杧果”这个品牌，而且经销商的销售以散装包装、散装销售为主，进入商场超市和电商平台的杧果大多都会标注杧果品种而非产地，对“百色杧果”这个官方品牌的宣传效应几近于无。

6. 产旅融合发展不足

当地四星级农家乐——那王杧果庄园的园区主管在调研交流中谈道，园区在建设与宣传过程中都得到了政府的扶持与帮助，政府在产旅融合方面也有相应的发展方向规划。但即使如此，园区目前仍存在宣传不足、客流量受地域限制、交通基础设施无法承载大量游客等问题。同时，当地产旅融合产业并不多，但普遍存在上述问题。目前，当地除产旅融合庄园外，周边的基础设施、环境建设、配套项目仍有待发展。产旅融合提出的初衷是助力杧果产业的全面发展，目前产旅融合仍有很大发展空间。

建议与方案

1. 针对人才不足问题，建议拓宽引进人才渠道，交换人才赴外学习

相较于市区，田东县基础设施建设存在一定劣势。赴当地工作的人才，留下来的年轻人寥寥无几，针对这一基本情况，田东县杧果企业可以拓宽引进人才渠道。在招聘人员方面，除了利用网络渠道进行外部招聘外，还应建立内部推荐机制，激励老员工推荐适配岗位人才，由亲身体验过的人传播出去更有说服力。

可以利用专项计划，选调分配专业人才到田东县进行短期、长期的经验指导工作，提供住所和食物，经济上也给予一定的帮助。交换一些有潜力的人才去外地培训学习、交流经验。这样不仅可以提升员工的能力，还能增强其归属感。

2. 针对种植面积饱和问题，在第二、第三产业寻求突破

种植面积饱和，相比大力寻求技术突破，在杧果相关工业与服务业寻求突破更具有可操作性。

3. 在销售模式与品牌效应上，加强电商渠道营销，打响当地杧果品牌

现在主要的销售渠道是经销商，经销商一般都是散果散卖，而没有当地特色杧果的品牌包装，因此导致品牌效应没有得到充分发挥，大多数人都不了解自己吃的杧果的产地和品种。加强电商的销售营销，针对当地杧果进行品牌营销，不仅可以利用运输政策的支持，降低成本，还可以形成品牌，提高知名度。

利用互联网的传播力，扩大电商的辐射范围，组织开展农产品电商培训，制订专业的营销计划。在消费者心中形成品牌效应，让消费者进一步了解杧果品种、引导个人偏好，实实在在让顾客了解到田东县杧果的物美价廉，形成固定的杧果消费习惯。

4. 针对第二产业薄弱、产业链短的现状，扶植当地深加工企业，带动相关产业发展

当地以鲜果销售为主，深加工企业稀少，且以引进企业收购和出口鲜果为主。发展当地深加工企业，有利于当地第二产业发展，引导产业转型分化，实现增收、带动经济发展的目的。同时，深加工能够产出多样化的杧果产品，为特色旅游夯实基础。

深加工产业可以涉及杧果食品加工、包装、仓储、物流、人工岗位等多个方面，带动其发展。同时，结合当地杧果种植优势，统筹当地资源，为产旅融合打下良好基础，帮助当地产业转型升级。

5. 针对产旅融合发展不足的问题，建设交通便利、旅游项目多样的产旅融合项目，加强互联网宣传

目前，阻碍产旅融合发展的因素主要是当地的基础设施建设相对欠缺，根据消费者反映，交通时间过长、旅游项目种类数量不足是主要的原因。应联动省市交通，完善景区基础设施建设和公共交通网络，同时增加游客的出行方式，实现公共游憩区交通与公共交通的无缝对接，减少在交通方面耗用的时间。应着力建设多方位的旅游景区和旅游项目种类，将杧果产旅融合和县市周边各种旅游资源结合起来。同时引进专门营销公司，为已有的网络宣传矩阵进行规划。

五、调研结论与总结

通过本次调研，我们对当地杧果产业有了更深入的了解。田东县拥有得天独厚的杧果种植条件，受百色市规划，与其他区县一起协同发展“百色杧果”产业。相比其他县区，田东县更着重发展杧果产业。杧果产业为当地经济发展作出了很大贡献，是当地经济发展的支柱之一。而长期以种植销售为主的杧果产业也受限于第一产业发展饱和，产业正处于转型的新时期；第二、第三产业仍有很大发展空间，但也有不足之处。

通过本次调研，我们看见了很多为当地产业发展、脱贫攻坚殚精竭虑的人。他们或是这个领域的开拓者、领头人，或是维持发展的规划者、管理者，都实实在在地奔忙在一线，关注着数据后的民生。为脱贫攻坚、产业发展奉献着，奋斗着。

当地的杧果产业发展不仅充分体现了奉献奋斗的老区精神，还充分体现了团结一致的老区精神。不局限于“分蛋糕”，而更注重于“做大蛋糕”。面对发展，协调一切可团结资源，各杧果产区联动、各行业联动，互相帮助，互相促成，致力于“将蛋糕做大做强”。

六、收获与感悟

经过本次调研，我们感受到了田东县杧果产业的系统化、整体化，这是经过当地政府深思熟虑后的规划与部署，以及当地杧果产业相关人员的配合，再配以时间磨炼所得到的成果。为官者心中有民，民自听从命令；为民者心中有官，官自施策顺畅。

作为学生的我们，通过调研拓宽了视野，更应该向奋斗在老区的前辈学习，甘于奉献，甘于奋斗。

虽然目前杧果产业的发展仍存在一定的问题，但我们相信，在各方的努力下，百色杧果会实现走出广西、走出中国的大步发展。

附录：调研问卷

杧果你爱了吗？——大学生暑期社会实践杧果认知调研

1. 近两年家里是否购买过杧果或相关制品？（杧果干、杧果糖、杧果酱、杨枝甘露等）［单选］

○经常

○偶尔

○从不

2. 是否会关注杧果产地，选购某个产地的产品？［单选］

○是（跳转第 3 题）

○否

3. 您偏好选购哪个产地的产品？为什么？［填空］

____

4. 您最近吃过的含有杧果的产品有哪些？［多选］

○奶茶、果茶类（杨枝甘露、杧果酪等）

○水果捞或切块水果制品

○鲜杧果

○杧果干

○杧果糖

○杧果酱

○其他：________［填空］

5. 在您的所在地，杧果的价格区间是多少？（单位：元/每斤）［单选］

○10 元以下

○10～20 元

○21～30 元

○30 元以上

6. 您觉得杧果的价格贵吗？［单选］

○贵

○不贵

7. 您一般通过什么途径购买杧果？［多选］

○淘宝

○拼多多

○生鲜 App

○电商微商下单
○门店选购
○果园体验
○其他：________［填空］
8. 您参与过果园采摘农家乐吗？［单选］
○是（跳转第 11 题）
○否
9. 您有意愿体验果园农家乐吗？
○有
○没有
10. 那么，您是什么原因目前还未体验呢？________［填空］
11. 满意度如何？［单选］
○满意
○一般
○不满意，原因是：________［填空］

有关大别山红色老区经济振兴的调研[①]

——以安徽六安市独山镇为例

一、引言

2021年恰逢中国共产党成立百年，为探究我国革命老区发展情况，收获实践活动经验，我们开展了本次实践调研活动。在本次调研中，我们选取属于大别山红色老区范围内的六安市作为调研对象，并依照《大别山革命老区振兴发展规划》，有针对性地对这个二类革命老区中的独山镇进行了为期数日的暑期社会实践调研活动。

毋庸置疑，《大别山革命老区振兴发展规划》是本次调研的政策背景。它是指以大别山革命老区为中心，综合考虑区域经济社会联系和协调发展，旨在发挥大别山革命老区比较优势，尽快改变落后面貌，对加快中部地区发展具有重要意义。此规划明确了大别山革命老区振兴发展的指导思想和基本发展原则，提出了欠发达地区科学发展示范区、全国重要的粮食和特色农产品生产加工基地、长江和淮河中下游重要的生态安全屏障、全国重要的旅游目的地的战略定位，以及到2020年的发展目标。

在本次调研中，为实地调研党中央、国务院政策在大别山红色革命老区六安市的落实情况，我们前往位于六安市裕安区的独山镇开展实践活动。安徽省的革命老区主要集中在大别山区、沿淮和皖南部分山区，而属于大别山地区的六安市因其符合50%～89%的乡镇为老区这一特征，被列入二类革命老区的范围中。我们所选择的调研地点——有着“中国第一将军镇”美誉的独山镇，作为全国重点镇和安徽省历史文化名镇，亦拥有9处红军时期的革命旧址群，记录着曾经那段刻骨铭心的历史。

为此，我们通过线下和线上同步收集相关信息并结合所学知识，对当地旅游和经济的发展现状及发展路径予以分析。结合调研结果，我们以合理提出当地存在的问题及对应解决对策、总结其发展的成功经验为首要目标，深

---

① 作者：王梓嘉、徐定元、梁新茹、杨霞、马睿、乐涛、方涵之。指导老师：王桂青。

入探究独山镇作为革命老区的具体特点。

二、主体

（一）调研对象基本情况

1. 独山镇建立与发展过程

独山镇位于安徽省六安市裕安区西南部，面积为 185 平方千米，因镇东南有独山而得名。1949 年，设独山乡，新中国成立后独山镇即独山区人民政府所在地，中间一度因行政体制变动而并到苏埠区。1958 年，建公社。1965 年，置独山镇。1969 年，改属独山公社街道大队。1974 年，复置镇。20 世纪 70 年代初，县派驻干部设立独山工作指导点，接着成立独山区委会。1981 年秋，成立独山区公所，辖 10 个人民公社。1984 年，独山乡并入。1986 年，原独山镇与独山乡合并为独山镇。1992 年 4 月，撤区并乡，原同兴寺乡、龙井乡、独山镇 3 个乡镇合并成立独山镇人民政府。1999 年 9 月，六安撤地设市后，改为裕安区独山镇人民政府。自此，现有独山镇完成建立。

作为大别山革命老区的重要组成部分，它为中国革命和民族解放事业作出了巨大贡献，同时也付出了极大牺牲。独山镇为鄂豫皖革命根据地，纪念地有独山指挥部、六安县赤卫军指挥部、独山列宁小学、六安县苏维埃俱乐部等旧址。土地革命战争时期，独山境内共参加红军数千人。新中国成立后已被追认为烈士的有 530 多人；授少将军衔的有 16 人，上校、大校军衔的有 10 多人。在社会主义革命和建设时期，各行各业、各条战线亦涌现出一大批先进模范人物。

2. 独山镇现实情况

在农林业方面，独山镇主要农作物有稻、小麦、棉花、油菜籽、芝麻等，并以林、茶业为重。与此同时，独山镇也是西南山区林、茶产品集散地，并有砖瓦、锯木、粮油加工、农机修配等工厂。中国十大名茶“六安瓜片”主产于此，香飘四海，成为国宾礼茶；独山小叶瓜片更是闻名遐迩。因此，独山镇也将六安瓜片和优质油茶确定为全镇农业主导产业。六安瓜片龙头企业“徽六”就坐落在镇区，并且冷水村、雨福堂、尚品也在境内。六安瓜片年产值超过 3 亿元，各类专业合作组织有 47 家，农民年人均纯收入位于裕安区前列。

在资源拥有方面，独山镇矿产资源主要为花岗岩，储量丰富，20 多种名贵木本、草本植物，110 余种国家二级以上保护动物。万亩翠竹、手工竹艺行销东南亚；杉木、石料、板栗、柏杨等远近闻名。除此以外，因其地理位置的特殊性，国家AAAA级风景区“龙井沟风景区”亦坐落于此。黄巢点将、虎头深潭、观音迷洞等重要景点风景迷人，素有“江北九寨沟”的美誉。旅游业的建立和发展，为独山镇当地的经济发展拓展了空间。

独山镇坚持走规模化、产业化、市场化、品牌化发展道路，着力将“两茶一莓”产业打造成为生态产业、富民产业，为独山绿色发展增添了助力。全镇六安瓜片面积达7万亩，油茶面积有2万亩，油茶基地配套间种各类中草药有1.2万亩，蓝莓苗木基地有300亩，改建大别山精品苗木基地有1000亩。对于旅游资源的针对性开发，为当地特色经济带来助力。

在旅游方面，经过当地政府和人民的共同努力，独山镇的旅游业迅猛发展，经济和生活水平也随之显著提高。独山镇被划入“国家AAAA级旅游风景区”，被认定为“中国第一批特色小镇”，并荣获“安徽省爱国主义教育基地”“安徽省最佳旅游乡镇”“安徽省环境优美乡镇”“安徽省历史文化名镇”“安徽省特色景观旅游名镇”“安徽省森林乡镇”等多种美誉。

作者团队曾在2010年去过一次独山，而那时的独山还是一片破旧落后的乡村景象，设立的旅游景点更是无人问津，和六安市区形成了鲜明的对比。而此次社会实践活动再次来到独山，可以明显感受到独山镇已经脱胎换骨为一个成熟的旅游景区了，各种设施一应俱全，街道店面也都焕然一新。

（二）调研基本做法

1. 运用方法与工具

在本次调研研究的过程中，我们采用了多种方法对调研进行完善和总结。首先，以收集参考文献和资料为研究基础，对独山镇地区的现状和所采用的经济政策进行全面的了解，这也为后续细致化分析奠定了良好的基础。同时，展开即时性的小组讨论，为资料共同分析和分工协作提供了便利。在调研过程中，在线上进行及时沟通讨论，帮助我们合理有效地推进实践进程。调研地点位于不同地区，此方法成为最为有效的分析共享方式。其次，共同撰写实践报告亦为小组调研的重要方法。小组成员对收集的资料进行各自不同角度的分析，针对现象和发现的问题，进行讨论并得出相应的结论。最后，据此结论提出相关的多种意见，结合所有观点，共同进行实践报告的撰写。

2. 调研过程

资料收集：在调研开展前和调研前期，进行线上相关资料和政府政策查阅，了解六安市政府对于发展六安红色老区方面所作的扶持。在调研中后期，根据线下收集的电子版资料和网上查阅的公开数据，进一步有针对性地对所选取的地区进行更加具体的状况分析。

即时小组讨论：在调研过程中，多次展开小组讨论，使我们能够及时地对所获得的资料、数据、信息进行统一的整理和探讨。通过小组的协作，完成对已有内容的有效梳理，便于后续总结性的成果整合。

调研报告的撰写：随着调研的推进，能够获取独山镇当地经济现状信息，并发现相应的问题。我们根据掌握的现有知识，对所得到的问题提出各自的建议和看法，总结撰写成文，得到小组的调研报告。

（三）调研重点内容

1. 改革的历程

进入21世纪以来，独山镇经济建设和社会事业飞跃发展。2003年，地区生产总值达3.2亿元，其中财政预算为454万元，农业产值为1.08亿元，乡镇企业产值为1.65亿元，农民人均收入为1506元。集镇建设呈现新气象，按照“科学规划，分步实施”的原则，以“完善功能，提升档次，提高品位，创造一流”的要求，以经营城镇理念，加快建设，加强管理。招商引资成效显著。把招商引资作为加快经济发展的主战略，充分发挥资源优势和区位优势，强化服务意识，优化发展环境，创新招商引资机制，成效显著。2004年上半年，引进皖宁石料厂、山宝石料厂、独山大市场等重大项目。唱响“六安瓜片”品牌。作为“六安瓜片”主产地的独山镇高度重视这一品牌，成立独山镇六安瓜片名茶开发公司，各个环节严格把关。2001年春，送交芜湖茶博会上的六安瓜片赢得“茶王”称号。积极促进农民“双向创业”。独山镇现有外出创业者2万多人，镇成立领导组，组建劳务服务站，从宣传入手，积极搜寻就业信息，多渠道联系就业机会，狠抓岗位培训，实施“阳光工程”，确保输出人员合法权益，同时，鼓励事业有成者回乡创业。

2020年12月，独山镇上榜第五届六安市文明村镇社区名单。

2020年4月，独山镇上榜第五届安徽省文明村镇名录。

2019年12月，安徽省农业农村厅认定独山镇为第十二批安徽省“一村一品”示范镇（茶叶）。

2016年10月，独山镇被住房和城乡建设部认定为第一批中国特色小镇。

2014年7月，独山镇被国家住房和城乡建设部等七部委确定为全国重点镇。

独山镇围绕旅游发展首位产业，按照“传承红色、留住绿色、保持古色、打造特色”总体思路，致力于打造“全景独山、全域旅游”，依托独特的自然环境和丰富的旅游资源，紧抓“一谷一带”建设机遇，按照“以红带绿、以绿促红、同步开发、共同推进”的工作思路，坚持高起点规划，高标准建设，高效率推进，着力打造集红色旅游、生态休闲、康体养生、农旅融合于一体的旅游重镇。在近20年的时间里，独山镇实现了旅游业发展从无到有、从有到优的巨大转变，为当地百姓带来了极大的经济红利，以旅游业促进了当地第三产业经济的发展，真正实现了“富民强镇”的目标。

2. 采取的主要措施

经济层面：

（1）注重组织领导，形成网格化管理

镇、村两级成立农村人居环境工作领导小组，党委政府及村“两委”负责人任组长，镇领导包村、村干部包组，形成层层抓落实的良好工作网络格局。按照县级方案，结合实际，因地制宜制定镇、村两级方案。同时，结合“五清一改”清洁行动内容，按照春季、夏季部署安排，实地察看人居环境整治工作进度，并每月一考，定期通报。采取“以点带面”的形式，各村分别打造了人居环境整治示范点，给予现场指导、现场学习。

（2）注重上下联合，形成工作合力

坚持镇牵头、村为主、群众自主参与“五清一改”行动。针对工作中的困难问题，特别是“硬骨头”，村抽调党员带头、有威望的老村干部带头，组成工作组，进行全面清理。特别是在开展农村生活垃圾治理的基础上，全面开展生活垃圾分类工作，在镇、村两级大力宣传引导下，通过现场奖励等举措，引导群众自主参与农村生活垃圾分类，已形成人人参与垃圾分类的良好氛围，推动该镇人居环境整治工作取得良好成效。

（3）注重督导宣传，形成浓厚氛围

结合联系村领导包村情况，分别成立人居环境整治专项督导小组。督导小组通过定期、不定期召集会议，实地察看等方式，推动各村人居环境整治工作。同时，通过户主会、推进会、培训会、现场会以及发放一封信、设置宣传牌、悬挂标语等形式，大力宣传农村人居环境整治工作重大意义，积极引导群众主动参与整治工作，确保人居环境整治常态长效。

旅游层面：

（1）紧抓目标，构建旅游发展精品线路

为打造好旅游重镇，独山镇全力做好“12345”文章，即紧紧围绕创建“全景独山、全域旅游”这一目标，牢牢把握“完善功能、提质扩容”两大关键，狠抓“一谷、一带、一岭”三大平台，促进“农旅融合，红绿融合，文体融合，产城融合”四位一体，打造“红色文化、自然风光、茶谷体验、生态水景、军旅文化”五大旅游主题线路，增加多种旅游体验，提升旅游美誉度和影响力，积聚人气。

（2）规划引领，绘制旅游发展大格局

围绕“茶谷·将军小镇”发展定位，为打造旅游发展大格局，独山镇坚持“规划先行、科学引领”，从顶层设计上入手，高规格编制了各项规划，先后编制完成了《独山镇总体规划》《独山历史文化名镇保护规划》《独山特色小镇专项发展规划》等，充分发挥规划的综合调控和指导引领作用，保持好山水文化特色和传统风貌，为实现以特色小镇建设为主攻方向下的旅游大发展提供方向引领和规划蓝图。

（3）高位建设，推动旅游节点多点开花

依托红色、绿色核心资源，提档升级现有景区景点，进行有效整合利用，打造“茶谷·将军小镇”。对独山革命旧址群进行提升布展，建设红色文化广场和红色教育基地，红色文化得到进一步弘扬；龙井沟、虎头潭、黄巢尖等自然景区拓展延伸、分步推进，自然生态得到进一步丰富；六安瓜片茶主题公园、樱花溪畔生态园、油茶观光园、南焦湾茶谷小站等各个旅游节点基本建成，既结合生态休闲又推动农旅融合；西淠河“一河两岸”景观、长竹小驻驾湾景观、横河岭森林公园等节点正在有序建设，山水文化得到进一步彰显。

（4）提档升级，完善旅游基础设施配套

近年来，该镇不断完善基础设施，提升旅游发展承载力。茶谷广场雕塑建设完成，提升了集镇入口形象；独山连接线、独山绿道、横河岭林场旅游通道竣工通车，提升了旅游通达度；升级改造黄巢尖等登山步道，完善景区内售票中心、停车场、旅游公厕等配套设施建设；镇区全部完成立面改造及亮化、弱电全部入地、主干路面全部黑色化，实现农村生活垃圾处理 PPP 模式全覆盖，有序推进农村垃圾污水厕所“三大革命”，提升了旅游环境舒适度；全镇共有 AAAA 级旅游公厕 6 座、旅游宾馆 10 家、农家乐 20 多家，旅游服务能力不断提升。

3. 目前取得的成绩

①抢抓市、区两级推进绿色发展、打造“一谷一带”的重大战略机遇，先后打造兴建了六安瓜片茶主题公园、百家冲休闲茶园、油茶观光园、樱花溪畔生态园、华园农牧园等重要节点。2015 年，首届六安茶谷开茶节在独山镇成功举办，独山的知名度、美誉度和影响力不断提升，先后荣获“安徽省特色景观旅游名镇”“最佳旅游乡镇”“首批红色旅游古镇”等称号。5 年来，共接待海内外游客 300 多万人次。

②交通便捷，四通八达。已经建成使用的 312 国道、105 国道、宁西铁路和即将通车的赛诸战备路、合武高速、沪汉蓉高速铁路将拉近独山同世界各地的时空距离，构建独山与东西南北中的快速交通网；镇内 4 条县乡柏油路、

25条通村水泥路已成为连接千家万户、架通百村千组的运输纽带。

③商品贸易辐射周边3县10镇、1500平方千米、35万人，商业门点有1000多个，日营销额达50多万元。每年来自全国各地的经商、务工人员在20万人以上。独山已成为农特产品、山林作物收购、储存、加工、外运的商品集散中心。

（四）存在的问题及原因分析

1. 人地不协调，可持续发展能力下降

六安市独山镇处于大别山的门户地带，远离经济发达地区，受到工业污染影响较小，因此当地对于生态保护、环境治理的观念不到位。在进行旅游业、特色农业开发时，过于将重心放在经济发展上，从而有不少居民反映绿地面积、空气质量、水质和土壤质量下降，影响民众生活环境。

2. 时代特色彰显不足

独山镇作为中国革命的重要策源地和人民军队的重要发源地，被誉为“革命摇篮”“将军故里”。但是，红色历史的挖掘程度不够，知名度较小，观光游客来源多为省内。同时，由于地理环境优势，当地已经有区域特色农产品，形成规模产业“六安瓜片”；但产业链条还需延伸，当前普遍还停留在初级产品加工阶段，产业链、价值链不长，产品附加值还得不到有效发挥，茶叶深加工、茶文化旅游、新茶品研发以及油茶深加工、油茶观光旅游等产业环节上普遍还是空白。产业层次得不到提升，产业价值得不到有效发挥。同时，特色龙头企业数量不多，实力不强，推进产业提层次、上档次的能力不足、动力不足。

3. 建设资金筹措难

独山镇地处革命老区，经济社会发展总体水平较低，集镇基础设施和公共服务建设经济负担较重，镇本级财政资金有限，重大建设主要是靠争取项目，但项目申报往往规定严格，手续繁杂，项目建设牵扯的上级部门较多，审批过程漫长，前期的可研、环评、规划、土地、消防、施工等各项设计费用巨大，大大增加了建设成本。争取政策性银行贷款项目在资金拨付程序上要求较为烦琐，耗时较长，导致跑项目、争资金比较被动。

4. 协调发展性不强，公共设施普及程度不够

独山镇的地理位置以及文化传统决定了选择农业及旅游业的比例偏高。根据实地调研得知，当地大部分地区体育和娱乐设施缺乏。尽管近年来独山镇交通、宅基地等基础设施建设发展较为迅速，但本身获得的建设资金也比较有限，经济发展推动力不强。或许地方政策贯彻落实得不够合理，城镇的

总体规划布局不够合理，在发展情况良好时，还要看见不足的一面。

5. 红色文化没有得到进一步发掘

独山镇本身的文化历史具有局限性，经过查阅资料可以知道，独山是革命老区，古镇老街保存完好的9处红军时期革命旧址就是最好的历史见证，属全国少有。六霍纪念塔赫然屹立于独山南头山上，塔碑正面为邓小平同志亲笔题写的“六霍起义纪念塔”。这里已成为安徽省爱国主义教育基地。如果仅凭借历史建筑来吸引游客，“特色”小镇的特色就没有完全彰显。

（五）解决问题的方法、对策或改进建议

①对于环境问题，建议在今后的城镇规划过程中，依托大别山的优美环境，立足现有的人文资源和自然资源，坚持“以山为源，以茶为美，以人为本”的城镇景观建设理念，在进行经济发展的同时，将绿色规划的观点深入人心，添加可持续发展的元素。多关注生态问题，不再重蹈城市化过程中的失误。

②体现地方、文化、生态特色。在传统文化和现代文明交融中，彰显城镇的个性，加强文化阵地和文化产业建设，注重历史文化内涵，提升建筑品位。要有意识地把精品农业、特色旅游业结合起来，打造特色产业集群。可在投融资体制、特色产品推广销售、产业上下游融合发展等方面制定优惠政策，引导区域内上下游产业在独山镇集中，提高产业的知名度，努力打造全国先进的红色文化旅游地区、先进特色农业发展地区。

③加大建设资金扶持力度。实施鼓励特色小镇发展的财政政策，建立健全财政超收激励机制，制定政策性银行支持特色小镇发展的财政政策，进行科学规划、合理定位，将地方特色与提升小镇建设品位、塑造小城镇整体形象、增强小城镇经济发展活力相结合。积极争取项目资金和政策扶持，加快推进城区改造和农村改造工程建设，改善城镇居民生活环境。

④对于所有新建项目，要求高品位外观设计，既要体现建设风格的时代特色，又要完善小区综合配套，确保与周边环境匹配协调。实施高标准改造提质，逐步完善道路、停车场、绿地、公厕的基础设施建设。加快道路建设步伐，加大城镇车站、医院、学校、体育广场等公共设施建设，实施好街景改造和美化亮化工程，不断增强城镇的承载能力，完善城镇配套功能。

⑤吸引企业投资的融资模式，可以有效解决独山镇打造红色旅游业过程中所遇到的资金短缺问题。通过打造“特色”小镇来构建自身优势，继而吸引企业投资。同时，可以实施鼓励特色小镇发展的财政政策，建立健全财政超收激励机制，制定政策性银行支持特色小镇建设专项金融政策，推动特色

产业、基础设施等建设。

三、调研结论与总结

通过小组成员对独山镇全方位的调研，我们考察了该县农业、生态、经济、民生、文化等多方面的内容。

总体来看，历经多年的科学开发，独山镇已全方位地取得了重大飞跃。现阶段独山镇依托以“油茶”等种植物为代表的特色农产品，发展了一系列的优秀经济作物，畅销全国各地。物美价廉的产品与良好的口碑提升了独山镇这个小山村的知名度，激起了各地的游客对于这个淳朴小山村青山绿水的憧憬，拉动了旅游业，当地也由此发展出一大批优质的生态农家乐。在展现乡村文化的同时，更是给乡亲父老们带来了巨大的经济利益，提高了百姓生活质量。充实的物质生活也让百姓精神世界的提升有了扎实的基础。在当地政府的带领下，独山镇不断挖掘自身悠久的历史文化，进一步提升人民群众的获得感、喜悦感。

以长远的眼光来看，独山镇仍有极大的发展潜力和美好未来。目前，其光荣的历史和璀璨的红色文化发掘得还不够深，如何将这笔值得世人所铭记的红色遗产与乡村文化相结合，使其发扬光大，值得当地细细研究。同时，在科学、协调发展方面，独山镇仍旧有进步的空间。要确保在经济发展的同时，实现人与人、人与自然的和谐发展，获得可持续的发展成果。

独山镇既是革命老区，又是“乡村振兴战略”中的重要一环。因此，打造老区发展的康庄大道，提升老区人民的获得感、幸福感，是时代赋予的重任。革命老区是我们中华儿女的一笔宝贵财富，实现其长远、健康发展是无数共产党人的历史使命。吾辈义不容辞！

四、收获与感悟

这个夏天，小桥流水人家，漫山层林尽染。为期一个多月的暑期实践虽然不长，但是让我们深切地认识到了独山镇——这个有着悠久历史与“红色基因”的安徽小镇独特的魅力，更让我们感悟了“扶贫帮困”和“乡村振兴战略”的巨大意义。对于这样一个曾经贫瘠落后的小山村来说，一代代人的不懈努力转化为今日村民们热情喜悦的笑容。因地制宜，精准施策，在建立乡村合作社的同时，不单是“授人以鱼”，更是“授人以渔”，培养村民科学的农业管理理念，开展现代化的农业产业培育，这种对独山镇全方位的产业优化造福的是一代又一代勤劳质朴的劳动人民。独山镇是将军的故乡、共和国的摇篮、中国革命的策源地，这块红色的土地曾为中华民族的解放事业建立了不朽的功勋，保存完好的 9 处红军时期革命旧址，永远见证那段血红的历史。时至今日，硝烟早已散去，但一批又一批的青年踏着老一辈走过的路，在和平年代从事着同样伟大的事业。让革命老区走上现代化经济发展的快车道，让红色根据地旧貌换新颜，这是他们奋斗一生的终极目标。作为当代青年学子，了解这片土地上的历史不仅能丰富人生阅历、培养综合素质和能力，更是对那种无私奉献的伟大精神的学习与传承。少年强则国强，少年进步则国进步。我们不会忘却那些村民们淳朴的笑脸，不会忘记下乡干部们奔波的背影，不会忘记那山、那水、那种筚路蓝缕的精神。

物质精神并发展，科技创新创未来[①]

——红色引领时代发展：昆山暑期实践小组调研报告

一、引言

我们昆山暑期实践小组参加了上海对外经贸大学马克思主义学院 2021 年的暑期实践活动，以下是我们调研的成果报告。整体调研活动于 2021 年 7 月 8 日开始，8 月 31 日结束，调研地点是江苏省昆山市。

二、主体

（一）调研对象基本情况

昆山，位于江苏省东南部，地处上海与苏州之间，总面积 927.68 平方千米，地处中国经济最发达的长江三角洲，拥有国家级经济技术开发区、国家级高新技术产业开发区、综合保税区等知名园区，连续多年被评为全国百强县之首。昆山历史悠久，物产丰饶，素有“江南鱼米之乡”美称，是“百戏之祖”昆曲的发源地。

1979 年之前，昆山是一个地地道道的农业县，工业基础十分薄弱，全县仅有十几家县属企业。改革开放初期，昆山政府适时提出了“东依上海，西托‘三线’，内联乡镇，面向全国，走向世界”的思路，通过横向联合，成功引进了军转民的一些三线企业，并与上海合办了 500 多家联营企业。内联外引促进了昆山乡镇企业的迅速发展，奠定了工业化的初步基础，并使昆山的经济结构发生了根本性的转变。

1985 年，在昆山的国民生产总值构成中，三次产业的比重变为 30.7 : 50.2 : 19.1，工业的主导地位得以确立，标志着昆山经济的发展方式由农转工的顺利实现。1984 年，昆山设立了自费开发区。自 1985 年 1 月开始，自费

---

① 作者：赵玉婵、田雨、高嘉卿、程璐璐、李丹、施金森。指导老师：张胜利。

开发区不断发展壮大。1988 年工业新区更名为“昆山经济技术开发区”；1991 年，被列为江苏省重点开发区。1985—1991 年，昆山市合同利用外资金额从 151 万美元增长到 5934 万美元，增长了约 38 倍。工业比重进一步提高。20 世纪 80 年代初，快速发展的乡镇企业在企业规模的技术水平上恰好能够与东南亚国家和地区的中小资本对接，这促进了这段时期昆山利用外资的迅速发展。这一时期，昆山及时利用浦东效应和开发区效应，全面、主动地与浦东接轨，接收浦东辐射，与浦东搞错位发展，形成了招商引资的第一轮高潮。

从 2002 年开始，在前一段时期外资数量不断积累并形成主导特色产业以后，昆山开放型经济发展的思路开始从原先的外向拓展向借助于已有的产业平台全面融入国际产业分工体系转变，实行区域经济发展的国际化，在注重量扩张的同时，着力完善生产服务体系；在承接国际制造业转移的同时，积极整合国内外科技创新资源，实行开放式自主创新发展，呈现“由低转高”的显著特征。

昆山是中国大陆经济实力最强的县级市，连续多年被国家统计局评为全国百强县之首。2018 年昆山还凭借雄厚的综合实力位列福布斯“中国大陆最佳县级城市”第一名。2010 年昆山地区生产总值超过 2100 亿元，按户籍人口计算，人均 GDP 高于 4 万美元，居全国所有城市之首。

昆山坚持发展第一要务，积极抢抓国家战略机遇，深度融入长三角一体化，全方位、深层次、宽领域推进对内合作、对外开放。大力培育高端制造业、战略性新兴产业、现代服务业、文旅产业，全力壮大新增长点、强增长极，2019 年成为全国首个也是唯一一个地区生产总值超 4000 亿元且财政收入超 400 亿元的县级市。2021 年以来，昆山坚持疫情防控和经济社会发展“两手抓”“两手硬”，主要经济指标全部转正，经济社会发展企稳向好、稳中有进。

（二）调研方法及调研过程

昆山暑期调研小组成员分为两组，采用线上与线下相结合的方式对昆山老区的发展情况开展调研。首先，线上调研为线下调研确定方向；其次，利用线下调研进行一手资料搜索与收集；最后，再由线上调研讨论对整个调研进行补充。昆山暑期调研小队使用电脑进行线上资料搜集，使用相机、手机对线下走访进行记录。

全体调研成员在张老师的指导下，确定了更加细节的调研方向、内容和主题；共同规划实地走访路线、明确走访目的、设计会谈问题并进行优化；对随后进行的线下调研地点进行线上搜索，了解其历史底蕴；等等。

线下调研小组成员在张老师的带领下前往江苏省昆山市展开实地调研活

动。首先，实地走访位于千灯镇的顾炎武故居，收集与顾炎武故居相关的一手资料，调研内容高度契合调研老区文化发展的方向。其次，调研小组与昆山市人民政府金融办公室禹主任以及嘉影上行（苏州）文化传播公司 CEO 李卜展开会谈，深入了解昆山地区特色企业发展现状，听取昆山连续 15 年位列全国百强县第一名重要因素的专业分析，同时向嘉影上行（苏州）文化传播公司的 CEO 李老师深入了解昆山文化发展与传播、昆山一些知名企业的品牌价值提升以及嘉影上行作为媒体人这一角色的价值，从而更加深入地了解昆山老区在经济、文化方面的发展。最后，线下调研小组实地走访昆山周庄展开调研，切身体会了昆山老区的旅游业发展现状，走访并与周庄人大代表之家、书社工作人员进行谈话，了解周庄景区的红色印记；调研小队走进周庄博物馆进行参观，了解当地科技与文化传播联系的现状；线下调研小队欣赏了优秀的非物质文化遗产——昆曲。

线上调研分队成员对昆山老区的农业现代化发展现状展开补充调研，主要针对昆山市巴城镇的农业农村现代化发展展开详细调研，对阳澄湖大闸蟹养殖、巴城镇葡萄基地试验等都进行了详细调研，特别是针对现代化技术在巴城镇农业发展中的应用展开调研，充分搜集材料并进行整合；同时，对于已经进行线下调研的领域进行更加深入的线上调研，针对周庄、顾炎武故居等内容进行线上再调研，从而补充更多的细节。

昆山暑期调研小队在调研过程中，充分交流思想，及时互通信息，共同解决问题。在调研期间共同完成公众号的推送、新闻稿的撰写、VLOG 的制作、活动简报的制作等活动，并且在这个过程中不断感知昆山老区发展的新面貌，感受党和国家带给老区的巨大发展力量。

（三）实地调研情况

（1）改革的历程

在改革开放前，昆山的发展仍处于不平衡不充分的状态；1978 年改革开放后，昆山凭借自身优越的地理条件和政府的有力支持开始快速发展。昆山与长三角联系紧密，对外沟通顺畅，对内有充足的资源支撑。在改革开放中，政府实施了一系列刺激社会主义市场经济、鼓励发展的政策，昆山从中受益良多。进入 21 世纪，昆山的发展更上一个新台阶。在政策上，1989 年昆山撤县立市，下辖 10 个镇和国家级经济技术开发区。昆山的“省管县”解放发展动力，昆山的发展也离不开招商引资的支持，昆山的 50 多万投资创业的外来移民（3.7 万境外人士）被亲切地称为“新昆山人”，他们都为昆山的发展作出了贡献。如今，昆山的发展势头更猛，昆山的发展不仅要物质发展，也要文化软实力发展，昆山正大力发展文化产业。与此同时，昆山的发展也在进一步与科技创新相结合，提高自身的创新能力。

（2）采取的措施

①撤县立市，省管县。

②大力引进外资和全国其他地区的资本，刺激本地经济发展。

③对外开放，积极融入经济全球化进程。

④开发本地资源，依托自身优越的地理位置和风景名胜发展旅游业，带动经济发展。

⑤注重文化产业发展，注重科技创新，鼓励企业积极进行研发创新。

（3）存在的问题

①产业发展不平衡。

②旅游业存在过度商业化现象。

③需要平衡发展与生态、物质发展与精神发展。

④需要进一步提高自身科技创新水平。

（四）原因分析

根据线上和线下调研的结果，我们对昆山发展存在的问题及其基本原因进行了分析。

1. 产业结构不平衡

在地理位置上，昆山无缝对接上海，且正面对着上海的产业区，除此之外，昆山还拥有京沪铁路这条经济大动脉，再加上昆山人的主动融合、主动进取，这几点原因促使昆山经济水平得以快速发展，尤其是以工业、建筑业为主的第二产业和不断数字化、智能化的农业。尽管昆山是“强县”，但本质上还是县，我国当前城乡文化发展不平衡，使得昆山的公共文化服务投入和设施方面都不足，这在一定程度上限制了其文化产业的发展，最终造成产业结构不平衡，缺乏精神层面的投入。

2. 旅游景点的客流量不平衡

在线下调研中，我们实践小组一共去了两个景点。一个是位于千灯古镇的顾炎武故居，另外一个就是中国第一水乡周庄。在这一过程中，我们发现两边景点的客流量完全不对等。通过分析，我们认为是旅游景点较分散，在旅游宣传中也没有清晰明确的景点旅游路线，使得一些景点的知名度不高，客流量非常少。

3. 旅游景点过度商业化

旅游景区必须在市场调研的基础上进行一定程度的整合与包装才能成为

吸引游客的旅游产品，从而满足游客娱乐、休闲等方面的需求。景区资源开发的过程就是通常意义上的商业化活动，而旅游景点适度的商业化也是景区发展的必然选择。由于昆山的旅游景点缺乏创新力，造成旅游景点过度商业化。当旅游景点缺少自己的特色，没有创新力时，就会丧失真实性，且很难再有回头客。

（五）改进建议

坚持建设用地减量化，建立产业门类负面清单制度，统筹城镇建设区外建设用地、零散工业用地、农村宅基地等建设用地资源，按照建设用地减量化的整体原则，合理确定昆山南部地区的空间布局和城乡建设用地格局。其中，针对产业用地布局可实现集中与分散布局相结合。结合千灯古镇的产业组团进行昆山南部地区产业的集中布局，提高产业门槛，鼓励传统第二产业转型或迁出，实现昆山南部地区产业资源的共建共享。严控周庄、锦溪两镇的产业园区规模，实现产业用地零增长，并积极促进现状产业用地的转型升级，近期以“2.5”产业为转型导向，远期向第三产业逐步过渡。

同时，反向过滤产业门类，适度限制第二产业的发展，尤其是高能耗、高污染的制造业，提高“地均产出”和“环保指标”等门槛值。产业类型上可充分发挥上海虹桥综合交通枢纽和虹桥商务区的溢出效应，促进产业转型，适度发展生态办公、总部商务、研发教育等产业。

建立新型规划体系，实施精细化管理。积极构建与现代化大都市发展相适应的规划编制和管理体系。参照国内外大都市规划编制和管理的经验，建议在既有规划编制体系的基础上，结合区镇联动，增加单元规划这一层次，承上启下，承接总体规划，指导下一层次控制性详细规划的编制。

统筹推动发展。强化发展旅游的意识，特别是在城市规划、建筑设计、功能建设、网点布局、交通组织、生态建设及文化产品开发和市民素质教育等方面，要充分考虑与旅游的结合，对旅游特色项目、龙头项目、旗舰项目的引进和建设要从立项、报批到用地、税收、基础设施配套、人才培养和引进等方面给予大力支持。具体可依托主要生态廊道、河道水系、功能导向和交通廊道等要素划分编制单元，同时根据不同功能发展导向将单元划分为生态型、郊野型和城镇型三类。结合不同的单元类型，明确不同的单元控制要素，指导控制性详细规划的编制和落实。

游憩模式由“目的地式”向“自由行式”转变。改变传统的“走过场、目的地式”的旅游观光模式，实现由“点到点”向“网络化、均质化”的休闲度假模式的转变。重点围绕1～2天的短途游，突破休闲服务和游憩功能，积极发展古镇旅游、休闲度假、康体疗养、农业观光等产业门类，丰富游憩活动内容，营造休闲型、体验型游憩场所氛围。

多措并举，营造旅游发展良好“软环境”。一是树立协作意识。旅游业以食、住、行、游、购、娱为六大基本要素，产业链长，涉及面广，关联度大，发展旅游需要方方面面的共同努力，旅游企业、管理部门、相关村镇要加强信息共享，密切协作配合，打造旅游新形象。二是实现产业共振。通过项目建设，形成文旅联姻、工旅结合、农旅融合、商旅联动、体旅互动的多元业态互动融合格局。可以引进一些体育赛事来推进旅游，如水上运动、航模、龙舟比赛、马拉松、徒步行走等，也可以开展会议和展览活动，用会展拓展品牌影响力。

三、调研结论与总结

（一）结论

昆山作为一个历史悠久，文化产业丰富，同时又地处经济发达的长江三角洲的全国百强县，从新中国成立至今一直快速发展。虽然在与时代共同进步，快速发展的时期会遇到一些问题，如产业发展不平衡、地区发展过度旅游化，但是昆山凭借自身优越的地理条件和政府的有力支持，将会继续强有力地发展。

（二）总结

此次实践小组成员选择了昆山作为调研对象，通过前期线下和线上调研相结合的方式，小组成员对昆山市有了一个具体且切实的了解。

首先，小组成员对昆山市的发展进程进行了了解，并对改革的历程、采取的措施和存在的问题进行了总结。总体来看，在改革开放前，昆山的发展仍处于不平衡不充分的状态；1978 年改革开放后，昆山凭借自身优越的地理条件和政府的有力支持开始快速发展。但是，在调研的过程中，小组同学也通过实地考察和线上调研了解到昆山的发展还存在问题，例如：

①产业与产业之间发展不平衡；

②旅游业有过度商业化的现象；

③没能足够重视平衡发展与生态、物质发展与精神发展之间的关系；

④科技水平还有待继续提高。

其次，小组成员对昆山现有的问题进行了分析，从原因到结果，并提出了一些解决措施。例如：

①坚持建设用地减量化，建立产业门类负面清单体制；

②建立新型规划体系，实施精细化管理；

③游憩模式由“目的地式”向“自由行式”转变；

④多措并举，营造旅游发展良好“软环境”。

通过此次调研，小组成员充分交流了思想，利用线上手段及时发现问题、解决问题，看到了党和国家带给老区的巨大发展力量。

最后，通过调研发现，现今的昆山发展势头更猛，不仅注重物质发展，而且发展文化软实力。昆山大力发展文化产业的同时，也在进一步与科技创新相结合，提高自身的创新能力。昆山的优异地理条件，自身对发展的追求和政府的大力支持，都会促进昆山老区在经济和文化各方面上更加迅速地发展。

四、收获与感悟

赵玉婵：这次调研对我来说很有意义，虽然已经是第二次参与暑期实践，但这次调研仍然让我学到不少知识。调研过程是充实而愉快的，实地调研的昆山之旅也让我们对昆山、对革命老区的发展有了更加深刻的认识。希望以后还有这样的机会。

田雨：通过这次实地调研，我感觉和线上搜集新闻资讯有很大的区别。首先，切身地感受到了调研地的氛围，可以根据我们的计划和想要达成的效果来主导本次在昆山开展的实地调研活动。其次，我们通过实地走访、与专业人士交谈、与工作人员沟通等方式获得了昆山老区新发展的第一手资料；与此同时，对于这些资料和信息的收集与处理也都让我们暑期调研小队的全队成员得到了很大的锻炼。非常感谢张老师指导我们调研项目并与我们同行，非常感谢每位成员的付出与配合，希望以后能够一起参加更加精彩的调研活动。

李丹：这次调研让我感觉忙碌且充实。在实地考察中，我们感受了昆山的美景，知晓了昆山的经济文化发展，品尝了昆山的美食，还欣赏了悠扬婉转的昆曲。虽然顶着烈日走了很多路，但是和老师、队员们在一起，大家一边考察一边讨论，表达自己的见解和想法，这更像是一次旅游，也是令我印象深刻的回忆。

高嘉卿：暑期社会实践，是大学生充分利用暑期的时间，用各种方式深入社会中开展多种多样的实践活动。在这次暑假参加的“走老区　看发展”活动中，通过线上调研和整理同学们实地调研资料的方式，我对昆山老区有了一个丰富而全面的了解，并且对昆山老区的经济和农业的发展充满期待。

施金淼：经过这次社会实践，我感受到了大家团结的力量和祖国的发展。在历史的长河中，革命先辈一代代努力才铸就了现在新的辉煌。同时，也感谢小组成员每个人的努力才能让这次社会实践圆满成功。

程璐璐：参加这次社会实践活动是我这个假期做得最有意义的事情。去到昆山，走进美丽的江南水乡，这里的民风淳朴，人民安居乐业，这离不开基层和政府的共同努力。作为大学生，我也将积极地完善自我，学习更多的知识，将来投身到家乡的建设中去。

百年峥嵘史，老区展新颜[①]

——革命老区盐城市建湖县经济建设调研

一、引言

抗日战争时期，建湖成为敌后抗日根据地。新四军在此浴血抗战，演绎了许多可歌可泣的悲壮故事，创下了不朽的业绩，也留下了军民联合研制的武器，自印发行的钞票、书籍、画册、布告等弥足珍贵的革命文物。

党的十八大以来，习近平总书记在河北西柏坡、山东临沂、福建古田、陕西延安、贵州遵义、江西井冈山、安徽金寨等革命老区实地调研，对革命老区的发展关怀备至。全面建成小康社会，最不能忘的是那些曾经滋养了中国共产党的革命老区和老区人民。走过风雨飘摇的100年，建湖革命老区已展露新颜。

实践小组于2021年8月10—12日前往盐城市建湖县，以走访与资料查询相结合的方式，对当地三大产业的发展进行调研，探索革命老区蓬勃发展的先进经验，发现问题并思考相应解决方案。

小组通过走访家庭养殖猪基地、丰五粮食家庭农场、高新技术产业开发区等地，考察当地养殖业、种植业、以石油和光伏为代表的高新产业、教育业、旅游业等产业，并前往当地村委会进行一线调研，采访当地居民对于老区发展的切身感受，从人们的日常生活中感悟老区新貌。

二、主体

（一）建湖县经济建设基本情况

建湖县地处黄海之滨，背倚苏北平原。新四军在此浴血抗战，演绎了许多可歌可泣的悲壮故事，创下了不朽的业绩，也留下了弥足珍贵的革命文物。作为革命老区，我们在调研中了解到，这里的人民曾经以农耕、养殖家禽为

---

① 作者：施韵、杨得意、朱文雯、王静彦。指导老师：刘晓海。

生，生产力低下，仅能自给自足。整个建湖县的三大产业经济发展都较为落后：农耕水平低下；工业停留在传统的手工业、制造业阶段，企业规模较小，缺乏创新，利润微薄；旅游资源开发程度低，缺少宣传推广，难以走出家门；当地居民收入水平低，服务业缺乏市场，发展缓慢。正值全面建成小康社会之际，党和政府也时时刻刻心系着老区和老区的人民。党和政府始终追寻"把革命老区建设得更好，让老区人民过上更好的生活"的目标，带领人民艰苦奋斗，创新创业、砥砺前行。当地政府有目标、有针对性地对于各产业发展状况制定相应政策措施以扶持产业发展，实现建湖县三大产业融合发展，产业结构不断优化升级，提升产能，延长产业链，加速发展，提升建湖县的经济发展，让人民过上幸福日子。

对于第一产业，首先，政府加大农业结构调整力度，促进第一、第二、第三产业融合发展，开工和新培育多个千万元以上农产品加工项目和农业龙头企业，创成全国县域数字农业农村发展先进县。其次着力打造农产品区域品牌，提升农产品培育技术，利用高新技术打造了一批又一批的高质量农产品，提升品牌影响力与效益，建湖县被认定为全国主要农作物生产全程机械化示范县。品牌有了知名度口碑，刺激消费，促进产业利润提升，有利于第一产业良性循环发展。此外，政府依托省农业农村厅"农技耘·苏菜直通"平台，助力农产品产销，打造销售新模式。

对于第二产业，政府实打实地投入大量资金，促使高端装备、新能源、电子信息三大产业加速集聚之势基本形成。政府实在的资金投入，细致入微的服务，积极促进建湖县特色光伏产业发展，不仅大力发展新兴产业，还在一定的基础上保护了生态，形成可持续发展。此外，为了切实减轻小微企业负担，助力小微企业健康发展，县政府全力推进小微企业工会经费返还政策，并且借助于互联网优势大力宣传，使政策得到良好的普惠利民效果。

对于第三产业，政府利用当地优势，因地制宜，结合建湖老区悠久红色传统文化，充分利用淮剧、杂技两个国家级非物质文化遗产影响力，积极发展具有当地特色文旅融合产业；召开座谈会，听取旅游部门汇报，广泛了解全县旅游业发展现状和存在问题，发现问题，立刻解决，给游客们营造一个安全美丽的度假观光的环境。

改革从来不是一帆风顺的，但在县政府和全县人民的不懈努力之下，乘风破浪终有时，建湖县的发展越来越好！

（二）调研方法

本次实践调研采用访谈调研法、文献调研法。

（三）调研过程

受江苏省新冠肺炎疫情的影响，小组成员无法到访当地进行调研，因此实践小组成员在调研开始前大量查阅资料，做好访谈人员的对接工作以及访谈内容的编制。调研开始第一日，小组成员采访了当地钢材市场的一名小微企业的老板并同时利用互联网收集相关资料，了解当地第二产业发展状况。调研第二日，小组成员采访当地东冯村村委会会计并收集相关资料，了解当地三大产业发展状况。调研第三日，小组成员采访当地养殖户并收集相关资料，了解当地第一产业发展状况。调研第四日，小组成员进行所有资料的汇总以及报告的撰写工作。

（四）建湖县经济建设改革发展之路以及采取的主要措施

1. 加大投资“大抓项目、抓大项目”

建湖县持之以恒攻坚重大项目，全面筑牢经济跨越发展“硬支撑”，始终把抓招商、上项目作为经济工作的主抓手，持续突破一批大项目、好项目。突破大项目，强化“项目为王”理念，突出“大抓项目、抓大项目”导向，高度聚焦三大主导产业，全力招引一批投资强度高、技术含量高、带动能级高的重大产业项目。确保总投资 40 亿元的润阳二期光伏电池、总投资 20 亿元的瑞浦动力储能电池等重大项目上半年落地，全年新签约亿元以上产业项目不少于 80 个，其中 10 亿元以上项目 3 个。高效建项目，进一步提高项目建设组织化程度，以市县“两重一实”项目为重点，强化目标任务倒逼、时间节点倒排、责任落实倒追，不断提高项目的签约率、开工率、竣工率，推进项目在建湖落地生根、开花结果。

2. 加大农业结构调整力度

在第一产业方面，建湖县加大农业结构调整力度，稻田综合种养面积迈上 10 万亩新台阶，被评为全国第二个、全省唯一的“中国虾稻米之乡”，恒济镇苗庄村入选全国乡村特色产业亿元村。建湖县将按照开展“互联网+”农产品出村进城工程建设要求，加大推进力度，积极借鉴好做法、好经验，促进全县“互联网+”农产品出村进城工程建设水平提升，形成“互联网+”与产业深度融合发展新格局，让建湖农产品出村进城更为便捷、顺畅、高效。疫情发生以来，县农业农村局全面摸排调研农民专业合作社、种植大户亟待上市销售的农产品种类和数量，依托省农业农村厅“农技耘 · 苏菜直通”平台，铺设农产品产销“快速路”，为有需求的生产者、经营者，提供免费查询、发布供求信息服务，助力缓解农产品滞销问题。

3. 加强投资促产业集聚

在第二产业方面，建湖县深入开展“产业集聚提升年”活动，加快推动产业上规模、提层次、增效益，全口径开票销售、规上开票销售及规上应税销售增幅均列全市第一。高端装备、新能源、电子信息三大产业加速集聚之势基本形成，累计开票销售规模增长24.7%，总投资16亿元的润阳一期5.5 GW高效光伏电池、总投资6亿元的睿昕汽车硅油离合器等项目建成投产，总投资20亿元的悦阳二期7 GW光伏组件、总投资10亿元的柒捌玖半导体封测等项目开工建设，总投资40亿元的润阳二期13.5 GW高效光伏电池、总投资10亿元的鹿山20 GW太阳能组件封装胶膜等项目成功签约。

建湖县大力实施“三个百企”计划，实现销售超亿元企业有84家、入库税收超千万元企业有25家、市三星级以上工业企业有14家，分别比2020年增加24家、5家、5家，建成省三星级以上“上云”企业6家，新增“新三板”企业1家。近两年，润阳、悦阳两个大体量新能源项目入驻建湖，让“光伏”一词变得越发火热。在2021年建湖县第十五次党代会上，县委书记祁从峰在报告中对光伏产业提出明确要求：要持续推动润阳、悦阳等龙头企业向头部企业跨越，加快招引完善一批产业链配套项目，争取光伏示范县项目，谋划布局异质结电池、光伏建筑一体化（BIPV）技术的研发和产业化应用，着力打造功能齐全、配套完善、集聚度高的光伏产业一体化基地。

2021年8月，全县党代会后不久，建湖县积极创建整县屋顶光伏示范县，也是江苏省认定的第一批、盐城市第一家屋顶光伏示范县，为整个面上节能环保、新能源开发利用作探索前进、示范表率。作为创建工作的主要牵头负责部门，建湖供电公司带头在前、努力在前、服务在前，不论是实打实的资金投入，还是精细入微的对接服务，都摆出了大局的姿态、备战的状态，全力投入整县屋顶光伏示范创建，以点带面、示范引领，确保创建取得实实在在成效。与传统彩钢瓦结构不同，直接在屋顶采用BIPV板，即光伏幕墙，不仅解决屋面生锈、荷载不足等问题，最关键的是通过太阳能发电，满足企业用电用能，极大地减少了投资成本。在这个过程中，建湖供电部门主动靠前服务，为重大项目提供专业电力支持。

4. 颁布扶持企业发展政策

为切实减轻小微企业负担，助力小微企业健康发展，2021年以来，县总工会充分发挥工会组织桥梁纽带作用，严格落实省总工会《关于应对新冠肺炎疫情影响　进一步落实小微企业工会经费支持政策的通知》文件精神，全力推进小微企业工会经费返还工作。建湖县全面发动宣传，通过微信公众号、微信工作群等平台，广泛宣传小微企业经费返还的具体流程，让企业充分了解工会组织支持企业发展和加强基层工会建设的具体举措，引导基层工会切实发挥好桥梁纽带作用，组织动员广大职工群众与企业“同呼吸、共命运”，确保基层工会及时了解政策，获得相应支持，推动企业发展。鉴于当前防控疫情的特殊时期，为减少人员密集接触，县总工会组织工作人员采取逐一电话联系的方式与小微企业进行沟通，核实相关信息，告知返还经费事宜，并做好工作指导，及时返还处理。与县税务、统计部门对接，根据税务局提供的小微企业名单，按照相关规定认真审核，对符合返还条件的小微企业应返尽返，助力小微企业健康发展。截至 2021 年 10 月，2021 年第二批小微企业工会经费已返还 1419 家，返还率达 99.99%。

自 2021 年 6 月 1 日起，建湖县在全程免费帮代办的基础上，通过政府购买服务方式，为县域范围内新开办企业提供免费印章刻制服务。建湖新开办公司制企业可享受政府免费提供的法定名称章、法定代表人名章、法人企业财务专用章、发票专用章、合同专用章共 5 枚印章刻制服务；新开办公司制企业分支机构及个人独资企业可享受政府免费提供的法定名称章、法定代表人名章共 2 枚印章刻制服务。原本的企业付费变为政府埋单，实现企业开办真正“零成本”。

5. 坚持实施创新驱动，实现“建湖智造”

建湖县坚持实施创新驱动，由“建湖制造”向“建湖智造”跃升。2021 年，建湖大力培育创新主体，扎实开展高新技术企业孵育工程，积极实施“小升高”“规升高”推进计划，支持企业“上云”“上市”，鼓励企业对接名校院所进行产学研合作，为实现新旧动能转化提供科技支撑。2021 年上半年，全县实现高新技术产业产值 70.3 亿元，新增市级工程技术研究中心 16 家。

6. 提升政府服务效率，促企业发展

2021 年，建湖继续实行县四套班子领导、科级干部挂钩重点企业和项目制度，全面落实重大项目“服务专员”制度，从项目计划、建设到竣工全生命周期提供“保姆式”服务。百通达医疗科技、瑞晶太阳能光伏组件等一批项目从签约到试运营，只用了不到 6 个月时间。围绕打造长三角地区审批最快、成本最低、服务最优、社会满意度最高的投资环境洼地，建湖每月开展“板块比发展、部门比服务”流动红蓝旗评比，持续深化“放管服”改革，切实打通企业办事的“中梗阻”。

随着长三角一体化、江苏沿海开发等国家战略的交汇叠加和高铁网络的密集布局，建湖承接产业转移和资源外溢并迎来了难得的发展机遇。以制造强促进工业强、以产业强支撑经济强，建湖力争 5 年内突破千亿元总量，推动制造业高质量发展走在前列。

7. 文旅结合，着力重点产业发展

在第三产业方面，加快发展文旅产业，淮剧小镇游客中心、村民中心主体竣工，沙庄戏苑开苑演出，收成文旅小镇村口组团项目基本建成。旅游公路2号线、7号线建湖段全面建成，有力支撑了全域旅游加快发展。建湖县素有“水乡明珠”美誉，绿色正成为这里最鲜明的底色，同时建湖县也是中国淮剧之乡、淮剧发源地，2008年入选国家非物质文化遗产保护名录。建湖杂技已有2000多年历史，是中国杂技南派的发源地，其艺术成就响彻海内外。淮剧杂技正成为城市独树一帜的亮丽名片。

8. 加强文旅产业管理，打造良好旅游市场

自2017年以来，县第十八届人大常委会启动对《中华人民共和国旅游法》执法检查，通过开展学法辅导、召开座谈会、听取旅游部门汇报，广泛了解全县旅游业发展现状和存在问题。检查组成员赴九龙口度假区、登达生态园、长城旅行社和九龙锦江国际大酒店，查资料，摸实情，提问题。根据检查组提出的问题，县文广旅局联合消防、安监、市场监管等部门，对旅游市场、景区、酒店消防安全设施、监控系统、食品卫生安全等进行专项检查，推动涉旅单位贯彻执行《中华人民共和国旅游法》等相关法律法规。经过整顿之后，旅游市场秩序和安全有了明显改善和保障，更促进了当地第三产业的发展。

9. 实现可持续经济发展

2020年5月8日，县第十八届人大常委会第32次会议专题听取和审议全县旅游业发展情况的报告，要求擦亮全国生态文明建设示范区的金字招牌，集聚资源优势，致力打造生态旅游品牌、乡村旅游品牌、文化旅游品牌，着力打造“大生态”旅游格局。

一分落实，一分收获。2021年2月26日，苏文旅发的〔2021〕21号文件公布了16家省级全域旅游示范区建设单位，建湖县作为全市两家县（区）之一获得通过。根据县委绿色发展理念，县人大常委会围绕“能吸引、留得住、反复来”的目标，提高站位、强化监督，力推建湖旅游从“一处美”迈向“全域美”，为打造长三角地区重要的生态旅游示范基地积极履职。

绿色宜人的生态环境成为水乡建湖独树一帜的品质招牌。空气质量、水环境质量等重点指标趋优，处在全省前列。建湖丰富生态内涵，把生态优势转化为竞争优势，做大做强水乡生态特色。到建湖深呼吸，到建湖来发展已经成为很多客商的选择。

10. 依托当地优势，因地制宜打造当地特色旅游品牌

近年来，建湖在九龙口开发建设上循序渐进发力，特别是淮剧小镇建设，

包括 LOGO、形象 IP 设计等，都精心构思。一系列文创产品、一部宣传片、一首主题歌、一本文集、一本画册，“五个一”主题创作无不刻印九龙口风土人情。生态是建湖底蕴，更是建湖特色。围绕建设国家级休闲旅游度假城市，建湖从“旅游+”到“+旅游”，从零散到整体，借力县内双湖公园、陆秀夫纪念馆、乔冠华故居、朦胧宝塔、九龙口等一系列资源，依托淮杂文化优势，全力发展全域旅游，打造属于自己的旅游特色品牌。

（五）建湖县经济建设存在的问题及其基本原因分析

1. 第一产业存在的问题

（1）市场开拓能力不强

当地拥有区域品牌“遇建湖鲜”，但知名度仍不够高，尚未在全国打响名号，缺乏有效的宣传，未能让人们迅速记住当地特色品牌，未强有力开拓市场。

（2）产品销路仍需拓宽

在新冠肺炎疫情期间，产品的输入与输出受到严格把控，许多产品面临滞销难题，造成了生产者、经营者的严重亏损。

尽管“互联网+”农产品已经成为全国普遍模式，但仍有部分生产者、经营者，尤其是年长者，难以运用互联网销售农产品。欲通过线上 App 销售农产品，需要生产者、经营者具备熟练使用智能手机的能力。同时，此类 App 的使用要求使用者通过一系列的身份、资格验证，无形中增加了操作难度。

2. 第二产业存在的问题

（1）企业发展资金不足

高新产业龙头型企业的发展需要大量资金，难以通过自身利润扩大规模。小微企业处于产业下游，难以凭借一己之力发展壮大。金融部门贷款所需流程复杂，耗费时间长，无法及时满足企业需求。

（2）三大主导产业需做大做强

高端装备、新能源、电子信息作为三大主导产业，都需进一步向高精尖方向转型，延伸前后产业链。由于当地知名度较低且小城市难以留住年轻人，建湖缺乏一批高新技术产业中掌握专业知识的人。

3. 第三产业存在的问题

（1）对外宣传推介不足，市场竞争压力大

建湖县被评为“中国淮剧之乡”“中国杂技之乡”，杂技剧《猴·西游记》《小桥·流水·人家》在国内外演出斩获大奖。然而，此类成就并未使建湖县声名大噪，首先是因为宣传力度不足，大众鲜有了解。其次是因为对戏剧、杂技文化感兴趣的游客仍占少数，而淮剧知名度又不及京剧、越剧等剧种，市场竞争压力过大。

（2）酒店基础配套设施不完善

游客选择旅行目的地的衡量标准之一为是否舒适。建湖县虽然以绿色宜人的生态环境见长，酒店建设却不够完善。建湖县目前仅有 1 家五星级酒店，9 家四星级酒店，住宿条件与优良的生态环境不匹配，难以吸引游客。

（六）基于建湖县经济建设问题的解决对策、改进建议

1. 借助于互联网与网红推广，打响当地特色品牌知名度

建湖县地处苏北里下河地区腹部，拥有极佳的自然条件，其区域品牌“遇建湖鲜”质量极佳，只要给予地方品牌一个推广平台，一定能征服五湖四海人的味蕾。就如今天颇受人们喜欢的螺蛳粉，原本只是柳州地方食物，在网红推广下，与互联网线上销售平台紧密结合，达到线上销售额 200% 的增长。如果能对“遇建湖鲜”系列产品进行推广，借助于各平台推出的“寻味家乡”活动，打出名气，一定能获得较好的收益。在新冠肺炎疫情期间，建湖第一产业遭受重创，随着疫苗防护屏障逐渐覆盖，疫情对于民生的影响将越来越小，可以完全恢复产品的输入与输出路线。

2. 国家需加大对当地项目扶持力度，引人引资，振兴老区

对于第二产业的高精人才缺口，需要国家增大对于地方项目的扶持力度，没有人才的发展不是高水平的发展，从长久来看，想要提高建湖经济发展水平，离不开蓬勃发展的第二产业。只有国家政策对此类产业进行优待，将更多的高水准从业人员引向地方，才能打破该类产业当前“瓶颈”，获得进一步发展。《国务院关于新时代支持革命老区振兴发展的意见》提出加快完善革命老区基础设施，发展特色产业体系，提升创新能力，培育革命老区振兴发展新动能，提高经济质量效益和核心竞争力等各项意见，建湖老区应该把握时机，完成自身产业建设的改革。

3. 利用恰当媒介宣传当地红色革命史，大力发展红色旅游

关于第三产业，建湖应该充分利用自身自然条件以及特殊的红色革命史，宣扬百年红色革命精神，大力发展红色旅游业。爱国爱党，精神层面的教育必不可少，将建湖打造成为江苏地区的红色爱国基地，弘扬革命老区的精神。建湖老区承载的革命精神和革命事迹也需要有一个媒介进行传播，人们应该知道建湖不仅仅是个山川秀美的好地方，更是我国不朽革命精神的育养地，燎原之火曾燃烧在这片土地上，红色旅游建设刻不容缓。

4. 提升酒店配套基础设施，打造特色主题酒店促进文旅产业发展

对于当地设施建设而言，各个方面都必须加强，包括城区和旅游地之间的交通、游览场馆、居住酒店等。其中，酒店问题需要建湖政府投入资金，主动进行旅游地的酒店配套基础设施的改善升级。此外，当地也可以结合其特殊地理优势，傍水而居，因地制宜，建造特色主题酒店，提高居住体验，吸引游客，使建湖能够更好地容纳参观者。

5. 普及农民互联网使用知识，利用好互联网平台，拓宽销售渠道

由于农民群体对互联网的熟悉度普遍不够高，为了让更多的人利用好互联网平台，应开展基础教学，普及互联网知识，可以由当地乡镇安排人员，技术部门进行统一培训，消除技术短板，打造新时代高技术农民。除了第一产业的各个生产环节外，也可以自发组织运用互联网各平台，通过直播、短视频、微商等途径进行产品推广销售，增加销售途径。同时，也可以由第三方做总代销，提升商品标准化水平。

三、调研结论与总结

通过短短几天的线上调研，小组成员深刻了解到了建湖县经济建设发展现状以及存在的问题。

当地第一产业仍然缺乏主流宣传渠道，特色农产品品牌未得到推广；当地农民对于互联网销售平台不熟悉、不会操作。我们一致认为，当地可以依托互联网和网红，大力推广其特色品牌以及农产品，提升销量；不拘泥于互联网销售平台，寻求产品的其他销路；同时，每村可安排特定人员教授农民如何使用互联网平台销售产品；技术部门也可适当简化当地互联网销售平台操作，方便农民销售，以促产业发展。

当地第二产业的各企业仍然缺乏雄厚的资金支持，高端装备、新能源、电子信息作为三大主导产业仍需做大做强。我们认为，国家需要出台相应的政策支持老区当地企业以及特色项目的发展，助力当地企业迈入新台阶；同时也需要加大资金的投入力度，一方面招商引资，促进三大主导产业发展；另一方面出台有力政策招引一批高质量优质人才，振兴老区。

当地第三产业中的文旅产业对外宣传力度不够大和范围不够广；当地特色戏剧、杂技知名度较低，市场竞争压力较大；大众对于淮剧、杂技兴趣较低；酒店基础配套设施不完善。我们认为，当地可以利用恰当的媒介如请知名拍摄制作团队对当地文旅产业以及特色戏剧、杂技拍摄宣传片或情景剧，通过网红或知名大V在微博、抖音等社交平台进行宣传并附上引人入胜的文案，快速吸引人们的眼球，提高人们的兴趣，提升当地文旅产业以及特色戏

剧、杂技在全国的知名度；同时，当地政府也需要投入资金，进行当地酒店配套基础设施的改善升级，引入知名酒店入驻；此外也可以结合当地地理优势，因地制宜，建造特色主题酒店，吸引人们前来游玩。

几天的调研很快就结束了，但是老区政府和人民坚持不懈的品质依旧深深打动着我们，希望未来老区也能够发展得越来越好。

四、收获与感悟

王静彦：建湖革命老区百年发展离不开党的政策，离不开老区人民的全身投入。从一个落后的山村到现如今的社会主义新城，建湖革命老区发生了翻天覆地的改变。在第一产业方面“互联网+农业”行动全面铺开，大规模、高科技的新型农业替代了从前在田地间挥汗如雨的农民劳作；在第二产业方面，着力向高科技、新能源方向拓展，成为建湖老区的主要经济来源，为老区继续发展提供了充沛的资金支持；在第三产业方面，建湖老区致力于宣扬红色革命老区精神，将当地旅游与红色革命史相结合，打造长三角地区重要的生态旅游示范基地，老区人民在用自己的拼劲创造美好的生活。通过几天的调研，我领略了建湖革命老区的巨大变化，也被老区人民精神深深感动，是他们不服输、不怕输、坚持改革创新的精神改变了家乡风貌，让老区人民的日子越过越红火。

朱文雯：作为新时代青年，我们不能忘却革命老区以及老区人民。从曾经发展落后的小村落到现如今的美好城市，老区走过了一条蜿蜒曲折的路，这里的发展，离不开当地政府和人民孜孜不倦的努力奋斗。从曾经的第一产业以人们手工种植为主，产量较低只能自给自足，到现在的运用各式设备扩大生产规模，巧妙用“互联网+”进行线上销售；以传统制造业为主的第二产业，在政府投资和服务下，逐渐形成高新技术产业集聚之势；当地将传统红色文化与特色景点相结合，因地制宜，发展文化和旅游融合产业。在党和政府的带领下，人民的生活蒸蒸日上。短短几天的调研，我深刻体会到了老区发展的变化以及不易，同时也被他们努力改变生活的坚忍不拔的品质所折服！我们的老区将会越来越好！

施韵：本次调研着眼于建湖革命老区三大产业的发展。由陌生到了解，建湖县焕然一新的面貌令人钦佩。

随着时代发展，科技与第一产业的联系越发紧密，“互联网+”模式拓宽了产品的销路，为大批生产、经营者解决了滞销难题。在当地政策的扶持下，高端装备、新能源、电子信息成为三大主导产业。助推小微企业，培养龙头企业，攻坚重大项目，积极建设配套设施……得到大量投入的第二产业为建湖县带来了巨大的经济收益，人民生活水平步步高升。作为红色革命老区，建湖县传承并发扬红色精神，在以当地传统文化为依托发展特色旅游业的同时，不忘保护生态环境，打造了一个有特点、有内涵、可持续发展的革命老区。

建湖县是革命老区，却不断呈现崭新的面貌。它的蓬勃朝气与积极革新一定会带领当地人民过上更幸福、更美好的生活。

杨得意：通过对建湖革命老区三大产业的调研，我看到了老区的成长与进步，更看到了当地政府的不懈努力与人民的积极响应配合。建湖老区迎合时代潮流，推出“互联网+”等建设策略，真正实现了“老区展新颜”。建湖县三大产业发展稳中求进，各项发展迈上新的台阶，建湖革命老区正在向世人展现着属于革命老区的光辉与蜕变。建湖革命老区的发展离不开每一位伟大的建设者，离不开每一位为老区发展作出贡献的人，老区展新颜，建湖县未来可期！

深挖红色资源，助力老区经济

——建党百年之际剖析红色产业发展，探究革命老区经济建设[①]：以上海和洛阳革命老区为例

一、引言

“红色江山聚英气，革命故地涌风云。”目前，国家对红色精神文化学习及革命老区的开发建设更加重视，并将其提上了新议程。革命老区是党和人民军队的根，是中国人民选择中国共产党的历史见证，而革命文物资源是革命文化的物质载体。如何挖掘和拓展利用这些红色资源助力老区经济，发展红色产业（旅游产业、农产品、文化产业等），值得我们思考研究。为充分了解感受革命老区经济发展真实状况，更好地助力老区经济发展，我们前往上海、洛阳革命老区的一些村镇展开了实地调研走访，并对当地的红色资源和产业发展进行了深入研究。

二、主体

（一）调研对象和调研地点

我们调研的是上海和洛阳革命老区的红色资源挖掘情况和红色产业发展情况，选取了杨甸村、庙护村、白鹤镇、泥城镇这 4 个典型村镇进行调研。

（二）调研方法和调研过程

1. 调研方法

①调研杨甸村、庙护村、白鹤镇采用访问法、实地观察法、问卷调研法、文献调研法。

②调研泥城镇采用文献调研法（由于疫情以及时间安排不合理，原计划

① 作者：陈楚扬、郭孙尧、顾屹雯、胥梅、袁丽娜、黄照艳、李晓钊、刘玥彤、熊梓竹、吴崇粼。指导老师：林玉姝。

的实地调研改为线上调研）。

2. 调研过程

（1）杨甸村

队员在杨甸村主要调研的是外冈游击队纪念馆。到达纪念馆后队员们观察到纪念馆的大概分布情况，并询问场内工作人员该馆与杨甸村的距离。队员同时也采访了工作人员、杨甸村居民以及来纪念馆参观的游客。我们以实地调研、问卷、采访等主要形式开展调研活动，与不同的采访对象进行详细交流，以便能够深入了解该地红色资源开发的现状和红色资源的开发利用给周围村镇和居民带来的福祉与影响。

（2）庙护村

队员的调研过程按照地点可分为三部分：孟津县、小浪底镇、庙护村。

在孟津县，队员就相关问题对出租车司机、打印店老板、零售商老板进行了采访，并在访问街道居民时向其发放调研问卷。

在小浪底镇，队员实地观察并记录了该镇的风貌。抵达镇人民政府后，队员与镇委书记沟通，获得了有用资料并向其询问相关问题。

在庙护村，队员先对全村进行了实地观察，记录庙护村的村貌、商铺情况，对村民进行访问并发放调研问卷；之后，抵达村党政服务中心，队员与村委们沟通交流并获得了有用资料，对村委书记和相关负责人员进行专访，对庙护村的红色产业有了初步了解；在村委书记的陪同下，参观孟津全境解放地纪念馆等重要地点，考察“红色庙护”农旅融合景区的建设成果；后在村委的联系安排下，队员又参观了花椒加工厂，对庙护村的经济建设有了进一步的了解。

通过这一系列调研，队员不仅对庙护村的红色产业有了直观的认识，还收集了调研问卷、采访音频、关于庙护村红色产业的相关文件资料，为调研报告的撰写奠定了基础。

（3）白鹤镇

首先，我们通过收集资料，对任春华纪念馆进行初步了解，并根据当地红色革命老区的建设情况有针对性地讨论了调研目标；其次，通过参观任春华纪念馆，聆听当地村委会人员的介绍，了解任春华纪念馆的落成、发展状况以及政府扶持情况；再次，通过走访当地村民，了解当地人对当地红色产业的了解情况，以及在红色产业发展过程中生活、收入的变化；最后，将所得信息进行汇总分析，得出最终结论。

（4）泥城镇

根据所要研究内容，队员们根据不同的村查阅相关资料，从而全面地了解所研究的革命老区的背景、历史、现状，红色产业的状况。最大限度地利用互联网，查找文献资料，进行归类、汇总，分析现在革命老区所存在的问题，找寻有效的解决方法，并从调研过程中有所收获，进行总结。

（三）主要内容

1. 红色资源挖掘情况

（1）杨甸村

抗日战争时期，吕炳奎先生弃医从戎，带领杨甸村村民自发组成抗日民兵小队来抵抗日寇的入侵，保卫家园和保护群众的生命财产安全，并在中国共产党的领导下，袭击日寇，奋起抗日，最终改编成为新四军江南抗日义勇军三路三支队，积极参与抗日斗争。在新中国成立后，吕炳奎先生之子将杨甸村的一幢两层楼花园式住宅无偿捐赠给嘉定区政府，以创办“外冈抗日游击队纪念馆”。

杨甸村为“缅怀先烈，铭记历史”，利用吕炳奎先生之子所赠房屋修建了外冈游击队纪念馆，对外展示游击队的红色故事。

（2）庙护村

1948 年 2 月，在党的指导下，孟津人民组建成县武装大队，与国民党残余势力进一步展开斗争，为孟津的解放事业奋斗。随着孟津人民的英勇斗争，县武装大队于当年 4 月 20 日进驻庙护，宣布全县解放。新中国成立后，第一任县委、县政府在庙护村建立，随后采取惩治恶霸等多项措施稳定社会秩序，领导了孟津的土地革命。庙护村不仅留下了可歌可泣的红色故事，还保留了当年的县政府、县武装大队旧址。

庙护村对县政府及县武装大队旧址进行保护，以纪念孟津的解放事业。后又在旧址的基础上分别建立孟津县政府旧址纪念馆和县武装大队旧址纪念馆，通过旧物陈展、照片文字等方式将当年县政府和武装大队的革命故事永远地保留在了纪念馆中。后又为铭记小浪底人民的爱国事迹，建造了小浪底爱国主义教育基地。县政府旧址纪念馆、县武装大队旧址纪念馆、小浪底爱国主义教育基地共同组成了解放地纪念馆，对外展示孟津的红色故事及精神。

孟津县武装大队旧址纪念馆主要展示解放孟津的最后一战——三感庙战斗形势图、当时活跃在孟津的武装力量、时任主要领导事迹等内容；孟津县政府旧址纪念馆主要展示当时县政府组成部门、主要领导事迹、党组织分布、敌我形势图等内容；小浪底爱国主义教育基地主要展示小浪底革命斗争史、小浪底革命先烈事迹、红色教育进乡村等内容。调研发现，解放地纪念馆新旧结合，陈展内容丰富而生动，值得称赞。

（3）白鹤镇

1930—1932 年，以任春华为代表的中共党员在白鹤镇西霞院村建立中共孟津县委，开展革命活动。在任春华精神的激励下，不少西霞院村村民站了出来，主动参加革命，在孟津大地上扬起革命的旗帜。

白鹤镇在西霞院村任家祠堂旧址上修建了任春华纪念馆，以宣扬以任春华为代表的共产党人意志坚定、不怕牺牲、追求真理的革命精神。

任春华纪念馆占地面积约 600 平方米，分陈列展示区、事迹展示区两层。通过图文、多媒体等方式，全面展示了在任春华带领下，中国共产党人在孟津播撒革命火种并走向一个个胜利的丰功伟绩。

（4）泥城镇

1930 年，泥城发生暴动，苏维埃政府与中国工农红军第二十二军第一师在此创建。1938 年，在泥城打响了浦东抗日第一枪。随后泥城组建了人民自卫队，英勇抗击日本侵略者。自 1941 年起，不少泥城勇士南渡浙东，开辟抗日革命根据地，响应全国抗战。泥城人民在此后的解放战争、抗美援朝中也继续发光发热，续写着泥城人民的革命传奇。

为了铭记历史、宣扬红色文化，泥城充分挖掘当地丰富的红色资源，创建了革命传统教育基地。2005 年，在此基础上扩建为泥城革命史迹馆。2014 年，又更名为红色泥城主题馆，开放至今。

红色泥城主题馆由大型纪念广场、史迹展馆和泥城颂厅 3 个部分组成，真实展现了第一次国内革命战争、第二次国内革命战争、抗日战争、解放战争、抗美援朝各个革命时期浦东先烈们的荣光和英勇事迹，以及建设发展时期浦东人民在红色精神指引下勇立潮头、励精图治的辉煌业绩。

2. 红色产业发展情况

（1）杨甸村

经调研，杨甸村的红色产业由外冈游击队纪念馆构成。

• 概况

外冈游击队纪念馆由仪式广场、纪念馆陈列室、吕炳奎旧居和游击队之路组成。馆名由原外冈游击队队长吕炳奎同志在生前题写。纪念馆陈列展览分为“淞沪大地血雨腥风、保家卫国揭竿而起、指路明灯坚决抗日、喜迎江抗杀敌锄奸”4 个部分，生动再现了以吕炳奎为代表的热血青年在民族危亡之际挺身而出为国民而战的光辉故事。该馆致力于借红色资源开发红色旅游，以更加新颖的方式吸引游客。2018 年，纪念馆举行了 10 周年纪念馆建成活动，让每一位村民都真正参与到红色精神的接力当中。作为“三城”的一员，外冈镇与太仓市城厢镇、太仓市科教新城共同打造“带着党旗‘品’三城”红色路线，依托“三城”特有的历史、文化、科技等资源，精心打造镇“八大”红色地标，体现“三城”协同发展的重要理念。

• 发展过程

外冈游击队纪念馆初建于 2008 年 7 月，于 2009 年被评为“嘉定区爱国主义教育基地”，2015 年被评为“上海市爱国主义教育基地”。自 2015 年起，当地政府会集了全镇跨年龄段跨行业的不同人士，依托外冈镇老干部讲师团、“新”苗宣讲团，三方共同组建成立学习教育讲师团，着力构建“1+X”外冈游击队纪念馆宣讲工作，力图将红色故事传播出去，使人们都能了解当地的红色文化。

• 目前状况

外冈游击队纪念馆知名度在近些年不断提高，参观人数由自建馆初 1000 余人次到现在的接待参观者 60000 人次。如今，外冈游击队纪念馆知名度越来越低龄化，通过层层选拔和培训，筛选出了一批小学生宣讲员。他们利用自己的暑假和休息时间，义务进行宣讲。小朋友们带来的别样讲解，更进一步发挥了爱国主义教育基地的宣传教育功能，大力弘扬爱国主义精神。

• 存在的问题

外冈游击队纪念馆的知名度不足，受众范围较窄，局限于周边村。许多参观者对革命老区与红色英雄故事了解得不够深入，红色英雄故事的传播存在一定的问题。纪念馆周围缺少便利店，交通不便利，给许多想要前来的人们增添了困难。

（2）庙护村

经调研，庙护村的红色产业由“红色庙护”农旅融合景区和花椒种植及深加工产业两部分构成。

①“红色庙护”农旅融合景区。

• 概况

“红色庙护”农旅融合景区，主要充分挖掘 1948 年 4 月解放孟津的最后一战——三感庙战斗、孟津县政府旧址、县武装大队旧址等红色资源，通过旧址修缮、实景还原、旧物展陈、声光电多媒体等方式，建设了小浪底爱国主义教育基地、县政府旧址纪念馆、县武装大队旧址纪念馆，集中连片打造了孟津解放地纪念馆，对外传承和弘扬红色文化和精神。

• 发展过程

从 2015 年年初建小浪底爱国主义教育基地到 2020 年对县政府旧址和县武

装大队旧址进行提升改造，“红色庙护”农旅融合景区的形成经历了一个漫长的过程。小浪底镇先后整合涉农资金800余万元，在庙护村充分挖掘红色资源，于2020年年末成功建成了完备有特色的“红色庙护”农旅融合景区。

• 目前状况

自2020年年末建成开放，“红色庙护”农旅融合景区接收的参访学习人员不断增加（见图1）。

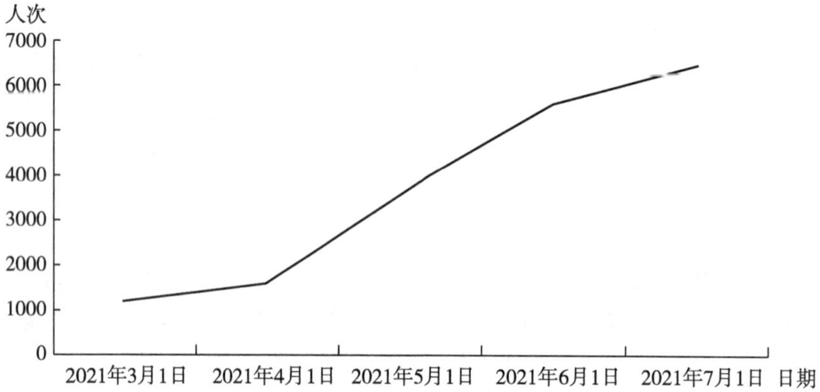

图1 “红色庙护”农旅融合景区累计参访人次变化趋势

截至2021年7月15日，洛阳市政协、洛阳海关、洛阳理工学院等单位130余批次7000余人次到庙护村游学“红色庙护”农旅融合景区，开展红色革命教育和爱国主义教育。

随着知名度的不断扩大，“红色庙护”农旅融合景区在传承和弘扬红色文化和精神方面发挥着可观的作用。

• 存在的问题

经济效益不显著。村支书、出租车司机、部分村民在接受采访时都反映了这一问题，向村民发放的问卷统计结果显示，超过1/3的受访者认为“红色庙护”农旅融合景区对庙护村经济的发展没有起到促进作用（见图2）。由此可见，经济效益不理想是“红色庙护”农旅融合景区存在的一个问题。

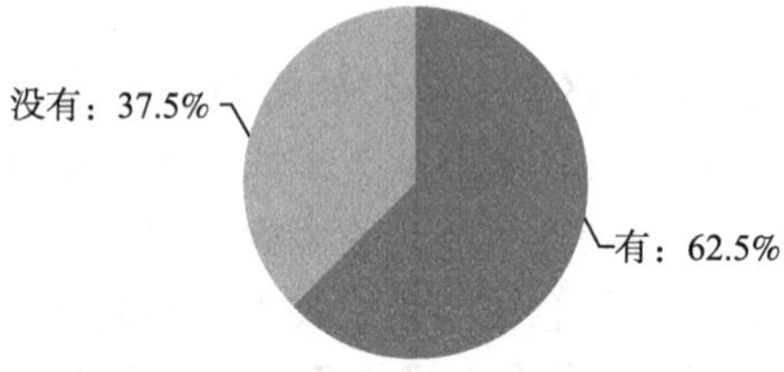

图2 针对“红色庙护”农旅融合景区对庙护村经济发展有没有起到促进作用问题的看法分布

②花椒种植及深加工产业。

• 概况

花椒种植及深加工产业，充分利用庙护村丰富的土地资源，按照“组织村民播种—收集村民花椒—花椒深加工—销售”的生产流程发展本镇特色花椒产业。现种植花椒 1500 亩，聘请技术专家作为长期技术顾问，在村“两委”的领导下，团结村民依托花椒深加工建设村集体经济项目，带动广大农民群众脱贫致富，增加村集体经济收入。

• 发展过程

庙护村的花椒种植及深加工产业处于起步阶段，2021 年 5 月厂房设备全部建设购置到位，2021 年 6 月完成验收。预定于七、八月花椒成熟后向村民统一收集，进行首轮花椒烘干加工，后销售给外来客户、各大型超市以及洛阳宏进农产品批发市场等。

村委对该项目的收益作出了如下分析：利用本村村民种植 1500 亩花椒。花椒每年每亩收获 180 公斤，每公斤 13 元左右，一年就可以收获 27 万公斤花椒；若不考虑其他因素，全部销售完毕就可实现 351 万元收入。花椒深加工生产可解决贫困劳动力就业 30 人，每人每天工资不低于 50 元。该项目收益将会有效助力脱贫。庙护村每年收益为总投资的 8%左右，即收益 9 万元左右，庙护村每年拿出收益的 80%带动 38 户贫困户增收，其中整户无劳动能力的贫困户直接享受收益，有劳动能力的贫困户通过设置公益性岗位劳动增收，其他 20%的收益全部用于村级扶贫工作。

• 目前状况

2021 年是庙护村花椒种植及深加工产业建设的第一年，花椒种植、采摘、加工任务已圆满完成。

• 存在的问题

通过采访种植花椒的村民和村委，我们得知庙护村花椒种植及深加工产业存在产品竞争力不强、销售被动的问题。

（3）白鹤镇

经调研，白鹤镇的红色产业由任春华纪念馆和黄河石画产业带构成。

①任春华纪念馆。

• 概况

为纪念任春华的英雄事迹，传承红色基因，讲好党的故事，孟津县白鹤镇党委政府设计了中共孟津县委诞生地、孟津县委第一任书记任春华纪念馆。任春华纪念馆免费对外开放。整座纪念馆占地面积约 600 平方米，分上、下两层，一层为陈列展示区，二层为事迹展示区，通过实景还原、旧物展览、图文、多媒体等方式，全面展示在任春华的带领下，中国共产党人在孟津播撒革命火种并走向一个个胜利的丰功伟绩。

• 发展过程

2012 年，为了缅怀和弘扬烈士的革命精神，孟津县投资 30 多万元，在白鹤镇西霞院村任家祠堂的原址上建立了任春华纪念馆，并将它作为爱国主义教育基地。2020 年进行翻新重建，2020 年 7 月 1 日建成开放。

• 目前状况

据统计，任春华纪念馆自建馆以来接待孟津县民政局、洛阳法院、白鹤镇中心小学等单位 1000 余次，接待参观者 50000 余人次。

因为任春华纪念馆的翻新重建，有越来越多的人来到这个纪念馆接受爱国主义教育，让人们不忘初心、牢记使命。任春华纪念馆在传承和发扬爱国主义精神与革命精神方面发挥着重要作用。

• 存在的问题

我们通过走访村民以及网上收集的资料了解到，在白鹤镇以外的地方任春华纪念馆的知名度不高，了解任春华烈士故事的人较少。

②黄河石画产业带。

• 概况

2010 年，孟津县白鹤镇把黄河石画确定为白鹤镇的特色文化产业项目，现在已经形成了黄河石画产业带。村民们充分利用黄河石资源，将经过黄河冲刷的石头进行绘画后售卖。黄河石画在宣传黄河文化的同时提供了另一种途径带动村民们脱贫致富，增加了村民们的收入。

• 发展过程

白鹤镇村民赵现红经过十几年的探索为黄河石画形成产业打下了基础并且引起了当地政府的关注。2010 年，孟津县白鹤镇把黄河石画确定为该镇的特色文化产业项目，并开始组织黄河石画创作培训班，教当地农民创作。

截至 2021 年，黄河石画培训班已举办了 10 年，培训了近 5000 名学员，培育画师近千人，并在该镇沿黄河的 10 个村庄建成了黄河石画产业带。因此，白鹤镇被誉为“中国黄河石画第一镇”。

• 目前状况

通过近些年的发展，黄河石画已形成了网上销售、订单销售等模式，产品远销全国。近年来，销售情况也比较稳定，每年的收入在 10 万元以上。黄河石画弘扬了黄河地域特色文化，推动黄河文化在新时代发扬光大。

• 存在的问题

网上的资料显示，黄河石画的知名度较低，受众面较小。该产业仍不成熟，出售黄河石画的收益不稳定，因为人的审美具有主观性，所以对于村民来说，该产业的经营风险较大。

（4）泥城镇

经过线上调研，为展示泥城“红色泥城，绿色发展”，泥城镇的红色产业主要有红色泥城主题馆、公平村农业经济产业和马厂村上海金畅果蔬种植专业合作社。

①红色泥城主题馆。

• 概况

红色泥城主题馆作为浦东新区“两学一做”学习教育基地，承担着开展党性教育的重任。为了更好地发挥“两学一做”前沿阵地作用，红色泥城主题馆结合自身工作实际，整合现有资源，不断创新载体，拓展教育功能，通过“红色课堂”“实践课堂”“社会课堂”，“三课”并举，为学习教育的深入开展助推加力。

• 发展过程

1986 年 10 月，在南芦公路 1887 号建立了泥城革命传统教育基地。

2005 年，在原址基础上改扩建为泥城革命史迹馆，列为浦东新区爱国主义传统教育基地。

2014 年 4 月，红色泥城主题馆正式开馆，重新对外免费开放。

2014 年至今，一直开放。

• 目前状况

自 2021 年以来，红色泥城主题馆共接待来访团队 292 个，计 16600 余人次。

自 2014 年 4 月重新对外开放以来，已与浦东新区新四军历史研究会 9 家单位进行结对共建。红色泥城主题馆作为红色基因库，将不断创新活动载体，传承红色精神。

• 存在的问题

一是地理位置偏僻。未设地铁站，前往不方便。不仅需要较长时间，还没有直达的车辆。二是讲解人员应给来参馆的每一个人讲解，让每一个来参观的人都能够更好地了解泥城的故事。但通过电话咨询，只有 5 人以上组团前往，才会有讲解员讲解。

②公平村农业经济产业。

• 概况

清美泥城绿色蔬菜种植基地位于浦东新区泥城镇公平村，种植基地总面积达 1000 亩，蔬菜种植主要以本地叶菜为主，菜品包含青梗菜、生菜、杭白菜、鸡毛菜等10余种。据上海清美泥城绿色蔬菜种植基地场长吴孟青介绍，春节期间，基地种植蔬菜每日供应量为1万～1.5万公斤，全部供应清美集团线下门店销售。

● 发展过程

以前公平村一穷二白，集体企业很少，村里的青壮劳动力不断流出较多。

在村干部的指导下，办起了上海文国果蔬种植专业合作社。在新型农业经营主体的规模化种植模式下，公平村的土地产出效益快速增长。

2014年，公平村土地开始大规模流转。

2017年，全村3376亩耕地基本完成流转，土地流转率达90%以上。流转后的土地由水稻等传统作物改种青扁豆、西瓜、甜瓜、蔬菜等经济作物，亩产收入可以达到1.2万～1.5万元。

以农企、农户资源共享，创收共赢为目标，大力推行“1+10+X”农业产业模式。

“1+10+X”：“1”是以清美蔬菜产业基地为龙头，“10”是以淼洋为代表的10家家庭农场，“X”则是广大的农户。

● 目前状况

泥城镇组建公平村特有的农业产业化联合体，辐射溢出效应进一步显现。新模式既推动农业增效，不断提升公平村乃至泥城镇整体农业产业能级和市场竞争力，又促进农民增收，仅通过清美直销大米一项就可为农民增收100多万元。同时，建立共享机制，拓展村级集体经济保值增值渠道（每年不少于50万元），发展村级集体经济。与区域内商发、上汽、海洋海工等大型企业主动对接、积极互动，逐步形成农业配套工业和服务业、产城融合的良好局面。

2020年，公平村在村庄核心区共完成85户庭院“退围墙”的风貌改造，宅前道路变宽敞了，还有镇里统一打造的红砖、黄檐、白墙、绿植，既体现了革命老区红色的元素，又象征着泥城绿色发展的创新活力和方向。

泥城镇还依托农耕文化展示屋、土布工坊、“百年老屋”等载体，大力开展各类学习和体验活动，传承百年革命老区的红色精神。

● 存在的问题

一是青壮劳动力流出，缺少一定的劳动力。二是受到突发情况的影响，导致销售规模下降。受2020年突发的疫情影响，绿叶菜难以保存，批发商又无法及时来收购，价格下降幅度大。

③马厂村上海金畅果蔬种植专业合作社。

• 概况

位于泥城镇马厂村水船7组的上海金畅果蔬种植专业合作社，占地面积约100亩，主打产品为“映霜红”冬桃，少量种植油桃、草莓及季节性夹种绿叶菜，是目前浦东新区规模化种植冬桃的专业合作社。

• 发展过程

2019年是上海金畅果蔬种植专业合作社冬桃集中上市的第一年，目前该合作社已成功注册“今冬雪蜜桃”商标，并以规范化的礼盒包装统一对外销售，经济收益较好。

• 目前状况

目前合作社冬桃的亩产量约为1500公斤，亩产值可达3.6万元，经济效益较好。

这种名为“映霜红”的冬桃，外表白嫩如玉，口感清脆香甜，果形圆润、核小肉厚，单果平均重350～400克，糖度最高可达20%，是难得的水果佳品。

近年来，泥城镇大力实施乡村振兴战略，致力于农业产业结构调整，从农产品的种植规模化、品种多样化着手，积极引进新品种、培育好品种，优化产品质量、填补市场空白，实现农民增收、产业兴旺。同时，不断鼓励各类生产经营主体进行探索尝试，以规模化种植、绿色化生产、品牌化销售为基础，努力将泥城地产农产品作出特色、作出亮点、作出品牌，也为广大消费者群体提供更加多样的选择。

• 存在的问题

一是缺乏青壮劳动力。大多数的青壮劳动力会选择外出工作，留下的是一些老年劳动力，导致生产力有一定的下降。二是宣传力度不够。合作社的农产品没有能够完全走进市场，有一定的竞争压力。

（四）存在问题的基本原因分析以及解决办法

1. 知名度不高

（1）基本原因

①地理位置偏僻。革命老区或老区多聚集在农村，地理位置较为偏僻。

②交通不便利。革命老区大多聚集在偏僻的村落，连公交也不能直接到达，交通十分不方便。

③了解革命老区红色故事的人很少。从电话询问场馆的工作人员，以及真正走入各个纪念馆，发现有些冷清，去的人非常少。即便有去的人也大多由单位、学校组织前往。

（2）解决方法

①增加前往革命老区的专车。政府可以提供资金，以改善交通运输情况。增加直接到达革命老区的车辆，这样不仅使革命老区的百姓出行变得方便起来，而且游客前往老区也会方便许多。

②加大革命老区的宣传。利用互联网，将老区的红色精神展现出来，将老区的特色品牌建设展现在人们的眼前。

③讲好红色故事。从青年一代着手，调动起他们对红色故事的兴趣以及浓浓的爱国情怀，让更多的人主动地去革命老区感受红色精神。

2. 红色场馆参观人数少

（1）基本原因

地理位置偏僻，导致交通不便利，去的人也很少。

（2）解决方法

增加团体参观的活动，如组织学校、事业单位前往参观。

3. 红色产品竞争力不强、销售被动

（1）基本原因

①品牌特色尚不足。

②市场竞争力较大。老区实行的蔬果合作社生产的产品，很多地方也有生产。市场可能会选择地点更近的，因为有些农产品是需要保持一定的新鲜度的。

（2）解决方法

①坚持农业农村优先发展。在干部配备上优先考虑，在要素配置上优先满足，在资金投入上优先保障，在公共服务上优先安排。

②因地制宜。坚持规划先行、循序渐进，顺应村庄发展规律，根据乡村的历史文化、发展现状、区位条件、资源禀赋、产业基础分类推进。

③充分利用红色资源，做好特色品牌，做好红色产品，形成一定的竞争优势。

④政府发挥作用，直接将产业同企业进行牵线；避免其他的农业产业抢先占据位置；实现家庭农场与企业的合作。

三、调研结论与总结

本次调研结合了一线城市上海和三线城市洛阳的革命老区的总体情况，调研的范围比较广泛，调研的群体覆盖面较广。我们在走访过程中，更深一步地了解了革命老区的基本情况，真正感悟到了国家支持革命老区振兴发展的重要意义。

调研发现，不论是上海还是洛阳都非常重视革命老区的经济建设，依托当地深厚的红色历史底蕴，积极挖掘利用红色资源、发展红色产业。在红色资源挖掘方面，四地都做得可圈可点：庙护村三感庙战斗、白鹤镇任春华烈士、杨甸村外冈游击队、泥城镇泥城暴动的故事更是在当地人中口耳相传。与此同时，四地的红色产业发展也初见成效：孟津庙护村以农旅融合的方式打造红色旅游新体验；白鹤镇依托其得天独厚的地理位置，在黄河流域开创黄河石画产业带；泥城镇和杨甸村则着力于通过红色文化场馆向大众述说红色故事、弘扬红色精神。

在为期一个月的走访调研中，我们发现当地的部分优势产业已初步形成，居民的收入提高，也相应地带动了生活质量的提高，其中农业种植、红色旅游已然成为人均增收的主渠道。

然而随着调研的深入，各乡镇红色产业发展过程中存在的问题也显现出来，多地红色产业仍处于初步发展阶段尚未成熟，与红色资源的结合度有待提高：孟津庙护村农旅融合经济效益不理想，农产品缺乏竞争力；白鹤镇的黄河石画产业带受众小、知名度不高；泥城镇和杨甸村的红色场馆面临位置偏僻、交通不便以致门可罗雀的境遇。这些问题亟须得到相关部门的重视并采取举措，不能让居民的劳作及当地的红色资源白白浪费。

我们也根据各乡镇现存问题因地制宜地提出了相关改进措施，概括来说需要多方面的努力和配合。我们先找到问题产生的根源：缺乏资金支持、宣传力度不够且缺乏科技支撑等，各个地方的原因不尽相同，因此需要我们根据当地情况制定出合适的举措。从政府（乡镇政府）方面来讲，需要加强基础设施建设并给予一定的资金支持，及时跟进农业科技，充分利用各大媒介宣传当地红色产业以吸引更多游客，提升经济效益；从居民方面来讲，要积极适应新时代红色产业的变化，提高个人技术能力，向乡镇政府建言献策，配合政府工作共享经济发展成果。

革命老区是党和人民军队的根，是中国人民选择中国共产党的历史见证，推进革命老区高质量发展刻不容缓。恰逢建党百年之际，我们通过此次调研走进革命老区、聆听红色故事、回眸百年历程、着眼当今发展、展望未来蓝图，以大学生视角了解革命老区红色产业实践，聚新时代青年之力为革命老区挖掘红色资源、为发展红色产业出谋划策。相信此次调研也能够深化革命精神教育，增强新时代大学生的社会责任感、使命感，让红色基因、革命薪火更好地代代相传。

“红色产业促发展，重建老区润民心”，我们始终相信在党和国家的支持与扶助下，革命老区的发展之路会更加宽阔；在红色产业的带动与促进下，老区百姓的生活会越来越好，其获得感、满足感与幸福感也将会步步提升。

四、收获与感悟

“走老区　看发展，红色走访我正行。”我们不能忘记我们是从哪里走来的，永远都要从革命历史中汲取智慧和力量。2021 年暑假我们开展了一次走访老区的调研，深入了解了老区人民生产发展和生活等情况。作为青年一代，我们要让初心薪火相传，把使命永担在肩，切实在实现“两个一百年”奋斗目标、实现中华民族伟大复兴中国梦的进程中奋勇争先、走在前列。

在上海临港的泥城镇，我们发现近年来其发展迅速，大大吸引了外资和企业，农业、旅游业、服务业融合发展，老区人民生产发展和生活都有了很大的改善。让我们沿着革命前辈的足迹继续前行，使红色基因渗进血液、浸入心扉。我们缅怀这段历史，记住那些在泥城参与革命斗争的先辈们，就是要继承和发扬老一辈革命家坚持立党为公、执政为民的革命情怀。

在外冈游击队纪念馆，我们更加深入地了解了抗日历史，同时也见证了中华儿女百折不挠、疾恶如仇的精神与坚定的爱国信仰，这令我们感动也很敬佩。革命者的英雄事迹值得我们当代青年人学习，并引以为豪。走出纪念馆，我们不禁感叹道：生于华夏，万般荣幸！我们作为新时代的青年更应该一路披荆斩棘，奋勇向前。

在参观孟津任春华纪念馆等当地红色景点的过程中，我们都颇为震撼。一半是因为革命先烈们的英雄事迹，还有就是亲身感受的那种震撼。只有亲眼看过，才能真正感同身受，在参观到任春华先烈曾经住过的屋子时，我们都自觉地沉默又肃穆，虽然只是简单的陈列，甚至简陋的房子别无长物，但是在了解过任春华的毕生事迹后，好像我们也能从那小小的屋子中看到任春华身为县委书记时，为了全县人民作出的努力，以及在面对国民党压迫时，那决不妥协、坚贞不屈的精神，这也更加为我们此次的调研活动提供了动力。

在孟津县小浪底镇我们见到了镇党委王书记，并询问了庙护村及孟津解放地纪念馆的一些情况。抵达庙护村后，我们见到了村支部的谢书记和热情的村民。谢书记带领我们参观了孟津县武装大队旧址、县政府旧址及小浪底镇爱国教育基地，并为我们讲述了庙护村这段可歌可泣的革命历史。谢书记告诉我们，庙护村是孟津全津解放后第一个县委、县政府所在地，它见证了孟津全境解放的历史。同时谢书记还强调了“庙护村的革命旧址有着很重要的教育意义，特别是在党史党建方面”。随后，我们一行来到镇花椒加工厂参观，并听了相关负责人的讲解，了解了当地红色产业。

在这次暑期社会实践中，我们也通过问卷调研和访谈的形式来深入研究，同时我们也注意到了革命老区发展过程中面临的问题与困难，例如，革命老区周围的交通不便利使得客流量较少，周围没有可以提供游客水与食物的便利店，以及老区红色产业的发展也有一些不足之处需要不断去改善。

“革命故地经风雨，红色老区沐新风。”通过此次走访调研，我们身心都受到了洗礼，收获颇丰，感慨众多，同时我们也衷心希望红色革命老区在日后能够发展得越来越好，并为红色革命文化的弘扬与传播作出更大贡献。

百年迎党庆华诞，老区莺啼绿映红[1]

——调研高邮鸭蛋品牌与罗氏沼虾产业链建设“两驾经济马车”

一、引言

2021 年是中国共产党成立 100 周年，未来我国将全面推进乡村振兴战略，根据《国务院关于新时代支持革命老区振兴发展的意见》，应以习近平新时代中国特色社会主义思想为指导，把革命老区建设得更好，让革命老区人民过上更好的生活。

此次调研旨在了解革命老区高邮市农业发展的具体情况，探寻高邮市经济发展的新业态，为供给侧结构性改革提供新思路。实践小组将针对革命老区高邮市的两个知名品牌——高邮咸鸭蛋和罗氏沼虾的“产”“供”“销”产业链做调研。

通过实地走访高邮市农业农村局水产站、高邮市龙虬镇人民政府、罗氏沼虾生态养殖示范区等与相关工作人员交流调研，我们对高邮的经济产业发展有了基本的了解，明确了其发展的优势以及不足之处。结合国家的宏观政策、新时代的营销方式以及资产评估的专业知识之后，实践小组为高邮咸鸭蛋与罗氏沼虾这两条高邮市特色经济发展路径的拓展提供了自己的建议。

二、主体

（一）调研对象基本情况

高邮是国家历史文化名城、红色革命老区。市内河网交错，水域辽阔，素有“鱼米之乡”之称。正因如此，推动高邮经济发展的“两驾马车”依水而生——鸭蛋和罗氏沼虾。

罗氏沼虾的基本情况：当地有 3200 多户养殖户，有超过 10 万人从事罗

---

① 作者：陈海艺、石清瑶、姚雪睿。指导老师：方旭光。

氏沼虾的培育、养殖、销售工作，罗氏沼虾产量占全国虾产量的1/5。虾苗、虾饲料、虾收购，一条完整产业链已经有30多年的历史。2020年，龙虬镇开始积极探索生态养虾模式，致力于打造“生态虾”品牌。

高邮鸭蛋的基本情况：生产企业有100多家，其中，年产量500万枚以上的规模企业有30多家。高邮鸭蛋不仅被认定为“地理标志商标”，其传统制作工艺入选第一批高邮市非物质文化遗产名录，名声在外。在询问养殖户后得知，“高邮鸭蛋的蛋黄在每年3月和4月两个月是最红的，据介绍这主要是因为3、4月湖里的水草上鱼子比较多，麻鸭吃了，下出的蛋蛋黄最红。过了5月，鱼子渐渐变成小鱼游走了，鸭蛋蛋黄就没有之前的红了”。是否果真如此？根据实地考察和网络调研，我们了解到，“这并不是因为鸭子吃了水草上的鱼子，而是这个时节，湖里有一种菹草开始生长。这种水草又叫虾藻，富含B族维生素，麻鸭吃了之后，蛋黄就会比较红。过了水草季，蛋黄颜色就会变浅”（高邮市鸭蛋行业协会会长尤兆荣）。

鸭蛋与虾，皆为革命老区的名片。通过实地考察调研并结合资产评估专业知识，明确推动经济高质量发展的驱动力，寻找引起二者价值差异的因素，并对各自的营销现状提出有针对性的可行性建议。

（二）调研基本做法

1. 前期准备

撰写投标书，拟订活动计划。

查阅有关罗氏沼虾生态养殖的政策文件，对现状有大致的了解。

联系政府部门以及调研地——高邮市水产站、国家罗氏沼虾生态养殖示范基地、龙虬镇人民政府、汪曾祺故居、城市规划博物馆的负责人，预约具体的调研时间、地点。

2. 实地调研

乘坐大巴、公交、高铁、地铁等交通工具到达调研目的地。

在实践过程中，采用录音、照片、文字、视频等形式做相关记录。

高邮市水产站的实践大纲：了解高邮当地鸭蛋与罗氏沼虾的历史、近几年的产销情况、养殖规模、相关产业链的企业情况、政府相关的技术与财政帮扶政策、保护生态的具体措施。

龙虬镇人民政府的实践大纲：了解针对生态平衡的相关政策措施、具体落实情况、“四河四路”项目的具体内容以及落实情况。

国家罗氏沼虾生态养殖示范基地的实践大纲：针对罗氏沼虾的养殖技术（温度、水质监测、饲料投喂）、养殖方法（人工、机器、自然）、养殖规模、养殖效益（产量、单价、利润）制作调研问卷，撰写采访稿，与当地居民、养殖技术人员对接。

高邮湖和汪曾祺博物馆：了解高邮湖的养殖优势和咸鸭蛋的制作工艺。

3. 后期工作

制作推送视频、VLOG，撰写新闻稿、调研报告。

（三）实地调研情况

1. 高邮咸鸭蛋

（1）改革历程

高邮咸鸭蛋是高邮特色传统名菜，早在乾隆年间就已成为皇家宴席上的珍品，一直以来是农民增收的便捷途径。其品牌发展一直不错，近年来更是各大直播间的常客爆品。

调整品种，优中择优。据当地人介绍，之前喂养过俗称“小棉袄”的鸭，但其鸭蛋产出并不理想。后经过实践，发现麻鸭具有不可替代的优势。高邮麻鸭属于既可以产蛋又能食用的品种。高邮鸭善于潜水，拥有很强的适应能力，生产的鸭蛋个头大，蛋黄比例大，特别擅长出产双黄蛋，属于三大名鸭之一。

改良古法腌制。在汪曾祺博物馆和高邮城市规划博物馆里，我们见到了咸鸭蛋制作过程。采用彻底消毒的高邮特有的黄泥，晾晒之后，用筛子过滤掉大的颗粒，然后把它灌装起来，在腌制鸭蛋的前一天把黄泥泡下去。腌制的时候需要将新鲜的鸭蛋浸泡在黄土、盐、白酒和水调和而成的泥料里，等到鸭蛋完全地沾上泥料之后再在上面滚上草木灰，然后放在空桶里闲置 20 多天才能最终出炉，据说这是从清朝光绪年间流传下来的传统技艺。

高邮湖经过多年流淌、冲刷、集聚，形成了大片芦苇荡和湿地，这里水退草长，形成了天然的湖滩，芦苇滩也是麻鸭重要的栖息之地和天然的放鸭场。良好的水质，能够给湖中的鱼、鸟、植物提供优质的环境，丰富的鱼虾和螺蛳是天然的饲料。麻鸭放养于天然养殖湖，自己捕食，运动达标，自然下的蛋中蛋白质和脂肪含量高。

（2）采取的主要措施及取得的成果

鸭群中的雌雄比例有讲究，一般是 1 只雄鸭配 25 只雌鸭。如果雌雄搭配比例失当，鸭种也会退化，产蛋量也会明显下降。

追求质优量少。麻鸭一定要在野外放养 8 个月才能正式生产，而且产蛋量也不多，平均 1 只鸭子 1 年也就 120 枚。要知道普通的蛋鸭，1 年的产蛋量是麻鸭的 3 倍以上。

2. 高邮罗氏沼虾

（1）改革历程

龙虬镇是高邮特色养虾重镇，罗氏沼虾养殖一直是当地农业支柱产业和富民产业。“但这一路走来很不容易。”龙虬镇党委书记蒋国茂介绍，“过去，由于养殖模式单一，密度大，虾的品质存在缺陷，价格上很难卖上去”。革命老区的沼虾依赖片面“量产”的时代已经随着人民生活水平提高而逐渐走衰。

过去，由于养殖户求虾心切，采取的方式方法存在不科学、不环保的问题——高密度大范围的养殖，给龙虬镇的生态带来巨大考验。调研小组通过询问高邮市水产站工作人员了解到，近年来工作重心是罗氏沼虾生态养殖的示范推广，期望能通过科学、规范的养殖模式达到“既保护环境，又保障收益”的效果，并由点及面推广开来。同时，我们还了解到，影响虾品质的主要因素是养虾的技术，因此，水产站还定期组织对罗氏沼虾养殖户进行基础培训，旨在教大家科学养虾，提高养殖效益。从一味求速度、求发展的快消养殖，到现在的科学健康生态养殖，罗氏沼虾养殖技术的改革一直在进步。

（2）采取的主要措施及取得的成果

为了平衡生态发展与经济效益，政府围绕乡村经济生态、产能两手抓的目标，当地展开了“四河四路”项目，建立国家罗氏沼虾生态养殖示范基地。

养殖示范基地的基本情况：规划总面积约为 6300 亩，其中核心面积 230 亩已经投入运营，由 4 名养殖人员负责，将传统的养殖方法和新兴的养殖技术有机结合，探索一条生态、科技、智慧的养殖模式，为高邮地区提供可复制、可推广的养殖经验。与传统养殖模式相比，生态养殖的放养密度降低，放养虾苗从每亩 9 万～10 万尾降低到 6.5 万尾，在管理过程中使用先进的纳米增氧技术，使虾塘保持充足的溶氧环境，这样既能让虾休息好，长得更快更大，也能减少虾塘底部的污染，虽然虾苗减少了，但亩均效益提高了。

在饲料投放上，相较于原先耗时长、成本高的撒网式划船喂养，基地采用无人机，养殖人员设定驾驶路线则可以自动完成全园区的饲料投放。一台无人机可在不到 2 小时内完成 230 亩的饲料投放，尤其对于夜间投喂来说，大大提高了效率。

在饲料选择上，基地现如今选择的是低重金属的环保饲料，在确保沼虾营养成长的同时，也维护生态环境，不造成新污染。

在水质监测方面，基地平均一个塘有一个水质监测系统、溶氧仪和排放尾水监测系统。养殖人员通过手机即可实时监测温度和溶氧情况，精确控制：当水质低于设定的溶氧值时，增氧机即自动开始工作，提升存活率。排放尾水监测系统会监测水中的总磷、总氮含量，达标以后方可排放，积极将“两排一降”落到实处。实时监测系统显著提高了虾的存活率和出虾率。

就2021年的第一批成虾收获来看，原先成活率与水体富氧化问题均有显著改善，虾的品质较市面上散户养殖的虾更佳。

（四）存在的问题及原因分析

1. 鸭蛋销售问题

在实地调研和搜寻资料的过程中，我们发现高邮的鸭蛋在当地的养殖模式和产销量情况成绩喜人，问题主要在于销售端的品控上。

在资料中鲜少见到对高邮鸭蛋的吐槽，主要集中在网购方面。

在当地了解到，高邮鸭蛋品牌比较正宗的、受当地人欢迎的有“秦邮”（高邮市兴区路8号）、“邮星”（高邮市中心大道）、“三湖”（高邮市三阳南路与年合路交叉口西南侧）老品牌，均在淘宝网站上可以搜到。

但网络直播的低门槛销售涌入后，网络销售的咸鸭蛋品牌大大增多，然而质量却良莠不齐，影响了高邮鸭蛋的声誉和品牌价值。

2. 沼虾苗种问题

虾育苗方面的技术“卡脖子”和“铁虾”是虾苗的两大痛点。

罗氏沼虾原产于印度洋，因此在我国国内用于育种的优良罗氏沼虾大多数依赖国外进口。国外对育苗母体严格管控，国内在虾苗种方面没有主动权，主要掌握幼体到幼苗的培养技术。所以，存在自主育虾近亲繁殖导致种质退化严重的问题。

“铁虾”因光吃不长而得名，主要事关罗氏沼虾本身基因，没有任何一个专家可以提前断定虾苗究竟是不是“铁苗”，一旦运气不好遇到“铁苗”，长出只长壳不长个儿的“铁虾”，将损失惨重。

3. 沼虾养殖问题

“滴星病”是影响罗氏沼虾产量的主要难题。专家称其为“拉网综合征”，主要是拉网后罗氏沼虾趴边、进食缓慢、大量死亡，养殖户的利益受到严重的威胁。疾病形成的原因有多种，拉网过程需要挑虾，对虾应激大且很可能造成机械损伤，引起局部缺氧，从而诱发死亡。因为许多治疗“滴星病”的药物会产生污染水体、导致沼虾重金属含量超标等问题，所以大多属于违禁药品，限制使用。

4. 沼虾销售问题

罗氏沼虾目前销售主要是生虾，有专业的冷链运输链，主要销往距离较近的江浙沪地区，关于罗氏沼虾深加工方面还没形成体系化、规范化的模式。由于在网络销售方面的加工、运输、品牌推广等环节的经验远没有高邮鸭蛋成熟，沼虾很大部分市场的活力还未释放。

5. 沼虾品牌问题

罗氏沼虾尚未有鸭蛋的知名度。高邮鸭蛋与综艺节目进行合作，推出鸭蛋乡村礼盒，进入直播间，在一段时间内销量和知名度均有所上涨。市场上卖虾户主要为散户，没有采用标准的贴牌销售模式。虽然生态养殖示范基地的虾是具有公信力的国家示范品牌，但因多集中在本地销售，故知名度远不如高邮鸭蛋。

（五）解决问题的对策

1. 鸭蛋销售端之对策

对无法满足准入条件的、不能保证产品质量的和整改后仍达不到要求的品牌责令强制退出。此外，完善质量举报投诉机制，畅通质量投诉举报渠道，帮助引导消费者增强质量意识，推动蛋制品由追求“合格率”向追求“满意度”跃升。

2. 沼虾苗种问题之对策

基地目前还未有“铁虾”的筛选技术，主要是通过和信誉度高的育苗企业进行合作，降低“铁虾”出现的概率。通过对市场资料的搜寻整合，我们发现“铁虾”并非完全不可控，现在国内拥有一项虾苗 PCR 技术检测，不失为优选口碑一流的大苗场品牌虾苗之外的一个好办法。进行虾苗的 PCR 技术检测，相当于人的核磁共振一样，进行病毒检测，随机抽查。倘若检测出病毒，则减少其虾苗的购入量，以此降低“铁虾”出现的风险。

3. 沼虾“滴星病”问题之对策

针对“滴星病”，可以考虑市面上琳琅满目的功能性饲料。对水质、温度的监测很大程度上可以降低罗氏沼虾的患病率，大大提高虾的成活率。所以，购入水质监测仪、温度监测仪、增氧机可以降低“滴星病”带来的危害。

4. 沼虾销售和品牌问题之对策

针对销售和品牌的问题，二者相互依存，可以从推广、深加工两手抓。

目前“四河四路”项目只有单一的示范养殖基地，对于虾的深加工销售终端还未涉足，可以在下一步进入沼虾食品加工领域。比如就目前普遍的加工方法来看，将原料虾分别制成虾仁粒、虾粉和虾酱，再加入调味料进一步加工成虾松和虾排等，速食“香辣沼虾”“冷吃虾”也是鲜虾加工的一条不错出路。这样一来，原本单一的生虾售卖可以拓宽渠道，不受时间、距离的限制。在受疫情影响严控交通之时，有了深加工这条线就可以稳定价格，减少自然灾害带来的损失。而且虾加工的工艺并不繁杂，相较虾的养殖要轻松、容易许多，基地周边可进一步建立生态加工示范基地，使虾原料增值，扩大虾的销售市场。

酒香也怕巷子深，想要追求经济效益卖出好价钱，除了打铁还需自身硬之外，学会利用宣传工具和销售平台也是必不可少的。直播带货、IP 联名是当下较为火热的树立品牌渠道。高邮地区咸鸭蛋品牌有上百个，“真邮”这个年轻品牌，却在诞生短短 3 年间迅速蹿红，品牌入驻电商很大程度上起到了决定性作用。品牌加盟综艺节目，获得直播带货和大 V 的推荐，线上店铺月销近 10 万笔。国家品牌的沼虾可以从“真邮”的成功中借鉴经验，打造以“生态”虾为核心理念的国家品牌。

从无形资产评估的角度而言，品牌是一种识别标志、一种价值理念，是品质优异的核心体现。从评估的角度来看，商标品牌的评估没有标准答案。但品牌可以为商品和服务增加价值，通过正面联想创造商誉，其价值很大可能会超过商品本身。品牌给高邮鸭蛋带来了可观的效益，提起鸭蛋就是高邮。如今罗氏沼虾品牌的树立正是缺乏这样一个从抽象到具象的过程。国内不论是新鲜虾还是虾的深加工食品均未建立国民品牌，有很大的市场空间待入。完整的产业链为沼虾自身质量方面夯实了基础，生态养殖新口味是创新的力量，如若有品牌的加持，在激烈的农副产品竞争中不难争得一席之地，继而可以多层次、多领域地参与竞争。众所周知，产品本身是没有生命力的，打造品牌的企业往往才有生命力和延续性。

三、调研结论与总结

（一）革命老区调研具体结果

高邮咸鸭蛋，在新时代能够与时俱进，打造品牌，创造核心竞争力，“加盟”综艺，“参与”直播，以新时代的营销方式大开销路，在竞争激烈的市场占得一席之地，此间的生产销售方法值得其他的农副产品学习。

但是调研发现，网络销售存在良莠不齐、模糊管理的问题，提出以下建议：

①在网销店铺设置高邮鸭蛋专属认证提示栏且不定期抽检。

②完善质量举报投诉的机制，畅通质量投诉举报的渠道。

同样植根于高邮的罗氏沼虾是全国第一个通过无公害农产品品牌认证、第一个建成国家农业标准化示范基地的企业。通过实地走访，实践小组发现罗氏沼虾也同时面临着一些发展困境，包括：

①虾苗育种技术受制于国外，而国内育种存在育出“铁虾”的风险，使

养殖户损失惨重。

②“滴星病”、水质不达标威胁沼虾生长。

③沼虾深加工未形成规模，销售模式单一。

④沼虾品牌有待开发，知名度需要提高。

实践小组通过与技术人员交流以及资料整合，发现以上问题并非不可解决，结合市场现有技术以及资产评估专业知识，提出以下建议：

①使用虾苗 PCR 技术检测筛选虾苗，降低出现“铁虾”的风险。

②投放功能性饲料治疗“滴星病”，购置监测仪器监测水质，购置增氧机改善水质。

③通过深加工增加沼虾的销售模式，拓宽销售范围，扩大消费群体。

④借助于直播、电商等平台打开销售渠道。借鉴高邮咸鸭蛋的生产销售经验，夯实自身品质，打造罗氏沼虾的品牌，增加品牌商誉，提高品牌影响力。

高邮罗氏沼虾未来发展潜力巨大，目前遇到的问题亟待解决，从生产、加工到销售的产业链需进一步优化升级，高邮市高质量发展任重道远。

（二）革命老区的经济需要高质量发展

习近平总书记在庆祝中国共产党成立 100 周年大会上强调“构建新发展格局，推动高质量发展”。作为革命老区，高邮更需要注重高质量发展，要守护绿水青山生态底色。

罗氏沼虾生态养殖示范基地作为“四河四路”乡村振兴的先导园区，采取高科技手段科学养殖，大大提高了养殖效率，降低了饲养密度，禁止使用药物，确保上市虾达到超有机功能食品水平。

在高邮的高质量发展路程上，罗氏沼虾生态养殖示范园和高邮湖已经挑起重担，站在前列，为罗氏沼虾全产业的转型升级、鸭蛋提质增效和可持续发展，发挥了示范引领作用。

（三）革命老区推动供给侧结构性改革

深入推动供给侧结构性改革，已成为焕发中国经济活力的必由之路。供给侧结构性改革，就是从提高供给质量出发，推进结构调整，扩大有效供给，更好地满足广大人民群众的需要。

实地走访养殖示范园，无人机播撒饲料、线上监测水质、使用纳米增氧技术及与高校合作研发生态饲料等科技化、生态化养殖措施已落地。

与此同时，养殖示范园将技术传授给个体养殖户，让散户以最高的效率，养殖品质最好的虾。为达到“既保护环境，又保障收益”的效果，当地须加大生产要素的投入，优化投入结构，更深入地推进供给侧结构性改革。

四、收获与感悟

从过去到现在，老区精神一直是一面庄严而伟大的鲜红旗帜，带动人民朝着光辉的未来奔去，革命老区的经济发展也一直是重点关注对象。

在到高邮之前，更新不及时以及电话咨询被拒等多重阻碍使我们忐忑不安。但当真正踏上高邮的土地时，不难看出这是一个紧跟时代发展、时代潮流的城市，正是这样的第一直观印象，让我们信心倍增，而之后的工作也开展得十分顺利。在水产站、镇政府，我们看到的是积极为提高养虾户收益想办法的务实工作人员；在生态养殖基地，我们看到的是不怕苦、不怕累，真正想把生态养殖推向全镇乃至全国的实干工作者。

同时，此次调研也让我们亲身体会到团队合作的巨大作用。个人能力有限，以团队形式进行配合有事半功倍之效。调研期间，我们以团队形式开展工作，分工明确、密切配合，使得调研活动能够圆满结束，给我们留下了宝贵回忆。

对于尚未走出象牙塔的大学生而言，某一个地区的发展只是电视上、手机里的新闻，遥远而模糊，事不关己。但是当为了达成一个目标，我们千里迢迢地来到高邮，拜访有关政府部门，走入当地的养殖示范园，寻访沼虾养殖户，摸过池塘中的沼虾，乘过田垄上隆隆作响的拖拉机，吹过迎面而来的乡间凉风，当我们风尘仆仆回到上海，小组成员整理材料、为了解决高邮发展的问题绞尽脑汁时，发现高邮似乎已经和我们产生了联系。

我们会关注远方的一尾尾虾、一颗颗蛋，会关注养殖示范基地的技术是否得到突破、养殖户的利益是否得以实现，是否做到高质量发展。如若能够根据自己浅薄的经验为高邮的发展建言献策，便会喜不自胜。在中国共产党建立 100 周年的今天，时代的接力棒已经传到我们手上，当代大学生要主动走入基层，对于现今社会的发展才会有更深的感触和体会，扎根基层、融入群众，不断汲取智慧和力量，努力成为社会和人民需要的有用之材。

或许这也是此次实践的意义所在，百闻不如一见，实践方能出真知。

祝愿高邮老区经济蓬勃发展，欣欣向荣！

革命老区焕发新生[①]

——从苏州市融入长三角一体化，管窥老区发展

一、引言

此次社会实践活动正值中国共产党成立100周年，遵循马克思主义学院“走老区　看发展”的实践主题，我们实践小组开始将目光放在了长三角地带的苏州老区，作为长三角第二大经济城，其发展便成了我们小组所感兴趣的点。而此时的苏州，正值长三角一体化、沪苏同城进程加速时期，发展的势头正不断壮大。在民生方面，公共服务在原有系统基础上更加完善；在交通方面，轨道与铁路新建63个项目，与各大城市的对接，都有着不小的成就。除此之外，结合我们小组的专业，我们更是将目光放在了苏州2021年上半年1.07万亿元的地区生产总值发展上。要说除了实体经济和城市建设的一体化外，金融一体化发展也是有效推动苏州城市经济融入长三角一体化发展的关键一步，而在当下，面对苏州发展产业转型的需要，金融服务产业也面临着相应的转型调整。因而，结合以上种种苏州一体化的路径，我们小组最终决定通过查阅资料以及走访当地金融产业机构等方式，一是详细分析各路径的推进程度，二是通过企业的视角，根据金融服务产业转型的需要一探此时苏州产业转型的进程。

二、主体

（一）调研对象基本情况

此次实践活动，我们小组的调研对象为苏州长三角一体化进程。早在2018年11月5日，习近平总书记就提出支持长江三角洲区域一体化发展并上升为国家战略。着力落实新发展理念，构建现代化经济体系，推进更高起点的深化改革和更高层次的对外开放，完善中国改革开放空间布局。自此，长

① 作者：翟若愚、樊忠永、丁储扬、张亿阳、万家豪、葛嘉伦。指导老师：张国义。

三角一体化进程便拉开了帷幕，由上海积极推动并认真落实长三角一体化发展规划纲要，发挥龙头带动作用。2019 年 12 月 1 日，《长江三角洲区域一体化发展规划纲要》的提出，标志着长三角一体化正式上升为国家战略。长三角一体化发展具有极大的区域带动和示范作用，要紧扣“一体化”和“高质量”两个关键，带动整个长江经济带和华东地区发展，形成高质量发展的区域集群。自此，长三角“三省一市”正式召开会议，签署了十大关系民生、产业、交通、科技等多个领域的协议，也是自此，苏州正式开启了长三角一体化的发展进程。之后又先后提出了加强长三角地区金融基础设施互联互通，推进长三角地区金融业务的“同城化”，促进长三角产业集聚区一体化发展的上海共识、长三角示范区交通一体化等发展规划。近年来，遵循这些规划的苏州已慢慢实现了医保凭证、不动产登记等公共服务的加强与完善，实现了轨道交通多条跨省铁路的建设，产业聚集也在原先的基础上逐渐承接着上海的产业转移。时至今日，当下的苏州最主要的目标便是继续在秉持着高质量发展理念的同时加快产业转型的步伐，把握同城高新技术金融服务的引入来实现产业职能的转变，从而加速“同城融合”，在国家战略中勇挑更大担子。

（二）调研研究运用的方法

1. 文献查阅法

通过查阅诸多有关苏州革命老区发展历程、长三角一体化理论研究等文献，为本次社会实践调研找到理论支撑。在调研初期，小组夯实了深刻的理论基础，加强了小组成员对于所需调研对象的认识，做好了十足的前期准备，从而在后期的调研报告撰写阶段小组成员也能够做到理论与实际调研结果相结合，让整个调研总结过程变得更精彩。

2. 实地走访法

为了更加深入地探求“走老区　看发展”的社会实践调研主题，我们全体实践小组成员于 2021 年 7 月 16—20 日前往江苏省苏州市实地开展调研活动。我们的实地走访活动主要分为两个部分。第一部分是以感悟革命老区历史脉络为主旨的苏州革命博物馆实地走访，以此回顾苏州老区的革命历程。此次的参观，小组记录了相当一部分革命事迹与发展：一是新中国成立前的各个党组织建立与各种运动；二是新中国成立后的苏州发展历程（其中以长三角经济一体化建设为主要内容）。第二部分以苏州金融服务产业转型成果与金融一体化进展为主旨，作为苏州产业转型中至关重要一部分的金融服务业是提升其转型效率最具影响力的部分，因而金融产业的政策相当程度上将真正反映当时产业转型的阶段与成果。此次小组参观了苏州市工业园区的国泰君安证券苏州分公司，使我们小组充分了解了苏州新型金融企业在长三角一体化政策加持之下如何发挥在投资银行、资产管理、股权投资、研究咨询等领域的专业优势，重点打造面向科技型、创新型企业的高端投融资服务平台，助力更多沪苏企业做强做大，在构建沪苏协同发展新格局中展现金融服务产业的强大担当作为。

3. 深度访谈法

我们小组根据探寻长三角金融一体化发展的需要，前往位于苏州市工业园区的国泰君安证券苏州分公司，对负责人孙先生进行了深度的调研采访。在采访前，小组成员设计了一系列关于金融产业如何助力苏州市成为长三角金融一体化发展中至关重要的一环的问题，主要从以下三大方面、角度来开展：一是苏州市工业示范区是如何吸引像国泰君安证券这样的金融企业来建设一体化发展这样的“同心圆”的。二是“沪苏同城”协调发展是如何实现的。三是长三角一体化对于苏州革命老区经济建设发展的个人思考。从企业的角度了解微观视角下苏州市在长三角一体化政策加持下的内部循环积极作用以及自身发展的持续努力，从而为本报告的结论提供理论支撑。同时，邀请校内辅导老师对访谈提纲进行修改和完善并指导，为最终的结论提供一定的依据。

（三）重点内容

1. 苏州改革的历程

苏州在新中国成立以后的70多年里，发生了翻天覆地的变化，从不起眼的小城市变成了现代化的繁华都市。苏州经济的快速发展，得益于改革开放政策和苏州优越的地理位置。改革开放，解放和发展了社会生产力，增加了国际贸易往来和文化交流，提升了人们的生活质量与收入水平。苏州是长三角的第二经济城，长三角一体化进程正在稳步有序地进行中，而长三角经济带是国家经济示范区，发展势头迅猛。苏州与上海相邻，承接着上海的各大高新技术产业转移，为上海的雄厚金融实力和高科技所带动。

苏州拥有悠久的历史文化，古城内总共有2000多处文物和古建筑，江南水乡的优美风貌和现代化高楼交相辉映。拙政园展现了大自然的美好，苏州博物馆则是贝聿铭大师用现代建材来构建的，具有朴实风韵。改革开放后，苏州的经济发展走上快车道，大量与外资合建的工业园区落户苏州。长期以来，苏州注重第二产业的发展，以中低端制造业为主体，苏州工业园区的综合实力居全国领先的地位。与此同时，苏州也获得了外资和外国先进技术的支持，逐渐发展高端制造业，推动产业转型升级，走数字化发展道路。

2. 采取的主要措施

改革开放和长三角经济一体化是苏州经济飞速发展的核心。改革开放极大地增强了我国的综合国力，在全国人民几十年的努力奋斗下，我国的经济总量位居世界第二，仅次于美国。改革开放秉承着“科学技术是第一生产力”的思想，吸引外国企业在各个重大项目上合作，并且获得国外高新技术的支持。在这样的基础上，苏州发挥自身劳动力丰富的优势，完成了大规模工业园区的建造。另外，改革开放提高了人们的收入水平，促进了消费，提升了人民的生活质量和幸福指数。

长三角地区是全国发展基础最好、整体竞争力最强的地区之一，而苏州则是长三角的中心之一。政府推动了长三角一体化发展，目的是提高区域自主创新能力，集合各地区的资源优势，带动长江流域以及全国经济的整体发展。长三角一体化的具体措施包括修建铁路、共建产业园区、实现各地人才流动。作为全国经济示范区，长三角一体化旨在加快数字化转型、坚持产业智能化、加大食品药品的监管力度，最终提升人民的生活水平。

3. 取得的成绩

苏州的改革取得了非常优秀的成绩。苏州的经济实力为江苏省第一，超越了省会南京市，GDP 总量将要突破两万亿元大关，高居全国第六位。苏州市内各地域经济均衡发展，下辖的 4 个县也均为全国百强县。苏州的定位是重要的工业城市，制造业和传统工业是苏州的经济命脉，第二产业占比将近 50%，苏州的工业产值达到了全国第一的水平。访谈中我们也得知，目前苏州市正着眼于产业转型升级，第一产业的比重下降，第三产业的比重上升；而且依靠国泰君安等作为上海市国际金融中心头部券商的优势，联合各个集团内创投基金和直投公司，与上海市及长三角的创投企业和产业基金广泛合作，从而助力苏州信息技术、智能制造、新能源、医疗器械和生物医药等产业集群发展，在响应产业转型的同时为相关企业提供融资服务，并积极为上市公司提供再融资、并购重组、财务顾问、股权质押等服务。同时，还打造了全链条、立体化、一站式财富服务中心，为这些企业提供资本市场深度研究、全品类金融产品配置，以及一体化的财富规划和资产配置服务。总体来说，苏州的第二产业转型正向着区域化和科技化发展，注重人才优势和科技研发，发展高端制造业，在长三角一体化的带动下也取得了不错的阶段性成果。苏州的第三产业由上海辐射带动，获得上海的金融资源支持，现代服务业也取得了不小的进步。

4. 苏州发展存在的问题

自改革开放以来，苏州跟随长三角一体化进程，各个方面飞速发展，经济实力位居全国前列。而苏州位于长三角地区的中心，是交通枢纽，铁路密布，却没有建设机场。乘客如果从国外或者其他较远的城市坐飞机到苏州，只能先飞往无锡机场，再乘坐大巴等交通工具到苏州，这样会浪费不少时间。没有机场的存在，苏州虽然经济总量高，但是离成为国际化大都市还有很长距离。

另外，苏州是著名的工业城市，产业结构为第二产业比重最大，占比将近 50%；其次是第三产业；最后是第一产业。苏州的 GDP 主要依靠其强大的工业力量。然而，苏州对制造业这类的相对低端工业过于依赖，新兴工业和高新技术产业的发展较慢，并不符合现代发展的潮流。因此，苏州需要进行产业结构升级。

最后，苏州的教育水平有较大的提升空间，名牌大学和高中较少，苏州对教育问题的重视程度还不够。高新技术的发展需要大量的研发部门进行创新和实践，而足够多的人才数量是发展的基础。苏州要通过提高教育水平来培养更多适用型人才，为经济发展作出贡献。

（四）存在问题的基本原因分析

1. 关于苏州没有自己机场的问题

苏州其实并不是没有机场，硕放机场全称是“苏南硕放国际机场”，理论上硕放机场的两大服务对象之一就是苏州市。硕放机场处于无锡市的行政辖区内，离苏州姑苏区很近，距离工业园区稍远一些，但是相比虹桥枢纽还是近许多。硕放机场复航 16 年，究竟是“苏州客流不好导致服务苏州的设施不行”还是“服务苏州的设施不行导致苏州客流不好”，我们没有证据证明。但是目前的情况是，硕放机场对苏州市民、苏州工业园区居民来说，公共交通的可进入性太低，确实使得苏州居民在硕放乘机意愿不高。而且，硕放机场的航线数量和密度还不够高。对于苏州居民而言，虹桥机场和浦东机场虽然远，但是能满足很多出行需要。这和上一点是共同的，仅仅是无锡市的航空市场，是难以满足很多航线的开通和加密的，苏州和无锡在机场上的隔阂加剧了这一点。合则共赢，无锡和苏州共同支撑硕放机场才能使硕放机场的价值提高，这也是江苏省将机场确定为“苏南国际机场”的缘故。

2. 关于苏州产业结构的问题

第一产业的结构不断优化，比例虽在下降，但总产值在逐步提升。因此，苏州在第一产业的内部转型中做的是比较成功的，逐渐由传统的第一产业向具有规模化、区域化、科技化的方向发展，并取得了非常大的成就。保持并逐步提升现阶段第一产业的发展成绩是苏州的重中之重。进一步提高第一产业的技术含量，加强完善农田水利与基础设施的建设。建设生态园林，打造品牌战略，树立创新观念。建设一套完整优越的产业发展体系。

苏州拥有良好的工业基础和区位条件，优先发展第二产业不难。但苏州的第二产业还是主要以组装、加工、轻工业品为主要经济增长点，传统的工业仍然占据主导地位。换句话说，苏州的第二产业虽然发展速度快，但还处于产业链的低端，没有良好的工业体系的支撑，技术水平落后的局面没有改变。而这种现象产生的原因有很多，如工业创新能力不强、自主知识产权含量较低、附加值较低等。外资在苏州的工业中的占比是很高的，在竞争能力上，国内企业根本无法与之形成对抗。即便是高新技术产品生产也大多处于委托加工阶段，产品附加价值较低，与高端化的工业发展结构存在差距。

苏州第三产业增加值占地区生产总值比重与其当前经济发展水平是不相适应的。与国内其他大中城市相比，苏州服务业增加值占地区生产总值比重相对不高。第三产业发展滞后，所占比重小有以下原因：

第一，产业定位与政策支持力度。苏州紧邻上海，开放的市场环境使苏州在技术、信息、人才等方面都受到上海的辐射带动，同时，苏州也必须承担由区域经济分工所带来的与上海重点发展服务业形成错位与互补格局的责任。因此，在苏州的产业发展过程中，各种方针、政策都更多地倾向于发展第二产业，从而在无形中淡化了自身服务业的发展，使得其对服务业的投入相对不足。

第二，生产性服务业本地需求不足。外资企业的介入并没有在很大程度上带动苏州服务业的发展，因为外资企业一般都有一套自己的服务体系，所有的技术服务、经济服务、关键的产品服务，都由总部统一自由安排，不存在依赖苏州本地服务业的问题。

第三，发展现代服务业存在资源缺口。服务业对于一个地区的经济发展水平、公共设施的完善等有很高的要求，而苏州现阶段在现代物流业、金融保险业等行业中的人才、技术等资源缺口则制约了苏州服务业的发展。

（五）改进建议

通过查阅《苏州统计年鉴》可以得到图 1、图 2。从图 1、图 2 中我们可以看到自 2007 年以来，苏州第二产业的比重逐年下降，第三产业比重不断上升，工业经济形态开始向服务型经济形态转化。

100
地区生产总值
Gross Domestic Product

年份	1978	1990	2000	2010	2018	2019
第一产业 Primary Industry	28.1	17.3	5.9	1.5	1.2	1.0
第二产业 Secondary Industry	55.7	61.0	56.5	58.4	48.8	47.5
第三产业 Tertiary Industry	16.2	21.7	37.6	40.1	50.0	51.5

图 1　地区生产总值构成（%）

资料来源：《苏州统计年鉴》。

100
就业人口
Employment Population

年份	1978	1990	2000	2010	2018	2019
第一产业 Primary Industry	62.3	29.7	21.0	3.8	3.1	3.0
第二产业 Secondary Industry	27.1	51.3	49.8	62.2	58.6	58.3
第三产业 Tertiary Industry	10.6	19.0	29.2	34.0	38.3	38.7

图 2　就业人口构成（%）

资料来源：《苏州统计年鉴》。

从 2019 年的《苏州统计年鉴》中我们也可以看出，2019 年，苏州第三产业地区生产总值占比为 51.5%，较 2018 年提升 1.5%，而与此同时，第三产业就业人口仅上升了 0.4%，第三产业正一步步成为苏州的主导产业，这也从侧面反映了苏州近年来服务型经济形态的逐步形成，产业结构优化的成效初步显现。作为城市经济基础的工业的垄断地位出现动摇（其实苏州的第二产业也正在逐步转型升级），而服务业基本经济活动的成长使得第三产业成为城市新的经济基础。

城市的发展总要依靠经济，而金融业在经济发展中占有核心地位。世界性的大都市都有着强大的金融业做后盾，因此一个城市的发展离不开金融业的支持。作为衡量金融中心的核心指标，金融业的增加值可以反映当地金融发展的潜力。在 2016 年金融业增加值全国城市排名中，苏州居全国第七位，可见在外贸下行、制造业衰落的背景下，苏州顺利地完成了产业转型，金融业兴旺地发展起来。《苏州市城市总体规划（2011—2020 年）》规划的“三心五楔，T 轴多点”的城市空间结构为金融机构的集聚提供了优越的金融环境，在 T 轴方向建立起来的高新区城区以及工业园区城区内建成苏州国际金融中心，同时在中心城区周边的“多点”建立的全国独一无二的新三板“金融小镇”项目，使金融产业遍布苏州市东西向和南北向的发展轴线，为金融机构的集聚奠定了基础。同时，苏州承接了作为全国金融、经济中心的上海的部分溢出效应，许多内外资企业受到苏州与上海之间便捷的交通与低廉的地价吸引，将企业落户苏州，也促进了苏州市的金融产业乃至第三产业、高端制造业、高新产业的蓬勃发展。

提到苏州的工业，就不得不提苏州工业园区这一产业转型升级的成功典范。苏州工业园区，隶属江苏省苏州市，位于苏州市城东；于1994年2月经中华人民共和国国务院批准设立经济技术开发区，1994年5月实施启动；行政区划面积为278平方千米（其中，中新合作区为80平方千米），是中国和新加坡两国政府间的重要合作项目，被誉为“中国改革开放的重要窗口”和“国际合作的成功范例”。位于上海虹桥与苏州城区之间的苏州工业园区，吸引了许多高新企业落户于此，在园区内集成了生物医药、纳米技术应用、人工智能产业的多家企业，截至2020年年底，累计有效期内国家高新技术企业1837家；累计培育独角兽及独角兽（培育）企业86家，科技创新型企业8000多家；累计评审苏州工业园区科技领军人才项目1954个，人才项目质量、规模快速提升，形成了“引进高层次人才、创办高科技企业、发展高新技术产业”的链式效应，为苏州的产业升级与科技发展注入了新鲜血液。

综上所述，我们社会实践小组对苏州现存的产业结构进行了简略分析之后，结合现实提出了几条建议：

1. 结合城市定位，利用自身优势，确定并发展自身主导产业

国务院对于苏州的城市定位为国家历史文化名城和风景旅游城市，国家高新技术产业基地，长江三角洲重要的中心城市之一。苏州作为著名历史文化名城，应该依托自身优秀的旅游资源（如拙政园、平江路历史文化街区等），在保护城市风貌的同时，推进落实旅游业的发展。同时，拥有苏州工业园区，作为国家高新技术产业基地的苏州，也应该进一步出台吸引外资落地政策，大力扶持、培养高新产业发展，让苏州工业园区成为高新产业的摇篮与发源地，从而带动长三角一体化过程中的产业升级，促进国内高端制造业的发展。

2. 扬长避短，继续优化产业结构

在苏州近期发布的“十四五”规划中，提出将“打造江苏对接上海的最重要枢纽门户城市”，特别是专门打造“融入上海先行区”，在“实施规划、交通、创新、环保、民生等领域全方位融沪合作行动计划”的同时，积极承接上海非核心功能与优质产业项目溢出。苏州可以瞄准上海推进国际经济、金融、贸易、航运和科技创新“五个中心”建设规划，在长三角一体化的大背景之下，加强沪苏之间的联系。但与此同时，也是因为与上海有便捷的交

通，造就了许多人“睡在苏州，吃喝玩乐在上海”的现状，苏州在错位发展的同时，更需要思考如何将生产性服务业的需求留在本地。

三、调研结论与总结

苏州，既不是省会城市也不是计划单列市，而地区生产总值位居全国第六，仅次于上海、北京、深圳、广州、重庆。苏州与其他城市相比没有政策上的支持，是完完全全凭借着独特的“苏州模式”发展起来的。

1. 拥有强大的实体经济

实体经济是社会生产力的集中体现，也是综合国力与社会财富最为坚实的物质基础和命脉，拥有发达的实体经济，对于任何国家和地区缓解经济下行压力、抵御各种风险、提高自主创新能力来说，都具有深远意义。其中，工业又是实体经济的重要组成部分。

苏州，正是这样一个工业大市。自改革开放以来，依托自身的区位优势与上海浦东开发的契机，苏州大力吸引外资和台资入驻，以包括苏州工业园区、昆山经济开发区在内的多个产业园区为支点，不断致力于工业和制造业的发展。

现如今，苏州已经拥有了 35 个工业大类，涉及 167 个工业中类、489 个工业小类、16 万家工业企业，是我国工业体系最完备的城市之一。从发布的数据来看，2020 年实现规模以上工业总产值 34000 万元，稳居全国前三名。其中，新一代信息技术、生物医药、纳米技术、人工智能四大先导产业产值达到了 8718 亿元。而这些，也成了苏州经济稳健发展的根基。

2. 注重提升科技创新能力

科技创新对于经济社会发展的重要意义不言而喻，它不仅可以直接转化为现实生产力，而且可以通过科技的渗透作用提升各生产要素的生产水平，促进产业结构升级与资源的进一步优化配置，进而提高社会整体产出实力，并带动整个经济的协调和可持续发展。

苏州的科技创新能力不可小觑，其高新技术产业、战略性新兴产业产值占比分别达到 51%和 55. 7%，就是最有力的佐证。此外，苏州研发投入占地区生产总值的比重为 3. 7%，显著高于全国 2. 23% 的整体水平（2019 年数据），科技进步贡献率达到 66. 5%，在科创板上市的企业数量位居全国前三。

特别值得一提的是苏州工业园区，在仅仅 278 平方千米的土地上创造出了苏州近 1/8 的地区生产总值，截至 2019 年年底，这里拥有国家高新技术企业超 1400 家，累计培育独角兽企业 50 家、科技创新型企业 6000 多家、“国字号”科研院所 15 家；通过学习新加坡的先进管理经验并持续改进完善，现已形成了“以注重规划先行、突出先行先试、坚持开放创新、强化亲商服务、创新社会治理”为主要内涵的园区经验，以及“引进高层次人才、创办高科技企业、发展高新技术产业”的链式效应，更是连续数年在商务部公布的国家级经开区综合考评中位列第一，并跻身世界一流高科技园区行列，成为我国改革开放的典范案例之一。而“园区经验”“昆山之路”“张家港精神”并称为苏州现代化建设的三大法宝，共同为苏州工业乃至整体经济发展贡献力量。

3. 形成了发达的民营经济

作为国民经济的重要组成部分，民营经济是拉动经济增长、推动转型升级、促进市场化改革、吸纳城乡居民就业的关键力量；而组成民营经济的众多民营企业，又是市场经济中最为活跃的主体，它们经营灵活，效率更高，拥有较强的市场应变能力，追逐利润的动机也极为强烈，对提升区域市场活力来说至关重要。

苏州民营经济的发达，可以从以下数据里得到佐证：

①2020 年上市公司数量为 144 家，稳居全国前五名，仅次于北京、上海、深圳等城市，其中有 3 家入围世界 500 强。

②共有 26 家企业入围“2020 中国民营企业 500 强”，28 家企业入围“2020 中国制造业民营企业 500 强”，上榜企业数双双位居江苏省第一，上榜民营企业 500 强企业数仅次于杭州，与深圳、无锡并列第二。

③在“万家民营企业评营商环境”活动中，苏州得分位居全国第三。除此之外，苏州发达的民营经济以及众多民营企业还提供了更为灵便、包容、广阔的就业机会，不仅解决了 720 多万户籍人口的就业问题，还吸纳了 350 多万外来人口来此谋生，这也反映出，苏州对于外来人口具有极强的吸引力。恒大研究院和智联招聘发布的“中国城市人才吸引力排名 2020”显示，在全国人才吸引力城市 100 强中，苏州高居第九位。

四、收获与感悟

我们实践小组的这次调研作为马克思主义学院暑期社会实践项目，从选题到最终调研报告的撰写经历了许多的挑战。这篇调研报告的撰写更是凝结了我们小组所有人的智慧以及辛劳的汗水。

由于小组成员都是来自金融管理学院，因而在开始定主题时我们便想要将目标定为老区的经济与金融发展，而见识到了苏州的发展成果后，我们产生了兴趣，想深入探究其实现如今成果的过程与将来的趋势。也是在这次实践活动中，我们更认识到想要完成一次实地的社会实践需要考虑的不仅是最终得到的效果，还要考虑现实操作的可能性，在老师的悉心指导下，由一开始面对大量资料无从分析到逐一分层，实现了理论联系实际，运用学习到的知识深层剖析了其中的种种原因。

当我们深入进行调研之后，我们也渐渐由表及里，分析了解了苏州经济发展的原因，最直观的就是感受到了如今的经济发展最核心的一点便是科技创新。在此次调研中，这一核心内容无不贯穿着苏州近年来不仅是产业更是金融相关行业的发展，因而可以说，其未来的趋势亦是如此。

总体来说，在此次建党 100 周年专题实践活动中，我们确确实实地观察到了苏州老区的发展历程，而全国各地除了苏州外还有着很多的老区也在不断经历着发展与改革，虽然会有不同于苏州的特色与优势，相信它们也是在把握自我优势的同时不断发展起来的。

探究革命老区发展经验，针对发展痛点提出建议[①]

——以山东省聊城市茌平区贾寨镇耿店村为例

一、引言

（一）调研背景

习近平总书记在参加十三届全国人大一次会议山东代表团审议时发表讲话："茌平县贾寨镇耿店村现在有个好现象，种大棚菜的中青年越来越多了。""70 后""80 后""90 后"占到八九成。这个村发展蔬菜产业已有 20 多年，过去只有 60 个"小土棚"，干活的多是"50 后""60 后"，年轻人都外出打工了。现在的耿店村成了"鲁西小寿光"，年轻人纷纷回村种菜，成了"棚二代"，为什么？村支书耿遵珠讲了 3 个原因：一是收入有保障，全村户均 3.4 个棚，保守算年收入 10 万元没问题，不少超过 20 万元；二是配套服务好，村里建起育苗场、批发市场、合作社，从买苗到卖菜，不用出村，省心省力；三是生活有品质，村民住上了楼房，通了暖气、有线电视、互联网，还有农家书屋、健身广场、卫生室等。这个典型很有说服力。"乡村有了富民产业，就能吸引人才，就能留住人才，就能留住人，留住年轻人，形成人才、土地、金、产业汇聚的良性循环。"我们一行人将调研习近平总书记点赞的耿店村。

（二）调研目的和意义

我们计划调研耿店村的 5 个方面，包括绿农科技有限公司、蔬菜市场、卫生所、聊城乡村实用人才培育基地、社区。采访全国劳模村支书耿遵珠，了解党中央、国务院政策落实情况和农业发展情况，聆听耿书记关于耿店村建设教育、基础设施、医疗卫生保健等方面的发展情况，感受耿店村脱贫攻坚、乡村振兴战略实施历程。采访"棚二代"，感受政策的影响和科技的力

---

① 作者：李雪琪、王乐璇、高椅林、安旭。指导老师：张帅。

量，了解他们的创业史。采访当地居民，从他们的视角看家乡的变化，了解他们在生产生活、教育医疗等方面的诉求。

预期通过调研能够总结耿店村发展模式，为其他纯农业村提供宝贵经验。更希望能在实地调研中，运用我们大学生的所学知识，为乡村发展的不足之处提出一些建议，助力耿店村经济发展，并提升我们的实践能力和社会责任感。

（三）调研方法

文献调研法、实地观察法、访问调研法、集体访谈法。

（四）调研地点

山东省聊城市茌平区贾寨镇耿店村。

（五）调研时间

2021 年 7 月 17—20 日。

二、主体

（一）耿店村基本情况

耿店村现有人口 180 户，党员 36 名，耕地 1400 余亩。2002 年以来，耿店村党支部带领村民调整种植结构，发展蔬菜大棚，成立专业合作社，走出了“支部+合作社”的发展之路。村民人均收入从不足 3000 元提高至 2.7 万元，村集体资金累计从负债提升至 700 余万元。2008 年成立合作社，村集体参股 51%。2013 年村里建起生态体验馆，村集体又以 20 万元入股，在 100 万元股本中占股 20%，又为村集体栽下一棵“摇钱树”。村级公共设施租赁和“参股分红”年集体收入已达到 15 万元，村级公共积累攀升到 700 多万元，为民办起事来也越发给力；180 户村民全部搬进了新楼房；还建起全县第一个村级敬老院、第一个村级婚宴大厅、第一个能现场报销的村级卫生室、第一个村级殡仪馆、第一个温泉地热井实现“村级供暖”，达成 5 个“第一”。习近平总书记参加十三届全国人大一次会议山东代表团审议时，赋予了耿店村“鲁西小寿光”的美誉。

为推广经验，耿店村支部书记耿遵珠整合耿店村与周边 10 个村庄为耿店新村，下设 11 个实体党组织及 5 个功能性组织。辖区内含原行政村 11 个，总户数 2619 户。新村党委职数 13 名，全国人大代表、镇机关干部穆胜峰任党委书记，耿店村支部书记耿遵珠任党委副书记。

在中央和省、市、区的大力支持下，耿店新村党委按照乡村振兴“二十字”总要求，倾力打造乡村振兴“耿店样板”。坚持走蔬菜规模化、标准化、品牌化发展路子，统一流转土地800余亩，投资8000多万元，打造“棚二代”科技示范园，建成高标准智能蔬菜大棚130多座；投资5000万元建设乡村实用人才培训基地和新型职业农民实训基地，大力培育新型农业经营主体，为农业转型升级和乡村振兴提供人才支撑。2020年，耿店新村党委再出发，统筹整合中央财政扶持发展壮大集体经济资金、省派第一书记帮扶资金1200万元，流转土地500余亩，计划建设高标准大棚85座；延长产业链条，加快发展蔬菜精深加工业，引进培育农业龙头企业，增加农产品附加值。同时，为提高群众生活水平，紧抓新农村建设机遇，建设三期9幢住宅楼，可容纳住户280户，同时新村里还建设了农家书屋、文体活动中心、社区卫生服务中心、婚宴大厅、村级公墓、殡仪馆、秸秆气化站等配套设施，实现了家业产业双驱动。

（二）实地调研情况

我们先后走访了耿店村的新旧大棚、育苗厂、批发市场、居民社区、卫生室、人才培育基地、山东绿隆农业有限公司以及当地学校，主要针对蔬菜销售、环境卫生、医疗养老以及文化教育情况进行调研。

①旧大棚完全采用泥土、木架与塑料薄膜搭建而成，没有利用现代科技进行温湿度调节。农民常常进出大棚查看蔬菜生长状况，因此大棚的门口位置设置得很低以防风倒灌，现在多半已经废弃。新式大棚则采用钢结构搭建，配有温度计，随时测定棚内气温和地温，并联动通风装置自动通风。在山东绿隆农业有限公司，我们参观了日光温室、智能温室，都配备了温湿度自动调节装置、光学防虫设施、自动施肥装置等十分专业的温室科技。通过负责人介绍，我们得知耿店村的温室创新了48项标准。

②育苗厂内，工人们都在温室内工作，分工有序：有的负责嫁接幼苗；有的负责精选长成的优质苗，准备出售。此时正是青椒成熟的季节，批发市场内成堆的新鲜青椒正在等待分拣，它们将被出售到各个二级市场、商场中。市场上的蔬菜总是供不应求，销售人总是“满载而来”“空手而归”。此外，批发市场还单独设立了金融服务部门来维持市场的秩序，该市场的建立实现了当地生产销售一条龙服务，极大地拉动了当地的经济发展。

③居民社区总共9幢居民楼，可容纳住户280户，社区内各种娱乐、健身设施齐全，居民常常在社区内的广场上举行文化表演等活动；社区环境干

净整洁，设有 100 平方米左右观景湖，居民可以在湖边小亭乘凉，也可以在九曲桥上观赏湖中锦鲤。紧挨着社区的便是敬老院，敬老院一家一院设计，免费提供水电，定时有人来打扫卫生，确保老人的日常生活舒适，完善的养老保障和医疗保障制度使得老有所依、老有所养。

④ 6 月 22 日，聊城市乡村人才培训基地正式启用，该基地是为培养农业技术人员而设立的专业培训机构，封闭式教学保证了严格的学术氛围，信息技术教室确保学生可以学习互联网技术，为培养综合人才奠定了基础。此外，机构还为希望利用假期以及课余时间学习的学生提供了免费的自习室，吸引了更多的大学生致力于农业的发展。人才培训基地的建设既是贯彻落实党中央重大战略部署的务实举措，也是省市领导充分结合茌平区实际、打造乡村振兴的齐鲁样板的创新之举。同时也标志着茌平区在取得脱贫攻坚胜利之后，拉开了全面推进乡村振兴、建设富民强区新茌平的序幕，对于全方位服务茌平及周边地区乡村振兴、提升乡村实用人才能力，具有重要的现实意义。

三、调研结论与总结

2020 年是实现全面建成小康社会第一个百年奋斗目标的一年，全国各地通过不懈的努力，都完成了脱贫攻坚的任务，真正实现了“富起来”。山东省聊城市茌平区贾寨镇耿店村就是一个成功的范例。

耿店村以前是一个贫穷落后的小村庄，现在是人人富裕的美丽乡村。现有高标准蔬菜大棚 130 多座；全村户均 3. 4 个棚，年收入保守估计为 10 万元，很多已超过 20 万元。村里建有育苗场、批发市场、合作社，既规范又方便。同时，村民生活上有了极大的改善，住上了楼房，通了暖气，有免费的自来水、全覆盖的无线网络以及广场等娱乐场所，这些改变使耿店村向着“城市化”的方向发展。

（一）经验

耿店村发展的背后一定是有着成功因素的。乡村要发展，首先，需要有一个负责任的领导班子。由耿遵珠书记领导组成的班子就是一个真正为百姓办实事的团体。以身作则，遇到难事敢为人先，洁身自好，做好表率。其次，要建设乡村环境，道路、网络以及基础设施等要完善，这需要领导班子带领村民完成，只有乡村建设好，才能留住人才、吸引人才。乡村建设是基础，只有打好基础，才可以去谋求更大的发展。最后，要引进人才，实行一系列的人才引进政策，让有能力有责任的人自愿到这里来。需要引进创新型人才，研发新技术，提高效率，实现低成本高产出的目标。

（二）问题

要充分及时地认识到不足之处。第一，设备更新问题。部分大棚仍旧采用老式的设备，有的甚至还在用土墙，这也存在安全问题。及时更换新设备，提高生产效率，是一个亟须解决的问题。第二，不少村民仍然思想老旧，不愿接受新思想，没有奋斗目标，好吃懒做。这需要有人去进行耐心的指导，让他们跟上社会发展的步伐。第三，新技术的自身发展问题。现在所使用的新技术，大多是从国外引进的，这会极大地限制当地经济的发展。所以，这需要青年一代，致力于新技术的研究与开发，彻底摆脱国外技术的束缚，把发展掌握在自己的手里。

（三）总结

在经济飞速发展的当下，追求乡村发展势在必行，但一味地追求金山银山，不顾绿水青山，则是竭泽而渔、饮鸩止渴，严重背离了“绿水青山就是金山银山”的生态文明理念。对于乡村振兴我们应深谋远虑、高瞻远瞩，不可急于求成。

尽好公共责任，完善基础设施。政府应贯彻以人为本的执政理念，避免过度追求城镇化发展，而忽略乡村人民生存环境。对于乡村发展，政府应加大财政对乡村建设的投入，完善各项基础设施，如交通、文化教育、卫生事业、环境保护等。基础设施是各项事业发展的基础，经济越要发展，对基础设施的要求就越高，完善的基础设施对加速乡村经济发展起着巨大的推进作用。

健全法制体系，加大监管力度。政府在乡村建设中有时不直接介入，而是放权给企业，鼓励企业参与到乡村的公共服务建设与产业化生产中，以企业生产带动乡村发展，企业在乡村的建立或投资，不仅能带动乡村产业化发展刺激经济，同时还可解决乡村剩余劳动力的问题。但一些企业在利益的驱使下，不顾生态环境，造成经济的正效益、环境的负效益，这种行为在工业文明后的生态文明新阶段无异于本末倒置。故政府应健全法律法制体系，加大对企业生产的监管力度，对于造成污染的企业必将依法严惩。

加强技术创新，转变生产方式。正所谓科技是第一生产力，政府应深化科技体制改革，加强科学技术手段在乡村的推广，实现技术手段的创新，如人工智能、互联网、物联网、大数据等在农业上的应用，提高农业生产效率，降低农业生产成本。同时要将传统的要素驱动型生产方式转变为创新驱动型生产方式，促进生态农业的发展，打造多元产业链，如乡村旅游、农家乐等第三产业与农业生产、农产品深加工等共同发展。

实行优惠政策，扶持农业发展。农业是受自然灾害等不可控因素影响较大的薄弱产业，乡村的根基在农业，我国人民的口粮也都在农业，农业是第一产业，是国民经济的基础。这种种原因，都坚定了扶持农业发展的决心。实行各项优惠政策，如购机优惠、税收优惠、实行补贴等，都有利于调动农民的生产积极性，支持乡村建设，从而振兴乡村。

培养优秀队伍，打造新型农民。党的十九大报告指出，实行乡村振兴战略，必须培养和造就一批懂农村、爱农村、爱农民的“三农”工作队伍。乡村振兴战略能否顺利开展的关键就在于人才建设。政府需“栽下梧桐树，引来金凤凰”，要优化政策环境，如土地流转、子女教育、社会保障等，另外，要完善基础、文化、生态保障等配套设施，从而引才。接着要育才，做好政策培训，聘请各方专家给予技术指导，发展专业合作社，打造农业品牌。最后便是用才。牵线搭桥，建立一体化农业服务体系，给予信息支持和提供帮助，让人才能够大展拳脚。

强化思想建设，共建文明乡村。乡风文明，是乡村振兴的“灵魂”。应坚持创新、协调、绿色、开放、共享的发展理念，以社会主义核心价值观为引领，强化群众思想道德建设，深入实施道德建设工程，挖掘乡村优秀传统文化，推进社会公德、职业道德、家庭美德、个人品德建设，培育良好家风，以家风促民风。坚持走乡村文化振兴之路，完善文娱基础设施建设，大力开展文化进基层活动，丰富农民群众精神文化生活。

乡村振兴是实现中华民族伟大复兴路上必不可少的关键一环，要有长远目光、下马看花，不可急于求成、缘木求鱼。政府也需认真把好每一个环节，做好乡村振兴的领头人。

四、收获与感悟

民族要复兴，乡村必先振兴。脱贫攻坚战的胜利离不开一位位涌现出的先进人物，如今我们所站立的不是终点，而是起点，是新生活的起点，是新奋斗的起点。乡村是中国的根脉，是国家大厦的基础。乡村振兴的出发点和落脚点，是为了让亿万农民活得更好，是解决新时代我国社会主要矛盾、实现“两个一百年”奋斗目标和中华民族伟大复兴的重要环节。

山东省聊城市茌平区作为红色革命基地，它的发展对其他地区有很强的引导作用。从贫困的小村庄转型为现代化的农业基地，村支部书记耿遵珠带领村领导班子从村民的生活小事开始改善，让他们过得安稳，过得舒心，年轻人可以无后顾之忧地打拼。

从耿店村的例子中可以看到，要实现从“富起来”到“强起来”的转变，全国仍然有很长一段路要走；要实现下一个百年奋斗目标，青年一代肩负着更大的责任。资源问题、环境问题都需要去解决。我们要敢于肩负起身上的担子，“幸福都是奋斗出来的”，习近平主席这句话激励着一代人去拼搏，去奉献。到我们这一代，需要继续刻苦奋斗，走好我们这一代人的长征路。

“红色资源+”①

——革命老区经济高质量发展新模式

一、引言

（一）调研背景

中国革命老区根据地，简称革命老区或老区，是指第二次国内革命战争时期和抗日战争时期，在中国共产党和毛泽东等老一辈无产阶级革命家领导下创建的革命根据地。革命老区为我国的革命胜利作出了巨大贡献。当前，革命老区面临着经济发展程度低、人才支撑不足、基础设施薄弱、区位优势难以转化为发展优势②等问题。为了振兴革命老区，2021 年 2 月，经李克强总理签批，发布《国务院关于新时代支持革命老区振兴发展的意见》。6 月 25 日，习近平总书记在中共中央政治局第三十一次集体学习时强调，用好红色资源赓续红色血脉，努力创造无愧于历史和人民的新业绩。为了响应党中央的号召，为革命老区的发展贡献自己的力量，实践小分队选择了革命老区江苏省泰州市姜堰区进行调研。

泰州市姜堰区建立了苏中第一个红色苏维埃政权，也是一类革命老区。当前共有 4 个街道、9 个镇，113 个居委会、151 个村委会，面积达 857.8 平方千米，户籍人口有 74.31 万人。2019 年，江苏省人均地区生产总值为 123607 元，泰州市人均地区生产总值为 110731 元，低于全省平均水平。姜堰区 2019 年地区生产总值为 665.52 亿元，人均地区生产总值约为 89560 元，低于泰州市的平均水平。由此可见，姜堰老区整体经济发展水平虽然位于全国前列，但在省内仍然处于中下游水平。当前，姜堰老区有必要加快发展，实现老区振兴。姜堰区拥有丰厚的红色文化资源，姜堰区政府确立了“工业强区、旅游兴区、教育立区”三大战略，如何更好地将红色资源与三大战略相

---

① 作者：曹雨、陈乃殷、陈欢欢、耿晓春、仇智斌、张昱婷、曹洁婷。指导老师：王朝科。

② 罗海平，刘耀彬，王军花．中国革命老区发展报告：2020［M］．北京：中国财经出版传媒集团，2020.

结合、将红色文化资源优势更好地转化为区位优势，实现革命老区乡村振兴，走上高质量发展之路，实现新时代的跨越，对老区人民是一个新的挑战，也是重要的发展方向。

中国革命老区存在着不少规模较小的小镇，本次实践小分队实地调研姜堰区的经济发展状况，选择姜堰区具有典型性的3个小镇——蒋垛镇、大伦镇和溱潼镇。蒋垛镇拥有丰富的红色资源，是苏中唯一拥有苏维埃主题公园的乡镇，毗邻大伦镇；大伦镇的羊肉农副产品的销量一直比较具有优势；溱潼镇的生态湿地公园是国家AAAAA级风景区，拥有良好的生态以及旅游资源。小分队计划在3个小镇调研过程中，发现当前姜堰区发展过程中面临的“瓶颈”与困境，以及存在的发展潜力，并尝试通过三镇合作联结优势的新模式来发掘小镇发展新模式，推动革命老区小镇发展。

（二）理论基础

本次调研，关注革命老区的小镇发展，主要涉及以下理论：

1. 马克思的意识形态理论

马克思的意识形态理论的生成与唯物史观的确立是同一过程。马克思在《德意志意识形态》中明确指出：“思想、观念、意识的生产最初是直接与人们的物质活动，与人们的物质交往，与现实生活的语言交织在一起的。”① 是人们对先前历史中取其精华、去其糟粕而来的。党的十九大报告中提出，加强意识形态教育，更加深化意识形态的理论创新。“我们要继续弘扬光荣传统、赓续红色血脉，永远把伟大建党精神继承下去、发扬光大。”② 树立正确的意识形态，传播中国优秀红色文化，因而我们需要重视红色资源的挖掘和保护。

2. 系统理论

所谓系统理论，体现了事物都是相互联系的理念精神，认为相联系的各个部分都是按一定结构组合的，并且在系统中发挥着各自的功能，使得系统保持一定的平衡，形成了一个系统整体。就拿蒋垛镇来说，乡镇之间可以进行联合，各自的特色可以互补，可以充分发挥蒋垛镇特色型的红色文化旅游资源的效能，大伦镇可以发挥其羊肉这一特色农副产品的功能；溱潼镇可以利用其旅游生态资源等湿地生态风景区对旅客产生吸引，从而形成一个相互作用的系统整体。

---

① 马克思恩格斯文集：第1卷［M］. 北京：人民出版社，2009.

② 习近平．在庆祝中国共产党成立100周年大会上的讲话［EB/OL］．https：//china. chinadaily. com. cn/a/202107/15/WS60f00426a3101e7ce9759e71. html-2021.

3. 旅游经济学理论

旅游经济学理论主要分析游客在旅行中的一些经济活动、旅游产业的现状、发展历程、发展规划和规律法则等。旅游中包含各式各样的经济活动，这种活动也是商品交换、经济交流结合后的产物。资源是景区发展的基础，服务水平是景区发展的重要推动力。因而，充分利用和保护好红色文化资源，做大做强红色旅游产业，不仅要提升当地的管理水平和服务水平，还要完善基础设施建设，充分利用好本地资源以及周边资源，加强区域间的优势互补，从而才能更好地完成旅游经济活动。

在以上 3 个理论的支撑下，为解决革命老区经济发展的问题，我们提出，要加强对红色资源的保护和利用，在此基础上整合三镇的资源优势，将旅游产业与红色文化进行融合并转为经济效益，从而促进革命老区经济的发展。

二、主体

（一）基本情况

为了全面、客观、真实地了解姜堰革命老区的经济发展状况，本次调研走访多处，调研对象选择不仅具有典型性，而且覆盖面广，从多角度、多方位、多层次去探索与实践。

调研地点：蒋垛镇、大伦镇、溱潼镇。

调研主体：苏维埃纪念馆、大伦镇政府、个体企业、溱湖国家湿地公园、溱潼古镇。

采访对象：苏维埃纪念馆人员、大伦镇政府工作人员、商店经营人员、游客、湿地公园及古镇工作人员。

（二）调研方法

为了深入了解姜堰革命老区的情况，本次活动采用了多样的调研方法，由利用网络资源查询资料、走访相关政府部门、实地调研、地图考察等多种形式组成，提高了实践的客观性和全面性。

1. 网络查询

在进行实地考察之前，小组成员先通过互联网等网络资源了解姜堰区的相关背景以及获取相关资料，提前做好准备，如通过百度百科、公众号等媒体资源了解姜堰区的发展近况。在调研活动结束之后也通过泰州市人民政府网站、姜堰区人民政府网站、溱潼镇政务服务网、溱湖旅游景区电子商务网等对姜堰区的发展进行数据和资料收集。

2. 访谈调研

小组成员预先通过邀约，一起前往大伦镇政府部门，采访了大伦镇政府工作人员，了解大伦镇羊肉等农副产业发展状况和相关政策、红色资源的开发状况以及未来发展规划。在蒋垛镇、大伦镇、溱潼镇调研过程中，对当地居民、游客、商户等展开采访，并保留图片、录音资源。

3. 实地观察

小组成员根据日程安排，约定7月14—16日3天共同前往姜堰区的蒋垛镇、大伦镇、溱潼镇了解其发展状况。实地查看苏维埃纪念馆、溱湖国家湿地公园、溱潼古镇等景点运营状况，以及在大伦镇考察商家经营情况。在这过程中，对3个小镇整体风貌进行考察，保留图片、视频等资源。

4. 统计调研

小组成员在考察蒋垛镇苏维埃纪念馆期间，对纪念馆举办的相关活动、游客籍贯进行调研统计，对溱潼风景区的游客籍贯也进行了相关统计。

三、“红色资源+”模式的缘起：发展情况的概括

大多数革命老区的小镇都存在着发展制约的问题，姜堰区有着众多在革命文化熏陶下的小镇，我们选取了姜堰区比较有典型代表的3个小镇：蒋垛镇、大伦镇、溱潼镇。通过对比分析3个镇的发展优势和劣势，从而能够找寻一个适合革命老区小镇发展的新模式。

（一）蒋垛镇：红色文化资源

1. 基本概况

蒋垛镇地处姜堰区东南，与泰兴市、海安市、如皋市交界。由原蒋垛镇、仲院乡合并而成。面积有66平方千米，人口有5.6万人，耕地有5.7万亩，下辖17个行政村。

2. 发展优势

（1）具有比较优势的红色文化资源

革命老区最大的优势就是有其丰富的文化资源，在姜堰区蒋垛镇有一个较为特殊的红色资源——苏维埃纪念馆。苏维埃纪念馆建成于2001年，是苏中地区唯一的苏维埃主题公园。其历史基础可以追溯到泰县第一位共产党员的诞生——孟致祥烈士。1927年春，在蒋垛溪河岸建立了泰县地区第一个党支部——中共蒋垛支部（隶属中共泰兴特别支部），孟致祥任支部长。其后孟致祥参与了“五一暴动”并组织泰县工农军的武装斗争，在担任泰县县委工

作时不幸被捕，最终牺牲。

随着新时代发展和建党 100 周年的号召，苏维埃纪念馆在 2018 年进行了整体的修缮，除了有“星火颂”“烽火颂”“红旗颂”“英烈颂”“红缨颂”5 个主题外，还建设了综合型党员组织生活馆，成为泰州市红色教育专区，扬州大学、姜堰中学等高校中小学的红色教育基地。

（2）良好的地理位置

蒋垛镇位于苏中平原，是三县交界处，南临泰兴市、北接南通海安市、东南方向是南通如皋市，在交通地理位置上具备独特的优势。在交通方面，之前囿于发展，蒋垛镇并没有接连主要的交通干线，通南经济发展区一直是姜堰区的薄弱环节，而 2021 年全面贯通的姜沈线对于蒋垛镇的交通发展是一剂良药。309 县道是布局在姜堰最南部的一条东西向县道，途经张甸、顾高、蒋垛三镇，被称为“姜堰南部干线”。该工程途经姜堰交通相对闭塞的一些村庄，建成后将打开这些区域的“对外通道”与“开放大门”。其中 229 省道以东段至蒋垛集镇段率先贯通。

（3）政府对红色文化的有力支持

蒋垛镇政府一直致力于打造“特色小镇”，利用本地独特的红色资源，在红色文化宣传上，苏维埃组织生活馆建成开放。组建初心宣讲团，专业讲解、专业授课、专业管理，叫响擦亮红色党建特色品牌，馆内组织接待参观学习，为全区广大党员提供了一个红色教育平台，推动初心教育活动有序开展。

3. 蒋垛镇红色资源的发展困境

虽然蒋垛镇有着较为丰富的红色文化，但是整体呈现出辐射范围较小、红色资源利用率较低、总体发展内驱力不足等情况。

（1）红色资源辐射范围较小

此次调研统计了 2021 年 7 月参观苏维埃纪念馆的游客，共 83 位，其中游客的籍贯大多是在姜堰区及周边的城镇（见表 1），从统计数据来看，苏维埃纪念馆的辐射范围仅仅在周边的乡镇，预估苏维埃纪念馆的文化影响辐射范围大致在以苏维埃纪念馆为中心，半径为 25 千米的范围内，整体影响范围还是较小。

表 1　苏维埃纪念馆游客籍贯统计数据（2021 年 7 月）

单位：人

游客籍贯	人数
姜堰城区	27
泰州城区	16

续表

游客籍贯	人数
蒋垛镇	18
大伦镇	6
娄庄镇	2
九龙镇	2
泰兴市	4
如皋市	4
海安市	4

（2）红色资源利用率较低

蒋垛镇的红色革命资源以苏维埃纪念馆独占特色鳌头，在红色革命文化宣传方面稍显不足，苏维埃纪念馆主要宣传途径以网络新闻稿、单位宣传为主。通过浏览苏维埃相应的关键词进行数据搜索，截至 2021 年 8 月 28 日调研小组统计出包含苏维埃纪念馆的新闻报道等资讯共计 48800 篇，其中点击量平均为 667 次，总体低于其他苏维埃纪念馆（如固始苏维埃纪念馆、城口苏维埃纪念馆等），见表 2。

表 2　相关苏维埃纪念馆宣传资讯

单位：篇

纪念馆	相关宣传资讯
固始苏维埃纪念馆	126000
城口苏维埃纪念馆	264000
蒋垛苏维埃纪念馆	48800
神农架苏维埃纪念馆	2130000

纪念馆主打参观和采访活动，在活动设置方面，多数参与企业和高校、中小学是以姜堰区为主，没有做好相应的品牌宣讲。总之，在宣传方面没有打造蒋垛苏维埃纪念馆的品牌文化，稍显力量不足。蒋垛镇在苏维埃品牌宣传上仅仅依靠苏维埃纪念馆的线下参观和线上少量的宣传，没有充分利用红色革命资源的优势，没有抓住主要的独特优势打造相应的品牌文化。

（3）总体发展内驱力不足

蒋垛镇目前是以农业和工业为主要发展的小镇，其红色资源主要集中在苏维埃纪念馆，然而纪念馆的参观人数一直处于较低水平。比较依赖游客数量的纪念馆没有发挥其相对优势。蒋垛镇的旅游业在姜堰区是处于下游水平

(见表3)，蒋垛镇没有风景区、度假村等相应的配套乡村旅游设施，也没有相应特色的农副产品来打造小镇的特色农业。因为在整体的经济发展、旅游发展、农业特色发展等方面水平都是较低的，所以蒋垛苏维埃纪念馆依托蒋垛镇的发展也显得后继乏力，在总体的发展内驱力上不足。

表3　姜堰区乡村旅游信息

区级	名称	地址	星级
姜堰区	海伦生态观光园	姜堰区大伦镇大伦村	三星
姜堰区	西陈庄	兴泰镇西陈庄村	二星
姜堰区	溱湖湿地农业生态园	姜堰区溱潼镇洲城村	三星
姜堰区	河横村	泰州市姜堰区沈高镇河横村河横大道1号	四星
姜堰区	溱湖绿洲	泰州市姜堰区桥头镇小杨村19组	四星

资料来源：泰州市人民政府。

(二) 大伦镇：特色农副产品资源

1. 基本概况

大伦镇坐落于美丽富饶的苏中平原，全镇土地总面积有56平方千米，辖行政村16个、村民小组289个。根据2021年统计数据，大伦镇总人口有4.4万人。

2. 发展优势

大伦镇在经济发展上主要依靠农业和工业，工业有毛纺织、钢窗、石棉等厂，拥有285家工业企业。农业以水稻、小麦、玉米种植为主，其中，主要的特色农副产品是羊肉和芦笋，而该镇就是以其特有的农副产品羊肉来打造本镇的特色农业。羊肉的发展相对其他产品来说较为成熟，周边的城镇会统一到大伦镇出售羊肉。同时，羊肉产业对当地贫困户的影响较大，贫困户通过养羊并销售给经销商从而获取收入。

3. 大伦特色农副产品的发展困境

大伦镇虽然以其特色农副产品羊肉作为本镇的特色农业，但是在该镇发展的过程中逐步出现了因生态环境改变而造成的畜牧养殖业困难、销售去向和方式单一以及红色资源少等发展困境。

(1) 生态环境改变而造成的畜牧养殖业困难

羊肉作为特色农副产品，羊肉的供给必然与畜牧养殖业挂钩。随着羊肉产业的进一步发展，对羊的需求量也必然会增加，但是从来看长期，畜牧养殖业的发展会对当地的生态环境造成一定的影响。同时，保护环境的意识逐步提升，环保的相关政策也越发严格。因而，养殖业的污染问题成了当地农副产品进一步产业化、规模化的一个“瓶颈”。

（2）羊肉的销售去向和方式单一

据调研发现，当地的羊肉店商户及民营企业的规模小，家族企业居多，在资金投入方面相对保守，商户开店还受季节的限制，一般在冬季营业，同时客源还是以当地的客源为主。在羊肉的出售方面，其销售的地区主要集中在江苏、上海、安徽、浙江等长三角地区（见图 1），销售的去向和范围比较窄。在销售方式上比较单一，主要还是以传统的线下销售方式为主（见图 2），对于网络直播带货的销售方式还是存在较多的顾虑。据了解，当地一些企业尝试过网络销售的方式，但是所取得的效果甚微，指出问题主要还是在于网络直播带货需要有一定影响力的网红等的带动，并且需要相应平台的支持，否则，直播带货的方式难以收获成效。

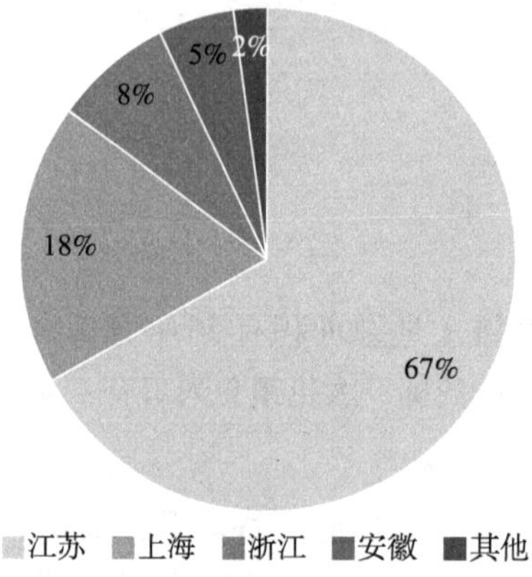

图 1　大伦镇羊肉的销售去向

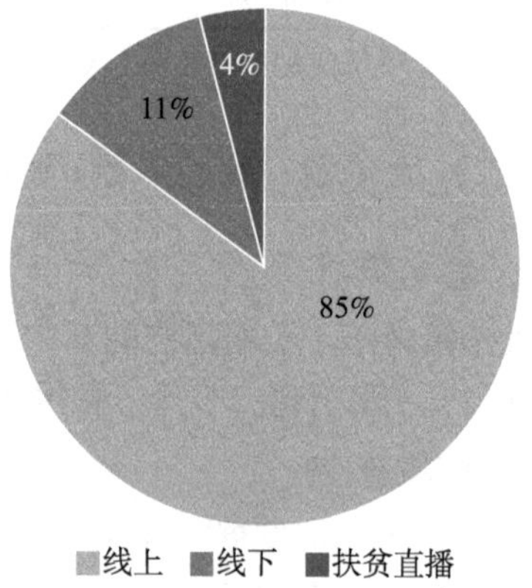

图 2　大伦镇羊肉的销售方式

（3）红色资源较少

大伦镇在经济发展方面主要是以发展农副产品和工业品为主，在旅游业方面的发展相对较落后，没有旅游风景区，曾经依托羊文化、羊饮食为主体品牌打造了一个现代农业生态园——海伦生态观光园，但后来还是因生态环境等原因使得园区的发展举步维艰。其他文化资源特别是红色文化资源比较匮乏，那么是否可以依靠大伦镇的特色农副产品这一优势，加强与周边红色资源相结合，通过两者的结合达到互补和平衡的状态进而促进大伦镇经济的发展，这个问题有待于进一步研究。

（三）溱潼镇：生态旅游资源

1. 基本概况

古镇溱潼位于苏中里下河地区，地处泰州、盐城、南通三市交界。溱潼镇下辖23个村委会、5个居委会，总人口有8.11万人，面积有117.89平方千米。其旅游业在华东地区的知名度较高，2017年接待游客总量达281万人次。

2. 发展优势

（1）旅游资源丰富

溱潼镇的旅游资源丰富，历史悠久，是中国历史文化名镇，镇区有国家AAAAA级溱湖国家湿地旅游景区，湿地总面积达26平方千米，区内的湖泊、河流等占景区总面积的37%左右，素有“水乡明珠”之称。以“麋鹿故乡园”为品牌的湿地生态环境景区是其特有的景观。还有AAAA级溱潼古镇景区，镇区现存明清古建筑2万多平方米、古街巷23条，深巷幽居、麻石铺街、老井当院，是苏中地区古民居保留最多、最完整的古镇。

（2）品牌影响力较大

从泰州市旅游数据来看，溱潼镇的溱湖风景区作为泰州市唯一AAAAA级风景区，在当地旅游产业中独占鳌头，2017年游客总量就已经达到了281万人次，在泰州市的旅游景区中位居第一（见表4）。

表4　泰州市旅游景区招待人数（2017年）

单位：万人次

单位名称	接待人数
姜堰溱湖旅游景区	281
高港口岸雕花楼景区	76
姜堰古罗塘旅游文化景区	51
姜堰溱潼古镇	113
泰州凤城河风景区	511
泰州秋雪湖生态景区	67
泰州天德湖景区	171
兴化李中水上森林景区	55
兴化郑板桥·范仲淹纪念馆	71

资料来源：泰州市人民政府。

溱潼镇的AAAAA级风景区能够吸引泰州市外游客，在长三角周边地区的影响力还是较大的，根据2021年7月的游客籍贯随机抽查，我们共抽查了100名游客，其中来自江苏省（泰州市外）的有32人，来自上海市的有41人，来自安徽、浙江等地的有22人（见表5），根据对他们的采访及数据分析，可以判断出溱湖风景区的品牌影响力还是较大的。

表 5　溱湖风景区游客籍贯调研（2021 年 7 月）

单位：人

游客籍贯	人数
江苏省（泰州市外）	32
上海市	41
安徽省	10
浙江省	12
其他省份	5

3. 溱潼镇旅游生态发展的劣势

（1）红色文化资源较少

溱潼镇的旅游资源发展态势向好，但是在红色文化方面的旅游资源甚少，为进一步推进旅游产业的发展，应寻求与更多的红色文化旅游资源进行合作，从而扩展旅游资源的范围，使旅游资源多样化，扩大旅游产业的规模。

（2）生态可持续发展问题

溱湖湿地公园作为国家级湿地公园，是重要的湿地生态保护区。在发展旅游产业的同时，如何做到既能够继续发展好溱潼的旅游产业，又能有效做好湿地公园的生态可持续发展，溱潼镇在发展旅游产业时需要寻找一个平衡点。

（3）品牌影响力扩大问题

溱湖旅游风景区在江浙沪等地区的知名度较高，但是把覆盖范围再往西部、北部和南部延伸，其知名度呈现逐渐弱化的趋势，因而还需进一步扩大溱湖旅游风景区的品牌影响力，提高该镇旅游风景在全国的知名度，进一步发展旅游产业。

四、对策——小镇合作的“红色资源+”模式

（一）简要回顾分析

根据比较 3 个镇的相对优势和发展的限制，我们可以得出 3 个镇在一些方面具有突出的优势和劣势：蒋垛镇红色资源较为丰富，具有良好的地理位置，但整体品牌影响力和发展内驱力不足；大伦镇农业特色产品——羊肉是其特色产业，然而销售去向和销售方式较为单一，小镇红色资源不足，情况有待改善；溱潼镇旅游产业独占鳌头，品牌影响力较大，但也存在着品牌影响力需进一步扩大和红色资源较少的突出问题。

我们进行优势比较分析，利用 SWOT 分析法。SWOT 分析法常用来分析确定研究对象的竞争优势、竞争劣势、机会和威胁（因此，SWOT 分析法实际上是将研究对象内外部条件各方面内容进行综合和概括，进而分析组织的优劣势、面临的机会和威胁的一种方法）。可以看出，蒋垛镇的红色资源内驱力发展不足的问题，需要进行相应的补足（见图 3）。大伦镇的旅游业带动的经济和游客需求能否与蒋垛镇进行合作，补足其红色资源不足的短板（见图 4）。而大伦镇的特色农产品销售方式单一的问题，可尝试通过红色资源带来的游客需求和品牌效应加以解决，这样做不仅给自身带来销售多元化的改善，也能够给以溱潼镇为起点的红色资源带来相应的品牌效应加成？（见图 5）

优势（Strength）	劣势（Weakness）
1. 红色资源丰富 2. 良好的地理位置	1. 品牌影响力小 2. 资源利用率低
机会（Opportunity）	威胁（Threat）
1. 政府支持 2. 交通有利	发展内驱力不足

图 3　蒋垛镇 SWOT 分析

优势（Strength）	劣势（Weakness）
1. 农产品特色 2. 毗邻蒋垛镇	1. 销售去向和方式单一 2. 红色资源较少
机会（Opportunity）	威胁（Threat）
1. 政府支持 2. 交通有利	1. 商家较为保守 2. 经济发展落后

图 4　大伦镇 SWOT 分析

优势（Strength）	劣势（Weakness）
1. 旅游业发达 2. 经济发展较好	1. 品牌影响力扩大 2. 红色资源较少
机会（Opportunity）	威胁（Threat）
政府支持	生态可持续发展

图 5　溱潼镇 SWOT 分析

（二）战略对策——小镇合作“红色资源+”模式

1. 合作基础

根据调研结果，三镇都有相对的优势和劣势，因此我们需要整合优势，补足劣势，拓展姜堰区红色资源的发展路径，由于存在：①3 个小镇比较邻近，在地理位置上容易促成合作；②3 个小镇都属于姜堰区政府，在政策沟通和政策实施上没有障碍；③小镇之间有相互合作的基础。基于此，解决 3 个典型革命老区小镇的发展问题，我们提出“小镇合作”的“红色资源+”新模式。

2. 合作模式

（1）“红色资源+旅游”：打通小镇红色旅游路线

①开交通路线，增游客数量。

“要想富，先修路”，交通对于地区的发展是首要关键的一步，交通线路对于地区的经济发展至关重要，马克思在其著作《资本论》中谈到交通运输业的作用中，强调其是发挥“时间消灭空间”的作用。距离即空间上的距离会产生时间的差别，“商品的销售市场和生产地点的距离，是使出售时间，从而使整个周转的时间产生差别的一个经常性原因”①。但是交通运输的出现就能够缩短商品的移动时间，这样就使空间距离在事件上缩短了。随着每一种交通运输工具的发展，这样的相对距离还会继续缩小，会使生产地点到较大的销售市场的相对距离产生变化。在这样的条件下，大量的人口和资本开始集聚，一个新的经济中心就出现了。“随着交通运输工具的变化，旧的生产中心衰落了，新的生产中心兴起了。”这样，交通运输业就促进形成了一个新的经济中心。

溱潼镇是重要的游客集聚地，增加蒋垛的红色资源——苏维埃纪念馆的游客参观数量，建立合作的交通旅游路线，溱潼镇、蒋垛镇之间建立乡村旅游精品路线，从 G1515 开设旅游精品路线从溱潼镇出发，途经大伦镇，最终到达蒋垛镇，开设相应的旅游大巴，规划行驶路线，做到将溱潼镇的旅游资源与蒋垛镇相整合。

②建立联票机制，刺激游客消费需求。

在旅游经济学中，刺激消费需求是发展旅游经济的重要一环。针对蒋垛镇红色资源品牌影响力较小的问题，而溱潼镇的旅游业较为发达，每年都有可观的游客数量，因此可以整合溱潼镇的旅游资源，助力对蒋垛镇红

---

① 马克思．资本论：第一卷［M］．北京：人民出版社，2018.

色旅游的需求。在溱湖风景区的门票上增设蒋垛苏维埃纪念馆的联票，建立优惠的购票机制，构建快捷的电子购票平台，刺激游客消费需求，以溱湖风景区的品牌带动蒋垛镇苏维埃纪念馆的参观需求，达到品牌宣传的效果。

③引红色旅游，促持续发展。

溱潼镇与蒋垛镇的红色资源实现整合，实现双方共赢，红色资源具备相应的思想政治教育功能、文化传承功能、生态发展功能。红色资源是教育后人发扬集体主义精神、养成集体主义道德思想和行为的活教材。而发展红色旅游业是将资源优势转化为经济优势的创新探索，同时发展红色旅游是大力挖掘红色文化，丰富旅游文化内涵，创新文化产业，实现革命老区社会效益与经济效益的有效途径。溱潼镇的旅游业以自然风景为主，但红色文化的融入增添了人文色彩，红色资源不仅让旅游资源中的文化内涵更加具备坚实基础，也使自身能够依托旅游产业在新时代得到发展。

（2）“红色资源+农业”：打造乡村红色文化农产品

①文化根基构筑农产品竞争优势。

乡村文化产品是文化经营者通过开发、利用乡村资源，向消费者提供各种服务的总和。在竞争优势理论的研究下得出只有开发新型文化产品才能促进可持续发展的结论。

表 6　主要乡村文化产品类型

产品类型	具体分类	典型案例地	产品内容
农家田园型	农业观光游	上海阿庄农家乐	田间农业生产景观及农家生活
	农事参与体验型游	上海孙桥现代农业观光园	参与农业生产活动，体验农业工艺过程
	农业科普教育游	山东寿光生态农业博览园	农业创收产品展览馆或农业博览馆
传统文化型	民族文化游	广西龙胜大唐湾	民族习惯、民族村落、民族歌舞和民族节日等
	民俗文化游	山东日照任家台民俗村	服饰、饮食和礼仪等
	乡土文化游	湖南怀化荆坪古文化村	民间技艺、戏剧表演和庙会等
村寨古镇型	古民居和古宅院游	乔家大院、闽南土楼	村镇建筑和民居等
	民族村寨游	红河哈尼族民俗村	民族特色的村寨
	古城建筑游	山西平遥、云南丽江	房屋建筑、街道、店铺、古寺庙和园林建筑等
休闲度假型	休闲农庄度假游	梅州雁南飞茶田度假村	集吃、住、玩、赏、娱、购于一体
	乡村酒店度假游	成都两御园乡村酒店	拓展训练、聚会、娱乐和品茗等
	康体疗养游	江苏省汤山温泉疗养	温泉疗养、中医药养生和医疗保健等

但经过调研发现，蒋垛镇的特色产品没有比较优势，而邻近的大伦镇的羊肉农副产品销量和品牌较为可观，大伦镇的农产品也存在着销售方式较为

单一、销售去向较为单一的困境。因此将大伦镇的羊肉打造为红色文化产品，能够增加蒋垛镇红色文化的品牌效应。通过蒋垛镇和大伦镇的农产品合作，打造蒋垛镇和大伦镇合作的农家乐园型文化产品，主打大伦镇的羊肉产业，将大伦镇的农产品贴上“红色苏维埃故里”的特色标签，能够给羊肉带来相应的红色文化效应，也能够给蒋垛镇的红色文化产业增加特色产品。

②农产品融“红”助力消除相对贫困。

2021 年中央一号文件明确了本年度和“十四五”期间的目标任务，提出到 2025 年，农业农村现代化取得重要进展，农业基础设施现代化迈上新台阶，农村生活设施便利化初步实现，城乡基本公共服务均等化水平明显提高。

在调研过程中，了解到 3 个镇的经济发展水平，大伦镇还是较为落后的，而大伦镇的很多农民存在着家族企业“羊肉的销售”，也相对保守不愿意离开这个产业，因此解决大伦镇相对贫困问题的切入点是将羊肉产业转化为优势产业，让贫困户依托羊肉产业实现生活水平富足。通过将红色资源融合农产品，将农产品融入红色资源，能够拓宽羊肉产品的销售方式，拓展销售渠道，给农产品的品牌效应增加红色文化的积淀，能够扶持大伦镇的特色产业发展，助力其消除相对贫困现象。

（3）“红色资源+文化”：赓续红色基因，资源合作发展

①抓红色经济，促老区发展。

革命老区为中国革命的胜利作出了不可磨灭的贡献，加大对革命老区经济建设的帮扶，是中国共产党带领全国人民走向社会主义现代化的重要内容和关键环节。将蒋垛镇的红色文化资源与大伦镇的特色农业以及溱潼镇的旅游业相结合，既发挥了革命老区拥有的得天独厚的丰富红色资源，加强了对红色历史文物的保护及合理开发，也能够巧妙地将其他资源整合起来，既提供了发展的空间，也提供了发展的机遇，因地制宜地实现了资源的合理开发利用，更加有效地将红色经济转化为经济效益，从而整体上带动革命老区经济的进一步发展。

②立小镇合作，推模式开发。

本次调研中的溱潼镇将旅游资源优势和蒋垛镇整合，带动蒋垛镇的红色文化产业的发展，同时蒋垛镇的红色文化给溱潼镇的旅游产业带来红色文化的深厚基础，带动其旅游产业蓬勃发展。蒋垛镇没有优势的特色产品，提升红色文化品牌影响力陷入“瓶颈”，而大伦镇的特色农产品具有相对的影响力优势，将农产品融入红色资源，既能带动红色文化产品发展，又能助力消除相对贫困，最终实现“红色资源+文化”、旅游、农业的良性循环。

在革命老区中，存在着像蒋垛、溱潼、大伦这样规模较小，具有相对单

一优势的小镇，通过将红色文化资源融入旅游、农业的“三镇合作”的“红色资源+”模式，给中国革命老区类似的小镇模式开发以新启示，具备单一优势的小镇可以通过合作，从而建立起彼此“分工协作”的系统性优势，对于革命老区中的小镇发展是一种可以尝试的发展模式。

五、调研结论和总结

本次社会实践我们以蒋垛镇、大伦镇、溱潼镇 3 个乡镇为例，对其发展的优势和不足进行分析，探究革命老区小镇经济发展的新模式。

调研发现，蒋垛镇地理位置优越，红色资源丰富，但其品牌影响力局限在泰州市内，品牌效应有待提升；大伦镇红色资源优势不显著，其特色羊肉产品销售的去向和方式单一；溱潼镇旅游业相对发达，但其对周边乡镇的辐射效应弱。由于三镇同为姜堰区辖镇，其乡镇之间发展具有资源优势、政策优势、地理优势，为解决 3 个小镇的发展问题，我们提出“小镇合作”的“红色资源+”新模式：第一，“红色资源+旅游”，通过开设交通专线、景点联票机制等打通小镇红色旅游路线；第二，“红色资源+农业”，通过将特色农产品和红色资源相结合，打造乡村红色文化农产品；第三，“红色资源+文化”，发展红色基因，促进资源优势整合。

本次社会实践由于时间短、经验有限，我们仅对姜堰区的 3 个典型小镇展开调研，获取的信息全面性、系统性不够，研究有待进一步深入。在未来需要加入更多的典型案例，拓展对“红色资源+”背景下革命老区小镇发展新模式的研究。

六、收获与感悟

（一）铭记历史，缅怀先烈

此次调研，我们深入苏维埃纪念馆这一红色基地，进一步了解了姜堰区的红色文化，对革命精神有了更为深刻的认识。

（二）情系老区，助力发展

纸上得来终觉浅。此次调研，我们以蒋垛镇、大伦镇、溱潼镇 3 个乡镇为例，深析其经济发展的优势和不足，进一步了解了姜堰区的经济发展状况，为探究红色资源背景下革命老区经济高质量发展的新模式奠定了基础。

（三）团队协作，受益匪浅

本次社会实践从前期的项目书申请、调研日程安排、访谈提纲确立，到中期实地调研，总结记录，再到后期总结，各个环节小组全员参与，各抒己见，积极投入，使实践活动圆满成功。

社会民生

马克思主义学院暑期社会实践活动调研报告①

——访百年老区，探寻共富新路：余姚民生调研

一、引言

在中国共产党建党 100 周年之际，为了深入学习习近平新时代中国特色社会主义思想，我们社会实践小组以浙江省余姚市梁弄镇为主要调研地，展开了为期 5 天的，以绿化建设、社区服务、物价、交通、生活便捷度、经济建设 6 个方面为目标的对一级老区余姚的民生发展调研活动。

我们此行的目的是承担起大学生的责任担当，以革命老区梁弄镇为主要调研地区，探访一类老区余姚当地多方面民生情况，由此发现其在民生方面仍然存在的问题，从而找到可以解决其实际问题的方法，尽我们所能，为该地区的人民排忧解难，为当地民生建设的持续发展贡献绵薄之力，探寻共富新路。

二、主体

（一）调研对象基本情况

余姚是全国 19 个抗日根据地之一，在这里“三老”人员居多，这些“三老”人员在抗日战争和解放战争时期作出了一定贡献。

“十三五”期间，根据政府工作报告，余姚全市地区生产总值年均增长 7.6%，城镇居民人均可支配收入年均增长 7.8%，农村居民人均可支配收入年均增长 8.2%；建成全国文明城市以及国家卫生城市；完成危改 42 万平方米，城中村改造 109 万平方米，老旧小区改造 130 万平方米，居民居住条件极大改善；用于民生支出累计达到 439 亿元，年均增长 5.9%；低保标准从每月 664 元提高至每月 891 元；城镇登记失业率控制在 3%以内；公办幼儿园招生覆盖率从不足 20%提升至 43.1%；扎实开展扫黑除恶专项斗争，刑事治安

① 作者：马昕。指导老师：韩慈。

案件总量较2015年下降22%；成为宁波首个全域无证明城市，企业开办压缩至一个工作日办结，民生事项全部实现一网通办。

余姚市将全力打造全国乡村振兴示范区。计划到2035年，余姚将基本实现高水平社会主义现代化，成为浙江省建设新时代全面展示中国特色社会主义制度优越性重要窗口模范生的排头兵。

我们以浙江省余姚市梁弄镇为主要调研地。余姚市梁弄镇，在抗战时期，这里是浙东抗日根据地的“心脏”，是中共浙东区委所在地，被称作浙东“小延安”。在抗日战争和解放战争时期，以梁弄为中心的浙东革命根据地是全国19个抗日根据地和南方七大游击区之一。2021年6月15日，以如何不断推进四明山革命老区共同富裕为话题的“重温重要回信精神　推进老区共同富裕”理论研讨会在余姚市梁弄镇举行。自2018年2月习近平总书记给梁弄镇横坎头村全体党员回信以来，余姚全市上下努力把重要回信精神转化为推动革命老区共同富裕的强大动力，全力打造全国乡村振兴示范区，扎实推进共同富裕，各项工作取得了新成效、新进展，特别是全力推动了四明山革命老区跨越式发展。

（二）调研基本做法

1. 运用方法

此次调研研究，我们运用的方法是实地观察法以及访谈调研法。

2. 调研过程

我们从绿化建设、社区服务、物价、交通、生活便捷度、经济建设几个方面来调研浙江省余姚市的民生情况。

我们大部分时间采用了实地观察法，获得直接的、生动的感性认识和真实可靠的第一手资料。例如，对绿化建设方面的调研，我们是通过实地走访参观四明湖景区以及梁弄镇的绿化环境；在物价方面的调研，我们通过实地走访当地菜场直接获取当地物价水平以及相关设施环境的情况；在经济建设方面，我们通过实地走访和观察发现梁弄镇以灯具市场与私人果园采摘为主要经济支柱；在交通方面，我们通过实地考察，走访公交车站以及从自身体验的角度来观察分析当地交通情况以及交通便捷程度；在社区服务方面，我们直接加入了当地的社区服务志愿者活动当中，通过参与为居民打扫楼道的志愿者服务工作进一步观察当地社区服务的工作开展情况；在生活便捷度方面，我们通过实地观察以及自身体验感受来获取所需要的信息。

在社区服务方面的调研研究过程当中，我们通过访谈调研法来对当地社区的书记进行相关工作情况的采访，从而深入具体地了解该方面的相关情况。

（三）实际调研情况

1. 绿化建设

小组于7月12日下午4：00抵达四明湖湿地保护公园，于国家一级水源保护地四明湖湿地保护公园展开实地调研活动。

据实地调研，“访百年老区，探寻共富新路：余姚民生调研”小组发现，四明湖、红杉林以及余姚市当地绿化覆盖率极高，山好水好空气好，很多鸟类和水牛等和谐共生于该地。

当地有许多水果种植基地（个体果园），如樱桃果园、杨梅果园等。在发展当地农业的同时，支持游客进行入园采摘活动，此举在丰富该地旅游项目的同时起到了增加农户收入的作用，推动当地经济进一步发展。

2. 社区服务

7月13日下午1：00，小组按计划准备去正蒙社区居委会采访有关为老人服务的民生问题，但不巧的是，当天书记不在，采访计划改到14日早上进行。

在此之后，我们社会实践小组前往四明社区居委会进行采访，主要询问关于志愿者服务以及社区的管理与服务工作，采访过程中，书记十分专注地回答问题，我们感到十分荣幸。

兰江街道四明社区居委会书记表示，该社区有“相约5号”的社区服务活动，社区会提供缝补衣服、维修家电以及磨剪刀的服务，以及对于年纪较大的老人提供养老保险。在之前，对有一定年龄的独居老人提供送餐服务，由于疫情原因而暂停，疫情结束后即恢复服务。

副队长针对书记的社区服务介绍提问道：“以上提到的是社区相对比较完善的服务活动，请问有什么还没有开始实践或者正在落实的服务项目或者管理活动?”

书记表示：“我们四明社区对于其他的地方或者社区来说，各方面都是比较完善的。所以以上基本囊括了，没有开始实践以及正在落实的服务项目，都比较完善。”

兰江街道四明社区位于余姚市中心城区地段，因此，社区服务相对比较完善以及到位。

7月14日，我们再一次前往正蒙社区居委会进行采访。

针对管理服务工作，对小组副队长黄明远的“在日常与老人的接触交流中，老人对哪些方面的需求比较迫切，或者反应比较强烈?”这一问题，梁弄镇正蒙社区居委会书记表示："是服务这一块，因为年纪老了，自理能力较差。还有就是关爱方面，希望有人聊天，就是精神慰藉这方面。"

副队长问道："是缺少关爱这方面对吗？"

书记表示："因为孩子在外面，只能通过电话联系。我们社区在居家养老方面经常开展量血压、理发、家政服务的工作。"

副队长提问："在社区为老人服务工作方面，一般为老人服务工作哪些是做得比较好的？哪些还有进一步提升的空间？"

书记答道："我们会有4个服务人员，为他们开展家政服务，比如理发和量血压，这个每天是必须做的。我们在每个传统节日都会上门走访慰问。在居家养老这方面，每个月会有专门的人员去回访。总体来说，我们在老年人这块的工作做得比较好。"

"请问是否有社会或者学校的志愿者进入社区展开相关的活动？"

书记表示："会有的，但还是我们自己社区开展的活动比较多，以自己社区内部开展的活动为主。"

梁弄镇的居委会对老年人的社区服务工作做得比较细致周到，但是可能存在服务人员数量不足以及从社会招募的志愿者相关活动较少的问题。

在采访中我们了解到，兰江街道四明社区经常会组织社会组织以及党员志愿者一同开展对居民小区的服务工作，且开展情况良好。因此我们报名参加15日清扫四明公寓的志愿者活动。

7月15日上午7：30，我们小组一同前往兰江街道四明社区四明公寓南门集合。签到之后，在社区领取清洁工具，被分配清扫16号、17号单元楼，共5个楼道的清洁工作。

从小组成员的参与过程以及与居民之间的交流中，可以感受到当地的民风十分热情淳朴，志愿者服务态度非常积极热情。

3. 物价

7月16日上午8：30，我们小组按照第三天的安排，一同前往梁弄菜场，对现阶段余姚物价情况进行调研，大部分蔬菜以及肉类的物价略有上涨。菜场整体环境整洁有序，但是，存在种类不够丰富的问题。梁弄菜场内还有免费开放的农残检测室供居民使用。

4. 交通

我们小组在实地调研中发现，梁弄镇的居民对于遵守交通法规的意识不是很强，即使有违停抓拍的警告牌，汽车胡乱停车、行人乱穿马路的现象仍然随处可见。而且我们观察发现，梁弄镇的交通不是很便利，很少能见到公交车，并且等车时间很长。

5. 生活便捷度

通过实地观察，我们发现当地丰巢快递柜、相关驿站的覆盖程度较低。

基础生活必需品的购买相对比较便捷，有药店、菜场等，但是缺乏综合型大型超市，只有零星散布的小型便利店。

该地区商品品种、服务种类不够齐全，如缺少面包店等，也存在无法满足居民需求的情况；同时，社会实践小组发现该地区存在大量售卖假冒产品的问题。

6. 经济建设

通过实地走访以及观察发现，梁弄镇以灯具市场和私人果园采摘为主要经济支柱。私人果园无规则地分布在农田之中。余姚地区灯具产业相对较发达，但是存在重销量不重质量的情况。

（四）存在问题的基本原因分析

1. 绿化建设

由于私人果园是当地农民在种植农产品的时候发展的第二个业务，可以使游客加入其中采摘农产品。果园之间的联系也不是很紧密。当地私人果园可能在农产品安全方面的监管不是特别完善。同时，当地私人果园大多是由种植果园的农民来经营的，因此他们可能缺乏对外宣传的意识，进而导致了很少有游客前往采摘。

在我们小组实地调研四明湖湿地时，发现入口处的植物无人修剪看管甚至造成了道路阻塞，还有无人看管的野生水牛、鸟类，可能会对游客或是当地居民造成一定的威胁。因此，缺少专业的人员来看管打理四明湖湿地，有可能存在野生动物攻击周边居住居民的问题。

2. 社区服务

该地青少年以及中老年人员比例较高，志愿者招募范围较为固定，加上招募信息宣传力度不足，存在服务人员数量不足，以及从社会招募的志愿者相关活动较少的问题。

3. 交通

一些小路上的交通监控设备的缺乏，以及相关监督人员的缺乏，导致胡乱停车、行人乱穿马路的情况多发。

当地多数居民为老年人或是种田农民，出行需求不高，并且居民人数相对较少，且多有私家车，加上出租车较少，这给到当地旅游游客的出行造成不便。因此，存在交通不便利，公交车班次少、车次相隔时间长的问题。

4. 生活便捷度

由于居住人群大多是老年人的这一特性，使用网上购物的情况相对较少，市场需求不足，缺少快递柜的投放以及驿站的服务。因此，存在当地丰巢快递柜、相关驿站的覆盖程度较低的问题。同时，老年人消费水平不高，因此，存在一些小型便利店商品品种、服务种类不全，为了追求低廉的价格会进一些假冒伪劣商品或是高仿品进行销售的情况。

由于居住人员的特性，老年人使用外卖软件叫餐或者在早晚出门购物的情况较少。因此，存在上午 10：00 之前以及晚上 8：00 以后的这一时间区间内线上外卖种类少以及周边商家基本不营业的情况。

5. 经济建设

虽然灯具工厂分布较为密集，但是产能不高，同质化较为严重。存在为了追求低成本导致质量不高的情况。

（五）改进建议

1. 绿化建设

当地政府可以联系相关私人果园对其农产品进行检测，并且统一规范经营方式，并且对经营者进行管理以及宣传方面的培训。

此外，增加相关景区的管理人员，以及定期对植物进行养护。

2. 社区服务

加大对外志愿者招募的宣传力度，增设一些非实物性的福利，从而吸引更多志愿者参与到社区服务工作当中。

3. 交通

当地交通局可以增加站点，以及考虑到老年人都不会使用手机软件查看相关车辆时间情况，可以在站牌上增加车辆到站时间等信息的内容。

4. 生活便捷度

由于仍然存在一部分中青年会有临时快递投放点的需求，以及为了余姚市梁弄镇的旅游发展考虑，投放快递柜以及设立驿站的公司，可以先通过实地考察以及数据分析来精准投放少量快递柜以及设立驿站，增加便民服务。

为了提高当地居民的生活质量水平，政府可以考虑对该地区便利店或超市实行优惠政策，以降低其经营成本。从店主的角度来看，可以选择一些物美价廉的商品进行售卖。

政府可以着重发展当地旅游业，使该地的餐饮娱乐等方面的需求扩大，从而促使更多商家的入驻。

5. 经济建设

余姚地区灯具产业相对较发达，但是存在重量不重质的情况。可以通过规模经济或者范围经济的手段来促进该产业内企业的互相间的良性竞争，从而自主提高灯具质量以及进行产品研发。

三、调研结论与总结

浙江省余姚地区的民生情况较为良好。当地绿化覆盖率高、空气质量好、农产品种类丰富、社区服务优、物价水平低、生活基础设施较为完善、有一定的产业基础。但同时存在监管不到位、交通不便利、生活便捷度不高等问题。针对这些问题进行分析，社会实践小组给出了针对性的解决方法以及改进建议。相信余姚市政府可以通过逐步完善民生方面的建设，从而走上共富新路。

四、收获与感悟

前往四明湖湿地保护公园后，在国家一级水源保护地，我们见识到了大城市难以见到的山清水秀。该保护区绿化覆盖率极高，各种动植物如水牛、水鸟、大面积的芦苇荡和谐共生，山水风光令人流连忘返，此情此景不禁让我们想起习近平总书记的重要指示：绿水青山就是金山银山。

在对四明社区居委会的采访中，我们感受到了社会居委会书记的和善、积极，以及该街道在社会志愿者服务、养老服务等方面建设的用心和完善。

在小组成员参与清扫楼道的志愿者服务中，我们感受到了当地党员、中小学生以及社区工作人员在社区服务方面态度非常积极，参与率高，劳动效率高，清扫成效显著。此外，我们还可以感受到当地小区居民十分热情，有居民关心我们的情况，为我们指路。虽然在炎热的天气进行清洁工作会有一点儿疲惫，但是我们仍然认真对待并完成了工作，并且因为自己可以对当地社区作出一点点贡献，而感到十分快乐。

小组成员在对梁弄镇菜场物价考察时，看到了供居民免费使用的开放的农残检测室，热情的摊主、种类丰富齐全且价格亲民的农产品，让我们感受到当地居民的生活幸福感较高。

该地交通不是很便利，很少能见到公交车，并且车次等待时间很长。这也对我们的出行造成了一定的阻碍，但我们却也因此发现了当地的问题，有机会对其进行针对性地分析以及提出解决办法。

此次社会实践，让我们真切感受到了不同地区的发展差异，进一步意识到了我们所肩负的建设祖国的责任。这次实践活动也给了我们一个机会可以自主发现问题、分析问题，并且用自身所学的知识来尝试解决一些问题，使我们自身能力有了进一步的提高，同时也在实践中发现自身知识储备的不足，从而使我们可以在接下来的学习过程中更有动力。

走金寨，看“三孩”政策落地[①]

一、引言

受生育率下降和人口预期寿命延长的影响，近年来中国人口老龄化程度提高，老年抚养比和老年人口占总人口的比重逐渐上升。第六次全国人口普查数据报告显示，我国 60 岁以上人口占 13.26%，比 2000 年人口普查上升 2.93 个百分点。未来，中国人口老龄化程度还将继续提高。

为积极应对人口老龄化问题，中共中央政治局于 2021 年 5 月 31 日召开会议，审议《关于优化生育政策促进人口长期均衡发展的决定》并指出，为进一步优化生育政策，实施一对夫妻可以生育 3 个子女政策及配套支持措施。在新时代中国特色社会主义的背景下，面对“三孩”政策的开放，人们会有什么样的看法，“三孩”政策又能否起到解决人口老龄化问题的效果呢？带着这样的疑惑，我们开启了以“走金寨，看‘三孩’政策落地”为主题的暑假社会实践调研项目。金寨县是安徽省面积最大、贫困人口最多的山区，同时却也是旅游大县、红色革命老区。这样一个欠发达同时正依靠第三产业发展经济的旅游型城市，其实正是中国大多数较为贫穷与落后城市的写照，“三孩”政策想要全面推行，最先要解决的就是贫困地区生三孩的经济压力问题。因此，我们将调研地点定在金寨县，“三孩”政策在贫困的条件下还能否顺利推行，“三孩”政策又能否给这样一个具有厚重历史的革命老区带去活力呢？我们将通过为期 3 天的调研活动，找出自己的答案。

本次实践活动主要采用线上线下相互结合的调研方式。实践小组成员在金寨县当地进行调研。实践小组成员到达广场、母婴店、儿童娱乐中心等地并采访了当地的居民，收集他们对于三孩生育的意愿和建议。实践小组还前往红河社区采访了管理员阿姨，阿姨详细地介绍了金寨县近年来的发展，从基层的角度反映了社区居民对于三孩生育的看法。在实践活动的最后，小组成员来到金寨县卫生健康委员会，采访了计生协秘书长，对一些与计划生育、“三孩”相关政策在当地的实施情况有了更深入的了解。线上调研主要采用了

---

① 作者：石琨、韦邓博伦、华尔城、刘佳昕、吴南霖、杨夏华、朱笑然。指导老师：林玉姝。

发布调研问卷的形式，通过让居民填写、社交平台上转发等方式，取得了一定的成果，不仅拓展了实践渠道，而且为社会实践调研的问题提供了可以参考的数据。

二、主体

（一）相关生育政策的发展与现状

2021 年 5 月 31 日，中共中央政治局召开会议，听取“十四五”时期积极应对人口老龄化重大政策举措汇报，审议《关于优化生育政策促进人口长期均衡发展的决定》。会议指出，进一步优化生育政策，实施一对夫妻可以生育 3 个子女政策及配套支持措施，有利于改善中国人口结构、落实积极应对人口老龄化国家战略、保持中国人力资源禀赋优势。

随着全面开放“三孩”政策，中国的计生政策发生了重大的转变。时间回到 1949 年，当时政府的看法是，新中国刚成立，人多力量大！所以鼓励生育，在当时，对于生育多的女性还会授予荣誉称号。而这样的做法，效果确实很明显。1953 年，中国的人口突破了 6 亿人，比新中国刚成立的时期增长了 1 亿多人口，但到了 20 世纪 70 年代末，明显出现了“人口”多于“人手”的情况，人民的生活水平只能在温饱线附近徘徊。于是在 20 世纪 80 年代初，国家开始实施计划生育政策，“鼓励一对夫妇只生育一个孩子”。但随后几十年来，中国经济飞速发展，人口老龄化的问题也逐渐浮现，于是社会又需要更多年轻的生产力量的注入，2013 年“启动实施一方是独生子女的夫妇可生育两个孩子的政策”（“单独二孩”政策）；2015 年“全面实施一对夫妇可生育两个孩子政策”（“全面二孩”政策）推出。2021 年，新的“三孩”政策的推出让人们已经感受到了老龄化给整个社会带来的压力之大，国家提倡大家适龄婚育，优生优育，一对夫妻可以生育 3 个子女。同时，国家也会采取财政、税收、保险、教育、住房、就业等支持的政策，来相应地减轻家庭生育和养育的负担。

在这样的新政策的推行下，真实的人民生活状态会发生怎样的改变呢？而大家对这样的新政策又抱有怎样的看法呢？我们线下实践小组来到了美丽的金寨县，这是一个极具有代表性的城市，金寨是著名的革命老区，在这里，我们可以看到新的“三孩”政策在这样一个革命老区会焕发出怎样的活力。

（二）金寨县生育政策改革的历程

1. 计划生育时期

1982 年 9 月，计划生育政策被定为基本国策，即一对夫妇只能生育一个孩子。安徽省生育政策规定：只有“十三种人”及“夫妻双方均为农村户口，只生育一个女孩的”，可以申请再生育（俗称“一孩半”政策）。1983 年，金寨县提出“贫困山区要致富，少生孩子多栽树”的口号，严格执行生育政策。金寨县人口高速增长的势头逐步得到遏制，低生育水平控制及人口增长保持相对稳定，成为全国落实计划生育政策的先进典型。但是也带来了严重的人口老龄化问题。

2. “全面二孩”政策实施时期

2016 年 1 月，“全面二孩”政策实施。金寨县人口出生出现了 1～2 年的波动，出生量上升。但随后便很快回归，人口出生量大幅下滑。这说明金寨县群众生育意愿已趋于稳定，“多子多福”“养儿防老”等传统生育观念在金寨县新一代育龄人群中已鲜有体现。

3. “三孩”政策实施阶段

2021 年，“三孩”政策落地。由于从开始实施到现在时间较短，未能通过数据直观分析“三孩”政策对人口出生率的影响。但根据当地的调研，可以推测出受到育龄人群基数减少、生育意愿减弱、社会经济条件制约等因素影响，金寨县未来的出生人口形势不会出现大幅激增现象。

（三）存在的问题与基本原因分析

问题 1　总体来看，金寨县人民对于生育三孩的意愿程度较低。

原因分析：目前金寨县的人口老龄化情况越来越严重，但在实地考察和走访的过程中我们了解到，受访者大多数均表示没有生育三孩的意愿，仅有少数表示根据情况而定，或希望后代有机会可以实现生育三孩的愿望。从问卷结果中我们发现，在 183 份线上问卷中，仅有 14 份填写了有生育三孩的意愿，约占问卷总数的 7.65%（见图 1）；他们周边的人对于生育三孩的意愿也不高（见图 2）。

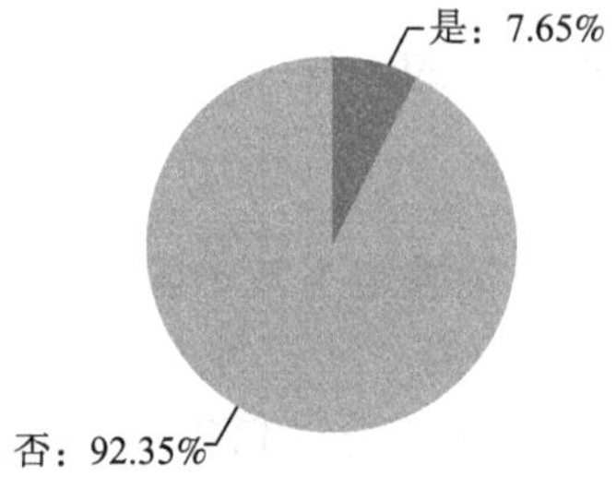

图 1　对于是否想要生育三孩的意愿调研

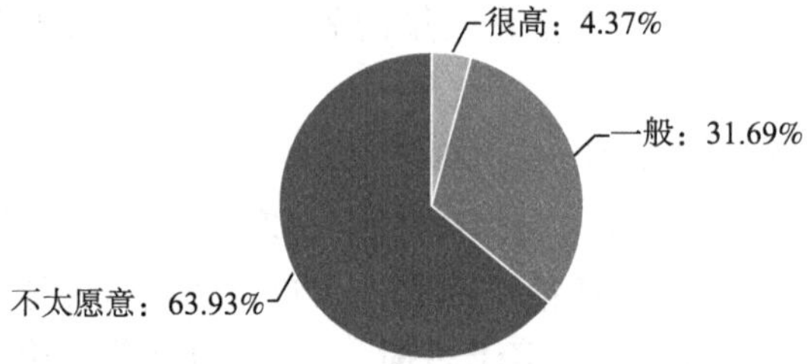

图 2　周围人是否有想要生育三孩的意愿调研

问题 2　二孩相关政策的出台，对于金寨县出生人口形势影响不大，“三孩”政策可能面临相同困境。

原因分析：金寨县近年来出生人口数据报告显示，2011—2020 年，且在“三孩”政策出台前，共出生多孩（三孩及以上）占年度平均总出生比的 4. 06%，出生率较低。国家“单独二孩”政策实施后，金寨县 2016 年全县出生人口较上年增加 129 人；2017 年较上年增加 907 人，出生率增长 1. 23 个千分点；2017—2020 年，全县年度出生人口数量大幅下降，人口出生率降幅达 1 个千分点。人口自然增长率的放缓可以说明群众对于二孩及多孩生育意愿不够强烈。可分析得出“二孩”政策的出台虽对全县出生人口有一定影响，但波动幅度很小，出生率很快回归。由此可推测“三孩”政策的实施对于金寨县出生人口趋势影响不大。

问题 3　“三孩”政策在金寨县落实的阻力较大，影响金寨县人民三孩生育意愿因素较多。

原因分析：根据图 3 可以总结出，影响人们生育三孩意愿的主要问题因素有：

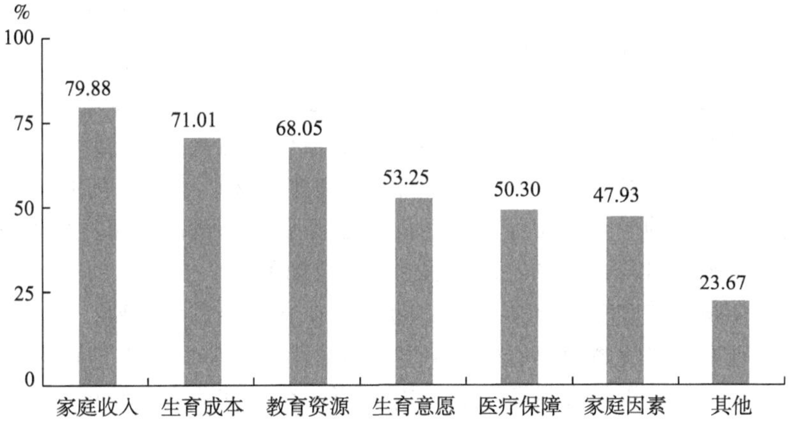

图3　影响人们生育三孩意愿的因素调研

1. 个人问题

①家庭经济条件的约束，生育成本高；

②新一代育龄人群观念与意愿的改变；

③职场压力大。

2. 社会问题

①教育资源分配不均衡，教育成本高；

②配套政策没有完全到位；

③医疗保障问题。

原因分析：调研问卷结果（见图4）显示，50.27%的人认为，在金寨县范围内“三孩”政策落实所受阻力较大。而在不具有三孩生育意愿的人中（见图3），认为家庭收入因素导致其三孩生育意愿不高的最多，占79.88%，生育成本因素占71.01%。除此之外，教育资源、生育意愿、医疗保障等因素均对其生育意愿影响较大。个人因素与社会因素都会对金寨县“三孩”政策的落地产生一定的阻力。以下五点为“三孩”政策影响因素的具体原因分析：

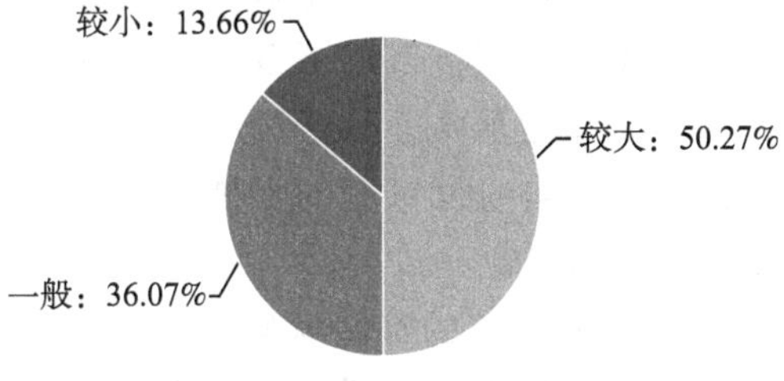

图4　金寨县人民对于“三孩”政策在本县落实阻力程度的调研

①家庭的经济实力。金寨县人均收入不高，家庭开销占比大，部分家庭养老负担大，房价高，人们对于生育三孩最先会考虑到家庭的经济条件是否能够支持。孩子一旦出生，就会成为家庭的经济花销重心。金寨县的大部分家长为了增加孩子的见识与技能，不让孩子输在起跑线上，会给孩子增加补课班、兴趣班等一系列课外班。抚养的子女越多，父母承担的花销就会越大。在家庭人数增加的同时，相应的住房问题也需要得到解决。家庭住房空间需求增大，房价的攀升，都将导致家庭经济负担加重。

②生育观念的改变。金寨县人们的婚育观念已经发生改变，新一代育龄人群已经基本形成晚婚晚育、少生优生、生男生女一样好的生育观念。因此，很多家庭消除了重男轻女的思想，没有必须生育男孩或者女孩的追求。除此之外，年轻人的受教育程度越高，生育年龄越会被推迟，大多数女性考虑生育三孩时已然是高龄产妇，此时再考虑三孩是不太现实的问题。因此，生育会对女性的工作产生远超过男性的影响，包括职场待遇、职场地位等方面。除此之外，孕后的后遗症也会伴随一生，女性出于对自己安全的考量也会慎重思考。

③职场压力。金寨县女性的学历不断升高，许多女性选择进入职场而不是在家做全职妈妈。传统的女性生育、照顾家庭的身份定位早已被淘汰。新时代的女性也有自我的追求，她们中的不少人都在为了追求自己的事业而不断推迟生育年龄。但随着年龄的增长，许多结婚的女性都不得不面对是否回家生孩子的问题。她们认为工作的强度与压力让自己无法分出较多的时间与精力去抚养孩子。众所周知，现今大多数女性在家庭中付出较多，面临着安排家庭事务、照顾父母、教育子女等问题。如果无法很好地平衡家庭与事业，将会使女性陷入更多家庭矛盾、焦虑之中。

④教育资源不平等。人们还认为金寨县的优质公共教育资源供给不足，区域之间的公共教育资源供给不均衡。金寨县的教育资源主要集中在江店这一新城区，由于人口众多，学校可容纳学生数量不足，很多小学、初中仅限本地户口或者有学区房的孩子就读，造成了乡村孩子无法进入县城就读。金寨县仅有 3 所高中，且实力差距悬殊，对于没有进入好高中的学生来说，无法得到优质教育培养，对孩子自身和家庭的发展都会造成很大的影响。这也成为金寨县家长们极其担心的问题。

⑤医疗保障问题。虽然金寨县的贫困家庭都已经有了基本的医疗保险、医疗救助等保障，但是由于医疗水平落后，面对很多重病或者疑难杂症，县城医院仍然达不到救治的水平，人们只能前往市区，会引发一系列看病难问题，给居民的生活带来了不便。除此之外，家庭人口增多，生病的概率也会

增大，普通家庭很难负担三孩或者多孩的治疗成本，这也会给人们带来生育困扰。

（四）政策建议及具体措施

1. 政策建议

（1）继续实施奖励扶助制度和优惠政策

计划生育时期，金寨全县共确认奖励扶助对象、特别扶助对象、奖扶扩面对象等计划生育扶助对象等共28357人。“三孩”政策开放后，金寨县按照中央及省规定，继续实施这一部分计划生育家庭的奖励扶助制度及优惠政策，保障这些家庭的合理利益。

（2）健全完善“一老一小”社会服务体系

照顾好老人和小孩是每个家庭必须解决的重要问题。“一老一小”问题既是社会问题，也是家庭问题，更是落实好“三孩”政策需要解决的首要问题。结合金寨县实际，应更加注重提供养老、托育服务。提供完善的养老、托育服务体系，加大对基础设施的建设。降低养老、托育服务的成本，从而不断健全普惠性养老、托育服务，满足群众的生活需求。

（3）提供优生优育的服务政策

加强生育全程基本医疗保健服务，完善并实施好妇幼保障工程，优化妇幼资源配置。推进婚前保健、孕前优生健康检查、产前加强筛查和诊断、产后护理、儿童保健等一系列服务。加强对高龄孕产妇的健康筛查工作。推进出生缺陷综合防治工作，促进早筛早诊早治。加强妇幼保健门诊标准化、规范化建设。强化监督管理，规范与妇幼相关的医疗保健服务。

（4）完善三孩家庭生育保障政策

对教育、住房、就业等方面实施一系列的优惠补助措施。对教育方面进行“减负”措施，并要健全教育体系，开展课后服务、假期托管服务。鼓励提供购房和租房优惠政策，稳定好房价。逐步完善生育休假与生育保险制度，保障女职工产假、哺乳假及男职工陪护假等权益。

2. 解决问题的具体措施

（1）个人层面

作为“三孩”政策的主力军，我们每个人都需要更多地从国家层面看待“三孩”政策，理解其对于改善我国人口结构、应对人口老龄化、保持我国人力资源禀赋优势的重要作用，领悟实施“三孩”生育政策的重要性、必要性，认同并支持“三孩”政策的推进。我们要树立正确的婚恋观，拒绝婚嫁陋习、天价彩礼等不良社会风气。在网络和现实生活中营造和维护良好的健康的婚嫁环境和舆论氛围。婚姻中男性应当做好丈夫的角色，关爱妻子，维护好家庭。尤其是在妻子孕期和产后，更应该增加陪伴妻子的时间，照顾好妻子的情绪，给予其力所能及的帮助，承担部分家务。

（2）社会层面

为确保“三孩”政策的有效实施，社会上应该做到以下几点：首先，各社区应积极关注已经育有二孩的家庭的诉求，做好二孩家庭的政策宣传、心理辅导等工作，让那些有生育意愿的家庭顺利地把孩子生下来，尽可能地为更多符合条件的家庭尝到“三孩”政策的甜头创造条件。其次，社会上的一些主流媒体应提高与“三孩”政策相关的文章、视频的比重，增加“三孩”政策的影响力，让更多的人知道、了解“三孩”政策。最后，应全面总结“二孩”政策的经验，学习借鉴其中的好做法、好经验，着力解决许多家庭想生不敢生，以及犹豫要不要生等问题，发挥政府主导作用的同时，大力引入社会力量，加强公共服务供给以及一些与母婴有关的基础设施建设以满足三孩家庭的需要。

（3）政府层面

①扩大公共服务资源配置。优化医疗资源，加大妇幼健康服务体系建设，引导和鼓励社会力量举办非营利性妇女儿童医院，满足群众多层次、多样化服务需求。合理配置教育资源，增加义务教育办学规模，义务教育公办中小学按市区一体化计划逐年落实学位。通过学校托管、联校办学、教师交流等方式，促进学校均衡发展，保障入学需求，缓解市区和城区学校择校问题。

②保障女性生育权益和母婴健康。延长产假及护理假。严格落实关于产假和护理假的规定，在此基础上，鼓励有条件的机关、事业单位及其他国有单位将政策内三孩及以上产妇产假延长，产假和护理假视同出勤，工资、奖金照发。鼓励有条件的非公经济组织参照执行。

③降低三孩家庭生育成本。a. 加大最低生活保障力度。将符合低保条件困难的计划生育家庭及时纳入城乡低保保障范围，做到应保尽保。b. 加大教育保障支持力度。符合政策三孩及以上困难家庭的孩子，在辖区内公办幼儿园和普惠性民办幼儿园就读的，每生每期给予一定的资助，所需资金列入区财政预算，市属幼儿园的列入市财政预算。在落实义务教育“两免一补”政策时，优先向符合政策的三孩及以上困难家庭学生倾斜，并落实最高补助。c. 加大住房保障支持力度。在执行农村“一户一宅”政策、审批个人建房用地时，对计划生育家庭给予优先审批办证，依法保护妇女的房屋宅基地等继承权和土地承包权益。

三、调研结论与总结

通过对金寨县“三孩”政策落地的相关情况调研，得到了以下结论：

①金寨县三孩生育率较低，人们对于三孩生育意愿程度不高。

②受制于家庭收入不高、育儿成本过高等因素，“三孩”政策出台后短期内金寨县人口出生率不会有大幅提升，育龄人口生育三孩的可能性较低。

③金寨县这类的贫困老区存在较多三孩生育意愿影响因素，如社会服务资源配置、生育成本等问题仍需解决。

④金寨县应继续实施已有的奖励、社会保障等措施，完善“一老一小”服务体系，增加并改进优生优育等政策。

⑤切实推进“三孩”政策的落实，需要国家、社会、个人共同努力。

总体而言，金寨县人们对“三孩”政策持认同态度。但在教育、住房、医疗“三座大山”的压力下，超过一半的群众表示不愿意生三孩。事实上，国家在鼓励生育上有许多优惠政策，如取消社会抚养费等制约措施、清理和废止相关处罚规定，金寨县政府针对三孩家庭的补助和奖励机制。即便国家已明确态度，加大力度放开生育、鼓励生育，实际影响却微乎其微，金寨县人口自然增长率依旧呈下降趋势。同时，现代女性独立意识增强，生儿育女不再是她们人生唯一的追求，再加上一些新思想的冲击，年轻一辈的育儿观念早已不似当年，作为增加人口主力军的他们生三孩的意愿程度较低。我国目前正积极地推行“三孩”政策，政策的力度很大，得到的效果却很微小。实践小组以金寨县为调研地，将视角聚焦到平民老百姓身上，去了解基层民众对“三孩”政策最直接的看法，并据此建言献策，为我国应对人口老龄化，进一步推进“三孩”政策提供助力。

四、收获与感悟

社会实践是引导我们大学生走出校门、走向社会、接触社会、了解社会的良好活动形式，也是促进我们关注社会热点、培养才干能力的良好渠道。炎炎夏日，阳光正好。随着大一暑假的开始，我们来到了安徽省六安市的金寨县，走访并感悟红色老区文化，同时了解在金寨这样的革命老区，当地人对于“三孩”政策的看法和意愿。

线下社会实践小组进行了为期 3 天的实地考察。在考察过程中，小组成员采访了当地的居民，大多数人认为生育三孩可能会给家庭生活带来压力，从而生育意愿不高。得益于这次实践活动，我们对“三孩”政策有了更实际的认识，我们才知道养育一个孩子是多么不容易，对于当代父母来说，要考虑的是如此之多。我们不仅感受到了金寨县不同于一般革命老区的新的发展活力，还在与当地居民交流的过程中学习到了许多与人交往的沟通技巧，提升了自身修养，树立了服务社会的思想，提高了我们的爱国思想和热情。

线上社会实践小组通过线下实地调研小组的记录和汇报，也详细地了解了调研的结果，站在大学生的立场进行小组讨论并提出了自己的观点。我们在线上的工作过程中也遇到了一些问题，如较多采访者拒绝采访、调研问卷收集进度缓慢等。但问题一经提出，小组成员都能做到内部消化并积极解决，增强了大家的团队协作能力。

我们从金寨县近几年翻天覆地的变化中，感受到了祖国对人民切切实实的关心。2016 年，习近平总书记亲自来金寨了解老区脱贫实际情况。在党和政府的大力支持下，全县人民和党员干部不懈努力，金寨县在 2020 年成功摘掉了贫困县的帽子，稳稳地踏上了致富之路。

作为一名大学生，我们应该了解社会，走进生活，认真地学习党和国家的方针政策，为社会的发展奉献出自己的力量。此次实践之行，给了我们一个学习的机会，让我们学会全面发展自己，把理论与实际相结合，才能更好地投身到祖国的建设中去。本次实践活动为我们提供了接触基层、了解基层的机会，理解了“从群众中来，到群众中去”的真正含义。我们才懂得基层党员是多么不易，他们对待工作极为认真，对基层数据十分熟悉，不仅在采访时信手拈来，更在进一步分析的时候有条不紊、有理有据。我们认识到，只有到实践中去、到基层中去，才能更好地结合民生民需，脚踏实地地落实国家方针政策，做到因材施教。

“走金寨，看‘三孩’政策落地”是我们入学以来参加的第一次社会实践活动，很高兴能拥有这样一个充满激情的团队，小组成员各司其职，且互相帮助，相互发现对方的问题，并能做到及时提出与解决。我们都从这次的实践活动中学习到了许多，这对每一个成员来说都是宝贵的经验。

建党百年下老区高中教育的发展[①]

——以贵港市高级中学、博白县中学为例

一、引言

（一）调研背景

2021 年，在中国共产党百年华诞之际，背靠中华民族伟大复兴战略全局和世界百年未有之大变局，基于第一个百年历史任务的成功实现，我们开启了第二个百年奋斗目标新征程。

“党政军民学，东西南北中，党是领导一切的。”新中国成立以来特别是改革开放以来，在党中央的领导下，全党全社会同心同德，艰苦奋斗，开辟了中国特色社会主义道路，建成了世界上最大规模的教育体系，保障了亿万人民群众受教育的权利。教育的发展极大地提高了全民族的素质，推进了科技创新、文化繁荣，为经济发展、社会进步和民生改善作出了不可替代的重大贡献。我国实现了从人口大国向人力资源大国的转变。

正是在这样的时代大背景下，我们社会实践小组在何山青老师的指导下，前往广西壮族自治区的贵港市高级中学和博白县中学进行调研。

（二）调研目的

“百年大计，教育为本。”受教育权是人类的基本权利，也是创造美好生活的根本途径。对于国家而言，教育是民族振兴、社会进步的重要基石，是对中华民族伟大复兴具有决定性意义的事业。因此，我国坚定实施科教兴国、人才强国战略，始终把教育摆在优先发展的战略地位。随着中国共产党的百年发展，在新中国成立后，尤其是改革开放后，广西革命老区的教育事业发生了翻天覆地的变化。老区人民的文盲率大幅降低，越来越多的老区子女可

---

① 作者：吴佩佳、黄靖兴、黄敏琪、黄佳慧、农苑、王靖源、韦梦盈、韦雅琪、张文滨。指导老师：何山青。

以受教育，并通过教育改变了自己的人生，提高了生活质量。更有众多老区人民，既“走得出去”，也“引得回来”。无数优秀老区学子，如同黄文秀同志，在外求学后返回家乡，用自己所学知识助力家乡的脱贫攻坚事业。通过对革命老区两所百年老校的调研，我们可以了解到，在党的领导下，老区学校自身发展的脉络，并在发展中为老区的发展培养出一代又一代有理想、有信念、有担当的新时代青年。从而以小见大，见证教育事业对老区整体发展的重大影响。

（三）调研时间

2021 年 7 月 28 日。

（四）调研地点

广西壮族自治区贵港市高级中学（广西壮族自治区贵港市覃塘区石卡镇西江教育园区贵港市高级中学新校区）。

广西壮族自治区博白县中学（广西壮族自治区玉林市博白县文化路 120 号）。

二、主体

（一）调研对象

博白县中学与贵港市高级中学都是广西壮族自治区示范性普通高中，是极具广西红色革命老区高中教育特色的学校。博中县中学前身为创建于 1924 年 2 月的“环玉书院”和“县立高小”，获得 30 多项省级及以上荣誉，培养出王力等杰出校友。贵港市高级中学初为“贵县县立高等小学堂”，秉持让“每一个学生都赢得未来”的办学理念，获得“全国教育科研先进单位”等上百项荣誉称号。

（二）调研方法

调研小组运用线下和线上两种形式对学校进行调研。在线下调研中，小组向被调研的学校和当地的教育局发送公函，寻求教育相关的资料和数据帮助，也在当地图书馆对相关教育史进行了查找，还通过采访在校师生、参观学校的基础设施等了解学校的宣传工作。在线上调研中，小组使用腾讯会议确保组员的调研进度并用图表展示、分析数据，在官网上查找资料，宣传期间使用微信公众号发送推送相关内容，展示调研进度。

（三）调研过程

整个调研共分准备、实行和总结 3 个阶段。第一阶段于 7 月 17—24 日进行，小组成员通过对学校官网和当地教育局官网进行新闻筛选，并在图书馆搜集中共党史、中国教育史的方式，对两所高中获得了初步的了解。第二阶段的线下调研受台风影响，推迟到 7 月 28 日开始。除负责线上信息收集整理的 5 名同学外，剩下的 4 名成员分成博白组和贵港组分别对博白县中学和贵港市高级中学进行调研，通过采访学校师生的方式了解学校的党建和思政教育史，获得学校提供的历年教育数据支持，并对校园内建筑、文化设施进行拍照取样。由于新冠肺炎疫情原因，快速结束线下调研后，社会实践小组于 7 月 29 日进入第三阶段，对收集到的资料进行整理、分析，将调研结果通过公众号推送向公众展示，进入下一步的报告撰写环节。

（四）两所学校改革历程

1. 博白县中学

①1924 年，在时任县教育局局长陶生熙的倡导下，于县立高等小学堂旧址创办“博白县立初级中学”。

②1937 年春，中共博白特支成立后，派陈达伍、李毓筹、李毓莹等到博白县中学开展工作，组织读书会、抗日宣传队，发展党员。20 世纪 40 年代，王贞鹭、高福桂先后任博白县中学校长，延聘共产党员和进步人士到校任教。受此影响，1940 年 9 月，博白县中学建立第一个党支部，截至 1942 年年底，全校发展到 12 个支部，党员 50 多人。

③1949 年 12 月博白解放后，县人民军政委员会设立文教组接管各中学，指导成立校务委员会。1950 年起，政府为改善办学条件，逐年增加教育经费。

④1954 年被列为广西重点办好的学校，省教育厅组织部分中学领导到校视导，学校实施全面发展教育，按德、智、体、美的要求培养学生。对此，博白县中学建立了校运会制度。

⑤1978 年 1 月，博白县中学被自治区确定为重点学校。随后，受改革开放的影响，学校拟订了《按教育科学规律办校十大措施》，制定了教学和学习规范、教师和学生道德规范，以及各项规章制度，贯彻“坚持正确的政治方向，面向全体学生，因材施教，‘三育’一齐抓，‘三好’同时创，志在育人，重在质量”的办学指导思想，逐步形成了“精心育人、一丝不苟、勤学苦练、精益求精”的优良教风和“刻苦钻研、独立思考、勤学好问、又红又专”的优良学风。

⑥2019 年 3 月 7 日，为全面贯彻落实党的十九大精神，着眼维护国家主权、安全和发展利益，大力开展以爱国主义为主旋律的国防教育，增强国防观念，推进素质教育，为培养国防建设后备军奠定基础，博白县教育局发布关于《博白县 2019 年学校国防教育和双拥共建工作实施方案》的通知。

⑦2020 年 9 月 2 日，博白县教育局根据玉林市教师培训工作的部署以及《玉林市教育局关于组织实施 2020 年“国培计划”“区培计划”“市级培训”玉林市统筹项目培训的通知》（玉市教师〔2020〕70 号）要求，开展 2020 年“国培计划”“区培计划”“市级培训”玉林市统筹项目培训。

对此，博白县中学以开设“班主任工作室”打造优秀教育团队、开展“微课题”研究打造“高效课堂”为抓手，采用以打造“有灵魂的练习系统”为依托的“拔尖学生培养”“临界生辅导”方法，着力打造“引进来、走出去、细打磨、压担子”的教师培养体系，推动教师“培根铸魂五大工程”建设——教师铸魂工程、青年教师新助力工程、骨干教师登高工程、名师领雁工程、班主任灵魂引路工程，分类建立教师业务档案，分层次推进教师专业发展。

⑧2020 年 12 月 1 日，博白县委、县政府抢抓机遇、加大投入，全面实施教育强县战略，不断深化教育教学改革，促进全县教育均衡发展。在教育项目建设、激发教育活力、强化师资力量、提升学校管理水平、提高教育教学质量、落实教师待遇等方面出新招、下狠劲，全力开创出博白教育的新纪元。

对此，博白县中学提出了“让每一位学生都成才”的办学理念和以“高期望、高质量、高品位”为标准的“三高”教育策略，在实践中形成了具有博中特色的校园精神，即干部锐意进取的创新精神、教师爱生如子的园丁精神、学生勤奋上进的拼搏精神。

2. 贵港市高级中学

①1924 年，国民党一大召开，确立了国民革命统一战线。同年，黄埔军校建立。为响应国民革命的军备需求，1924 年起，贵县县立中学（现贵港市高级中学）增设军训。

②1937 年，全面抗日战争爆发，受此影响，学校实施抗战教育、思想政治教育，以抗日救国为中心，向学生宣讲“抗战必胜，建国必成”的道理，对学生进行防空、防特和救护方面的培训。

③1951 年，中央人民政府政务院颁布了《关于改革学制的决定》，规定中学修业年限为 6 年，分初、高两级，修业年限各为 3 年，均得单独设立。对此，贵县县立中学（现贵港市高级中学）贯彻执行这一决定，实行“三三分段制”。同时，自 1953 年起，由春秋两季始业改为秋季始业。

④1950—1953年，贵县（现贵港市）在恢复、发展国民经济的同时，开展清匪反霸、土地改革和抗美援朝三大政治运动，贵县县立中学（现贵港市高级中学）以清匪反霸和土地改革为中心对学生进行反封建主义的思想教育；以抗美援朝为中心进行反对帝国主义，肃清亲美、恐美、崇美流毒影响的爱国主义教育、国际主义教育和阶级教育。

⑤1982年12月4日，中华人民共和国第四部宪法在第五届全国人大第五次会议上正式通过并颁布。同时，针对青少年犯罪率升高的现象，学校加强“四个坚持”（坚持社会主义道路，坚持人民民主专政，坚持中国共产党的领导，坚持马克思列宁主义、毛泽东思想）教育和法制教育。

⑥2018年11月5日，为加强教育科学研究，更好地促进贵港市教育改革和发展，经贵港市教育科学规划领导小组批准，贵港市教育局办公室发布了《关于组织申报贵港市教育科学“十三五”规划2019年度课题的通知》，决定启动贵港市教育科学2019年度课题申报和评审工作。2018年11月13日，贵港市教育局办公室发布《关于做好自治区依法治校示范校（中小学）实地核查迎检工作的通知》。

对此，贵港市高级中学提出并践行定期就“四史”教育主题开展班会活动，就法制教育主题开展集体观影活动的教学活动。

⑦2019年6月6日，中共贵港市委员会办公室、贵港市人民政府办公室印发《贵港市关于全面深化新时代教师队伍建设改革的实施方案》的通知，着力促进教师教育创新发展，提升教师专业素质能力。

对此，贵港市高级中学提出了“教育教学开放周”的活动方案，促进学校教育教学改革向纵深发展，打造精品课堂，推进德润教育①。

⑧2020年1月19日，为大力加强师德教育，在师德师风建设上突破，着力解决突出问题，在树立教师良好形象上突破，贵港市教育局印发了关于《贵港市教育系统2020年开展“以法律己，立德树人”师德师风大讨论活动的实施方案》的通知。

对此，贵港市高级中学以“德润”为核心，打造整套文化体系，努力创设学校管理亲和、师生关系融洽、校园氛围重德的文化之境，践行“德润教育”之特色。

---

① 德润教育：以德行润泽启发人。“德”是整个理念系统的基础，是整体文化的基调；“润”深刻展现着学校“春风化雨、润物无声”的教育追求，是在当前素质教育的大背景下，实现“让每一个学生都赢得未来”办学理念的有效育人手段，饱含着“因材施教”“尊重差异”的教育智慧，同时体现着学校依圣湖而建之地域特色，是对广渊沉稳、润泽万物的湖之精神的深刻挖掘。（引自贵港市高级中学公众号）

⑨2020 年 11 月 18 日，为了全面落实立德树人根本任务，促进学生全面发展，有效发挥劳动教育树德、增智、强体、育美的综合育人价值，根据《中共中央　国务院关于全面加强新时代大中小学劳动教育的意见》《自治区党委自治区人民政府印发〈关于全面加强新时代大中小学劳动教育的实施意见〉的通知》精神，中共贵港市委员会办公室贵港市人民政府办公室印发《关于〈贵港市全面加强新时代大中小学劳动教育的实施方案〉的通知》。

对此贵港市高级中学提出了“强化爱与责任，共建和谐贵高”的学校核心价值观和“让每一个学生都赢得未来”的办学理念，形成了“敢为人先、臻于至善”的学校精神，着力培养“明义端方、齐圣广渊”的时代新人。

（五）主要措施及取得的成绩

在建党 100 周年的历史背景下，博白县中学和贵港市高级中学积极响应政策，围绕党建和思政主题开展了一系列工作和活动，并取得了相应成绩。下面我们将分别对博白县中学和贵港市高级中学的工作成果进行介绍。

1. 博白县中学党建思政工作及成果

（1）新中国成立前

自 1925 年起，中共党员朱锡昂为博白县中学的教育进步作出了重要贡献。朱锡昂经常从外地寄回《向导》《中国青年》等革命书刊供博白县中学进步青年学习，朱光、陈朝海、李德清等一批进步青年初步接受马克思主义教育；朱锡昂到博白县中学讲演，宣传马克思主义学说和党的民主革命纲领、苏联十月革命及孙中山的“联俄、联共、扶助农工”三大政策，还对女师生宣传国际妇女运动情况，号召她们学习苏联妇女革命精神。

1927 年 7 月起，博白县中学的马克思主义教育进一步发展。博白革命青年社王贞谔等人回博白县中学开办暑期学校，讲授马克思主义剩余价值论和毛泽东关于农村阶级分析的论述，100 多名进步师生参加学习；中共党员陈达伍受特支委托在博白县中学组织读书会，研读《大众哲学》《社会主义 ABC》等革命书刊；博白工委在博中举办暑期学习班，组织 40 多名党员及进步师生参加学习。学习班讲授了哲学、政治经济学、近代革命史、社会发展史等专题。

1935—1942 年，中国共产党的建设工作在博白县中学进一步壮大。特支分别在博白县中学及三滩学田村举办党员骨干学习班，学习有关党的基层建设和青年运动方向理论，还翻印党刊《十月》作为参考资料；县委组织党员学习党的基本知识，学习县委颁布的《秘密工作条例》，对党员进行革命纪律和革命气节教育；加强对博中、龙中两个秘密读书会的领导，并组织党员骨干学习毛泽东同志的《论人民民主专政》；组织全体党员、干部学习新华社元旦献词《将革命进行到底》、中共中央政治局决议《目前形势和党在1949年的任务》及延安整风文献。为迎接解放，接管国民党政权做了思想准备；少先队组织广泛开展对队员进行爱祖国、爱人民、爱劳动、爱科学、爱护公共财物的“五爱”教育，开展小“五年计划”、科学小实验、除“四害”、讲卫生、积肥、拣粮、讲普通话等多项活动。

（2）新中国成立后至今

素有“桂南革命摇篮、白州文化先锋”之美称的博白县中学，近百年校史浸润着浓厚的红色文化。学校党委深度挖掘并充分利用博中“桂南革命摇篮”党史红色基因和“白州文化先锋”校史红色基因，组织师生深入学习博中革命文化史，铭记先贤、慎终追远，明理增信、崇德力行，通过红色教育让红色基因的根基和立德树人的土壤在价值内核、内容形式上得到完整的统一。

①总体工作及成果介绍。

首先，博白县中学党委梳理学校近百年党史、校史丰富资源，开发校本教材“培根铸魂系列丛书”，编撰成《红色记忆》《泮水留声》等图书，通过开设校本课程，组织全体师生学习研讨。其次，组织师生参观具有浓厚红色基因的字祖庙、老校门等历史建筑。最后，大力开展培根铸魂教育理念研究，推动自治区重点课题《基于立德树人导向和赓续“红色基因”的党建工作品牌化建设实践研究》的研究。

开展“培根铸魂”教育，不仅为博白县中学落实立德树人的根本任务提供了丰厚的滋养，也取得了丰硕成果。学校党委先后被评为玉林市五星级基层党组织、玉林市学校系统先进团委、玉林市党建示范学校、玉林教育系统“六好”党支部。

②教师队伍建设及学生活动组织方面。

博白县中学党委通过“双培养”工程建设，推动师德师风建设及学生德育工作，着力打造“引进来、走出去、细打磨、压担子”的教师培养体系，推动教师“培根铸魂五大工程”建设，分类建立教师业务档案，分层次推进教师专业发展。

此外，学校党委还组织开展了形式多样、丰富多彩的学生“培根铸魂”活动：通过组织高一新生越野拉练、纪念抗战胜利75周年爱国主义主题教育、纪念“九一八”主题教育、庆国庆活动、红歌合唱比赛、纪念志愿军抗美援朝出国作战70周年活动、观看红色经典电影等活动，评选先锋个人、先锋宿舍、先锋班级、先锋团队。

近5年来，经过党建先锋文化的打造和引领，学校“培根铸魂”教育教学取得显著成效：一大批教学名师迅速成长，其中4名教师荣获“特级教师”称号；挂牌成立教育部“国培计划”中小学名校长领航工程——“蔡东云名校长工作室”，玉林市名师工作室1个，博白县名师工作室3个；教师参加各级业务竞赛获国家级成果奖2人次，区级获奖30余人次，市级获奖140余人次；多位教师代表学校在自治区教研活动上做高考备考经验交流；近5年高考为清华、北大共输送优秀人才10人，一本上线人数由783人增至1189人，增幅近40%，继续为国家输送大量优秀人才。学校也先后被吉林大学、武汉大学、长安大学、中山大学、华中科技大学等知名高校授予“优质生源基地”称号。

③课程体系建设方面。

在长期教育教学管理等方面的实践基础上，博白县中学教务处、政教处在学校党委领导及科研处的引领下，打造“培根铸魂”课程体系，大力开发红色校本教材，推动红色校园、美丽校园、健康校园、书声校园、艺术校园“五园”建设。

博白县中学着力打造“培根铸魂”六大类特色课程体系：培根铸魂国家课程、培根拓展（含社团类）课程、铸魂心理专项课程、主题教育（含班会、校会）课程、实践活动类课程、学科渗透类课程。在课程指导下开展丰富多彩的教育教学活动，对学生的全面发展负责，为学生的终身发展奠基，从根本上培养学生家国情怀，树立文化自信。

在学校“培根铸魂”特色课程引领下，学生得到全面发展。近5年来，学生在各项艺术比赛中获区市各级竞赛奖15人次，艺术考生高考专业成绩达清华大学美术学院、中国美术学院、中央音乐学院等名校录取分数线30余人，有21位同学被中国美术学院、广州美术学院等专业艺术学院录取；在市县体育运动会中，学生共有100余人次获得个人单项前五名，团体成绩基本稳定在县运会前两名、市运会前五名。体育考生高考专业成绩优异，有近20位同学到大学深造。科技创新成果荣获广西壮族自治区一等奖1人、二等奖2人。

学校也先后获得“广西壮族自治区先进基层党组织”“广西中小学心理健康教育特色学校”“广西普通高中化学学科基地”“广西高中新课程新教材实施自治区级示范校”“玉林市中小学德育综合示范学校”“玉林市基础教育课程改革工作先进集体”“玉林市教育科研工作先进集体”“玉林市中小学特色党建品牌一等奖”“玉林教育宣传工作先进单位”等荣誉称号。

④党建引领教育扶贫方面。

博白县中学党委前后共组织 3 批共 11 人次分别驻守博白县浪平镇、东平镇、龙潭镇各中学开展全程教育帮扶支教工作；设立博白县中学龙潭中学校区；与区内的凤山县高中签订战略帮扶协议，提高老区教育水平和教学质量；先后选派 10 人次分 3 批远赴四川省凉山州普格民族初级中学支教，并结合当地和该校实际情况，深入一线，就学校的年级管理、教育教学、备课科研、新教师培养、校园建设、学生素养提升等方面提出整改建议，帮助该校推进教学改革和整体发展，有效地提升了凉山州普格县的教育发展水平。

2020 年 10 月 20 日，《中国教育报》以《一次跨越千里的接力支教》一文对博白县中学事迹进行了专题报道，扶贫支教、川桂结盟，两校一起共筑教育梦。

2. 贵港市高级中学党建思政工作及成果

（1）新中国成立前

新中国成立初期，根据“维持现状，逐步改造”的方针，对旧有中学进行接管，动员学生回校复课。贵县人民政府从 1949 年年底至 1950 年 2 月，先后接管了包括贵县县立中学（现贵港市高级中学）在内的四所中学。

贵港市高级中学的思想政治教育内容，随着各个时期形势的变化而有所不同。

1911 年，贵县县立中学设置“修身”科，宣扬孔孟“修身、齐家、治国、平天下”的伦理观点，使中学生“养成健全人格，发展共和精神”。

1931 年九一八事变发生后，贵县县立中学贯彻《广西中等学校政治教育实施纲要》，明确中等学校政治教育实施之目标和内容是：①使中学生获得三民主义之革命理论；②使中学生获得抗日救国之革命斗争技术；③使中学生在革命领袖领导下努力做救国工作，同时以“四维”（礼义廉耻）作为校训，以“八德”（忠孝仁爱信义和平）作为学生品德的标准，以“青年守则十二条”作为训育实施的具体内容。

1937 年，全面抗日战争爆发，贵县县立中学实施抗战教育，思想政治教育以抗日救国为中心，向学生宣讲“抗战必胜，建国必成”的道理，对学生进行防空、防特和救护等方面的训练，还组织宣传队上街下乡发动群众有钱出钱、有力出力，支持抗战。

1946—1948 年，贵县县立中学进步师生在中国共产党地下组织的领导下，开展了反对国民党特务流氓的破坏活动、反对三青团破坏学生会选举以及反对学校当局增收学谷的 3 场斗争，均取得了胜利。

（2）新中国成立后至今

新中国成立后，贵县立县中学思想政治教育内容紧密配合当前政治任务。1950—1953 年，贵县立县中学以清匪反霸和土地改革为中心对学生进行反封建主义的思想教育；以抗美援朝为中心进行反对帝国主义，肃清亲美、恐美、崇美流毒影响的爱国主义教育，国际主义教育和阶级教育。

1954—1962 年，贵县立县中学侧重进行“五爱”（爱祖国、爱人民、爱劳动、爱科学、爱护公共财物）教育、自觉纪律教育，特别是把劳动教育作为突出任务来抓，要求毕业生树立“一颗红心，两种准备”的思想，若不能升学，便愉快地回乡参加生产劳动；1963—1965 年，贵县立县中学响应毛泽东同志发出的“向雷锋同志学习”的号召，掀起学习雷锋同志和毛泽东著作的热潮，做好人好事活动；针对学生的思想状况，组织学生学习毛泽东同志的《为人民服务》《纪念白求恩》《愚公移山》和《反对自由主义》等文章，讨论并写出学习心得，还着重对学生进行阶级斗争教育。

党的十一届三中全会后，贵县立县中学思想政治教育①的内容重点放在中学生守则教育、“四个坚持”教育、“五讲四美”“三热爱”教育和法制教育上；加强精神文明建设，以开展“学雷锋树新风”“创三好”以及“五讲四美”“三热爱”活动为中心，组织师生学习，制定措施，开展各项活动。

1985 年以来，针对青少年犯罪率升高的现象，贵县中学加强“四个坚持”（坚持社会主义道路，坚持人民民主专政，坚持中国共产党的领导，坚持马克思列宁主义、毛泽东思想）教育和法制教育，对学生进行反对资产阶级自由化的思想教育。

①总体工作及成果介绍。

坚守“立德明智，协和创造”之训的贵港市高级中学，历经百余年历史沿革。作为贵港市学校党建的模范典型，贵港市高级中学贯彻“学校党建阵地是学校党组织组织宣传凝聚服务广大师生的桥头堡，也是全面落实新时代学校党建要求、全面落实立德树人根本任务的重要平台”理念，以“小窗口”的精彩为“大窗口”添彩。

近年来，学校党委坚持以习近平新时代中国特色社会主义思想为指导，认真落实立德树人根本任务，通过创建“四先工程”党建品牌，建章立制，规范管理，引领教育教学改革创新，凸显“德润教育”特色，助力打造“广西一流、全国闻名”华夏名校，走上内涵式科学发展道路。

---

① 五讲：讲文明、讲礼貌、讲卫生、讲秩序、讲道德；四美：心灵美、行为美、语言美、环境美；三热爱：热爱中国共产党、热爱祖国、热爱社会主义。

②党建工作组建设方面。

为强化党建对教育教学的引领作用，学校党委下设 4 个党支部，将支部建在学科上，党小组建在年级基组上，与学科建设、教学科研、年级管理、后勤服务等相互融合，打造一支部一品牌。同时，充分发挥贵港市教育党建联盟作用，做好联盟轮值单位，通过“联创、联建、联研、联办、联融”等方式，为市直教育单位和学校搭建协调、沟通和交流平台，推动教育系统党建工作相互促进，学校资源相互分享、先进教育理念相互传播。

③教师队伍建设及学生活动组织方面。

学校从最初的县立高等小学堂发展到如今的自治区示范性普通高中的百年办学历程中，积淀了深厚的文化底蕴。校址从郁江北岸西五街、山北乡尚龙岩、东湖畔、金港大道圣湖南岸到如今的西江教育园区龙湖校区，在浔郁大地上留下了令人难忘的足迹。学校于 1926 年春成立进步社团“微熹青年社”，1926 年 6 月建立贵县第一个共青团组织——贵中团支部，为 1927 年夏贵县建党做好了思想准备。为传承先锋基因，学校举办红色话剧晚会、红色歌咏比赛，党委委员、支部书记带头上红色党课，党员教师带头讲红色故事，以学校红色文化为载体培育时代新人。

贵港市高级中学积极搭建“双培养”平台，致力于将优秀的一线骨干教师发展成为党员，将优秀的党员培养成为骨干教师，促进教师成长为德才兼备、德艺双馨的名师。学校通过开展主题党课，参观党建联盟基地，组织党员、入党积极分子赴桂林兴安、全州开展党史学习教育等活动，勉励全体教职工用好历史，传承学校红色基因，为贵港市高级中学新百年的发展贡献力量，努力让百年贵港市高级中学成为名师荟萃、人才辈出的摇篮。近 5 年来，从骨干教师中发展党员 20 多人，目前有 40 多名骨干教师申请入党。学校设立党员名师工作室 35 间，党员教师主动承担教学、科研重担，开展科研课题 30 多项，发表教育教学论文 100 多篇，帮扶青年教师 100 多人。全校现有全国劳模、全国优秀教师、自治区五一劳动奖章、自治区优秀教师、特级教师、高级教师等名师 100 多人，其中党员名师占 68%。

④学校制度管理方面。

贵港市高级中学构建党建引领全周期治理体系，制定完善一系列管理制度，引导党员全面参与校园全周期治理，承担行政管理、班主任、学科组长等责任的党员占比达到 60%，促进学校教育教学水平、质量不断提高。2010 年以来，贵港市高级中学学生在全国各学科竞赛中 5 人获银牌、10 人获铜牌、68 人获省级一等奖，30 多人考上清华北大。一本率从 2011 年的 37%上升到 85. 1%，学校成为清华大学、北京大学、武汉大学等名校优质生源基地，被人民网、《广西教育》、《贵港日报》、贵港快乐网等媒体广泛报道，被新浪网评为广西十大高中名校。

在学校党委及工作组的共同努力下，贵港市高级中学先后获得“全国教育科研先进单位”“全国学校体育卫生工作先进单位”“全国生态文明教育特色学校”等荣誉称号，生物奥赛组被授予“贵港市黄大年式教师团队”称号，语文组、英语组获得“贵港市巾帼文明岗”等荣誉称号。

（六）存在的问题

1. 教育发展不平衡不充分

经过多年发展，广西革命老区教育质量总体得到提升，然而城乡教育资源的差距仍然存在，协调性还有待进一步提升。教育发展不平衡不充分问题同区域发展不平衡不充分问题息息相关。广西革命老区城乡经济发展程度不一，农村学校在师资力量、校舍、教学设备、教学质量等方面与城区学校仍存在较大差距。由于城镇化建设发展引起进城务工人员随迁子女增多以及经济发展引起人们对于高质量教育资源的追求增多，城乡教育资源矛盾突出。城区学校资源有限，招生饱和，大班额教学现象频生；落后地区学校则招生困难，大量教育资源被浪费，对教学效果产生较大影响。

2. 教师队伍素质差异问题有待缓解

广西革命老区新聘录用高校毕业生少，教师年龄、学科结构不合理问题尤为突出。部分学校仍秉持传统教学理念，过分重视参考科目，而对音乐、美术、科学教育、心理等素质、健康教育学科疏于管教。此类科目教师非专业出身或身兼数门学科等现象仍较为普遍，对学生综合素质培养极为不利。

3. 信息技术课程重视程度有待提高

随着当代科学技术的迅猛发展，以互联网为代表的信息技术变革给人类社会带来了翻天覆地的变化，通过加快信息传递、加速资源共享等优势极大地提高了整个社会的生产效率。而计算机使用能力的地位已从可选升级到了必备，它也不再是高等教育阶段的任务，中学教育阶段的基础学习同样重要。然而广西革命老区部分高校的信息技术教育仍存在教师非专业出身或数量不足、教学流于形式、课时严重稀缺等情况，严重制约了全市教育信息化的发展，阻碍了高素质人才的培养。

4. “双减”① 工作障碍重重，教育观念有待提高

尽管近年来地方政府为落实这一指示出台各式政策、采取各样雷霆手段打压课外补习机构猖獗之风，期望整肃教育风气、推动教育高质量发展。然而由于广西地处偏远，教育事业发展水平同发达地区仍然存在较大差距，高中教育资源缺乏、经济发展落后，可供学生培养提升自己的道路仍然狭窄，地方对于“人才”的传统刻板印象根深蒂固，考试作为主要途径地位居高不下，唯分数、唯升学、唯文凭的顽瘴痼疾久病难愈。而一些家长目光较为短浅，对“双减”政策的深远意义难以领会。观念上的障碍也导致“双减”工作在广西部分地区的实施效果有待提高。

（七）存在问题的基本原因分析

1. 教师队伍素质差异问题原因分析

由于经济条件制约，广西老区办学条件差，教师薪资待遇与发达地区相比差距悬殊（缺少两地区教师薪资待遇数据），骨干教师外流，新录用高校毕业生少，教师队伍素质普遍低于发达地区。加之受到落后观念影响，部分学校仍秉持传统教学理念，过分注重参考科目而对音乐、美术等学科关注较少，此类科目教师非专业出身或身兼数职的现象仍较普遍。

2. 信息技术课程重视程度较低原因分析

受传统观念影响，博白县中学及贵港市高级中学对详细介绍信息技术课程的重视程度仍较低，又因广西老区经济水平较低，办学条件落后，硬件设施较差，难以给信息技术课程提供充足先进的教学设备以及专业教师师资不充足，信息技术教育相对较落后。

3. “双减”工作障碍重重及教育观念落后原因分析

由于广西地处偏远，教育发展基础薄弱、传统观念影响深远，且高等教育资源缺乏，教育发展不平衡，广西老区教育工作者及学生家长教育观念仍较落后，短时间内难以转变。

---

① 2021 年 5 月 21 日，中共中央总书记、国家主席、中央军委主席习近平主持召开中央全面深化改革委员会第十九次会议，审议通过了《关于进一步减轻义务教育阶段学生作业负担和校外培训负担的意见》（“双减”）。教育部“双减”政策即减轻义务教育阶段学生作业负担和校外培训负担。当课外培训这一现象从个别转变为普遍时，它对于学生的成长只能是有百害而无一利。这样只是提高了分数线，给孩子与家庭带来了精神与经济上的双重压力，既牺牲了学生全面发展的时间，又无法助力学生功成名就，徒劳无功，徒添烦恼。上海市教委的最新政策解读中进一步表明了“双减”工作的本质目的，通过给无效学习做减法为学生全面发展提供空间。其意义一在于关爱青少年身心健康，二在于顺应风云变幻的未来局势，为中国实现长远发展打好创新型人才基础。

（八）改进建议

1. 提高广西革命老区城乡教育经费一体化投入，注重城乡教育公平与差异

一是落实统一的义务教育生均公用经费拨付标准，建立起义务教育学校生均公用经费定期调整机制。二是统一家庭经济困难寄宿生生活费补助政策，对城市家庭经济困难寄宿生给予生活补助。三是支持财力困难、欠发达镇和薄弱学校教育发展，解决普通中小学大班额问题。总之，县级政府承担保障义务教育发展的主体责任，将城乡义务教育经费纳入财政预算，及时足额拨付，并在安排重大项目和资金投入时优先支持农村义务教育学校建设，体现出义务教育优质均衡发展的教育公平性与差异性。

2. 优化广西革命老区城乡教师资源一体化配置，注重学校优质均衡发展

一是在教师年龄结构方面，应重视老区学校教师老龄化问题。一方面，加强老龄教师的职业道德、专业发展规划、信息技术水平等方面的培训工作；另一方面，积极完善老区师资薄弱高中的老师选聘。二是提升教师职业地位待遇，兑现人才引进的奖励项目，提升教师职业的吸引力。三是加大招聘教师力度，完善各学科专业教师，建立健全教师培育体系。

3. 加强老区高中信息技术教育发展

加大投入学校软硬件设备基础，招聘相关信息类学科教师，提升信息化素养和信息技术与学科教学融合能力。还可以和东部发达地区高中优质教师联谊，优势互补，借力使力，形成一种帮扶长效机制，对口支援。

4. 重新审视自身教育观念

一是老区教育部门和学校可通过向学生和家长广泛宣传“双减”工作的重要性，让家长转变观念，引导家长言传身教，重新审视自身教育观念，树立科学育儿观念，减少校外学科类培训班，形成减负共识。二是老师在因材施教引导学生学足学好的基础上，减轻学生作业负担，保障学生休息权利。科学利用课余时间，培养德智体美劳全面发展的学生，避免短视化、应试化，让孩子得到全面发展。

三、调研结论与总结

调研小组把线下致公函、查找图书馆史料、实地调研学校和线上汇总官网资料、绘制图表、分析数据的手段相结合，证明了该两所学校百年历史和

百年党史联系颇深。

新中国成立以前，两所高中都重视新思潮的理论学习，营造师生积极学习马克思主义理论、三民主义、毛泽东思想等新兴理念的氛围，同时关注时事政治的发展，弘扬抗战教育、坚定爱国主义信仰，逐渐发展党支部队伍。博白县中学着重革命书刊和历史专题的宣传，贵港市高级中学立足形势和政策的发展制定教学目标，较早增设军训和相关防空、防特和救护等方面的训练。

新中国成立后至改革开放以前，两所学校都贯彻政府出台的教育学制改革的决定。为适应时代转变的要求，博白县中学加强发展德智体美的素质教育，贵港市高级中学加强反帝反封建的爱国主义教育、国际主义教育和阶级教育。

改革开放以后，两所学校都重视先锋引领教育，因材施教，努力培养道德品质好、政治素养高的师生群体。博白县中学进一步加强党史学习教育，凝聚校史中关键事件的发展魅力，为后辈提供坚定信念的理论实践指导，同时加强和老区帮扶教育对接的工作，切实助力老区教育改革发展；贵港市高级中学紧跟时政任务积极宣扬符合政治发展道路的“四个坚持”教育、“五讲四美”“三热爱”教育和法制教育，为新中国成立后的政治经济工作在城乡的展开提供便利。

如今，两所学校积极响应党的政策，开展大量的以培根铸魂、立德树人为核心的党建和思政主题工作。博白县中学党委开发红色校本教材，组织师生参观具有红色基因的历史建筑，推动党建工作品牌化建设实践研究，开展形式多样的党建先锋文化引领活动；贵港市高级中学打造一支部一学科的品牌，搭建“双培养”平台，构建党建引领全周期治理体系，同时打造精品课堂，发展德润教育。两所学校教师队伍建设和学生素质培养都为其他革命老区学校提供了教育示范性作用。

调研小组基于“数据资料—分析—推论—数据资料—验证”的方式得出以上结论。百年老校的教育发展和党对教育工作的指引密不可分，革命老区教育发展只有把握培根铸魂、立德树人的命脉，坚定跟党走，才能实现教育可持续发展。

四、收获与感悟

本次的暑期社会实践调研至此落下了帷幕，在经历了约一个月的合作、讨论、研究之后，我们最终将这份关于《建党百年下老区高中教育的发展——以贵港市高级中学、博白县中学为例》的调研报告圆满地完成了。在本次报告的投标书撰写阶段，我们小组就已经研读了历年关于教育政策和方针、研究了地区的教育背景并调研了学校的背景等资料，对于党和政府在教育方面的改革以及调研学校的教育发展有了大致了解。从一系列的文件中不难看出，国家对于高中教育发展是极为重视的，坚持育人为本、德育为先，提高教育现代化水平，培养德智体美全面发展的社会主义建设者和接班人，办好人民满意的教育。因此，贵港市高级中学和博白县中学响应号召，不仅在近百年办学的过程中致力于教育德智体美全面发展，培养出全面发展的社会主义事业建设者和接班人，还围绕党建和思政主题开展了一系列工作和活动，从根本上培养学生家国情怀，树立文化自信。

在调研正式开始之后，我们在教育局工作人员和调研学校师生的积极帮助下，收集到了很多相关资料。通过他们的讲述，我们了解到目前博白县中学和贵港市高级中学积极响应政策，正在全校围绕党建和思政主题积极开展了一系列工作和活动，并取得了相应成绩。例如，贵港市高级中学历经百余年历史沿革，是贵港市学校党建的模范典型。近年来，学校党委坚持以习近平新时代中国特色社会主义思想为指导，认真落实立德树人根本任务，通过创建“四先工程”党建品牌，建章立制，规范管理，引领教育教学改革创新，凸显“德润教育”特色，助力打造“广西一流、全国闻名”华夏名校。而博白县中学素有“桂南革命摇篮、白州文化先锋”之美称，近百年校史浸润着浓厚的红色文化。博白县中学着力打造“培根铸魂”五大类特色课程体系，为博白县中学落实立德树人的根本任务提供了丰厚的滋养，也取得了丰硕成果。在课程指导下开展丰富多彩的教育教学活动，对学生的全面发展负责。虽然学校还存在设施硬件不完备和教师队伍不够先进等问题，但相信随着当地的经济逐渐发展，这些问题会逐步得到解决。

我们作为大学生，应当走出校园，深入实地，不但能认识到团队合作的力量，更能对这些民生问题进行研究、实践，而不是仅仅局限于书本上的数据、理论，只有真正去亲自深入了解这些问题，才能看到文字中无法体现出来的内容，才能创造更美好的未来。

革命老区社会民生的发展变化与途径①

——以贵州大方县、河南桐柏县为例

一、引言

2020年，是极其伟大的一年——我们国家全面脱贫实现全面小康，2021年又恰逢建党100周年，双喜降临，可喜可贺。革命老区是党和人民军队的根，更是中国历史的活化石，但革命老区大部分位于多省交界地区，很多在从前属于欠发达地区。

2021年年初，国务院发布了《关于新时代支持革命老区振兴发展的意见》。其中，关于民生问题，提出要补齐公共服务短板，增进革命老区人们福祉。健全基本公共服务体系，改善人民生活品质，繁荣发展红色文化，促进人与自然和谐共生，促进绿色转型发展，增强革命老区人民群众获得感、幸福感、安全感等要求。

在这样一个特殊的历史时期，为了了解老区红色历史，了解老区当今民生发展，我们决定对以贵州大方、河南桐柏为代表的中国革命老区进行调研，从而为老区发展贡献自己的力量。

二、主体

（一）贵州探访

1. 基本情况

在土地革命战争时期、红军长征时期，中国共产党都在贵州创建了革命根据地，主要分布在今贵州省的红花岗区、遵义县、桐梓县等地。

此次调研的对象是贵州省毕节市大方县。大方县从前因为存在交通不便、

① 作者：高梓淇、郝雨珊、韩畅、凯红、雷俊莎、李张云梓、邱杰、颜钰濛。指导老师：孙益波。

人才不足、资源不能有效利用等问题，社会民生处于贫困水平。1988 年 6 月，时任贵州省委书记的胡锦涛同志亲自倡导，并报国务院批准在毕节地区建立“开发扶贫、生态建设”试验区。目前，这里已经投资保护开发红色遗址旧址等景点，致力于开发红色旅游带动经济发展，以红色精神、红色文化推动当地经济发展。

2. 调研过程

2021 年 7 月 20 日，贵州调研组成员雷俊莎、凯红、邱杰乘坐动车前往贵州省毕节市大方县。

2021 年 7 月 21 日，三人前往大方县的雨冲乡开展调研活动。

三人于上午 9：20 到达目的地，分别采访了与扶贫办有关的当地红旗村支书、乡武装部部长、退伍军人三人，就脱贫攻坚中民生和发展及建党等相关问题进行了提问。

下午 2：30，贵州调研组三位成员又继续出发，在毕节市雨冲乡政府领导的带领下陆续参观了当地茶业基地，以及当地的旅游业基地——千年古银杏树群、蒙古包风情园区，领略了当地的风土人情，体会了当地旅游业的发展程度，感受到了旅游产业对当地经济的带动作用，并且沿途参观了当地的房屋建设和马路修建状况。

3. 改革措施和取得的成果

改革措施：

①开设工业性岗位，开展培训。国家开创一些工业性岗位，解决就业问题；积极地开展培训，让有能力的一批人尝试从事第二、第三产业的工作，有效增加收入。

②利用当地自然条件发展旅游业。积极开发利用当地的旅游资源，吸引外地游客。当地森林覆盖率高，空气质量好，很适合发展旅游业，吸引游客，增加收入。

③发展当地特色产业。当地有 3000 多亩的茶园，是当地最重要的支柱产业之一。在脱贫攻坚期间，引进 3 家合作社，与广州对口帮扶，充分利用小土地，利用特色茶产业帮助当地人民增收。

改革后的变化：

①在产业扶贫成果方面，当地茶产业的发展良好，符合当地实际情况，实行产业扶贫到户增收项目全覆盖，平均每户分红超过 700 元，增加了收入。

②在易地扶贫搬迁方面，当地人均已实现搬迁入住。

③在危房改造方面，雨冲乡危房改造共计 73 户，旧房整治 233 户。大幅改善了当地人的居住条件和生活条件。

④在生态扶贫方面，当地开展生态扶贫工程，每年都实施公益林兑现国家补助资金。鼓励生态保护和生态发展。

⑤在教育保障方面，当地已实现教育资助的全覆盖，提高当地的教育水平，为当地发展提供了人才储备。

⑥在民生救助保障方面，雨冲乡现有农村低保 665 户 1339 人；在医疗保障方面，正在落实参保资助情况、贫困人口医疗待遇、四类慢性病建档规范管理。

⑦在安全饮水保障方面，当地已实现“人均每天可获得水量 20 升以上，人力取水半径小于 1 公里”。

⑧在就业保障方面，已完成“一户有一人就业”的目标。

⑨在基础设施方面，涉及 5 个基础设施建设。现在基本实现家家户户通水泥路，组组通硬化路。电力设备建设完善，现在每家每户都有冰箱、彩电等。

4. 存在的问题及原因分析

（1）对脱贫后返贫跟进不足，帮扶不够

精准扶贫户建档立卡统计工作在 2016 年完成后，便要求只出不进，不再新增建档立卡贫困户，但有的家庭在 2016 年以后因为事故、疾病返贫。这些家庭无法享受精准扶贫政策，但确实有困难。目前政府将其划归为边缘户，在政策上有所帮扶，但力度还是不如精准扶贫。所以，扶贫的后续工作仍然是一个问题。

原因分析：首先，政府在当初统计的时候没有考虑到各种原因返贫的问题或者没有更加妥善的解决方案。其次，因为各种主客观原因在贫困和非贫困之间来回变动也为当地贫困统计造成了一定的困难。而且有的家庭出现因为突发状况完全无劳动力等难以解决的问题，对当地贫困帮扶造成了一定的困难。最后，在 2016 年雨冲乡处于贫困的家庭数量还较多，有的甚至贫困程度可能较深。所以，政府对这些家庭投入了更多的人力物力进行帮扶，这些家庭是当地扶贫的主要矛盾，而因病、事故返贫是次要矛盾。而如今主要矛盾已经解决，次要矛盾才逐渐浮现成为主要矛盾，所以对贫困统计才会出现这样的问题。

（2）疫情冲击当地茶产业

目前茶厂的规模还有待扩大。缺乏资金支持、新冠肺炎疫情对产业产生冲击，这些都对当地产业造成了一定的影响。所以，政府产业扶持的持续关注和投入也是当前应关注的问题。

原因分析：第一，疫情的冲击对当地的农产品销售和旅游业产生了影响，对当地两大重要增收产业造成了巨大的不良影响，尤其是茶产业涉及茶叶销售和茶山参观、茶叶采摘，既涉及农产品销售也涉及旅游业，受影响严重。第二，当地需要政府投入的项目过多，导致对茶产业资金投入有所不足。所以，茶产业如今还有很大的发展潜力和空间，也亟须想出解决方案抵抗疫情的冲击。

5. 对策与建议

（1）利用互联网实时追踪家庭情况

当地居村（委会）委会在全村通网通电的情况下建立电子系统和创建App录入所有家庭信息。内容包括家庭人口总数、家庭劳动力数量、家庭老人和孩子数量、一个家庭年收入以及家庭特殊状况（如家庭成员身体残疾、智力残疾、重大疾病）等。让居（村）民在App中如实填写，并且每月定期提醒居（村）民关注是否更新信息，让居（村）委会及时了解到每家每户家庭状况的变动，及时为困难家庭提供相应的建议和帮助，从而防止因病、突发事故返贫。同时，政府应该继续实行一人一策原则，根据不同困难状况进行不同程度的帮扶。

（2）多方位利用茶产业，多渠道销售茶叶，基础设施保障茶产业发展

茶厂受到疫情冲击，又缺乏政府资金支持，盈利水平有限。可以从两方面入手：第一，从茶叶销售方面，可以借助于网络平台、直播平台等进行宣传，利用大数据平台进行产品精准定位。可以从拍摄茶园、茶叶种植、采摘、加工、物流运输等一系列过程到配合专业人员对当地茶的讲解，让大家了解到当地茶的优势所在，从而增加收入。第二，由于疫情反复，来茶山参观和采摘的游客时少时多，收入不稳定，因此可以趁此机会，通过直播手段拍摄当地茶山以及其他景点，并且完善当地茶山、茶厂以及和其他景区和酒店之间的公共交通，从而在疫情平稳时期吸引更多游客，弥补疫情带来的损失。

（二）河南探访

1. 基本情况

在第二次国内革命战争、南方八省三年游击战争、抗日战争时期，在河南新县、豫南桐柏山等地都有革命老区的分布。河南省革命老区覆盖范围广、人口比重大。全省的革命老区总面积占比超过了60%，老区乡村现有人口占比也超过了半数。

本次调研的是河南省南阳市桐柏县，该地浅山丘陵居多，人口居住较为分散，这也是导致该地贫困的原因之一。当地贫困的主要原因有家庭成员患重大疾病或残疾、资金缺乏无法发展、文化技术缺乏、人口老龄化导致劳动力缺乏等。

为了解决这一问题，桐柏老区大力实施“改善农村人居环境，建设美丽乡村”工程，近年来全县农村面貌已得到较大改观。同时，从建立县章入手，建立各项管理机制，使农村环境管理制度化、规范化、科学化。

2. 调研过程

河南调研小组原定于2021年7月25日前往河南省南阳市桐柏县进行调研。但由于河南的疫情和洪水严重，调研被迫延期至8月26日并改为线上调研。于是，河南调研小组成员在线上调研之前先上网收集文献资料对桐柏县的状况进行了解，以便于更好地、有针对性地进行线上采访。

河南调研小组成员于2021年8月26日下午4：00，对桐柏县安棚镇党委副书记李飞进行了电话采访，详细了解当地的状况。

3. 改革措施和取得的成果

改革措施：

①产城村一体，统筹规划用地。安棚镇按照产城一体、镇村一体、以产带城、协调发展等思路，将镇区划分为工业区、商业区、商贸区、居住区、公共服务区5个功能小区。把镇区周边的废弃土地集中调整为建设土地。

②利用当地特色产业扶贫。通过种植、养殖、加工等特色产业进行扶贫。例如，种植菌类、茶叶等引导群众通过产业脱贫致富。

③转移就业，劳动力向第二、第三产业转移。转移就业，一方面是给予贫穷村民技术培训，提高他们的就业能力和致富能力；另一方面是介绍农户就近就业务工，到附近的厂里务工。也就是说，让农户在家能种田，出门能就业，两手都不误。居委会对农户进行培训，提高就业技能并通过多方介绍，增加农民就业渠道，引导农民外出务工，向第二、第三产业流动，增加农民收入。

④当地开发新岗位。比如供应岗，如卫生员、审核员、监督员等这些比较容易能胜任的，提供给年龄偏大的就业者，增加当地就业人口。

⑤向外输出劳动力。向外地一些大厂输送劳动力，鼓励他们出去务工。在这些产业务工，只要超过半年，对月收入超过3000元的人员，给予他们务工补贴和来回车费补贴。

⑥金融扶贫。比较常见的是助农金融贷款，即在养牛或者种地方面，如种地超过规定亩数，可以贷款3万～5万元，这些贷款的利息由政府来给予农户财政补贴。鼓励农民去发展小型的加工或种植业。

⑦群众扶贫。发展群众贷款，鼓励当地民众自主创业自主发展，政府进行补贴。

⑧发放补贴及基础设施改造。当地政府发放了危房改造补贴，推出了易

地搬迁、修整农村路、提升改造学校基础设施、新建碱都医院、扩建改造镇卫生院等一系列改善居民生活条件的举措，切实提升了人民生活质量。

改革后的变化：

①在基础设施建设方面，城镇面积由 1.8 平方千米扩大到 7.3 平方千米，吸引本镇及周边乡镇大片群众到镇区居住、创业和就业，镇区常住人口由 2000 多人增至 2 万余人。新增建设用地近 2000 亩，区域性中心城镇的地位和作用初步显现。

②在经济发展方面，茶产业实现了产品从无到有、规模从小到大的历史性转变。茶叶种植面积扩大到 9000 多亩，吸引 300 多户农户成为社员，产品供不应求，经济发展更加活跃。

③在日常生活方面，现在居民基本上不愁吃，不愁穿，农户生产生活方便、交通方便，村村通，处处通，出门不用踩泥了，利于群众生产生活，无论去哪儿，车都能到门口；居住条件改善，过去的土瓦房都改成了现在的平房、砖瓦墙；群众的精神面貌好了，在扶贫中有开展一些扶贫扶智（志）工程，如开展文化下乡、文艺、讲好扶贫故事、五星共创等活动，这使群众的精神面貌好了，对党和政府认可度更高，干群关系更密切，对生活更有奔头，更有盼头。

4. 存在的问题及原因分析

①难以实现可持续的增长。当地政策和政府支持可以让当地居民在三五年内短期脱贫，但在未来，要长期进一步让居民的收入有所增长，对当地来说是一大难题。

原因分析：政府所施行的政策，无论是金融扶贫还是易地搬迁，都不是长期性、长效性的，这些政策的长效性较弱。

②当地人的文化水平不高，大多数人还无法从事技术含量比较高的行业。

原因分析：传统农业对于劳动生产者的要求较低，主要靠锄头、梨耙和畜力，小学文化水平的农民就可以完成农业生产全过程，群众对于接受教育的积极性不高。教育的普及度不够高，使一些村民对于具有高技术含量的行业难以胜任。

③2021 年暑假的洪水和新冠肺炎疫情。

5. 对策与建议

（1）发挥当地的环境和特有资源优势

发展当地特色的生态槐园。并通过当地特色的茶产业，特色产品提升价值链，电商物流串起供应链，推进当地茶叶种植的品牌化、产业化、特色化。

工业方向的发展是桐柏的天然碱的制作，这是省委、市委都倡导的项目。

编制碱硝产业发展规划，围绕碱硝化工产业延链和发展配套支持产业，瞄准碱硝上下游一体化项目，突出项目成长性和产品关联度，推动碱硝产业发展。

发展红色文化。加强革命纪念馆和英雄纪念地的建设，革命文化的挖掘和发展越来越多，越来越系统，越来越真实，越来越有传承性和正确的导向性。

（2）抓牢教育工作，提升群众的道德素质和思想文化素质

实施教育提升工程，新建学校，对该地 12 所小学的基础设施进行改造，推进高质量均衡教育迈上新台阶。

开展文化惠民、文化富民等活动。根据当地人民的文化需求开展不同形式的文化教育活动。

运用好当地的红色文化，抓好精神文化教育建设，参与文明建设，形成文明向上的社会风气。

（3）对疫情防控也要毫不松懈

防疫宣传、科学普及样样不落。当地村干部在公众号、抖音等多个媒体平台不断进行防控宣传，力求信息传达到每一户。坚持经济发展和疫情防控两手抓。第一，各级党委政府重视，严阵以待，迅速进入“战斗状态”。号召社会各界合力，众志成城抗疫。第二，广泛宣传。通过宣传车、大小喇叭向民众宣传。第三，重点排查返乡人员要做到全覆盖，不遗漏。排查实现网格化，所有的机关、村干部包片负责。24 小时排查村中返乡人员从何地回、何时回。第四，管控来自中高风险地区的人员，须持有有效核酸检测证明并居家隔离 14 天，再次核酸检测为阴性方可解除隔离。各个村口设置防疫卡点，来往人员都要登记，并出示健康码与行程码。第五，鼓励群众接种新冠疫苗。

（三）两地对比

（1）采取的措施

相同点：

①为了解决当地人民群众的就业问题，两地都开发岗位并积极展开培训，增加人民的收入。

②两地开展了产业扶贫活动，发挥当地的优势产业，如茶产业。

③在民生方面，两地也都推行了危房改造、易地搬迁以及对学校基础设施改造等措施。

④作为革命老区，两地开展革命教育，发展红色文化，如加强革命纪念馆和英雄纪念地的建设，丰富当地群众的精神文化生活水平。

不同点：

毕节市大方县

①雨冲乡的茶园，在脱贫攻坚期间，引进3家合作社，与广州对口帮扶。积极发展旅游业，为当地开辟另一条振兴乡村的脱贫之路。

②雨冲乡当地居委会、村委会在精准扶贫户建档立卡后，建立电子系统和创建App录入所有家庭信息。让居（村）委会及时了解到每家每户家庭状况的变动，及时为困难家庭提供相应的建议和帮助，从而防止因病、突发事故返贫。同时，政府继续实行一人一策原则，根据不同困难状况进行不同程度的帮扶。

桐柏县

①安棚镇在就业上，有转移就业、输送劳动力、金融扶贫等政策，并有针对于此的政府对农户和外出务工人员的补贴。

②桐柏当地天然碱的制作是省委、市委倡导的项目。编制产业发展规划，围绕碱硝化工产业延链和发展配套支持产业，瞄准碱硝上下游一体化项目，突出项目成长性和产品关联度，推动碱硝产业发展。

（2）遇到的问题

相同点：

两地都有难以可持续发展即脱贫后如何才能不返贫措施，在扶贫的后续工作上还需要进一步研究。

不同点：

雨冲乡的茶厂规模有待扩大，资金缺乏，又遭受疫情的影响，政府产业扶持的持续关注和投入也是当前的问题。

安棚镇的农民的文化水平相对较低，对于从事有技术含量的岗位有困难，只能从事一些简单的、低收入的岗位。

三、调研结论与总结

革命老区在历史上为新中国成立作出了巨大贡献，具有特殊的历史地位。习近平总书记强调，我们要饮水思源，不要忘了革命先烈，不要忘了党的初心和使命，不要忘了我们中央苏区、革命老区的父老乡亲们。70多年来，通过各方的不懈努力，革命老区的综合实力有了显著提升，居民收入不断增加，城乡面貌焕然一新，人民群众的获得感、幸福感逐年提升。

目前，贵州毕节已经投资保护并开发利用红色旧址等景点，致力于开发红色旅游带动经济发展，以红色精神、红色文化推动当地经济发展。河南桐柏大力实施“改善农村人居环境，建设美丽乡村”工程，并在近年使全县农村面貌得到较大改观。

通过与贵州省毕节市大方县雨冲乡的村支书和河南省南阳市桐柏县安棚镇的党委书记的访谈，以及实地考察雨冲乡，对于两地的发展状况和扶贫情况有了进一步的了解，切实了解到通过开发岗位，群众的就业状况有了改善；通过发展当地的优势产业，开展扶贫工作，从而使当地群众在民生问题上有了较大的改善。

对两地扶贫采取的措施以及发现的问题进行对比，我们社会实践小组发现，不同地区产生贫困的原因有相同的地方，也有各自特殊性。因此，在采取的措施方面，两地都因地制宜发挥各自特色产业，带动整个地区的发展。发展和扶贫的工作是一个波浪式前进和螺旋式上升的过程，必然会存在许多问题，如脱贫后再返贫。这就不仅仅需要政府在法律政策上的支持，更需要发挥革命老区的特色，做好革命教育，发展红色文化，让群众从心里想要改变自身的现状。德治和法治两手抓，从而改善老百姓自身的民生问题。

革命先辈抛头颅、洒热血，前仆后继，英勇战斗，建立了不朽功勋，才换来了我们如今的好生活。加快革命老区高质量发展步伐，提升老区群众的生活水平责任重大、任务艰巨。在新时代背景下，我们也应该拥有自觉性，为老区的发展作出我们的贡献。

四、收获与感悟

（1）贵州篇

此次我们贵州调研组一行人采访的贵州省大方县，在全国扶贫工作中具有代表性。首先，大方县是十年土地革命战争时期的革命老区；其次，它又处在贵州省这个全国扶贫工作重点地区。况且，其产业扶贫与基础设施建设相关的各项政府措施和政策也极具代表性。当地因地制宜，把握“天时地利”，发展与茶叶相关的第一、第二、第三产业，如茶叶种植、茶叶加工、茶场旅游等，可以说是充分利用了当地的自然禀赋。当然，除此之外，我们也更要看到“人和”的作用，当地驻村扶贫干部发扬革命传统，努力推进群众工作，不厌其烦、苦口婆心地向群众解释扶贫政策，带领群众“撸起袖子加油干”。

这次调研，对我们整个小组成员来说是一次巨大的成长，只有真正走入基层，去看了、去问了、去想了，才能真正体会到基层扶贫工作的不易，体会到国家宏观政策如何深刻改变基层风貌。明白了这些，我们小组成员更有了身为祖国一分子的自觉与行动。

（2）河南篇

我们河南调研小组的研究对象是河南省南阳市桐柏县安棚镇。桐柏县素有“宛东咽喉”“信西屏障”之称，同时也是南阳地区最早的革命发源地，早在1925年就已成立党组织。作为革命老区，虽然因交通不便而在发展浪潮中逐渐落后，但桐柏县安棚人并没有认输，而是在党和国家的带领下艰苦奋斗，自强不息。

虽然因为种种原因，我们河南小组在此次实践活动中未能亲身实地调研，但我们还是从资料和对桐柏县安棚镇党委副书记李飞的采访中感受到了党和国家打赢脱贫攻坚战的决心和安棚镇人民的不懈努力。在农业方面，安棚镇对自然资源有效规划，实现了农林牧一体化；同时，也聘请专家对第二产业进行规划，因地制宜，重点发展碱硝产业。此外，安棚镇致力于发展第三产业，进行8个工程建设，针对农村地区劳动力水平低，青壮年劳动力流失，安棚镇对农民进行培训，让他们掌握另一种谋生技能，为老年人增设岗位以补贴家用，完善基础设施，集中安置，改造危房。在第一、第二、第三产业的协调发展下，安棚镇摘掉了贫困的帽子，人民生活条件大幅改善，同时也走上了脱贫致富的道路。

在此次采访当中，我们也了解了安棚镇在当前抗洪抗疫中所付出的努力，感受到了驻村干部心中所担当的责任，也让我们坚定了心中的理想信念。

暑期社会实践报告①

——革命老区医疗保险惠及现状以及建议

一、调研背景

医保指社会医疗保险，是国家和社会根据法律法规，在劳动者患病时基本医疗需求的社会保险制度。《2020年全国医疗保障事业发展统计公报》显示，2020年参加全国基本医疗保险136131万人，参保率稳定在95%以上。中国革命老根据地（简称革命老区或老区），是指土地革命战争时期和抗日战争时期，在中国共产党领导下创建的革命根据地，分布在全国27个省、自治区、直辖市的1300多个县（市、区）。如此庞大的群众基础下，民生问题中最具有代表性的医保问题采取了何种措施，出现的问题如何得到妥善解决？本次调研将从革命老区的现行医保措施、出现的问题及解决方案等角度出发，深入探索革命老区的医保政策如何焕发新的生机与活力。

二、基本调研情况

（一）调研的前期准备

1. 确定调研对象

小组成员通过调研前的资料查询以及开会讨论确定了河北省保定市著名革命老区——涞源县及周边区域（包括王二小革命根据地、上庄、涞源县医院等）作为本次调研对象。

涞源县人口29万人，不仅是革命老区，更是国家“三合一”扶贫开发重点县。作为乡村振兴战略下迅速发展的革命老区，不仅具有鲜明的革命特色，更有着广泛的群众案例，是医保政策普及的代表性地域，能在实地走访调研过程中收集到足够多具有代表性样本信息的同时，切实反映出国家医保现行政策的进度及问题。

---

① 作者：李琼、孔德龙、斯源、王意晗、郭海洋、庄欣怡、包心予、赵熙力。指导老师：刘海泉。

2. 确定调研方法

本次暑期社会实践调研主要通过实地走访与问卷调研、定量分析的方法，对涞源县周边有关机构及医保对象两个主题分别进行调研，在收集数据并分析后得出医保政策的现行状态及问题，并通过讨论给出革命老区未来医保或基层政策的可行方案及设想。

3. 展示调研成果

我们将全程记录调研小组成员的实地走访过程，以文字记录、拍照、视频录制等方式记录下具有代表性的走访片段并通过微信公众号推送、调研报告撰写等方式展示。

（二）实地调研的过程

1. 王二小红色老区（王二小家乡、王二小希望小学）实地调研

时间：2021 年 7 月 13 日。

调研情况：

（1）调研对象

截至 2020 年年末，上庄乡已有各级各类医疗卫生机构 12 个，其中门诊部（所）9 个，18 个村村民新型农村合作医疗参合率达 93%以上。王二小希望小学也是红色教育的实践基地，学校西侧设有与王二小人物相关的纪念展室，以及复刻的故居。调研地点具有丰厚的红色革命传统底蕴，且深入基层，是医保政策改革落实的前沿阵地。

（2）医保现状

根据走访调研，我们了解到村民普遍能够享受到医疗保险制度带来的优惠，通过查阅相关文件了解到，自 2018 年起，涞源县已明确了最新的医疗保障扶贫政策，包括：

①救助范围。经扶贫部门认定的农村建档立卡贫困人口。

②救助内容。资助参保个人缴费、提高基本医疗保险待遇（包括普通门诊慢性病和门诊大病报销待遇）、提高大病保险待遇、提高医疗救助水平等。

③报销程序。细化了普通慢性病和门诊特殊病以及普通住院和特殊住院之下的报销程序及相应解决办法。

④明确医疗保障救助对象报销需提供的手续。本人参保证件、医疗费用发票、病历、诊断检查报告单等。

此外，对非贫困人口的医保政策也有相关规定，确保了医疗保险制度能够落实到位。

2. 拒马源医院、县医院、门诊实地调研

时间：2021 年 7 月 14 日。

调研情况：

（1）调研对象

拒马源医院作为涞源县最具有代表性的乡镇医疗机构之一，自建院以来始终坚守在医疗工作的前沿阵地，秉持着让人民群众“能治病，治好病”的原则，无时无刻不为基层群众的身心健康服务。近年来，对医保政策的贯彻落实情况也有口皆碑，建立了多个医疗保险服务站等。

（2）调研过程

小组成员实地探访了医院的相关设施，在有关人员的带领、介绍下了解了整套医疗保障制度和措施，先后采访了医院护士、值班人员以及病人，了解到医院的服务流程以及相关问题。

（三）存在的问题

在经过实地调研和线上问卷调研之后，我们总结出了居民对当地医保存在的一些问题，主要有以下几点：

1. 异地报销难度大

异地医保报销主要有 3 种情况：第一种是有长期在外就医需求的，要求在当地居住 6 个月以上，需要申请跨省异地就医备案，办理人需要携带参保人的参保卡、身份证和《基本医疗保险异地就医登记表》这 3 份材料到参保地经办机构办理长期备案。第二种是暂时性如因病转外省市就医的患者则需要带参保人的身份证、社保卡以及当地定点医疗机构出具转诊意见的《基本医疗保险转外就医备案表》这 3 份材料去参保地经办机构办理转院异地就医。第三种是异地临时就医，可以在出院之前联系社保局进行异地就医备案。在我们的调研中，50 岁及以下的人群占到了将近 95%，因此其中也不乏长期在外工作的人，但不论是以上哪种情况，异地就医办理都有一个时间的控制：一般来说，异地就医备案的有效期会受本人情况的影响，对异地长期工作和学习的人来说，有效期原则上不会超过 5 年，转诊和临时就诊则一般为 6 个月。这意味着办理人需要关注备案有效期时间，在失效之前及时补办，而根据上述情况以及方法来看，回到参保地补办需要耗费一定的人力、物力，对一些有特殊情况的群众造成一定的困扰。

另外，就是报销的支付方式。异地就医实行的是先垫付后报销的方法，拿到就医的发票和病历本等材料后才能去医保结账窗口进行报销。先垫付对手上资金紧张的人不可避免地造成一些经济负担，而收集保存各项材料再去医保结账窗口进行报销过程也较为烦琐，且材料有一定的丢失和缺少风险，一旦出现这种情况，报销者就需要再一次补办和寻找这些材料，会给群众造成很大的困扰。

2. 当地的医疗水平不能很好地满足居民需求

涞源县虽然在党的关心照顾下逐步实现脱贫并走上了致富道路，但是作为一个旅游县城，其现代医疗水平始终受到当地经济发展水平的限制。涞源县医院尽管是涞源县最大的综合医院，但根据对当地居民的调研，仍有将近21%的居民反映涞源县的医疗水平不能完全满足患者的需求，存在着多次诊断却无法确诊，导致人力、物力消耗大的情况。

3. 医保报销流程存在多方面问题

医保的报销流程是每位患者都必须面临的问题。针对医保的报销流程，我们进行了专门的调研，根据调研显示，有约43%的群众认为医保报销的流程过于烦琐。主要体现在：①看不懂流程；②找不到相应的报销单位；③需要去多个不同的部门；④报销处理时间长。报销流程对于一部分不太了解医保政策的人来说可能会比较困难，其中包括定点药房、定点医院、各项材料的准备以及等待审核这几个方面。在跑定点医院、拿材料、等报销的过程中很容易给群众带来麻烦甚至冲突。

4. 报销药品范围并不能很好地满足实际需要

根据我们的调研，在需要长期服药的人群中，心脑血管类疾病和肌肉骨骼类疾病占大多数，而在报销上，肌肉骨骼类疾病的报销力度远不及心脑血管类疾病。从国家医保局输出的药品报销名录来看，肌肉骨骼类药品如风湿之类在中老年群体中常见且需要长期药物辅助的疾病并没有明确的报销名录。相较于肌肉骨骼类疾病，心脑血管类疾病的报销力度要大得多，常见的降压药大部分都会予以报销，尽管如此，对于尚未有明确报销范围的刚需药品，还有待加入。

5. 医保缴费上涨带来压力

在调研中，我们发现当地家庭年收入在10万元以下的有将近91%。2020年涞源县个人实际缴费为210元，2021年保定市医保缴费金额为280元，但政府对居民缴费补贴40元，所以普通居民应缴费金额实际上是240元。2021年7月，国家医保局又作出了新的政策调整，实现了医保缴费从每人280元上涨至320元，医保缴费标准连续3年上涨，使得当地居民逐渐担心未来医保缴费上涨的价格会不会超出支付能力。有一些居民也明确表示医保缴费标准的提高会给他们带来一定的压力，尽管缴费的提高意味着他们即将获得更好的保障，但是对于家庭收入本来就不高、使用医保次数有限的人群来说，短期内带来的压力和焦虑也是无法避免的。

6. 起付线偏高问题令人担忧

从调研结果来看，依然有将近20%的群众认为当前的起付线偏高，从涞源县发布的起付线标准来看，门诊慢性病的起付金额标准为成人每年800元，学生儿童每年500元。这笔费用对于家庭年收入在10万元以内，甚至3万元以内的家庭来说是一个不小的数字。

7. 捆绑报销情况存在

捆绑报销的问题可以说是国内医保报销都面临的问题，捆绑报销的主要问题出现在一些药品费用的报销只有在患者住院之后才能进行报销结算，而住院往往会造成患者更大的费用压力，也会产生不必要的人力、物力消耗。

（四）改进建议

1. 推进“互联网+医保服务”的实施，实现“跨省通办”

异地就医和异地报销难度大几乎是每个异地打工人担心的问题。为解决此类困难，需推行医保服务事项改革，即推进“互联网+医保服务”的实施，按照线上线下公平的原则和医保支付政策，实现处方流转、在线支付结算、送药上门一体化服务。各地医保部门要畅通医保咨询服务渠道，向群众提供专业化医保热线服务，积极探索医保服务事项“视频办”。

不仅如此，为适应人口流动和就业转换需求，可完善医保关系转移接续政策，积极推进跨统筹区基本医保关系转移接续，实现基本医保关系转移接续“跨省通办”。加快推进基本医保跨省异地就医直接结算，实现全国统一的异地就医备案，扩大异地就医直接结算范围。

2. 优化医疗基础，完善医疗建设

医疗水平是民众最关心的问题，要想提高医疗水平，主要从以下几个方面进行：

①加强人才建设和人员素质培养。确保从乡村到城镇的各级医护人员都有丰富的专业知识和过硬的技术，既有体察民意之德，又有关爱患者之心。

②提高医疗技术以及引进尖端的医疗设备。目前，国内的医疗技术比较完备，但仍需一些治疗疑难杂症的尖端技术和设备，以确保在遇到重大疾病的同时具备治疗的条件。

③转变医疗服务模式，大力推进社区医生和智慧医疗的实施。推行社区医生，可以更好地与民众接触，为民众解决问题。而智慧医疗主要是通过建设健康医疗大数据运营服务平台，运用互联网技术，实现医患共体的目的，如此，民众可以直接在该平台上在线询问医生问题，立马就有名医解

答疑惑。

④为老人提供无扫码入院绿色通道，建设老年人综合服务中心，安排专业人员为其提供指导挂号、缴费、看病等多种服务。

⑤完善信息化建设、基层医疗卫生机构系统的网络建设，建立多种服务机制。

3. 建立特定机构，简化报销流程

据大多数民众反映，目前运行的医保报销流程烦琐，每个环节都在不同的地方，报销人员需要去不同的地方办理相关业务。所以，为了简化报销流程，可设立特定的医疗保险机构，安排专业人员专门处理医保报销等相关业务，如此，报销人员可前往特定地方报销，减少报销人员来回跑的次数。再者，依据手机支付、手机办理银行业务，可建立线上医保报销平台，实现只要资料充分，懂得线上流程，就能直接报销的目标，线上报销可能会成为主流报销模式。

4. 降低标准，扩大报销范围

国家对于药品的报销是按照药品所属类别进行报销。例如，抗癌类药物、特效药、进口药等，这几类药物生产价和售卖价高、具备报销条件，而一些常用类或者国产类药物费用不低但却不具备报销条件，这引起民众不满。所以，适当降低可报销药品的标准，建立差异化的报销比例，能很好地扩大药品报销范围，且为更好建设诸如涞源县的革命老区，提供更好的医疗服务，政府工作人员可出台相关政策（将涉及被国家列为中度或重度疾病所需药品纳入报销范围；以及可根据民众反响，将民众希望被报销的药品查看是否符合国家药品报销的标准纳入报销范围）。

5. 分期付款，创造零负担

民众缴纳的医保费用通过一系列流转，其绝大部分以医保报销的形式又转入民众手中，但民众对此并不清楚，所以可通过提高医保报销的比例来减轻费用上涨给民众带来的负担。另外，由于流转周期较长，存在不能及时为民众减轻缴纳费用的负担，所以，为一些收入较低的职工出台分期缴纳医保费用措施，可解民众的燃眉之急。

6. 实时调整，医保更深入人心

医保中存在的起付线在一定程度上可以避免出现无论金额大小都申请报销的情况，简化了机构的报销工作。基于此种情况，为打消民众对于起付线过高的不满，可依据报销者的工作收入适当降低起付线，实现起付线的实时调整。

7. 解除捆绑，提供更好的服务

目前，许多医院存在只有当患者住院后，其医疗费用才可以报销的问题。对此，民众表示反对。由于部分民众所患病症无须住院，但所需的医疗费用昂贵，想要实行报销，就必须解除捆绑，即推出不住院也可享受报销的政策。解除住院与报销的捆绑关系，但报销的比例和住院相比较低，如此，可最大限度满足民众所需，提供更好的服务。

三、调研结论与总结

根据调研的结果来看，作为革命老区，涞源县当地的医疗保险制度依然存在一些亟待解决的问题，这些问题主要集中在报销的便利化程度以及范围上。我们也相信这些问题不是涞源县独有的，全国其他地区也在实行过程中遇到很多的问题，但不可否认的是，在中国共产党成立100周年之际，国家在民生建设上下了越来越大的功夫。在调研采访的过程中，当问及近年来当地医保制度的进步之处，居民纷纷表示与之前相比，医保在特殊类疾病申报、医疗水平、线上平台构建、报销和宣传力度以及医保报销办理效率上有了显著的进步与提升。总体来说，老区在发展的过程中有进步也有问题，而在国家的帮助下，未来革命老区的发展也将更上一层楼。

四、收获与感悟

首先，感谢来自学校的支持、老师的帮助以及小组成员的共同努力，本期社会实践得以圆满结束。

在调研的过程中，从前期的准备工作到中间的执行阶段，再到最后的收尾准备，每一位同学都能保质保量地完成自己的任务。在实践中，我们的小组成员以及组长切实体会到了制订完善的计划的重要性，对时间的认真规划可以让所有任务都变得清晰有序。当然，我们在实践过程中也学会了很多技能，比如如何剪辑视频、做推送，以及使用微信公众号等。同时，实地采访也让同学们克服了自己的一些心理障碍，突破了自我。

其次，在此次调研过程中，非常感谢能够接受采访、填写问卷、支持我们实践工作的群众，让我们对国家医保有了更深的认识，感受到人民群众正实实在在地享受着国家的发展红利。在未来，更加完善的医保制度必将给群众带来更加美好的生活感受。

探究革命老区在民生建设中的特色发展模式[①]

——以福建省漳州市南靖县梅林镇民生发展现状为例

一、引言

（一）调研背景

革命老区是党和人民军队的根，是中国人民选择中国共产党的历史见证。我国革命老区大多属于欠发达地区。为加大对革命老区的支持力度，自 2012 年以来，国务院先后批准了支持赣南等原中央苏区和陕甘宁、左右江、大别山、川陕等革命老区振兴发展的政策文件，部署实施了一批支持措施和重大项目，助力革命老区打赢脱贫攻坚战。

2021 年 2 月 20 日，国务院印发的《国务院关于新时代支持革命老区振兴发展的意见》中提出目标："到 2025 年，革命老区脱贫攻坚成果全面巩固拓展，乡村振兴和新型城镇化建设取得明显进展，基础设施和基本公共服务进一步改善，居民收入增长幅度高于全国平均水平，对内对外开放合作水平显著提高，红色文化影响力明显增强，生态环境质量持续改善。到 2035 年，革命老区与全国同步基本实现社会主义现代化，现代化经济体系基本形成，居民收入水平显著提升，基本公共服务实现均等化，人民生活更加美好，形成红色文化繁荣、生态环境优美、基础设施完善、产业发展兴旺、居民生活幸福、社会和谐稳定的发展新局面。"革命老区的社会民生发展状况是脱贫攻坚不可忽略的环节。

受新冠肺炎疫情影响，我们无法进行实地调研，经过小组内部成员讨论，我们决定采用线上调研的方式。通过在网上发布调研问卷，对当地的教育、医疗卫生条件、生态环境、基础设施建设等民生发展状况做进一步了解，最后对问卷调研结果进行多维度分析，发现问题并针对这些问题给出相关建议。与此同时，我们还将通过电话采访的方式，与当地居民进行沟通交流，使得

---

① 作者：蔡亨鹏、林伊菲、李淼、邢佳伟、顾语吟。指导老师：刘晓海。

我们对当地的民意民情有更加直观和深入的了解。我们的目的是在了解当地民生发展状况和特色模式的基础上，从实践出发，为革命老区的民生发展提出更多的可行性建议，探索革命老区民生发展的新路径。

（二）调研时间及地点

调研时间：2021 年 8 月 10—13 日。
调研地点：福建省漳州市南靖县梅林镇。

（三）调研对象

福建省漳州市南靖县梅林镇及周边居民。

（四）调研方法

问卷调研法、电话采访法、文献调研法。

二、主体

（一）调研基本情况

2021 年 8 月 9—11 日，线上问卷发放。
2021 年 8 月 13 日，电话采访。
2021 年 8 月 14 日，线上问卷结果分析。

（二）政策现状

至 2020 年，在“十三五”期间，漳州市的政策状况有了进一步的改进和发展。福建省深入贯彻习近平总书记对老区苏区的重要讲话和重要指示精神，按照党中央、国务院决策部署，根据国务院印发的《国务院关于新时代支持革命老区振兴发展的意见》，针对革命老区的政策意见，提出了 5 个“注重”。

1. 注重工作机制建设

在组织领导上，省政府成立革命老区扶建领导小组，分管副省长担任组长，市县政府建立相应的领导小组和联席会议制度。在工作推进上，构建了部门协同、上下联动工作机制和日常协调调度机制，各级各有关部门按职能分工谋划落实老区苏区工作任务，定时反馈工作进展和思路建议。在组织机构上，龙岩、三明、南平等重点苏区市县两级均成立苏区办，统筹协调老区苏区振兴发展各项工作。安排 258 个省直部门、省属企业、高校和沿海县（市、区）挂钩帮扶 40 个欠发达老区苏区县（市、区），其中安排 204 个单位挂钩帮扶32个欠发达原中央苏区县（市、区），安排42个单位挂钩帮扶6个欠发达闽东苏区县，安排12个单位挂钩帮扶2个欠发达其他革命老区县。积极对接做好中央国家机关及有关单位对口支援龙岩、三明原中央苏区工作，建立对口支援挂职干部服务保障机制。

2. 注重政策精准帮扶

2012年，制定出台《福建省促进革命老区发展条例》，并相继出台了《关于做好革命老区中央苏区脱贫奔小康工作的实施意见》《关于贯彻落实〈赣闽粤原中央苏区振兴发展规划〉的实施意见》等一系列政策文件，加大对老区苏区发展的扶持力度。明确对苏区县、老区县普通公路建设省级补助标准分别上浮10%和5%，对原中央苏区县省级龙头企业认定标准降低20%，农机购置补贴、现代农业产业园、林下经济、商务区域协调发展等专项资金80%以上用于扶持老区苏区。

3. 注重补齐发展短板

着力补齐产业发展短板，加强产业平台和园区建设，因地制宜加快培育新能源汽车、有色金属、不锈钢、机械装备、新型建材、纺织服装、生物医药、新材料等特色优势产业，老区苏区三次产业结构从2015年的10.8：54.4：34.8调整为2020年的8.4：52.2：39.4。着力补齐基础设施短板，建成一大批铁路、高速公路、能源、水利等重大项目，老区苏区实现“市市通快速铁路”“县县通高速公路”，所有县城实现二级以上公路连接，基本实现“镇镇有干线”。着力补齐公共服务短板，老区苏区教育、卫生、文化等公共服务体系逐步完善，所有县均成为“全国义务教育发展基本均衡县”，居民主要健康指标稳居全国前列，城乡居民基础养老金省定最低标准提高到130元。

4. 注重生态保护修复

省级财政加大财力补偿力度，“十三五”期间累计安排转移支付资金达93.13亿元。对跨设区市的闽江、九龙江、敖江流域由省级组织推进生态补偿，2016—2020年共下达补偿资金63.11亿元。逐步提高省级以上生态公益林补偿标准，实施天然商品乔木林停伐管护补助，2020年全省森林生态保护补偿资金达10.19亿元。三明、龙岩、南平的森林覆盖率分别达78.73%、79.39%和78.85%。

5. 注重改革创新试验

支持老区苏区发扬敢闯敢试、敢为人先精神，推进部分重点领域和关键环节改革走在前列，创造了一批具有全国影响的典型经验。支持三明市推进集体林权、医药卫生、农村金融制度等改革试验，开创了医药、医保、医疗“三医联动”模式，林业资源变资产，解决农民担保难等典型经验，打响了

“全面贯彻新发展理念的三明实践”。支持龙岩市推进水土流失治理、集体林权、扶贫开发等改革试验，创造了“长汀水土流失治理”“武平林改”“长连武扶贫开发”等典型经验。支持南平市推进国家公园体制、生态产品市场化、自然资源资产管理等改革试验，打造了“生态茶园”“生态银行”“大武夷”等亮丽品牌。

（三）线上调研问卷结果分析

由于本次调研受到新冠肺炎疫情影响，小组成员不便赴当地考察，我们决定采用线上发布调研问卷的形式对当地民生状况进行初步了解。该问卷主要面向目前福建省漳州市南靖县梅林镇的居民，目的是了解当地居民的生活水平、生活感受，以及当前民众最迫切的需求等，问卷结果将为我们后续调研以及民生改善方案的制定提供数据支持。

此次线上调研问卷调研共收集到 161 份有效答卷。

在本次问卷中，我们初步设计了 10 个问题，主要涉及当地居民的年龄、学历、收入状况等基本信息以及居民对于当地民生现状的满意程度和需求。考虑到当地作为革命老区的特殊性，我们还设计了一些针对老区扶持政策的问题。我们希望通过这些问题，调研了解当地居民生活水平现状和他们当下最迫切的民生需求，以针对民众心声提出最为行之有效的民生政策改善措施。近年来，国务院出台了一系列关于新时代支持革命老区振兴发展的意见，先后批准了支持赣南等原中央苏区振兴发展的政策文件，部署实施了一批支持措施和重大项目，助力革命老区打赢脱贫攻坚战。这些政策对革命老区脱贫攻坚有着特殊的意义，因此，我们还希望通过这次调研了解这些政策在革命老区的落实状况和成效，为革命老区脱贫攻坚找到正确的道路。

第六次全国人口普查的数据显示，梅林镇常住居民 9584 人，参与本次调研的有效人数为 161 人，他们分布在各个年龄段，其中以 40 岁以上者居多，且 41～55 岁的居民在参与总人数中占 42.24%，是占比最高的年龄段；其次是 31～40 岁的群体；26～30 岁和 18～25 岁的群体分别占 5.59%和 14.91%，而 18 岁以下的居民在参与总人数中仅占 4.35%，是占比最低的年龄段。如图 1 所示。据此我们推断当地常住居民或以中老年人为主，同时相较于年轻人，中老年居民对当地民生问题更为关注。他们的学历主要集中在大学本科、高中或专科，其中，学历为大学本科的居民占总调研人数近一半，是占比最高的一项；学历是高中或专科的居民占比为 36.02%，初中及以下学历的居民占比为 11.8%，而学历为硕士和博士研究生的居民占比均未超过 2%。当地居民总体受教育程度良好，大部分居民都完成了九年义务教育，但主要学历局限在本科以及高中，高学历群体占比过低。可见，当地产业对高学历、高质量人才缺乏足够的吸引力，这一因素或许不利于当地产业转型升级、持续发展。如图2所示。

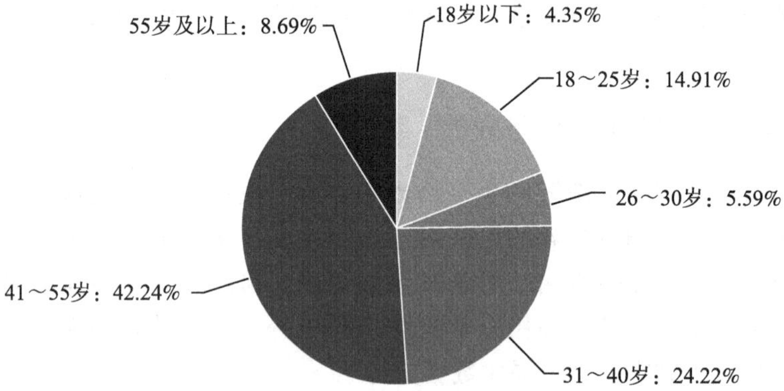

图1　人口年龄统计

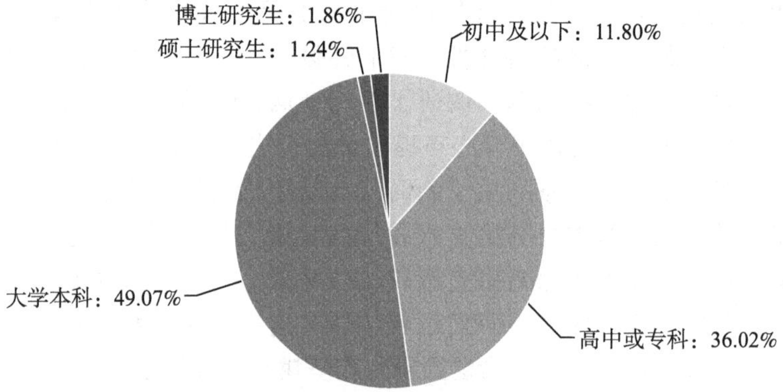

图2　人口学历统计

在针对当地居民收入状况的调研中，我们了解到梅林县居民当前月收入主要集中在3500～5000元，收入分布在该区间的人数占调研总人数的39.75%；同时，当地还有19.25%的居民收入在3500元以下，26.09%的居民收入为5000～8000元，收入为8000～13500元的居民占调研总人数的11.80%，收入13500元以上的居民占调研总人数的3.11%。如图3所示。

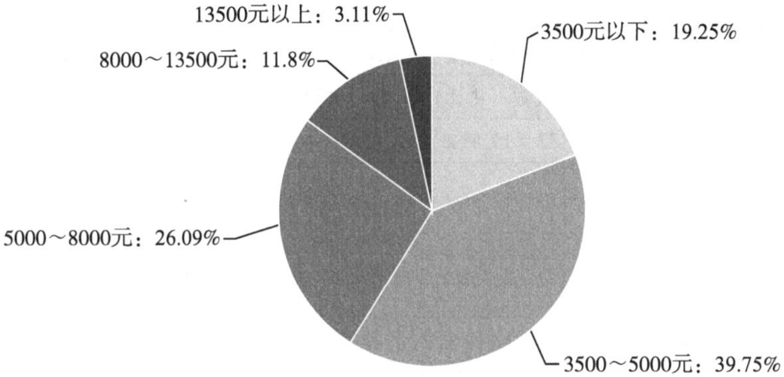

图3　居民月收入统计

根据福建省统计局2021年5月25日发布的数据，2020年，福建全省规模以上企业就业人员年平均工资为70457元，其中全省在岗职工（含劳务派遣工）年平均工资为91072元。就业人员年平均工资最高的地区是厦门市，其平均工资为105269元；漳州市就业人员平均工资89060元，较2019年增长6.8%，高于全省平均水平。

通过调研和比较，我们发现：当地居民总体收入水平表现良好，但高收入人群较少，同时还有一部分居民的收入水平低于漳州市平均水平，收入水平存在较大差距。由此可知，当地总体经济发展状况在福建省内表现良好，大部分居民的基本物质生活水平是可以得到保证的，但是相较于闽南地区而言，当地经济发展水平是较为落后的。未来当地可以思考如何引入高收入产业，拉动当地经济发展，带动低收入水平人群收入增长，实现总体收入水平提高。

在对民生满意程度的调研中，我们将民生问题划分为“医疗卫生”“教育”“收入分配与就业”“住房及房价”“城市交通等基础设施建设”“生态环境（空气质量、气候等）”“食品安全”“科技进步及生活便利度”及“对民生的总体满意度”几个方面，每方面满分为5分，最终当地居民对民生总体满意度得分为3.88分。见表1。

表1　民生满意度调研统计

项目	满意度1分	满意度2分	满意度3分	满意度4分	满意度5分	平均分（分）
	人数（占比）	人数（占比）	人数（占比）	人数（占比）	人数（占比）	
医疗卫生	8（4.97%）	11（6.83%）	35（21.74%）	54（33.54%）	53（32.92%）	3.83
教育	8（4.97%）	13（8.07%）	50（31.06%）	49（30.43%）	41（25.47%）	3.63
收入分配与就业	10（6.21%）	22（13.66%）	54（33.54%）	50（31.06%）	25（15.53%）	3.36

续表

项目	满意度1分	满意度2分	满意度3分	满意度4分	满意度5分	平均分（分）
	人数（占比）	人数（占比）	人数（占比）	人数（占比）	人数（占比）	
住房及房价	25（15.53%）	32（19.88%）	49（30.43%）	33（20.5%）	22（13.66%）	2.97
城市交通等基础设施建设	8（4.97%）	17（10.56%）	41（25.47%）	56（34.78%）	39（24.22%）	3.63
生态环境（空气质量、气候等）	8（4.97%）	7（4.35%）	30（18.63%）	57（35.4%）	59（36.65%）	3.94
食品安全	8（4.97%）	21（13.04%）	56（34.78%）	44（27.33%）	32（19.88%）	3.44
科技进步及生活便利度	7（4.35%）	7（4.35%）	38（23.6%）	60（37.27%）	49（30.43%）	3.85
对民生的总体满意度	5（3.11%）	9（5.59%）	36（22.36%）	62（38.51%）	49（30.43%）	3.88
小计	87（6%）	139（9.59%）	389（26.85%）	465（32.09%）	369（25.47%）	3.61

从3.88分的民生总体满意度可见大部分居民对当地民生问题较为满意。其中，“生态环境（空气质量、气候等）的满意程度最高，该项目的平均分达到了3.94分；“医疗卫生”和“科技进步及生活便利度”两个项目分别以3.83分和3.85分的平均分居调研得分的第二位、第三位；第四位、第五位是得分同为3.63分的“教育”以及“城市交通等基础设施建设”两个项目；而“食品安全”“收入分配与就业”“住房及房价”3个项目则是当地人最不满意的，其中“住房及房价”项目得分2.97分，可见当地住房问题亟须改善。

从图4中我们可以更清晰地看到，在“住房及房价”这一项目上给出低分的群众比率远高于其他项目，说明当地居民普遍对住房价格问题异议较大，调控房价、提高居民住房质量是当地目前亟须解决的问题；同时在“教育”“城市交通等基础设施建设”“收入分配与就业”和“食品安全”这4个项目上给出高分的群众较少。可见，目前当地物质生活发展水平还没有完全满足群众需求，同时居民对于教育等精神文明生活的要求也在提高，就目前而言，当地的物质与精神文明发展状况都没有完全满足群众的需求。

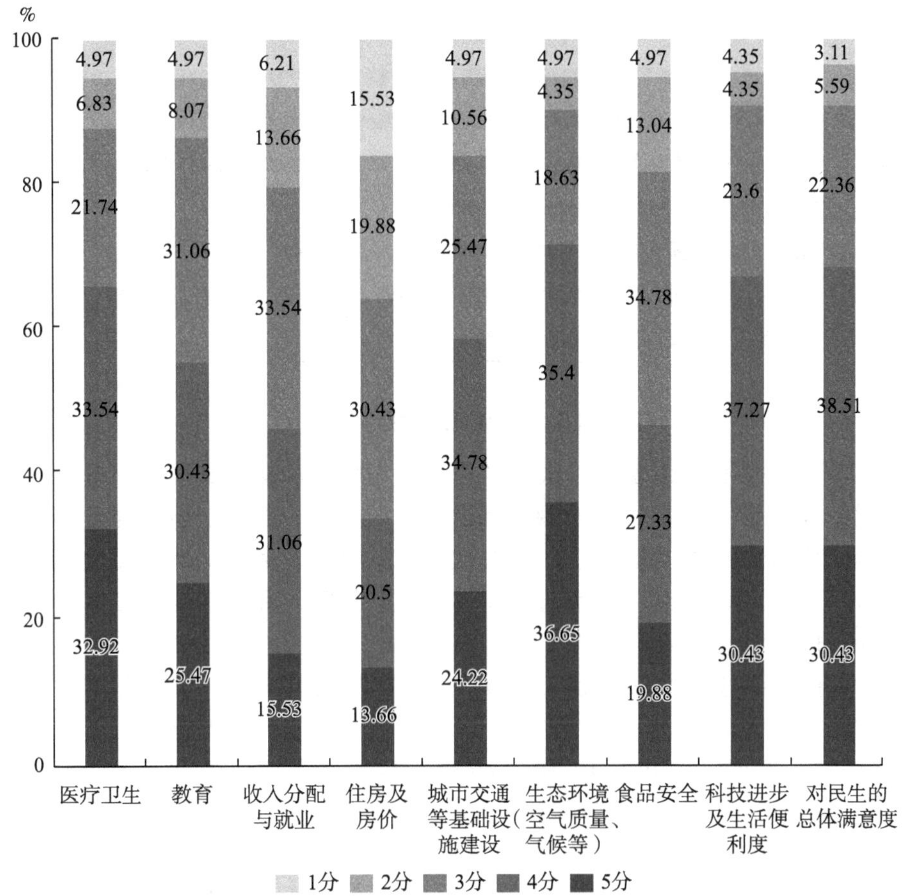

图 4　民生项目得分占比统计

在被问到目前群众最关注的民生方面时，有 89.44%的群众表示目前比较关注当地的教育问题，是各民生项目中关注度最高的一项；此外有 88.2%的群众对医疗卫生问题表示关注，78.88%的群众对食品安全问题表示关注，这两项分别是民生问题中关注度第二、第三高的项目，可见居民对与健康相关问题也很重视；关注度紧随其后的是当前居民较不满意的住房及房价问题、收入分配与就业问题，分别有 75.16%和 67.08%的群众关注。群众对于城市交通等基础设施建设、科技进步及生活便利度的关注度较低，可见群众对当地科技和交通发展现状比较满意。如图 5 所示。

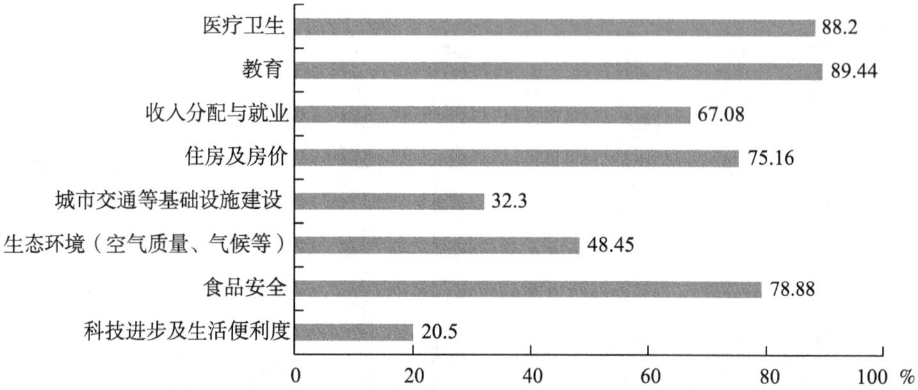

图 5　民生项目关注度统计

从调研中我们可以看出，虽然当地目前的物质和精神文明发展现状均存在缺陷，但是教育是居民最重视的问题，与此同时，医疗卫生、食品安全等涉及生活健康的问题也受到了广泛关注，可见卫生及健康仍然是民生关注的重要方面，不可以松懈；而目前存在较大问题的收入和住房问题显然引起当地居民的不满，亟须寻找解决方式。

漳州市南靖县梅林镇地处闽南革命老区，2012 年以来中共漳州市委、漳州市人民政府响应中央号召，发布了《关于进一步支持和促进革命老区加快发展的若干意见》，提出要进一步扶持老区基础设施建设，促进教育、卫生事业发展和老区民生保障体系建设，要进一步支持革命基点村发展，进一步加强财税支持和要素保障。

在本次调研中，绝大多数群众表示对当地的革命文化有所了解，可见当地革命历史普及程度良好，但后续又有 73. 91%的群众表示当地对革命历史、革命资源的利用虽然比较充分，但仍需改善，也有 19. 25%的群众表示当地对革命资源的利用不充分。如图 6 所示。

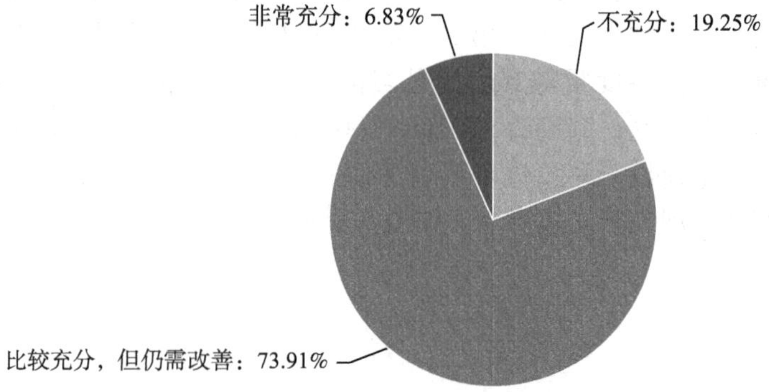

图 6　红色资源利用状况统计

可见，虽然当地的革命文化普及工作已经做得比较到位了，但是政府并没有很好地利用这些资源，把红色资源进一步转化为文化教育资源、红色旅游资源等，让这些红色资源更好地为当地居民服务。

2021 年是中国共产党成立 100 周年，也是“十四五”开局之年。2021 年 1 月 24 日，国务院印发《国务院关于新时代支持革命老区振兴发展的意见》；2021 年 3 月 23 日，习近平总书记赴福建省考察，对支持老区苏区振兴发展做出重要指示。这些政策是老区振兴的重要推手。在本次调研中，当地 73. 29% 的居民表示了解这些政策，24. 84% 的居民表示完全没听说过这些政策，而真正熟悉这些政策的居民只有 1. 86%。见表 2 除此之外，仅有 40. 5% 的居民表示，从国家对革命老区的扶持政策中获益。

表 2　当地居民对政策了解程度的统计

选项	人数小计	比例/%
完全没听说过	40	24. 84
基本了解	98	60. 87
比较了解	20	12. 42
非常熟悉	3	1. 86

通过当地居民的回答，可见当地对中央扶持政策的深入普及工作仍不到位，当地相当多的居民对政策的熟悉程度仍停留在不了解或者基本了解的阶段，这一现状可能导致有些符合政策条件的群众错过享受政策扶持机会。因此，当地政府应进一步加强对扶持政策的理解以及宣传，让更多当地群众熟悉中央针对红色老区的扶持政策，并鼓励符合条件的居民主动申请政策扶持，让中央政策惠及更多普通百姓，助力乡村振兴的实现。除此之外，当地政府还可以主动走访中央政策范围外的、需要帮助的群众，有针对性地了解他们的困难和需求，以便更好地制定便民惠民政策，建设服务型政府。

在我们询问当地居民对民生现状的整体印象时，大部分居民都对政府工作给予了认可，说明当地政府多年来的民生工作的确取得了一定的成效。但是，也有很多居民尤其是年轻居民表示，当地的教育尤其是高中教育存在很大漏洞，教师质量良莠不齐、教师考核不公平、教育资源分配不合理等，造成了当地缺少优秀的学校。很多学生为追求更高的教育质量，只能前往外地，导致当地人才流失严重，就业岗位不足，工资水平较低，难以应对不断攀升的房价。

这些年轻人的抱怨或许正是之前调研中所存在问题的答案，古语云“一年之计，莫如树谷；十年之计，莫如树木；终身之计，莫如树人”。教育是当代青年立身之本，是当代经济动力之源。因此，当地应尽快寻找走出教育困境的方式，不仅要为当地培养人才，更要为当地留下人才。

而对于医疗、食品安全、基础设施建设等老生常谈的基础性民生问题，则需要当地政府加强警惕，进一步加强治理，整治其中存在的乱象，为百姓提供更加安全可靠的生活环境。

总体来说，福建省漳州市南靖县梅林镇历史悠久，位置得天独厚，毗邻厦门、泉州，有着丰富的自然资源、历史文化资源、旅游资源，如果能补齐教育短板，联合周边地区合作发展，当地的发展潜力将是无限的。尤其是目前我国红色旅游产业发展得如火如荼，当地如果能抓住机会，有效利用当地旅游资源和国家扶持政策，或许能为当地创造新的经济增长点，让革命老区焕发新生机。当然这一切都不能脱离政府的有效支持和引导，当地政府应发挥其宏观调控作用，引导资源向发展短板倾斜，实现各方面协调发展、可持续发展；同时要坚定建设服务型政府，深入群众，了解民生所需，全心全意为人民服务，带领群众走出发展困境，让革命老区走出“深山”，开辟新的发展天地。

（四）电话采访及分析

采访一

采访时间：2021 年 8 月 14 日。

采访对象：政府工作人员。

采访内容：

①请问您的职业是什么，您对该行业的相关政策是否满意？

答：本人是政府工作人员，在县级卫生健康行政部门任职。本人感觉国家制定的医疗卫生政策非常好，但在具体执行中，有些没有得到充分的落实。

②作为革命老区的百姓，您对当地的特色发展模式是否了解？

答：本人所在县是革命苏区，县里老区村主要在山区，目前主要是发展特色高优农业产业和花卉产业。

③您可以描述一下这些年您在这里生活所感受到的当地环境的变化吗？

答：本人所在的居住地山清水秀，环境宜人，生活便利，社会稳定，治安很好，民风淳朴，群众有精气神。

④以您在当地生活的经历而言，您最满意的是哪些方面，最希望当地能做出改善的又是哪些方面？

答：我最满意的是党和政府的富民政策深入人心，社会稳定，经济发展，生活水平不断提高，希望国家富民政策持之以恒，落地生根。

⑤您对当地的民生政策了解吗？您认为这些政策在当地的落实效果如何？

答：群众最关心最实惠的教育、医疗、养老、群众生活等民生问题。党和政府都制定了相应政策给予保障，效果比较好。

⑥您可以简单评价一下当地的医疗、教育、基础设施建设发展状况吗？

答：国家和当地政府对医疗、教育和基础设施投入了大量财力、物力，实现了医疗卫生和教育公民全覆盖，但群众对优质医疗和教育的要求存在不充分、不平衡问题。当地基础设施建设非常好，能满足群众生产、生活和社会经济发展的要求。

⑦您对当地的支柱产业、本土企业了解吗？

答：本地企业的主要产业，农业有花卉、水果等，第三产业有旅游、电商等，工业有电子信息、装备制造、食品健康、新能源新材料和医药健康五大产业。本地民营企业比较发达，主要涉及食品、电子信息等行业。

⑧请针对您最关心的民生问题提出一些建议。

答：本人最关心的是教育、医疗卫生和养老等重要民生问题，建议国家逐步实现全体公民均等化服务。

采访二

采访时间：2021 年 8 月 13 日。

采访对象：医保基层工作者。

采访内容：

①请问您的职业是什么，您对该行业的相关政策是否满意？

答：本人是医保基层工作者。总体满意，明显感觉到现在看病难、看病贵的问题得到了大幅度的解决。

②作为革命老区的百姓，您对当地的特色发展模式是否了解？

答：了解的程度不够深入。

③您可以描述一下这些年您在这里生活所感受到的当地环境的变化吗？

答：随着科学发展日新月异，人们的生活水平不断提高，更看重环境、生活品质，这些年居住地环境变得越来越干净、整洁与舒适。

④以您在当地生活的经历而言，您最满意的是哪些方面，最希望当地能做出改善的又是哪些方面？

答：我最满意的是生活的环境和品质，希望能更进一步加强落实人们的安全教育，增强安全意识。

⑤您对当地的民生政策了解吗？您认为这些政策在当地的落实效果如何？

答：这方面政策很多，平时日常生活中也能明显感觉到，基层宣传到位，政策落实还有一定的欠缺。

⑥您可以简单评价一下当地的医疗、教育、基础设施建设发展状况吗？

答：在政府的正确领导下，近年来，我们当地的医疗、教育、基础设施建设方面取得长足的发展。本地政府坚持以人为本、科学发展，创造性地开展工作，总体呈现又好又快发展的良好局面。

⑦您对当地近期的改变有什么了解？

答：最近发生了一件大事，梅林镇通往南靖的一段公路公交车停运了，这对于村里、镇里的人来说是极不方便的，但是我们心里都清楚，山坡路滑，经过那一路段的车辆都是极不安全的，所以我们支持政府做的这个决定，但是我们老百姓更希望能够尽早修路、修隧道，方便我们与县城之间的联系，方便我们出镇。

⑧请针对您最关心的民生问题提出一些建议。

答：希望能逐步真正地实现全民化、民主化。

采访三

采访时间：2021 年 8 月 13 日。

采访对象：国企财务部门工作人员。

采访内容：

①请问您的职业是什么，您对该行业的相关政策是否满意？

答：本人是国企工作人员，在通信公司财务部门任职。本人感觉国家制定的通信政策非常好，具体执行和落实也较为充分。

②作为革命老区的百姓，您对当地的特色发展模式是否了解？

答：本人所在地是闽南早期的革命中心，是福建革命老区发源地之一。主要发展特色花卉产业、特色蔬果食品和旅游业。

③您可以描述一下这些年您在这里生活所感受到的当地环境的变化吗？

答：本人所在的居住地风景宜人，依山傍水，美丽宜居，生活便利，社会稳定，民风淳朴，人文荟萃。

④以您在当地生活的经历而言，您最满意的是哪些方面，最希望当地能做出改善的又是哪些方面？

答：我最满意的是党和政府深入贯彻落实科学发展观，构建和谐社会，在加快经济发展的同时，加大对民生的投入力度，积极推进社会全面发展，人民生活水平不断提高。

⑤您对当地的民生政策了解吗？您认为这些政策在当地的落实效果如何？

答：当地群众最关心的民生政策主要是教育、医疗、养老、住房、生活保障等。党和政府十分关注民生，制定了相应的政策给予保障，近年来落实成效显著。

⑥您可以具体描述一下当地的医疗、教育、基础设施建设发展状况吗？

答：最近我们这里下大暴雨，镇里许多山区地段都出现了或大或小的山体滑坡现象，虽然没有人员伤亡，但是我们群众心里还是有些后怕。确实，村里防洪抗灾的基础设施（如护栏等）比较少，许多人家里的作物、牲畜也容易受灾害影响，房子大多是土坯房，不太稳固。好在村里会给我们一定的受灾补助，在经济上我们确实没有什么损失，但还是希望政府能够有政策来保障一下居民的住房安全。

⑦您对当地的支柱产业、本土企业了解吗？

答：本地的支柱产业主要有电子信息、装备制造、食品加工、旅游业、花卉、水果、茶叶等。本地民营企业发达，实施了龙头企业带动战略。

⑧请针对您最关心的民生问题提出一些建议。

答：本人最关心的是教育、医疗、养老、交通等重要民生问题，特别是教育事业。我们县的教育水平在福建省里算是“吊车尾”，村里更是贫瘠，甚至把原有的梅林中学取消了，大部分孩子都得到县城去上学。其实我们心里觉得，政府应该实施的政策是发展村镇教育，让每个孩子在家就能受到良好的教育。

电话采访对象分别为政府工作人员、医保基层工作者、国企财务部门工作人员。他们均来自革命老区梅林镇，作为土生土长的当地人，见证了老区多年来的发展，他们心怀对家乡的热爱与对未来发展的愿景，积极地接受了我们的采访，吐露了他们最真实的心声。

几位电话采访对象对于老区民生发展都给予了肯定，并且提出最关心的是教育、医疗、养老、交通等重要民生问题。其中，政府工作人员最满意的是党和政府的富民政策深入人心，社会稳定，经济发展，生活水平不断提高，希望国家富民政策持之以恒，落地生根；医保基层工作者最关心的是教育、医疗、养老、群众生活等民生问题，并且肯定了党和政府制定的相应政策；国企财务部门工作人员最关心的是教育、医疗、养老、交通等重要民生问题，特别是教育事业，认为教育是一个地区发展的根基和未来的方向。

与此同时，我们也从采访中得知，在党的带领下，南靖县医疗保障制度改革持续推进，在破解“看病难、看病贵”的问题上取得了突破性的进展，从“病无所医”到“病有所医”。随着医保制度的不断健全，人民群众的基本医疗权益得到了更有力的保障，赢得了人民群众的热烈拥护，得到了社会的高度认可。在政府的正确领导下，当地的医疗、教育、基础设施建设取得了长足的发展。

近年来，当地政府坚持以人为本、科学发展，创造性地开展工作，总体呈现出了又好又快发展的良好局面。同时，当地的民生政策很多，比如，在“三农”、教育、医疗、住房、环保、最低生活保障等方面，平时日常生活中也能明显感觉到，基层宣传到位，但在落实方面还有一定的欠缺。

对此，他们提出的建议是希望能逐步真正地实现全民化、民主化，希望国家和政府能进一步扩充教育、医疗、养老优质资源，同时对城镇交通进一步有序规划，不断增强人民群众获得感、幸福感、安全感，促进人的全面发展和社会全面进步；希望国家和政府有序规划当地基础设施建设，推进地区医疗、教育充分覆盖。

因此，我们总结当地群众对老区民生的基本评价：国家和政府有序规划当地基础设施建设，推进地区医疗、教育充分覆盖。医疗和教育方面仍存在未能完全满足群众对优质资源充分平衡分布的需求问题，基础设施建设较好，能满足群众生活需求。

（五）社会民生发展现状总结

近年来，福建省漳州市南靖县积极顺应国家发展大潮，为大力推进小康社会的全面建设，助力脱贫攻坚，促进社会事业的不断发展制定系列政策。随着党中央和当地政府政策的落实，当地社会民生发展取得一定成绩。为增强对当地社会民生发展现状的了解，我们参考了大量文献，对当地2018—2020年社会民生发展概况进行研究，加以总结。我们认为，当前当地社会民生的发展状况的具体表现为教育事业不断扩展、医疗卫生条件系统改善、科技文化蓬勃发展。

1. 教育事业不断扩展

南靖县政府对教育事业高度重视，2018—2020年在教育事业投入巨大财力，一定程度上促进了当地教育事业发展。2018年，福建省漳州市南靖县在教育方面投资1.9亿元，加快推进18个教育项目建设，第二实验幼儿园整体迁建等项目完成建设，县城高级中学、老年大学教学楼等项目加快推进。各类教育均衡协调发展，顺利通过教育两项督导省级评估，南靖一中通过省一级达标校复查，初中、高中教育再获全市教育质量先进县称号。2019年，南靖县在教育上投入1.4亿元，推动兰水中学、老年大学等10个项目建成投用，普惠性幼儿园比例达10%；农村小学附属幼儿园精准帮扶、普惠性幼儿园建设工作分别在省、市做典型发言；创新办学机制，成立“1+6”教育集团，实现优质高中集团化办学；高中教育与初中教育再获漳州市教育教学质量先进县称号。2020年，南靖县在教育方面投入1.9亿元，实施南靖一中艺体馆、丰田华侨学校综合楼、第四实验幼儿园等教育项目36个，新增学位550个；深化优质高中集团化办学模式，高考成绩再创新高，蝉联“全市高中、初中教育教学质量先进县”称号。

2. 医疗卫生条件系统改善

2018—2020年，南靖县在医疗卫生方面的投入不断增长，卫生医疗建设力度不断加大，这大大促进了医疗卫生系统的完善。2018年，福建省漳州市南靖县在卫生方面投入2770万元，推进和溪卫生院等5个项目建设，同时建立5个名医工作室，公办村卫生所标准化建设基本实现全覆盖，基本医疗和公共卫生服务能力持续提升。2019年，南靖县在卫生方面投入8380万元，实施县医院病房大楼及和溪、龙山中心卫生院门诊综合楼等项目建设，全面落实乡村医生养老保障政策，公办村卫生所医保终端服务实现全覆盖。县医院获批国家级胸痛中心，县中医院入选“全国全面提升县级医院综合能力”名单。2020年，南靖县在卫生方面投入1.6亿元，完成县医院新建病房大楼、龙山中心卫生院门诊综合楼主体建设，组建“南靖县总医院”，县域内医疗机构就诊率逐步提高。

3. 科技文化蓬勃发展

为满足南靖县人民美好生活的需要，县政府近年来加快了文娱建设，促进科技不断创新、文化不断传承发展。

在文体方面，2018年，福建省漳州市南靖县着力加强土楼文物保护，完成了土楼防雷和烟感报警点安装工程建设；东溪窑博物馆建成投用，南靖东溪窑成功注册国家地理标志证明商标，8处文物列入第九批省级文物保护单位；举办全县诗歌音乐会等12场大型文艺活动。此外，全民健身活动深入开展，参加第十六届省运会并取得了优异成绩，龙山镇入选省体育产业特色基地。2019年，南靖县建成基层综合型文化服务中心73个，非物质文化遗产传习所3个，全民健身场地设施项目4个；东溪窑遗址被评为第八批全国重点文物保护单位、全省首批省级考古遗址公园，封门坑窑址考古发掘入选“福建十大考古发现”；龙山镇入选“福建特色体育小镇”名单。2020年，南靖县全面推进世遗保护提升“六个一批”项目，新增2家省级文物保护单位，南靖侨史馆投用；成功举办“世遗土楼·海丝文化”南靖高峰论坛，《南靖县志（1991—2007）》成稿付印。

在科技方面，2018年，福建省漳州市南靖县兰谷众创空间被评为省级众创空间，皓康生物科技荣获创新创业大赛（福建赛区）一等奖，泓净田园综合体项目荣获中国“互联网+大学生创新创业大赛”铜奖；科技特派员实现行政村全覆盖；全县专利申请 652 件，授权 414 件。2019 年，南靖县全年有效发明专利 131 件，每万人口发明专利拥有量 3.7 件；专利授权总量 427 件，增长 17.1%。厦漳民盟科技创新与交流基地落户丰田。2020 年，南靖县全年有效发明专利增至 141 件，每万人口发明专利拥有量 4.7 件；专利授权总量 529 件，增长 15%。

（六）存在的问题

经过大量的资料文献翻阅、问卷分析和电话采访，我们深入了解到福建省漳州市南靖县梅林镇近年来积极响应国家精准扶贫及推进革命老区振兴的各项政策，大力发展社会民生，在教育、医疗保障、社会基础设施建设等方面取得了较大成就，当地群众对社会民生发展现状总体评价较高。但我们认为，其社会民生发展仍存在一定问题，我们从社会民生的 3 个层面进行逐一分析。

1. 基础性民生问题仍较为突出

基础性民生是指民众基本生计状态的底线，即社会要保证每一个社会成员“能够像人那样有尊严地生存下去”。其具体内容包括社会救济，最低生活保障状况，基础性的社会保障、义务教育，基础性的公共卫生、住房保障等。

早在 2017 年，福建省漳州市便积极响应中央政策，将上学难、看病难、养老难、出行难、公共配套差等“四难一差”民生短板问题作为工作的重点突破口，加强社会民生建设。而一分部署，九分落实，梅林镇虽然有序推进各方面建设，在各项基本保障的不断完善上取得了一定成绩，但当地居民关于社会民生问题的调研问卷显示，食品安全、收入分配与就业、住房及房价是当地人最不满意的 3 个方面。其中“住房及房价”得分 2.97 分、“食品安全”得分 3.44 分、“教育”得分 3.63 分，这都大大低于当地居民的民生总体满意度得分。可见，梅林镇当地基础性民生问题仍较为突出，人民群众的获得感、幸福感仍无法得到很好的满足。同时，问卷显示当地民众对五大民生项目的关注度，其中教育问题高达 89.44%，医疗卫生高达 88.2%，食品安全高达 78.88%。可见，基础性民生作为民众基本生计状态的底线，为广大梅林镇群众所重视。进一步结合群众对其当前发展的满意度低下的现实状况，我们得出当地基础性社会民生问题仍较为突出的结论。

习近平总书记曾发表解决“两不愁三保障”突出问题的重要讲话，以推进扶贫工作，助力全面建成小康社会。同样大力促进革命老区的社会民生建设，梅林镇要切实解决基础性民生问题，这样才能促进当地社会民生的进一步发展。

2. 发展性民生政策未得到充分落实

发展性民生是指民众基本的发展机会和发展能力。一个社会在满足了社会成员基本生存问题之后，就应考虑社会成员基本的发展能力和发展机会问题，以期为民众提供起码的发展平台和发展前景。具体内容包括促进充分就业，进行基本的职业培训，消除歧视问题，提供公平合理的社会流动渠道以及与之相关的基本权益保护问题等。

依据问卷调研与分析、电话采访等材料，我们进行系统的总结后得知梅林镇当地的发展性民生出现一定问题。首先表现为当地居民对收入分配与就业的满意度较低、居民就业率和收入较低；其次表现为地区特色发展模式普及度不够，导致大众对当地革命老区的特殊政策了解不多、红色资源的利用与开发不到位、无法形成强有力的产业链带动地区发展；最后表现为地区对人才的吸引力不够。具体分析如下。

（1）收入与就业问题突出

根据问卷我们分析得到当地居民对收入分配与就业的满意度为 3.36 分，在社会民生 8 个方面满意度中排在倒数第二位，更是远远低于总体满意度的 3.88 分，可见当地的收入分配及就业问题有待进一步解决。同时，在对当地居民月收入的调研显示，梅林镇居民当前月收入主要集中在 3500～5000 元，收入分布在该区间的人数占调研总人数的 39.75%，此外当地还有 19.25%的居民收入在 3500 元以下，26.09%的居民收入为 5000～8000 元，而收入在 8000 元以上的居民仅占调研总人数的 14.91%，可见居民收入相对较低，有待进一步提高。

（2）地区特色发展政策的普及与落实，仍有欠缺

我们进行大规模的问卷调研和小范围的电话采访，最终发现当地居民对地区特色发展政策了解不全。在被问到是否了解国家针对革命老区的一些特殊政策时，甚至有 24.84%的居民表示完全没有听说过。此外，在被问到您或您的家人朋友是否从这些优惠政策中获益（如就业扶持或扶贫政策等）时，仅有 40.5%的居民表示从扶持政策中获益。同时，我们在对政府工作人员、医保基层工作者进行采访时，相关人员也表示对一些特殊政策了解不够深入，政府具体政策未得到有效落实。由此我们可以得知，地区特色发展政策的普及与落实，仍有欠缺。

（3）革命老区红色资源开发仍需完善

问卷调研结果表明，当地作为一个革命老区对红色资源的开发和利用仍

需完善，当地居民对地区红色文化和历史了解并不深入。下面以科岭为例具体阐述。

南靖科岭革命旧址位于福建省南靖县梅林镇科岭村，是省级文物保护单位、省级国防教育基地、省级重点革命遗址、市级爱国主义教育基地、德育教育基地、青少年教育基地。科岭烈士纪念亭、纪念碑是漳州市爱国主义教育基地。2017 年，南靖县委、县政府又在科岭创办科岭红色党校，开辟了长 2.5 千米的红军路，是漳州市开展革命传统教育和党内主题教育的重要基地之一。2018 年，科岭村通过 AAA 级旅游景区验收，是漳州市首个以红色资源打造的 AAA 级红色景区。2021 年，科岭革命旧址入选福建 100 个党史学习教育参观学习点。

如今的科岭村红色资源得到了一定的开发，但仍需进一步完善，其开发过程中有两个方面需要改善。一方面，红色资源的开发必然需要伴随着红色文化的输出，才能进一步发挥其教育作用。然而，红色文化历史悠久，我们不能为教而教，面对繁多且复杂的历史文献与红色记忆，不能一味地机械性展出，更应开展系列性主题活动寓教于乐，使红色文化更好地普及。另一方面，大力发挥媒体传播作用，提高宣传能力，进一步实现品牌效应。

（4）人才吸引能力不足，社会发展活力较低

梅林镇近些年在相应政策的落实下取得了一定的发展，但其发展仍旧落后。发展的相对落后无法为高质量人才提供具有竞争力的发展平台和发展前景，致使其人才吸引能力不足，整个社会发展的活力较低。如何进一步利用政策释放人才红利，是当地政府大力发展社会民生需要考虑的问题。

3. 福利性民生问题日益显现

福利性民生是指民众基本生存线以上的社会福利状况。这一层面上的民生问题主要侧重民众基本的“生活质量”问题，即当一个社会解决了民众基本生存和基本发展机会、基本发展能力之后，随着现代制度的全面确立，应当为全体社会成员提供使生活质量得以全面提升的福利。

在问卷调研中可当地居民对城市交通等基础设施建设、科技进步及生活便利度、生态环境（空气质量、气候等）三方面的满意度较高，这可喜可贺，但是我们看到，在“最关心的民生问题”问卷中，当地居民对其关注度均较低。可见，福利性民生并未受到居民的高度重视，这需要当地政府的进一步引导，以促进社会民生的高质量发展，满足人民日益增长的美好生活需要。

（七）改进建议

1. 政府应当利用行政手段，对房价进行指导调控，抑制房价过快上涨

我们对当地住房和房价过高的原因进行分析，提出以下建议。

①房价过高与土地价格过高有关，土地价格上涨使得房企拿地价格过高，并最终体现在房价上。基于此问题，政府可以大力建设廉租房，通过提供大量房源，满足有购房需求的家庭使用，从供需角度影响房价。

②当地炒房现象严重并较大程度地影响房价。基于此问题，相关部门要依法打击炒房行为，确保真正有购房需求的人能够买得到、买得起房子。政府可以加征个人房产税，遏制那些囤积住房的投机行为；此外，摇号限购也是一种遏制房价不断上涨的措施，对名下已经拥有多套房产的人，采取限制其购买的措施。

2. 解决就业问题，需要政府发挥更大作用

①政府应该转变观念，不能一味地追求单方面的地区生产总值增长而忽视日益严峻的就业问题。在稳健的宏观经济政策指引下，出台应对金融危机的相关措施和政策时应该把增加就业作为重要的考虑因素。

②要明确就业在扩大内需、拉动经济增长上的重要作用。当地政府要合理利用电子信息、装备制造、食品加工、旅游业、花卉、水果、茶叶等产业，大力发展生产力，扩大就业规模。

③大力发展劳动密集型产业、服务业、小型微型企业和创新型科技企业，改善就业结构；实施积极就业政策，完善市场就业机制，开辟更多就业道路；加强就业引导，加大职业技能培训，鼓励自主创业。

3. 强化阵地宣传，提高当地优惠政策在群众中的知晓度和普及度

①对于国家针对革命老区的相关优惠政策，政府要强化阵地宣传，以各类宣传阵地为依托，重点突出村（社区）的一线宣传作用。设置宣传展板，悬挂宣传横幅，积极发放宣传材料。

②要开展入户宣传，提高宣传的针对性，可以选派政策宣讲员深入全县各乡镇（区）为村（社区）干部、贫困群众宣讲革命老区的相关政策，采取互动问答等方式来提高群众对政策的理解程度。

③要利用媒体宣传，扩大宣传覆盖面，如将相关政策在当地电视台循环播放，同时将相关的政策信息发布在政府官网，方便群众查询。

4. 开发利用当地的红色资源

①要加大对红色资源的保护力度。要抓紧做好对当地红色历史知情人的走访调研工作，抢救“活资料”，对相关事实进行记录整理。要加强当地文物

的保护和革命遗址遗迹的建设工作。认真处理好建设和保护之间的关系，确保相关遗址遗迹在建设中得到妥善保存。

②相关部门要制定好革命老区文化的发展规划，在对当地文化资源进行全面细致调研摸底的基础上，对当地红色资源的挖掘、文物的保护、遗址遗迹的维护与建设、红色文化的传播等进行科学的规划。

③要加强当地红色文化的宣传教育。加大宣传攻势，通过发行书刊、制作影视作品、参观遗址遗迹、开展纪念活动等形式，广泛传播当地革命历史，传播红军精神和苏区精神，让当地革命文化深入人心。依托现有党史资料，认真编写赣南通俗地方教材，在中小学生中发行，使孩子们从小扎下苏区文化的根。同时加强对外宣传，让外界走进革命老区，了解革命历史。

④当地政府要搞好红色文化产业发展，把开发利用红色文化资源与发展旅游业、与城市建设相结合，让文化资源转化为先进的社会生产力，创造经济效益。

三、调研结论与总结

1. 老区人民对当地红色革命历史与政府相应政策并不熟悉

大众对保护红色文化资源的意识不强，趋向本土化、极端化；政府保护红色文化资源的措施不显著，虽然有红色文化资源保护的教育宣传行动，但是并没有走进全国民众的心中；专业人才短缺，红色文化资源的不可再生性更加要求大家对红色文化进行系统性、整体性的研究与保护。与此同时，老区人民最注重的几类民生问题如住房、就业、教育、基础设施建设等方面仍需要进一步改善，且当地人民不清楚不了解当地的相关措施政策，只对当地红色革命历史有耳闻而并未深入学习，这是亟待解决的一大问题。

2. 政府没有完全落实相应政策，解决当地的部分民生问题

当前，红色老区革命文化资源的利用还未被政府挖掘。一些老区民生政策并没有得到同等的重视，并且产生了大部分老区民众收入与就业问题突出、基础性民生问题未得到解决、发展性民生问题未得到充分落实等问题。政府作为人民群众的指挥员，应该起到一个带头学习的作用，并且秉持为人民服务的宗旨，将相应政策坚决落实到每一个老区人民群众头上，人民群众幸福，老区的发展才会更加繁荣昌盛。

3. 加强老区红色革命历史的宣传，为政府提出合理化建议，督促政府落实政策，改善当地民生问题

我们建议政府应发挥一定的作用，首先，将各类福利政策真正落实到老

区人民头上，以此解决一定的就业问题、住房问题等；其次，红色资源的保护要遵循科学的立法手段，建立可持续发展的红色资源立法理念，维护修缮红色文化资源，完善红色文化资源立法体制；再次，红色资源宣传教育除应该进入校园外，还要进入社区、机关团体、企业单位，通过各种红色教育活动，编写相应教材，提高革命历史的普及率，增强公众对红色文化资源保护的重要性的认识、文化自觉，营造全民参与、齐心协力保护红色资源的社会氛围；最后，依托新媒体实现宣传多样化，以大众喜闻乐见的形式宣传红色老区文化。

丰功伟绩垂史册，丹心浩气贯乾坤。我们此次参观科岭革命老区的实践活动，感悟到了老一辈革命家进行武装斗争的艰辛，感受到了幸福生活的来之不易，体会到了时代的巨变，同时还为我们提供了学知识、长才干、成栋梁的机会。不忘初心、牢记使命。我们一定不能忘记今天的幸福生活是老前辈用鲜血和汗水换来的。我们当代青年处在中国快速发展的新阶段，应积极投身社会主义建设，为实现中华民族伟大复兴的中国梦而奋斗。中国特色社会主义的这面大旗，终究会被我们接过，继续飘扬在这片饱含热血的中华大地上。我们要用实际行动做时代的新人，把红色基因传承下去。期盼南靖科岭这片热土能得到政府更加重视、更好利用，使它成为重要的新时代革命教育基地，让革命薪火代代相传。

四、收获与感悟

蔡亨鹏：这次暑期实践可以说是一波三折，由于新冠肺炎疫情的原因，我们不能到漳州市梅林镇科岭村进行实地考察，所以我们只好临时调整计划，将线下调研改为线上调研。我们在这次调研中也遇到了很多的困难和问题，但通过小组成员之间的沟通协作，我们都克服了困难。通过这次社会实践，我们深刻地了解到漳州市南靖县梅林镇的民生状况，也发现了一些问题。针对医疗卫生、住房及就业等问题，我们也提出了相应的解决措施，并且发现其实这些问题也并不仅仅存在于革命老区，在全国很多地方都存在。这次的调研活动很好地培养了我们发现问题、解决问题的能力，拓展了我们的实践范围，拓展了我们看问题的深度。与此同时，我们与他人沟通交流的能力也得到了很好的锻炼。非常希望我们的建议能够促进当地的发展，希望革命老区能够发展得越来越好。

林伊菲：此次社会实践的地点，是我的家乡福建省漳州市南靖县梅林镇科岭村革命遗址。作为家乡的一员，我积极地参与此次活动，并且收获了许多有意义的知识和宝贵的经验。由于新冠肺炎疫情的影响，我的队友们未能到达我的家乡与我共同进行线下社会实践，但是团结的我们选择了在线上进行讨论。虽然最后以线上的形式进行，但我们的成果依然精彩和优秀，我和我的队员们都兢兢业业地查找资料，进行电话采访。我们通过各种资料和渠道了解到了科岭村的革命历史，这些红色事迹让我们大为震撼，并且使我们对党有了更深刻的认识。我和我的队友们都希望能通过此次调研，提升革命历史在当地的影响力，使革命历史深入居民的心中。我们还希望政府能够让革命历史的宝贵遗产深入居民生活当中。这些红色的革命历史应该永远地停留在我们的心中，我们应该去缅怀、纪念、尊敬、发扬先烈们的精神。

李淼：这次暑期社会实践是有些遗憾的，因为新冠肺炎疫情的原因没有前往福建省漳州市南靖县实地考察，但我们小组没有懈怠，坚持完成线上调研工作。本次社会调研分为确定选题、制定方案、实施应急调研方案和总结4个阶段。线上调研以问卷调研和电话采访为主要形式，同时为了使调研结果更加客观，我们浏览了大量当地官方网站、阅读了有关调研资料，最大限度地使调研真实有效，落到实地。

在整个实践的过程中，我收获了许多。通过大量的资料阅览，我更加了解了福建省漳州市南靖县的社会民生发展状况，同时对国家革命老区发展的相关政策有了更为深刻的认识。作为一名大学生，我真正地走进乡村开展实践调研，而不是仅仅停留在课本上。我想，这对我的意义不仅仅是认识的提高，更是能力的培养与锻炼。更重要的是，我从一个很小的方面开始有了一些更深层次的思考，开始有了一些想为群众造福的想法。我觉得这种胸怀群众的思想境界是我们当代大学生应该具备的最基本的素养。

总体来说，这次暑期社会实践虽有不足，但也使我成长了许多。

顾语吟：本次调研是我个人第一次接触社会民生领域，虽然我在高中时是一名文科生，但是对很多当时书本上的知识在本次调研中才真正地理解。民生是立国之根本，强国之基石，如何让民生政策真正反映民生所求，如何让民生举措落到实处，却是一个从来没有答案的问题。

在本次调研中，我负责对网络答卷进行分析，通过这些问题，我感受到了当代百姓生活需求的多样性。百姓的精神文化的需求在不断变化，百姓对物质生活的要求在不断提高，旧的问题或许还没有解决而新的问题总是在不断地出现，民生工作切记戒骄戒躁，需要时刻将百姓需求铭记于心，保持谦逊的态度，实现中国特色社会主义，我们还有很长的路要走。

附录一

线上调研问卷：

1. 您的年龄：[单选题]

○18 岁以下

○18～25 岁

○26～30 岁

○31～40 岁

○41～55 岁

○55 岁以上

2. 您的受教育程度：[单选题]

○初中及以下

○高中或专科

○大学本科

○硕士研究生

○博士研究生

3. 您的月收入情况（注：在读学生请按家庭人均月收入填写）：[单选题]

○3500 元以下

○3500～5000 元

○5000～8000 元

○8000～13500 元

○13500 元以上

4. 请您依照个人实际，对以下几方面问题，按照 1～5 分的满意程度进行评分。[矩阵量表题]

	1	2	3	4	5
医疗卫生	○	○	○	○	○
教育	○	○	○	○	○
收入分配与就业	○	○	○	○	○
住房及房价	○	○	○	○	○
城市交通等基础设施建设	○	○	○	○	○
生态环境（空气质量、气候等）	○	○	○	○	○
食品安全	○	○	○	○	○

科技进步及生活便利度 ○ ○ ○ ○ ○

对民生的总体满意度 ○ ○ ○ ○ ○

5. 请在下述民生问题中，选出您最关心的五个方面。[多选题]

□医疗卫生

□教育

□收入分配与就业

□住房及房价

□城市交通等基础设施建设

□生态环境（空气质量、气候等）

□食品安全

□科技进步及生活便利度

6. 您对当地的红色文化和历史的了解程度如何？[单选题]

○不了解

○基本了解

○比较了解

○非常熟悉

7. 作为一个革命老区，您认为当地对红色资源的利用是否充分？[单选题]

○不充分

○比较充分，但仍需改善

○非常充分

8. 国家针对革命老区的一些特殊政策您是否了解？[单选题]

○完全没听说过

○基本了解

○比较了解

○非常熟悉

9. 您或您的家人朋友是否从这些优惠政策中获益（如就业扶持或扶贫政策等）？[单选题]

○是

○否

10. 您对当前民生问题的改善还有哪些好的意见建议？[填空题]

____

附录二

电话采访问题：

1. 请问您的职业是什么，您对该行业的相关政策是否满意？

2. 作为革命老区的百姓，您对当地的特色发展模式是否了解？

3. 您可以描述一下这些年您在这里生活所感受到的当地环境的变化吗？

4. 以您在当地生活的经历而言，您最满意的是哪些方面，最希望当地能做出改善的又是哪些方面？

5. 您对当地的民生政策了解吗？您认为这些政策在当地的落实效果如何？

6. 您可以简单评价一下当地的医疗、教育、基础设施建设发展状况吗？

7. 您对当地的支柱产业、本土企业了解吗？

8. 请针对您最关心的民生问题提出一些建议。

交通网络建设对地方发展的促进作用①

——对贵州省革命老区毕节市和遵义市的调研

一、引言

（一）调研背景

交通网络的建设是国民经济蓬勃发展的主要命脉，是社会各项发展的基石。交通网络的建设促进了产业布局，优化区域资源配置，是区域实现发展的重要因素。贵州省革命老区的飞速发展离不开交通运输系统的逐步完善，毕节市和遵义市两地综合性运输能力的不断增强与完善，为两地的发展提供了有力保障。

交通网络的建设与经济发展的内在联系不仅对制定区域的交通运输发展战略以及设施的规划起着至关重要的作用，还是经济学领域炙手可热的研究方向，该研究对我国实现从交通大国向交通强国的转变有着重要的现实意义。当前，随着两地经济的进一步发展，在全力打造交通强国的时代背景下，如何高效处理好交通运输快速发展与经济稳步增强的关系，尤其是结合两地社会发展的现状，深层次挖掘交通运输发展与区域发展的内在联系，这有利于地方政府制定行之有效的交通发展规划蓝图和产业布局发展设计，从而促使两地又好又快地良性发展。

在建党 100 周年的时代背景下，该项目致力于研究交通网络的建设对地方发展的促进作用，小组成员通过实地走访相关部门，采访相关人员，分析相关数据等方法，收集贵州省革命老区毕节市和遵义市的交通发展历程与历史演变成果，探究贵州省独特的交通发展之路，并通过对两地相关产业与过往发展的纵向对比，探究交通的发展对当地区域经济与民生建设的促进作用，深入探索革命老区的民生改善成果与乡村振兴成效，基于具体情况，结合经济学与统计学的相关专业知识对当地经济发展、社会发展进行分析并提出合

---

① 作者：陈晟骏、孔维腾、张雨涵、张馨匀、姜迅、吕懿芳、范翰锟。指导老师：王朝科。

理性、创新性建议。

（二）调研目的及意义

1. 调研目的

通过对贵州省一类革命老区毕节市和二类革命老区遵义市交通网络布局的实地考察，了解当地交通网络发展建设的历史概况及交通基础设施的改善现状，并调研当地交通运输建设仍旧存在的问题，能够对当地交通网络的发展有初步的认识。深入探索革命老区的民生改善成果与乡村振兴成效，调研近年来交通运输发展后当地经济环境的变化，以及相关产业的结构优化情况，形成采访记录、调研分析报告等材料，并基于具体情况，结合经济学与统计学的相关专业知识对当地经济发展、社会发展进行分析，提出合理性、创新性建议。

2. 调研意义

2021 年是中国共产党成立 100 周年，也是“十四五”规划的开局之年。此次“走老区　看发展”调研项目，学生通过具体走访贵州省毕节市、遵义市，实地考察村、县交通网络发展现状，加强对革命老区从过去到现在发展过程的认识与感知，了解国家政策与政府扶持对经济欠发达地区发展的推动作用，并由此提出自身的思考与建议。具体意义如下。

（1）有助于学生了解我国西部欠发达地区发展的牵制因素

西部山区农村一直是我国精准扶贫战略的重点区域，交通不顺畅、基础建设落后、信息交流受阻等问题也牵绊着落后地区的各方面发展。此次调研具体以交通网络的发展对贵州省相关地区经济发展的促进作用为方向，采集具体数据、分析具体过程，使我们更深入了解交通、物流等因素对相关产业、人民生活水平和区域经济发展的重要性。

（2）有助于学生深刻理解国家政策的科学性与有效性

从温饱不足到总体小康再到全面小康，党和国家事业能取得如此进步，离不开科学的政策和合理的布局。党中央坚持统筹推进“五位一体”总体布局，协调推进“四个全面”战略布局，大力推进精准扶贫、乡村振兴等政策，此次调研能使学生切身感受到国家政策的科学合理性，对我国欠发达地区的发展状况进行深入思考与探讨并提出建议。

（3）有助于学生爱国主义教育与社会主义思想的培养

革命老区是中国人民选择中国共产党的历史见证。一些革命老区由于地理区位、生态地位等因素，发展中存在短板，因地制宜推进振兴发展格外重要。通过对革命老区的走访调研，能够使我们了解老区发展的困难与不易，同时更好地展望未来我国全面发展的局面，明白我们年轻一代肩负的使命与责任，为社会发展贡献出自己的一份力量。

（三）调研时间及地点

2021 年 7 月 21 日，贵州省贵阳市。

2021 年 7 月 22 日，贵州省毕节市。

2021 年 7 月 23 日，贵州省毕节市田坝村。

2021 年 7 月 24 日，贵州省遵义市。

（四）调研对象

贵阳市交通广播局、毕节市交通局、毕节市统计局、茅台镇邮政揽投营业部、市民。

（五）准备阶段

1. 时间地点以及人员安排

时间：2021 年 7 月 8—24 日。

地点：贵阳市、毕节市、遵义市。

人员安排：7 名队员分成两组，一组成员进行前期的联系工作与问题采访；一组成员进行中期的笔录摄影与后期的视频剪辑。

2. 具体方案

①小组举行集体会议，互相沟通自己的想法，确定本次调研的行程安排。

②前期理论学习，了解相关国家政策，了解实践地的空间布局以及周围的交通信息。

③与当地相关部门媒体联系沟通，为之后的调研积累有利资源。

④设计采访问题、问卷，准备调研设备。

⑤开通属于本次调研活动的专属微信公众号。

⑥在网络媒体发布本次调研的相关事项，宣传本次调研活动。

⑦走访毕节市交通管理局与毕节市统计局，与相关工作人员交流，取得数据并进行对比分析。

⑧实地体会毕节市当地的各个类型公路的发展和变化，感受交通发展带来的便利。

⑨到访当地小学，了解它们过去的生活与现在的生活，切身感受交通发展对当地教育业产生的影响。

⑩走访遵义市茅台镇。了解关于遵义的红色文化，关于茅台的国酒文化，

通过切身感受交通网络完善和运输渠道发展对地方酒业的改变情况。

⑪在实地考察调研结束后，对所得文字、数据、照片进行整理总结，进行媒体宣传等工作。开展小组讨论，根据调研结果得出分析报告。

⑫根据得出的分析报告结合国家及地方政策，以毕节市、遵义市为例，由点到面，由浅入深，通过两地交通建设情况的纵向横向对比，探究脱贫攻坚的成功因素，以及乡村振兴的成就、问题和挑战，并结合不同地区特色，优化产业结构，促进供给侧结构性改革，进而为贵州省红色老区的经济建设、社会发展提出合理化建议。

（六）执行阶段

①2021 年 7 月初至 7 月中旬，在团队成员的共同配合下，成员多次与指导老师进行沟通交流，并通过线下线上多种方式开展有关确定调研方向、调研方法以及调研方案设计等问题的讨论，并进行有关媒体、各调研地负责人的前期联系工作，为此次暑期实践项目做好规划和安排，为后期的实地调研以及资料整理打下良好基础。

②2021 年 7 月 19—24 日，团队 7 人在贵阳市、遵义市和毕节市 3 个调研地认真负责地进行了为期 5 天的调研学习以及相关的项目记录。

在贵阳市，为了获取相关人士关于贵州省交通发展情况的看法，我们采取了采访、座谈的方式与有关人员展开访谈，并用录音、录像、速记等方式记录全过程，在事后对访谈进行反复观看，以提取重要信息。

在毕节市为期两天的调研中，我们先后前往了交通局和统计局以取得毕节老区交通发展变化的历年权威数据并记录，之后找到当地几名学生带我们实地体验曾经的乡路，对几名学生进行采访，以获得有关当地民生尤其是教育方面的改变对当地人最切身的感受。

另外，在毕节主城区市区开展了随机街头采访。

在遵义市，我们以茅台镇为例展开调研，通过联系当地邮件分配中心负责人、当地个体户酒商，并通过对他们进行座谈、采访等得知了交通发展带给当地物流业、中小企业的便利。

③2021 年 7 月底至 8 月上旬，团队成员对调研成果进行复查整合，由两位组长分配小组成员任务，大家一起完成调研成果多渠道、多形式地宣传展示与总结。其中，对不同阶段的调研过程，我们采取了制作微信公众号推送、制作 Vlog 视频的方式来记录；对于过程中的采访、座谈等资料，我们进行了转文字稿、剪辑视频来记录保存；为了确保数据的准确全面与可视性，我们运用了 Word、Excel 等软件将数据进行汇总并绘制图表来展示相关数据的变化

趋势；最后，运用经济学等相关专业知识来简要分析了调研成果并撰写实践报告。

（七）理论研究

1. 交通发展与区域社会经济发展的关系

伴随区域经济的发展，交通需求也越来越大，当区域经济发展到一定阶段时，必定会对区域内的交通网络体系结构产生极大影响。与此同时，交通运输的运能和设施水平同样会对区域经济的快速发展产生制约作用。因此，开展区域经济发展与交通网络建设研究具有重要意义。

①区域经济活动要素为交通需求预测提供支持。区域经济活动要素，比如人员、资金、产业等要素流通，将会极大地影响交通需求量，为研究交通需求规律提供可靠的参考依据。而且通过交通系统演化发展，同样可以了解到区域经济发展的需求，为区域经济发展和区域内产业资源优化配置提供支撑。

②区域经济一体化是实现交通一体化的必然要求。在区域经济布局较为完善的情况下，将进一步加深区域经济一体化进程，推进区域经济增长，极大地改善区域内的软、硬件环境，充分凸显产业投资的集聚效应，从而加大交通运输需求，这要求进一步提高交通设施的承载能力。

③交通网络的建设程度对经济的影响路径包括部门影响和空间影响。部门影响是交通运输业发展影响贸易及其他产业发展，从而影响宏观经济和区域经济发展。部门影响分为两个传导路径：一是“运输—贸易—经济增长”路径，二是“运输—产业—经济增长”路径。

“运输—贸易—经济增长”路径的理论。基础是 GDP 支出法核算的公式：$GDP=C+I+G+(X-M)$。理由是运输是贸易基础、运输条件改善促进贸易量的增长。如图 1 所示，A 地商品销售到 B 地，由于交通发展，可变运输成本下降，达成贸易条件，促进贸易发展。

2. 交通发展与区域社会民生建设的关系

交通基础设施对区域空间最直接的影响是提升交通可达性，它是指利用某种交通方式从出发地到目的地的便利程度。通常提高可达性可以有效减少区域的出行时间，产生显著的“时空压缩”效应。提升交通不便利区域的可达性，使得区域之间的时空距离减少，并由此带动和刺激当地民生，如教育业的发展。反之，提高可达性也可促使资源进一步流向更加发达的地区，强化中心城镇的发展优势。因此，交通可达性与区域发展关系密切，是推动区域发展的重要工具。

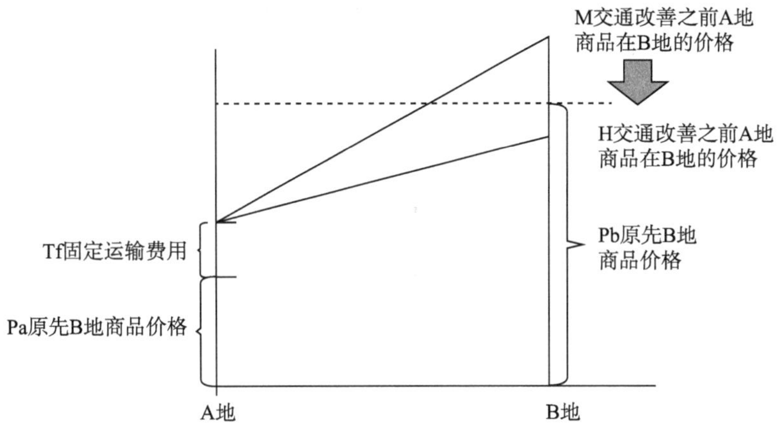

图1　运输—贸易—经济增长路径

（八）贵州省革命老区交通发展的历史沿革

1. 贵州省革命老区交通发展的历史

毕节市地处云贵高原，贵州省的西北部，包含七星关区、赫章县、大方县、金沙县、织金县、纳雍县、威宁县和黔西县。毕节市东面与本省的遵义市、贵阳市接壤，毕节市南面与本省的六盘水市、安顺市相连，毕节市西面与云南省相通，毕节市北面接四川省。毕节市位于西南地区的中心位置，是西南地区的交通要塞。

毕节市距省会贵阳市217千米，距离泸州市、昭通市、曲靖市、安顺市、遵义市分别为210千米、240千米、370千米、200千米、172千米。自然环境的特殊，曾把这块拥有数百万人口的行政区域边缘化。无铁路、无高速公路、无水运、无空运的“四无区域”，数百万人民盼发展、求发展的梦想一次次被无情地击碎。

毕节试验区是1988年6月国务院批准建立的“开发扶贫、生态建设”试验区。毕节这个落后的老区有了发展的新希望，随后毕节交通的发展正式进入“快车道”（见图2）。毕节经济飞速发展。

2. 贵州革命老区交通发展的现状

进入2020年后，毕节新交通也迅速发展，并取得重大突破。成贵高铁正式在毕节通车，日经停列车76趟次，开通以来累计运送乘客389万人次，日最大运送量达2.8万人次；毕节站的建设使得毕节市与外界城市的联系更加紧密，经济发展也变得更加便利。如今，毕节市的交通网络也如同毛细血管遍布全市，无论是铁路、航空、高速都有很大的突破，并且近年来毕节交通

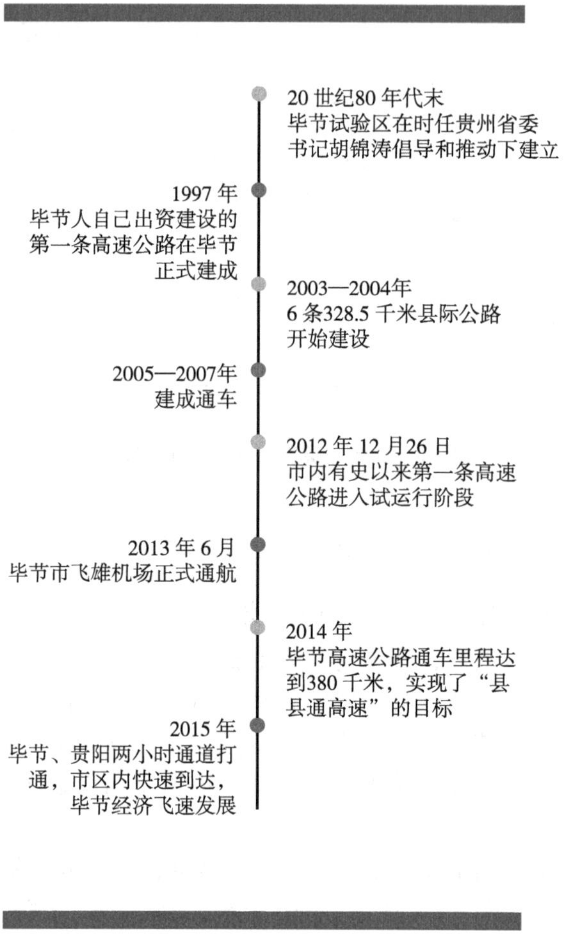

图 2　毕节老区交通发展脉络

局聚焦于乡村道路建设，打通“最后一公里”，把路修到每家每户的门口。自此毕节交通网络全面建成，助力乡村振兴，为毕节的经济发展注入了源源不断的动力。

截至 2020 年 12 月，遵义市公路通车总里程将达 3. 96 万千米，路网密度 128. 7 千米/百平方千米，占全省公路通车里程的 19%，居全省第一。其中高速公路通车里程 1279 千米，占全省高速公路的 18%。在客货运输方面，建有二级以上客运站 19 个、物流园（货运站）5 个。在水路运输方面，建有港区 11 个、码头 36 个，内河通航里程 1052 千米，年货物周转量 239 万吨，年旅客周转量 621 万人次，公路、水路交通枢纽城市初具规模，交通的改变也反映了遵义这个革命老区近几年的飞速发展。在改革开放后，党中央也一直都在关注着革命老区的发展状况，“十三五”期间是遵义市交通发展史上投资力度最大的时期。全市公路水路完成投资 1552 亿元，是“十二五”时期的 1.8 倍，其中 2020 年完成 280 亿元，为全市经济社会发展作出了积极贡献。

（九）贵州革命老区社会经济发展和民生建设的历史变迁

1. 贵州革命老区社会经济发展的历史变迁

贵州革命老区社会经济发展大致可划分为三个历史时期。

第一个历史时期，是探索富民兴黔发展道路的重要时期。这一时期，贵州省和全国一样，实施了大规模的社会主义建设，特别是党中央基于各方面考量决定开展的“三线建设”，大批沿海工业企业内迁，初步构建起了贵州工业的产业体系。贵州省相继建成了航天、航空、电子三大国防科技工业基地，形成了煤电结合、水火电互济的能源工业体系，建设了以有色金属、冶金、化工、建筑材料为主的原材料工业基地，带动了一批基础设施建设。1977 年，全省地区生产总值达到 37.72 亿元，是 1952 年的 4.41 倍。

第二个历史时期，是迈入改革开放加快经济建设的重大机遇期。1978 年，党的十一届三中全会胜利召开，拉开了改革开放的帷幕，贵州省与全国同步踏上改革开放的历史新征程。这一时期，全省坚持以经济建设为中心，牢牢把握发展这个第一要务，紧紧抓住改革开放带来的重大机遇，全力开展经济建设，社会生产力得到迅速提高。1978 年，贵州地区生产总值仅为 46.62 亿元，2000 年突破 1000 亿元，达到 1029.92 亿元，总量是 1978 年的 22.1 倍。进入 21 世纪，国家实施西部大开发战略，贵州发展迎来了更为有利的重大历史机遇，启动了西电东送等系列重大工程，大力实施以交通运输为代表的基础设施建设，有力促进了全省经济平稳较快发展。西部大开发的前 10 年，即 2001—2010 年，贵州地区生产总值年均增长 11.5%，高于全国 1 个百分点；2011 年，贵州地区生产总值达到 5725.99 亿元，同比增速达到 15.4%，总量是 1978 年的 122.8 倍。

第三个历史时期，是开启与全国同步全面建成小康社会的新时期。党的十八大召开，贵州省以习近平新时代中国特色社会主义思想为指导，牢牢抓住机遇，围绕 2020 年与全国同步全面建成小康社会宏伟目标，加快经济社会发展，贵州省发展进入了新的历史时期。主要经济指标实现了快速增长，连续多年保持全国前列；经济总量稳步攀升，在全国的位次由长期居第二十六位提升至第二十五位；人均地区生产总值摆脱了长期落后的局面，2014 年、2015 年连续两年实现进位。金融机构人民币各项存款余额、贷款余额等主要经济指标相继突破万亿元。党的十八大以来，贵州经济发展按下“快进键”，跑出“加速度”，取得了举世瞩目的巨大成就。

2. 贵州革命老区民生建设的历史变迁

交通“加速度”，发展“高质量”。“十三五”时期是贵州省交通运输发展的黄金时期，贵州交通实现了投资完成最多、建设速度最快、支撑保障最优、发展成效最好的历史性跨越，仅全省公路水运固定资产投资就累计完成 7197 亿元，居全国第一方阵，占全省综合交通投资的 81%，较“十二五”时期增长 62.4%。贵州省以交通为核心的基础设施建设从根本上改变了各地的发展条件，交通也成为过去五年全省老百姓获得感最多的行业之一。

通过打通铁路、高速公路、民航“大动脉”，畅通普通公路等“毛细血管”，努力将地处西南腹地这个“地理枢纽”升级为“交通中枢”，交通的跨越式发展极大地提升了贵州省在区域发展中的战略地位，以交通走廊高效带动新型工业化发展、新型城镇化建设和农业现代化、旅游产业化活力四射，为贵州省融入新发展格局创造了前所未有的优势和条件。织密农村路网，畅通省域循环；构建交通枢纽，联结南北西东；畅通人流物流，促进经济发展。贵州革命老区始终坚持党中央的领导，积极进行民生建设，取得了许多成就。

3. 贵州革命老区交通发展对社会经济的促进作用

交通网络的建设程度对经济的影响路径包括部门影响和空间影响。部门影响分为两个传导路径，以下就贵州革命老区交通发展对于社会经济的影响进行分析。

路径一：运输—贸易—经济增长。

（1）降低企业交易成本和生产成本

据国家统计局，2018 年，白酒企业累计实现销售收入 5363 亿元，实现利润较 2017 年同期增长 29.98%。而酒类市场的快速发展也推动着物流市场迅速发展，但在运输配送途中，经过多次中转、搬运，作为易损品的酒类货物，存在包装和人为操作问题导致的破损风险高以及出现破损后索赔困难等问题。这对于茅台镇的贸易发展来说是一个不可忽视的难题。2016 年 3 月，百世快运在贵州起网，正式进入仁怀市场。2017 年仁怀货量达 140 多吨，2018 年货量达 560 多吨，2019 年已达到了 1100 多吨，相较 3 年前增长近 8 倍。交通条件的改善对于革命老区企业的发展也是极为有利的。首先，不断完善的交通网能缩短生产企业与销售市场和原材料市场的时空距离，在节省运输成本的同时还能节省时间成本，而对于十分依赖交通运输的企业来说，良好的交通条件则是降低运营成本的重要手段，而良好的交通条件创造了良好的区位条件，这对吸引投资是十分有利的。其次，大量资本的进入，必然会带动区域各行业的发展，尤其是核心产业相关配套产业的发展，对于降低企业的生产成本是非常有利的。

（2）激活沿线资源，拉动沿线土地升值

本次实践所去的遵义市、毕节市，其生产总值、地方财政收入、乡镇企业营业收入、规模以上工业总产值分别占县域总量的 31.7%、28.6% 和 46.8%，均超过县域经济总量的四分之一。这 3 个市区总体呈现的特点都是靠近中心城市，或位于州、市政府和地区行署所在地，交通便利，处于高速公路或铁路沿线，这或许也是 3 个市区资源利用不断提升和经济飞速发展的原因。交通发展对交通沿线资源的激活作用是非常明显的，首先，建成的交通干线对交通线周边地区的各种资源有最直接的激活作用，尤其是针对贵州省一些偏远落后地区，一般都保持着较好的自然风貌和丰富的矿产资源，受制于交通长期得不到开发，而一旦交通条件得以改善，这些资源的潜在价值就迅速被激活了。其次，对这些资源进行开发，必然会导致大量资产流向交通干线沿线地区，同时，建设交通线时投入的巨额资金极大程度地促进了沿线地区的经济，从而拉动沿线土地价格不断提升。

路径二：运输—产业—经济增长。

改革开放前，遵义市的公路大多数为沙土路，通车里程只有 5100 多千米。全市生产总值在中华人民共和国成立初期只有 1.42 亿元，遵义市的经济发展同交通运输的飞速建设是密不可分的，区域经济同交通网络体系之间更是相辅相成。其中，旅游业的发展对于遵义市的经济增长影响更是有目共睹，对贵州省旅游业的影响大致可分为 3 种。

（1）对旅游者目的地选择的影响

在旅游目的地选择上，交通的便利与否是影响旅游者决策的重要因素。在一定的引力和外推力的作用下，游客流量与距离影响力是成反比的。用数学式表示为

$$F = T_1 T_2 / f(d)$$

其中，T_1 为旅游目的地的吸引力，T_2 为旅游客源地的外推力，d 为客源地与目的地之间的距离。游客对距离的直观感受很大程度上取决于客源地与目的地之间的交通便利条件。因此，交通对旅游者的出游选择在心理上起着决定性的作用。

（2）对旅游资源开发的影响

由于旅游资源依赖旅游者光顾而产生效益，没有安全便捷的交通就不可能有规模化的旅游经济，更不可能对其进行长期发展，所以交通在很大程度上影响着旅游资源吸引力的大小，决定着旅游资源开发效果的好坏。旅游资源的开发必须以快捷便利的交通做后盾。

（3）对旅游相关产业的影响

由以上两点可以看出交通对旅游业的发展影响深远，而旅游业一旦发展起来，其连锁效应对于相关产业发展也是不可忽视的，区域旅游交通和其他基础设施将对整个区域旅游业的发展产生重大影响。

以遵义市为例，旅游产业产值由 1997 年的 0. 37 亿元，占 GDP 的 1%不到，在红色旅游和区域交通双管齐下的发展后，旅游业插上翅膀飞速发展，到 2020 年，实现旅游综合收入 958. 9 亿元，占地区生产总值的 25%。旅游业的发展为遵义市这类贵州革命老区带来巨大的经济收入，也加速了摆脱地区贫困的任务，对贫困地区的帮助是巨大的。

图 3 为遵义市 2009—2019 年人均 GDP。从 2009 年到 2019 年 10 年间，人均 GDP 由 11322 元上涨至 55411 元，几乎增长了 4 倍。从总体趋势来看，不论部门在总 GDP 中占比多大，GDP 都实现了绝对增长。

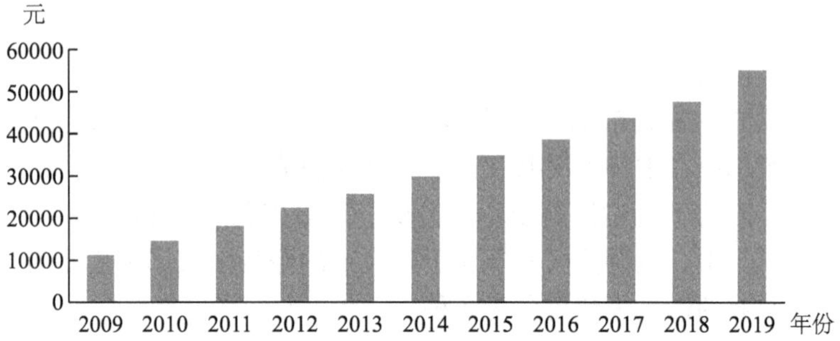

图 3　2009—2019 年遵义市人均 GDP

大力发展交通网络除了给区域经济带来部门影响以外，还能带来空间效用。高速公路和高速铁路是一国国民经济发展的动脉和基础产业，而在贵州这一喀斯特地貌地带，山地和丘陵占了近九成土地面积，高速路网的建设面临巨大困难。交通条件的落后，制约了贵州省物流产业的发展，商品化程度因此受到约束，经济运行效率也比较低下。在蔡永龙等（2021）的研究里，他们经过计算指出，以贵阳都市圈和遵义中心城区及周边地区组成的区域是贵州县城可达性最优地区、县域可达性潜力最优地区和经济发展核心区。除了通货膨胀等一般因素外，物流产业发展滞后也会导致要素成本提高，抬高消费价格指数，使人们生活成本变高。如果以交通网络发展为基础，可以带动物流产业发展，提高商品在县域间的流动性与运输效率，增强本地与国内外市场的贸易往来，从而对当地经济发展起到促进作用。

在遵义经济辐射圈，据《贵州日报》报道，2021 年上半年遵义市 108 户规模以上白酒企业产量同比增长 49.39%，工业增加值同比增长 25.3%。白酒产业的大力发展一定程度上得益于物流产业的发展，而物流条件的全面发展离不开贵州省交通网络和交通基础设施的建设。据我们采访了解，曾经茅台镇许多酒商的交易模式简单、不成体系，有许多是由客户现场下单，近年来高速路网发展迅速，许多线下实体店开始发展电商，大量订单转为线上，贵州省内的订单一两天就可以交到客户手里，省外订单也不过三四天就可以到达，酒商可以更轻松地形成自己的贸易网络，搭建更为成熟的销售渠道，在运营电子化的同时减小实体门店规模，大大降低酒商运营成本，同时使经营更加系统化、规范化。

4. 贵州革命老区交通发展对民生建设的促进作用

（1）毕节市交通可达性的测算

加权平均旅行时间指标从节约时间成本或交通成本角度可以非常直观地衡量区域间连通水平，是可达性常用评价指标之一。首先，分别计算贵州省毕节市下属 8 个区县的加权平均旅行时间，算式为

$$A_i = \sum_{j=1}^{n} T_{ij} \times M_j / \sum_{j=1}^{n} M_j$$

式中，A_i 是区域 i 以公路方式到达研究区域内所有其他城市所需的总的加权平均时间，其值越低，可达性越好；T_{ij} 是区域 i 至区域 j 的最短旅行时间；M_i 是研究范围内区域 j 社会经济要素流的流量，表示对周围地区的吸引力或辐射力。本报告采用的是区域 j 的地区生产总值（GDP）和常住人口数之积的平方根。其次，计算区域 i 的区内交通可达性系数。为体现区域在交通网络中的作用和地位，引入可达性系数反映区域 i 可达性水平的相对高低，其算式为

$$IA_i = \left[\left(\sum_{i=1}^{n} A_i \right) / n \right] / A_i$$

式中，IA_i 是可达性指数，$IA_i > 1$ 说明区域 i 可达性水平高于区域平均水平，$IA_i < 1$ 说明区域 i 可达性水平低于区域平均水平；n 是城市内区县个数，此处为 $n = 8$。毕节市部分县（区）可达性与可达性指数见表 1.

表1　毕节市部分县（区）可达性与可达性指数

县（区）	*Ai*	*IA*i
黔西县	217.72	1.17
织金县	232.08	1.09
大方县	239.88	1.06
纳雍县	246.94	1.03
七星关区	249.05	1.02
赫章县	290.32	0.86
金沙县	237.36	1.07
威宁县	326.93	0.78

（2）贵州省部分市州可达时间计算

可达时间参照已有可达时间的测算方法，先计算某个县至108个县的可达时间，再计算每一个县的平均可达时间。表达式如下：

$$\overline{A_i} = \frac{1}{n-1}\sum_{j=1}^{n} T_{ij}\, j \neq 1 \tag{1}$$

$$T_{ij} = TT_r(i,\ E_i) + TT_f(E_i,\ E_j) + TT_r(E_j,\ j) + O_f \tag{2}$$

式中：A_i 表示城市 i 的平均可达时间，T_{ij} 表示城市 i 到城市 j 的最短旅行时间，n 表示城市个数。因为铁路站点与县域中心点有一定距离，不能准确或精细地表示县域的可达时间，所以采用式（2）改进城市可达时间的计算方法。式（2）中 $TT_r(i,\ E_i)$ 表示起点县域中心点到火车站的时间距离，$TT_f(E_i,\ E_j)$ 表示站点与站点之间的最短可达时间，$TT_r(E_i,\ j)$ 表示目的地站点到目的地县域中心点的可达时间，O_f 表示站点与节点之间可能的变化线路，若无变化则计为0。为方便计算，文章中 O_f 取值为0。贵州省部分市、州可达性对比见表2。

表2　贵州省部分市、州可达性对比

市、州	可达性值/H	可达性系数
贵阳市	1.96	0.62
遵义市	2.56	0.82
黔南布依族苗族自治州	2.99	0.95
黔东南苗族侗族自治州	3.45	1.09
毕节市	2.60	0.83

续表

市、州	可达性值/H	可达性系数
安顺市	2.49	0.79
铜仁市	4.58	1.46
黔西南布依族苗族自治州	4.35	1.39
六盘水市	3.31	1.05

数据分析：

①毕节市内区县（区）的交通可达性大部分都已达到了平均水平，只有威宁县和赫章县相较于平均水平较低（见表1），结合两县的综合发展水平，可以确定本次数据的正确性与真实性。从总体上来看，毕节市的交通发展已经完成了基础建设。这也是贵州省全省县县通高速的局部体现。

②交通可达性的提高可以有效减少区域的出行时间，产生显著的“时空压缩”效应，使得区域之间的时空距离减少，这就有助于资源的相互流通，带动当地相关产业的发展，加大区域的投融资建设。政府也会加大建设意图，发展速度也就加快了。结合毕节市的情况，当可达性提高，市里面的教师可以有更多的机会到乡镇里做教学指导工作，反之，乡镇里面的教师也可以到市区的示范性学校学习，培养出更多的优秀教职工。这样一来，在基本生活能够得到保障的情况下，也会有更多的优秀人才愿意深入基层，为基层建设出力。

③交通可达性与区域发展关系密切，是推动区域发展的重要工具。分析可知，贵州省整体可达性水平一般，各市、州可达性系数介于0.62～1.46，贵州省各市、州的交通网络可达性空间差异较明显，可达性程度大致呈由省会贵阳市向外围间断性递减的分布格局特征，整体上贵州省可达性水平西北部优于东南部。其中贵阳市、遵义市、毕节市和安顺市的可达性水平为较好等次以上，贵州东北部的铜仁市和西南部黔西南布依族苗族自治州可达性水平较差（见表2）。一类革命老区毕节市与二类革命老区遵义市，在可达性综合评比上，是优于除省会以外的城市的，在历史底蕴与自然资源的天然优势的加持下，加上政府的扶持，交通还是得到了较大的发展，进而经济也是遥遥领先，百姓有钱了，就能办自己想办的事了，幸福感也就提升了。

二、存在的问题及建议

（一）现存问题

1. 公共交通设施建设及维护资金不足

毕节市 GDP 增速虽快，但总量较小，政府融资渠道不稳定，导致一些交通设施或道路建造工程不易启动，启动或完工后也很难进行长期维护。例如，我们前往当地乡村小学途中经过一段县道时，路虽修通，但大部分路面已被载重量大的货车等轧坏，加之路窄弯大的路况，很容易发生交通事故。

2. 地理空间局限

贵州省属于喀斯特地貌，毕节市相应耕地可开垦面积较低，经济发展困难，要大规模修缮公路、桥梁等交通设施需要的方案设计难度大，实际操作建造消耗的人力、物力资源也多，对资金设备投入需求量大。如果对土地利用不合理还容易造成生态破坏的问题，从而影响当地务农的贫困人口发展。

3. 产业与交通发展协调性较弱

当前交通系统对于中心城市产业发展来说，需求很大，但是其优势作用又难以充分发挥出来，对“多中心”产业布局很难起到积极的引导效应，这种情况将进一步加剧区域产业布局和交通需求之间的不协调性。

（二）建议

1. 合理利用优势资源

毕节市矿产储量大、种类多样，且水能资源丰富，水能可开发量达到 160 千瓦，若能提高各类资源利用率，或提高优势资源变现率，以出口优势资源来促进当地经济增长，可以为政府部分解决资金筹集问题。

2. 发挥区位交通优势

毕节市东与遵义市接壤，北接四川省，属于西南片区交通要塞之一。若加大毕节市公路、铁道路线与机场建设力度，可打通贵州省与四川省，政府若促进该地与其他地区贸易往来，也能增加该地财政收入，从而进一步完善毕节市本地交通设施，使其成为贵州省重要交通枢纽和物流中心。

3. 优化产业结构，加强一体化交通系统建设

要充分考虑交通的可达性对区域周边产业的吸引力，从规划与功能分配

上，实现区域人流、货流运输的调节，对区域产业的集聚起到良好的引导作用，建立通畅的运输渠道，带动区域经济产业带发展。同时要从总体产业布局出发，优化产业结构，调整产业布局。

三、调研结论与总结

交通网络与区域经济、社会的发展可以说是一个相互依存的关系。一个特定的区域如果想和外界有一个很好的沟通和联系，那么交通的发展是必不可少的，特别是在市场经济快速发展、城乡人口流动量逐渐增大的今天，每一个区域的进步都需要增强与周边甚至更远地方的交流与联系。因此，交通网络的建设既是区域发展的原因和前提，也是区域发展的结果。

正值建党100周年之际，作为探索者、见证者，我们通过走访红色老区，体悟改革开放以来在国家政策的扶持下贵州老区的快速发展，并且以交通建设作为切入点，从交通发展看毕节市的民生建设，从交通发展看遵义市的经济发展。

综合我们收集到的数据以及相关资料，我们可以得出结论：在当今经济快速发展的情景下，在国家政策的扶持下，贵州省革命老区毕节市和遵义市的交通得到了大力发展，并且在交通快速发展的助推下，两地的经济建设与民生建设都得到了很大的发展。这样的发展结果，是合理的，是必然的，是正确的。

除此之外，在本次社会实践期间我们小组走访了贵州省的许多地方，在丰富了经历的同时，我们还与当地的相关机构达成了长期友好往来的共识。

四、收获与感悟

姜迅："千里之行，始于足下。"这短暂而又充实的实习，对我走向社会起到了一个桥梁的作用、过渡的作用，是我人生中的一段重要经历，也是一个重要步骤，对将来走上工作岗位也有着很大帮助。在这一次实践中，我遇到了许多困难，在队友们的帮助下都顺利解决了，团体保持良好的关系是很重要的。如何与人相处是一个很基本的问题。对于自己这样一个即将步入社会的人来说，需要学习的东西很多，他们就是最好的老师，正所谓"三人行，必有我师"。同时，实践是学生接触社会，了解社会，服务社会，运用所学知识实现自我的最好途径。这一段时间所学到的经验和知识是我人生中一笔宝贵的财富。

张馨匀：我们对自己的学习任务和作为青年大学生的责任与担当有了更

深刻的认识。我们在学校里系统地学习专业知识、参与各种各样的社会实践和志愿活动，都需要明白哪些地方需要我们去建设，自己应该将才智发挥在什么地方，而此次暑期实践，就更加坚定了我们要建设家乡、建设祖国的想法，在心里埋下了理想的种子。

陈晟骏：5 天的社会实践很快就结束了，每天都在不停地奔波，从贵阳，到毕节，到遵义，再返回各自的家里。每个人的平均公路里程至少都达到了600 千米，很感叹贵州的交通发展，正是在这样的交通发展大环境下，我们才可能在五天的时间内，耗费最低的时间成本，完成本次社会实践，要说什么最能体现出贵州的交通发展了，那就是我们本次实践的轨迹，这便是最深刻的体会。当我们在同一天既出现在毕节也出现在遵义，既出现在两地的市区也出现在两地的郊区，便是贵州交通发展最好的体现。

访基层，探民生，先锋小岗行[①]

一、引言

基于中国共产党成立100周年的时间节点，本实践小队在暑期8月中旬在小岗村进行了线上的社会实践活动——访基层，探民生，先锋小岗行。通过对旅游项目的云观光、对当地居民的调研报告以及对当地政府官员的云采访等顺利地完成了本次调研活动。希望能够从小岗村几十年来翻天覆地的变化中，更加深入地体会到红色精神的传承魅力。

二、正文

（一）调研对象基本情况

小岗村隶属于安徽省滁州市凤阳县溪河镇，位于凤阳县城东部25千米处，距宁洛高速（G36）凤阳出口15千米，是中国农村改革发源地，中国十大名村之一，国家AAAA级旅游景区，沈浩精神起源地。1978年，18位农民以“托孤”的方式，冒着极大的风险，立下生死状，在土地承包责任书上按下了红手印，创造了“小岗精神”，拉开了中国改革开放的序幕。截至2018年，辖23个村民组，940户、4173人，村域面积为15平方千米，其中可耕土地面积为1.45万亩。2018年，小岗村实现集体经济收入1020万元，村民人均可支配收入21020元。小岗村获得全国重点文物保护单位、中国幸福村、中国乡村红色遗产名村、全国红色旅游经典景区、全国旅游名村、全国干部教育培训基地、全国研学旅游示范基地、中国美丽休闲乡村、中国国内知名的特色小镇、全国大学生假期社会实践教育基地等荣誉。

（二）调研基本做法及调研过程

①参观游览小岗村的重点旅游项目，探究能给当下脱贫攻坚战带来的重要启示。参观大包干纪念馆，重温历史，重新解读“大包干”对土地改革的

---

① 作者：徐欣怡。指导老师：庾向芳。

重要意义和启示；体验葡萄采摘园、蘑菇大棚和高效生态农业示范园，考察它们的生产方式、经营模式，重点感受新兴产业引入后给农村带来的制度飞跃和产业发展影响；参观当地新兴产业——大学生创业园，通过对他们创业经历的探究，了解新兴产业的企业发展过程与运作流程。

②以问卷调研形式采访当地居民，了解民众生活。通过对问卷调研的结果分析，大致了解小岗村居民产业化前后生活条件的变化情况、政府政策给他们生活带来的直接影响以及他们对于政府相关政策的响应度。

③采访当地政府人员，深入了解当地政府推行政策情况。了解当地基础公共设施的建立、医疗卫生保健的发展、当地教育程度的推广以及政策普及。通过一些特定问题的询问和采访，正确学习“小岗精神”和“大包干”精神，了解在中国共产党和改革开放两者引导之下的农村产业发展的重要影响，了解当地政府对发展现状的意见、看法和对未来的前景规划。

（三）调研内容

1. 基础设施建设

采访交通运输、桥梁、通信、水利、科研、园林、农业、卫生、供水、供气、供电及相关方面的专家或负责人。

小岗村的基础设施建设自改革开放以来不断完善。村内安装了数字电视、有线电视、村广播和自来水，修建了村内的水泥路，新建了村卫生服务中心、农贸市场以及电信营业所；产业发展也初具规模，通过加快小岗双孢菇生产园区、优质葡萄示范园、高效生态农业示范园以及生猪繁养场和龙虾养殖场等“三园两场”建设，现代农业迅速发展。

通过采访，我们进一步从内部了解到这一巨大变化的发展细节以及带给当地人民，尤其是对从业人员的深刻影响，深化对基础设施建设重要性的认识，寻找解决当地基建问题的方法。

2. 民众生活质量

实地考察，深入社区居住地，采访当地居民和居委会工作人员。在条件许可的情况下，还可以进行家访。

新时代中国人民更加注重生活质量，人们在提升生活品质的过程中所释放出的强大需求是中国经济社会发展的动力源之一。联合国人类发展指数以人均预期寿命、成人文盲率和人均受教育年限、生活标准（人均 GDP）等作为衡量各国生活质量的指标。我国一些研究者把衡量生活质量的指标体系延伸到收入的购买力、家庭主要支出、居住与生活条件、健康状况、社会保障和福利水平等方面。这些指标也将是我们此次调研关注的重点。

从现在的新视角来看小岗村，笔直的大道，两旁民居鳞次栉比，粉墙黛瓦。放眼望去，绿树成荫，小饭馆、特产店、小超市，一间挨着一间。近年来，小岗村改建新建了1200多套民居，村民们大都集中在3个社区居住。社区通水、通气，绿化、亮化，还建了垃圾中转站，聘请了50多名保洁员。一切都与过去的泥泞、破旧截然不同。

我们将重点提问关于居住环境、社区环境、安全状况、卫生状况、健身娱乐，从物质层面消费拓展到精神层面以及消费水平是否提高，询问人民幸福感、公平感相关问题。

3. 医疗卫生保健

2004年，小岗村成为全国第一批启动新型农村合作医疗试点村之一。新农合是国家为缓解农民看病问题而进行的一项重大探索。农民出一部分，地方政府出一部分，中央财政出大头，共同组建基金，为患病农民提供部分医疗费用报销。这不仅从一定程度上缓解了农民看病贵的问题，同时引导医疗资源适度向农村分布，在一定程度上也缓解了农村和城市看病难的问题。作为除土地改革外另一个试点性改革发源地，小岗村的医疗卫生体系如今已较为完善。

通过采访真正受益的病人群体，通过其医药费账单前后对比，身体状况前后对比，对医务工作者服务态度的评价，对医院环境和就医困难程度的打分，检验医疗改革的成果，同时，收集记录他们的困惑和期望，方便日后形成解决方案。

4. 教育

前往凤阳县小岗学校，采访学生、老师、家长。

2012年以来，滁州市教育局和凤阳县教育局共投入600多万元用于该学校围墙、大门、运动场地建设以及信息化建设，同时也对学校进行了绿化美化；现在小岗学校已初步建成布局合理、环境优美的农村花园式学校。学校建立以来，积极参加教体局组织的各项活动，学校权拉机表演队多次在小岗村春晚、省电视台和中央电视台演出获得好评。

我们参与了校园课间活动，与小学生建立了亲近关系，了解他们在学校学习生活的真实情况，包括听课、住宿、饮食、人际关系，更多地关注校园是否存在影响身心健康的隐患，并将问题集中汇报给老师或相关负责人。

三、调研结论与总结

1978年以后，包产到户迅速在全国推广。当“大包干”在整个国家掀起热潮时，小岗村已经开始了“第二次创业”，实行土地出租流转，调整产业结构。随着有效的土地出租流转规模逐渐扩大，出租流转集中起来的土地用于发展蘑菇、花卉、葡萄规模种植及家禽养殖等，极大促进了土地合理使用，产业结构渐趋合理。

以前的小岗村只是一个小小的村庄，当今天把其周边的两个村并入名下时，小岗村已经具有一个镇的规模了。小岗村从农村向城市转变时，也改变了原来的发展模式。小岗村通过加快现代农业建设，促进生产发展、农民增收，为新农村建设奠定了坚实的产业基础。同时，实施一批农业重点工程建设，促进发展方式的改变，为小岗村及凤阳县带来了不可小觑的经济效益。

小岗村在坚持家庭承包经营基础上推进规模经营和农业现代化的有效途径，也是加快农业结构战略调整的重要带动力量。它充分发挥自己在全国的知名度，发展小岗村绿色旅游业，为小岗村带来了更多的投资者和游客，带动了小岗村乃至凤阳县的快速发展，产业结构的调整给小岗村带来了极大的经济效益，小岗村正以坚定的步伐向前迈进。

小岗村积极有效地转移富余的生产力，促进农村富余劳动力逐步从种植业向多种经营、乡镇企业和小城镇转移，是提高农业劳动生产率的必由之路。小岗村引进多家企业投资，并安排专门的技术人员指导，让待业在家的农民有一技之长，给小岗村的居民提供了更多的就业途径，促进了小岗村的蓬勃发展。

党的十九大作出了实施乡村振兴战略的重大决策，习近平总书记在中央农村工作会议上深刻阐述了实施乡村振兴战略的重大意义、主要目标和重点任务，向全党全国发出了实施乡村振兴战略的总动员令，为推动小岗村振兴再出发指明了前进方向，提供了根本遵循。在新时代，小岗村奋力走在乡村振兴前列，进一步擦亮改革名片，提升改革标杆，突出改革重点，增创农村改革新优势。夯实农业生产基础，落实质量兴农战略，创新融合发展模式，着力培育乡村发展新动能；进一步集聚资源要素，持续加强基础设施建设、完善基本公共服务、提升农村人居环境，着力打造幸福美丽新家园。充分汇聚内力外力，推动农业全面升级、农村全面进步、农民全面发展，坚决走好中国特色社会主义道路。

小岗村的建设取得了巨大的成绩，但是我们还看到了小岗村在建设中存在的一些问题。

（1）建设用地供需矛盾，限制了小岗村城镇化的进程

在全国耕地锐减的今天，小岗村虽然实行土地流转，可是大规模的土地用于建设工业园区和发展其余产业，这给小岗村的人民造成了一定的压力，导致许多农民开始担心没有经济来源。可见，小岗村城镇化的土地利用已成

为新农村建设所面临的主要挑战。城镇建设用地结构不尽合理，与社会经济发展水平不相适应，工业用地等生产性用地普遍偏大。许多小岗村的土地在流转出去后并没有全部投入使用，这给农民造成了浪费土地的误解，导致极大部分农民对于流转出去的土地产生了质疑，这也间接地导致小岗村和旅游业相关产业的建筑不能顺利地完成，土地使用已经给小岗村的发展造成了困扰。

（2）资金不足

这是许多城镇发展必须面临的一个问题，小岗村也不例外。当国家财政给予的发展资金不足，资金流无法供其发展时，引进的投资者极有可能放弃投资或者延缓投资，这将给小岗村的整体发展造成负面影响。

（3）科技创新水平低，创业领头的人才不多

小岗村多数人的收入来源仍旧是务农和外出务工，村里的旅游岗位和收入集团入驻只能留下部分年轻人。随着小岗村新农村建设的逐步推进，小岗村经济社会的发展越来越显现出对人才的需求。当前，小岗村掌握现代科学技术、懂生产、会管理的开拓型青年人才匮乏，虽然近两年有大批大中专毕业生选调下乡，但作用还没有充分发挥，对小岗村的建设是杯水车薪。另外，受小岗村的生产条件和生活环境的限制，留住人的机制不够健全，现有人才常有流失。因此，要制定优惠政策，吸引鼓励各类大专院校毕业生、科研人员深入农村一线，为小岗村的发展提供科技支撑和智力支持。

（4）小岗村在发展绿色生态旅游的同时，自身发展能力不足

与旅游业相关的餐饮业和服务业的落后可能会导致小岗村的声誉受到损害，随之而来的就是旅游业所带来的经济效益会大大降低，这很不利于其旅游业的发展。同时，小岗村除了有“改革开放第一村”的称号之外，没有更多的特色产业，这难以带来旅游业的大发展。旅游相关产业建设的滞后，不能使资源优势真正转化为商品优势和经济优势。

四、收获与感悟

小岗村作为我国第一个改革开放的乡村，当“大包干”一夜之间全国知晓的时候，它就有了太多的东西值得我们去学习。沈浩用生命来浇灌这片他热爱的土地，我们踏着前辈们的足迹，再次站在这片土体上，我们看到了它的发展和进步。大包干纪念馆中一张张泛黄的报纸、一幅幅生动的照片、一件件珍贵的文物、一个个栩栩如生的雕塑，真实地再现了“大包干”从酝酿到发生，从怀疑到肯定，从小岗村到全中国的历史进程，使我们切身感受到当年小岗村 18 位农民敢为人先、勇于创新的勇气和精神。这里的人民朴实善

良，这里的人民自强不息。这里有太多当代大学生缺失的东西，我们来到这片土地，我们看到一群奋斗的人，一群永不停歇、努力向上的人。这个地方值得所有人来学习。

小岗村与中部地区大多数农村相似，是中部地区大多数村庄的典型代表，经济发展滞后，基础设施薄弱，远离大中城市，人口素质较低。由于名声在外，小岗村有更多的机会能够吸引投资和引进人才，但其他农村并没有这样的条件。解决了温饱问题的中国农村要实现全面建成小康社会还是一条很漫长的道路。如今的中国正处于改革开放的关键时期，需要我们继续学习和发扬这种精神，攻坚克难，向社会主义更高的方向前进。

从建党 100 周年到新中国成立 100 周年，我国将建成富强民主文明和谐美丽的社会主义现代化强国，农村问题现在依旧十分重要，实践小队力求通过对小岗村及周边村落的调研，为探索乡村振兴之路贡献出自己的力量。

把握政策导向，回顾脱贫攻坚史，聚焦革命老区的民生发展①

——以庆阳环县为例，探索脱贫攻坚与乡村振兴的有效衔接

一、引言

甘肃省位于我国西北五省中部，地处内陆，是中国革命史上的重要根据地之一，保留有丰富的红色文化景观资源，环县就是其中之一。

环县位于甘肃省东部，是陕甘宁革命根据地重要组成部分之一，1936 年解放的革命老区，第二次国内革命战争最后一战“山城堡战役”就发生在环县。习仲勋同志曾担任环县的第一任县委书记。可以说，环县是中国共产党拥有悠久历史的革命老区。环县总土地面积为 9236 平方千米，辖 21 个乡镇（办）、251 个行政村、35 万人。环县是传统的农牧业大县，盛产荞麦、谷子、燕麦、豌豆等五谷杂粮和胡麻、黄豆、葵花等经济作物，是中国“小杂粮之乡”；羊只饲养量居全省第二，“环县羊羔肉”注册为国家地理标志商标。此次暑期实践小组就来到了甘肃环县这片红色沃土。以当地特色产业养羊业为出发点，把握政策导向，回顾脱贫攻坚史，聚焦革命老区的民生发展。

（一）调研背景

2021 年，是中国共产党成立 100 周年。100 年来，中国共产党领导全国各族人民冲破重重难关，夺取了一个又一个来之不易的胜利。经过全党全国各族人民的共同努力，我国脱贫攻坚战取得了全面胜利。习近平总书记指出：“脱贫攻坚战的全面胜利，标志着我们党在团结带领人民创造美好生活、实现共同富裕的道路上迈出了坚实的一大步。同时，脱贫摘帽不是终点，而是新生活、新奋斗的起点。解决发展不平衡不充分问题、缩小城乡区域发展差距、实现人的全面发展和全体人民共同富裕仍然任重道远。”立足新发展阶段，我

① 队长：杜怡帆。队员：王亚琪、王世会、魏士博、王泓晨、周钰婷、杨烨萍、刘馨月、柳馨。指导老师：张耿庆。

们小组在这个暑期进行了“老区百年看发展”专项实践活动，走进红色老区甘肃省庆阳市环县，回顾脱贫攻坚成果，放眼乡村振兴战略，一起探索环县在当地政府的领导下实现脱贫的秘诀，实地调研环县的产业发展与人民的生活情况，也为当地人们提供一些我们的想法。让脱贫基础更加稳固、成效更可持续，助力当地推进脱贫攻坚与乡村振兴的有效衔接。

（二）基本调研情况

调研地点：甘肃省庆阳市环县。
调研时间：2021 年 7 月 20—22 日。
调研对象：环县畜牧局刘部长、环县当地民众、西沟村党群中心。
调研方法：实地调研法、访问调研法、问卷调研法。

二、主体

（一）实地调研情况

在实地调研正式开始前，小组成员在经过商讨后，确立了以环县当地养羊业为主的调研路线。为了更好地进行实践，小组成员通过网上查阅资料、询问当地人等多种方式，提前了解、整理了相关资料，并与相关政府机构工作人员取得联系。

第一站：走进环县畜牧局。

7 月 20 日上午，小组成员来到庆阳市环县政府，采访了环县畜牧局的刘部长。刘部长热情地接待了我们，就我们提出的 10 余个问题一一进行了详细解答，并拿出具体的数据资料供我们记录了解，这对我们进一步调研养羊产业提供了极大帮助。

在长达一个半小时的探讨中，我们从产业的大体方针深入具体战略，从产业保障步入乡村振兴。每位同学都提出了自己的疑惑，刘部长也耐心地为我们一一解答，现场的气氛热烈而愉快。在告别之际，刘部长嘱咐我们：一定要认真完成此次调研活动，助力宣传环县的养羊产业。养羊产业作为环县脱贫攻坚与乡村振兴的主要手段，政府的不懈努力更坚定了环县人民取得脱贫工作胜利的决心。

本次对畜牧局领导的采访活动顺利结束，在刘部长针对养羊产业由浅入深地介绍与答疑解惑后，我们对获取的资料进行了分析总结。相信经过环县政府的管理，当地的经济发展工作会取得进一步的成果。

第二站：通过问卷采访。

7月20日下午，小组成员来到了环县街道进行问卷调研，当地居民很耐心地回答小组成员的询问。通过面对面的交流，我们感受到了环县民众的纯朴与热心，更收获了许多不限于问卷的信息，这对我们的调研结果有很大帮助。

第三站：实地探访基层群众。

7月21日，我们实践小组来到了西沟村党群中心。村委会副主任兼联合社监事长孙副组长为大家介绍，由于国家对乡村振兴的大力宣传以及政府的技术和资金支持，西沟村的村民开始致力于发展养羊产业。如今，当地的养羊模式趋向成熟，正在向全市乃至全省进行推广。

最后，小组成员探访了一家合作社和一个贫困户家庭，从他们的口中了解到，政府无论是对于当地养羊产业的支持，还是对于贫困户家庭的补贴，其力度都非常大。这不仅使农户们通过养羊赚取的收益日渐增多，基本生活得到保障，他们的生活质量更是有了显著提升。

环县养羊产业的发展任重道远，尽管目前已经取得了阶段性的胜利，但仍有许多难题亟须解决。虽然如此，在目睹了经过政府悉心管理的环县的崭新面貌后，小组成员坚信环县的明天一定是光明而灿烂的！

（二）问卷调研具体情况

在实践活动初期准备阶段，在通过多种途径了解了环县当地的发展情况后，小组成员有针对性地设置了一份调研问卷，经过多次修改完善得到了最终版，其中包含的问题涉及了脱贫攻坚对当地民众的多方面影响、民众的感想以及畜牧业的发展与未来趋势等。

7月20日下午，小组成员共同来到了环县的街道，随机向街道的民众发放纸质调研问卷；对于填写不方便的民众，队员以口头问答的方式，实事求是地填写了问卷。

在团队向当地民众表明来意后，每一位受访者都很愿意接受问卷调研。在调研的过程中，我们还意外地了解到一些问卷上未涉及的关键信息。热情善良的环县人民积极回答问卷问题，使这项原本艰巨的任务在短短两个小时内便大功告成。

1. 调研方法

线下实地调研。

2. 调研对象

甘肃省庆阳市环县基层群众。

3. 调研地点

甘肃省庆阳市环县街道。

4. 调研目的

①通过此次调研更加直观真实地了解革命老区环县居民对我国脱贫攻坚战的感受，在实现全面建成小康社会的过程中对政府各项扶贫政策的感受和想法，总结成功经验。

②从基层群众角度探索环县脱贫秘诀，了解环县人民的脱贫途径，特别对当地特色畜牧业的兴起及发展实况进行详细调研。从过去的发展史中进一步探索适合环县未来的振兴之路。

③由全面建成小康社会到乡村振兴，通过问卷调研，掌握基层群众对乡村振兴战略的了解程度；通过实地访问交流，记录革命老区民众对乡村振兴战略的具体期望以及民众最关心的一些问题。对环县未来的发展提供一些新的想法，促进相关政策制度更好地“为人民服务”。

5. 数据统计及分析

关于在脱贫攻坚过程中最希望得到的贫困帮助，调研结果显示，“提供就业岗位”“资助女子完成学业”“减免医疗费用”3 项占比大致均为 20%；“住房方面”“低息贷款”“技能培训”3 项占比大致均为 10%；最后一项“生活资金”方面占比 6%。见图 1。在我们实践小组与调研对象交流的过程中，也了解到大多数人想要得到的帮助最终是确确实实享受到相应政策的扶持帮助。同时，我们不难发现，就业、上学、看病是实现脱贫的三座大山，也是老百姓最关心的问题。关于享受到的扶贫帮助，在整理问卷数据时，我们小组对结果比较惊讶，如图 2 所示的调研结果与我们预想中的结果确实差别比较大。经过讨论分析后，我们得出，这是因为在我们最终实际调研的对象中，环县城镇居民较多，最初我们也是想要走进乡村调研的，但由于诸多因素，最终没能如愿，这也是我们这次问卷调研的不足之处。同时这也让我们从城镇角度来看待扶贫政策，对于最终得到的结果，在享受到的扶助中“工商税务”和“医疗交通”占比最大。在调研过程中，被调研者也表示，政府相关的扶贫政策确确实实使自己近些年的生活得到了很大的改善。其中，在调研问卷中选择“无”的占比较大，一部分民众表示，这些好的政策应该先考虑那些最需要的人，从 2019 年宣布脱贫后至今，环县人民的生活水平在逐渐提高。

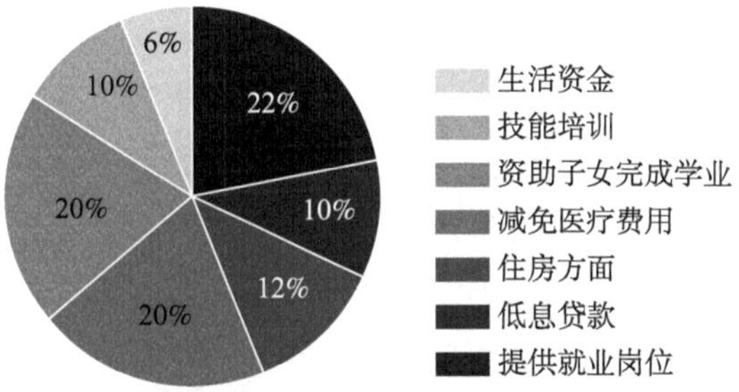

图 1　问题：最希望得到的贫困救助

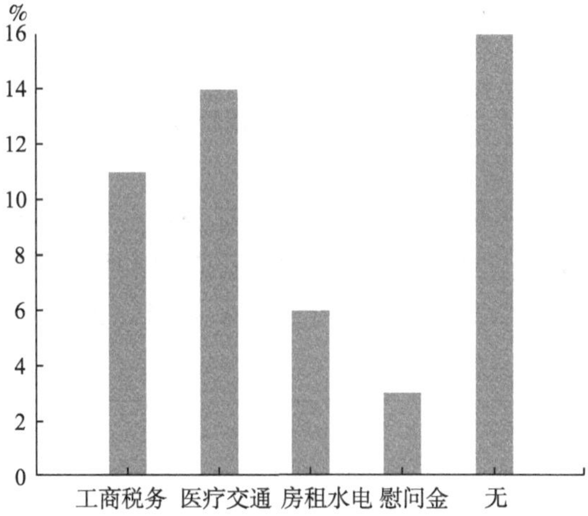

图 2　问题：享受到的扶贫帮助

关于养殖业销售的途径这一话题，调研结果显示主要有 3 种途径：①养殖户自己联系商家，寻求出售途径，每年的商家都是不确定、不固定的；②养殖户有固定的合作商家，有着较为稳妥固定的销售途径；③养殖户在政府的帮助下获取销售渠道。问卷调研结果显示，第一和第三种途径占比最大，且两者大致相当；第二种途径占比则明显低于其余两项。如图 3 所示。由此可见，近几年养殖业在环县的发展离不开政府的大力支持与政策帮助。与此同时，我们也不能忽略，虽然养殖业在近几年为环县当地经济发展带来一定的效益，但是大部分养殖户的销售渠道依然是自己想办法，存在较多的不稳定因素。对此，我们实践小组建议，当地政府可以对环县养殖业进行更为系统化的管理与帮助，加大特色产业的宣传力度，获取一定的长期合作商家，从而为养殖户的经济收益提供一定的保障。

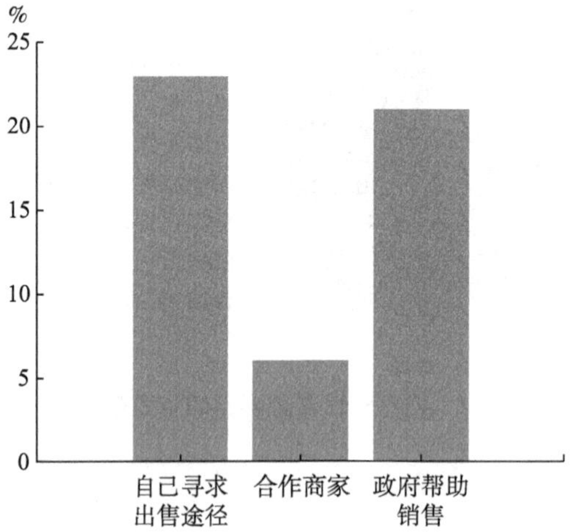

图 3　问题：养殖业销售的途径

关于大家对养殖业对家庭帮助的评分这一问题，从图 4 中我们可以清楚地看到，评分分布在 3～8 分，其中，绝大部分评分在 6～8 分。分值的高低情况直接反映了养殖业在人们心中的重要程度，同时也体现了其在生活中发挥的作用大小。由此可以得出，养殖业的发展当之无愧是环县的脱贫秘诀之一。

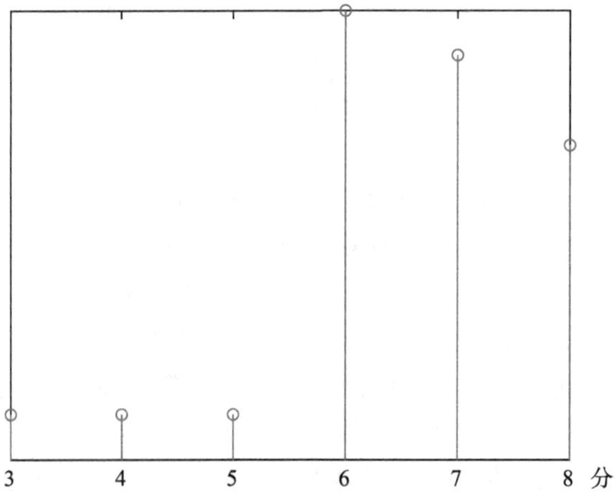

图 4　问题：畜牧业对家庭帮助的评分

关于是否会继续以养殖业为主要经济来源这一问题，我们得到了比较有意思的调研结果，在我们实地访问调研的所有对象中没有一个人选择“不会”。其余两个“会继续”与“根据养殖业带来的收入情况再做决定”调研结果的比例为 4∶6，相差不是很大。“会继续”的选择再次证明了养殖业确实在环县当地的脱贫攻坚战中发挥了不可忽略的作用，说明这一产业确实为民众带来了可观的经济效益，同时养殖户对这一产业也比较信任，“根据养殖业带来的收入情况再做决定”的选择则表现了民众对其他新的产业、途径的期待与追求，秉持接受改变、敢于改变的态度也是思想灵活、学习包容的一种体现。同时，在问卷调研过程中，我们也察觉到了当地民众对养殖业未来的发展趋势心中也隐隐怀着不确定的担忧。见图 5。

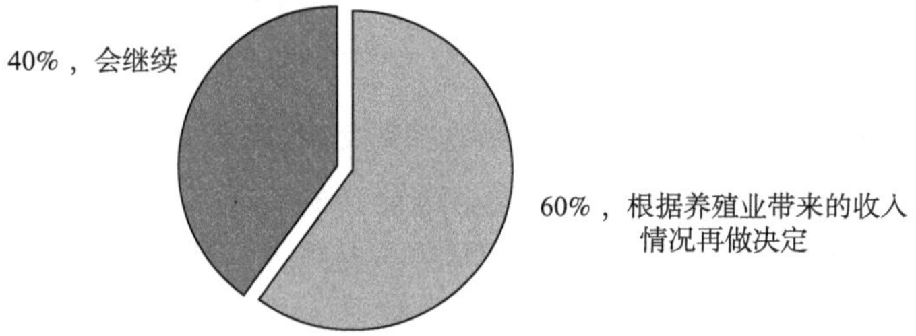

图 5　问题：是否会继续以养殖业为主要经济来源

关于是否了解乡村振兴战略这一问题，问卷调研的数据结果见图 6。从中我们可以得知，大多数人对于乡村振兴战略是听说过、有所了解的，对乡村振兴战略了解程度较深的人数占总人数的 15%，占比较小，其余 20% 的人表示完全不知道。由此可见，在实现全面建成小康社会后，乡村振兴战略在环县这样一些红色革命老区已经有了一定的宣传效果，但力度还比较小，没有能够让基层群众真真切切地清楚了解这到底是个做什么、怎么做的一个战略。

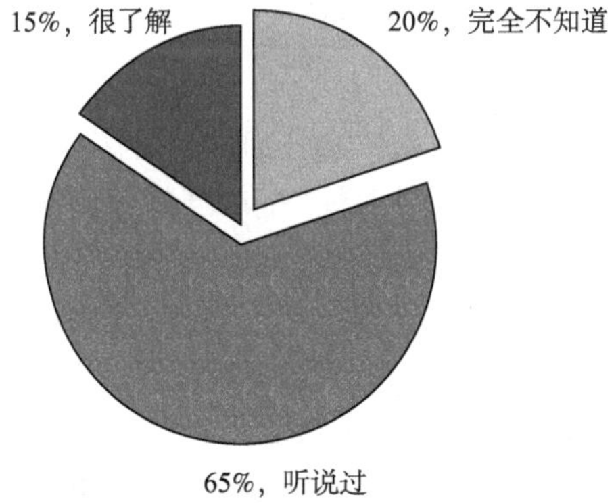

图 6　问题：是否了解乡村振兴战略

关于对乡村振兴战略的期望这一问题，从图 7 中我们可以很直观地看到，“希望目前的生活水平可以得到提高”的占比最大，其次是“缩小城乡差距”，其余“改善农村面貌”“政务透明”“传播城乡文化”三方面所占比例大致持平。

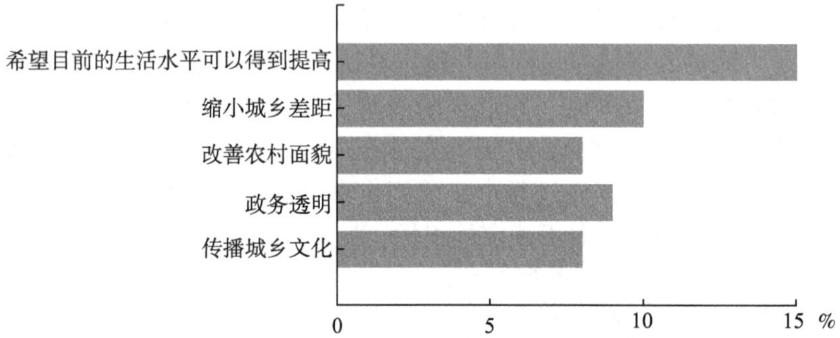

图 7　问题：对乡村振兴战略的期望

目前，我国已经实现了全面建成小康社会的奋斗目标，环县当地人民的生活水平相较于几十年前也有了极大程度的提高。为什么想要提高生活水平的占比会如此之高？我们实践小组认为，这是人们向往更加美好的生活，不断追求进步，进一步提高生活水平的体现。

三、调研结论与总结

在本次社会实践中，我们通过采访当地畜牧局干部和当地群众，以及通过发放调研问卷等方式了解到了关于环县脱贫攻坚与乡村振兴所取得的成果。同时，我们也了解到了环县重要的产业——养羊业的基本运作模式。在此次调研中，我们了解到的具体成果如下。

（一）环县养羊产业的发展与现状

养羊产业共分为三个阶段。

①20 世纪 80 年代推行的是从“包干到户”的生产责任制到签订包畜归户的保养合同；从 90 年代开始，则是“把羊当猪养、把草当粮种”。

②2013 年开展“双百双万”（培育 100 个养羊专业村，建设 100 个养羊专业社，扶持 1 万个养羊大户，养殖大户人均收入达到 1 万元）工程。

③2017 年至今，围绕脱贫攻坚推行“331+”（“3”即“企业+合作社+贫困户”的三方合作模式；“3”即资源变资产，资金变股金，农民变股东；“1”即以合作社托管为主；“+”即村集体以产业互助资金入股合作社分红，增加村集体经济收入）。

目前，环县共有 4 家龙头企业，368 个合作社，贫困户现已全部脱贫。环县肉羊全产业链绿色循环发展，农户家家户户养羊，培育出的羊羔输送到合作社，合作社负责育肥，龙头企业负责屠宰，销售羊肉。就地位而言，龙头企业能够开拓市场，农户和合作社负责后勤保障，三者缺一不可。

（二）政府对于养羊产业的政策

①在规避风险、保障农户发展方面，将持续推行政府购买社会化服务，将防疫精准到户、覆盖到羊。一要选配优秀服务队伍。全县引进3家以上服务公司参与防疫，统一招标，乡镇公司双向对接，形成良性竞争，实行“政府购买、公司聘用”的工作机制。二要强化布病监测净化。持续推进“无规定动物疫病区”创建，招商引资建设大型羊只扑杀无害化处理厂。在养殖业方面，政府对基层提供详细的保障服务。

②在培育养羊人才方面，政府大力推进大学生培养工作。根据中盛羊肉有限公司“大学生养羊产业千人计划”，有的大学生被提任厂长，有的担任技术服务人员，这些大学生大部分来自畜牧兽医专业，每月由县上统一发放1500元的就业奖励资金，其余的由企业提供。同时，也有自主创业的大学生，县上有大学生养羊培训学校，还有大学生养羊协会；也会被派到山西怀仁去学习养羊，学习怀仁的育肥增收经验。环县政府计划到2025年建设100多个育肥场，大部分都分布于341和211国道线附近。

③在创立环县自有羊肉品牌方面，政府投入了很大精力。2021年，创立甘味羊肉品牌基地。近年来，县政府投入巨资，拍摄宣传片，刊登品牌广告。2013年，取得滩羊地理标志，滩羊是环县独有的品牌。2019年，创建“甘味”羊肉品牌；2020年1月，登上国家十佳羊肉品牌榜首；2021年6月，环县羊羔肉正式列入国家体育总局“国家队运动员备战保障产品”，进一步提升了品牌影响力。在招商方面，由招商局负责招商，投入了大量资金，预算2000万元。

（三）养羊产业在基层的情况

以环县西沟村为例。村民表示，西沟村的经济是通过养羊发展起来的，政府先免费给予村民一定数量的羊，然后派遣专业的技术人员专门传授他们一定的养羊方法，提高村民们养羊的积极性。

为了防止过度放牧破坏环境，村民开始自己种草来养羊，最终发展成了现在一定的养羊规模。有些村民将多余的土地承包给合作社，合作社负责集体种草；也有一些村民因为场地不够，不能很好地养羊，自己就种草，等草成熟后直接将其卖给当地的草叶公司，公司将买过来的草收好之后再卖给羊场。

我们从当地的村干部处了解到，由于国家对乡村振兴的大力宣传，西沟村村民在党支部书记的带领下，意识方面得到了显著提升，过去一些不务正业的人很大程度上减少了，人们开始致力于发展养羊产业。在这种氛围的带动下，西沟村的养羊模式已经逐渐趋向成熟，目前已经成为示范村，并向全市乃至全省进行推广。全村的产业可以概括为“三个70%”，即在家农户的70%养羊，在全村18000亩的耕地中70%用来种草，全村收入来源的70%来自养羊。同时，政府为了进一步推动当地养羊产业的发展，定期派遣农科院和大型企业的技术人员在羊的防疫及饲料的配方等一系列的具体问题上进行相关指导。

（四）养羊产业与脱贫攻坚

在政策上，环县专门成立了肉羊产业发展工作领导小组，与中国农业大学权威团队联合编制了“两规划两意见”，2018—2021年共出台48项政策，政府统筹规划，制定政策，做好服务。构建政、企、社、村、户“五位一体”羊产业联合体。“五位”是指村级组织、合作社、龙头企业、养殖户、政府。政府所提供的服务有金融、保险、防疫，在金融上负责资金扶持，在保险上负责防范风险，在防疫上每年都有社会公共防疫方案。政府抓统筹、定政策、做服务，龙头企业供良种、保回收、创市场，合作社搞扩繁、全托管，贫困户细分类、全入社、全带动，村级组织抓引领、壮积累、夯基础。

目前扶持建办“331+”养殖合作社244个，采取“户托社养”、投羊还羔、入股分红等方式带动贫困户增收。新建千只湖羊标准化合作社124个，通过集中扩繁向农户提供优质种羊，带动全县4.8万农户种草养羊。

从2017年开始，脱贫攻坚主要用的是国家扶贫上投入的资金，也有企业资金。资金引入每年都在10亿元左右，政府为企业提供最好的环境、最好的氛围；同时，支持银行贷款。

我们走访当地贫困户时发现，政府对于贫困户的补贴力度还是比较大的，给每一个贫困户都会补助一定数量的羊，并且会解决他们的住房问题，同时在每月都会给予一定金额的补助。这让他们的生活得到了最基本的保证，生活质量也得到了飞速提升。这说明政府不仅制定了好的政策，政策的落实也很到位。

四、改进建议

在调研的过程中，我们了解到了关于环县养羊产业与乡村振兴的相关信息，同时，也注意到了以下几点问题。结合小组同学所学的专业知识，针对这些问题提出建议和改进方案。

（一）草畜矛盾明显制约畜牧业的发展

问题：超载放牧导致草山退化问题严重，为了保护环境封山禁牧，实行了舍饲养殖模式。但在这种模式下，草料紧缺，从外面买入成本过高，不适宜环县养羊产业长久发展。

建议及改进方案：用各种方法发展饲草料，饲草料是后勤保障。虽然环县种植面积充足，但部分地区草料成活率极低。环县现在已经将耕地改为种植草料，因为种植草料的效益好，但是必须是在确保粮食安全的前提下种草，仍需要优先保障粮食。环县有个口号叫作“好地种好草”，尽量用好地种草，坚决防止耕地非粮化，牧畜方面尽量从种草出发，并且加快研发新的产量与成活率都较高的品种。

（二）在基层发展养羊业的条件不足

问题：环县多地均为产业村，养殖户非常多，在养羊时农户多需要使用铡草机来铡草，二相电的动力不足以带动如此多的铡草机，以至于铡草的效率非常低，所以当地现在急需三相电。而且，随着技术的逐渐成熟，很多村民想扩大养羊的规模，但是受场地限制，规模难以扩大，所以当地需要更多的养殖场地。

建议及改进方案：由政府拨款，为更多的产业村通上三相电以使用铡草机。同时，派出专人考察生态环境是否适宜养殖，开拓养殖产地，扩大养羊业的规模，提高基层人民的收入。

（三）年轻人对于养羊业的参与度较低

问题：养羊的人多为五六十岁的村民，年轻人因为对外面的世界更加向往，更加愿意去外地打工赚钱，而不是在当地继续从事养羊业。

建议及改进方案：年轻人不愿意留乡养羊，是因为养羊业较辛苦，且收益或许并不比在城市打工高。要改善这一问题，需要解决农村基础设施落后、传统养羊业收益低、养羊业随市场行情变动收益不稳定等问题。农村的现代化程度提高，且养羊的收益提高后，年轻人自然就愿意从事这份职业。同时，养羊业也面临着随市场变动收益浮动的风险，政府应该向牧民提供基本保障。

五、收获与感悟

通过此次调研，我们了解到了环县肉羊产业发展以及乡村振兴的情况，切实感受到了党和国家对于环县乡村振兴、产业发展的帮助与支持。环县养羊产业的发展任重道远，在取得阶段性成果的同时，也应该展望未来，处理一些亟须解决的问题。我们相信，在党和政府的带领下，革命老区环县一定会有更崭新的面貌，人民会过上更优质的生活。我们作为新时代的大学生也应该尽己所能，为家乡的振兴作贡献。

文化发展

探访红色故都，传承红色精神①

——瑞金红色文化调研报告

一、调研背景

江西省赣州市瑞金市是中国第一个红色政权——中华苏维埃共和国临时中央政府的诞生地，有着“红色故都、共和国摇篮”之称。2021 年恰逢中国共产党成立一百周年，结合“走老区　看发展”，我们选择了老区瑞金作为调研地点，而之所以选择瑞金是因为在这里我党建立了第一个属于人民的政权，这是我党进行治国理政的伟大尝试，这一时期诸多制度的实现，如土地革命、反腐倡廉等，为我党在抗日战争、解放战争中取得胜利提供了支撑，为中华人民共和国成立后的社会主义建设提供了丰富的实践经验。看老区发展，先要看文化之传承，红色革命老区之所以能成为老区，其根本原因在于老区承载的红色历史文化，我们小组选择瑞金并紧抓其文化发展为调研具体方面，致力于探索瑞金市红色文化特色价值，考察瑞金市文化发展中取得的经验教训，找到一条适合瑞金以及类似老区的文化传承之路。

二、调研概况

（一）调研对象基本情况

江西省赣州市瑞金市位于江西省东南部，赣州市东部武夷山脉西麓、赣江东源贡水上游，被称为“红色故都、共和国摇篮”，是全国爱国主义和革命传统教育根据地。

1. 叶坪革命旧址群

叶坪是中华苏维埃共和国的诞生地，是全国保存最为完好的革命旧址群之一。这里也是中共苏区中央局和临时中央政府机关在瑞金的第一个驻地。

---

① 作者：王一潭、岳鑫彦、关凯微、段寒晴、滕少雯。指导老师：韩慈。

2. 中华苏维埃共和国中央临时政府

中华苏维埃共和国中央临时政府，即“中央工农民主政府”，简称“中华苏维埃政府”，是土地革命战争时期，中国共产党在中央苏区建立的中央政权机关。

3. 红井革命旧址群

1933年4月，临时中央政府从叶坪迁到沙洲坝以后，中央政府主席毛泽东在元太屋办公和居住。毛泽东让群众结束了喝池塘里的脏塘水的历史，喝上了清澈甘甜的井水。中华人民共和国成立后，沙洲坝乡亲为了纪念毛主席的恩情，将红井重新修砌，并在井边立了一块木牌，上面写着“吃水不忘挖井人，时刻想念毛主席”。

4. 瑞金市文化广电新闻出版旅游局

瑞金市文化广电新闻出版旅游局（下文简称瑞金市文广新旅局）是主管全市文化艺术和广播影视工作的市政府工作部门。调研小组采访对象为瑞金市文广新旅局副局长杨振昌。

（二）调研基本做法

在本次调研中，主要采取实地考察、采访、文献研习的方式。本次调研方式的不足之处有实地考察选取景点时未在不同水平上进行选取，因此所选取的景区水平大致相同，使得调研具有一定的片面性。同时，采访对象单一，只采访了瑞金市文广新旅局副局长，可以适当地在景区内进行随机采访游客、工作人员等，获得更加多样、直接的红色文化体验感受。小组进行的文献研习内容较少，时间较短，因此对许多专业、概念、理念与相关的政策理解必然存在不到位的情况，可以在调研的准备阶段就开始研习相关文献、书籍等。同时，在对于红色文化传播效果上可以通过设置调研问卷的形式，与景区交涉，搜集景区内游客的观光体验。

三、调研成果——瑞金市红色文化内涵

（一）瑞金红色文化核心

瑞金市红色文化核心可总结为二十八字苏区精神，即“坚定信念、求真务实、一心为民、清正廉洁、艰苦奋斗、争创一流、无私奉献”。

（二）瑞金红色文化价值

瑞金市红色文化从总体上包含3个方面的文化价值，分别是红色故都、

共和国摇篮、中央红军长征出发地。

1. 红色故都

党中央在瑞金成立了中华苏维埃共和国中央政府，形成了完整的体制机制，并采用了人民民主专政政权组织形式，可以称为中华人民共和国的前身。这里也是党长期奋斗过的地方，自党成立到取得全国政权这 28 年的时间里，在瑞金的奋斗史长达 6 年之久，党在瑞金进行了执政的尝试，作为苏维埃政权的核心，瑞金堪称红色故都。

2. 共和国摇篮

在瑞金，党成立了管辖 400 万人口的中华苏维埃共和国，一系列的行政、军事、治安、土地等制度为新中国提供了宝贵的经验，其中最为突出的就是“土地制度”——使耕者有其田。在这一时期广泛实践，促进这一制度的成熟，为抗日战争、解放战争时期发动群众，为新中国成立后调动人民参与社会主义现代化建设作出巨大贡献，使得我们的党成为人民拥护和支持的党。

3. 中央红军长征出发地

为什么长征，长征前的一系列准备都是在瑞金进行的，二万五千里长征的距离计算也是以瑞金市为出发点起算的。

其中，红色故都与共和国摇篮两大文化价值之间有着密切的联系。在瑞金我党进行了建立人民政权的首次伟大尝试，建立了一系列的中央组织机构，构筑了一系列的政治制度，作为早期红色政权中心瑞金堪称为红色故都。在此基础上，新中国成立后参照“红色故都”的政治制度，进行新中国的建设，使得瑞金市的文化价值进一步扩展到“共和国摇篮”这一层面。

四、调研成果——瑞金市红色文化发展现状

（一）瑞金市文化发展理念紧紧围绕“魅力四现”展开

1. 真实呈现

红色文化的保护离不开承载文化的各种各样的物品、建筑，瑞金市文广新旅局对红色文化遗产进行了有效的保护和修复。

2. 情景再现

营造历史氛围。在各革命旧址群模拟体验项目，如利用 VR 和 3D 技术让游客在“一苏大旧址”身临其境，成为参加“一苏大”的一员。同时在革命旧址，上演革命短剧、讲述红色故事，综合各种手段营造引人入胜的历史氛围。

3. 艺术表现

多年来，瑞金市打造了各种各样的红色历史作品，包括耳熟能详的影视作品《红色摇篮》《闪闪的红星》，生动而富有感染力的舞台剧作品《八子参军》《一个人的长征》，活泼有趣适合青少年观看的漫画作品《漫画红都》《红游记》，以及广为传唱的歌曲作品《十送红军》等。瑞金市用多种形式为不同人群打造了属于他们的艺术形式，促进了瑞金红色历史文化的广泛传播。

4. 产品展现

瑞金市结合特色的红色历史文化，打造了特色旅游区，同时以红色名称为城市的道路、区域命名，为瑞金擦亮了红色名片，同时开发了以红色文化纪念品为代表的商品产业，通过文化产业为文化的传承和创新提供了充分的经济保障，实现了瑞金市红色文化保护和传承的可持续发展。

（二）瑞金市文化坚持“五化”联动的高水平文化产业形式

1. 坚持文化理念经济化

第一，从观念上牢固树立起“文化经济理念”，摒弃传统的“重工业轻文化”“重事业轻产业”的思想，牢固树立“文化就是经济，抓文化产业就是抓新的文化增长点”。在调研中我们认识到，瑞金市文化资源丰富，文化资源保护开发需要强大的经济支持，仅仅单纯地依靠政府经济支持是不现实的，抓住文化产业这一新的经济增长点，可促进瑞金市文化的可持续发展，同时可缓解政府经济压力。第二，树立“文化强市”的理念，把红色文化产业当作瑞金市的支柱性产业来打造，改革现有的文化发展机制，开拓思路，引入人才。第三，明确文化产业“以红色文化为主”。绝大多数游客前往瑞金都是基于对“红色故都、共和国摇篮”的憧憬。瑞金文化产业应明确定位红色文化，抓住红色文化这一重点，围绕“红色故都”打造瑞金文化产业的核心品牌。

2. 坚持文化产业项目化

第一，进一步开发瑞金市文化资源，立足优势资源深入挖掘特色内涵，打造特色的文化项目和文化产品。着力做好文化旅游业、红色影视业、广告会展业、演艺娱乐业、报刊传媒业、文化体育业、印刷出版业、艺术培训业八大文化主导产业，把文化软实力转化为文化硬实力。第二，加强文化项目可行性论证，严格审查文化项目可行性，完善文化项目，提高文化项目建议书的可操作性和招商引资能力。

3. 坚持项目建设品牌化

第一，打造红色旅游文化品牌，活化陈展手段，创新旅游方式，运用新媒体，增加教育体验项目，打造“一苏大”革命旧址群、红井革命旧址群、博物馆景区三大 AAAAA 级旅游品牌。第二，打造红色艺术创作品牌，打造红色文化演出品牌，打造红色文化建筑艺术品牌，从而综合提升红色文化产业品位。

4. 坚持融资渠道的多元化

第一，设立文化产业发展专项基金，实行优惠的文化税收政策，引导、扶持文化产业的发展。第二，开发特色项目，努力获得省级、国家级立项，获得政策资金。第三，加大市场化运作，吸引民间资本投资。多方面保证文化发展充足的资金投入。

5. 坚持产业发展的集群化

第一，着眼于文化产业园区发展规划。精心编制瑞金市文化产业中长期发展规划，高标准、高起点、高质量规划产业园区，提高产业园区的整体功能。重点规划和打造红色文化创意产业园区、印刷工艺园区、文博娱乐园区“三大园区”，充分增强园区的吸引力和接纳力。第二，着眼于融入特色文化，打造“三大特色产业群”。以叶坪、沙洲坝、云石山革命旧址群为主要基地，着力打造红色文化产业群。第三，着眼于延长文化产业链。集中相关文化产业，形成集产品研究、开发、销售、服务于一体的文化产业链。

以此“五化”联动的发展方式，推动瑞金市红色文化的可持续发展。

（三）瑞金市文化发展尚存不足之处

1. 瑞金市较其他红色省市存在感较低

人们只知道陕西省延安市是长征结束地，而对于长征出发地的争议也从未停止。人们或许只知道瑞金，而不知道瑞金隶属江西省赣州市。在“百度”网页上搜索“江西瑞金”得到的搜索结果只有 4690 万个，而搜索“陕西延安”“贵州遵义”则都出现 1 亿个搜索结果。由此可见，瑞金市在互联网上存在感较其他红色文化传承地区低。

2. 新闻媒体对于红色文化的报道多昙花一现

我们平时生活中多见娱乐新闻报道，而红色文化相关话题往往需要有特定的纪念时间、纪念意义等，同时其传播时间较短，一段时间后便被其他热点掩盖。例如建党 100 周年时，微博热搜上几乎都是相关话题，而随着时间的推移，相关话题锐减。

3. 瑞金市对于遗址保护的方式较为单调

通过此次实地调研，我们发现，我们所去的景点旧址保存完好，加上陈列馆的展示，对于我们所学的历史有一定的发展意义。但是我们也发现，这些景点多为老人、小学生组团进行参观。由于时间原因，无法对景区完全参观，只能找标志性遗址拍照留念，对其余旧址只是走马观花式走访。对于红色文化的了解并没有增加太多。

4. 对红色文化内涵的展示缺乏深度挖掘

我们在调研过程中发现，以瑞金市两大革命旧址群为例，红色文化展示浮于表面。重视红色革命遗物的陈列、图片展览，形式不够丰富，互动体验项目少，而对红色文化内涵展示不够深刻，难以对参观者形成思想上的震撼并产生共鸣。

5. 红色文化展示内容和传播形式同质化严重

我们在调研中发现，红色文化传播形式多采用课堂教学展示、讲解员带领参观红色景区等形式，各景区讲解员讲解水平参差不齐，讲解略显枯燥，缺乏一定的趣味性。部分革命历史纪念馆通过 VR 等高科技元素来增强与游客的互动，提升趣味性，取得了良好的效果。但是，多数革命老区缺乏这些高科技元素，红色文化的传播仅限于红色景区的开发与宣传，传播模式较单一。同时，在红色文化展示的内容上，不同的革命旧址群，展示同样的历史，在红井景区、“二苏大”景区，我们看到了同样的关于“二苏大”的介绍；同样，在调研过程中，在“一苏大”景区我们发现了此类现象，这样的同质化使得游客对红色景区丧失了兴趣，降低了红色景区的质量和水平。

6. 当地民众对红色文化了解和宣传的欠缺同样影响着瑞金市红色文化的发展

我们在调研过程中发现，当地居民对瑞金市红色文化的认知大多是“知其然，而不知其所以然”，对各红色景区了解停留在表面，甚至一些居民无法正确地区分“一苏大”“二苏大”景区的位置。这样的现状使得瑞金市整体的红色文化氛围欠缺，降低了瑞金市红色文化发展质量。

五、调研成果——瑞金市文化发展经验与解决现存问题的途径

1. 老区红色文化发展需要明确自身红色文化价值，并将文化内涵充分展现并融入红色景区

瑞金市明确地将文化价值定位为“共和国摇篮”“红色故都”“长征出发地”3 个方面，以二十八字苏区精神为内核，这对瑞金老区红色文化发展起到了基础性的支撑作用。在总体明确的基础上，瑞金市没有能够再将这更深层次的文化内核展现出来成为一大不足，让游客无法充分理解瑞金红色文化

景区想要表达的深层内涵。这意味着，仅仅了解和挖掘除老区文化的内核是远远不够的，还需要在红色文化展示中予以体现。

2. 老区红色文化发展需要积极利用新媒体，开创更为广泛的宣传手段，提高知名度，打响红色文化品牌

以瑞金市为例，众多革命老区地理位置偏僻，经济发展水平较低，城市知名度有限。加之城市宣传力度不足，导致老区红色文化无法被广泛地传播。大部分人对其认知仅为红色圣地，对其背后历史文化乃至更深层次的文化价值了解较少，其吸引力差，不利于红色文化品牌的形成。当今时代，以短视频、公众号为代表的新媒体，形式活泼，受众广泛，利用新媒体能够更好地提高知名度，促进文化品牌的形成。

3. 老区红色文化发展需要打造特色文化产业项目，注重在展览中添加交互元素增强趣味性

瑞金市文化发展中很明显的问题在于同质化的内容和展示手段。为避免这一情况的产生，要求老区文化发展中一定要注重特色文化项目的打造，针对不同红色景区群落打造不同的项目。同时，在景区中应避免一味地展览，应增添更多的交互式项目。例如在瑞金“一苏大”旧址群中，有手工油印制作体验、参会人员证件制作等体验项目。体验项目的增加激发了游客的兴趣，让游客沉浸在红色文化展示之中，起到了更好的展示效果。

4. 老区红色文化发展要重视丰富红色文化教育项目

红色文化不但拥有着深刻的历史价值，更具备重要的教育意义。我们在调研中发现，瑞金市红色文化发展一大特色就是对红色文化教育项目的打造。组织红色文化培训项目，让各个年龄段学员穿上红军军装走进一座座革命旧址，感受红色文化，使身心得到升华。

5. 老区红色文化发展需要打造更优秀的红色城市氛围

我们在调研中发现，瑞金市的街道、地名大多以红色事件等命名，街道处处可以看到代表红军的旗帜，在基础设施上很好地突出了红色城市的特点。但与此同时，当地居民对红色文化了解程度不高，对红色文化价值更是知之甚少，这使当地红色文化氛围大打折扣。瑞金市要做好对外宣传，先要加强对老区群众的红色文化教育，让红色文化进入每个老区人的心中，才能营造出更好的红色文化氛围。

六、调研结论与总结

瑞金市红色文化发展仍然处在艰难的上升期，对于刚刚全面完成脱贫攻

坚任务的瑞金市来说，红色文化发展将会是又一艰巨的任务。本次调研，瑞金市出色的文化发展水平和理念让我们受益良多，为老区红色文化发展提供了宝贵的经验借鉴，同时从其存在的问题中，我们总结方法，希望能以瑞金市的经验教训探索出老区文化发展的高效之路。

七、收获与感悟

（一）成员一

百年征程波澜壮阔，百年初心历久弥新。为追溯百年党史，传承红色精神，凝聚奋进力量，我们从各地出发来到瑞金——这个红色文化蓬勃发展的地方，进行实地调研。在这几天里，我们从叶坪革命旧址群到“二苏大”景区，再到红井景区，老区无不体现着无数革命先辈用鲜血和生命铸就的红色精神，时刻让我们体会到如今的幸福生活来之不易。或许只有来到瑞金，来到革命最初开始的地方，才能真正领悟到红色精神的内涵。

整个过程中让我感触最深的莫过于从每个遗址中领悟到的红色精神，从叶坪景区无数个房间里昏暗的环境和简陋的设施中，我们可以探寻到先辈们吃苦耐劳、艰苦奋斗的精神；从“一苏大”会址昂扬向上的氛围里我们可以领悟到革命前辈们坚定的信念，一心为民的凌云壮志；从红井旁边“吃水不忘挖井人，时刻想念毛主席”的牌子上，我们还可以感受到我党为群众谋福利，为人民服务的初心。这一切都在对我们诉说着瑞金这个地方的魅力，让我们深刻体会到红色文化的韵味和红色精神的内涵。

这让我也想到了习近平总书记指出的，在革命根据地的创建和发展中，在建立红色政权、探索革命道路的实践中，无数革命先辈用鲜血和生命铸就了以坚定信念、求真务实、一心为民、清正廉洁、艰苦奋斗、争创一流、无私奉献等为主要内涵的苏区精神。时至今日，乃至未来，跨越时空、永不过时的苏区精神，仍是砥砺中国共产党人不忘初心、牢记使命的不竭精神动力。它的光辉，仍照耀着我们前行的道路。

我们还切身体验了瑞金红色文化传播的方式，让我们惊奇的一点是革命旧址良好的保护现状，革命旧址基本上都可以自如进出，让我们切身体验到革命先辈工作和生活的地方，它营造了良好的历史氛围，做到情景再现，大大激发了人们对于革命旧址的兴趣。还有就是老区紧跟时代潮流，把文化和新媒体联系起来，用生动的方式讲好红色故事。在中华苏维埃第一次全国代表大会会址，摆放了一些现代化机器，生动有趣地呈现了当时大会的一些情况，只需在机器上轻轻一点，你就会对中华苏维埃第一次全国代表大会的整体情况了如指掌。但让我最难忘的还是在“二苏大”会址看到的红色观影厅，进去就可以看到以动画形式呈现的革命场景，真的很难不让人赞叹，有趣又有意义。

可以说，瑞金就是革命的发源地，经过实地调研，我们不仅要铭记历史，领悟红色精神，更重要的是传承红色精神，让红色精神遍及神州大地。历经百年，中华民族的昨天，可以说是“雄关漫道真如铁”；中华民族的今天，可以说是“人间正道是沧桑”；中华民族的明天，可以说是“长风破浪会有时”，经历红都，更深刻理解了昨天，而现在，我们年轻一辈站在今天这个历史大舞台，更应该做好本职工作，让明天更美好。作为一代大学生，我们能做的就是积极投入学习生活中，传承红色精神，继续谱写我们这一代人的华章。

（二）成员二

此次瑞金之行，我们小组不仅收获了这一份调研报告，还有精神上的宝贵财富，人生中的宝贵启示。我们跟随革命先烈的脚步，从叶坪到沙洲坝，一幅幅历史画面如电影般浮现在眼前。瑞金是中国第一个红色政权——中华苏维埃共和国临时中央政府的诞生地，是第二次国内革命战争时期中央根据地的中心，也是红军长征的出发地之一。

我们怀着敬畏之心来到瑞金，刚出站就感受到了瑞金人民的热情，扑面而来的是一股红色文化气息。广场上的雕塑引来无数感慨，“红色故都”“长征出发地”“共和国摇篮”这些称号无一不是对瑞金最好的描述。

每到一个地方，我们都有新的实践感悟。我十分感谢这次暑期社会实践活动，感谢这次机会让我更深入地了解了瑞金。热情的瑞金市民、独特的客家文化以及浓厚的红色历史底蕴，都给我们每个人留下了深刻的印象。

革命道路艰辛，开创根据地不易。《中央苏区与苏区精神》使我了解到革命先辈的艰辛，领悟了苏区精神的内容：坚定信念、求真务实、一心为民、清正廉洁、艰苦奋斗、争创一流、无私奉献。我们参观革命旧址群，缅怀老一辈无产阶级革命家创建中华苏维埃共和国的艰难岁月。置身旧址群内，倾听历史回音。红军战士战场上浴血奋战、英勇献身的精神值得我们永远铭记。“人民共和国从这里走来”，缅怀历史的同时，我们要倍加珍惜革命先烈用生命换来的和平时代。“吃水不忘挖井人”，我们不能忘记党对人民的恩情、为人民服务的宗旨。这是场心灵的洗礼，是另一种形式上的洗礼。瞻仰革命圣地、红色故都，通过此次暑期社会实践活动，我们不仅了解了恢宏的革命历史，还增强了爱国情怀。

一次短暂的旅行，我们平平安安而去，高高兴兴而归。我们喝着革命的水，深切体验到现在的生活来之不易。我们要继续发扬老一辈无产阶级革命家的光荣传统。求真务实，脚踏实地，做好各自的本职工作，永远跟党走。

通过这次暑期社会实践活动，我们游览了革命圣地，极大地丰富了我们的精神生活，开阔了视野，增长了知识；真实感受到了革命先烈们抛头颅、洒热血的英雄气概，经历了一次精神上的洗礼，切实感受到今天幸福生活的来之不易。我们要传承红色文化，继承党的精神，为中华民族的伟大复兴贡献自己的青春力量！

（三）成员三

我们社会实践小队于 2021 年 7 月 18—23 日，在被誉为“共和国摇篮”的瑞金，进行了为期 5 天的社会调研。

在瑞金，街道上是随处可见的红色建筑，从路灯到标牌，无不透露着红色的气息。而我们的居住地就在瑞金市中心的“红都广场”附近。瑞金的景点也基本都是以传承红色精神为主，在那里我们不仅碰到了自愿饰演红军的大爷，还碰到了许多身着八路军服饰的团建成员以及和我们一样来瑞金调研的学生。由此可见，瑞金“红色故都”的名号，不是空穴来风，全国各地都有慕名而来的游客。

叶坪旧址群保留了“一苏大”时期的旧址，各种当时的机关、制度等都栩栩如生地呈现在了我们的眼前，这里应该是瑞金最出名的景点。同时，红军烈士纪念塔也以“踏着先烈的血迹前进”几个大字，警醒着我们不要忘记历史，不要忘记先辈们的付出，努力前行。

实践的第二站，我们来到了瑞金市文广新旅局。杨副局长为我们生动地阐述了瑞金的基本文化传承和实现情况，我们了解到了瑞金市对红色文化传承的“魅力四现”——真实呈现、情景再现、艺术表现、产品展现。这一次，我们的收获不仅是瑞金红色文化的基本情况，更知道了像杨副局长这样的基层领导者，为群众办实事、有实力、有知识的优秀党员。

我们前往了“二苏大”的会址和长征出发地。徒步前往“二苏大”会址，让我们感受到了红军长征的艰辛与苦难，也让我们懂得了今天的幸福来之不易。在那个多灾多难的年代，毛主席伟大的决策是值得我们学习的智慧，而百姓们争着送儿女当兵，也是值得我们学习的精神。在“二苏大”会址后面，有一个防空洞，而正是这个防空洞，表现了当时时局的紧张，先辈们正是在这样的环境中，将共产党、红军发展壮大。

最后一站，我们来到了红井革命旧址群。这里有毛泽东同志的故居，里面朴陋的家具以及普通的摆设，向我们证明了伟人并不会与普通人有多大的差别，伟人也是生活在这样的环境中的。而“红井”寓意着“吃水不忘挖井人”，我们能够有今天，共产党和红军在抗战年代所做出的牺牲和贡献是不可磨灭的，我们今天仍然要牢记党的初心和使命。

总体来说，我们在瑞金的调研是成功的。瑞金市的红色文化整体都结合了新媒体、人工智能等手段，在旅游景点中讲解、制作自己的“一苏大”参会证等，都运用了人工智能，更好地发展了当地的旅游业。而瑞金制作的红色戏剧、红色动画等，也在景点进行了展示，推进瑞金的红色文化以新媒体的方式更好地传承。瑞金作为红色文化的发祥地，值得我们调研的东西还有很多，本次调研只对瑞金红色文化进行了初步调研，其红色文化还具有更多的调研价值。

（四）总述

本次调研活动主要分为线上的微信公众号的运营、新闻稿的撰写以及线下实地调研撰写活动感悟、简报。调研不但让组员们对红色文化有了更深层次的了解和认知，同时在调研中组员们学会了如何写出严谨的新闻稿，如何发送公众号推文，如何书写活动简报，提高了自身的技能。在合作调研的过程中，同学互相帮助与互相体谅也展现了团队合作的温暖。

总体来说，从立项选题，到最终的报告撰写，我们收获了瑞金红色文化知识，收获了社会实践需要的技能，收获了一段人生的阅历，更重要的是我们收获了团结合作与共同克服困难的友谊。

乡村振兴视角下地方红色文化保护和融合发展路径探索①

——以湖南省汝城县为例

一、引言

红色文化是党带领全国各族人民在长期革命斗争和社会主义建设与改革实践中形成的各种文化形态的总和，是新时代实现中华民族伟大复兴的强大精神动力，也是我国文化软实力的重要体现。革命老区作为红色文化的发生地，在红色文化的保护和发展中发挥着重要作用，其中湖南省汝城县作为一级革命老区，当地的红色文化是湖湘红色文化的典型代表，其丰富的红色遗址和广泛流传的红色故事也对周边地区影响深远。因此，为调研革命老区红色文化的保护与发展现状，并就其现存问题提出相应的改善建议，调研小组于2021年7月17—21日于湖南汝城进行了实地调研，并据此撰写了调研报告。

（一）调研背景

汝城位于湘粤赣三省交界处，地理位置独特，自古就有“衡宝之门户，赣粤之咽喉”之称。依托其独特的地理位置，1927年，国民大革命失败后在白色恐怖笼罩全省的情况下，汝城工农革命却是生机勃勃，被誉为“新湖南”，保存了革命的火种。随后汝城发动了汝桂秋收起义，并成立了中国第一个县级苏维埃政权——汝城县工农兵政府。据此，毛泽东在起草《湘南运动大纲》时，将汝城特别确定为运动中心。以汝城为中心的湘南运动也吸引了朱德率南昌起义余部来到汝城，在与范石生谈判成功后，召开了“汝城会议”部署“湘南起义”具体事项，奠定了汝城湘南起义的策源策划地的历史地位，汝城也因此成为中国革命发展道路上的一个光辉起点。此后的1934年10—11月，中央红军长征经过汝城，并在汝城人民的大力支持下，成功突破国民党反动派设置的第二道封锁线，实现了红军长征途中的一次具有历史意义的重

---

① 作者：成棋、高卓雨、杨多。指导老师：谢小伟。

大突破。

汝城现有湘南起义“汝城会议旧址群”、湖南·汝城长征第二道封锁线主战场景区、文明乡沙洲村景区等湖南省主要红色文化资源。而在红色文化的开发方面，政府机构负责红色文化的发掘、红色遗产的保护等工作，并委托中惠旅智慧景区管理股份有限公司负责红色旅游的开发、服务提供和对外宣传。自从习近平总书记2020年9月16日赴汝城县文明瑶族乡沙洲瑶族村进行考察后，汝城“半条被子的故事”就成了军民鱼水情的著名代表，吸引了大量民众前来参观。目前，汝城红色旅游的受众以进行党建活动的单位旅游团为主，其中省内游客是最大的游客来源。红色旅游的发展也有力地带动了周边的经济发展和乡村振兴。

（二）调研基本情况

1. 研究方法

在调研前期，调研小组使用文献调研法，在阅读并总结整理了114篇关于汝城、红色文化、红色旅游相关的文献后，得出了实地调研的主要方向。此后，小组采用了实地调研法，对汝城的主要红色旅游景区进行走访。在实地调研过程中，调研小组特别注重访谈调研法的运用，采访了包括“半条被子的故事”传承人朱中雄先生在内的多位相关人士。此外，调研小组还使用了德尔菲调研法，就汝城红色文化保护相关问题咨询了湖南省中共党史协会理事徐宝来①先生的意见。

2. 调研过程

2021年7月10—17日，进行相关文献研读和整理，确定调研重点。

2021年7月18—20日，走访湘南起义“汝城会议旧址群”、湖南·汝城长征第二道封锁线主战场景区、文明乡沙洲村景区，并对“半条被子的故事”传承人朱中雄先生、“一张借据的承诺”专题陈列馆馆长黄桂华女士、湖南省中共党史协会理事徐宝来先生等人士就汝城红色文化的保护和发展进行了采访。

2021年7月21日—8月23日，汇总实践材料，撰写实践报告，并在微信、B站、抖音、微博等各大网络平台进行成果展示。

---

① 徐宝来，湖南省中共党史协会理事、原汝城党史研究室副主任。

二、主体

（一）汝城红色文化保护与发展的改革历程

2010年，经过县人民代表大会讨论，汝城将“崇理尚德、玉汝于成”确定为汝城精神，将红色文化视为建设重点，红色旅游也逐渐被确立为汝城县的支柱产业。

2009年，汝城县政府将10万元专项资金用于古祠堂的保护修缮。此后该专项资金逐年递增，至2015年增至100万元，有力推动了中华苏维埃共和国国家银行旧址——文明瑶族乡文市村湘南罗氏家庙、红六军团指挥部旧址——黄氏宗祠等的修复。

2013—2016年，汝城县每年预算1000万元，用于对中大街、上黄街等红军活动旧址、古街区的修缮工作。其中，2016年年初，县政府投入资金30万元对韩田村红一方面军政治部旧址、秀水村红一方面军后勤部旧址进行了维修。

2017年，为将汝城沙洲村的红色资源转为脱贫优势，沙洲红色景区项目指挥部、汝城县委驻沙洲村帮扶工作队与村支“两委”开启了沙洲村红色旅游景区建设工作，以“半条被子”精神，建设美丽新沙洲。“半条被子的温暖——红军长征过汝城专题”陈列馆、游客服务中心、房屋立面改造等30多个项目，仅用8个多月时间全部竣工。

2019年，在由湖南省发展改革委下达的文化旅游提升工程中央预算内投资计划中，汝城县“湘南起义城会议旧址红色旅游经典景区基础设施建设”项目争取到专项补助资金1119万元。

2020年，汝城县以举办红博会分会场活动为新契机，在延寿瑶族乡打造青石寨核心展示区项目。该项目于2020年7月6日正式开工，规划面积6.3平方千米，一期投资5000万元左右，园区涵盖了官亨至沙洲的长征步道，青石寨陈列馆，红军长征突破第二道封锁线纪念碑，红军烈士墓，突破第二道封锁线微缩园，李涛、朱良才、宋裕和故居，旅游红军公路等重点项目，对系列长征文物和文化资源进行了有效的保护、传承与开发利用。

（二）汝城红色文化资源开发利用措施及成效

1. 汝城坚持以实事求是的原则进行红色文化研究

在本次实践采访中，徐宝来理事说道，将红色故事编纂成书是实现红色基因传承的有效途径。汝城县在编纂书籍的过程中，派遣研究员在红色故事的发生地沿途进行重点采访，并对得到的一手资料做了严格的核实工作。对于故事的一些细枝末节之处，也会通过实地采访主人公的后人等故事相关人员或仔细研读相关的历史资料或族谱等方式进行反复确认，以确保对红色故事的阐述准确无误，这种做法不仅能帮助研究院发现新故事，还实现了对旧故事的勘误。

因此，汝城的红色革命历史研究取得了卓越成就。县人大常委会主任朱惠芳，长期研究红军在汝城的相关史实，2012 年 7 月 28 日，他撰写的《从红军的生存发展看新时期军民关系建设的重要性》论文，被广州军区政治部评为纪念建军 85 周年党史军史优秀论文。2020 年出版的《军民团结谁能敌》在湖南省和举办的“红博会”会场中大受欢迎，其中《一口米汤的故事》更是在湖南省举办的红色故事竞赛中荣获二等奖。除此之外，全县先后组织编写了《红军长征在汝城》《从工农革命运动到引发湘南起义》等 18 本宣讲红色文化、长征精神的书籍。此外，汝城县教育部门还大力开发本地教材，把红军在当地的英勇故事、优秀传统融入教材中，渗透在教学中。

2. 汝城广泛开展红色文化教育活动

2020 年 9 月，习近平总书记赴沙洲瑶族村考察调研，更掀起了汝城党史学习的热潮。汝城沙洲村、汝城会议旧址、延寿等地的相关负责人也表示，大部分来访者都是以学习红色文化为目的党政机关干部或学生。其中，沙洲红色教育基地更是热门地点。教育基地通过体验式现场教学、互动式上党课、先进党员讲红色故事、逐一领读入党誓词等多种形式，增强了学习的鲜活性和趣味性，促进了党史学习教育的推进。此外，沙洲红色景区丰富的文化内涵，也让前来学习的党员干部深受教育。通过采访当地工作人员，小组成员还了解到，党员干部前来接受红色教育并不是“形式主义”活动。红色基地教员透露，如遇学习不认真的党员干部，还可向其上级领导或单位举报，学员也会受到警告。

2021 年年初，郴州及湖南省内郴州周边城市各学校也纷纷开始进行党史学习教育，汝城县思源实验学校、汝城职校、延寿中心小学等先后在县烈士陵园等地开展了“缅怀革命先烈”主题活动。此外，各学校也会积极开展红色教育专题讲座、班会、征文比赛等。“在学生抽穗拔节关键期，利用红色资源，开展好红色教育，对他们树立健康向上的人生观至关重要。”汝城四中德育副校长宋敏辉表示，发挥身边红色基地教育功能，开展实景式研学游，收效远胜于在教室里单一讲授的品德课。

汝城丰富的红色文化教育活动强化了党员干部、学生们对红色文化的认知与认同，扩大了红色文化的吸引力、影响力和教育价值，是对红色基因的传承，对红色文化的宣传。这一举措有利于红色文化、红色精神深入人心，弘扬红色文化在革命、建设和改革中的宝贵精神作用。

3. 汝城大力推动红色旅游开发

作为曾经的国家级贫困县，汝城县财力相对紧张。但在投入资金维修、保护红色文化资源方面，汝城县不遗余力，资金投入增长速度数倍于财政收入增长。近年来，汝城县着重以红色旅游引爆全域旅游大开发，投资 8000 多万元完成了一大批红色旅游项目的开发。

在推动红色旅游开发的过程中，汝城高度重视讲解员、故事传承者的培养。按照全国红色旅游工作协调小组办公室的要求，汝城每年选派红色旅游管理人员、讲解人员、旅行社经理等从业人员参加全国性或者区域性红色旅游培训班。汝城坚持每年举办红色旅游培训班，大力倡导诚信服务和文明旅游，加强了红色旅游人才队伍建设。

同时，汝城根据全县红色资源分布，按照逐步开发、有效保护的原则，实施了一大批红色旅游景区景点项目，先后建设了沙洲红色旅游景区、湘南起义汝城会议旧址及湘南起义策源地纪念馆、军旗广场、烈士公园、中央红军长征突破第二道封锁线纪念碑、濂溪书院等红色旅游景区景点。近几年，汝城更是着力于完成沙洲红色旅游景区红军长征系列旧址、湘南起义“汝城会议旧址”群、青石寨等红军长征突破第二道封锁线主战场以及太保第（白石岩）、上古寨、红军楼等红色旅游景区景点建设。其中，“汝城会议旧址”于 2011 年在《湖南红色旅游发展纲要》被列为湖南省重点红色旅游景区，2013 年被列入全国第七批重点文物保护单位，2017 年成功入选《全国红色旅游经典景区名录》。沙洲红色旅游景区于 2019 年被确定为国家 AAAA 级旅游景区。

4. 汝城通过红色文化资源的开发实现乡村振兴

汝城县高度重视以红色为主线的旅游项目的开发和旅游产业的发展，积极推进“多彩汝城，世界共享”旅游品牌建设，一批新的有规模有特色的旅游项目相继建成并投放市场，形成了全县旅游业发展的新局面。

以沙洲红色旅游景区为例，昔日的沙洲村是个交通闭塞的瑶族小山村，人均耕地面积仅 0.66 亩，经济形式以传统种植为主，人均年收入不足 3000 元，村集体收入为 0。但随着沙洲红色旅游景区对外全面开放，汝城县充分发挥其品牌强劲号召力，打造景区的同时，努力培育农副产品、特色文化产业、饮食等多种形式的多元旅游经济产业链，也带动了民宿等旅游相关产业的开发。天南地北的游客不仅开放了村民的思想，也让当地居民实现了在家门口务工和经商。2019 年，沙洲人均可支配收入更是达到了 13840 元，村集体收入也增长到了40万元。昔日偏僻小山村晋升为享誉全国的理想信念教育新圣地、红色旅游新名片、小康生活新样板、乡村振兴新典范。

（三）汝城当前红色文化保护中存在的问题及原因探析

1. 红色文化产品具有同质化倾向

红色文化相关建设具有较强的政治性，因此宣传者更倾向于采取谨慎的方式进行宣传，在创新程度上有所欠缺。同时，由于汝城的文化旅游事业起步不久，缺乏展览布置的相关经验和先进理念，当前汝城的红色文化旅游存在着产品雷同、形式单一等问题。

现阶段汝城的红色旅游项目以参观陈列馆、纪念碑、故居、旧址等为主，同时在各陈列馆中，单纯的文字、图片展示和乏味的讲解是介绍红色故事的主要方式，缺乏创新性和吸引力，游客参与意愿低，红色革命历史意义不能得到充分、深入的体现，因此难以实现学习与教育的目的。此外，由于汝城各红色景点之间内容和形式的重复，很多游客只选择在习近平总书记到访的沙洲景区进行游览，其他的景点却处于闲置状态，客源利用率较低，旅游业发展产生的实际总体社会效益较低。

2. 红色文化宣传方式滞后

当前汝城红色文化知名度主要来自习近平总书记到访后各大官方媒体的报道，而汝城自身的红色文化宣传方面呈现出宣传渠道不全面、内容吸引力不高、受众关注度不足的情况。

当前汝城红色文化的线上宣传渠道较窄，微信公众号“汝城旅游”中只有4篇原创文章，且以偏广告软文的形式为主。以宣传红色文化为主的中共汝城县委党史研究室公众号，由于名字的原因，难以被大众检索到进而吸引普通网民浏览。网页端的汝城旅游网只是一个空壳网站，几乎无法从中检索到有效信息，而在微博、B站、抖音、小红书等社交平台上都没有汝城红色文化或旅游相关的官方账号。在马蜂窝、携程等旅游门户网站上，汝城的红色文化也缺少系统的介绍和重点宣传。

而在对外宣传的内容方面，目前汝城红色故事宣传的主要喉舌——中共汝城县委党史研究室公众号所发布的文章，主要是对汝城发生的革命史实的客观呈现。相比新媒体适应碎片化浏览而演化出的短小精练及吸睛有趣的文章风格，该公众号风格更偏向于传统媒体，原创内容文字及配图的有趣性和凝练度不高。因此，文章浏览量较低，其中汝城对外知名度较高的红色故事——“半条被子的故事”累计阅读量也处于较低水平。

3. 资源开发乏力

汝城的红色文化遗产开发基本处于初级和粗放阶段，且地区发展不均衡。目前，各红色旧址、故居等尚未产生固有的旅游经济效益，而只是作为近现代的文物遗址进行了初步保护。

汝城县政资金有限且大量流入其主要红色景点沙洲的建设中，导致其他红色文化保护单位的资金相对短缺。在对“一张借据的承诺”专题陈列馆馆长黄桂华女士进行采访中，面对调研小队“如果有机会是否会考虑采用一些先进科技手段实现对陈列馆的升级”的问题时，黄馆长回复道，受陈列馆本身的非营利性质和资金限制，陈列馆的资金将主要用于维修，展馆未来不会有较大变化。在调研小队对湖南省中共党史协会理事、原汝城党史研究室副主任徐宝来先生的采访中，他甚至提到由于保护力度不足，很多红色旧址正在逐渐消失。由此可见，资金的限制是汝城红色文化保护和发展的一座大山。

此外，汝城当地的旅游相关的公共交通、住宿、购物等配套设施发展相对滞后。由于汝城的红色旅游业仍处于发展建设期，且游客来源主要以旅行团为主，对公共交通需求较低，目前汝城的红色景点间暂无公共交通且汝城的主要红色景点距汝城主城区均有半小时以上的车程，交通问题给外地游客的出行带来了极大不便。同时，以汝城沙洲为例的红色景区的民宿和餐饮在各大旅游平台上均无法查询到，很大程度上影响了旅客的出行意愿和体验。

汝城的红色文创产品开发还在起步阶段，虽然沙洲等景区已经开始与湘南学院等院校合作进行文创产品的开发，但双方并未形成稳定且充足的产品创意供应，是否有新文创的产生取决于合作方是否有新灵感。此外，文创产品以纪念摆件、文化衫、笔记本等为主，工艺较为粗糙也缺乏本地特色，与国内其他地区的衍生品之间没有区分度。同时，多数景点的文创购买处呈现小商店的形态，装潢较为简陋，无法刺激游客的购买欲，难以充分发挥红色旅游业带来的经济效益，也难以以文创产品的形式持续性地对游客施加文化影响。

吃、住、行、购等配套设施建设的不完善直接影响了红色文化资源的对外吸引力，引发了“引不来、留不住”的问题。

4. 缺少专业人才

相较于其他红色老区，汝城缺少当地高等院校和研究所，作为红色文化主要研究单位的县委党史研究室的组成较为简单，对汝城红色文化进行深入研究和以编撰图书出版或在各大互联网平台进行宣传的专业人员较少，不利于扩大汝城红色文化的影响力。同时，汝城的红色文化历史较为久远，许多故居、遗址等都出现了不同程度的破损，因此在故居和遗址修复上，汝城有较大的人才缺口，如何引进人才，实现修旧如旧，实现红色文化遗产的可持续性保护和开发是汝城红色文化保护需要思考的问题。

除去研究型人才的缺口，汝城的红色景区还出现了讲解员人数不能匹配客容量的现象，汝城热门红色旅游景点沙洲景区的讲解员表示沙洲景区存在高峰期讲解员人手不足的情况，在节假日等客流高峰期景区只能选择让稍作培训的义务讲解员承担讲解任务。此外，讲解员也会选择通过只讲解重点而不进行全程陪同讲解的方式，来尽量缩短讲解时间以接待更多游客；而在一些相对冷门的旅游景点，一个讲解员更是需要同时服务几个景点，游客只有通过提前预约才能保证获得讲解服务。

（四）汝城红色文化保护和发展中现存问题的改进建议

1. 深化、细化、亮化红色文化传播内容

汝城的红色旅游开发不能停留在简单的物品展示、景区参观的单一观光模式上，而应该在确保红色文化产品内核正确的前提下，挖掘当地红色文化独特的价值内涵，形成形式多样、内容丰富且参与性强的红色旅游产品体系。

在景点讲解介绍和陈列展示中，应该更多地融入当地红色文化的精神内涵，将红色文化与当代实际联合起来，增强陈列展示的生动性和形象性。同时，展馆可以采取动画、彩绘、拼图、电脑游戏等多种形式来设计互动性项目，如根据当年事情经过等实施内容设置一些测验和模拟游戏等，以提高旅客参与度；同时，在旧址和战场纪念地也可以配套开发攀爬、射击、野外作战等体验性项目，让游客在互动娱乐中获得军事和文化体验，增进对红色故事的理解。

同时，不同的社会群体受众个人对红色文化有不同的需求和反应，因此汝城红色文化的传播应该根据年龄、教育背景、职业背景等细分受众群体，并根据细分群体的文化需求、选择性行为和消费偏好设置传播内容。例如对学者等抱有研究目的的游客，可以侧重史实的讲解，而对接受红色教育的青少年学生，则可以增加讲解中的故事性元素等，以提高讲解的吸引力和有效性。

2. 加强资源整合，深入发掘内涵

要摆脱汝城红色文化的受众局限，除了应加大对外宣传力度外，加强旅游配套设施的发展也是必要条件。汝城县应出资建立连接各主要景点间的道路，同时也需要设立对应的旅游专线，并将公交线路上传至高德等导航平台。此外，汝城县可以通过向市民以政策引导及优惠，在政府规划的框架下，吸引民众提供餐饮、住宿、本地特色产品的售卖等，并对商户进行技术培训，提高服务提供的网络普及率。

在红色文旅的融合发展方面，汝城应该在红色文化的对外宣传和红色旅游的发展中注入鲜明的当地特色，从而与其他老区区分开，形成品牌效应。例如将红色文旅与当地特色的温泉旅游、古祠堂科普与探索、香火龙非遗体验等结合，形成一个综合的红色文旅品牌以吸引更多的旅客群体并满足其需求。汝城可以丰富红色文化的呈现形式，如创造以湘南起义为主题的戏剧、歌舞剧，甚至实景剧本杀、角色扮演等形式，以直观新颖的形式吸引年轻的旅客群体，其盈利也可以作为进一步推动红色文化保护的资金。

3. 利用新兴载体，加大保护、宣传力度

（1）利用互联网平台，实现红色文化的数字化保护

当前汝城红色文化保护以文物陈列、出版书籍等传统形式为主，时间一久容易出现灭失等情况，因此汝城可以将红色文化遗址的文字资料、红色文化文献、红色文化书籍报纸等纸质资料以数字化的形式留存下来，构建汝城县红色文化综合查阅门户，通过网络解决红色文化纸质载体易损坏等缺点，提高红色文化保护的可持续性，同时也为民众了解汝城红色文化提供更详尽全面的渠道。

（2）利用移动终端平台拓宽宣传渠道

相较于广播、电视、报纸等传统媒体，微博、微信、小红书、抖音等以智能移动终端为载体的平台传播迅速、形式多样、民众接受度更高，汝城县应该积极利用移动终端树立形象，提高知名度。

对于微博、抖音、小红书等分享类的社交门户，汝城可以通过举办活动、提供门票优惠等方式来鼓励游客分享汝城的红色旅游体验，坚持以人民为中心的创作导向，提高汝城红色文化的社交宣传热度和社会影响力；同时也可以通过举办活动、提供奖励等方式，鼓励网友对汝城的红色文化进行二次创作，如设立衍生品设计竞赛等，以增进民众对汝成红色文化的理解、拉近红色文化与民众的关系、丰富汝城红色文化的时代内涵，也为吸引民众来汝城进行红色旅游活动、实现文化变现打下基础。

此外，汝城县还可以通过在微信平台上建立集文化宣传与旅游运营于一体的官方公众号，在对汝城红色文化的来源、形成、背景、特点等进行宣传的同时，同步建立文旅商城、场馆和服务预约等模块。微信推送可以提高汝城红色文化的公众曝光度，施加持续性的文化影响，让汝城的红色故事深入人心；文旅商城模块则会便利汝城红色文化资源的商业价值的实现，也有利于推进汝城红色文化衍生产品的发展；线上预约模块不仅能让游客获得一站式的旅游服务，提高满意度，同时也能进行同类线路和互补线路的推荐，提高冷门景点的资源利用率，通过红色旅游带动温泉旅游等的发展，实现全域

旅游的融合发展。

4. 优化人才培养机制，加强人才队伍建设

在红色文化遗产的保护方面，汝城应设立专门机构对此进行全面的规划和开发，避免破坏性开发。为实现长久发展，汝城可以和湖南省内高校合作引进人才，还可以通过和院校合作邀请高校学者对汝城的红色文化保护工作提出评估和建议，同时也可以通过延请专家进行短期专题培训来实现持续性的人才培养。

在汝城的红色文化故事讲解者方面，汝城可以通过当地党校等机构对志愿者队伍进行持续性培训，在培训后对志愿者进行考核，并按照客流量在节假日等高峰期在网络平台按需发布志愿者需求，给讲解志愿者提供补助，以缓解人才短缺问题。

在红色文化的对外宣传方面，在新媒体产业快速发展的形势下，汝城可以引进一批热爱红色文化又掌握新媒体技术的专业性人才，在坚持红色文化内核的基础上，积极采用网络报道形式，及时提供汝城的红色文化普及推送、活动公告等，打造网络红色文化品牌。同时，汝城应对这些人才定期举办新闻报道培训、媒体运营等活动，提高红色文化新媒体宣传人才的专业知识和技能。

三、调研结论与总结

作为湖湘红色文化的保护与传承者，汝城县积极采取了深入研究红色史实、编撰出版红色书籍、大力推送红色教育等措施积极推动红色文化保护工作的进行，并通过融合发展文化保护事业和红色旅游产业，在传承文化的同时推进乡村振兴事业的实现。然而，现阶段汝城红色文化保护工作仍然存在传播内容同质化、渠道建设滞后，基础设施和相关产业待发展，文化保护、传播和讲解人才缺乏等问题。因此，调研小组建议汝城进行红色文化传播内容的升级，深入整合资源以形成有区分度的红色文旅品牌，积极利用互联网平台对外宣传和进行数字化保护，并加强文化保护宣传人才队伍建设以实现更高层次的文化保护和利用。

四、收获与感悟

汝城的红色故事比起英雄传说更像是普通人的光辉，是以小见大的感动。“半条被子”和“一张借据”，事是小事，但却体现了军民鱼水情深的伟大情谊。汝城这个地方也像它的故事一样不太显眼，但细细了解就会发现它传承千年的理学和祠堂文化，以及由此孕育而生的红色文化的独特美感。正如小

组成员张静雯所说：“‘走百年老区，看时代发展，继承红色精神，传扬红色文化。’这是我做第一篇推送时写在开头的话。那时候写下这句话觉得很大气，很气派，但当经历过了整个暑期实践，在了解了那么多感人的故事后，我才懂得了这句话被赋予的内涵。曾经悲壮又闪闪发光的历史，蕴含着令人感动又敬佩的红色精神和红色文化，也正是因为有无数先辈的奋斗，才有了我们现在美好的生活。就像‘半条被子’展馆里的解说员说的，‘当年的半条被子和现在的幸福生活，靠的都是共产党，我们要永远感谢共产党，新时代我们将永远感党恩、听党话、学党史、跟党走’。”

本次社会实践不仅加强了小组成员对汝城和红色文化的理解，也通过亲身经历实践过程使成员们认识到了社会实践到底应该如何进行。同时，在团队中的分工合作，让每个成员都能尽力做自己擅长的事情，进一步让成员明白团队合作的重要性。

回望弥天烽火，奔赴万里长征[①]

——贵州遵义探索红旅促发展之征

一、引言

在2021年上海对外经贸大学暑期社会实践活动中，实践小组刘静雯、付紫菱、雷语桐、黄沛然、谭西紫、蔡商艺、刘弘浩七位成员以“老区百年看发展”专项实践活动为题目导向，开展了这次“回望弥天烽火，奔赴万里长征”活动。

小组8月1日前往贵州省遵义市红花岗区遵义会址及周围老区调研；8月2日前往贵州省遵义市四渡赤水纪念地走访调研。立足贵州大力促进旅游发展的大环境，深入挖掘遵义肥沃的红色土壤，走红旅促发展的新征程。通过对遵义会议会址和四渡赤水纪念馆的深度调研，我们了解了各景区不同的发展模式并找出其存在的问题，提出了改进建议。

二、主体

（一）调研对象基本情况

1. 遵义会议会址

位于贵州省遵义市红花岗区子尹路96号，原系国民党第二十五军第二师师长柏辉章的私人官邸。建于20世纪30年代初，建筑为砖木结构，中西合璧的两层楼房。

1935年1月初，中国工农红军第一方面军长征到达遵义后，中华苏维埃共和国中央革命军事委员会总司部与一局即设在这幢楼房里。1月15—17日，遵义会议（中共中央政治局扩大会议），在主楼楼上原房主的小客厅举行。这次会议确立了以毛泽东为代表的新的中央领导集体。遵义会议成为中国共产党历史上一个生死攸关的转折点。

---

① 作者：刘静雯、付紫菱、谭西紫、雷语桐、刘弘浩、黄沛然、蔡商艺。指导老师：王娜。

1961 年，遵义会议会址被国务院列为第一批全国重点文物保护单位。2005 年，被评为国家 AAAA 级旅游景区。2018 年 11 月 24 日，入选“第三批中国 20 世纪建筑遗产项目”。

2. 四渡赤水纪念馆

位于贵州省习水县土城镇，是全国爱国主义教育示范基地、全国青少年教育基地、国家国防教育示范基地、国家 AAAA 级旅游景区，2009 年景区全免费开放。

四渡赤水纪念馆对于土城来说已经是个标志性的建筑，建设也投入了大量的人力、物力、财力，从 2006 年 3 月 2 日奠基，一直到 2007 年 7 月 9 日开馆，耗费了 16 个月的时间。

2006 年 3 月 2 日，“四渡赤水纪念馆”建设工程在土城镇举行奠基仪式。因已有旧馆存在，所以最初定位为四渡赤水陈列馆，后来才统称为纪念馆。

2007 年 7 月 9 日上午，遵义市纪念中国人民解放军 80 周年暨四渡赤水纪念馆开馆仪式在土城镇举行。

2011 年 8 月 23 日，依照中华人民共和国国家标准《旅游景区质量等级的划分与评定》与《旅游景区质量等级评定管理办法》，经有关省、自治区、直辖市旅游景区质量等级评定委员会推荐，全国旅游景区质量等级评定委员会组织评定，遵义市四渡赤水纪念馆达到国家 AAAA 级旅游景区标准的要求。经全国旅游景区质量等级评定委员研究决定，现批准为国家 AAAA 级旅游景区。

2018 年 9 月，中国博物馆协会决定同意四渡赤水纪念馆为国家二级博物馆。2020 年 12 月，被评定为第四批国家一级博物馆。

（二）调研基本做法

1. 定量方法

在实地调研前，我们针对贵州省红色旅游现状进行了线上问卷调研，并对调研结果进行了统计，根据统计结果调整研究步骤及研究方向。

2. 实地调研

2021 年 8 月 1 日，贵州省遵义市红花岗区子尹路 96 号遵义会议会址。

2021 年 8 月 2 日，贵州省遵义市习水县土城镇长征街四渡赤水纪念馆。

3. 个体访谈

在实地调研及网络问卷统计的基础上，为了更加深入地了解贵州省红色旅游现状，我们在遵义会议会址及四渡赤水纪念馆附近随机采访了几名游客及相关工作人员。

（三）重点内容：改革的历程、采取的措施、目前取得的成绩

1. 遵义会议会址

遵义会议会址原为黔军第二十五军第二师师长柏辉章的私人官邸。1935年1月，中国工农红军第一方面军长征到达遵义后，中共中央在此召开会议，确立了毛泽东同志在党中央和红军的领导地位，这场会议便是著名的遵义会议。遵义会议使党和红军得以在极其危险的情况下保存下来并走上胜利的道路。

由于遵义会议对中国共产党和中国革命有着巨大意义和巨大启示，为庆祝中国共产党成立30周年，中共遵义地委、遵义地区专员公署成立了遵义会议纪念委员会筹委会，决定筹建遵义会议纪念馆。1959年10月1日，经上级有关部门批准，遵义会议会址正式对外开放。随着遵义会议会址参观的人数不断增加，而且遵义会议会址在各个方面所作出的重大贡献和产生的巨大意义，于2005年被评为国家AAAA级旅游景区。

遵义会议会址是遵义市重要的城市地标之一，也是让遵义市成为红色旅游城市不可或缺的重要因素。遵义会议会址景点为当地发展作出了巨大贡献，带来了许多游客，推动了当地经济增长，也让遵义市具有红色文化的底蕴。遵义市政府为能更好地将遵义打造成红色旅游文明城市，积极改善遵义会议会址周边环境，新建许多纪念馆，如新建“遵义会议陈列馆”等，并在周边修建与红色文化相匹配的建筑如红军街，用于推销当地美食和工艺品，宣传当地文化。政府的种种有利宣传，使得遵义市在国内享有一定的知名度。由此可见，遵义会议会址对遵义市作出了巨大贡献，它使得遵义市成为家喻户晓的全国红色旅游城市和全国文明城市，由于要打造环境优美的景点，遵义市基建和环境卫生得到了积极改善，美化了城市面貌，拥有了自己的城市风格。各个方面积极改善的同时，也为遵义市吸引了大量的游客，宣传了当地文化，大大地推动了遵义市经济的发展。所以，遵义市的发展离不开遵义会议会址。

遵义会议会址作出的巨大贡献和产生的深远意义远不止于此，它让本地人和游客对红军精神及中国共产党有了新的认知。本地人和各地游客怀着爱国情怀和教育学习的目的来到遵义会议会址进行观光游览，通过参观红军所留下来的书信、锅碗瓢盆等物品，并了解长征路线和各种决策，了解到红军长征的艰难以及中国共产党在遵义会议会址上所作出的正确决策。将遵义会议会址作为红色旅游景点，更好地培养了人们的爱国精神，并使遵义市具有红色文化底蕴，故遵义会议会址对遵义市的发展作出了巨大贡献。

2. 四渡赤水纪念馆

赤水市也是一座红色城市，位于贵州省北部，由遵义市代管。而红军长征的经典战役四渡赤水之战就发生在赤水河。赤水市政府为了永久纪念这次战役和为了中国解放后所牺牲的革命先烈，决定建造四渡赤水纪念馆。四渡赤水纪念馆虽没有遵义会议会址那么出名，但其性质却和遵义会议会址是一样的，也是 AAAA 级旅游景区，也为赤水市作出了巨大贡献。

在和平的今天，四渡赤水纪念馆和遵义会议会址的意义在于对市民进行爱国主义教育。建立纪念馆是为了真实而全面地反映中华民族抗击外侮的历史，有助于增强国家观、民族观，市民通过参观可以知晓爱国的首要意义是民族的独立和自强，也可为热爱历史者、旅游者提供多层次、多角度、多功能的服务。在世界范围内，还有非常多的人对历史文化相当关注，对抗战历史相当关注；为这些历史爱好者服务，也是宣传、记录历史极好的方法。应提升城市文化水平。作为历史悠久的文化名城，作为在中国近代历史上有突出地位的城市，通过旅游全方位宣传本地的历史也是不可缺少的；在和平年代修建战争纪念馆，不仅回顾了历史，还有很大的教育意义。作为新时代的青年、共产主义接班人的我们要铭记历史，勿忘国耻，爱好和平，珍惜生命！

（四）存在问题的基本原因分析

1. 宣传红色旅游的力度不够

旅游宣传促销是加快旅游业发展的重要手段。贵州省是世界知名山地旅游目的地和山地旅游大省，国家生态文明试验区，内陆开放型经济试验区。但在红色旅游宣传方面力度还不够。

2. 旅游业基础配套设施比较薄弱，交通不便

红色旅游为遵义市及赤水市带来了巨大的客流量，成为贵州旅游的金字名片，一大半游客是冲着红色旅游景点来的，而游客的旅游体验与吃、住、行、游、购、娱息息相关，将直接带动当地的餐饮、酒店、娱乐设施的发展。旅游业基础配套设施不完善，是一个较为严重的问题。为满足旅行者在旅行游览中的需要而建设的各项物质设施有待完善，在饮食、文化娱乐等方面有待提高。

景区地理位置跨度较大，交通不便，也是一大难点。旅游对交通的发展具有极强的依赖性，只有形成四通八达的交通网络，才能使游客便捷地在各个景区（点）间流动，使分散的景区连成一个有机整体。建设发达的交通，是发展现代旅游业的必然需求。

3. 游客在旅游中接受红色文化熏陶氛围不足

遵义市拥有以长征文化为代表的红色旅游资源，可与其独特的生态民俗、

历史文化实现自然融合。游客在红色旅游中，了解红色文化，学习爱国者的奉献精神，缅怀先烈，同时也达到了娱乐散心、旅游观光的目的。问卷调研结果显示，大部分参与者希望在红色旅游时有观看特色红色节目、体验式活动、体验当地名俗特色等旅游体验。

4. 未能以红色旅游为突破口，充分挖掘利用这些文化资源，进一步形成完整的产业链，促进全市经济的跨越发展

如何将资源优势转化为效益优势，将大规模的红色文化资源进行有效整合，创造更高的旅游经济收益，是目前红旅经济发展面临的困难之一。旅游行业促进教育行业、交通运输业、金融行业、广告行业、互联网等同步发展。旅游业可以带动与其直接相关的上下游产业和周边产业的发展。但遗憾的是，目前阶段，仅将红色旅游作为主力略显单薄。

（五）改进建议

1. 对于宣传红色旅游的力度不够的问题

政府应该提高宣传对旅游业发展的重视程度，加大红色旅游宣传的力度，增加资金投入，突出重点，不断强化红色旅游整体形象的设计包装和宣传。各相关部门要把宣传红色旅游整体形象作为对内对外宣传工作的重要组成部分，积极与上级传媒进行交流。民众应该对当地的文化有更强的自信心，通过短视频平台、网络媒体及纸质媒体，向外界宣传弘扬红色文化。

2. 对于旅游业基础配套设施比较薄弱、交通不便的问题

加强贵州地区基础设施建设，用来满足旅游与当地民众生活需要。加大对交通的建设，努力形成四通八达的交通网络，使游客便捷地在各个景区（点）间流动，使分散的景区连成一个有机整体。允许有条件的个体民营、国有企业在城市、郊区景区（点）之间开辟和营运旅游专用线路实行景随路转、路为景开的优先扶持办法。

3. 对于游客在旅游中接受的红色文化熏陶氛围不足的问题

在旅游场馆设置更多游客可以体验红色文化的项目，如定期开展红色主题教育，组织播放红色主题影片，体验式活动，体验当地民俗特色等活动，使游客在旅游中接受红色文化熏陶。

4. 对于未能以红色旅游为突破口，充分挖掘利用这些文化资源，进一步形成完整的产业链，促进全市经济的跨越式发展的问题

应抓住机遇，将上下游产业和周边产业发展好，为红色旅游提供更加坚实的后盾。大力践行产业融合发展，不仅可以促进旅游业的发展，更可以将

旅游的创新成果深度融入经济社会各领域之中。

三、调研结论与总结

遵义是红军长征中一个重要的节点，拥有丰富的红色旅游资源。但遵义的红色旅游景点大部分处在经济落后、基础设施条件较差的山区，主要产业以农业为主，经济发展缓慢，居民的生活水平较低。2004 年，我国政府将红色旅游纳入了发展日程。党的十六届五中全会提出了建设社会主义新农村的决策。在这样一个政策背景下，遵义大力开发红色旅游资源，发展革命老区的红色旅游，以此来改善革命老区的产业结构，提高当地居民的生活水平，从而实现旅游扶贫的目的，也正好符合了建设社会主义新农村的历史发展任务。因此，遵义发展红色旅游是一条正确的道路。

遵义市红色旅游产业作为经济发展中的后起之秀得到了快速的发展。在当代社会发展形势下，红色旅游产业的发展既面临着机遇又面临着挑战。遵义市红色旅游产业在发展过程中，还存在许多的影响因素，需要我们去分析。我们需要通过分析遵义市旅游产业发展的影响因素，把劣势变为优势，把优势变为胜势，帮助促进革命老区遵义经济又好又快地发展。本次社会调研对遵义市红色旅游产业发展情况进行了调研分析，在实地调研及网络问卷统计的基础上，也在遵义会议会址及四渡赤水纪念馆附近随机采访了几名游客及相关工作人员，得出以下结论：

一方面，红色旅游带动了遵义旅游业的全面发展，形成了红色旅游、乡村旅游、茶文化旅游、酒文化旅游全面发展的格局，产生了良好的经济效益；另一方面，遵义在发展红色旅游的过程中，通过大力弘扬长征精神、继承和发扬遵义会议革命传统来提高当地人民群众的思想觉悟，凝聚广大群众的力量共同推动遵义经济社会文化建设。由于要打造环境优美的景点，遵义市基建和环境卫生得到了改善，美化了城市面貌，使遵义拥有自己的城市风格。

游客在红色旅游中，了解红色文化，学习爱国者的奉献精神，缅怀先烈，增强国家观、民族观，市民通过参观可以知晓爱国的首要意义是民族的独立和自强，同时也达到了娱乐散心、旅游观光的目的。但是，在红色文化熏陶方面还有提升空间。本次调研显示，大部分游客希望在红色旅游时可以获得观看特色红色节目、体验式活动、体验当地民俗特色等旅游体验，而不仅仅参观旧址以及纪念馆。

除此之外，遵义宣传红色旅游的力度不够。政府应该提高宣传对旅游业发展的重视程度，加大红色旅游宣传的力度，增加资金投入，突出重点，不断强化红色旅游整体形象的设计包装和宣传，可以通过短视频平台、网络媒体及纸质媒体向外界宣传弘扬红色文化。

能否将资源优势转化为效益优势，将大规模的红色文化资源进行有效整合，创造更高的旅游经济收益，是目前红旅经济发展面临的问题之一。旅游发展必须按照全要素、全区域、全过程、全方位的要求进行，因此遵义红色旅游品牌构建是一项复杂的系统工程，需要明确形象定位、创新红色旅游品牌、打造参与型红色旅游产品、构建红色旅游营销新模式，促进遵义红色旅游可持续发展。

四、收获与感悟

刘静雯：我们在这次社会实践中克服了种种困难，队员们齐心协力完成了本次社会实践。在本次活动中，我们不仅深入调研了遵义红色旅游发展的历程及现状，同时也受到了红色精神长征文化的熏陶，体会到了革命先烈们的不易，没有他们就没有我们今天的新中国，就没有我们今天的美好生活。社会实践不仅锻炼了我们的能力，也滋养了我们的精神。

雷语桐：以走访调研、问卷调研等方式了解了红色旅游在贵州省的发展状况。本次旅游和学习，极大地丰富了我的精神文化生活，增长了见识；也使我们真切地感受到了革命先烈们抛头颅、洒热血的英雄气概，经历了一次梦境般的心灵涤荡，深切感受到今天生活的来之不易。我们要继续弘扬长征文化，传播红色精神，为美好的明天奋斗努力。

黄沛然：此次“回望弥天烽火，奔赴万里长征”活动在贵州省遵义市及赤水市展开。本次社会实践调研和学习使我对党史有了更深的了解，没有革命先烈们当年的艰苦奋斗就没有今天我们的幸福生活。我明白了今日美好生活的来之不易，坚定了共产主义的信念。

蔡商艺：这次活动在学校的大力支持和成员们的积极配合下圆满完成，大家从写投标书到调研研究，通过细致的观察和分析，收集资料，整理数据，最后得出结论，找出问题提出建议，写出报告，在思想上、心灵上都感到很大震动，受益匪浅。红色旅游促进了经济的发展，经济发展进一步促进了对红色革命根据地的保护，同时促进了社会的不断发展进步，红色土壤又得到灌溉，这样一个良性循环让遵义这个城市不断发展，同时也提醒着我们弘扬长征文化，传播红色精神，正是在为我们美好的明天努力奋斗。

付紫菱：在本次社会实践前，我虽身处红色老区遵义，但仍对于遵义乃至贵州的红色旅游资源不甚了解，对其内部所蕴含的红色精神的理解也始终浮于表面。通过本次实践，我与同学们一起实地走访遵义附近的红色景点、了解其背后的红色故事，真正领悟了红色文化精神，让我能在今后的学习生活中更好地将红色精神传承并弘扬，走好新时代的长征路！

谭西紫：这次充满意义的实践，不但丰富了我的社会实践见识，同时也提高了我的团队合作能力和自身素质的修养，也让我树立起义务服务社会的思想和坚持不懈的勇气；同时，也让我更加明确了人生目标，为将来更好地回报祖国、服务社会打下了坚实的基础。社会实践是引导我们走出校门、探足社会的一个很好的途径，这个感悟我将受用一生。

刘弘浩：作为上海对外经贸大学的一名学子，我很幸运能够参加到本次社会实践当中。在此次贵州遵义探索的红旅促发展社会实践中，我深深地了解到红军长征的艰苦以及中国共产党的伟大决策，也认识到红色旅游景点给当地带来了有利的影响和作出的贡献。在遵义会议会址和四渡赤水纪念馆中，望着红军留下的那缝满补丁的衣服和那一封封充满力量的书信，明白了我们今天的幸福生活来之不易，今天的成功是付出巨大牺牲和艰辛劳动换来的这个道理。这次社会实践使我收获很多，我很珍惜这次活动。

旅游共享经济下山村文化的困局突破①

——以浙江省文成县为例

一、引言

（一）调研背景

随着我国国民人均收入的不断提高，百姓日益重视精神消费，而旅游业的迅猛发展证实了这一点。旅游产业产值持续增长，对民生、经济以及社会都有着积极的作用。在互联网飞速发展的时代，旅游业也紧跟着它的步伐，建立了旅游共享经济。旅游共享经济能使各地区的资源得到充分利用，也能带动当地民众参与到这样一种新旅游形态中，从而带动当地的经济发展。但现有的旅游共享经济发展不成熟，存在一些无序的乱象，给旅游产业带来一定的负面影响。所以，我们将从文成县出发，了解该县旅游共享经济的发展现状，从而对全县的旅游业发展难题提出改善建议，也能为我国其他地区旅游共享经济发展提供借鉴。

民宿是一种非常典型的“共享经济”概念的实体化范式。民宿作为桥梁，连接顾客与村民，为村民带来额外的农产品效益；同时，民宿业也成为当地旅游业“大转盘”的主要推动力，将文成县各个村落的经济死水变活水。灰头土脸的空壳村在政府对民宿业的扶持下，改善了当地的基础设施建设和村民的生活环境，实现了山村文化下的旅游共享经济，做到村民、民宿、政府三方共赢、共享、共生。

民宿对山村文化的带动和协同发展是进行时。民宿业作为文成县共享经济的主要成分正在逐步打破山村封闭经济的困境。但发展至今，这一进程仍旧存在种种亟须解决的问题和阻碍。此次调研旨在发现文成县作为革命老区发展共享旅游经济进程中遇到的问题，分析问题存在的可能原因，并根据当前实际旅游产业市场的已有资源和可利用资源，提出切实可行的建议和对策，

---

① 作者：张思琦、王欣汝、朱韵晨、周祎雯、胡徐婷、邓雪。指导老师：张胜利。

为共享经济和当地文化深度融合提供发展思路，为文成县美丽乡村建设和乡村振兴指出未来发展方向。

本次社会实践调研地点为浙江省温州市文成县，项目于 2021 年 6 月启动，8 月 1 日至 4 日在文成县实地考察。

（二）理论背景

1. 利益相关者理论

利益相关者理论在于利益对于不同的群体以及个人均不相同，要想在经营中得到更多人的支持和帮助，必须妥善处理不同利益群体及个人之间的关系，来满足各自的利益需求，使得在经营中获取相应的帮助。对于旅游经济而言，旅游经济的利益相关者主要为旅游经营商家、游客、旅游服务人员以及旅游当地民众。因此，要想提高旅游经济效率以及运作有效性，需要对这 4 个方面的群体进行相应利益均衡，并满足这些群体的各自利益诉求①。

2. 旅游可持续发展理论

旅游可持续发展理论是随着人们环境保护意识的不断增强而形成的。旅游产业在发展的过程中不能只满足于眼下的发展，还需要重视未来的发展趋势。只有具备可持续性，旅游产业才能够得以长久顺利发展；否则，杀鸡取卵的开发模式会使得旅游产业在未来受到重创，使得参与各方都受到负面影响。

在旅游产业中，可持续旅游发展主要分为自然资源可持续发展以及社会和谐可持续发展。在自然资源可持续发展方面，旅游景区应当适度开发。若为了提高接待游客的能力而大肆开发，会对原本的自然环境造成破坏且游客数量的大幅增加也会对当地生态环境产生巨大压力。在社会和谐可持续发展方面，主要应当确保当地民生不受影响，同时民俗风情能够得到保存，避免过度的商业化破坏原本的地方民俗风情。所以，从可持续旅游发展理论中可以得知，旅游发展需要适度，不可操之过急，必须重视长远发展②。

3. 共享经济理论

共享经济理论最早于 1978 年提出，直到 2010 年之后才被社会认知并广泛推行开来。共享经济理论的核心在于通过建立专门的信息共享平台，实现社会上供给以及需求端的快速对接，来解决社会中存在的供需信息失效的问

---

① 牛梦茜．旅游业对区域经济差距的影响研究［D］．大连：辽宁师范大学，2016.

② 丁中立．“互联网+”背景下黄山风景区旅游信息服务平台调研分析［D］．合肥：安徽大学，2018.

题。共享经济的实施，能够充分发挥物品、人力资源以及其他资源的价值，避免资源出现闲置以及浪费，通过资源的充分利用促进社会的可持续发展。旅游共享经济的实施可以将旅游的相关闲置资源与旅游需求进行有效的对接，来提高旅游资源的使用效率，同时借助于旅游共享经济，拉近游客与当地居民的距离，更好地感受民俗风情，优化旅游体验①。

4. 旅游商品创意理论

2021 年 7 月 5 日，文化和旅游部发布《关于推进旅游商品创意提升工作的通知》，提出了“五个坚持”。其中关键的有三点：一是“坚持文化为魂，挖掘文化内涵，提升商品价值”；二是“坚持市场导向，培育市场主体，丰富产品种类”；三是“坚持品牌引领，拓宽营销渠道、引导市场需求”。市场与文化不可分离，没有市场就不存在产品、商品和品牌，没有文化就不存在创意、创新和创造。应当基于市场需求，研究、提升旅游商品创意。

二、主体

（一）调研对象基本情况非常高

文成县，隶属浙江省温州市，于 1946 年从瑞安、青田、泰顺三县边区析置而成，以明朝开国元勋刘基（刘伯温）的谥号“文成”做县名。文成县是浙江省第二大侨乡、革命老根据地县，也是国家重点生态功能区。

文成县具有得天独厚的自然资源和特产。文成素有“八山一水一分田”之称。全县森林覆盖率非常高，全年平均气温为 15.2℃，空气和地表水质量均超过国家 I 类标准，被誉为“天然氧吧”，是国家级生态县、中国长寿之乡、中国气候养生福地。目前，已有 1 个国家 AAAAA 级旅游景区，14 个国家 AAAA 级以上旅游景区。此外，文成县有诸多如文成粉丝、文成杨梅、文成贡茶、文成兔肉、文成畲族文化衍生品等当地特产。正因其人杰地灵、得天独厚的旅游资源，文成县成为周边人们心中的旅游休假胜地。旅游业也成了文成县最重要的经济产业之一。近年来，有关部门一直通过推行“旅游+文化”“旅游+养生”等模式拓展这一龙头产业。

① 戴伟明．全域旅游视角的大都市近郊文化休闲旅游目的地开发模式研究［D］．桂林：广西师范大学，2018.

（二）调研基本做法

调研基本做法的具体内容见表1。

表1　调研基本做法

日期	内容
6—7月	研讨调研目标，查阅文献资料，撰写实践调研投标书，联系当地政府与民宿商家
8月1日	抵达温州市文成县，入住酒店
8月2日	前往南田镇，实地考察刘基庙景区，采访镇政府旅游业相关负责人，采访三家民宿老板；前往珊溪镇，参观刘英纪念馆
8月3日	前往百丈漈风景区，考察景区；前往嘉南美地，采访游客与居民；采访三家民宿老板
8月4日	前往西坑畲族镇，采访梧溪村党支部书记，参观让川村委会，体验畲族“长桌宴”文化

（三）文成县改革历程

2016年，国务院将《“十三五”旅游业发展规划》纳入国家“十三五”重点专项规划，在历史上尚属首次，充分体现了党中央、国务院对旅游业发展的高度重视，也标志着旅游业全面融入国家战略体系，成为经济社会发展的中心。

自“十三五”规划以来，文成县坚持“宜游宜居生态县”发展战略，围绕“美丽经济、美丽家园、美好生活”三大愿景，深入实施“经济赶超、环境再造、民生幸福、铁军锻造”四大工程，攻坚克难、砥砺奋进，经济社会发展迈上新台阶，标志着“十三五”发展胜利收官。

1. 交通与区位条件

累计完成交通投资105亿元，是“十二五”时期的4.8倍，结束了文成县无高速公路和一级公路的历史，使文成县从温州的交通末端逐步转变为温州西部综合交通枢纽。文泰高速、G322樟台至龙川段建成通车，全力推进文景高速、G322西坑至景宁段、青文泰公路樟台至上林段等工程，通用机场、文青高速、温武吉铁路、西北部城乡供水提升工程等项目前期取得新进展。

2. 生态产业与经济

“十三五”时期，全县生产总值突破百亿元，从79.1亿元增加到112.01亿元，年均增长7.4%（见图1）；人均生产总值从33795元增加到45540元，年均增长7.7%。其中，旅游总收入从26亿元增加到50亿元，年均增长

14.0%。2020 年，景区接待游客达 399 万人次，过夜游客达 92 万人次。荣获浙江省全域旅游示范县。

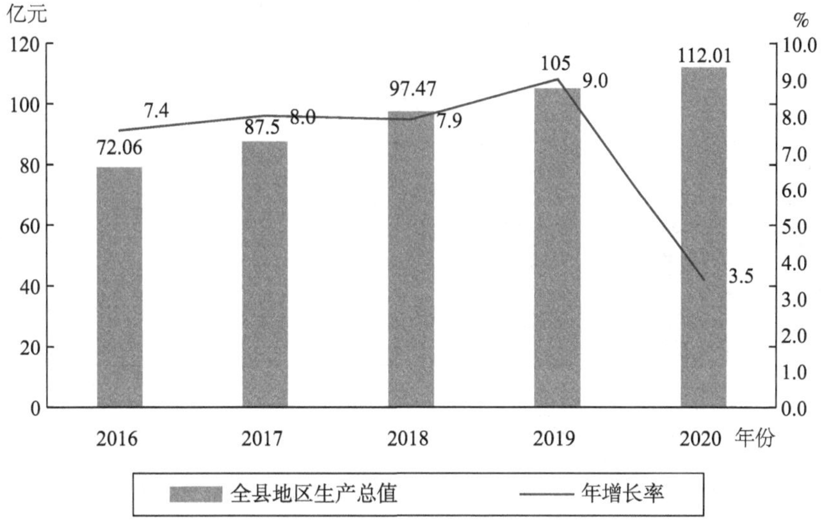

图 1　“十三五”期间文成县地区生产总值与年增长率

资料来源：《2017—2021 年文成县政府工作报告》。

3. 环境再造与城乡建设

完成“三改一拆”498 万平方米，创成国家卫生县城，连续 3 年荣获全省小城镇环境综合整治优秀单位，创成省级美丽乡村精品村 20 个、A 级景区村 139 个、市级乡村振兴示范带 10 条，县域人居环境蝶变升级、处处成景。全力打好污染防治攻坚战，基本建成全域污水零直排区，生活垃圾实现零增长、零填埋，森林覆盖率上升至 72.36%，生态环境质量稳居省市前列，荣获全省首批“清三河”达标县、省级生态文明建设示范县、全省首批清新空气示范区、中国气候养生福地等称号。

4. 致力于小康与民生福祉

“十三五”期间，文成县坚持 75%以上新增财力用于改善民生，累计民生支出 187.1 亿元，年均增长 10.8%；城镇和农村常住居民人均可支配收入分别年均增长 7.8%和 9.3%；低收入农户数量从 10.27 万人减少至 1.21 万人。见图 2。

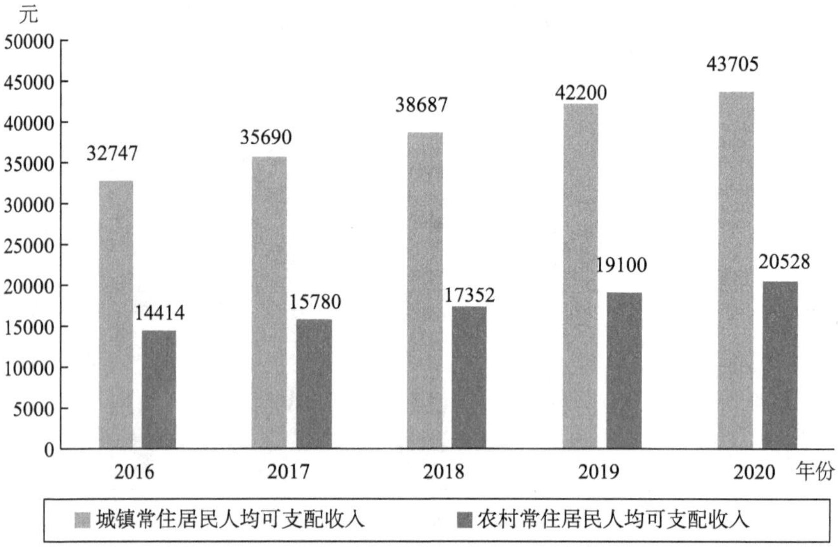

图 2 “十三五”期间文成县城乡常住居民人均可支配收入

资料来源：《2017—2021 年文成县政府工作报告》。

（四）主要措施

全力推进国家全域旅游示范区创建，创成刘伯温故里国家 AAAAA 级旅游景区，获评省级文旅产业融合试验区，“侨家乐”被列为浙江三大民宿区域品牌之一，森林氧吧小镇创建考核获得优秀等次。

扎实推进系列美丽创建行动，创成省级美丽城镇 2 个、美丽乡村精品村 4 个，建成美丽田园 27 处 7545 亩、美丽庭院 2003 户，新增景区镇 4 个、景区村 37 个，获评省级新时代美丽乡村示范县。建成市级乡村振兴示范带 4 条，完成生态休闲产业带项目投资 17. 16 亿元，获评全省实施乡村振兴战略优秀单位，并在部省乡村振兴工作联合推进会上作典型发言。

全县打造“侨家乐”民宿品牌。以南田镇为例，2020 年年初，便着力改造提升武阳村的“侨家乐”民宿。南田镇党委牵头成立了武阳村民宿联合党支部，通过以村党支部为核心，组建发展智囊团、环境攻坚组、伯温和事佬、志愿服务队、监督管理处五大功能团队参与民宿行业治理，全面提升民宿行业的品牌影响力和竞争力。此外，还专门组建了民宿产业党建联盟，采用“结盟抱团”破解民宿单打独斗问题，着力打造“侨家乐”旅游新业态，通过将全村 23 家民宿纳入统一管理，并实施 1 个龙头民宿帮扶带动 1 个小民宿的“1+1”联合体模式，引领民宿发展。“民宿+农事体验”“民宿+非遗体验”“民宿+体育健身”等特色线路的大力推广，如“侨家乐”野舍有体验木活字印刷、制作伯温烧饼、织布机编织等活动，将每家“侨家乐”打造成旅游综合体，实现了民宿与景点效益叠加，连锁带动了吃、住、行、玩全链条消费增长，有效延伸了红利辐射范围。

2016年，国际慢城联盟总部正式授予文成玉壶镇为“侨韵”国际慢城。近年来，文成县先后与意大利普拉托市、法国奥拜赫威耶市、意大利卡明尼亚诺市、意大利内尔维亚诺市等5个海外城市结为友好城市，并开展了系列友城互访活动，促进了中西文化交流与合作。

文成县在欧洲多地成立刘基文化研究会，并积极举办刘基文化海外推广座谈会、刘基文化国际学术研讨会，将刘基文化推向世界。通过与海外中文学校签署文化交流合作意向书，推动刘基文化走进“洋课堂”等各类文化交流活动，积极让国际友人了解中国，对外展示文成形象。

（五）文成县旅游共享经济取得的经营成果

1.“侨家乐”示范点武阳村

为了示范点内的民宿发展更加顺利，政府加大在此周边的投入和建设。以荷花节为例，武阳村内千亩荷花和依山傍水的风景吸引了文成县周边的游客，为武阳村的旅游市场源源不断注入新活力。除此以外，以武阳村“侨家乐”中最受欢迎的民宿百汇民轩为例，它已经成了周边游客来到武阳村的原因，作为一种口碑在熟人之中口耳相传。该民宿的理念同该地的许多民宿的不谋而合——结识全国各地的新朋友。不同于年轻民宿老板的创业心，年龄较大的民宿老板不太关心收入和未来规划。但也正是这样的心态，让他们的民宿更加符合当地的慢生活状态，顾客群主要为中老年人。每次以半栋或者整栋租出，可见其人气之高。

2.下石庄古村落

政府作为桥梁，先租用村民的闲置土地和房屋，然后吸引归国侨胞接手房屋开设民宿。以开臣璞居为例，该民宿已经成为村落的中心，辐射周边的环境建设，全面提升古村落的设施建设和生活环境质量。除了提供一般民宿都有的包吃包住服务，民宿本身有独有的辐射型项目，譬如接待国内外游客、与慕白工作室合作成立诗人之家、在山上多余空地修建用于各用途的场地以供借用等。同时，与村民合作销售并将其农产品作为民宿餐饮原材料的主要来源，为村民增加收入，解决曾经村里农产品供大于求的尴尬局面，真正做到了民宿和村落的共赢、共享、共生。

3. 长塘村

寒舍作为一家“侨家乐”的重点项目，将祖宅改造成既融合当地山村文化又结合西方生活风格的一家备受国内外旅客喜爱的高端民宿。该民宿不仅为旅客提供歇脚之处，而且提供体验山村生活和西方生活众多项目，向超越民宿服务的全方位度假体验地发展。譬如自制杨梅酒、西点烘焙、陶艺制作等都是该民宿的特色项目。正因如此，该民宿成为能够接待国内外旅客的品牌民宿。与下石庄村类似，该民宿也和当地村民保持着友好的合作关系，譬如收购村民自家产出的农产品，租用村民闲置土地进行再耕种以及雇用村民打理农田。

4. 畲族风情村

西坑畲族镇让川村秉持“党建+乡村旅游”的理念，打造“红档山城·恋上让川”最美乡村旅游产业，2017 年实现村集体经济收入同比增长 142%，旅游总收入 500 多万元，实现了从灰头土脸的空壳村到浙江省 AAA 级旅游景区村、省美丽乡村特色精品村、市特色旅游村的惊喜蜕变。为发展旅游民宿产业，村党支部发挥党员模范作用，带头拆除牛栏、猪栏以及露天厕所等以改善村居环境，引进有经验的悦慢民宿企业对村民的空闲房屋结合村内自然景观、生态环境和村落历史文化进行装修、整改，在悦慢民宿的带领下，现陆续开办民宿 11 家、床位 150 个，年均接待游客 3 万多人次。村党支部充分听取了党员群众的意见，在发展民宿的同时，把“三月三”中的文化精髓“长桌宴”作为常驻旅游项目，发扬畲乡传统文化，融入畲乡民俗，真正地把让川村的绿水青山变成金山银山。见表 2。

表 2 采访民宿对比

民宿名称	所属	类型	档次	房源	客源渠道	客源年龄层	是否有政府牵头和补贴
悦慢武阳	武阳村	普通民宿	中端	自家老宅	线上预约 旅行社	来自周边，40岁以上的中老年人	有
百汇民轩	武阳村	侨家乐	二钻	自家老宅	口碑 电话预约	来自周边。平时四五十岁中老年人；周末年轻人，家庭游	有
文成明轩	武阳村	农家乐	中端	自家老宅	口碑 旅行社	来自周边，退休老人居多	有

续表

民宿名称	所属	类型	档次	房源	客源渠道	客源年龄层	是否有政府牵头和补贴
开臣璞居	下石庄村	侨家乐	二钻	村民古宅	线上预约 口碑	来自沿海和周边，年轻人居多	有
皇庄璞石	百丈漈镇	普通民宿	中低端	农民老宅	旅行社 政府对接	来自全国各地，团体客老年人较多，散客年轻人居多	有
寒舍迴塘	长塘村	侨家乐	二钻	自家老宅	口碑 线上预约	来自沿海，年轻人居多，家庭游国外友人	有

《侨家乐民宿等级划分与评定》是2020年7月15日实施的一项行业标准，适用于文成县域范围内正式营业的民宿，包括但不限于客栈、庄园、宅院、驿站、山庄等。侨家乐民宿等级分为3个级别，由低到高分别为一钻、二钻和三钻。从环境和建筑（10分）、设施和设备（40分）、管理和服务（10分）、文化特色和其他（40分）4个方面进行评分。根据分数评定民宿星级。

（六）文成县旅游共享经济发展存在的问题

1. 游客来源和年龄层的单一导致当地旅游业对经济的促进作用有限

我们在调研中发现，文成县旅游业和民宿业的主要客源年龄层为中老年人，而来源地多为温州周边。2018年，世界旅游联盟发布了《世界旅游发展报告2018——旅游促进减贫的全球进程与时代诉求》。该报告指出，旅游业在贫困地区经济社会发展体系中的作用，已经从辅助角色发展为关键推动力量。2019年9月19日在中国杭州召开的“世界旅游联盟湘湖对话”上，世界旅游联盟发布了《世界旅游发展报告2019——旅游促进减贫的产业植入和文化建设》，进一步指出了以产业植入和文化建设推动旅游减贫深入发展，进而实现了贫困地区的可持续发展。我们在调研过程中了解到，旅游业已经为文成县减贫事业作出了不小的贡献，但是游客来源和年龄层的单一导致当地的旅游对经济的促进作用有限。中老年人的消费力远不及年轻人；同时，仅靠温州周边的游客是难以可持续发展下去的。虽然目前当地的经济水平相较几年前已经有了很大程度的提升，但是未来如何持续稳定发展该地的旅游业，仍需要挖掘更丰富的旅游项目和形式。

2. 已有核心景区缺乏现代元素，难以有效引流

我们在实地考察过程中发现，虽然目前文成县的核心景区于 2021 年获评 AAAAA 级旅游景区，但是景区内部的项目和服务仍旧停留在传统旅游路线，当代互联网思维和技术的融合不够充分，造成景区的可游玩度无法上升一个台阶。相比几年之前，景区与互联网技术的融合还是有所体现的，譬如刘伯温故里两大景区都实现了网上 VR“云”游。虽然，疫情限制了游人的步伐，但是景区官网资源让五湖四海的“游客”足不出户就能够体验百丈漈瀑布的磅礴气势和刘基庙的铮铮琴声。不过，VR 体验仍存在可提升的空间，目前只能够从视觉上感受文成美景，缺乏语音导游进行讲解，文化资源和自然资源未能自然衔接。景区内部的游玩设计也需要进一步融合现代元素。如今前往文成旅游的游客类型以中老年和家庭团队为主，而家庭团队占比逐年上升。对于儿童而言，文成美丽的山水自然资源略显枯燥，缺少可玩度高的项目；对于成年人及老年人而言，百丈漈景区内的沿路标识还不够清晰易懂。这是景区游玩设计方面存在的两大问题。

3. 已有质量好的民宿的数量和容量均存在不足

我们在调研过程中发现，高质量民宿的评价标准有两个：一是主流旅游食宿平台的用户评价和打分。二是文成县政府民宿星级评级。根据以上两个评价标准，当前文成县的高质量民宿数量还不够。如果要将中高端和高端民宿打造为文成县的旅游亮点，已有的高质量民宿无法满足未来的大客流需求。目前，发展得较好的武阳村在政府政策的扶持和引导下已经成为当地的民宿口碑村落。同时，这也是文成县民宿的分布特色——以村落为中心发展的小聚集式民宿。这样的分布特征的优点是一个村落的经济状况、基础设施建设以及村落周边环境都可以被村内几家民宿以相当快的速度带动发展。然而，缺点是村落的个别发展导致文成县规模化的经济增长动力不足，整体的发展较为缓慢，尤其是非景区的村镇。

（七）文成县旅游共享经济发展问题的成因

1. 景区缺乏与旅游共享经济的融合

我们从上述文成县旅游共享经济存在的问题中可以了解到，文成县目前的游客来源和年龄层的单一导致当地旅游业对经济的促进作用有限，仍然需要探索和挖掘当地的文化和自然旅游资源。造成这一现象的原因主要有以下两方面：一是当前文成县的文化和自然旅游资源仍旧是传统旅游路线，未能与旅游共享经济融合。因此，在政府政策扶持下发展起来的民宿业成为当地旅游经济的支柱。然而，不同于民宿业十分成熟的地区，目前文成县的民宿

主要靠口碑作为客源渠道，而不是第三方网络平台和社交媒体平台。口碑式营销的优点是顾客的忠诚度得到了保障，复客率较高，不太需要考虑淡季旺季；缺点是客源的单一性限制了民宿的规模化和话题度，无法进入年轻人的话题圈。二是目前直达文成县的高速和高铁项目于“十三五”期间已取得新进展，但是仍处于建设前期。交通不便导致来自温州周边自驾游的游客占大多数。但是，我们在调研中发现，也存在例外，发展年轻化旅游体验的高端民宿的客源更加丰富，其中以上海、浙江、江苏居多，也不乏国外游客，这是在一般中端和中高端民宿都没有的现象。

2. 疫情影响下特殊景区开发速度不敌互联网

目前，文成县的核心景区可玩度受到传统旅游路线和风格的限制，没能融合现代元素和共享旅游的形式。而现如今家庭出游团队占比的增加，让这一问题放大。亲子游的最核心需求是可玩度高的项目以及能够调动儿童兴趣的设施和布置。造成文成县核心景区仍旧是传统旅游路线的原因有以下两点：一是互联网发展的速度远超于旅游业的发展速度，难以跟上。文成县的核心景区为百丈漈瀑布和刘基庙，两个景区都存在特殊点导致融合现代元素存在障碍。对于百丈漈瀑布而言，山体的开发和建设需要的时间是普通旅游资源的几倍，远不及发展迅速、变化多端的互联网。对于刘基庙而言，太公祭是一年一度的庆典，时间跨度大、活动内容固定也导致其落后于互联网发展，无法及时做出转变以满足当下游客的游玩需求。总之，特殊的地貌和较为封闭的古代文化使得旅游景点的开发需要更多时间。二是政府的大力扶持政策近几年才落实，受疫情影响，景区的改造仍在进行之中，未来可期，仍旧有较大发展空间。

3. 相关政策落实时间较短，难以形成行业氛围

目前，文成县高质量民宿数量远远不够，不足以支撑其打造民宿口碑地。我们在调研过程中了解到，近两年县政府对民宿业的引导和扶持相较先前已有很大的进步。从无专门监管部门，到政府牵头吸引归国侨胞投入民宿业。“侨家乐”就是最好的范例，已被列为浙江三大民宿区域品牌之一。各归国侨胞因不同原因回到文成县，并在了解到“侨家乐”的扶持政策和未来规划后，积极参与到本地的共享经济发展之中。

虽然在“侨家乐”的带动下，文成县也打造出了不少各具特色和理念的民宿，但是鉴于项目成立时间较短，难以为民宿业形成整体发展氛围，难以吸引更多本地民众参与到民宿业之中。共享经济的基本要素就是需要民众的参与，受疫情的影响，民众参与变得更加困难，因此导致闲置的房屋和土地无法有效应用于民宿业，更难以打造高质量的民宿。

（八）文成县旅游共享经济完善对策

1. 基于已有核心景区，探索更加丰富的旅游项目和形式

文成县想要深入开发挖掘旅游共享经济价值，需要探索更加丰富的旅游项目和形式。目前，文成县的核心景区（刘基庙和百丈漈瀑布）都是传统旅游形式，符合中老年人的慢节奏。两个核心景区只适合游客在当地停留两三天，无法产生常态经济效益。因此，应顺势深入挖掘养老产业，将来到此地的中老年游客留住。目前了解到，文成县已经在开发多个森林氧吧小镇，专为有养老需求的老年人提供吃住行的服务。养老产业的内涵非常丰富，仍然有探索和发展的空间。完善已有的度假村基础设施，结合文成县的文化和旅游资源、老年人的精神文化需求，聚焦“吃住行、教医文、保增治”老年民生领域。

然而，想要激发文成县旅游资源和旅游共享经济的价值更需要依靠年轻游客的涌入。针对归国华侨子女，可以在已有的“亲情中华·汉语桥”夏令营活动的基础上，继续丰富增强归国华侨子女家乡归属感的活动，譬如农产品基地体验、山水风光写生团、美食探寻活动等。同时，依托网红孵化基地，从本地网红、华侨、国际友人中挖掘培育“网络直播代言人”，借助侨胞资源进行互联网国际传播有得天独厚的优势。这些活动立足于华侨子女，但是影响力可辐射至追求流行文化的年轻一代。

同时，未来机场、文青高速、温武吉铁路的开通也将吸引更多来自全国各地的游客，丰富文成县游客的类型，促进当地旅游业多元化发展。

2. 利用“伯温文化”的 IP 进行衍生旅游商品的开发

文成县已有的文化和自然旅游资源的特殊性导致改造上存在障碍，因此可以考虑利用“伯温文化”的 IP 进行衍生旅游商品的开发。目前，全国多地都有“千古情”大型演出项目，能够吸引大规模、多批次的游客。文成县的重点旅游庆典就是太公祭，小体量和脱离现代文化的问题限制了当地旅游人数增长。据了解，当地有与刘伯温相关的许多传说和典故，更与中国历史息息相关，对此，进行剧本上的创作可行性较高。同时，文成县天然的山水可作为绝佳舞台，若能融合地理特征进行文艺创作，就能弥补目前文化和自然资源脱节的缺憾。我们在调研过程中还了解到，目前文成县政府也有考虑利用刘伯温 IP 的想法，主要的攻略对象就是年轻人的市场，譬如以刘伯温故事为脚本的剧本杀、融入共享经济理念的共享自行车环湖玻璃栈道游览等。最重要的是要配合亲子游数量增多的趋势，打造具有文成特色的亲子游农家乐或者提供多种亲子项目的品牌民宿。不过需要注意的是，相关项目应拒绝向商业化旅游方向发展，保持“天然文成，伯温故里”的口号以及刘伯温廉政

示范带，做到中华优秀传统文化和马克思原理相结合。

3. 加强已有民宿和山村文化的融合，吸引村民共同参与

考虑到文成县的村落之间的距离不远，可以主要维持当前以村落为中心发展的小聚集式民宿，保持各个村落的风格，完善已有的民宿。进而，把几个村落再打包，融合不同村落的文化和风景特色，渐渐形成民宿特色镇，最后惠及整个文成县。同时，需要将政府的扶持政策宣传转向引导村民，以大力度的优惠政策吸引村民参与，村党支部带头改造村落设施环境，为发展民宿做铺垫和准备，让村民看到更多可能性，共同探索共享经济在山村的新表现。加大对村民的投入也可以解决发展较好民宿的容量较小、扩建存在难题、未来发展受限的问题。发展较好的民宿容纳游客的能力需要跟随旅游业的发展上升，但是土地问题成为一大阻碍。如果租用村民房屋和土地，存在扩建和发展局限，譬如房东与民宿主意见无法统一、租用年限、续约手续等问题。所以，发挥村党支部的领导作用，让村民利用其自身的房屋和土地，发展中端民宿或者接地气的农家乐，推动休闲农业、乡村民宿、森林康养等新业态快速发展。党支部也可以为文化和技术水平有限的村民推荐相关专业人士进行咨询和协助，或者对接品牌民宿进行联合，打造文旅名镇。按照“规划集中、资源集约、功能集成、产业集群”的原则，推动“绿水青山就是金山银山”高速、高效、高质量转化，实现一个个村落的自身发展，进而汇集发展成果为文成县发展提供源源不断的动力，全面推进美丽乡村振兴。

三、调研结论与总结

8 月 1 日至 4 日，实践队伍一行 5 人在文成县进行了实地考察。

考察前，我们在 2020 年发表的文献中获知文成县的旅游共享经济还有很大发展空间，表现为商家或个人参与旅游共享经济的获益少，但普遍看好旅游共享经济的发展前景；文成县旅游共享经济氛围尚未形成；文成县政府缺乏对于旅游共享经济政策的宣传和引导扶持。

实地考察时，我们通过采访政府人员、民宿商家，得知文成县政府目前正在大力发展旅游共享经济，针对民宿行业出台了大量扶持政策，民宿商家对于政府的大力支持感到非常满意与感激。为了发展民宿业，政府还在基础设施建设、环境治理等方面狠下功夫，在发达交通和美丽乡村建设上取得了巨大成就。旅游共享经济发展建立在当地旅游业发展之上，因此，我们实地考察了刘伯温故里景区，分析了景区建设的不足之处并提出建议，旨在通过完善景区建设为共享经济发展提供良好的大环境。

通过本次调研，我们发现文成县旅游共享经济发展还存在以下问题：

①游客来源不够丰富，年龄段单一，主要为中老年人；②核心景区未能紧随时代潮流而融入现代化元素；③优质民宿数量与容量不够。对此，我们分析原因并提出以下对策：①基于已有的核心景区，探索多样的旅游项目与模式；②加强“伯温文化”的 IP 开发，利用文创产品发扬伯温文化；③融合民宿业与山村文化，使村民参与共享经济发展。

本次实践收获远超预期且过程十分顺利，政府人员与民宿商家热情接待了我们，且积极配合我们的采访，为我们提供了大量信息，为我们报告的撰写提供了巨大帮助。

四、收获与感悟

本次社会实践活动，我们小组挑选了温州市文成县旅游景区周边民俗作为调研对象，讨论旅游共享经济对文成县第一、第三产业造成的影响和作用。

调研的选题在我们的调研过程中起到了关键的引领作用。经过这次调研活动，我们认识到做调研要选择有意义、有深度的课题，对调研对象能够带来一定程度的帮助，从而达到双赢，才能更好取得调研对象的支持，否则将举步维艰。

这次调研实践，规划制定是否合理直接影响到团队的活动效率。而我们组员在行动前制订了妥善全面的计划，从时间、空间罗列各处目的地，才能最终呈现出现在这样令人满意的规划。而且，正值新冠肺炎疫情暴发期间，我们唯有付出更多努力才能取得此等成果，令人感慨万千。

在社会实践中，我们还体会到了团队合作的巨大作用。在这项活动的初期，我们作为一个团队，对问卷设计、问题进行了分工，人员工作分配包括采访、记录和拍照。我们紧密合作，使调研能够成功和完美地完成。我们体会到了团队的精神和魅力，提高了适应团队的能力，意识到团队和协作精神的巨大潜力和作用。

这次短暂而又充实的调研活动，对我们走向社会起到了一个桥梁、过渡的作用。向他人虚心求教，与人文明交往等一些为人处世的基本原则都要在实际生活中认真地贯彻，好的习惯也要在实际生活中不断培养。这一段时间所学到的经验和知识是我们一生中的一笔宝贵财富。

社会实践是学生接触社会、了解社会、服务社会、运用所学知识实践自我的最好途径。亲身实践，而不是闭门造车，实现了从理论到实践再到理论的飞跃，增强了认识问题、分析问题、解决问题的能力。为认识社会、了解社会、步入社会打下了良好的基础。同时，还需我们在以后的学习中用知识武装自己，用书本充实自己，为以后踏入社会打下更坚固的基础。

昆山模式下的昆曲保护[①]

——以昆山市昆曲文化传承发展为中心

一、引言

（一）调研背景

革命老区是新中国的摇篮，是中国特色社会主义大厦的牢固基石，是非常宝贵的精神财富。昆曲起源于革命老区昆山，且昆山对昆曲的传承保护作出了不可磨灭的贡献。昆曲是我国传统民族艺术的瑰宝，保护昆曲不仅是我国重视传统戏剧的表现，也是我国尊重、崇尚民族艺术的体现，但就当下昆曲的发展状况，我们需要充分认识到非物质文化遗产的特点，用创新理念来保护和传承昆曲艺术。故本小组认为，我们应当关注革命老区的现状，探索昆曲发展的“昆山模式”。

（二）调研基本情况

调研对象：昆山模式下的昆曲保护。

调研时间：2021 年 7—8 月。

调研地点：受新冠肺炎疫情影响线下昆山调研转为线上调研。

调研范围：从昆曲的推广方案与措施中汲取经验，总结出中华传统文化成功弘扬的共性与一般规律，提出适用于所有中华优秀传统文化传承与弘扬的建议。

调研方法：

采访调研法：联系昆曲文化中心的工作人员做采访与调研。

线上调研法：线上观摩昆曲；查阅印象昆韵、苏州戏曲博物馆等公众号的内容。

---

① 作者：俞越、陈思圆、毛泽容、韩静雯、陈明君、夏沁、俞邠然、陆建树。指导老师：吕佳航。

文献查询法：结合史料与相关研究论文及书籍进行研究。

二、主体

（一）昆曲建立与发展过程

1. 昆曲的基本情况

昆曲原名“昆山腔”，是汉族传统戏曲中最古老的剧种之一，被称为“百戏之祖”。昆曲发源于昆山，由顾坚初创。到明代嘉靖年间，昆曲音乐家、改革家魏良辅对昆山腔进行大胆改革并形成了新的声腔，广受欢迎。

昆山腔开始只是民间的清曲、小唱，其流布区域，开始只限于苏州一带。到了万历年间，便以苏州为中心扩展到长江以南和钱塘江以北各地。这样，昆山腔便成为明代中叶至清代中叶影响最大的声腔剧种。明代万历年间，昆曲爆发式发展，涌现出了大量优秀的剧本，演出大受欢迎，演出的场合也各式各样，十分繁荣。

2. 历史发展

从昆曲的历史发展上看，18 世纪初，是昆曲逐渐成熟并日趋鼎盛的时期。18 世纪后期，地方戏开始兴起，它们的出现打破了长期以来形成的演出格局，戏曲的发展也由贵族化向大众化过渡，昆曲至此开始走下坡路。

19 世纪中叶，京剧兴起，昆曲败落之势更显，许多昆曲艺人转行演出流行的京剧。从同治到光绪年间，昆曲班日渐减少。清朝末年内忧外患，国库空虚，宫廷演艺活动逐渐萎缩，贵族子弟逐渐没落，有精力听昆曲的人少之又少。再加上世俗音乐的冲击，昆曲再次没落。

1949 年新中国成立，大力扶持和振兴中国传统的戏曲事业，昆曲才有幸得以重获新生。1956 年，浙江昆剧团改编演出的《十五贯》在全国产生广泛的影响，周恩来总理曾因此感慨地说：“一出戏救活了一个剧种。”之后，全国许多地方相继恢复了昆曲剧团。

2001 年 5 月 18 日，联合国教科文组织在巴黎宣布第一批“人类口头和非物质遗产代表作”名单，其中包括中国的昆曲艺术，中国成为首次获此殊荣的 19 个国家之一。

3. 昆山模式

目前，昆山市政府正在全面推动文化产业发展，重点打造一批文旅融合项目，走出了一条极具昆山特色的发展之路。通过文旅融合，逐步提升城市的知名度和影响力。昆山市政府正是利用了昆曲这一古老的艺术种类，找到了文旅融合的切入点和关键点。

为促进文化产业的发展，加快文旅融合，昆山市政府制定出台了《昆山市促进文化产业高质量发展实施细则》等一系列政策，在财政、土地、人才等方面给予优惠。同时，不断完善文化服务基础设施建设，建造了一大批特色鲜明、主旨明确的戏院、图书馆、博物馆、展览馆等场馆。

其中，百戏盛典就是昆山市积极推进文化产业发展的一个典型案例。百戏盛典从2018年开始举办，至2020年已连续举办了3年。前期，通过展演优秀剧目，利用各类新媒体平台等传播方式，充分宣传报道百戏盛典盛况，同时在市区、乡镇不同层级的演出场馆，让不同受众都能感受戏曲的魅力；中期，在演出阶段，通过举办各类活动，使百戏盛典的社会效应和影响力进一步扩大；后期，待百戏盛典结束后，昆山市将筹建戏曲百戏博物馆，集中展出各剧团捐赠的戏曲文物、珍贵乐器、服装、道具、剧本、书刊、音像等物品。与此同时，当地还策划了“看百戏、游江苏”文旅融合主题活动，推出6条“观演赏景”精品线路。通过交通、餐饮、休闲等基础设施的不断健全完善，不仅带动了当地旅游、餐饮、酒店等服务行业的发展，整个文化产业链也实现了闭环，真正实现了文化和旅游的深度融合，实现了经济发展和文化繁荣的双丰收。

（二）昆曲文化传承现实情况

据采访的昆山昆曲艺术中心工作人员的叙述，鉴于如今关注昆曲的人较少，场馆会推出文创产品、开创小童班等方式努力打开昆曲宣传途径，从而进行传播。

目前，昆山市政府以及市内昆曲爱好者对昆曲文化的传承与发展极为重视，已采取多项措施重振和传播昆曲文化。

1. 完善文化服务制度保障

先后出台了《花桥经济开发区文化体育惠民三年提升工程实施方案（2018—2020年）》和《昆山昆曲发展规划（2018—2022）》，扎实推进昆曲艺术、经济发展和特色旅游协调发展，鼓励和引导群众学昆曲、懂昆曲、会昆曲，让昆曲这门古老艺术重新回到公众视野。

2. 完善公共文化基础设施

据了解，目前昆山市内有昆山梁辰鱼昆曲剧场、昆曲博物馆、昆山文化艺术中心大剧院等场馆可以提供规模化的演出。诸如周庄、锦溪、千灯等昆山下辖的乡镇在结合当地的人文风情和自然风貌的基础上建成了一批古戏台、古戏楼和小型剧场，为当地群众和外来游客提供观看戏曲的平台。

3. 传播方式更加新颖多元

据悉，在百戏盛典期间演出的所有剧目均通过“一通文化”直播联合“戏缘”App、梨园频道、腾讯直播等多家视频网络平台进行现场直播；同时，利用网络、电子屏、电视、抖音、微信等平台进行广泛宣传，如服务游客的“印象昆韵”公众号。另外，在昆山的政务App“第一昆山”中开设了百戏盛典专栏，栏目涵盖了2018—2020年上演的所有剧目。截至目前，累计网络直播观看量超3800万次，抖音平台播放量超1.3亿次，新浪微博阅读量超3.2亿次。

4. 主题活动更加丰富

昆山举办了丰富多彩的与昆曲相关的主题活动，如“我陪爸妈看大戏”“我爱我的家乡戏”等。另外，百戏盛典不仅在昆山的剧院演出，还走进周庄，走进村民文化中心，到基层、到乡村演出。同时，还有昆曲进学校的活动。昆曲进入学校，让更多的学生能贴近昆曲艺术、了解昆曲艺术，从小培养同学们对昆曲艺术的爱好，有助于昆曲文化的传承。

5. 旅游景点设立昆曲表演舞台

在周庄古镇及千灯古镇等旅游景点设立昆曲表演的舞台，有利于昆曲文化与旅游产业相互促进、协同发展。

由上述几点可见，昆山市政府与昆曲爱好者在重振昆曲文化方面投入了大量资金与精力。

三、实际调研过程

1. 采访调研

我们采访的是昆曲文化传播中心的工作人员，他们具有相关行业的从业经验，对昆曲本身及其现状有较为深刻的掌握和了解。

通过采访，面对如今年轻人不太了解或者是不太愿意去了解昆曲的情况，他们回复道：“因为昆曲是一个很古老的剧种，关注的人只是比较小的部分，并不会有很多人前来。但我们也是在努力与时俱进，如推出一些文创产品，让人们逐步地先去喜欢这些文创产品，再进一步了解昆曲。同时，我们也开创了小童班。加上现在昆曲进校园，孩子们了解后，家长也会自然地关注昆曲。从这个途径也使得昆曲进行一些传播。”

同时，昆曲文化传播中心也在尝试昆曲艺术与当下潮流元素的融合，他们正在运营“印象昆韵”公众号、微博以及抖音，并且新排了抗疫题材的现代戏《峥嵘》。他们还定期举办利于昆曲弘扬与传承的活动——昆曲百戏节。

“昆曲百戏节可以说是最近最大的事情了，从2018年至2020年连续三年举行了百戏节。全国普查下来一共348个剧种都到昆山来汇演。2021年开始到未来的连续三年，也会举办第二届昆曲百戏节。”

我们了解到昆曲的唱腔悠扬、服饰精致，以及它的传统文化的魅力也在一定程度上吸引了不少游客来昆山旅行，带动了昆山的经济发展。

“昆曲现在已经慢慢地被年轻人接受，也是一个世界级的非遗。像昆山对于昆曲支持的力度还是很大的，百戏节也花费了很多的人力、财力，某种程度上或许也吸引了游客来旅游。”

2. 线上调研法

（1）线上观摩《牡丹亭》

我们线上观摩了昆曲《牡丹亭》，流丽悠远的曲调、灵动飘逸的水袖、浓艳精制的妆容，一个个角色包容着一切的悲欢离合，那些小情绪，在舞台上不断放大，在现实生活中几秒的思绪，在昆曲中就会演变成几分钟的演绎。“原来姹紫嫣红开遍，似这般都付与断井颓垣。良辰美景奈何天，赏心乐事谁家院。”我们被这种艺术形式所打动。

虽然没能看到昆曲的现场演出，但在线上观看也有它的好处，有很多喜欢昆曲的网友，给昆曲的唱词作了注解，使我们能够更容易地理解昆曲的内容，也更体会到昆曲的表现力。

同时，我们也发现，昆曲的欣赏门槛有点高，如果没有注解，并且没有那么好的语文功底，单看唱词的确有可能是处于一知半解的状态，而且昆曲曲调悠扬，节奏偏慢，一场听下来需要几小时，这也可能是如今处于快节奏碎片化生活中的年轻人不愿意去听昆曲的原因。

（2）查阅公众号和大众点评

此外，我们还查阅“印象昆韵”“苏州戏曲博物馆”等公众号的内容，以及在大众点评上搜索了古戏台、昆曲茶社、亭林园昆曲博物馆、昆曲文化传播中心的内容进行了“云逛昆山”。

通过网友的图片以及官方的介绍，我们也看到了坐落在亭林公园内的昆曲博物馆，进门就是苏州园林特色的建筑造型，进门就有昆曲发源的简单介绍，里面是别有洞天的昆曲大舞台，舞台两边是各种昆曲服饰。

在“印象昆韵”公众号里，我们还看到了昆曲文化传播中心展示的昆曲历史文化、珍贵图文影视资料、昆曲服化道盔以及现代昆曲的发展和传承；昆曲茶社的中韵西筑和浪漫湖景，曲韵书香、茶艺苏味兼备，看到了昆曲更贴近市场和生活的样子。

但是，我们也发现，这些微信公众号的阅读量都不是特别多，说明现在年轻人对昆曲的关注度以及接受度还是不高。

四、调研结果

（一）当地的主要措施

通过采访、文献查询等调研方式，我们对昆山当地对昆曲保护的主要措施进行了了解和总结。

1. 规划建设“昆曲文化园”

依托正仪老街及其周边规划建设“昆曲文化园”，包括以昆剧演出为主的大中小剧场、昆曲传习基地等。

2. 规划建设“戏曲博物馆”

依托戏曲百戏盛典活动中各剧团捐赠的物品，聚焦于昆曲，兼容百戏，汇聚昆山，全国以至世界各地与传统戏曲相关的文物遗迹、历史人文、经典作品、名人大师等各种资源，建成戏曲博物馆。

3. 规划建设昆曲文化长廊

沿马鞍山路，由亭林园至阳澄湖畔，改造以昆曲为主题的文化大道，通过雕塑群、文化墙、特色场馆等形式，营造浓郁的昆曲艺术氛围。

4. 丰富昆曲特色场馆

建设、运营大渔湾“昆曲茶馆”，昆曲文化中心等。完善亭林园昆曲古戏台功能，全方位提升各区镇昆曲特色场馆。

5. 推动昆山当代昆剧院跨越式发展

深入推进昆山当代昆剧院“五个一”建设：“一团”，遵循昆曲表演艺术发展规律，对标国内外一流团体，灵活采取招聘引进，委托培养，师徒传承等方法，广纳各类贤才，配置人才资源，建立一支角色齐全、素质优良、水准一流的昆曲艺术团队。“一场”，完善集创作、排练、演出、培训于一体的昆剧剧场，着力做强昆曲驻场演出，每年演出 80 场。“一戏”，在继续开展传统剧目演出的同时，不断增强新品精品创作能力，推出 2 部昆剧新创作（改编）剧目《梧桐雨》《顾炎武》，每 3 年创作推出一台昆曲大戏。“一网”，搭建“昆曲网络平台”，以直播、点播方式，为全体人民群众提供演出、教学、培训和曲友服务，持续推动每年 100 场昆曲艺术“四进”（进社区、进学校、进机关、进企业）。“一路”，以每年 1～2 次昆曲赴港澳台或国外交流演出的方式，推动昆曲发展融入“一带一路”建设。

6. 鼓励和支持社会力量兴办昆曲艺术实体

鼓励社会力量兴建昆曲艺术场馆设施，举办昆曲艺术团队，开展昆曲艺术展演活动。推动昆曲艺术在昆山形成百花齐放、兴盛繁荣的新格局。鼓励和扶持3～5个民间昆曲艺术团队建设，支持群众性昆曲艺术活动自创自办、自编自演、自我服务。集聚艺术展演、会展博览、艺术节庆、文创赛事等各方优质资源，培育昆曲重大活动运营主体。

7. 鼓励和扶持有利于昆曲发展的各类文创企业

加强政策支持、扩大领域开放、夯实平台支撑、优化行政服务，利用文化产业引导资金，鼓励和吸引国内外各类文创企业来昆山发展，重点扶持以昆山地方特色文化为背景、以昆曲艺术元素为内涵、有效传播昆曲文化的品牌文创企业。

8. 建设巴城昆曲文化风貌区

根据相关史料，结合巴城古镇保护，用好傀儡湖、阳澄湖、巴城湖区块资源，建立大范围昆曲风貌保护区。在正仪老街周边规划建设“昆曲文化园”。以昆曲艺术元素丰富巴城老街、正仪老街文化内涵，推进老街各类文化场馆建设、名人工作室及昆曲演绎载体建设，逐步完善文化客厅功能。持续做大“巴城重阳曲会”，广泛吸纳国内外学者、曲社加入。发挥中国昆剧院团联盟基地作用，确保巴城昆曲核心区每周有昆曲活动，提升群众参与度和游客体验感。

9. 建设千灯昆曲特色区块

深入挖掘梳理顾坚生平事迹、人文故事中的昆曲元素，挖掘顾坚纪念馆、古戏台等载体的昆曲艺术内涵；结合千灯古镇保护，设立昆曲主题文化资源展示区，厚植昆曲文化底蕴。持续办好两年一届的昆曲“秦峰曲会”，广泛吸纳海内外曲艺专家、优秀曲社、青年演员、戏曲爱好者加入，精心举办学术研究，切磋展演，为昆曲研究和传承搭建交流平台。

10. 大力实施“昆曲+旅游”工程

依托千灯旅游资源，建设昆曲主题酒店，开发昆曲文创产品，开展昆曲优秀剧目演出，让游客深入体验，感受昆曲魅力，整体提升全镇昆曲文化氛围。

（二）存在的问题及原因分析

1. 门槛高，传承少

昆曲作为一种通过“口传心授”而传承的非物质文化遗产，其中蕴含的昆腔、神韵、动作均无法单单通过曲谱来传递。不论是最传统的工尺谱还是现代简谱均无法代替老师的口传心授。因此，对于普通人来说，除非寻找老师，否则很难通过自己的钻研掌握昆曲。

昆曲代表性传承人蔡正仁先生提到，昆曲剧目可谓传一代少一半。由于师资不足、生源紧缺，现在的戏校培育的昆曲学生无法真正传承昆曲。但对于剧团来说，其核心仍旧是演出，需要不断地吸引观众从而盈利让自己活下来。而对于尚未成熟的昆曲学生，即便所有人都在强调“传承”却始终无暇顾及对后生的培养。这就导致众多的青年演员无法被顾及，学新戏难，精老戏更难。

人才结构的不合理也导致编剧、度曲、表演创作人才失衡。于是，缺乏综合型人才结构支持的昆曲从形式到内容都逐步地落后于花部诸腔，也落后于时代。2010 年 9 月 21 日，最后一位“传”字辈老艺术家倪传钺故去。当老一辈的艺术家离去，新一辈演员却又跟不上传承的水平和脚步时，昆曲传承的现状可想而知。

2. 创新与传承的矛盾

对于年轻人来说，直接接受传统的昆曲无疑是有些门槛和高度的。再加上昆曲本身的演出逐渐走向单一，能够演出的剧目终究会因为演员的更迭而变少。清乾隆以后，原创的昆曲名剧尤其是成功大戏严重匮乏，创作后劲严重不足，昆曲沦为一种“吃老本”的艺术。

因此，人们的目光也开始逐渐转向改编与创新。例如，青春版《牡丹亭》《长生殿》。又如，本次采访中提到的抗疫题材昆剧现代戏《峥嵘》。但是这些戏剧对于专业的行内人士而言，或是存在各式的问题，或是根本就是贴上昆曲标签的其他剧种。正因他们深知昆曲本身难以割舍的精髓，从而对创新是否能经得起时间的推敲提出了质疑。传承是创新的基础，但创新又是面对未来路的一把新钥匙。两者之间的矛盾究竟如何平衡始终是个问题。

3. 雅与俗的平衡

观赏趣味和审美倾向与社会大众是有差距的。昆曲剧目多是出自文人雅士之手，但观赏趣味的过度雅化和文辞的佶屈聱牙距离大众接受能力甚远。在梁辰鱼、张凤翼等戏剧家的手中，昆曲创作走的是雅化观赏趣味路线，演出圈子基本上是局限在士大夫阶层人群；昆曲的文辞佶屈聱牙的弊病十分明显，即使是《牡丹亭》这样的作品，清代的李渔就对其某些唱词的过度“雅化”提出过批评，称其“妙语”只可做文字观，不能做传奇观。

从演出行当上来说，昆曲主要是以演出生旦戏为主；在故事内容上，主要是演绎才子佳人和帝妃宫恋的故事。因此，演剧形态的固化和演出内容的模式化，也导致观众的审美疲劳。

但其实，昆曲作为中国戏曲，除了故事的叙述性外，娱乐的性质依旧是不可割舍的部分。因此，在谈及戏曲时，除了剧本本身，演员的表演才更是观者在欣赏时所着重的部分。

昆曲除了生旦戏以外，丑角戏也是昆曲表演中的重点，如今却常被忽略，尤其因经典昆曲《牡丹亭》的宣传与传播，故事内容的类型也在人们心中形成了定式，贴上了“雅”的标签，却忘了丑角戏中“插科打诨”的娱乐性质。

昆曲本就是起源于民间的艺术，并非仅仅在文人士大夫中才备受欢迎，即可说明雅与俗是能够共赏的。从文辞曲韵上来看，是因为昆曲的过度雅化使其在民间渐渐暗淡，但也正是词曲中的美感成为吸引听众的原因之一。如何在不变文曲之韵的基础上又不过度雅化是当下亟须找寻的平衡点。

五、解决方案

对昆曲的保护并不能仅仅停留在如何留下来，而是应当思考如何创造一片适合的文化土壤让它真正地活下来。

1. 昆曲传承得看政府

作为承载了中华传统文化，发扬红色老区精神的昆山，发动地方政府保护昆曲的传承是必要的。目前师资不足、生源紧缺的主要问题，地方政府可以提供部分资金支持，建立或鼓励建立各类组织，积极参与到昆曲的传承建设中。这些组织可以牵线搭桥，一方面联系戏校，另一方面出资邀请昆曲艺术家，可以给青年演员提供近距离接触的机会，也可以给戏校在昆曲的学习教育上提供宝贵的意见和建议。有了第三方组织的协助，不仅可以在一定程度上解决戏校师资不足的问题，名师坐镇，戏校名声提高亦加大了对学生的吸引力；还可以给剧团除演出外带来稳定的收入，缓解剧团疲于演出而无暇顾及传承的难题。

2. 保留传统特色，演绎创新故事

对于新生代观众而言，传统的昆曲因为时代的变迁而与其产生了割裂感。因此，昆曲是需要创新的。然则对于专业人士而言，创新作品难以经得起推敲，昆曲或将变成其他剧种。实际上要想打动观众的心，不仅依靠传统特色的保留并且需要创新故事。

昆剧现代戏《峥嵘》虽然有缺陷，但其保留并传承了昆曲的唱腔、昆剧的各个行当、精美的动作、语言等能够彰显昆曲特色的内容，同时秉承“当代”理念，紧扣党的十九大精神，彰显当代文艺的力量。这也降低了新生代

观众看昆剧听昆曲的门槛，拉近了昆曲与观众们的日常生活，又保留了原汁原味的昆曲特色，成为观众敲开传统昆曲宝库的开门砖。

观众年轻化是戏曲传承的希望。丰富昆曲在当下的“打开方式”，适应现代人的欣赏需求，昆曲以及各种戏曲的传承才能大步流星。

3. 昆曲发展新方式

艺术永远渴求新鲜高雅的内容和通俗易懂的表达形式。如今新生代观众生活在信息时代，很少有机会能够到现场一睹曲目芳容。昆曲要重放异彩，雅俗共赏，不妨从内容到形式上进行一番革新。内容革新可以通过创新故事，而形式革新不妨通过现有的网络平台。除去现有的昆山昆曲公众号、抖音、微博等平台的运营，还可以在更多网络平台进行宣传。如小红书、哔哩哔哩等建立官方账号，以年轻人喜爱的、乐于接受的形式进行宣传推广，扩大昆曲的影响力，引起年轻人的兴趣，做到真正的雅俗共赏。

六、调研结论与总结

昆曲，是中华民族的文化瑰宝。但随着世界日新月异的变化，我们不得不承认昆曲的发展想要跟上时代的步伐变得越来越吃力了。在新的时代，人们很少能够静下来享受这节奏缓慢的曲子，也逐渐对才子佳人等故事产生了审美疲劳。再加上昆曲的词曲唱法有着一定的难度，学习昆曲的门槛自然也就高了，也就自然而然地形成了传承少、师资不足、生源紧缺、人才结构不合理的局面。而对昆曲本身的精髓掌握不透，也就很难在传承的基础上做出创新，就目前而言，昆曲创作后劲严重不足。再者就是昆曲唱词过度雅化，其娱乐性的一面被忽视了，很难再让百姓有所共鸣，其受众也就变得狭隘了。

目前，主要采取的弘扬昆曲艺术的措施分为 3 个方面：

第一，在设施上为昆曲发展营造浓厚的氛围。规划建设“昆曲文化园”，包括以昆曲演出为重点的大中小剧场和昆曲传习基地等。规划建设“戏曲博物馆”，将雕塑、文化墙、场馆汇集成昆曲文化长廊，开设茶馆，修缮古戏台，建设“昆曲文化中心”，建设巴城“昆曲”文化风貌区等，为昆曲发展提供大力支持，为市民与游客渲染浓厚的昆曲艺术氛围，尤其是大力实施“昆曲+旅游”工程，在各个地区旅游资源的基础上，建设昆曲主题酒店、贩售昆曲周边文化产品、安排昆曲优秀剧目演出，为游客打造沉浸式昆曲体验之旅，使游客充分感受昆曲艺术的魅力。

第二，鼓励百姓与昆曲进行零距离接触。除了百姓能够到大大小小的剧院与茶馆欣赏昆曲和去博物馆学习昆曲知识之外，昆曲主题活动的创办能够让老老少少都能切身与昆曲零距离接触，让昆曲走进社区、走进校园、走进乡村；举办昆曲传习活动，使昆曲的魅力能够较大程度地散发，以此勾起人们对昆曲艺术的兴趣，从小培养对昆曲艺术的爱好。

第三，鼓励社会力量与团体进行昆曲以及昆曲周边产品的创新。鼓励百姓自主创办昆曲艺术团体、自主兴建昆曲展览、自主开展昆曲文化演艺活动，以奖代补，扶持民间昆曲艺术团体自创自办、自编自演，以此来逐渐形成昆曲艺术百花齐放、兴盛繁荣的新格局。同时，政府通过相关政策来鼓励企业进行昆曲文创产品的开发与创新，扶持以昆山地方特色文化为背景、以昆曲艺术元素为内涵、有效传播昆曲文化的品牌文创企业。通过文创产品来吸引人们的注意，以此来达到推广昆曲文化的目的。

在以上现状的基础上，我们社会实践小组从 3 个方面提出建议。首先，政府提供资金支持，鼓励各路昆曲艺术相关组织发展，再通过组织与戏校合作，邀请昆曲艺术家们为戏校学童讲授知识。其次，在保留昆曲传统唱腔与唱法的基础上，对戏曲内容主旨做出创新，既保留昆曲特色又紧跟时代步伐。最后，充分利用大众喜爱的短视频平台和互联网资源，建立官方账号，进行昆曲艺术相关短视频创作，发起昆曲相关话题活动，邀请博主做客平台宣传昆曲等，与时俱进，吸引大众注意，以起到宣传昆曲艺术的效果，扩大昆曲影响力。

七、收获与感悟

我们非常荣幸可以通过本次社会实践调研活动来深入了解革命老区昆山，体会昆山当地的昆曲文化与氛围。很遗憾的是由于新冠肺炎疫情反复，我们无法到达当地开展实地考察，但我们通过线上欣赏昆曲经典剧目《牡丹亭》，采访昆曲文化传播中心工作人员等方式，了解到在昆山模式下昆曲的保护与发展，体会到在文旅结合方针与模式下，昆曲与昆山相互带动共同发展的积极影响，以及当下仍然存在的问题与困难。

我们了解到，一些年轻人虽然承认昆曲传承具有重要意义，但这一经典的阐释与发扬光大也必须符合年轻一代的价值标准，符合他们的欣赏视角与水准，只有这两者统一了，经典才会被认同。这让我们深深感受到，只有传统的文化遗产得到新时代、新精神的外化，作为社会主体的新世纪的年轻一代才会真正将其作为生活中的艺术形式看待，也才有可能进一步地将其作为产业来发展，使之延续。

当我们面对传统文化时，在保留传统文化精髓的基础上，适度增加传统艺术的文化创意，适度地将现代性因子融入古老的传统艺术形式中，不失为协调文化遗产保护和文化产业发展“矛盾”关系的手段。昆曲青春版《牡丹亭》的诞生与传播就是明证。从 2004 年到今天，昆曲青春版《牡丹亭》已然步入传统文化在新时代发展起来的轨道，已然向人们传达出了古老的传统艺术融进文化产业的诸多信息。昆曲青春版《牡丹亭》的成功演出，正是传统艺术与文化方面如何切实处理好“保护”与“发展”关系的一个较有说服力的典型个案。

在采访过程中，我们体会到了被采访者对昆曲的深深热爱，也看到了一群人为昆曲的发展与传承作出的贡献，感受到国家级非物质文化遗产的魅力。这次暑期调研活动，培养了我们的创新精神和实践能力，我们由衷地希望昆曲对昆山当地的三产能产生积极的带动作用，达到以文化带动当地经济发展的目的。在本次调研结束后，我们小组成员也会学习昆曲传承的方法并将其迁移到其他传统文化上，强化大众传承我国优秀传统文化的意识，加快文化建设的脚步，推动我国建设社会主义文化强国，让中华民族的优秀文化生生不息。

走老区看发展①

——走访四川万源革命老区暨献礼中国共产党成立100周年暑期调研

一、引言

随着中国特色社会主义现代化建设的不断推进，祖国各地都取得了显著的进步，我们实现了第一个百年奋斗目标，全面建成了小康社会，历史性地解决了绝对贫困问题，开启了第二个百年奋斗目标的新征程。“民亦劳止，汔可小康。千年期盼，今朝梦圆。”为了庆祝建党100周年，我们聚焦于革命老区四川省万源市的建设发展，展开暑期社会实践的调研，从红色文化、脱贫攻坚回望过去的百年路，沿着革命先辈的道路回溯、凝望，是为了不忘初心。2021年7月18日至21日，我们通过参观万源保卫战战史陈列馆、采访万源党校校长、探访瓦子坪村的脱贫攻坚成果、采访茶文化小镇负责人并共同探讨茶旅融合这一模式对万源经济发展的作用，圆满完成了此次暑期社会实践的调研。从万源革命老区的发展，我们看到了中国共产党向人民、向历史交出的一份优异答卷。

二、主体

（一）调研对象基本情况

①四川省万源市作为革命老区一级县的原因主要有三点：一是万源市是固军坝起义发源地，固军坝起义发生在1929年5月12日，建立了四川乃至西南片区第一支工农红军部队，开创了西南片区最早的革命根据地。固军坝起义牺牲了2000余名战士、3000余名老百姓，导致6万老百姓背井离乡，这是万源近代史上第一次人口大减员。二是1932年12月，红四军进入四川，建立了川陕革命根据地，万源则是根据地的核心区、军事中心和主战场，徐向

---

① 作者：李嘉瑞、顾心语、张轶宇、邓雨欣、刘芋琨。指导老师：张帅。

前、李先念常驻于此。万源保卫战胜利后，1935 年 3 月，红军渡过嘉陵江，开始长征。1932 年万源尚有 20.07 万人，到 1936 年人口普查时，全县还剩不到 5 万人，这是万源近代史上第二次人口大减员。万源 4 万青壮年参加红军，解放后只有不到 300 人生还，0.75%的生还率为全国最低。可以说，万源人民为抗战牺牲和付出了太多太多。三是万源市充满了英雄人物和英雄故事。曾有 313 位将军在万源战斗过，其中有 1 位元帅、1 位大将、14 位上将、35 位中将、262 名少将，更多的是数以万计的无名烈士。

②本次社会实践活动在四川省万源市开展，主要实地调研了万源市战史陈列馆新馆、万源市委党校、石塘镇瓦子坪村、大巴山茶文化小镇。由于老战史陈列馆建馆历史久远、展厅面积不足、游客接待能力有限等原因，万源市政府决定迁建战史陈列馆。新馆于 2020 年建成，坐落于太平镇快活坪村，占地 50 余亩。馆中陈列有万源保卫战展牌、红军旧物、石雕等，旨在向游客宣传万源保卫战红色战史。走访时期，陈列馆新馆还未完全向游客开放，只对特定游客开放，预计不久后将开放使用。

③万源市委党校致力于红色历史文化的研究与推广，承担红色书籍的编纂工作以及红色文化讲座。

④石塘镇瓦子坪村一直以产茶为业，但是前期由于没有形成一套完整的管理方法，收益并不可观。后来瓦子坪村与国储农业成为合作伙伴，加上浙江舟山的对口扶贫，形成了一定规模的茶种植园，现在瓦子坪村已经摆脱了贫困县的帽子，与原来相比居民每年增收 1 万多元。

⑤大巴山茶文化小镇原是一个易地扶贫搬迁安置点，2016 年村民入住。为了让村民们能自给自足以及宣传大巴山茶文化特色，政府把这里规划成一个茶旅融合特色小镇。2019 年 7 月，茶文化小镇正式迎客。现在小镇里有民宿、特色饭馆、特产超市，随时准备接待来自远方的客人。

（二）调研基本做法

我们社会实践小组采用实地观察和访问调研相结合的调研方法开展了对万源革命老区发展现状的调研。2021 年 7 月 19 日，我们来到了万源保卫战战史陈列馆，通过实地观察对万源保卫战这一段历史进行了深入的了解学习，根据馆中陈列的历史文物、文字叙述以及陈列馆的整体状况，我们以此展开了对万源红色文化传承情况的调研。7 月 20 日，通过对万源市委党校副校长蒲正彬的访问，我们了解了万源市红色文化的传承以及宣传情况，同时蒲校长也为我们讲述了万源革命老区的历史背景，为我们的调研增添了更加丰富的历史材料，也丰富了我们对万源红色文化的认识。7 月 21 日上午，我们来到瓦子坪村实地考察脱贫攻坚的成果。首先，我们参观了瓦子坪村委会的就诊室、图书室、党员活动室、议会茶室以及农民工创客空间，在村支书付华尧的带领下，我们参观了当地的茶园和民宿。经过了解，瓦子坪村未来的发展方向是茶旅融合。其次，我们采访了村支书，他为我们讲述了瓦子坪村的脱贫过程以及未来的发展方向，我们也在此次访问内容的基础上开展对万源脱贫攻坚成果的调研。7 月 21 日下午，为了深入了解万源茶旅融合发展这一模式，我们来到了茶文化小镇，对小镇的整体环境进行了实地探访观察，同时也与相关负责人万源市政协委员唐先生进行了讨论交流，他为我们介绍了整体情况，我们根据介绍提出问题，对其进行采访。

（三）改革的历程与相应措施，改革成绩与残留问题

1. 脱贫攻坚方面

万源市的脱贫攻坚战主要于万源偏远地区展开，重点展现于瓦子坪村以及茶文化小镇。瓦子坪村与茶文化小镇都着重于运用茶产业来带动当地经济的发展，却各自具有不同的发展方式。

瓦子坪村从建立至今，一直依靠农业种植带动发展：从最初的稻谷种植，到发现当地土地种植茶叶的优势，再到如今茶农混合；从零散的个体种植，到如今抱团经营；从食不果腹到如今家家救助分红：瓦子坪村逐渐开垦出了独属于它的广阔天地。政府的脱贫攻坚对瓦子坪村的发展影响巨大：实施富人以及头脑灵活者领头，带动贫困户积极参与的方式，使瓦子坪村重燃发展的希望，对未来有憧憬，有动力，有生机；重新修缮或房屋新建将瓦子坪村改造为乡村旅游民宿地，使贫困户解决了住房问题的同时，也能够获得房屋旅游外租的分红。在政府的助力下，瓦子坪村打造了清新雅致的茶园旅游地，不仅能够吸引外地旅客，也能更好地展现瓦子坪村对茶旅文化的良好表达能力。除此之外，为打造“党旗飘扬，绿茶飘香”的经典万源茶叶，瓦子坪村也与国储等农业合作，用 5300 亩茶田，将品牌打造而出，亦证实了瓦子坪村支书的话语：“遍地茶叶，才是瓦子坪的生存之道。”在未来，瓦子坪将进一步发展茶旅业，不仅限于生产茶叶，也要逐步带动瓦子坪村亲自采茶、选茶、制茶、卖茶的产业链，让旅客感受茶的魅力。

茶文化小镇不同于瓦子坪村，最开始便在政府的推动下建立而成。为了使这个落难民众的临时避难点变成如今闲适宜居的小镇，政府采取了一系列措施：贫困户危房改建，发展茶产业链，对小镇进行景观化打造，全方面管道污水处理以及基础设施的翻新全覆盖。通过政府全方位的扶持，贫困户在此居住的同时，也有了多种维持生活的方式，如外租民宿获取分红，旅游业

摊铺自营，茶业务工，政府也会保证无业贫困户最低生活所需救助金。遍布小镇的茶叶文化，制茶流程雕像、场景油画以及浮雕，栩栩如生地叙述了小镇的茶叶历史；小镇中心的青石地详细讲述了小镇历年来的发展过程；而正对小镇的茶壶广场，亦承载了独属于这个小镇的意义与魅力。

瓦子坪村在多年的努力奋斗下，已经摘掉了贫困村的帽子。如今其经济来源分为三大块：一是青壮年外出务工；二是庄稼以及茶叶种植的农耕文化；三是政府每年提供的老弱病残救济金。目前，瓦子坪村主要依靠前两者进行发展，并抱团集体经营的作用，带动了周围贫困户的致富；也作为模范村，惠及他人，共同进步，逐步改善着偏远山村村民的生活，增加收入来源。但是同时，瓦子坪村的茶旅文化并没有真正地走出大山：村中生产的茶叶因为将茶叶后续制造交予农业公司，或多或少会影响产品的质量保证；较为成熟的产业链以及销售通道的缺少导致瓦子坪村茶叶品牌无法树立；而村中的旅游业，也因为缺少旅游项目多元化、交通便利性而无法吸引游客前往。

茶文化小镇于 2019 年摘掉了贫困县的帽子。通过茶业与旅游的完美融合，在发展小镇茶业的同时，也将茶作为小镇的特色吸引客源。如此良性循环，使小镇焕发生机，稳步朝生态福地、乘凉旅游地发展。然而，正如文化局副部长所说，“万源有绿水青山，却不知如何发展”以及“山大无材”，万源身处群山环抱中，“区域劣势”自然形成，区域、交通、资源都是茶文化小镇如今亟须解决的难题。如何走出群山，如何扩大影响，如何吸引客源，如何凸显地方优势与特色，是茶文化小镇致富的关键。

2. 基础设施建设与教育发展方面

万源市的基础设施建设是和教育发展齐头并进的。作为四川建立最早、持续时间最长的革命根据地、固军坝起义发源地、四川第一支工农红军部队成立地，万源市是历史无法遗忘的革命核心。为了让红色文化延长永续，政府对万源市的红色文化宣传发展格外重视，而改革的进程是从基础设施建设及红色文化普及教育开始的。为进行城市大环境的渗透宣传，万源市增修铁路与高速公路，将怀抱敞开；战史陈列馆等景区建筑拔地而起，宣扬红色文化；旅馆、民宿等硬件设施也逐步到位；散布于万源市各地的大量红色遗迹，如红军遗物、纸质布告、印章标语，也逐渐纳入市政府的保护范围。每年持续举办的各种红色活动，也是宣传红色文化的一大重点：十月红色文化活动月、先烈追忆、红歌献唱、红色演讲相继展开；万源红色文化研究会共同研讨；党史专家座谈会也在有条不紊地进行中。除此之外，为打响万源革命根据地名声，万源学者如党校的蒲正彬副校长，参与编著了万源红色书籍，制作了革命英烈专题电视纪录片，通过网络将万源市的红色形象宣扬出去，《血战万源》电视连续剧更是使群山外的无数人了解了曾经的万源。

红色文化普及教育也在中小学学生群体中展开。通过将革命优秀传统文化融入日常学习教育中，将红色文化教育印刷成册，将宣传活动加入红色文化等方式，中小学生能在日常生活中，潜移默化地接受红色教育，加深对传统革命教育的认知，学生这一年轻活泼的群体也带动了红色文化的普及宣传。

万源市的战史陈列馆已经成为四川规模最大，最有意义的陈列馆之一。战史陈列馆基础设施建设也基本完善，红色文化推广积极展开，但仍有许多问题未得到解决。

万源市多次展开红色文化普及教育相关活动，以比赛、研讨会、节日、宣讲等多种形式，尝试将红色文化融入万源人的血液中，但大多数都在一段时间后销声匿迹。活动所缺少的延时性、影响性、普及性都成为无法延续红色文化的关键问题。除此之外，年轻人作为万源市的一大群体，红色文化意识形态对他们影响较小，历史足迹也不甚清晰，耗时耗力的普及活动对他们来说，效果微弱且缺少记忆点。另外，由于中小学参差不齐的教育质量、教资水平以及教育思想，传统革命教育并不能很好地融入学生学习中。如何以多元化的形式将红色教育融入学习，也是亟须考虑的问题。因此，红色文化的普及工作仍需加大力度，政府的持续关注扶持也不能缺少。

（四）存在的问题及原因分析

1. 万源的宣传力度还不够

有些土生土长的四川人对万源的红色文化以及其他地方特色仍不太了解，更何况众多的外地人，这从某种程度上对万源的客流量产生了负面影响。从我们的调研走访来看，万源市在打造红色文旅、地方特色旅游业上下了一定的功夫，包括打造红色旅游路线、开辟特色茶文化小镇等，但是游客数量并不多，还达不到旅游兴业的目标。

2. 万源本身地理位置不太占优

我们都知道“蜀道之难，难于上青天”，万源地处川陕重庆交界处，更是如此。一方面，万源被大山包围，被称为“出门就见山，地无三尺平”；另一方面，其与大城市相隔较远，虽然公路、铁路等基础设施建设较完善，但是花在路途上的时间成为阻碍游客来访的“一块大石头”。

3. 万源没有形成较大规模的旅游产业

作为万源保卫战的发生地，万源市有很多红军遗址，但是遗址比较分散，开发不完全，可供游客参观的只有红军公园、战史陈列馆等少数地方。另外，万源的景区开发还有待投入，例如，国家AAAA级旅游景区八台山有很好的资源但是本身的开发却不够，客流量受到了限制，进而也就不太能带动周围的茶文化小镇等景区。

（五）改进建议

1. 与发达地区结对帮扶，吸取先进经验

从本小组走访茶文化小镇和瓦子坪村的结果来看，浙江舟山与它们结成的对口扶贫项目是有许多帮助的。落后地区不仅可以获得经济上的援助，还能吸取先进经验、进行交流谈论、“引进来”、“走出去”，甚至可以反向销售万源市的特色产品给浙江舟山，以此达到互利的目的。除了经济上的结对，还可以定期组织两地间的旅游来往，加大了解，连通西部山区与东部沿海。

2. 充分利用短视频等新兴传播方式，借助于融媒体扩大万源影响力

通过本次调研我们不难发现，万源市的宣传力度其实不强，无论是纸质媒体还是互联网，都鲜少见到。万源拥有丰富的自然资源，而现在的都市人群又格外向往纯天然无污染的乡村生活，若能在互联网时代搭上流量的快车，成为下一个网红城市也是指日可待。万源市可以考虑借助于社交媒体网络红人、公众号、短视频平台等方式，让万源市拥有一定的人气，才能吸引潜在客源。

3. 重视基础设施建设，优先发展交通运输

万源坐落在大巴山深处，道路蜿蜒崎岖，交通十分不便。由于地域偏远、经济落后，万源的基础设施建设远远落后于其他地区，一些村落的道路甚至现在还没有得到硬化。只有解决道路交通不便的问题，才能将潜在的客源转化为真实的客源。

4. 设立用于红色产业发展的专项资金

万源作为一个刚刚脱贫不久的“前”国家级贫困县，在资金上常常面临着短缺问题。万源市的红色教育活动时断时续的原因也有很大一部分是资金不足。建议市政府每年固定规划拿出一笔资金专门用于红色产业发展，无论是红色教育还是红色旅游，让它们每年都有生存发展的空间并且可以长期延续下去，这样红色文化才能在市民和下一代的心里生根发芽，不断传承下去。

5. 在较发达的产业基础上形成相关产业链

例如茶叶，瓦子坪村的茶叶种植非常成功，但后续的加工和售卖交给收

购公司。万源市大多数的产业都是这样，注重原材料生产，而事实上聚集着大量经济效益的是加工与包装销售。如果能够形成完整的产业链，不仅可以做到长期自给自足，甚至可以形成一种经营模式和工业园区，对于旅游业发展也是多有裨益的。最重要的是，这可以促进万源人民的就业和万源市的经济发展。

6. 注重周边产品和文创产品的研发

我们注意到，万源市虽然在发展红色产业，但红色产业为万源带来的经济收益却是微乎其微的。既然这样，万源可以在发展红色文化旅游的前提之下，研发相关周边产品和文创产品，将红色文化意义赋予一些实用的物件，比如文具和家用品上面，游客也能作为纪念品带回；并且，文创产品的一个优点在于，不会像万源现存的特产一样，都是食物，吃了就没了，文创产品的生存周期更长，影响力和利润也更大。

7. 以文艺宣传代替政治宣传

创作电影、歌曲、画作等文艺作品代替政治宣传，因为文艺宣传的感染力和深入人心是政治宣传远不能比的。

三、调研结论与总结

1. 脱贫攻坚已取得阶段性成果

2018 年，万源市委、市政府团结带领全市干部群众，坚持把脱贫攻坚作为头等大事来抓，按照“一路二住三致富，关键要看群众认可度”的工作取向和路径，全面推进基础建设、产业发展、人居环境改善和公共服务提升，圆满实现 80 个贫困村退出、15561 名贫困人口脱贫，顺利通过省市验收考核。全市贫困发生率下降至 2.5%，为如期脱贫“摘帽”打下坚实基础。几年来，万源市通过大规模养殖猪，系统化养殖万源市特产“黑鸡”，适合种植茶的地区采取茶旅融合的方式发展经济，万源市生产总值飞跃。2020 年，随着国家实现了第一个百年奋斗目标，在中华大地上全面建成了小康社会，历史性地解决了绝对贫困问题；同年 2 月，万源市正式脱贫摘帽。

2. 红色文化教育发展稳步推进

万源市基于红色底蕴丰富，举办了一系列红色文化活动，其中“十月红色文化月”活动做得相当成功，包含了解红色历史、歌唱红军歌谣等活动。此外，还编写了许多红色文化书籍，制作了一些短片，当时影响力可观，但也存在相应的问题，即经过时间沉淀后，遗忘率高。对于红色文化的保护，也采取了一些举措，战史陈列馆的建立，文物的置放。同时，要明确保护人、责任人，加强民众的思想教育，防止收取文物时的坐地起价现象。

3. 基础设施建设仍有提升空间

万源市是中国南北气候的分界线和嘉陵江、汉江的分水岭，地处川、陕、渝3省（市）接合部，7个县市的交会处，襄渝铁路、国道210线（包南路）及川东电网纵贯全市。曾经是进出川的主要通道和重要门户，是联结川陕渝经济、文化、交通的重镇，素有“秦川锁钥”之称，享有“万宝之源”的美誉。然而现在因为种种原因，万源市出市公共交通工具只有火车。以前人们常说“要致富，先修路；致大富，修大路”，这话对于万源也是相当适合的。交通不发达，往来人就少，万源市发展经济因此受限。如何在四面环山的万源开拓交通，这个难题又摆在了政府面前。

四、收获与感悟

李嘉瑞：作为一个晕车的人，在实践过程中，漫长的路途让我非常难受。首先，从成都到万源就需要6个小时的火车，有且只有火车，这就让很多游客望而却步，这6个小时大家可以选择的地方有很多，都能出省玩了，何必拘泥于万源这个小小的地方呢。我想很多人都会这么想，于是就不会选择万源。其次，就是深入调研时的非柏油路，一路颠簸令我头晕难受。我们都知道，交通基础设施是社会交通体系的重要组成部分，是城市经济发展诸多影响因素中非常重要的一个。在区域经济一体化的大趋势下，交通基础建设对城市经济发展仍然具有深远的影响。经济状况好的城市必然拥有一个结构合理，快捷高效的交通基础设施系统，而一个交通网络结构不合理，通达程度不足以支撑城市经济发展的交通系统会阻碍城市经济的发展。山区也不例外。万源市只是山区发展的一个小小的缩影，许多山区发展也面临着同样的问题：如何在绿水青山中改善交通呢？万源市由于地理因素问题，不能像其他平原那样大面积建造高速公路，这也导致了万源市公共交通工具的缺乏。要怎么做到既保护我们的绿水青山，又让城市“走出去”，这条路任重道远。我们需要做的还有很多。

顾心语：万源红色文化对于当地百姓来说，有着十分深刻的影响。它包含着无数革命先烈的无畏英勇，它烙印着百姓背着粮食徒步翻山的一步一个脚印，它代表着红军伟大的奉献精神，它象征着万源踏着刀山火海走到如今的和平繁荣，它是万源的内核，亦是万源传统文化发展延续的火种。党校的蒲正彬副校长在与我们聊天时，句句不离红色文化，他心系万源，组织多次革命研讨、红色活动，也编著多本万源历史革命书籍、参与纪录片与电视剧的制作。他片刻不停地演讲、工作，为的就是将万源红色文化宣扬出去，使它得以传承，用无私的付出来换取万源的发展。

瓦子坪村支书一直带领着村中的贫困百姓顽强奋斗着。在村支书谈论瓦子坪村一路走来的艰辛历程时，他的眼中一直闪烁着明亮朝气的光。依靠着抱团致富发展，这个小小的村落从之前揭不开锅的贫困村变成了如今的脱贫致富示范村落，瓦子坪村与政府的努力配合是制胜的关键。只有真正站在了经历过脱贫攻坚的土地上，才能够感受到脱贫攻坚为百姓生活带来的巨大影响。基础设施建设加强了，新型房屋错落有致，“瓦”形梯田茶香满园……我看见曾经吃不饱、穿不暖的贫困户如今朴实灿烂的笑颜，我看见精致有序的民宿拔地而起，我看见火红的党旗飘扬在生机盎然的茶海之上，我也看见基层官员的辛劳汗水创造的美丽。我想，从万源的角度看各革命老区，发展的道路还有许多艰难困苦需要跨越，脱贫仅仅是第一步，发展才是硬道理。打好手中的牌，走好特色发展道路，让党旗飘扬，笑语飘香。

张铁宇：来到万源之前，我对这个城市没有过多的了解，仅仅限于百度百科上对其革命老区的简介。在此次实践活动的调研过程中，红色文化和脱贫攻坚是我们小组调研的两大中心主题。而这次行程中最令我印象深刻的部分是万源的红色文化，在战史陈列馆里，我听到了民族危亡之际革命先辈挺身而出的英勇事迹，感受到了红军战士们顽强不屈的意志，看到了万源人民在万源保卫战这一重要战役中的巨大贡献。作为革命老区的万源，是红色文化弘扬发展的沃土。但在来到万源之前，我对万源保卫战这一段历史是不了解的，并不知道这一场战役在历史上的重要意义。这也正是我们小组此次万源之行需要思考并帮助解决的问题，我们从党校蒲校长的叙述中了解到了万源革命老区的历史，知道了万源红色文化传承的情况。我最大的感触是我们这一代青年应该如何让万源红色文化得到弘扬和继承，这不仅是万源革命老区面临的问题，同时也是全国各地的革命老区面临的问题。此次调研活动是在中国共产党成立 100 周年的背景下展开的，我们小组也是希望通过调研看革命老区在中国共产党领导下的变化发展，以万源为出发点，发现革命老区发展中存在的问题，结合所学专业知识帮助革命老区发展得更好。在调研过程中，我们通过实地参观走访亲身感受万源的发展，同时我们也采访当地负责人了解万源的整个发展过程。从规划调整行程到实地探访，对于我来说都是一次新颖且特别的体验，也可以说是一次挑战。在实地探访的过程中，我的思想也受到了很多的启发，特别是在听到村支书讲述脱贫过程以及如今取得的成果时，我也在想，未来我是否也可以为他们出一份力。这次活动有很多这样的时刻，听到党校蒲校长讲述万源保卫战的历史故事时，我的内心受到深深的震撼，同时也为这样的故事和事迹没有得到广泛传播而感到遗憾，我认为红色文化对当代青年价值观念的形成是很重要的，我们肩负重任。

邓雨欣：我是一个土生土长的万源人，父母也都生于万源，他们也有幸参与了许多万源市开展的活动，尤其是我的母亲作为一名幼儿教师，不仅切实地参与到红色文化教育和宣讲中，作为一名党员，她也加入了2010年的“挂包帮”活动中。我有幸拜访过她的帮扶对象，何阿姨，她的职业是环卫工人，也是政府帮忙就业的。2013年夏天，我去拜访她时，她月薪700元，一个人供养15岁的女儿和80多岁的母亲。每天早上4点出去扫大街，晚上10点回来，十分辛苦，而她依然朴实善良且快乐。何阿姨的女儿成绩不错，但是因为没有钱交学费，没能上得了高中，我们家也只能尽绵薄之力来帮助她们。就算这样，因为我是晚辈，每次我去何阿姨家，她都会给我包红包，我一想到那是何阿姨扫两周大街才能挣到的，不忍收下，每每拒绝。在我看来，何阿姨的生活最辛苦不过，但她告诉我，她能有地方住、有事干要感谢党感谢政府，她每年都是社区的优秀党员。在这次实践后，我更加清楚地了解到，何阿姨就是万源人民的写照，有着万源战士的坚毅和乐观、勇敢和坚强。万源市人口一直很少，只有50万人，这次我才知道，原来是因为战争年代万源人民悉数参军，1936年全县人口仅有不到5万人，不足1932年的1/4。我的先辈、同乡们，为了这片热土，奉献了自己的生命，长眠于大巴山……每思及此，潸然泪下。

刘芋琨：这次的万源之行，我感受了万源人民的热情好客，听了很多过去的故事，了解了万源的地方特色，可以说是收获颇丰。万源作为革命老区，有浓厚的历史底蕴，这里有红色的历史烙印，也有绿色的崇山峻岭。高大的山峰对万源来说是一把“双刃剑”，战争时期是红军的天然屏障，现在是万源人民的天然氧吧，但是层层山峰也对万源的“引进来”有一定的影响。我觉得因地制宜是最好办法，努力把能建设好的地方打造到极致，这样才有足够的魅力吸引四方来客，同时也要把“走出去”的产业做好，把万源特产的金字招牌推广到祖国各地。万源只是众多老区中的一个，还有很多我们没有亲身去体察的地方，那里可能也面临着一些和万源一样的发展上的机遇和困难，如何建设好老区，怎样开发好山区，任重道远。

以“红”引客，以“畲”迎客，以“绿”留客[①]

——浙江省景宁县东坑镇特色旅游产业发展模式调研报告

一、引言

浙江省景宁畲族自治县作为全国唯一的畲族自治县，畲族人口占了全县总人口的10.9%，历史悠久，源远流长，迄今已有1200多年的历史。在革命战争年代，景宁是浙西南和浙闽边界重要的革命根据地和游击区，红十三军、闽东红军、红军挺进师的战时根据地几乎遍布整个景宁。在党的领导下，畲汉群众开展了艰苦卓绝的斗争，为革命胜利作出了巨大的贡献和牺牲。景宁革命斗争作为浙西南革命不可或缺的重要组成部分，共同缔造形成了伟大的浙西南革命精神，这些革命历史使其于1987年被授予“革命老根据地县”称号。然而，尽管景宁县有着丰富的红色历史文化资源，别具特色的畲族文化，优美的自然风景，富饶的物产，但是交通不够发达，地理位置较为偏僻，没有大型企业作为经济支柱等劣势使得景宁成了浙江最贫困的县之一。为了加快当地经济发展和改善人民生活，近年来，景宁县采取多项举措，切实加大政策引导和扶持力度，整合当地丰富的资源大力发展旅游产业，助推乡村振兴，东坑镇就是其中典型的代表。因此，本次我们选取了景宁县东坑镇为调研对象，意在了解革命老区如何整合红色文化、民族文化发展特色旅游产业。

由于新冠肺炎疫情，我们响应学校的号召，由线下调研改为线上调研。尽管在调研过程中不可避免地受到了一定程度的限制，但我们仍然尽我们所能利用网络收集当地的数据信息，并尝试与当地政府、商户、居民取得联系。在整理调研信息并统计分析后，我们较为全面地了解了景宁县东坑镇“红畲绿”发展模式，梳理了其中的经验和存在的问题。同时，我们就当地的现况提出了一系列切实可行且较为具体的方案措施，并由此也带给我们收获和感悟。

---

① 作者：林蘅媛、周悦、颜渝倩、樊怡宁、罗亦婷、王意帆、黄雅馨、李嘉妮。指导老师：李欣。

二、主体

（一）东坑镇旅游产业发展概况

东坑镇，隶属浙江省景宁畲族自治县。东坑为第二次国内革命战争时期革命老区，白鹤、北溪为抗日战争时期革命老区。东坑镇地处浙闽两省四县（景宁、文成、泰顺、福鼎）交界，镇域面积173.2平方千米，辖10个行政村，总人口8912人。畲族人口2100人，占总人口的21%，属于重点民族乡镇。东坑镇自然环境优良、生态资源丰富，全省最美公路精品示范路“花海耕织·廊桥驿梦”穿境而过，镇域森林覆盖率达83%，其间有草鱼塘国家级森林公园、大仰湖湿地群省级自然保护区、九重漈等旅游资源，是国家级生态镇、省级森林城镇。

近年来，东坑镇大力弘扬红色文化，传承浙西南革命精神，开展红色旅游，建设畲族革命历史展览馆，开发红色旅游路线，打造红色精品剧目，吸引了大量游客，也增加了农民收入。该镇还依托本地自然景观优势，结合畲族民间传说和民俗景观，打造“爱情小镇”，一村一景，各有特色。各村积极发展白茶、多肉、竹笋等特色农业，通过举办桃源亲水节、葡萄采摘节暨乡村匠人大赛等活动，推动农旅融合发展。全镇18个村沿途“开花”、喜结“硕果”，形成一个亮丽的“美丽乡村群”，开启了绿水青山的“生金时代”。2020年1月，东坑镇入选浙江省2020年度美丽城镇建设样板创建名单。

（二）调研方法与调研过程

1. 运用方法与工具

由于疫情原因，我们小组取消了实地调研，本次实践活动主要采用问卷调研法、文献调研法以及访问调研法。

（1）问卷调研法

通过我们的前期联系，当地报社等机构人员积极配合我们小组进行了调研问卷的发放，问卷主要调研了东坑镇旅游业发展对民生的影响，以及民众对于东坑镇旅游业发展的期望等。

（2）文献调研法

我们小组在活动前中期从中国知网等网站上查阅了大量相关资料，大致了解了东坑镇旅游业情况，确定了小组的调研方向是从东坑镇“红+绿+畲”特色旅游入手，调研旅游业对经济发展的影响。

（3）访问调研法

由于无法实地考察，我们小组通过微信、电话联络等方式对东坑镇的各个机构、店铺以及个人进行了线上采访。询问当地旅游业发展的现状、未来规划，针对不同对象设计了不同问题进行调研，力求多方面、多角度调研东坑镇旅游业的发展状况。

2. 调研过程

2021 年 8 月 9—10 日，完善调研问卷题目，完成问卷，采访问题准备完毕。

8 月 11 日，采访畲族农家乐，了解农家乐的经营状况，未来规划和游客流量等情况；利用问卷星平台进行问卷的分发填写，了解旅游业发展对当地民众的影响。

8 月 12 日，采访景宁百鸡宴农家乐餐馆，了解其疫情前后的经营状况，经营问题和游客流量。

8 月 13 日，问卷收集结束。

8 月 15 日，采访景宁畲族自治县东坑镇人民政府，了解东坑镇“红+绿+畲”特色旅游项目，询问政府对东坑镇未来的发展规划。

8 月 16 日，采访草鱼塘省级森林公园，了解绿色旅游发展，“红绿融合”新概念等规划。

8 月 19 日，采访云鹤水岸乡村民宿，了解在旅游业发展中民宿的经营状况，经营所遇到的问题以及经营者的个人感受等情况；采访东坑镇干事，了解东坑镇旅游业发展特色，近年发展情况以及未来规划等，以及询问游客人数、消费等变化数据；采访景宁县旅游局，了解旅游局对东坑镇未来项目的规划以及目前东坑镇旅游业建设所遇到的问题。

（三）基本举措和取得的成绩

1. 讲好红色故事，开展红色旅游

景宁作为红色革命老区，具有悠久的红色历史。景宁革命老区散落着许多革命故事，承载着催人奋进的红色传统和红色基因，是宝贵的精神财富。习近平总书记曾说：“畲族有很好的革命传统，在整个大革命时期，畲族没有出过一个叛徒，这是很了不起的事情。”景宁县在发展旅游产业的过程中，注重发掘利用红色资源优势，讲好红色故事，让红色资源活起来。

例如，红色资源丰富、畲族传统文化保存较好的大张坑村，这里曾经活跃着一支畲族民兵队，在革命战争中屡建奇功，并在攻打梅岐碉堡、景宁城解放中立下了汗马功劳。村中流传着许多红军故事，至今仍保留着人民大会堂等革命遗址。2018 年，大张坑村投资 90 万元建立了“畲族革命历史展览馆”。该馆以图文并茂的形式，从忠勇精神的由来、景宁畲族革命斗争史、大张坑村革命斗争事迹3个层面，全面、系统、立体地展示了畲族人民英勇斗争的革命历史①。

当地还设置民众学唱本土红歌《红寨梨花开》、观看红色情景剧《守望·红寨》、听老党员讲革命故事等活动项目，探索出了一条依托“红寨”历史，开拓“红绿融合”发展的新路径。2019年3月，展馆正式开放后，短短3个月时间，就接待了县内外上百批游客，近4000人次。截至2019年5月底，大张坑村累计接待游客5000余人次，带动经济增收50万余元②。

2021年8月8日，红色电影《杜鹃花开了》在景宁畲族自治县东坑镇大张坑村正式开机。东坑镇党委书记表示：“拍摄红色电影《杜鹃花开了》，就是想用好东坑的红色资源，让干部群众‘赓续红色血脉，矢志接力奋斗’，成为传承红色基因，助力乡村振兴，促进民族山区、革命老区发展的活力源泉。”③ 这部在东坑镇实地取景的红色电影不仅有助于宣传推广景宁的美丽风光，更将通过再现畲乡波澜壮阔的革命史，助推当地红色旅游业的繁荣发展。

2. 健全基础设施，注重生态保护，打造美丽乡村

近年来，东坑镇通过建立健全基础设施建设、培植壮大特色产业、加快社会事业发展、加强生态文明建设、完善发展保障等机制，坚持“用景观的理念经营农业，用旅游的理念建设农村”，扎实推进美丽村寨建设，打造美丽环境，发展美丽经济。

东坑镇投入修建了革命老区纪念室、红军小广场等10余个红色文化项目，大力完善红军村基础设施建设，打造新时代党性教育基地；吸引社会资本参与集镇管理，引入东鸿物业管理公司，负责建成区范围内的绿化养护、景观维护、“污水零直排”设施维护，全力做好建成区的常态化市政管理；组建了8支干群联合的突击队，深化“网格区块责任、五不回去、每天两万步”等3项机制，落实了各项管理制度，压实了工作责任。

此外，东坑镇注重生态保护和环境改善，梳理了包括农业业态提升、美丽环境综合提升等30个专项及配套项目，涵盖了“环境美、生活美、产业美、人文美、治理美”5个方面，截至2020年8月，开工率达91.67%，完成

① 红色电影《杜鹃花开了》在景宁东坑正式开机快资讯［EB/OL］. https：//www. 360kuai. com/pc/9d7c613fdf7ef833e? cota=3&kuai_ so=1&tj_ url=so_ vip&sign=360_ 7bc3b157.

② 景宁东坑镇：奏响红+绿乡村振兴交响曲［EB/OL］. 搜狐网，https：// www. sohu. com/a/317917500_ 265759.

③ 红色电影在丽水开机了［EB/OL］. 网易，https：//www. 163. com/dy/article/GHKADFD05523FQDZ. html.

投资65.72%。完成“低散乱”等小微企业整治4处，拆除建筑面积4500平方米①。

景宁东坑镇着力打造“爱在心田”AAA级旅游景区，之后“爱情花海”、畲乡“水果沟”、露营基地、百竹园等10余个涉旅重点项目被陆续推动，预计投资3000余万元。各村景观展现了各地的独特风貌，有“爱在心田”马坑村、“廊桥遗梦”东坑村、“玉竹飞歌”何村村、“陌上花开”根底岘村、“多肉石寨”深垟村、“枯木逢春”吴山头村等，都把绿化治理和当地的特色景观巧妙地融合在一起。

3. 发展特色农业，推进农旅融合发展

近年来，东坑镇依托产业发展、生态资源禀赋、人文特色等实际情况，成功搭建白茶、多肉、咸菜、乡村旅游等特色产业主平台，建设芍药基地80余亩、香榧基地300余亩、多肉基地提升50余亩、花动畲乡农旅基地和兔养殖基地，吸引社会资本1000余万元。

例如，白鹤村立足村里的“咸菜文化”，培育“咸菜经济”，打造全市唯一咸菜特色村。截至2018年，村里有咸菜馆7家，年销售额达60余万元。桃源村在山沟沟里建起300余亩“水果沟”和多项亲水设施，走上农旅融合之路。“水果经济”实现从无到有，已发展葡萄、猕猴桃等各类水果880亩，不断发展的水果采摘、休闲游模式成为村里旅游产业发展的一大亮点，2017年采摘园产值就达300余万元②。该村年旅游人数超过10万人次，2019年仅水果基地产值就达200万元，村集体经济从2014年的2.3万元增加到2019年的33万余元。桃源村已连续4年举办桃源亲水节、葡萄采摘节，2020年开幕式当日，东坑镇域范围民宿300余张床位全部定出，直接带动消费5万余元；预订特色药膳宴300余桌，直接带动消费25万元；销售葡萄等景宁600种特色农产品30余万元③。

再如，深垟村建设多肉石寨网红村，统筹推进翻新种植多肉，增设多肉墙面、盆景盆栽景点建设等项目。截至2020年8月，深垟村已接待游客5万余人次，收益达500余万元④。

---

① 景宁东坑镇：全力以赴，打造“五美”农业产业特色型美丽城镇．浙江在线 https：//town.zjol.com.cn/czjsb/202008/t20200804_ 12194835.shtml.

② 掌上景宁【今日头条】景宁东坑镇美丽城镇建设经验被全省推荐学习．搜狐网 https：//www.sohu.com/a/255303661_ 265759.

③ 亲水狂欢采摘甜蜜景宁东坑镇第三届亲水节欢乐启幕．浙江新闻 https：//zj.zjol.com.cn/news.html？id=1501235.

④ 景宁东坑镇：发展美丽经济，绘就乡村振兴美丽画卷．腾讯网 https：//new.qq.com/rain/a/20200827a0ra4y00.

4. 彰显畲族特色，推进旅游业与民族文化融合发展

景宁畲族自治县是全国唯一少数民族自治县，其文化底蕴深厚，在服饰、建筑等方面都有明显特色，畲族婚嫁表演、泼水节等都是当地独具特色的活动。独特灿烂的民族文化赋予景宁独一无二的畲族风味，为旅游业发展提供了新机遇。

以东坑镇深垟村为例，其举办畲族婚嫁表演、各种文化节、“畲寨多肉游”等方式来弘扬畲族文化。2019 年，深垟村“太布娘”畲族婚嫁基地开门迎客，“太布娘”畲族婚嫁通过拦门、行礼、考布郎、放搭定、抢锅灶、品畲药膳等环节，让游客体验到畲族青年男女相亲、提亲的整体风俗。“太布娘”旅游产品推出后，截至 2019 年 3 月，短暂时间内即吸引游客 2000 余人，带动村民就业 20 余名，促进村集体增收①。

而东坑镇东坑村则依托悠久的廊桥文化，以“廊桥驿梦”为主题，将村庄打造成开放式的廊桥博物馆，廊桥文化以寓教于乐的方式融入各个景观节点中，工艺之美、故事之美、文化之美展现得淋漓尽致，使村庄既有“面子”也有“里子”，既有“颜值”也有“内涵”。

绵延山脉，孕育红村革命辉煌；悠悠吴畲，浙西南地区一颗明珠闪耀。景宁将用饱满的红色元素打造浓厚的红色氛围，通过红色之旅带动绿色之旅，挥笔畲族文化画卷，强化“红绿畲融合”的生态旅游。

（四）存在的问题及原因分析

社会实践小组通过对当地政府、旅游局、草鱼塘森林公园、民宿、农家乐等相关人员的采访以及针对当地居民及商户的线上问卷投放，再结合前期查阅的资料，综合分析发现，景宁在“红畲绿融合”的特色旅游模式发育良好的情况下还存在一些不足之处。主要问题及原因分析如下：

1. 基础设施建设不够完善，配套服务有待提升

在交通方面，游客从丽水火车站下车后需要 1 小时左右的车程到达景宁，而景宁与各乡镇之间的通行工具也基本只有公交车这一种，交通相对困难。尽管东坑镇交通走在全县前列，从 2019 年开始打造高速公路，预计 2022 年 10 月实现通车，届时进城只需 15 分钟，到丽水也只要 1 小时，但是其他村镇的配套交通设施仍有较大提升空间。

---

① 景宁东坑镇：首款畲族旅游体验产品“太布娘”受热捧 . 景宁畲族自治县人民政府 http：//www. jingning. gov. cn/art/2019/3/27/art_ 1376115_ 31679406. html.

2. 市场化程度低，资金来源单一

主要是政府在主导当地的旅游市场，而企业和个体商户等投资较少。资金来源也主要是政府，市场投入较少。我们采访的东坑镇干事表示，主动吸引市场投资比较困难，毕竟东坑镇的产业基础一般，市场投资意愿不高，也没有办法去强求。

3. 旅游产业相关人才缺乏

东坑镇是农业大镇，以农业为主导产业，村民大多从事农业而不具备旅游业的相关知识。另外，村民大多外出打工，留在村里的大多是妇女、儿童和老年人口，人才的后备力量不足，其中具备旅游业专业知识的人才更是少之又少。

4. 宣传推广不到位，区域品牌建设不成熟

首先，当地有关部门对景点、产品等的宣传意愿不高。考虑到宣传本身也需要较大的资金投入，只有在推出特定产品或特色活动时有关部门才会去做相应的宣传。其次，其宣传方式也显得有些单薄，像东坑镇基本上只通过外包给县内百事通信息运营公司来做市场宣传，渠道单一，影响有限，偶尔会去县外参加一些大型推介会，但也缺少特定的推广规划。

5. 旅游产品创意不足，未充分整合红色文化和畲族文化资源优势，未能充分发挥互联网技术和新媒体平台的优势进行宣传

当地的红色历史文化更多通过展览、宣讲方式传播，如大张坑村的“畲族革命历史展览馆”。虽有相关主题的歌舞剧，但尚未充分利用新媒体平台，激发青年人的旅游兴趣，文化项目的互动性和趣味性不足。而畲族特色旅游产品种类还不够丰富，游客参与度和体验感不充分。此外，东坑镇定位为“爱情小镇”，宣传中较多强调风貌景观之美，但其红色和畲族特色文化优势并未体现出来。而景观是可复制性的，东坑镇与其他美丽的浙江小镇的竞争力和差异性并未凸显。

6. 受疫情影响，旅游产业发展受到较大冲击

本次受邀采访的民宿和农家乐负责人均表示自 2020 年新冠肺炎疫情暴发以来，游客数量相比疫情暴发前减少了 15%左右，营业额与利润收入也相应地呈下降趋势，有的甚至出现经营困难的现象。

（五）解决方案及改进建议

1. 完善旅游配套设施，以美丽乡村建设助推旅游产业发展

加速交通线路建设，形成景宁县内县外便捷交通圈。尽管东坑镇高速公

路即将竣工，乡镇之间的交通依旧不便。可以通过增设观光大巴车，集中一批接送司机队伍等措施提升县域之内交通便捷性。

加强民生设施建设，提升百姓生活幸福感。有民众在问卷中反映千峡湖开发滞后，健身设施不完善的问题，应通过完善健身设施等助推美丽乡村建设，改善人民生活。

整顿县容县貌，加大监管力度。有民众在问卷中反映老车站山珍市场等老旧小区片区脏乱差问题。政府应加大对市场、小区、街道等地区县容县貌的监管力度，努力建设绿色社区、绿色家园，将解决民生问题落到实处。

2. 政府引导支持旅游产业融资，当地旅游产业加入旅游集团

政府制定包括金融在内的一系列扶持政策，加大招商引资优惠力度。东坑镇干事表示主动吸引市场投资比较困难。地方政府可以积极创造条件为中小旅游企业搭建融资平台，帮助企业降低融资技术操作难度。

当地旅游产业与其他地区旅游产业组成旅游集团共同融资。针对市场投资意愿不高的问题，当地可以整合当地有优势的旅游资源，与其他地区旅游资源组成旅游集团，以集团的形式对外融资，提高融资成功率。

3. 政校企三方合作，打造旅游业发展智库，推进旅游业人才队伍建设

①当地学校建立人才定向输送机制，并推进红色文化、畲族文化的学习和普及。针对景宁畲族自治县存在的人才缺乏问题，当地部分学校可创新教育体系，开设特定行业、特定岗位的定向班，通过专家讲座、前辈引领等深化专门型人才培养，并适当调整学费、薪酬等形成激励。当地可以通过线上线下结合的形式，集合非遗传承人、畲族长辈等讲述畲族文化，特别是围绕畲族三月三、畲族民歌、畲族婚俗、畲乡小吃 4 个被列入国家级非遗的项目进行相关培训。线下可开设茶话会、研讨会、讲座等，线上可将录制完成的知识类、沉浸式等多样课程上传到有公信力的媒体供从业人员学习。另外，还可通过知识竞赛、有奖竞答等方式激励从业人员学习了解畲族文化。当地人对畲族文化有较充分深入的理解后，对于个人，可以探索致富新路径，发展副业；对于集体，有利于奠定畲族文化传播的群众基础，传承畲族文化。除畲族文化培训以外，还需要融合多媒体、新兴技术等创新红色文化传播形式，以提高红色文化教育成效。使线上线下红色文化氛围浓郁起来，潜移默化地影响畲乡人民。

针对景宁畲族自治县存在的人才流失问题，相关部门可以制定人才引进激励政策，当地人才市场可以一定程度提升福利待遇。通过采取此类措施，鼓励大学生回乡创业并吸引外来人才流入，共同繁荣畲乡。

②打造景宁旅游业发展智库，负责各乡镇旅游业发展决策的制定和动态

调整。针对部分政府资金分配不够集中且规划不专业的问题，当地旅游局可以聘请相关领域专家，从各乡镇挑选负责人，打造景宁旅游业发展智库。定期交流旅游业发展状况，从而动态调整景宁畲族自治县旅游业发展整体规划和各乡镇具体计划，有利于打造区域公共旅游品牌。

4. 利用新媒体平台，发挥互联网信息技术优势

①宣传方面——加大宣传和传播力度。形成公众号矩阵，注册运营维护B站、抖音、微博账号，通过网络直播等引流，介绍公众认知较少的森林疗养行业等；制作旅游节目，在当地旅游卫视或者其他影响力较大平台播出；拓展民宿、农产品等的集中线上预订、购买渠道，通过抽奖、优惠促销等活动提升热度。

②景点建设方面——提高服务水平。各种文化展览馆可以引进AI等数字化科技设备，增设语音导览提升交互性。比如，刚刚建成的畲族革命历史展览馆可以采取类似措施提升游客参与度和体验感。各大景区可开发景区地图小程序，还可以开设游客数据统计专栏，邀请游客有奖填写问卷，获得必要的反馈，帮助景区改进旅游产品和旅游服务。

5. 因地制宜，依据马斯洛需求层次理论，提供多元化的复合型旅游产品

①以需求为导向，开发旅游项目，增加广度。可以以民宿或者旅游景点为中心，形成面向特定人群的产业集群。比如，面向年轻群体，可以在房车基地附近建造主题餐厅、主题酒吧，开辟烧烤区，举办音乐节等。民宿和旅游景点也要明确客户群体、自身定位。比如，云鹤水岸乡村民宿就凭借独特的乡村风格，成为网红精品民宿，吸引了可观的流量。

②深挖当前旅游项目，提升体验感，增加文化深度。景宁作为“革命老根据地县”，需要发挥红色文化优势，增强红色旅游产品的影响力。丰富红色文化的传播形式。比如，畲族革命历史展览馆，可以如前文所述引进数字化科技，提升交互性和沉浸感。在采访中，我们了解到有一个畲族家庭四代从军，可以制作视频讲述他们的故事引入展览馆。另外，充分利用新媒体平台，上传人们喜闻乐见的景宁红色文化传播视频，推广红色歌舞剧等。

景宁县作为全国唯一畲族自治县，需要深挖畲族文化内涵并与旅游产品结合形成特殊性。景宁东坑镇定位为“爱情小镇”，一方面可以打造具有畲族韵味的景观供游客打卡，比如，在将畲寨修旧如旧的基础上打造畲族传统婚房，提供传统服饰拍照服务等；另一方面可以建设畲族婚嫁体验馆，如畲族特色饰品手工坊提供讲解服务和DIY实践。此外，还可以主打家庭亲子主题，建设畲族彩带编织体验馆、制茶和茶具的体验馆，设计畲族传统游戏打卡线

路等。

6. 加强安全保障，给予适当优惠，缓解疫情冲击

疫情的影响是长期的，需要采取积极的措施缓解疫情受到的冲击。目前，基本只允许省内游客进入景宁县。一方面需要加强安全保障，严格健康码、行程码检查等，采取错峰、限流等措施；另一方面可以在新媒体平台上发放一定数量的优惠券吸引游客前来。另外，当地政府可以制定针对经营商户的租税减免政策，稳定商户和投资者，减少经营压力。在游客减少的情况下，当地政府和商家也可以探索通过成熟的网络平台如淘宝、叮咚或直播等方式，销售特色农产品。

三、调研结论与总结

通过线上采访、查阅资料，景宁畲族自治县“红畲绿”旅游发展的模式给我们如下启示：

“红畲绿”旅游发展是助推乡村产业振兴的一条特色路径。景宁县政府不断集聚新动能，通过推陈出新、深入挖掘红色资源，凭借革命老区和红色文化优势，广泛宣传景宁璀璨的革命历史文化，以红色旅游为载体，重温红色经典，传承红色基因，吸引机关单位的党组织前来开展“重走红军路、重温红色记忆”的主题活动。景宁县利用其民族文化优势及丰富的自然资源，在政府的大力支持下，探索出了一条发展旅游经济的特色产业链，其成效有目共睹。

“红畲绿”发展模式不断创新，跟上时代步伐。旅游业不再止于自然观光，畲族文化展示、农家乐、民宿、红色历史追寻、现代特色农业等新业态竞相发展，带动了当地经济增长、农民创收。

“绿水青山就是金山银山”，景宁县革命老区的新农村建设如火如荼，村容村貌焕然一新，“颜值”大增，通过生态保护和环境改善，花样村庄建设、AAA级旅游景区村创建，推动了旅游产业的发展。我们也在采访调研中发现了一些存在的问题并尝试找出解决方案。

我们建议“政校企”三方合作，打造旅游业发展智库，推进旅游业人才队伍建设，因地制宜，依据马斯洛需求层次理论，形成多元化产业集群以及保持“红畲绿”文化的原汁原味。推进数字化建设发展旅游业。同时，也要关注当地民生，不断完善各项配套设施，民生是乡村振兴的关键重要问题，通过相应措施的改进，吸引更多游客的同时，真正提升村民生活质量。景宁县“红畲绿”特色旅游发展模式，通过红色文化、民族文化、特色农产品的展现，吸引大量游客，加速了景宁县旅游业的发展，带动了东坑镇的经济发

展。景宁县的“红畲绿”特色旅游发展模式是助推乡村振兴很好的示范实例。

四、收获与感悟

本次社会实践活动，使我们对景宁“红畲绿”的旅游业发展有了更加深刻详细的认识。通过对政府、公园负责人等的采访，我们了解到许多村镇如何推动旅游产业与红色文化、畲族民俗文化、特色农业融合发展。而景宁现在稳中有进的发展，也离不开这种文旅结合——青山茫茫、绿水悠悠的特色旅游。这种依托当地文化，结合“红+绿”的旅游业发展模式，我们相信对于许多旅游景地的发展也有着借鉴意义。

另外，我们也认识到了建设生态文明、保护自然资源的重要性。这次调研让我们对“绿水青山就是金山银山”这句话的含义有了更深的认同感。对于景宁县乃至其他各处旅游景点的发展，良好的生态环境是不可或缺的因素，甚至是根本因素。没有优美的环境，又谈何吸引顾客、大力发展旅游业？所以，尊重自然、顺应自然、保护自然始终是在发展过程中不可舍弃的理念。

除此之外，这次实践活动显著提升了我们团队合作能力及克服困难的能力。一次次的小组会议，我们讨论如何分工，分享各自的想法并一起加以改善，分组进行采访，对调研问卷提出建议……在这样的过程中，我们提升了团队合作能力，学会了如何进行调研问卷、公众号的制作，如何进行采访等技能。这对于我们以后学习和工作是极有帮助的。另外，因为疫情的原因，调研被迫由线下转为线上，我们也遇到了许许多多的问题，如找人填写调研问卷，无法切身体会当地情况等。我们不断地改善解决方案，每个人克服困难的能力也毋庸置疑地得到了磨炼。

当然，这次调研也存在局限性和一些不足之处。由于线上调研的缘故，我们很难切身去感受当地旅游业发展的情况，很难自己发现问题，只能依靠采访、问卷与收集资料来得知信息。这无疑在客观性方面有一些不足。同时，由于样本数量不是特别充足，从覆盖的全面性、结果的稳健性来说，也稍微有所欠缺。但总体来说，调研结果还是符合预期的，我们期待下次的调研能够在这方面更加完善。

附件

关于景宁县“红畲绿”旅游业发展的民意调研问卷

第1题　您目前所处的行业：［单选题］

选项	小计	比例/%
旅游业	3	18.75
文化、体育和娱乐业	3	18.75
住宿和餐饮业	0	0
批发和零售业	0	0
交通运输、仓储和邮政业	0	0
租赁和商务，居民服务和其他服务业	1	6.25
水利、环境和公共设施管理业或卫生、社会保障和社会福利业	1	6.25
农、林、牧、渔业	0	0
采矿业	0	0
电力、燃气及水的生产和供应业或制造业或建筑业	1	6.25
信息传输、计算机服务和软件业	1	6.25
金融业	0	0
房地产业	0	0
科学研究、技术服务和地质勘查业	0	0
教育	6	37.5
本题有效填写人次	16	

第 2 题　您的生活水平如何？［单选题］

选项	小计	比例/%
困难	1	6.25
中等	14	87.5
富裕	1	6.25
本题有效填写人次	16	

第 3 题　您的月收入范围：［单选题］

选项	小计	比例/%
2000 元以下	1	6.25
2000～3000 元	1	6.25
3001～5000 元	8	50
5001～10000 元	4	25
10001～100000 元	2	12.5
100000 元以上	0	0
本题有效填写人次	16	

第 4 题　您认为本县旅游产业发展最大的优势是什么？［多选题］

选项	小计	比例/%
自然风景优美	13	81.25
历史悠久	6	37.5
文化底蕴丰厚（红色、畲族文化等）	11	68.75
气候适宜	11	68.75
基础建设完善	1	6.25
民风民俗	11	68.75
艺术文化等场馆资源丰富	2	12.5

续表

选项	小计	比例/%
其他	0	0
本题有效填写人次	16	

第 5 题　您认为本县旅游产业发展最大的困难是什么？[多选题]

选项	小计	比例/%
技术落后	8	50
交通不便	11	68.75
缺乏宣传	9	56.25
资金短缺	4	25
基础设施落后	12	75
人才缺乏	14	87.5
其他	0	0
本题有效填写人次	16	

第 6 题　基于以上对于本县旅游产业的发展，您的态度：[多选题]

选项	小计	比例/%
很不满意	0	0
不支持	0	0
无所谓	2	12.5
乐观	6	37.5
非常支持	8	50
本题有效填写人次	16	

第 7 题　自从旅游业大力发展以来，您的生活变化：[单选题]

选项	小计	比例/%
更好	10	62.5
没变化	6	37.5
更差	0	0
本题有效填写人次	16	

第 8 题　更好的原因：[多选题]

选项	小计	比例/%
收入提高	2	20
基础建设更加完善	7	70
文娱等活动更丰富	8	80
自然环境变好	8	80
人流量变多	3	30
其他	0	0
本题有效填写人次	10	

第 9 题　更差的原因：[多选题]

选项	小计	比例/%
人流量过多影响生活	0	0
收入降低	0	0
基础建设跟不上	0	0
自然环境变差	0	0
交通状况变差	0	0
其他	0	0
本题有效填写人次	0	

第 10 题　您对本县旅游产业发展的意见或建议：[填空题]

炮火齐鸣，白帆如云，传“澄”（江阴）革命精神①

——以江苏省江阴市渡江战役红色基因为例

一、引言

（一）调研背景

革命老区是中国革命的根，革命老区人民是中国革命的枝，革命老区精神是中国革命的魂，营养丰富的老区精神滋养了伟大的中国共产党。老区精神是民族精神的重要内涵，更是党的宝贵财富。习近平总书记曾说：“无论是革命战争年代还是改革开放新时期，老区人民为党和国家作出了巨大贡献。老区人民对党无限忠诚、无比热爱。老区精神积淀着红色基因。”革命先辈们的丰功伟绩，任何时候都不能忘记。现在我们的生活一天比一天好，但我们不能忘记历史，不能忘记为新中国诞生而浴血奋战的英雄，不能忘记为革命作出重大贡献的老区人民。而凝聚在革命先烈们身上的这种革命精神支撑和伴随着我们在党的领导下，经过艰苦卓绝的斗争，一步一步走向胜利和理想的彼岸，踏上民族复兴的伟大征程。因此，在革命老区积极探索革命先烈身上的革命老区精神十分重要。所以，我们社会实践小组开展了以“炮火齐鸣，白帆如云，传‘澄’（江阴）革命精神——以江苏省江阴市渡江战役红色基因为例”为主题的社会实践活动。

江阴地处长江南岸，南京、上海之间，战略地位十分重要。1949 年渡江战役之前，国民党军队在江阴要塞以 7000 余名驻军、70 余门大炮重兵布防，蒋介石以为苦心经营的长江防线固若金汤，天堑难以逾越，却没想到在渡江战役打响之初就顷刻瓦解。1949 年 3 月，渡江战役一触即发。中国人民解放军第三野战军副司令员粟裕，向国民党江阴要塞地下党组织传达了策动要塞起义、迎接大军过江的指令。4 月 21 日凌晨，在黄山炮台宣布江阴要塞成功

---

① 作者：胡皖辰、吉合欢、苗慧汝、汪元、鲁冰冰、郭欣欣、马永驰。指导老师：牟雪莲。

起义，以最小的代价获取了最大胜利，加剧了国民党政权在大陆统治的全线崩溃，为渡江战役的胜利起到了不可估量的作用，立下“渡江第一功”。并与解放军29军胜利会师，这样一处“铁打的”要塞，成为人民解放军渡江作战的重点突破地段。

70多年风雨变迁，“团结一致、同舟共济、不畏艰险、勇于拼搏、坚忍不拔、敢于争先”的渡江战役精神始终流淌在江阴人的血脉中。江阴是一座富有光荣革命传统的城市，素来有“忠义之邦”的美称。新中国成立70多年来，江阴坚守实体经济，抢抓改革先机，实现全国县域经济和综合发展“十六连冠”、中国全面小康示范县市“十一连冠”，位列中国工业百强县（市）之首。

（二）调研目的

老区精神是中国共产党领导革命和中国特色社会主义事业的传家宝，也是中华民族宝贵的精神财富。在全面建成小康社会、民族复兴的伟大征程中，老区精神中积淀的红色基因将给予我们坚定的信心、无穷的力量。而这一点，在江阴的渡江战役中的革命先烈身上尤为突出。调研小组4名成员在指导老师的指导下，于暑假前往江阴，感受江阴在百年党建中的血泪奋斗史和红色基因中不屈的革命精神。

（三）调研时间

7位同学兵分两路，分为线上、线下两组进行社会实践调研活动。

2021年6月25—30日，马永驰、汪元、郭欣欣3位同学开展线上资料收集，其主要负责收集江阴市渡江战役纪念馆、革命烈士陵园、黄山炮台、军事文化博物馆建设的历史背景，江阴精神内涵解读和渡江战役对江阴文化的历史影像资料。

7月2—3日，胡皖辰、鲁冰冰、苗慧汝和吉合欢4位同学分别前往江阴市渡江战役纪念馆、江阴革命烈士陵园、江阴黄山炮台，分批调研以江阴渡江战役精神及其当代内涵外延的发展变化、江阴军民革命红色文化历史保护现状和大无畏的革命红色精神，以及围绕黄山炮台战役展开的爱国主义教育进行调研活动。

7月5—30日，整组根据实地考察出的结果进行整理。

8月1—15日，整组根据线下线上收集的资料，结合当下发展与红色基因传承撰写社会实践报告。

（四）调研地点

江阴市渡江战役纪念馆、江阴革命烈士陵园、江阴黄山炮台。

（五）调研对象

江阴市渡江战役纪念馆中所有纪念的烈士及在渡江战役中默默奉献的无名英雄等。通过文字材料、影视材料、个人物品及后人创作的雕塑作品等，具体化现象化的现实物品所传递出的铭刻在红色基因中不屈的革命精神。

二、主体

（一）调研对象基本情况

在解放战争胜利 72 周年之际，我们忆古思今，追溯历史，传承红色精神。当时，国民党的进攻给江阴大地蒙上一片阴影，值此民族危亡的紧急关头，无数勇敢的江阴人民选择奋起反抗，青年学生纷纷加入，工农商学站到前列，江阴成了解放战争的重要战场。在这片战场上，许多英雄倒下去，更多英雄站了起来，他们秉持的信念，值得我们永远铭记。在共产党的领导下，与敌人殊死搏斗，尽管刚组成的游击队就遭到镇压，多次战役大量共产党员遭到屠杀，各种各样的困难围绕着人民，但江阴儿女始终坚信：胜利一定属于中国共产党！他们百折不挠的勇气，永不言败的精神，在不懈斗争中，看见了胜利的曙光。在那一天，江阴人民听到了百万雄师渡长江的隆隆炮声，长夜将去，黎明已至，英雄长眠，精神永存。在当下的我们，已经步入了中国特色社会主义新时期，这是全体中华儿女的共同努力不懈奋斗的结果，我们要时刻牢记先辈们的牺牲不忘先辈荣光，将他们的信念传承下去，高举中国特色社会主义伟大旗帜，为实现中华民族伟大复兴继续努力。在这决胜全面建成小康社会的时候，6 万余先烈英勇的事迹永远高悬于空，照耀着民族的史册，照亮我们前进的方向。渡江战役，以她特有的雄伟气势和丰功伟绩在中国革命史上谱下了光辉的篇章。

江阴人民政府以普惠民生为主旨，推动经济生态和谐发展，开启了发展的崭新征程。近年来，拨发大量资金用于驻军营区搬迁，安抚家属和退伍士兵再就业，出台 10 多个文件为各项工作提供有力的政策依据，有力解除部分军人和军属的后顾之忧，为加强国防建设发挥了重要保障作用。驻澄部队在这几年来与 30 个基层单位与江阴 30 个农村单位对挂钩，积极推进以生态兴农、文化育农等为主题的 10 项共建活动，军民一心开展农村河道疏浚政治、环境综合治理和长效管理，公共文化服务体系建设等活动，深受百姓称赞。时代会改变，但渡江战役中各位军人奋勇拼搏、不屈不挠、永不服输的精神永远流传，新的时代有新的使命、新的机遇，革命先辈的那种信念、那股冲劲，让我们保持斗志，团结协作，为更美好的社会主义中国添砖加瓦。

（二）调研基本做法

1. 观察法

2021 年 7 月 2—3 日，前往江阴市渡江战役纪念馆、江阴革命烈士陵园和黄山炮台等地，观察江阴军民革命红色文化历史保护现状，亲身感受以中国人民解放军百万雄师横渡长江历史文化中产生的江阴精神。

调研过程：通过参观江阴市渡江战役纪念馆等红色基地，我们直接获取了有关渡江战役以及渡江精神的相关资料，对江阴红色精神有了更深入的了解；同时，在参观过程中，我们能够直观地了解到江阴市渡江战役纪念馆等红色基地的客流量、工作人员等各方面情况（但因调研时间为 7 月 2—3 日缘故，可能对客流量的观察有所偏差），更加深入地了解江阴红色文化历史保护、传承现状。

2. 访谈法

2021 年 7 月 2—3 日，在参观江阴市渡江战役纪念馆时，对纪念馆工作人员进行简单询问，后进行电话访谈，了解他们为传承弘扬渡江精神、保护红色文化所付出的努力；在参观黄山炮台时，对周边居民进行简单的询问，了解江阴红色文化历史保护、传承现状，了解他们眼中的渡江战役、江阴解放，对渡江精神的理解以及渡江精神、红色文化对他们的影响。

调研过程：在向纪念馆工作人员进行访谈时，因前期工作准备不充分，未能获取面对面访谈的机会，后及时进行电话交流，进行电话访谈，从而对江阴市渡江战役纪念馆相关工作人员为传承弘扬渡江精神、保护红色文化所付出的努力有了深入的了解；参观黄山炮台时，该场地并无相关的工作人员，未能进行深入的了解，但通过向周边居民询问，对该地有了简单的了解。

3. 问卷调研法

在参观江阴市渡江战役纪念馆、江阴革命烈士陵园和黄山炮台等地时，向前往该地的游客发放问卷；同时，线上向周边同学发放问卷，探究不同人群对渡江战役以及渡江精神的了解程度。

调研过程：在发放问卷时，通过询问了解到，因实地考察时间的缘故，前往参观人群多为当地企业组织参观，故参观填写问卷人群多为当地人群，同时结合线上向周边同学发放问卷。因而问卷的发放面向人群游客中非当地居民人数较少。

4. 文献调研法

一方面，通过网络平台、参考文献等公开信息和新闻报道以及其他渠道能够获取的文献资料，对红色文化保护开展情况、江阴有关部门与组织在当地的宣传教育活动以及江阴渡江战役精神进行了解；另一方面，通过整理实地考察所获取的图片、视频等资料，对江阴渡江战役精神的形成、发展有了深入的了解。

（三）传承历程

自20世纪90年代起，一些城市和地区逐步认识到城市精神的积极意义和重要作用，总结城市精神的工作开始落实到实际中。江阴市亦是如此，江阴市作为渡江战役节点，拥有得天独厚的历史优势，在此基础上，总结出了“人心齐、民性刚、敢攀登、创一流”的城市精神，立足“人民用小车推出来的胜利”的渡江战役，体现着江阴市抓住机会、进取发展的韧劲，也引领着江阴市的蓬勃未来。

自1994年起，江阴市已经启动江阴市革命烈士陵园的建立，并由全国人大常委会原副委员长叶飞、国防部原部长张爱萍将军来为园内革命烈士纪念馆和江阴渡江战役纪念馆题写馆名。始建于1994年4月，建成开馆于1997年4月，占地36300平方米，建筑面积达2300平方米，绿化面积达20000平方米，累计投资1500余万元。江阴市渡江战役纪念馆本身具有天然的品牌影响力，在中国旅游业蓬勃发展的当下，更是地方政府竭力打造的旅游名片。做好红色文化品牌建设，对于弘扬和发展红色精神具有重要意义。江阴市渡江战役精神传承的线下调研问卷数据表明，超50%的年轻人熟知渡江战役的英雄事迹和历史常识，并对江阴渡江战役精神的新时代传承有着积极的认识。这充分说明了政府高度支持，大力宣传是卓有成效的，也证明了企业的参与对于红色精神的弘扬有着重要意义。

（四）存在的问题

据调研，我们认为江阴市红色精神发展存在以下问题：

1. 设施较为老旧，红色旅游资源未得到完全开发

渡江战役总前委旧址地处农村，在资金支持和地理位置上都存在劣势。周边硬件设施不够，不完善的交通基础设施等阻碍了文化传播渠道，影响了将江阴市红色文化遗产打造成一个重要的红色文化精神的外宣窗口的建设进

程。在考察黄山炮台时，我们发现炮台景观较为老旧，基础设施不够完善。由于当地政府规划不够周全，资金来源单一，当地红色文化资源在开发保护中存在“浅表”“单一”，没有深入挖掘，参观互动性为零，不能给参观的游客留下深刻印象，这种情况导致了红色景区对游客的吸引力降低。例如，黄山炮台景区规模较小，吸引力不强，红色资源整合力度不够。纪念馆也存在服务和管理能力不足的问题，不能适应游客的需求。

2. 价值内涵宣传单一、新媒体宣传薄弱

文化精神推广促销比较薄弱，江阴精神在内容方面单一，同时在地理布局方面单一，在自身宣传方面的门户网站、微博、微信等新媒体平台打造，宣传的活跃度不高，导致江阴精神的对外传播和转化受到阻碍。

3. 文化产品数量有限，产生的经济效益较低

文化产品开发层次比较低，能够可供游客欣赏的旅游产品除了遗址建筑、部分人文材料及民俗展示之外，没有其他有吸引力的文化项目。同时，媒体展示的现代化处于初级的阶段。该地红色旅游的产业链条较短，产业体系不全。红色旅游景点少，即使是周边城市的游客，也多为过路游客，根本没办法留住游客，难以带动当地饮食、住宿业的发展。

4. 与其他纪念馆同质化严重，创新力度与参与体验不够

江阴市渡江战役纪念馆资源开发单一，缺乏新意。在经营上还停留在遗址参观、简单的图片和物品展示阶段，形式单调。和其他地方的纪念馆同质化严重，让游客产生千篇一律的感觉。而且，旅游者在游览此类景点时均以参观为主，缺乏参与效应，参观旅游体验感不强，降低了对游客的吸引力，影响了当地红色旅游市场的良性发展。

5. 辐射半径较小，游客基本来自本地

江阴市渡江战役纪念馆的辐射半径较小，游客基本来自无锡市，对周边城市的影响力非常小。同时，游客年龄结构偏差大，年轻游客占比较低。渡江战役纪念馆的宣传力度不够，使得城市的一些居民根本不知道有此纪念馆的存在。

6. 专业人才储备不足，政策吸引力度有待加强

江阴市红色旅游景区缺乏经过系统培训的人才，策划宣传促销的人才不足，知识面广、表达准确生动的导游讲解人才培养也不足。同时，由于当地的人才流失严重以及纪念馆工作对年轻人的吸引力较低，纪念馆和军事博物馆等地难以招聘到优秀的管理、讲解人员；并且，当地高校数量较少，对人才的吸引力也不够，专业人才储备不足。

（五）改进建议

1. 培养专业的讲解人员，创新讲解模式

阻碍我国红色纪念馆作用发挥的一个重要原因，就是纪念馆讲解员自身专业能力不足。因此，我们在进行红色纪念馆创新建设的过程中，可以以培训的方式培养专业的馆内讲解人员，创新原有的讲解模式。在培养的过程中，要使讲解员充分了解红色纪念馆的建设背景和历史文化价值，促进其对红色主题文化的了解，在讲解的过程中才能够更有带入感，将当地文化内涵和纪念馆的主题相结合，使自己的讲解更有说服力。

此外，讲解员要注意：首先，面对不同年龄阶段的游客应该采取不同的讲解形式，才能有效起到引发思考的作用，让游客产生深刻的印象，有效提升馆内讲解人员自身的专业素养和纪念馆的教育价值。还可以利用社会力量，吸引一些青年志愿者加入红色纪念馆的教育活动中来，担任讲解员或者进行一些其他纪念馆的建设，从而进一步完善纪念馆的创新建设。

2. 增强景区自身吸引力

景区本身相当于企业的产品，如果产品质量不过硬，那么宣传力度再大，也只能做一次性买卖，所以，企业应当提高产品本身的吸引力，只有这样才能增加顾客黏性。同理，景区本身应当提高自身吸引力，只有这样游客才能介绍其他人游览，景区的品牌才能打响。

景区第一步应该完善基础设施，如厕所、垃圾桶、长椅等，并且提供一些人性化服务，如在冬天提供热开水，在夏天提供纯净水，提供相关音频资料的拷贝服务等。这些小的措施能够极大地方便游客，从而提升游客满意度。此外，一个值得注意的细节是，景区的标识应该经过精心设计，力求建筑风格一致；否则，标识会破坏景区营造的氛围。除了这些基本设施，红色景区应该放置一些屏幕，用来放映相关音频资料，营造氛围。在设计上，景区应该整体定位，整体设计，从而产生较强的吸引力。

3. 多途径解决资金问题

资金是限制红色景区发展的首要问题，所以一定要解决资金问题。红色纪念馆作为一个公共机构，其受益群体为整个民众。因此，其运营成本也应主要由公共财政负担。发动民间资本也是一种途径，例如，可以进行募捐，所得资金用于景区维护和建设，尤其是可以向一些企业募捐，作为回报，景区在门票上可以印刷企业的广告，或者在对外推广活动中冠名赞助企业。

此外，景区本身也应有一定的“造血”能力，景区应建设“吃、住、行、游、购、娱”的旅游环节链，以增强红色旅游发展的后劲和活力。

4. 强化品牌意识，打造红色旅游品牌

目前，包括北京、上海、陕西、贵州在内的全国许多省市都在开发红色旅游资源，提升旅游品位，打造红色旅游新亮点。各红色旅游基地大力推进红色旅游文化节目开发，提升旅游品位。例如，井冈山完成了“星火燎原——岁月井冈山”大型红色主题歌舞节目和“红色歌曲——唱响井冈山”大型红歌会。同时，着力于高标准打造旅游新亮点，如红色文化研习游、革命摇篮体验游、红色故都寻访游等红色旅游。

5. 加大宣传力度，开辟网络平台

在宣传途径上，除了传统的广告等，景区可以考虑在网络上进行推广，如建立景区微博、博客等，进行造势。此外，可与周边城市的高校进行合作，利用学生社团进行宣传，景区可以向这些社团提供相关电影资料，通过影视资料激起学生对铁血精神的兴趣，吸引他们到景区参观。当然，除了宣传途径的改变，宣传力度也要加大，至少要让游客到当地旅游时，把参观纪念馆作为一个必选项。

6. 深挖红色纪念馆文化内涵，提高自身教育价值

我们在进行红色纪念馆建立的同时，除了要明确纪念馆建立的意义之外，对于纪念馆的外观建设、装饰以及选址等问题也要格外注意。在修建红色纪念馆的过程中我们应该因地制宜地选择，在对重大历史事件或人物进行纪念的同时要明确主题，尽可能在事件发生或人物生活的地方修建场馆，从文化内涵入手进行深入挖掘，针对历史事件和人物所带来的历史意义进行规划和建设。

此外，场馆内还可以通过安装音响和多媒体设备来播放一些有关的纪实作品，如视频、音乐等，为观众营造一个文化氛围浓郁的参观环境，更容易激发爱国情怀和树立红色思想，充分提升红色纪念馆的自身教育价值。

三、调研结论与总结

我们小组此次探访江阴市革命老区，针对红色精神的传承与发扬做调研。我们就采访与调研问卷数据做出分析，提出六点老区对于革命精神传播所遇到的问题并对其做出了解决方案。得出以下结论：

江阴市作为二级革命老区并不广为人知，此地的红色文化传承程度较低，当地人民对渡江战役不甚了解，而外地游客对此更是较少了解。红色旅游项目的开发多在一级革命老区，导致许多二级、三级革命老区纪念馆门庭冷落，鲜少有人踏足，从而导致了其设施老旧、没有专业讲解员等一系列问题，而

这些问题也在一定程度上阻碍了江阴市红色文化传播的进程。前来参观的游客只有少数党员，鲜有慕名而来的旅客，而有的党员对于江阴市的红色文化也并不熟悉。同时，江阴市的纪念馆并没有体现出其特色的红色历史，如展示“渡江战役的相关展品”，不能拉开当地与其他地区的差异。这也产生了“当地人不想去”而“外地人不知道”的现象。由于江阴市地广人稀，因此集聚效应不佳，纪念馆和红色遗址不能与商业经济结合发展，导致了文化输出减缓和商业发展停滞不前的问题。

相比我国经济的飞速发展，文化方面的发展和作用力较为落后，也有些捉襟见肘。现阶段，文化因素是各国综合实力高低判断的重要影响因素之一。作为我国独有的红色文化，深入挖掘与阐发当代价值的同时，将其转化为生产力、发挥引擎和助推作用，促使国民提升对自己国家的文化自信，获得国家认可感，培养民族自豪感，推动文化强国目标的顺利达成。

探访革命老区具有不可比拟的教育宣传功能，担负着弘扬和培育民族精神的使命。革命传统是中华民族的宝贵精神财富，中国共产党在长期革命斗争实践中形成的井冈山精神、长征精神、延安精神和西柏坡精神等，都是民族精神在特定历史时期的升华。弘扬革命传统是新时期对广大人民群众提出的新要求。充分利用革命传统教育基地和爱国主义教育基地的资源优势，发展红色旅游，是革命传统教育和爱国主义教育的新形式。在建党 100 周年之际，告诫我们铭记民族精神，勿忘国耻，自强自立。

传承红色精神有利于促进相关文化产业和文化事业的发展。红色文化可以为当地红色旅游业的发展开辟道路，并带动辐射周边革命老区的文化建设，为区域经济发展提供了新的契机，改善了市场风气，拉动地区经济的增长，文化产业的多元化发展，给人们提供了更多的就业机会，使当地能够早日实现致富的目标。人民生活水平改善后，又反过来保护红色文化资源，构建文化产业发展大格局，推动红色文化又好又快发展，从而形成一个良性循环模式，文化产业有了发展方向，文化事业的建设也蓬勃开展，纪念馆、博物馆的修建，遗迹遗址的修复，宣传途径的多元化，都为人们更好地了解江阴红色文化提供了渠道，使人们能更直观地感受历史，传承红色基因。

二级革命老区会在时间的洪流中渐渐被人淡忘，但是先辈们在那里流过的热血和遗留下来的红色精神不应被忘却。只有将红色文化和革命精神传承下去，才能让纪念馆和遗迹等场所的价值落到实处。每一地、每一处、每一份革命精神都弥足珍贵，我们期望着所有地区的红色文化与革命精神都能被良好地传承。

四、收获与感悟

江阴市作为一个二级红色老区却不为人知，我们小组选这个地方作为调研对象经过了很多考量。实地考察的过程虽然比较辛苦，12 小时车程、跋山涉水、马不停蹄，在发放调研问卷的时候遭遇拒绝，但最终还算是比较圆满地完成了这次的考察调研。这次的旅途非常充实，在调研的过程中，我也学习了很多老区的历史和红色文化，感悟良多。

“读万卷书，行万里路。”历史是最好的教科书。此次走进江阴，重温历史，在参观的过程中仔细地观看一幅幅珍贵的照片、一件件革命伟人的遗物，在追寻革命足迹的同时认识到渡江战役这段历史在中共党史、军史及中国革命史发挥着重要意义，真切感受到了当年革命家生活之朴素、革命道路之艰辛和新中国成立之不易。回想之前查阅的文献资料，一个实实在在的地方成了一段历史，从开始到结束，从修缮到展出，一路走来，一路感悟。江阴渡江战役纪念馆让课本上一句“人民推出来的胜利”变得生动，变得真实，让人仿佛身临其境。我们也得以知道藏在那段历史背后的更多人、事、物，看着板牌上的文字，看着一张张泛黄的照片，不免思绪万千。有的人活着，他已经死了；有的人死了，他还活着。一个个为了光明而战的英烈，他们为真理而战，受尽折磨，宁死不屈，甚至用生命照亮了后人前进的方向，真是可歌可泣。他们的鲜活事迹感染着大家，他们用自己的青春和热血谱写了一曲曲时代的凯歌。他们大义凛然的气概，让每一位参观者都感慨不已，同时更深深地感受到和平时期的幸福生活来之不易。时光漫漫，许多往事都会如同过眼浮云，稍纵即逝，但参观烈士陵园所激发出来的坚定信念，却永远铭刻在心。

实践是认识的基础，江阴的城市精神“人心齐，民性刚”显得那么自然贴切，铭记历史，是为了更好地向前出发。不忘初心、牢记使命，方能砥砺前行。红色纪念馆存在的意义便是让我们铭记历史，缅怀先烈，此中展品往往悲壮和壮烈，而江阴市渡江战役纪念馆记录的那段历史，是中国共产党即将胜利的光辉岁月。百万雄师强渡大江，是我们不可磨灭的记忆，也是中国革命史上波澜壮阔的一笔。参访完江阴市的红色文化资源，我们更加坚定弘扬红色文化的必要性，更应铭记先辈的奉献和牺牲。

忘记历史是最大的背叛，我们每一个共产党员都应该了解我党带领中国人民走过的艰苦历程，了解我党在重大问题上的决策，从而更加相信共产党，拥护共产党，坚持并加强中国共产党的领导。在过去艰苦的环境中，烈士们能为革命献出宝贵的生命而不计较个人得失。在新时期，我们一定要更加珍惜今天所拥有的一切；一定要以先辈们为榜样，勇挑重担，攻坚克难。

在弘扬革命老区精神的今日，我们应紧跟时代的步伐，时代对我们提出了更高的要求和挑战，更需要我们弘扬求真务实的革命精神，大兴务实之风，从身边的先进学起，从小事做起，继承我们党和革命前辈的光荣传统。我们虽然没有经历过烟火弥漫的岁月，但我们仍会铭记，革命精神可以通过我们得以继续发扬光大。我们更要铭记红色历史，汲取红色力量，传承红色精神，把这种生生不息的红色力量，带到各自的生活实践中，以更加饱满的热情投入自己的学习工作中，为新时代中国特色社会主义建设添砖加瓦，奋发图强，用实践的画笔描绘新时代崭新的篇章。

探访老区精神文明高地，见证老区发展内生活力[①]

——以江西永新革命老区为例

一、引言

在2021年全国“两会”上提交审议讨论的《中华人民共和国国民经济和社会发展第十四个五年规划和二〇三五年远景目标纲要（草案）》中，党中央明确提出要统筹推进革命老区振兴，因地制宜发展特色产业，传承弘扬红色文化。2021年2月，《国务院关于新时代支持革命老区振兴发展的意见》（以下简称《意见》）中指出，革命老区是党和人民军队的根，是中国人民选择中国共产党的历史见证。革命老区大部分位于多省交界地区，很多仍属于欠发达地区。要深入贯彻落实党中央、国务院决策部署，支持革命老区在新发展阶段巩固拓展脱贫攻坚成果，开启社会主义现代化建设新征程，让革命老区人民逐步过上更加富裕幸福的生活。促进实体经济发展，增强革命老区发展活力，完善基础设施网络、培育壮大特色产业、提升创新驱动发展能力是《意见》明确的重点任务之一。

2016年，习近平总书记曾在革命老区考察时指出：“无论是革命战争年代还是改革开放新时期，老区人民为党和国家作出了巨大贡献。老区人民对党无限忠诚、无比热爱。老区精神积淀着红色基因。在今天奔小康的路上，老区人民同样展现出了强烈的奉献奋斗精神。”2019年5月，习近平总书记视察江西并发表重要讲话，提出“在加快革命老区高质量发展上作示范、在推动中部地区崛起上勇争先”。在习近平总书记指示下，江西各地积极落实相关政策，大力推动革命老区经济发展，带动红色精神在更广范围内的弘扬。

江西省认真对照国家“十四五”规划纲要的部署和安排，努力在规划纲要提出的方针、政策、举措当中抓住机遇。同时，将全面贯彻新发展理念，坚持不懈，强化创新引领，着力建设现代化产业体系，全面深化改革开放，

---

① 作者：忙安娜、刘欣雨、黄翔宇、周倩。指导老师：牟雪莲。

深入实施扩大内需战略，大力促进城乡区域协调发展，用心、用情、用力保障和改善民生，加快打造全国构建新发展格局的重要战略支点，不断迈出高质量快速发展的新步伐，江西奋力谱写全面建设社会主义现代化国家新篇章。

永新县是江西省著名的“将军县”，是中央苏区县、井冈山革命根据地的重要组成部分、湘赣革命根据地的中心、湘赣革命根据地湘赣省委驻地，还是三湾改编、龙源口大捷所在地。境内有湘赣省委机关旧址、三湾改编旧址等红色景观400多处，革命文物1万余件。毛泽东曾说“看永新一县，要比一国还重要”，并在《井冈山的斗争》中确定了“用大力经营永新，创造群众的割据，布置长期的斗争”的战略方针。

根据党中央着重强调革命老区建设发展的指示，以及永新县自身极其丰富的历史这一特点，我们小组成员由指导老师带队，于2021年7月11—13日走进江西省吉安市永新县，以贺子珍纪念馆、南街、龙源口大捷和三湾改编纪念馆、最早入党誓词藏地为此次实践活动的主要开展地点，通过实地调研与采访贺子珍故居的乡亲、2007年11月18日李敏出席贺子珍纪念馆开馆仪式的陪同工作人员、三湾改编纪念馆工作人员、南街居民、参观游客等，聚焦于永新红色老区精神的发扬与传承，了解当地政府对中央相关政策的落实及实施，通过对比近几年当地红色精神弘扬的方式及力度，确认现存弘扬方式的优势。同时，了解红色精神传承对周边经济的带动情况，以及对周边基础建设的完善及居民生活质量的改善。根据当地的客观条件，结合我们所学专业，为老区发展及红色精神传承提供建议对策。

二、主体

（一）调研对象基本情况

江西省吉安市永新县地处湘赣边界、罗霄山脉中部，在红色革命根据地井冈山下，有着悠久而丰富的历史。在土地革命时期，永新县是井冈山革命根据地的重要组成部分，是中央苏区创建时期的重要区域。在永新县发生了著名的“三湾改编”“龙源口大捷”等重大革命历史事件，诞生了中国工农红军第六军，留下了毛泽东、朱德、任弼时、王首道、肖克等老一辈无产阶级革命家的光辉足迹。

现在的永新县在党中央的领导下，在县政府的指导下，永新人民不断摸索弘扬当地红色文化的新方式，竭尽全力保留这些珍贵的历史足迹，传承不屈不挠的红色精神。走在永新县的大街小巷，随处可见各种红色标语，在通往南乡的国道上，“贺子珍故乡”“龙源口大捷”等指示牌赫然醒目。现在的永新正大力宣传这座县城傲人的历史，甚至出租车司机、街边玩耍的小孩，也能对永新的历史进行简单的介绍，每个人都乐于向游客介绍“贺子珍的故事”“龙源口大捷”“发生在枫树坪的故事”，弘扬当地红色文化根植于每一位永新人的心中。

为了更好地了解这座“将军县”，了解其背后深藏的历史，我们主要走访了贺子珍纪念馆、南街、龙源口大捷和三湾改编纪念馆，借助于它们了解永新近几年的变迁和发展。

2007 年 11 月 18 日，贺子珍纪念馆在江西省永新县正式开馆，纪念馆运用多种现代化手段再现了“永新一枝花”奇女子贺子珍一生的传奇故事。当日，永新将军馆也同时开馆。从此，贺子珍纪念馆进入了每一位县人民的生活，也成了每一位到访游客的首选之地。

相较于贺子珍纪念馆悠久的历史，南街则是近几年才开发的永新县旅游新打卡地。过去的南街位于永新县中心，也是贺子珍父母所开海天春茶馆所在地。但过去的几十年，随着县中心的迁移，南街逐渐被人们淡忘，路面也变得坑坑洼洼，人们出行都不是很方便，除了当地的居民几乎无人问津。随着近年县政府对南街重建规划的提出，南街逐渐回到人们的视野。

三湾改编纪念馆位于江西省永新县三湾乡三湾村。20 世纪 90 年代，该馆利用简易的平房作为展馆，对外展出三湾改编图片展。2003 年，永新县将原展馆拆除重建，并对基本陈列作了较大的调整和修改。2005 年 3 月，三湾改编纪念馆新馆落成并全面对外开放，并于 2007 年 11 月 5 日实行免费开放。三湾改编纪念馆是第二批全国爱国主义教育示范基地，是第一批国家国防教育基地，是全国人文社会科学普及基地，是全国百家红色旅游经典景区，也是全国 30 条红色旅游精品路线之一。

中共永新县东南特别区委地下交通站旧址，贺页朵入党誓词藏地位于永新县。贺页朵是江西永新县才丰乡北田村的一位贫苦农民，1927 年投身革命，曾任乡农民协会副主席。在井冈山革命斗争时期，他以榨油职业为掩护，从事党的秘密工作。1931 年 1 月 25 日，贺页朵加入了中国共产党，入党宣誓仪式是在他工作的榨油坊进行的。在桐油灯光照耀下，他在一块红布上写下了“牺牲个人，言首秘蜜（严守秘密），阶级斗争，努力革命，伏（服）从党其（纪），永不叛党”的入党誓词，并在布片顶端写下了“CCP”（中国共产党的英文缩写）3 个英文字母。他识字不多，在这张布质的入党宣誓书里，24 个字中有 6 个别字，却让世人震撼于他灵魂深处坚定的革命信念和对党的忠诚。红军长征后，他冒着生命危险将写有入党誓词的布条用油纸包好，藏在榨油坊的屋檐下。1951 年，中央赴老革命根据地慰问团来到永新，贺页朵亲手将这份珍藏多年的入党誓词交给组织。

（二）调研方法

1. 实地考察

实地考察法是从人类学中借用过来的定性研究方法，是指为明白一个事物的真相、势态发展流程，而去实地进行直观的、局部详细的调研。

此次社会实践活动我们与老师亲自前往江西永新县展开调研，重点参观了贺子珍纪念馆、南街、贺子珍故居、三湾改编纪念馆、龙源口大捷5个重要景点，详细了解当地的情况。

2. 访谈法

访谈法是由调研人员向被调研者提出所要了解的问题，然后根据被调研者的答复来取得统计资料的调研方法。我们主要采用了个别询问法，由调研人员向被调研者逐一询问来收集资料。

由于我们没有充足的时间，且想要更具体地了解当地居民的想法，所以采用此方法进行调研。我们主要对景区的工作人员、居住在景区附近的居民与来往的游客进行了采访，从他们口中了解景区开发情况、政策落实情况和他们的个人感想与建议，采访在征求对方同意后进行了录音，并以文字方式记录，便于整理与分析。

3. SWOT 分析法

在走访并了解永新县近年的各项政策后，我们结合永新当地客观状况与走访所感所得，对永新县的红色旅游发展情况进行全面分析，包括内部优势和劣势、外部的机遇与挑战，将其一一罗列，融入我们的思考，把各种因素相互匹配起来加以分析，从中得出相应的结论，并给予相应的解决措施。

（三）调研内容

1. 贺子珍纪念馆——“永新一枝花”的传奇一生

到永新，不能不提贺子珍——永新儿女，井冈山第一位女红军。纵观整个中国革命的历史，更不能不提贺子珍和她的家人。

贺子珍纪念馆馆标由永新籍开国少将张铚秀将军题写。该陈列馆内设有两个基本陈列，第一层是毛泽东夫人——贺子珍生平展。馆内陈列采用幻影成像，模拟场景、场景复原，蜡像及声光电等现代化科技手段来布展，让我们更全面形象地了解了贺子珍的形象、经历与精神。内容按顺序分为革命家庭、初露锋芒、井冈烽火、转战苏区、浴血长征、离别延安、异国蹉跎、回归祖国、情回北京、永远怀念共十部分，分别介绍了贺子珍与伟人毛泽东共同度过的10年时光以及她在各个历史时期的战斗历程。

她本可以像平常人一样过安逸的生活，可是她却选择了在革命这条道路上挥洒自己的青春与热血。在最艰难的岁月里，她坚守在毛泽东的身边、献身中国共产党的伟大事业。她怀着身孕参加长征，跋山涉水，经历千辛万苦；她在贵州盘县突遇敌机轰炸，拼尽全力，用身体掩护伤员；她为了深入学习革命理论与治病远赴苏联，在接踵而来的不幸下坚强地生活；回国后，她不顾自己身体的不适，第一时间请求继续工作。她对祖国的一片热忱和对于中国革命的贡献是不容忽视的，她的功绩不容置疑、她的贡献不容磨灭。像贺子珍这样的老一辈革命家，他们身上所具有的坚毅、刚强、牺牲小我为大家的精神值得我们每一个后来者学习。

贺子珍纪念馆二楼是为了纪念这些开国将军的将军馆，通过文字与照片为我们介绍了永新籍41位将军及永新籍54位未授军衔的副省（部）军级以上老红军干部，他们的革命经历和英雄事迹在中国革命斗争画卷中留下了极其光辉的一页，他们是升腾在共和国天空璀璨夺目的群星，是矗立在家乡人民心中的丰碑，他们在斗争中的卓越贡献将彪炳史册。

纪念馆门前的广场上屹立着一排永新将军的浮雕，他们或站或坐，神情坚毅而充满柔情。祖国和人民永远不会忘记他们，他们坚定的共产主义信念和革命精神无论是过去、现在，还是未来，都将永远激励家乡人民团结奋斗，努力拼搏，再创辉煌。

贺子珍纪念馆自2007年开馆以来，吸引了大量游客前来参观，它是贺子珍同志一生的缩影，是所有永新籍将士一生的缩影。在这里我们可以详细了解过去那段艰难而辉煌的历史，了解深植于这片土地的红色精神。在永新县政府和纪念馆工作人员的共同努力下，贺子珍纪念馆的知名度不断提高，并在近几年逐渐成为大井冈红色旅游圈的又一重要景点之一，同时成为各大院校和事业单位的爱国主义教育基地。

2. 三湾改编纪念馆——支部建在连上的伟大创举

三湾改编纪念馆地处偏远僻静的三湾村，在这座纪念馆门前，有一棵高大挺立的枫树。1927年，毛泽东率领秋收起义的部队来到三湾村，在这里，他亲自领导了著名的“三湾改编”，提出了把“支部建在连上”，在部队内实行党代表制度和民主主义，初步解决了如何把以农民及旧军人为主要成分的革命队伍建设成为一支无产阶级新型人民军队的问题。它从政治上、组织上保证了中国共产党对军队的绝对领导，铸造了我军的军魂，是我党建设新型人民军队最早的一次成功探索和实践。

纪念馆记载了毛泽东同志进行三湾改编人民军队的过程，陈设的枪支、旧衣、旗帜和图画，向我们直面展示了改编的不易、人民的团结协作和毛泽东同志不卑不亢的革命精神。

大革命失败的惨痛教训，使中国共产党坚定地走上创建人民军队进行武装斗争的革命道路。继八一南昌起义后，以毛泽东同志为书记的中共湖南省委前敌委员会领导发动了湘赣边界秋收起义。但武装起义的相继失利充分说明，必须对农民和旧军队为主要成分的革命队伍进行根本性改造，才能赢得革命胜利，这是中国共产党面临的历史性课题。

基于这个背景，毛泽东引领万千共产党员进行了三湾改编，这是政治建军的伟大开端。

三湾改编采取革命自愿原则，将部队由一个师缩编成一个团；把党的支部建立在连上，班、排有党小组，营、团建立党委，连以上设党代表，由同级党委书记担任，建立了党委集体领导制度；在连以上建立各级士兵委员会，实行民主制度。同时，密切联系群众，执行群众工作任务。通过三湾改编，确立了党对军队的绝对领导，建立了新型的官兵关系和良好的军民关系，人民军队在这里获得新生。

三湾改编创立的政治建军根本原则和制度，在创建井冈山革命根据地和进军赣南、闽西的斗争实践中不断获得检验和发展。但由于长期在农村的游击战争环境中活动，红四军党内暴露出各种非无产阶级思想倾向，严重妨碍了党的路线贯彻执行。直到中国共产党红军第四军第九次代表大会的召开，纠正了党内存在的错误思想，政治建军的根本原则和制度基本定型。

中国人民解放军从三湾改编开始，始终坚持中国共产党的绝对领导，始终坚持全心全意为人民服务的根本宗旨，由小到大、由弱到强，发展壮大为一支战无不胜、攻无不克的威武之师和政治可靠的忠诚之师，成为中国共产党领导下的伟大事业不断取得胜利的坚强保障。

离开三湾改编纪念馆，继续向前走，我们发现三湾村不只建有三湾改编纪念馆，更有其他革命旧址，比如枫树坪、毛主席旧居、士兵委员会旧居、第一军第一师第一团旧址、红双井、红军练兵场、三湾烈士陵园、湘赣边界游击区九陇区、红军工事旧址等。尽管多数革命原址惨遭烧毁，永新政府和人民也已尽全力复原重建，将最接近真实的革命旧址样貌呈现在众人面前。

得益于交通的发展和信息的交流，近年来，三湾改编纪念馆年平均观众量近 30 万人次，以后将有更多人前来体验这段伟大的革命历史。

三湾不仅是红色革命的摇篮、新型人民军队的摇篮，也是中国革命走向胜利的新的起点。三湾改编指明了新的方向，创造了在困难中看到希望，黑暗中看到光明，绝望中看到胜利的伟大精神。

3. 龙源口大捷桥——不费红军三分力，打败江西两只“羊”（杨）

龙源口大捷桥，是一座单孔半圆形石拱桥，建于清道光十七年，位于现江西省吉安市永新县龙源口镇龙源口村，与三湾改编旧址和贺子珍故乡相邻。1928 年 6 月 23 日，龙源口战斗就发生在这周围。20 世纪 50 年代，中国人民银行发行的 3 元人民币钞票正面，印着的便是龙源口独孔拱桥的图案。龙源口大捷桥附近山腰还有朱德亲笔题词的龙源口大捷纪念碑。我们小组成员和老师一起，顶着烈日，顺着陡峭的阶梯一步步爬至半山腰，来到纪念碑旧址。站在纪念碑下眺望远处，我们不禁感慨附近山势的险峻，更感叹当年战士的英勇。

在龙源口大桥的右手边，就是毛泽东同志的一处旧居。1928 年 2 月，毛泽东同志率领工农革命军第一师第一团第三营部分战员来到龙源口、秋溪一带开展社会调研，带领群众打土豪、分田地，推动湘赣边界土地革命的发展。在调研中，毛泽东同志亲自培养并发展了一批党员，成立了中共秋溪乡支部。其间，毛泽东就居住在此地。

铭记历史，我们感叹革命先驱无畏的精神的同时，更应该付出实际行动。保护革命旧址、先驱故居，不仅仅是保留这段革命史，更是保留这亘古不变的精神，警诫自己，警示后人。

4. 南街——南街垂塔影，禾水绕古城

永新的南门老街，简称南街，由幸福街和民主街两条纵向的主街构成，为了重现过去永新县的面貌，建筑中心联合永新县政府、江西省委对南街发起“重见·永新”的再生计划。该计划通过对城市空间价值的挖掘与创造，呈现源于当地文化的理想生活场景，提倡文化与设计引领下的城市更新。

通过六位一体的系统性方案，对古城再生进行顶层设计，依托当地的资源优势、文化优势、产业优势、红色记忆优势，进行永新古城的环境升级，打造古城品牌，挖掘其独特的空间价值，通过全域旅游、全域文化的相互作用进行古城复兴。通过策划先行、运营前置、设计定制、持续运营的方式，实现“重见·永新”古城再生计划。

在充分挖掘古城历史、民俗以及红色文化的基础上，重构街道的街景立面，使不同风格的建筑协调统一。同时，把闲置土地设计为具有不同主题的特色花园，鼓励居民参与花艺种植，让居民参与到南街建设之中。

在县政府的努力下，南街逐渐成为游客和县城居民的打卡地点，人们相约走进南街，或回忆自己在这条街上留下的过去，或感叹重建之后的特色格局，每到傍晚，更有当地居民在南街散步。依托政府扶持与街道改造，南街的知名度得到了极大提升，旅游经济也成功发展起来，居民的生活水平得到了很大提高，同时更好地宣传了永新特色文化。

（四）取得的成就

1. 延绵不息——红色文化与革命精神

贺子珍纪念馆的成立让大家对这位女红军有了更深的认识，也把目光投向了她的故乡。在县政府的支持下，贺子珍故居得到了修缮，并在其附近建立了宣传墙和铜像，吸引游客前往参观。我们有幸采访到贺子珍故居的乡亲，了解到他在当地政府和亲人的支持下投资开设了自己的农家乐，根植红色基因，融入革命精神，依傍青山绿水，引得许多游客慕名而来，人们沉醉于自然的美景，更为这个乡村背后的革命精神所震撼。如今这家农家乐接待着来自各地的游客，用自己的方式讲述着这个小乡村背后的革命故事与创业精神。

2. 蓬勃发展——红色文化与脱贫致富

我们在走访参观三湾改编纪念馆旁边的红军小道时，注意到三户脱贫代表性住户。

第一户经营的是农特产奇石综合店。他们是不同兵种、不同职业的退伍军人因电商相识相聚在一起，为了三湾红色老区的传统手艺不流失而一起创业。第二户经营的是三湾农家乐，他们是共产党员户，是三湾农家乐综合会员单位和江西农家乐联盟成员，依托红色旅游资源、特色家乡菜与卫生清洁的就餐环境招揽了大批顾客。第三户经营的是“远山闲居”，是一家民宿，周围是青山绿水，门前还有枯木古藤，颇具闲散的惬意。

三户人家形成了“玩—食—住”的良性旅游系统，互相补充，为游客提供了良好的旅游体验，同时拉动了自身经济发展，实现了脱贫致富。三湾乡的历史为当地居民带来了宝贵的财富，而他们也在用自己的行动保护这块土地，保护红色文化，宣扬红色精神。

3. 融合创新——红色文化与传统文化

南街的重建吸引了很多小餐馆、手工作坊、艺术画廊及民俗等多样业态的入驻，为很多有想法的创业者提供了机会。在走访中，我们看到一家颇为亮眼的奶茶小店，店里陈设充斥着浓浓的文化气息，不论是木制的桌椅还是墙上张贴的宣纸和海报，都为这家小店带来了别样的风采。奶茶杯上的小诗吸引了我们的注意力——南街垂塔影，禾水绕古城；斜阳欲落处，一饮暗消魂。奶茶店主告诉我们这首诗是他孩子创作的，就连奶茶的包装袋、店里的陈设也都是他孩子的想法，用彩绘刻画出海天春茶馆、南塔、三湾改编区以及龙源口石桥等一系列特色建筑，在迎合现代年轻人的喜好的同时也融入了永新的红色革命精神。

可以看到，在县政府的指导下、在所有人共同的努力下，永新红色精神的传承和宣扬已经取得了一定成果，在红色精神传承的同时与传统文化融合，鼓励创业，当地经济也得到了一定改善，提高了居民收入，稳定了收入来源，让人们离幸福生活又更近了一步。

（五）对永新县红色旅游发展的 SWOT 分析

1. 优势分析（Strengths）

（1）红色旅游资源多、开发潜力大

永新县境内有红色文化国家保护单位 20 多个，是全国爱国主义教育基地、全国军事院校教学基地，还有湘赣省委机关旧址、三湾改编旧址等革命遗址 470 多处，革命文物 1 万余件。2004 年，被国家列入《全国红色旅游精品线路名录》和《全国红色旅游经典景区名录》，2009 年又被选为全国红色旅游建设工程基地和全国 30 多条红色旅游精品线路。

（2）旅游资源地域组合好并相对集中

永新除了丰富的红色资源外，还有优美的生态环境和浓厚的人文气息，明朝地理学家徐霞客曾游历永新县，全县森林覆盖率达到 70.8%，高于全省 7 个百分点以上，永新还拥有三湾国家森林公园、七溪岭省级自然保护区等绿色名片，其中的 100 多亩连片穗花杉群落居亚洲前列。同时也是全国生态农业建设示范县、江西省重点生态功能县，永新的三湾乡、象形乡也被评为国家级生态乡镇。

永新有千年历史的三门前景区及有道教名山之称的高士山。此外，永新也是大唐歌妃许和子的家乡，还是全国书法之乡。拥有盾牌舞、罗汉灯、永新小鼓、三节龙灯、渔鼓等濒临灭绝的民间文化艺术。2018 年，江西省人民政府公布了第六批省级文物保护单位名单，永新县 9 处文物点新增为江西省第六批文物保护单位，目前共有全国重点文物保护单位 9 处，省级文物保护单位共 13 处，市县级文物保护单位 57 处。

（3）红色文化宣传与挖掘力度大

首先，永新从硬件建设出发，兴建文化艺术中心、三湾纪念馆、秋溪乡党支部纪念馆等红色文化展示场所。其次，永新也在大力发展红色文化产业，永新县一批作家和党史研究人员出版了《丰碑直矗千里外》《贺子珍和她的兄妹》等书籍，县里还组织了县采茶剧团、“夕阳红”艺术团向广大群众表演《南山枫叶红》《三湾颂》等大型红色歌舞剧，中央电视台和江西地方的多家媒体多次前来拍摄宣传视频。除此之外，根据历史拍摄的电影《三湾改编》

已于2021年7月19日上映，再一次宣传了三湾的红色历史，让大家知晓了三湾这个偏僻的小山村，有力地带动了永新县招商引资及红色旅游的发展。

2. 劣势分析（Weakness）

虽说永新具有一定优势，但受到区域经济基础、旅游基础设施、景区知名度等因素制约，永新的市场影响力仍然不尽如人意。

（1）大部分景区处于初步开发阶段，管理制度明显欠佳

在永新规划的10个景区中，开发度较高的只有三湾风景区及湘赣纪念馆，龙源口大捷纪念馆等因资金困难未能启动，还有几个景区在招商。据我们的实地考察，龙源口大捷桥以及周边旧址和纪念碑地处偏僻，距离县城20千米，游客参观不是很方便；当地政府对于龙源口大捷桥和周边旧址的宣传及科普力度近乎为零，人们仅仅知道有这样一座桥，这座桥背后的历史意义并没有被广泛宣传，因此前来参观的游客极少。即使有些景区还没有启动开发工作，也不应置之不理，这样一来，会使得永新的红色旅游质量大打折扣，影响形象。

贺子珍纪念馆建成于2007年，目前可以看出贺子珍纪念馆在管理和宣传方面还需要更加严谨与细致。同时，贺子珍馆内展示的物品，多为复制品，少量原件来自贺子珍的后代捐赠，整体规模还是较小，且多以团体形式前来参观，如学校、单位组织的学习活动，来访的个人较少，这也意味着能够主动前来参观了解的个人是较少的。此外，纪念馆内也没有讲解人员，这使得整个参观过程单调而乏味，如何提高个人参观者的积极性也是管理者需要考虑的一个问题。

相较于贺子珍纪念馆，三湾改编纪念馆的知名度更高、规模更大、设施也更齐全，因而吸引了更多游客的参观。在三湾改编纪念馆的前台上有一本红色记事簿，上面记录着游客的参观感受和提出的建议，但翻看下来，我们发现，极少有人会提出可行的建议或者填写真实的感想，因此管理人员应该思考如何改善反馈制度，以达到对纪念馆管理制度的完善。

（2）景区附近居民大部分为中老年人，思想差异明显，景区改造前期工作准备不足

为了解决旅游资源开发欠缺、基础配套设施不完善等问题，县政府决定在南街展开“重见·永新”计划。但在我们的走访过程中，也注意到存在不少问题：南街两侧多为二次粉饰刷新之后的房屋和店铺，但是也有古老破旧的房子夹在其中，摇摇欲坠的古板房与旁边加固翻新后的新房相对照，显得尤为突兀。

我们不止一次听到居民反映这项南街改造计划前期缺少充分的民意调研，他们对政府提出的改造模式及承诺的改造费不满意，所以对修缮翻新有意见。

其中很重要的一个原因就是实施改造计划前并没有足够的民意调研，对于年轻人来说，南街改造后他们可以开设店铺，提高收入水平，但是对于老年人来说，他们需要的只是一个舒适的生活环境。而南街改造的工作人员在兼顾他们需求的情况下，有些地方设计与改造不到位，改造费支持力度不够，导致南街改造并没有达到预期的效果。鉴于目前景区开发资金紧张的情况，在其他的景区也很有可能会产生此类问题，若不加以改善会严重影响景区质量。

（3）整体信息化水平较低

虽然永新拥有大量红色资源，但鲜少看见在网络上有宣传，查看永新县人民政府网上的介绍，文字与图片的描述看起来也不够吸引人，信息化工作的政策支持力度不足，对资金、技术、人才等投入不足。在参观中我们发现，比起规模更大、发展更好的三湾改编纪念馆，贺子珍纪念馆除了相关公众号有少量推送之外，并无其他宣传途径，前来参观的游客也很少提出意见或者建议，同时两者在网络上的宣传力度都不足。虽然永新县通过大量线下活动宣传，但是外县人很少接触到相关内容，自然对永新不甚了解。

3. 机遇分析（Opportunities）

（1）红色旅游发展联动效应

红色旅游景区的设立开发有赖于其所处的区域发展情况，只有把红色旅游景区放到其所在市、省等不同层次的区域中去，才能确定其红色旅游资源的优势及吸引力范围、市场竞争力的大小和红色旅游发展潜力，有助于景区准确定位和科学发展。

近年来，吉安市着力发展“无烟工业”，井冈山市的旅游产业已占到该市地区生产总值的50%以上。红色旅游渐渐成为全市新的经济增长点和富民强市的支柱产业。吉安抓住机遇，在做好“南昌—吉安—井冈山”线、“井冈山—永新—茶陵—株洲”线这两条全国红色旅游精品线路的同时，着力打造了“长征序曲”之旅、共和国摇篮之旅等8条红色旅游精品线路，无疑为永新的红色旅游发展带来了机遇。

（2）交通建设发展助力

交通运输产业对于旅游业的发展拥有巨大影响力，发展旅游，交通先行，这是旅游者进入旅游区的第一印象，也是旅游消费者的一种基本需求。永新县现有的交通网络中，有用于货运的分文铁路、319国道，前往井冈山机场、京九铁路、赣粤高速公路所需要时间近两小时。我们前往永新时先是乘坐了高铁，出站后有直达永新的客车，相对还是十分便利的。计划新建的长赣高铁，起始站为长沙、赣州，跨越江西、湖南两省，将在永新设立站点，这将给永新县带来更多的便利，也将为红色旅游发展提供动力。

4. 挑战分析（Threats）

红色旅游是发展机遇也是挑战，要在众多的红色旅游景点中脱颖而出，是件难事。永新处于革命老区，周边地区也都是革命老区，主要有莲花县、安福县。

安福县地处赣中西部，历史悠久、生态资源丰富，人文和自然景观荟萃，位于江西旅游业发展“一轴带五环”的井冈山黄金旅游线上，是江西“六山、六湖、六镇”旅游网络重点景区之一。近年来，安福县坚持实施“旅游兴县”战略，使一直迟缓不前的安福旅游业如沐春风，显现出快速、健康发展的良好势头，尤其是2008年年底武功山被国务院批准为国家级重点风景名胜区，更使得其旅游业面临着前所未有的发展机遇。

目前，莲花县依托莲花生态资源，山水资源优势打造好绿色旅游品牌；又依托莲花一枝枪纪念馆、列宁学校、毛泽东引兵井冈纪念馆、将军园等红色旅游项目开发，融入省赣南江西革命摇篮之旅特色旅游路线，打造好红色旅游品牌；抓好罗汉山西汉古基遗址、路口古民居等历史人文旅游项目开发，打造古色旅游品牌。这些无不成为永新县旅游吸引力降低的一个因素，莲花县的红色旅游将是永新红色旅游一个很大的挑战。与永新相邻的井冈山虽然也是赫赫有名的红色旅游地，对于永新县红色旅游发展有一定影响，但井冈山与永新也有很多合作替代效应不是很明显。

（六）改进建议

1. 夯实完善基础设施，借鉴创新传播方式

设施完备、陈设完善是基本要求，是对历史的敬重，也是对游客的尊重。中国红色文化资源丰富，有些开发得比较好，有些相对而言不尽如人意。永新开发红色文化资源需要借鉴优秀的开发区域，值得注意的是，在借鉴中必须坚持“取其精华、去其糟粕，批判继承、为我所用”的原则，不能采用“拿来主义”，在此原则基础上还应加以创新，如三湾改编纪念馆可以在陈列艺术上，突破原有的开发利用方式，瞄准当代科技，在重点展区运用现代科技模拟当时的过程，加强历史代入感，使之具有强烈的吸引力和震撼力。

传播红色文化，不仅需要依靠原有的渠道，还应瞄准现在发展如火如荼的互联网。推广永新红色文化，互联网是一个绝佳的新阵地，对拓展其传播的宽度以及深度起着至关重要的作用，传播的内容也不能仅限于红色文化本身，还可以拓展到其他方面。如在推广三湾改编纪念馆和龙源口参观时，还可以推广周边怡人的生态环境，扩大其综合影响力，吸引更多游客的前来。

2. 贴民意、近民情，把好政府关

提升经济实力，制定适合本地情况的经济政策，需要在充分了解本地经济状况、了解民生反映的前提下，统筹各区域、各产业之间的协调发展。要避免未向公众公开改造计划、资金配置不合理、重计划轻改造的情况出现。永新政府在三湾红军小道的居民扶持工作做得很到位。扶持贫困农户、退伍军人创业，发展民宿、农家乐等产业，借助于周边的革命旧址旅游景区，也小有规模、成就。

总而言之，政府在这个过程中应当发挥财政对资源的合理配置，加强对红色文化产业的支持力度，在透彻分析本地区经济发展状况的情况后，适度地加大财政对红色文化产业的帮扶力度，在政策与资金上给予红色文化企业支持，确保资金得到合理、合法使用。我们应以长远的眼光看待，决不能只图一时的发展需要，做到“定好方针、抓住基调、稳步发展”这十二字的发展模式，长久稳定地发展红色文化产业。

3. 尊重历史根本，提高旅游质量

对于红色文化资源的开发，我们要从大局去关注，不能仅仅关注其经济价值，还要明白比经济价值更为重要的是精神价值。解读革命历史，传承红色文化，让更多的人了解现在幸福生活的来之不易。

在网络社会与参观场所中，经常出现不尊重历史事实的事情，比如丑化革命先烈、扭曲历史史实等，这是对红色文化和历史的亵渎。发展红色旅游，固然要讲经济效益，重视考虑市场需求，根据旅游者的兴趣精心设计，更要坚持把社会效益放在首位，突出红色景点革命传统教育的属性，充分尊重革命历史的严肃性，确保红色旅游开发真正寓教于游，在此前提下，实现精神文化财富向经济财富的转化。决不能急功近利、舍本逐末，为了单纯追求“卖点”而传播媚俗文化，亵渎革命先烈。这种媚俗文化如果任其泛滥，虽然能取得暂时的经济效益，却将会以革命传统教育功能和红色旅游品牌的丧失为代价。

人需要有自己的坚守，传承与弘扬红色文化也需要有自己的坚守。

三、收获与感悟

这次的社会实践让我们看到了平日里不曾见过的景象，贺子珍纪念馆、南街、龙源口大捷桥与三湾改编纪念馆，实地考察过我们才明白，国家大力支持发展红色文化产业既是为了推动当地经济发展，也是为了让中华儿女铭记这段历史，让红色精神生生不息。

永新县在红色文化建设上下了大功夫，除了修缮旧址旧居，在纪念馆附近修建了停车场、公厕、游步道、生态广场等基础设施外，还整治了周边环境，完善了农家乐等配套设施，吸引了大量游客，提高了当地经济水平，同时，居民的生活也因此变得更加便捷舒适。

在一路探访中，我们也深深地受到永新这份红色精神的感染，纪念馆中文字、图片、实物三者结合，扫描二维码听讲解的巧妙设计，更直观地为我们展示了当年的情景，英雄们的谋略、勇气与精神无不让人敬佩；充满历史韵味的南街用艺术与美食将历史与现代巧妙融合，重现古城风采；众多满载历史的建筑，似是在无声地诉说它们的悲喜，透过历史的尘埃，共产党人不畏牺牲、英勇奋战的画面历历在目。

在两天马不停蹄的行程中，我们切身体会到红色文化建设推动了第三产业的发展，从而促进周边经济发展、完善基础设施建设、改善人民生活质量，对于拥有丰厚红色资源的永新来说，这是个一举两得的好办法。这些“具体问题具体分析”的运用也带给我们许多新的思考，在未来的学习工作中，我们也能更好地运用此点，灵活变通，不拘泥于常规，勇敢创新。我们也对于一些观察到的缺点与不足进行思考与讨论，提出了相应的解决方法，希望能对永新未来的红色文化产业发展有所帮助。

百年来，沧海桑田，神州巨变，黯淡与辉煌、幻灭与再生、永恒的悲怆与不朽的豪情，贯穿于中国共产党发展的清晰脉络。这些革命纪念地，承载着深厚的革命历史，记录着光辉的革命事迹，弘扬了灿烂的革命精神，也让我们领略到共产党人的坚韧忠诚、中华民族的伟大复兴与红色精神的生生不息。

我们会将此次“永新之旅”所汲取到的精神力量运用到今后的学习和生活中，以实际行动，继承先烈遗志，努力学习工作，不断鞭策自己，积极进取，不忘初心。作为革命的后继者，我们将接过先辈手中的旗帜，让革命的精神薪火相传，在新的历史条件下，用自己的实际行动赋予革命传统以新的内涵。

武乡经济现状及其借助于红色文化发展路径探究①

一、引言

2021 年恰逢中国共产党成立 100 周年，为迎接党的百年华诞，进一步了解革命老区经济发展现状和具体发展方式，深入探究革命如何传承红色基因，借助于红色文化推动经济社会持续健康发展，不断提升革命老区人民群众获得感和幸福感，从而为新时代发展提供有利经验和借鉴。在选择调研地点的过程中，我们团队紧扣建党百年主题，深入发掘山西省的红色文化。山西作为抗战的主要战场，见证了中国人民不畏强暴、可歌可泣的抗争历程。而武乡作为八路军的根据地，承载着中国共产党的革命精神，激励了一代又一代人传承红色基因，讲好抗战故事，在中华民族伟大复兴的道路上，不忘初心，永葆奋进姿态。同时，通过此次调研，可以更好地了解武乡的红色文化以及其在革命老区发展中发挥的重要作用。

2021 年 8 月上旬，上海对外经贸大学会展与旅游学院旅游管理专业的同学前往山西省长治市武乡县走访调研革命老区红色景点，采用线上线下相结合的方式采访景点工作人员和政府部门人员，深入当地社区了解当地经济社会发展和红色文化传播创新的具体情况，进一步明晰武乡县借助红色文化发展旅游产业，推动当地基础设施建设和提高民生福祉的独特经验。实地调研结束后，团队成员根据调研结果在线上总结交流，进一步分析武乡县文化和经济社会发展紧密结合的发展方式，深入探究此次调研的核心主题并形成相关书面材料加以呈现。

---

① 作者：张子涵、周聪姗、马欣雨、西嘉萱、葛俊翔、张一巍、孙子豪。指导老师：高静。

二、主体

（一）调研对象基本情况

1. 武乡县简介

武乡县，因境内武山、乡水而得名。隶属山西省长治市，位于太行山西麓、山西省东南部、长治市最北端，东邻黎城县、左权县，西界祁县、平遥县，北与榆社县毗邻，南与沁县、襄垣县接壤。早在新石器时代，武乡就有人类居住，已有7800年历史。武乡是与井冈山、延安、西柏坡齐名的革命圣地、全国红色旅游重点县。武乡下辖9个乡，5个镇，1个开发区，377个行政村，942个自然村。县境东西长150千米，南北最窄地带为10千米，总面积为1610平方千米。2014年，全县地区生产总值完成61.2亿元，地方公共财政收入完成4.89亿元，固定资产投资完成25.2亿元，社会消费品零售总额完成11.1亿元，城镇居民人均可支配收入达到18473元，农民人均纯收入达到5052元。

2. 建立与发展过程

西周时期，称皋狼之地。

春秋时代，属晋。

战国时代，名涅，城邑在今故城镇，先属韩，后属赵。

秦代，属上党郡。

西汉，置涅县，属并州上党郡，县治在今故城镇，区域包括今武乡、榆社、左权全部及沁县北部、祁县东南部地区。

西晋，武帝泰始年间（公元265—274年），涅县分为三县，即武乡县、镣阳县和涅县，始有武乡县之名。西晋时，武乡县、涅县都属并州上党郡。

隋，义宁元年（公元617年）武乡县分出榆社县。

唐初，武乡县属河东道韩州。

唐，景云元年（公元710年），恢复武乡县名至今。

抗日战争时期，1937年阎锡山政府将山西划分为7个行政区，武乡县属第三行政区。

1940年6月，改属太行区第三专员公署；同年7月，由于对敌斗争需要，武乡县分为武乡县、武西县。1945年9月，武乡、武西合并恢复原建制。

1949年10月，中华人民共和国成立后，武乡县属长治行政督察专员公署管辖。

1958年，长治行政区改为晋东南专区，专署仍驻长治。1958年11月，榆社县和武乡县合并，称武乡县，属晋东南专区。

1959 年 7 月，榆武再次分治。

1985 年，撤销晋东南地区，分设长治市和晋城市，武乡县属长治市管辖。

而抗战时期作为八路军的重要军事基地这段历史，则赋予了武乡最为纯粹和珍贵的红色文化，至今仍然熠熠生辉，影响了武乡县的各个方面。

3. 现实情况

2012 年，武乡县辖 9 个乡，5 个镇，1 个开发区，377 个行政村，942 个自然村。武乡县城在段村，隶属丰州镇。

2011 年，随着武乡县八路军文化园、游击战体验园的开园，八路军太行纪念馆的修缮完成，武乡县红色文旅产业快速发展，经济状态也进入新阶段。

以 2011 年为例，地区生产总值达 565391 万元，按可比价计算，比 2010 年增长 15.9%。分产业看，第一产业增加值为 27567 万元，比 2010 年增长 8.7%；第二产业增加值为 388467 万元，比 2010 年增长 18.7%；第三产业增加值为 149357 万元，比 2010 年增长 11.4%。第一产业增加值占地区生产总值的比重为 4.9%，第二产业增加值占地区生产总值的比重为 68.7%，第三产业增加值占地区生产总值的比重为 26.4%。

但是武乡县的发展仍存在诸多不足和问题，尤其是在近几年的新冠肺炎疫情冲击之下，一些问题也被暴露出来。主要存在问题：企业总量偏小；类型单一，培育难度大；企业抗风险能力弱；商贸服务发展动力不足；等等。

武乡是著名的革命老区，是全国红色旅游重点县。红色旅游线路上已开放的景区有 9 处：八路军太行纪念馆、八路军文化园、太行龙湖、王家峪八路军总部旧址（朱总手植红星杨景区）、砖壁百团大战指挥部旧址、八路军游击战体验园、太行龙洞、板山风景区。

本次调研活动，我们将以武乡县的特色旅游产业和经济发展的现实状况为主要考察对象，探究未来几年武乡县的发展道路，政府如何将红色文旅产业与经济更好结合，发挥优势，克服困难，实现革命老区创新型发展。

（二）调研方法及调研过程

1. 调研方法

（1）实地考察

由小组成员实地走访山西省长治市武乡县的八路军文化园、百团大战纪念馆等红色文化基地，了解武乡县人民政府是如何利用当地红色文化资源带动经济发展，在发展的同时面临哪些实际性的问题；同时，走访武乡县革命老区居民住址，关注当地群众的生活条件及反馈意见，更好总结出一些有利于今后发展的方法。

（2）调研问卷

在实地调研过程中，在山西省长治市武乡县随机采访当地居民、红色景区工作人员，有针对性地了解当地民众对本地生活规划的看法以及问题的反馈，并了解当地政府是如何将红色景区资源带动当地经济发展及其客流量等方面的实际情况。在征求被采访人的同意后，将采访视频制作成 Vlog 视频。在整合问卷数据后进行数据分析。

（3）查阅文献

通过百度搜索武乡县人民政府门户网站，查找相关政府工作报告、发展规划、政务服务、红色武乡等方面的文献，了解相关政策。同时，在知网等网站上查阅有关革命老区新发展规划的相关文献、权威论文、期刊，深入了解如何带动革命老区经济发展的方法。

（4）小组总结

将调研问卷、实地考核及文献查阅的结果内容进行整合，小组成员线上会议并进行调研结果的总结，通过分析调研问卷数据以及实地考察收集的数据分析武乡县革命老区的发展现状及发展前景。

除此之外，我们建立了自己的公众号进行线上宣传，并通过照片、视频记录我们的调研采访活动。

2. 调研过程

2021 年 8 月 4 日，小组成员前往武乡县八路军太行纪念馆，对景区附近的民众进行采访，内容如下。

①对在校大学生：

Q：武乡县交通满意程度？

A：感觉可以。

Q：您的学校一年开展几次红色主题活动？

A：1～2 次。

②对街边老年人：

Q：您认为武乡县红色文化对当地带来的影响有哪些？

A：经济与红色文化宣传的发展上。

Q：您认为红色旅游（如纪念馆或者教育基地）有什么不足？

A：加强重视宣传，重视教育。

Q：您认为武乡县在国内或者省内的知名度如何？

A：当地有许多有特色的场馆，知名度较高。

③对商店老板：

Q：您觉得旅游景区对当地的发展有什么帮助？

A：当然有帮助，红色景区带动了我们城市发展。

Q：您对旅游的发展有什么建议吗？

A：旅游产业发展很好。

Q：疫情对您的工作有什么影响？

A：影响很大，疫情导致没生意。

过后，小组成员安排了景区相关负责人的线上采访，主要内容如下：

负责人先概述了八路军太行纪念馆的发展状况，提及纪念馆每年游客达 40 万人次以上。接着向我们介绍了景区的业务板块并提到景区自主举办的八路军文化旅游节及其他活动项目。

除此之外，负责人对场馆的发展规划提出了几点建议：

①引进高质量人才，加强人才队伍建设。引进过程要更加公平、公正、公开。

②在景区的开发上，深化国家一级博物馆建设。

③加强宣传，宣传部门独立化、专业化。

④建立完善的淘汰制度，增强上下层的流动性，充分调动年轻人的创造活力。

⑤地方政府在进行红色景区规划开发时能够通盘考虑，促进多个景点系统化管理、一体化发展。

8 月 5 日，小组成员采访了武乡县委副主任，具体内容如下：

县副主任认为武乡县的旅游景点可以用两句话概括：“两园一剧加板山，两部一馆加溶洞。”这指的是八路军文化园、八路军游击战体验园、太行山实景剧、板山风景区、王家峪八路军总部旧址、砖壁百团大战指挥部旧址、八路军太行纪念馆、太行龙洞。接着，他向我们介绍了这些景点，让我们对武乡县的红色文化有了更具象的认识。过后他简述了武乡县的发展历程，并提到县领导对红色产业发展高度重视。除此之外，他提出了当下武乡县红色旅游发展存在的主要问题是景区基础设施差，远不能满足游客需求。因此，接下来要加强景区硬件设施以及软环境的建设，将武乡县的政治优势以及红色文化优势转化为经济优势，让武乡这一革命老区焕发生机。

（三）重点内容

1. 改革的历程

武乡县，隶属山西省长治市。位于山西省东南部，长治市北部，总面积 1610 平方千米。根据第七次全国人口普查数据，截至 2020 年 11 月 1 日 0 时，武乡县常住人口为155386人。截至2020年，武乡县下辖6个镇、6个乡。

2. 采取的主要措施

由于武乡县地处内陆，群山环绕，交通不便，因此首先要解决的就是交通问题。太焦铁路、太长高速、208国道、武左铁路、南沁公路、权马公路、东营—吕梁高速公路、郑太高速铁路穿过武乡县，基本上解决了交通问题。其次是经济发展问题，相对封闭的环境和其特殊的地理位置导致武乡县经济发展困难。为了解决此问题，武乡县政府看到了当地特有的红色资源与独有的生态环境，大力发展红色旅游业。此地有八路军太行纪念馆，1988年9月建成并对外开放；该纪念馆占地14.8万平方米，其中建筑面积达1.9万平方米，展陈面积达8000平方米。拥有各类藏品8000余件，其中，国家一级文物150多件。八路军总部砖壁旧址纪念馆，位于砖壁村。1961年3月4日，国务院公布为全国第一批重点文物保护单位。1980年10月1日，正式对外开放。八路军总司令部旧址，位于山西武乡县，包括砖壁村和王家裕两处。砖壁村旧址由玉皇庙、佛爷庙、娘娘庙、李家祠堂等建筑组成，王家峪旧址在村北相连的3座民居中，1949年在此建“八路军总部旧址纪念馆”。其富有的自然资源也为其发展提供了出路。武乡县水资源总量达3.1488亿立方米，其中地表水达3.04亿立方米，地下水可开采量达0.2678亿立方米。水资源可利用量达9313万立方米，其中地表水可利用量达6690万立方米，地下水可利用量达2678万立方米，重复可利用量达55万立方米。2018年，共有水库5座，设计总库容达1.4724亿立方米，塘坝7座。武乡县土地资源丰富，耕地有39958.48公顷，园地有2259.99公顷，林地有47783.36公顷，草地有42622.08公顷，城镇村及工矿用地有5770.22公顷，交通运输用地有1625.53公顷，水域及水利设施用地有1658.90公顷，其他土地有19771.28公顷。武乡县共发现有探明储量的矿产地有7处，其中达到详查程度的矿产地有3处，普查矿产地有3处，预查矿产地有1处。水资源、土地资源、矿产资源充分利用，为其吸引了大量产业投资。三大产业共同发展，齐头并进。

3. 取得的成绩

2019年，山西省人民政府批准武乡县退出贫困县序列。截至2020年，武乡县地区生产总值达65亿元，同比增长7.7%；固定资产投资达25.87亿元，同比增长13.2%。一般公共预算收入达5.43亿元，同比增长9.6%。社会消费品零售总额达17.57亿元，同比下降4.1%。城镇居民人均可支配收入达27132元，同比增长4.4%。农村居民人均可支配收入达9064元，同比增长10.6%。第一产业，培育市级以上农民专业合作社有36家，龙头企业有16个。第二产业，共签约项目150个，签约金额达629.4亿元，开工项目达96

个，到位资金达 84.4 亿元。第三产业，新增市场主体达 1129 家。

武乡县已获国家卫生县城、革命文物保护利用片区分县、国家全域旅游示范区等荣誉称号。

教育事业，截至 2018 年，武乡县共有普通中小学 97 所（含教学点及民办学校），其中小学 79 所、普通高中 1 所、普通初中 7 所、九年一贯制 1 所、职中 1 所、特校 1 所。高中招生 1500 人，在校学生有 4491 人；初中招生 2081 人，在校学生有 6018 人；小学招生 1531 人，在校学生有 10110 人；幼儿园有 39 所，在园幼儿有 4409 人。2020 年，武乡县新招聘和引进教师有 119 名。

科学技术，2018 年，武乡县专利申请与授权量分别为 7 件和 2 件。

文化事业，国家三级图书馆有武乡县图书馆。

截至 2018 年，武乡县共有艺术表演团 6 个，文化馆 1 个、博物馆 1 个、档案馆 1 个、公共图书馆 1 个，公共图书馆藏书量达 12 万册。广播电台 1 座、电视台 1 座，广播、电视综合人口覆盖率均为 100%。有线电视用户达 4.1 万户，其中数字信号用户达 4.1 万户。

4. 存在的问题

根据小组的实地调研与采访，我们发现了以下问题：在文化产业上，红色旅游与红色产业文化的宣传力度有所下降，民众的参与程度有所下降。应对能力不足，由于受到疫情的影响，民众普遍反映收益有所下降，各个产业都遭受了不同程度的影响。旅游产业逐渐形成定性，发展速度下降。旅游产业形成闭环，在其产品特点上发展不足。经济发展逐渐形成思维僵化，需要开拓新的发展思路。

（四）存在的问题及基本原因分析

第一，政务人员和广大人民群众对于红色文旅产业认识上的偏差。传统的思想观念依旧认为，旅游产业是夕阳产业，发展旅游投入大、周期长、回报慢，对财政贡献不高。武乡县经济发展曾经也因红色文旅产业而得到快速提高，只是近年来其对经济推动作用有所减小，导致民众对于其重视程度降低，认识改变，有所偏差。

第二，思想过分保守，对于现有经济、文旅产业状况的满足，让大家失去了对新兴产业、新型技术等新事物探索的积极性，发展停滞，故步自封，这也是武乡现阶段红色文化产业不能进一步支持经济发展的重要因素。

第三，县区内基础设施建设不足，基础服务还远远达不到理想标准，这同样成为阻碍武乡县红色旅游产业进一步扩大的一大“瓶颈”。外地游客来到武乡县，通常只能进行时限一天的简单游览，服务行业方面的缺陷限制了游客的长时驻留，无法进行深度旅游。所以，如果想要更好地留住更多的游客，更好地宣传红色革命文化，亟须基础设施的大力改造与建设。

第四，红色革命资源发掘程度不足，红色旅游资源的开发较为粗放，红色文化的宣传存在欠缺。武乡县作为红色文化的摇篮，坐拥丰富的红色革命文化资源，却没有开发出更多诸如八路军文化园、太行纪念馆等此类较为典型的旅游景点，更多的资源仍旧处在待开发或者欠开发的状态，远在公众视野之外。将这些资源进行良好的开发与宣传，将成为未来武乡县红色文旅产业发展的重要突破点。

（五）改进建议

针对上述分析所提出的问题并结合调研结果，我们团队提出以下几方面的改进建议：

1. 在思想认识方面

首先，要纠正认识上的偏差。旅游产业是富民产业，发展旅游归根结底就是一个主题——要让百姓都吃上旅游饭，要让百姓通过旅游产业富起来。因此要改变发展旅游投入大、周期长、回报慢，对财政贡献不高的认识，要具有长远眼光和战略思维，抢抓构建新发展格局的机遇，坚定不移搞好旅游产业。其次，要解放思想。武乡作为革命老区，红色旅游资源丰富，在旅游产业的发展上要转变观念，把发展红色旅游这条路坚定不移走下去，抓出特色，抓出成效，把旅游产业打造成武乡的支柱产业。

2. 在旅游业发展方面

首先，要深入挖掘精品，武乡的旅游资源具有独特发展优势，不仅有优美的自然山水，更有深厚的人文底蕴和历史积淀，要把主要精力放在红色旅游资源的保护、管理和运用上，深入挖掘长乐之战、关家垴战役等独具特色的红色资源，打造精品景点、优势品牌。同时，石勒寨遗址等旅游景点也要科学开发、合理保护，要把所有旅游景点挖掘出来，真正把旅游产业做成大产业，做成人民群众增收致富的产业。

其次，要大力发展民宿。要提升旅游软实力，要把服务业搞上去。从旅游的角度讲，要大力发展农家乐、民宿、酒店，特别是打造精品民宿，提升其接待能力和对游客的吸引力，以及对外的知名度。民宿打造要聚集，不能孤门独户开，要开发新的旅游产品，让游客可选择。民宿是接纳旅游的主要方式，从游客能留在武乡吃一顿饭，到能留下住一宿，这体现的是整体的服务能力，是量变到质变的过程，也是需要努力的方向，更是提升促进经济繁荣的重要途径。

同时，要加强宣传推广，旅游业核心功能是带动更多产业，要多宣传，关键是要抓住游客的心理，激发游客消费欲望，真正达到惠民目的，要从百度、抖音、快手上去宣传推介，抓好旅游宣传团队建设。武乡有高铁站、高速路，交通便利，基础条件较好，要加强与省文旅集团的合作，借助于文旅集团的平台抓好旅游开发，也要做好煤炭企业家的工作，鼓励支持他们搞好宾馆、酒店建设，发展特色现代农业，开发更多具有武乡特色的旅游产品，要和旅行社建立良好互动的合作关系。

从全省角度讲，要积极推进山西、陕西、河南三省旅游一体化发展，要着力解决好旅游路到景点“最后一公里”的问题，积极融入一体化发展格局。

最后，要提升游客体验，深入研究旅游业发展内在规律，把握和体会游客的具体心理。吃、住、行、游、购、娱都要考虑到。现在我国正处于旅游市场井喷的发展状况，旅游业是当前国民一个非常重要的消费方式。必须牢牢抓住发展机遇，融入新发展格局，全方位适应国内国际双循环，顺应市场需要，助推武乡经济实现高质量发展。

3. 在脱贫攻坚和乡村振兴方面

要出台相关政策，大力支持农业龙头企业发展壮大，高度重视农业产业培育，特别是要抓好产业扶贫，真正帮助人民群众增收致富。要做好脱贫攻坚和乡村振兴的有效衔接，充分发挥工业企业作用，以工业反哺农业，以工业支持三产。

通过上述分析，我们要紧紧抓住旅游业发展的重要机遇，充分发挥武乡旅游资源的独特优势，真正让红色旅游成为惠民利民的支柱产业。

三、调研结论与总结

本次暑期社会实践主要围绕武乡县革命老区红色景点现有问题、原因分析以及解决问题措施、使武乡县革命老区焕发生机等方面展开，在经历为期两个月的暑期社会实践后，我们得出了以下结论：

1. 政务人员对于红色文旅产业认识上的偏差

具体可表现为景区工作人员存在人手不够、对景区工作人员奖惩制度不够完善导致其工作积极性下降，在景区建设方面用人制度及选拔制度不够公平公正透明。人才是革命老区焕发生机活力的关键性因素，我们建议要优化用人制度，公平公正选拔人才，建议将更多的岗位开放为考核选拔。

2. 思想过分保守

对于现有经济，文旅产业状况满足，但实际老百姓并没有因当地旅游业吃上旅游饭。故我们建议要改变发展旅游投入大、周期长、回报慢，对财政贡献不高的认识，要具有长远眼光和战略思维，抢抓构建新发展格局的机遇，坚定不移搞好旅游产业。

3. 县区内基础设施建设不足，基础设施严重不达标

我们建议武乡的旅游产品形成闭环，目前主要是提升旅游软实力，要把服务业搞上去。在基础设施上留住游客。

同时，我们针对革命老区如何利用旅游业焕发生机提出以下几点建议：

1. 全景式打造，实现景点内外一体化

一是强化规划引领。二是实施项目带动。完成八路军太行纪念馆、八路军总部王家峪旧址、百团大战总指挥部砖壁旧址“一馆两址”3个红色景区改陈扩建；对南神山、大云寺、离相寺等文物遗址进行保护性开发。三是加快A级景区创建。整合八路军太行纪念馆、八路军文化园、太行龙洞3个AAAA级旅游景区资源，申请创建“太行山八路军文化旅游区”AAAAA级旅游景区，扎实推进游击战体验园AAAA级旅游景区创建。四是大力发展乡村旅游，依托太行旅游板块建设，做好“旅游+特色小镇”。

2. 全方位推介，实现宣传促销多元化

一是实施节庆带动。举办多种类型旅游节。二是实施精准营销。组织各景区工作人员赴北京、上海、西安、沈阳、邯郸等地开展旅游专题推介会，与多家旅行社签订合作意向。三是营造氛围。打造八路军文化长廊氛围工程，在太长高速武乡段两侧护坡，创作八路军将士雕像和抗日英雄故事版画，完善高速公路、南沁线和通景公路标识标牌，营造出“举步皆是八路文化，处处展现武乡特色”的浓厚氛围。

3. 全要素服务，实现基础配套标准化

一是大力实施“厕所革命”。认真落实习近平总书记“抓厕所革命是提升旅游业品质的务实之举”重要指示，全面提升旅游景区、乡村旅游点、旅游干线等重点区域厕所软硬件水平。二是完善交通设施。设立电动汽车充电桩，建设共享单车停车点，为“绿色出行”创造良好条件。

4. 全产业发展，实现旅游产品多样化

一是深度挖掘红色文化。实施“1+4”片区，形成以王家峪为中心的革命旧址架构完整、特点鲜明、功能完备的爱国主义教育基地，将革命文物集中连片保护利用与全域旅游有机结合。

5. 全区域管理，实现旅游服务规范化

一是开展旅行社服务质量等级评定工作，强化评定结果的运用。二是加强对景区、宾馆饭店、车站等场所的动态督查和常态管理，提高综合服务质

量和水平。三是完善游客接待服务中心建设，实施旅游投诉“源头治理”工程，对外公布投诉和监督电话，及时受理游客投诉。四是常态化举办旅游质监执法骨干培训、饭店总经理岗位培训、饭店节能培训、金牌导游系列培训等活动，有效提高行业技能，有效提升旅游行业从业人员综合服务能力。五是加大旅游市场秩序专项整治力度，对不依法签订或履行旅游合同、非法使用“黑车黑导”、擅自变更行程、强迫游客购物等违法行为严厉查处。

四、收获与感悟

通过本次社会实践，社会实践小组接触到了很多之前从未接触和领略过的生活，也学习到了许多课堂上没有学习到的知识。本次实践使我们走出了象牙塔，走到了社会中，了解到社会的运转和我们先前想象的真的很不一样。曾经听起来遥不可及且无关痛痒的问题实际摆在我们的面前，比如工资水平、就业、社区家庭、国家政策等方面，这些看起来和大学校园生活有些脱节的实际让我们了解到在大学表面的短暂的轻松安逸背后隐藏的是巨大的现实的危机。

在本次暑期社会实践里，我们小组成员实地走访了山西省长治市武乡县的八路军太行纪念馆、八路军太行文化园、百团大战纪念馆等红色文化基地；通过采访武乡县委副主任、纪念馆工作人员和当地的老百姓等方式，更加深入地了解了武乡县所面临的问题及县人民政府是如何利用当地的特色红色文化资源产业带动当地经济发展；同时，走访了许多革命老区的居民住址并调研了当地群众的生活质量及其反馈的意见后，我们对武乡县所面临的问题提出了一些可行的措施与改进的意见。

无论是实地考察、红色景区走访，还是采访专职人员和普通百姓，都让我们受益匪浅。

武乡县是革命老区、旅游大区、发展新区，不仅历史浓而且文化红。文化是一个国家的“血脉”和灵魂，而革命文化更是彰显中华民族伟大精神的不可割舍的一部分，其不仅凝聚了中国共产党人的大无畏精神，还塑造了中华民族的光辉形象。作为我国文化的“魂”——革命文化、红色文化，是不可或缺的重要组成部分，而本次活动更是坚定了我们要将优秀的革命文化传承下去的决心。

在了解历史文化、了解我国国情、了解现在社会的基础上，本次活动还使我们培养了自身品格，锻炼了表达和社交能力，并通过实地探访和调研学习到许多书本之外的知识。线下的同学进行实地探访和采访，深入当地社区了解当地经济社会发展和红色文化传播创新的具体情况，进一步明确武乡县借助于红色文化发展旅游产业，推动当地基础设施建设和民生福祉的独特经验；线上的同学负责总结内容和调研成果，通过整理视频资料等内容，也对当地的状况和百姓的需求有了一定程度的了解。最后，小组成员进行了线上的交流与总结，进一步分析了武乡县所面临的问题；同时，也就武乡县的当地文化与社会经济紧密结合的发展形势进行了分析。在每次总结与交流的时候，我们听取他人多方面的意见并提出自己的意见，不仅使我们思考问题的视角变得更加宽广，也锻炼了我们的表达能力和思考能力。

附件　调研问卷

针对普通群众：

1. 您对本县交通通达度的满意程度如何？
2. 您的学校或单位开展红色文化教育的情况如何？
3. 您认为本县与周边城镇比起来发展情况如何？
4. 武乡县这几年的发展最让您触动的是什么？
5. 您认为武乡县目前发展最好的是哪一产业？
6. 您认为武乡县的革命精神在经济发展中起到了哪些作用？
7. 您认为本县的旅游业对当地经济有什么影响？
8. 您对未来的经济发展和产业建设有什么憧憬和愿望？您对当地发挥革命老区优势、将旅游业与其他产业结合相互促进发展有什么建议？

针对红色景区工作人员：

1. 2021 年上半年景区客流量如何？
2. 请问景区有哪些红色纪念品？
3. 请问景区举办过哪些红色文化主题活动？
4. 请问在疫情暴发前，景区的发展状况如何？
5. 您对于该景区的发展有什么改进建议？

体验式红色文化旅游的发展现状和对策研究[①]

——以高邮红色教育基地为例

一、引言

体验式旅游是当下体验经济时代旅游者日益成熟的消费观念所催生的体验化、参与化需求，注重为游客带来全新的生活体验，这一旅游模式对比传统大众化的旅游方式，显而易见的优势在于它能为旅游参观者提供身临其境的视觉精神体验，深刻地发挥旅游产品本身的审美、娱乐和教育价值。习近平总书记多次强调“要把红色资源运用好，把红色基因传承好”，在对红色文化旅游缺乏刚性需求的今天，面对游客类别单一且局限的现状，越来越多的红色旅游资源地在策划发展时选择在原有的基础上融入体验式旅游概念，帮助到访者直观地感受历史文化的魅力，“‘体验式’旅游让红色资源活起来”成为红色文化旅游发展的流行趋势。

江苏省高邮市作为国家历史文化名城与一类革命老区，拥有大量历史遗存与丰厚红色资源，致力于打造“党性教育基地‘红色地图’”，并紧扣热点开展了一系列体验式红色文化旅游活动。因此，深入了解高邮的体验式红色文化旅游设计，调研体验式旅游对于当地红色文化传承、旅游经济发展的重要性，提取并总结城市红色旅游建设规划的普适性方案，有益于其他红色旅游资源地有效结合当地优势和红色文化，利用好体验式旅游这一概念性工具，保护好红色资源，通过发展现代旅游教育，弘扬爱国主义精神以及革命传统精神，传承好红色基因。

---

① 作者：倪佳盈、庄闵佳、白宇宸、何佳彦、刘佳莹、刘芊孜。指导老师：庚向芳。

二、主体

（一）体验式红色文化旅游

红色文化旅游是近年来一种将爱国主义教育、革命传统教育与现代旅游经济发展有机结合的新型旅游形式，主要依托于历史的文物遗迹类旅游资源，例如革命遗址、纪念场所、伟人故居等，因此具有强烈的爱国主义教育和革命传统属性。

由于红色文化旅游具有特殊教育意义，它更加需要以满足游客的需求为出发点，提供参与性和亲历性活动，加强游客自身体验度。“体验式旅游”一词于 2001 年 6 月，在一份关于澳大利亚旅游业发展的报告中被首次提出。相较于传统红色旅游，体验式红色文化旅游更注重个性化、参与性、全过程，打造娱乐体验、教育体验和审美体验。作为旅游资源开发与管理的相关部门与单位，须创造与利用知识，使用先进的技术创新模式，了解游客兴趣、偏好与价值观，与游客相互学习、深层交往，注重体验经济时代的旅游需求，创造全新的体验经历。让游客在体验式红色文化旅游中投入更多精力，不断沟通、学习、体会，主动探索红色文化旅游带来的愉快体验。

体验式红色文化旅游以中国共产党领导人民在革命战争时期形成的物质和精神遗产为依托，将中国革命战争中的英雄人物、感人故事、历史文化等红色元素巧妙融入参观学习中，以寓教于乐的方式，让人们在体验中领悟到共产党人和革命老区人民自强不息的奋斗精神，展示出中华民族的气节和风骨的红色文化，从而获得对红色文化的一种主观的、综合的、深刻的感受。

在体验经济时代，游客的细分市场已经发生了明显变化，其需求倾向逐渐向体验式旅游倾斜。发展至今，“互联网+旅游”以及以智慧旅游为主导的体验式旅游已成为当今旅游发展的新常态。贵州遵义会址、中共四大纪念馆等多个红色教育基地，运用现代化的信息技术，深度还原历史场景，让游客铭记历史，感受红色文化，忆苦思甜，拥有更有沉浸感的体验，使红色文化得到更有效的传播，从而帮助到访者树立正确的世界观、价值观。

（二）调研方法及调研过程

本调研小组 6 名成员相互配合，于 2021 年 7 月 16—18 日，通过实地观察法，深入高邮当地，实地考察“可进入、可停留、可欣赏、可回味”的红色教育基地体验设计，体会“可参与、可互动、可感受、可享受”的旅游互动。同时，结合访谈调研法和文献调研法，访谈当地司机、志愿者、场馆保安、周边居民等不同职业不同年龄段的10位人员，从多个角度挖掘游客与红色文化产品间的更多互动，提升旅游体验，实现自身价值，提高旅游方式的附加值；参考相关文献，突破时空的限制，有范围、有目的地调研高邮相关体验式红色文化旅游的资料，并进行汇总整理和分析。

（三）高邮体验式红色文化旅游发展现状

1. 高邮红色文化旅游发展历程

高邮市作为一座历史文化古城，依托“全域旅游，相约高邮”的形象定位，以全域旅游服务体系建设为支撑，以生态游、文化游、红色游为主导创新发展，以建设东方邮都为目标。2018年4月，高邮市文化广电和旅游局打造“好事成双在高邮，文化文明进景区”的城市IP，发挥“文化是灵魂、旅游是载体”的作用，实现文旅资源充分融合。

在“十四五”规划开局、现代化建设新征程开启之年，高邮市开始致力于红色旅游的新发展，深挖本土红色资源，重点打造抗战最后一役纪念馆、华中雪枫大学旧址、周山烈士纪念馆等红色教育基地。

2. 高邮体验式红色文化旅游发展措施

（1）连点成线，打造体验式红色文化旅游路线

高邮市作为一类革命老区，有着丰富的本土红色资源，但缺乏一定的集中性。高邮市政府以点穿线、连线成面，将红色教育基地进行串联整合，形成了以地方革命发展史为主线，以抗日战争最后一役文化园为核心的斗争精神传承路线和以名人故事为主线，以华中雪枫大学旧址为核心的爱国奋斗精神路线，绘就党性教育的“红色地图”。2021年，高邮市首条“红色教育旅游”公交专线游6路将抗战最后一役纪念馆、高邮烈士陵园、张轩烈士纪念园、周山烈士纪念馆、红色广场等纪念场馆连成一线，实现了各个红色教育基地的无缝衔接。“红色教育旅游”公交专线以鲜明的红色作为车身颜色，建立起了当地人民和游客接受红色教育的感情“纽带”，成了高邮流动的“纪念馆”和“爱国主义教育基地”。

（2）吸纳全域旅客，构建口碑景区

高邮市通过创建全域旅游示范区，全面提升城市综合竞争力，将以往单一的“景区游”转变为多个景点联结在一起的“全域游”。以高邮市国家AAAA级旅游景区为例，市政府在原人民公园、烈士陵园的基础上进行景观提升改造，以抗战最后一役纪念馆为核心，打造了抗战最后一役文化园。它由抗战最后一役纪念主馆、副馆，王琦大师国医馆3个纪念馆以及胜利广场、英雄纪念碑广场和红色书咖、红色记忆等组成，占地面积5万多平方米。我

们社会实践小组通过实地走访，从游客的角度亲身感受了侵华日军向新四军投降处旧址的景区建设。从感官体验角度来看，目前景区纪念馆内利用声光电技术复原斗争场景，使用逼真的人体雕像复刻了日军投降的真实场景，展示了日寇向中国共产党领导的武装力量投降的历史一幕，使游客身临其境，聆听并用心感受当时的胜利凯歌。

纪念馆多以照片、实物、油画、场景、微电影等形式，展现高邮战役的全过程，刻画了新四军英勇抗战的感人场景。同时景区内还设有红色书咖，陈列历史书籍以供阅览，吸引了当地的中老年游客，为景区起到了引流的作用。在 2021 年的江苏省首批 100 个红色地名中，高邮市侵华日军向新四军投降处旧址（抗战最后一役纪念馆）、华中雪枫大学旧址名列其中，同时，高邮市也获批了第四批江苏省全域旅游示范区，在旅游发展上初见成效。

（3）寓教于游，增加情景体验

在红色文化旅游中，物品陈列和橱窗式展览仍占据着主导地位，但是单一的展览形式对游客缺乏吸引力。高邮的红色教育基地在尝试转变单一的参观为多形式的参与，开发一些情景化、体验性的活动。

在展现形式上，高邮抗日战争最后一役文化园不仅有重温入党誓词、重走革命道路等充满仪式感的教育活动，还引入了现代信息技术互动手段，再现了峥嵘的革命岁月。在参观过程中，场馆贴心地以事件发生的时间顺序标记了游客参观的路标，给予游客们历史感的情景体验。同时，抗日战争最后一役文化园还配备了专职讲解。在特色的抗战甬道中建立了 14 个雕塑单位，象征了 14 年同仇敌忾的抗战历史，依托“红色资源+党建基地”，结合本地特色创新“情景式、体验式、沉浸式”的学习方式，变“讲堂”为“现场”。从景区的实地走访中，我们发现高邮市政府正尝试将陈列式展览转变为多样式教育，将阵地式讲解转变为体验式互动，推动一系列寓学于景、融史于行的红色教育，致力于让游客在旅游过程中轻松自然地感悟其中的红色文化精神。

3. 高邮体验式红色文化旅游发展成效

（1）经济持续增速

据高邮市国民经济和社会发展统计公报数据，2019 年高邮市接待国内过夜游客 83.11 万人次，同比增长 12.29%；境外过夜游客 1308 人次，同比增长 81.16%见图 1。2020 年旅游总收入达 62.24 亿元，对 GDP 的贡献率高达 7.45%。从大数据上看，高邮的旅游业近年来增长迅速，极具发展前景，然而其发展仍处于“大众游”“短期游”的阶段，游客较少将高邮作为首要旅游目的地，且境外游客较少，因此仍具有很大的发展潜力。

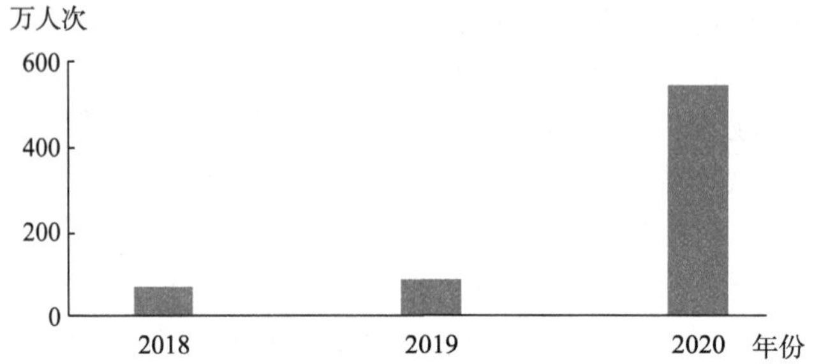

图 1　2018—2020 年高邮接待游客人数

（2）游客认同感增强

在实地走访的过程中，基于红色文化旅游产品能使游客在与其所处情境深度融合时获得身心一体的愉悦感受，我们发现旅游者的年龄结构不同，游客的体验需求就会有所差别。青少年游客多以学校集体组织的形式进行游览，以接受历史教育为主要目的，侧重于关注红色文化的故事性和英雄人物的感人事迹，而中老年游客则主要通过红色基地的产品结合自身经历唤起对陈年往事的记忆，追忆革命历史、缅怀革命先烈。景区在设计景点时应兼顾不同年龄游客需求，改变传统单向输出的展示方式，能使当地游客在一定程度上从“情感认同”转变为“思想认同”和“组织认同”。在近几年的发展过程中，革命老区高邮的形象深入人心，红色旅游颠覆了以往高邮文化游、生态游的传统形式，然而在普及程度上还有所欠缺。虽然增强了游客的认同感，但还需要进一步深化。延长游客在景区的停留时间，促进游客二次消费，使高邮本土丰富的红色资源为红色旅游带来新的活力。

（四）高邮体验式红色文化旅游发展现存的问题

1. 建设层面

（1）公共设施建设不足

根据小组成员为期 3 天的实地探访的经历，高邮市当地的旅游景区附近公共服务设施建设仍存在不完善的问题，如便利店、卫生间等便民设施稀少；公交间隔时间过长；路面建设良莠不齐，部分郊区道路仍在建设中。

此外，部分红色旅游资源缺少必要的交通指示。以位于高邮市界首镇的华中雪枫大学旧址为例，旧址处于界首老街文化景区的一条小巷深处，周围是居民区。而来到界首镇后，当地并无路牌指引，小组成员最终依靠询问界首镇居民才找到大学旧址所在地。

（2）旅游资源配置整合利用不合理

高邮当地的红色旅游资源由于历史原因，存在一定的空间分布局限性，故当地的红色景点存在空间融合力度弱、区域间合作少等问题。高邮市不仅是“一类老区”，也是历史悠久的文化名城，有着丰富的旅游资源。尽管近年来高邮市政府竭力打造红色旅游路线，致力于将红色教育基地进行串联整合，但当地没有充分利用自身的“邮文化”优势，将其与红色旅游相结合，打造红色文化旅游相融合的游览线路。

2. 管理层面

（1）体验式资源未充分利用

抗战最后一役纪念馆内配备有VR设备，但在小组成员实地参访时，设备处于未开放状态。通过对场馆工作人员的采访，我们了解到由于场馆免费开放，来往游客过多，设备面临着损坏风险。同时，VR设备的维护所需费用过高，场馆没有充足的资金来维护设备，因此经过权衡，场馆决定关闭VR设备，造成建设的体验式资源处于闲置状态。

（2）工作人员配置不合理

在参观华中雪枫大学旧址时，本小组成员发现旧址并未安排工作人员和志愿者对游客进行管理。除此之外，界首镇其他文化场馆内的照明设施等均需自行启动，不仅对设备有造成损害的风险，还影响了游客体验。

（3）部分场馆维护效果存疑

通过对当地居民的采访，小组成员了解到华中雪枫大学旧址安排了工作人员定时开关门、定期进行清洁工作，但小组成员前往时发现景区内部无工作人员值班，这对于景区的建设管理和推广十分不利。同时，由于华中雪枫大学旧址是露天设施，其中的木质结构易受天气影响，场馆的维护仍然存在许多问题。

3. 宣传层面

（1）当地红色资源推广力度有所欠缺

通过对抗战最后一役纪念馆一位志愿者（高邮市当地人）的采访，小组成员获悉高邮的红色旅游是最近几年才兴起的，因此推广完善程度还有所欠缺。游客多选择文游台、盂城驿等当地的历史文化景点，而对于红色景点，却知之甚少。

位于界首老街文化景区的华中雪枫大学旧址也是高邮市的一个红色旅游景点。在前往界首镇的路上，司机（高邮市当地人）表示，虽然近几年政府重视，推广力度有所加强，然而前往华中雪枫大学旧址的游客却没有显著增多。

（2）线上平台未完善信息跟进机制

在前往高邮之前，成员们曾在线上查询高邮市红色旅游资源，却发现许多当地红色景点在线上并无公众号、App 等平台用以宣传，未配备完善的预约和导航等功能。其中，华中雪枫大学旧址在网络上查询不到任何联系方式。此外，前往部分红色场馆时，导航软件并不能定位到准确位置。例如，在前往华中雪枫大学旧址时，导航定位在某居民区的入口。若非询问当地居民，场馆位置对于外地游客而言，确实难以觅得。

在大数据的背景下，通过网络平台，实现部门间数据共享和开放，是非常重要的。高邮当地红色景点在网络上没有宣传信息，对于游客来说不会优先选择，同时公众线上体验差，响应度自然不高。

4. *发展层面*

（1）场馆呈现形式单一，对游客吸引力小

高邮当地的红色景点主要是历史事件及人物纪念地，展出形式以文物陈列、图片展示、人员讲解为主。虽然高邮的红色教育基地在尝试转变单一的参观为多形式的参与。然而抗战最后一役纪念馆现有的 VR 设备处于关闭状态，无法正常发挥让游客体验式学习历史的功效，同时展区缺乏互动性，如写留言、观看红色电影等，对游客的吸引力度还有待考察。

（2）缺乏相关红色产品，品牌意识薄弱

在游客结束参观后，场馆周边并无可体现特色的纪念品或文创商店，缺乏相关的红色旅游产品，而不可否认的是，诸如同款水壶，引用经典语录制成的勋章、书签，等比例缩小的建筑模型和印有当地特色的晴雨伞等一系列纪念品和文创商品，对于打造当地特色的旅游文化品牌可起到巨大的推动作用。由此可见，高邮没有形成当地红色文旅的品牌优势，不利于加深游客游览过后的体验。

（五）高邮体验式红色文化旅游发展方向建议

1. *多方面旅游资源结合*

高邮不仅具备了红色旅游资源，同时也是一座“生态名城”“文化古都”。高邮市，以“邮”冠名，本身就比较注重“邮文化”的旅游与体验，有着国家 AAAA 级旅游景区盂城驿，被称为中国邮驿的“活化石”，是全国规模最大、保存最完好的古代驿站，市政府又在此基础上设立了中国唯一的邮驿博物馆，使古驿焕发新的生机。同时，高邮市地处京杭大运河边，大运河高邮段以东里下河浅洼平原由古潟湖淤积而成，河渠成网，良田万顷，是绝佳的生态旅游目的地。

红色旅游与二者的结合并不矛盾，反而能够更好地展现城市特色、丰富文化底蕴。井冈山红色旅游模式就做到了“红”与“绿”的结合，作为“中国革命的摇篮”，井冈山红色资源十分丰厚，而且这里的自然资源也同样充足，它的森林覆盖率达到86%，至今仍保留着大片原始森林，四处的悬崖峭壁、绿色植被、凉爽气候“吸粉”无数。二者的有机结合有力地拉动了旅游业的发展，井冈山充分利用、发挥了资源优势，让“红绿结合”成了井冈山的名片之一。高邮市也具备了同样的发展潜力，合理地规划旅游线路、打造具有高邮特色的旅游产业可以让游客在休闲的同时，接受红色教育的熏陶。

2. 加大宣传力度

高邮市红色景点目前面临着很大的宣传缺失问题，导致许多景点虽是极佳的爱国主义教育基地，却鲜为人知。例如，很多高邮本地人都不知道界首镇的华中雪枫大学旧址。如何挖掘地方性红色资源，讲好地方性红色故事，让地方性红色资源发挥更大的作用，是一件值得思考的事情。

《觉醒年代》的热播已经证明了民众，特别是青年一代很愿意关注高质量、有内涵的影视作品，并从中学习、思考，《觉醒年代》引导许多人走进龙华烈士陵园，去做进一步的了解，或去瞻仰烈士们的风骨。龙华烈士陵园也制作了许多相关宣传片，投放在各大视频网站以及公众号上，其中有展现场馆风貌的，也有介绍烈士的。例如，2020年5月的宣传片就介绍了左联五烈士之一的殷夫以及龙华二十四烈士中的恽雨棠与李文夫妇，做到了“铭记历史缅怀先烈”，利用大众喜闻乐见的方式，在讲述历史、宣扬红色精神的同时，提高了场馆的知名度，给予受众更好的体验感。

高邮市有着独特的红色精神文化，这是其他地区无法复制的。高邮抗战史上也不缺乏优秀的故事，结合相应手段，便能够书写自己的篇章。

3. 场馆查漏补缺

如上文所述，旅游点存在配套设施不齐全、缺乏日常维护等通病，想解决这些问题需要景点与政府通力协作，加强景点的管理，补充人手，做好日常维护工作。

一方面，景区的工作人员人手不足，需要填补；另一方面，也可以招募本地居民、学校学生担任志愿者，他们对该地区以及景区有足够的了解，既能胜任答疑解惑的工作，又能宣扬志愿服务精神。

4. 陈列技术创新

高邮市红色景点陈展理念、形式比较传统，形式上采用人物头像加简历的传统版面模式，这种教科书式的陈展手段很难全面体现人物的精神和个性，也缺乏故事性，不能满足游客深入了解英烈事迹、学习英烈精神的需求。为改善这一问题，抗战最后一役纪念馆率先采取了声光电等现代科学技术，运用雕像还原历史场景等办法，效果立竿见影，其他景点也可以学习这一成功经验，增进教育效果。

同时，随着科技的日新月异，场馆所也不再局限于投影仪和屏幕。龙华烈士陵园推出了“光辉的历程”App，用镜头对准识别物便可体验 AR 功能，利用融媒体再现历史场景；纪念馆内设有《情报游戏坊》互动游戏，面向青少年，让他们扮演军人、地下工作者等角色，回味革命的不易；开设剧场、讲堂、留言区。可用技术包含但不局限于以上几种，相信融合了新技术后，景点会越做越好，游客体验感也会更佳。

5. 文娱产品开发

高邮市各个景点都没有相关纪念品售卖，有趣又有意义的纪念品可同时起到宣传场馆和革命历史的作用，如印有先烈头像、事迹的书签，工人、进步青年样式的盲盒等。

文娱产品的出现并不会影响景区应有的宣传、教育等严肃意义，相反是对历史文化的传承。例如，故宫博物院的文创周边就成功“破圈”，故宫猫伴手礼、敦煌书签等产品可谓红极一时，抓住了无数人的眼球。

三、调研结论与总结

江苏省高邮市是一片红色的热土，具有光荣的革命历史，在革命战争年代形成了丰富的红色文化资源。目前来说，高邮市的红色文旅产业尚未被完全开发，仍具有极大的发展潜力。基于上述两个特征，社会实践小组（星火邮递员小组）将高邮作为此次暑期社会实践的目的地，通过实地走访与亲身体验，一方面对高邮市红色文旅的发展现状有了基本掌握，另一方面也希望借此总结提炼出一些推动体验式红色文化旅游向前发展的举措和普适性建议。

一是在政策支持方面，需要依靠政府主导，持续推动红色旅游与红色文化深度融合，并在原先历史文化名城的基础上，以“体验式”旅游为抓手，让红色资源活起来，进而带动城市整体红色文化的知名度，打响“红色革命+历史名都”的新品牌；二是在全域旅游发展方面，高邮市各镇级单位应加强区域间联动，进一步强化对全市范围内红色文化资源的开发利用，做好优势互补，使其在革命传统教育、区域经济、社会发展中发挥出更大作用；三是在城市基建方面，需要完善各相关景区的公共设施建设，如公共交通、红色景点的路牌指引标识等，同时积极开发新型参观模式，譬如当下比较热门的红色旅游路线、红色旅游观光巴士等，努力为游客营造更加舒适便捷的环境与氛围，提升游客幸福程度，积累口碑；四是在场馆建设方面，有效利用科技赋能，譬如运用 AR 技术对历史场景进行真实还原等，做到多感官全方位地提高游客体验度；五是在人才引进方面，需要完善人才引入机制和相应的志愿者机制，对于特定场馆，应投入专门的人力资源进行监管、定期的维修维护以及专属的讲解，提高场馆整体的专业度和服务水平；六是在红色文化产业链方面，应结合当地红色故事和英雄人物，打造独具特色的红色文化旅游文创产品，譬如通过舞台剧、戏曲（可以结合扬剧桥段）等艺术手段，或设计相应的红色文旅纪念品，尽可能创新对红色精神文化的弘扬和传承方式；七是在网络宣传方面，要广泛运用微信公众号、小程序、微博、抖音、小红书等新媒体渠道，打破红色文化的载体的局限性，不能仅靠线下场馆陈列的展品、雕塑本身吸引游客，要积极利用互联网平台的传播力量，开拓线上宣传渠道，吸引当下更多年轻人的目光。

如今，革命博物馆、烈士陵园等红色纪念场馆作为连接历史、服务当下、启迪未来的重要“桥梁”，既是承载历史传统、传递文化精神的“中枢”，也是我们党和国家的红色基因库。一件件实物、一处处旧址、一座座纪念馆，都记录着可歌可泣的历史篇章，承载着坚如磐石的信仰信念，彰显着历久弥新的初心使命。今天，我们对革命先辈足迹的每一次探访，与革命文物的每一次对视，都是一次思想的洗礼，更是一种精神的传承。

党的十八大以来，习近平总书记多次踏访革命圣地，深情缅怀革命先烈。2016 年 4 月 24 日，总书记在安徽省金寨县视察时，曾满怀深情地说：“一寸山河一寸血，一抔热土一抔魂。回想过去的烽火岁月，金寨人民以大无畏的牺牲精神，为中国革命事业建立了彪炳史册的功勋，我们要沿着革命前辈的足迹继续前行，把红色江山世世代代传下去。革命传统教育要从娃娃抓起，既注重知识灌输，又加强情感培育，使红色基因渗进血液、浸入心扉，引导广大青少年树立正确的世界观、人生观、价值观。”

诚然，青年一代是未来中国的脊梁，建设、发展、壮大红色教育基地是要让更多的年轻人看到前人的故事。以另一种方式，触摸那段百年前的热血历史，跨越百年同那个时代的“青年”对话，感悟革命先辈的力量，以此激发出青年一代奋进的勇气，更好地传承革命前辈的精神意志，让红色文化与革命精神融入新时代青年人的血脉。正如习近平总书记所强调：“革命博物馆、纪念馆、党史馆、烈士陵园等是党和国家红色基因库。要讲好党的故事、革命的故事、根据地的故事、英雄和烈士的故事。”相信若是能够充分用好红色资源，发挥好“红色基因库”作用，让革命文物活起来，我们就能更好地传承红色基因，赓续精神血脉，确保红色江山永不变色。

四、收获与感悟

倪佳盈：回顾此次高邮实践之旅，我们“星火邮递员”小队一路欢声笑语，一路思索品味，在走访红色场馆与体验红色文化中追寻红色记忆，在回顾抗战历史与展望高邮现状中感悟革命老区的改革历程。我们通过实地走访、调研访谈的形式，深入分析高邮的红色文化旅游发展现状，从游客的角度切身感受高邮红色教育基地的建设，发现了其中所存在的问题并且提出了一些现实性的改进措施。在实践过程中，我们白天进行考察调研，夜晚复盘当日的行程，深入交流研讨。每天的工作虽然忙碌，但大家团结互助，取长补短，高效地完成了活动期间的各项工作。追溯红色星火，我们在实践过程中体悟到了青年之于国家的责任和意义。我也将永远珍惜这次难忘的实践活动和与我并肩的小组成员，磨砺以须，努力前行。

庄闵佳：人生因经历而美丽。透析暑期社会实践，作为“向导”的我，规划每日行程，将我们的足迹遍布高邮主要红色教育基地。每一天我们奔波于红色场馆、小巷街头，每一天我们采访司机、保安、志愿者及游客，在发现高邮市魅力的同时，也洞悉现今红色教育基地所需进一步提升的问题。这是一次团队向心力的锻炼与展示，也是一场踏入社会锤炼意志、亲身实践了解社会的舞台。初涉世事，虽然有人生地疏的艰辛、路途遥远的劳累，但也有欢乐与感动。作为当代大学生，应牢记此次社会实践带给我们的收获，积极奋进，为人类社会的进步事业作出贡献。

白宇宸：很荣幸能够有机会参与这次社会实践活动，本次活动让我受益匪浅。社会实践活动是课堂教育向社会的延伸，有助于大学生提前接触社会、了解社会。我在本次活动中担任了采访员的角色，承担了与当地人交流沟通的职责，在和高邮本地不同人群交谈后，我不禁被他们的热情与好客感染，他们的讲述也帮助我们更好地了解了高邮市的状况，为我们的研究打下了基础。

何佳彦：在这次社会实践之前，高邮对于我来说是一座完全陌生的城市，和伙伴一起或多或少抵消了一些我对于未知的恐惧。在实地考察中，我们遇到了种种困难，最为显著的是方言沟通上的障碍。而通过我们的努力，这些困难被一一克服了——一次听不懂就多听几次，不理解所得到的答案就换个角度再问一遍（大多数的受访者看到我们脸上认真的表情都愿意配合）……这样的工作在我们的实地探访中重复了不知几何。得到满意成果的那一刻，我们才体会到之前的付出是值得的。

刘佳莹：回顾此次暑期社会实践，有困难，有惊喜，有感动，亦收获了成长。刚踏上高邮这片土地时，心头隐隐泛起的些许陌生与紧张感反倒被心底无限的期待盖过。起初还担心与当地居民沟通会否有语言上的障碍，也忧虑过是否能够顺利进行此次课题的调研，但很快就在高邮人的耐心解答与热心帮助之下烟消云散。实践首日在抗战最后一役文化园一见如故的场馆安保叔叔、温柔细腻的志愿者姐姐，而后两日路途中陆续碰到的不同性格却开朗、善聊的司机叔叔，界首镇当地热情好客的居民爷爷奶奶，通过与各个领域不同人士的对话交流，我切实地感受到了大学生走近社会、亲身实践的必要性。在此次旅途中遇到的每一个人、经历过的每一件事都将成为我人生成长路上一笔宝贵的经验财富，不论是之后 3 年的校园生活，还是更远之后未知的新征程，相信我们团队每一个人都会带着这段旅途中收获的勇气与信心，肩负着青年人的责任与使命担当，继续砥砺前行。

刘芊孜：在本次实践活动前中期，作为宣传员，我虽然没有参与实地考察，但是每一天我都积极和组员跟进具体行程，“云参观”各个红色场馆，利用接收到的照片和信息创作各种宣传类稿件，设计团队推送形象等，从早到晚忙着完成团队的工作让我的暑期一开始就过得相当充实。其间，我也感受到了团队上下一心、通力合作的魅力，其他组员在工作上给予了我非常多的建议与帮助，正因如此，最终呈现效果才能达到大家预期。当然，高邮学习之旅或许暂告一段落，但我们的实践还未结束，我们对体验式红色文化旅游的认知和思索也更加深入，相信在接下来的后期报告撰写工作中我们也能各有收获。

3 天的高邮之行，虽然短暂，却也着实充实而有趣。很幸运遇到一个温暖融洽的团队，无论是白天的实地参观与采访，还是凌晨时分依旧点亮黑夜的电脑屏幕，日晒和雨淋我们都一起走过，遇到“瓶颈”、昏昏欲睡时互相支撑，鼓劲的逗乐笑语犹在耳畔。每到夜晚，洗去一身的旅途疲惫之后，总是“星火邮递员”们披星戴月、继续赶路的时刻，反复斟酌的文案，一改再改的推送，一次次的探讨，一次次的总结反思，精益求精的态度背后是每位成员对“星火邮递员”这个团队的热诚与初心。

附录

一、采访提纲

采访调研背景：2021 年是中国共产党成立 100 周年，在全国全党火热开展党史学习教育之际，红色旅游也迎来新机遇，游客们纷纷踏上红色故土，在旅途中聆听党史，在行走中感受红色文化，在休闲游玩的同时接受红色精神的洗礼。2021 年也是“十四五”开局之年，红色旅游在新时代面临新的发展契机，如何加强创新、推动红色旅游高质量发展，解决当下存在的一些问题成为一项重要课题。

值此暑期社会实践，我们来到位于江苏省高邮市的抗战最后一役纪念馆，与场馆的工作人员进行了对接和深度访谈，对红色文化旅游未来的发展前景进行了一些探讨。

二、问卷主体

您好！我们是来自上海对外经贸大学的学生，此次来是想对体验式红色文化旅游的发展现状和对策研究进行相关调研。十分感谢您能抽出宝贵的时间接受我们的采访。

（一）场馆基本问题

1. 请问场馆平时（节假日）每日客流量大概有多少人？其中有多少人会请讲解员进行解说？

2. 对于平日里的游客群体来说，一般会较多吸引哪个年龄段层次的人来参观呢？

3. 节假日、寒暑假是否会接待一些特定的游客团体，比如机关单位组织的公职人员的进修培训或者一些中学或高校组织的红色研学等？

4. 纪念馆有哪些对外宣传的渠道？各个渠道的效果如何？

（二）场馆建设问题

1. 您认为抗战最后一役纪念馆能吸引到普通游客群体的特点与优势是什么？

2. 纪念馆展示的主要内容有哪些？主要以什么形式宣传教育红色文化？

3. 在纪念馆创办、发展的过程中，有没有碰到过“瓶颈”？又是如何克服的？

4. 在建党 100 周年的特殊时期，场馆举办了哪些具有特殊意义的活动？

（三）场馆创新模式探索

1. 对于旅客出行来说，是否考虑过安排一辆红色路线巴士，专门提供相关的服务？

2. 科技手段的赋能可以让红色历史文化更生动具象地呈现在游客面前。在上海，我们能看到很多的纪念馆和博物馆已经武装上科技的力量。比如中共中央政治局机关旧址，名叫“小福兴”的机器人讲解员抬起手臂，转动身体，与参观者边互动边讲解革命历史，吸引了很多孩子的关注。请问一下抗战最后一役纪念馆是否引进了相关的技术？您觉得若是能够成功得到相关科技手段的支持，是否对提升纪念馆整体的游客体验有显著作用？

（四）高邮红色文化旅游建设

1. 您认为纪念馆在红色教育旅游中起着哪些作用？抗战最后一役纪念馆对于高邮市来说承担着什么样的角色？在强调红色记忆传承的新时代下，纪念馆有对此做过调整、改变吗？

2. 您认为，目前高邮想要发挥红色景区的辐射作用，带动当地旅游产业、乡村振兴、区域发展的同时弘扬优秀红色文化，面临的最大困难是什么？

3. 近年来，各地通过红色旅游与其他相关旅游资源融合，形成了以红色为主题的多业态联动的“深度融合”发展模式。各地充分发掘自身文化旅游资源，积累了不少典型经验——很多红色文化资源分布在山清水秀之地，革命遗址、纪念馆也与当地的自然风光相得益彰、红绿共融，成为“红色”与“绿色”业态融合发展的得天独厚的条件。您认为应该如何在不破坏当地原有生态的前提下，保护文物资源的同时合理发掘其文化产业价值，既能够吸引到全国各地的游客，又避免过度商业化、娱乐化等倾向？

最后，非常感谢您对我们此次暑期社会实践的大力支持，也衷心祝愿未来纪念馆能够发展得越来越好。

红色在心，扬鞭脚下①

——大别山红色文化传播现状调研

一、引言

（一）调研背景

2021年是中国共产党成立100周年。100年来，中华儿女们所体现的革命文化是极具中国特色的先进文化，蕴含着丰富的英雄精神、厚重的历史和文化内涵。了解红色文化的传播现状有利于更好地保护红色文化，重视红色文化建设在党的思想道德建设和经济建设等方面有绝佳的作用，也可以让新青年更好地了解党史、坚定信念、拥护中国共产党的领导。其中，大别山文化是红色文化中最具代表性之一。

大别山红色文化是指1921—1949年这一特定历史时期，大别山区的共产党人和人民群众在共产党领导下，为民族解放、人民独立长期斗争中用鲜血和生命铸就的革命精神与信仰。2019年9月，习近平总书记在河南考察调研时指出，大别山精神是我党的宝贵精神财富，肯定了大别山精神在中国共产党精神谱系中的重要地位。

同时，在革命历程中所形成的观念形态、革命精神、革命传统是鄂豫皖地区红色文化的非物质表现形式。如何将新媒体新科技发展与红色文化传播相互交融、和谐并行、相互促进，唱出一曲美妙的“冰与火之歌”，这是值得我们广大学子去调研的。

（二）调研目的

本次调研的大别山革命老区是一方横跨鄂豫皖三省的红色沃土，在革命、建设和改革波澜壮阔的伟大进程中，无数优秀共产党人在这里战斗、生活，留下了丰富的红色文化资源。

---

① 作者：杨琬琪、靳佳琪、柳茵之、张宇曦、李金航、郭笑寒。指导老师：周霞。

社会实践小组将其作为主要调研地点，聚焦于大别山红色文化传播的发展历程，意图从政府、媒体和民众的不同视角，多方面调研大别山革命老区红色文化传播现状，继而探讨当地红色资源的变现能力，为调研当地红色文化传播状况，了解当地深厚的大别山文化底蕴与其高速发展的文化传播状况，探索媒体与文化共同发展的成功模式，并对所有红色文化背景下的历史宝地提出合理的建设性建议，促进红色文化进一步高效传播，以及制定大别山红色文化本土化与国际化的传播策略。

二、主体

（一）调研方法

1. 采访调研

采访对象为信阳市发展改革委工作人员井先生，采访目的在于搜集反映当地人对红色文化传播现状认知程度的数据，并考察该红色文化保留与发展的程度。本实践团队将提前拟定采访问题，针对不同方面进行不同的设计。这些具体措施及数据将更好地为本次社会实践调研的主题服务，用以分析革命老区红色文化传播模式。

2. 问卷调研

本次调研活动也采取了问卷调研的形式。调研各年龄段人对于红色文化传播的了解程度，主要从以下几方面开展调研：红色文化了解程度、学习红色文化途径、传播红色文化意义等。从而获得具有代表性和可视性的大众数据，进一步协助本团队开展一系列活动。

3. 走访相关红色纪念场馆

主要走访凤凰镇、大别山鄂豫皖革命纪念馆等地，通过对馆内工作人员采访，获得近年红色文化传播、受众群体等数据，直观感受大别山红色文化传播的创新提高；通过与游客的面对面交谈，了解大别山红色文化的普及程度。在此基础上，总结出革命老区在红色文化传播上促进发展的成功之处，提出对类似区域进行特色发展的建议。

4. 公众平台推送

实践小队建立“SUIBE 红旗小队”微博号，以及“SUIBE 红旗小队”微信公众号，定时发送当日的行程，并且对团队实践所见所闻等内容进行推送。再辅以互联网新媒体进行实时记录，如利用抖音、快手进行直播，在哔哩哔哩视频网站上传调研 Vlog 等。

5. 新闻稿发布

根据实践活动采集到的信息及走访调研，本团队将每两天对小组的调研情况做一个汇总报告，并撰写新闻稿推送。在对政府工作人员及纪念馆等宣传工作人员进行采访调研后，本团队对采访内容进行汇总编辑，撰写采访稿。

（二）调研内容

1. 大别山红色景区调研历程

（1）六安市红军广场

调研地点：安徽省六安市金寨县。

调研方式：实地走访、访谈调研。

调研内容：了解红军广场红色文化传播途径及受众分布情况，调研综合式红色旅游景点发展现状和智能化推广情况。

（2）六安市大别山烈士纪念园

调研地点：六安市金安区常青路 199 号。

调研方式：实地走访。

调研内容：了解大别山区皖西地区优秀儿女不屈不挠、前仆后继的红色革命精神及该精神的展现效果和感染力。调研当地利用新科技扩大国内外影响力之策略。

（3）凤凰镇

调研地点：武汉市新洲区凤凰镇。

调研方式：实地走访、访谈调研。

调研内容：从群众身上感受大别山革命老区的巨变，从最基层了解百姓心中的大别山精神及大别山精神本土化的发展趋势。

（4）许世友故居

调研地点：河南省信阳市新县田铺乡。

调研方式：实地走访。

调研内容：瞻仰将军故居，探悉将军传奇一生，调研当地借助于自然景观及基础设施所打造的特色红色文化传播路线。

（5）大别山鄂豫皖革命纪念馆

调研地点：河南省信阳市浉河区。

调研方式：实地走访。

调研内容：深入探讨信阳市大别山区革命红色文化发展历程，以点带面，全面掌握信阳市大别山区目前的革命红色文化发展状况。

（6）线上采访

调研对象：信阳市政府公职人员井先生。

调研地点：信阳市政府。

调研内容：主要围绕全国红色文化传播模范——信阳市的红色文化历史、红色文化的保护与宣传途径等问题进行，尤其是对信阳市红色文化传播的特色手段、红色文化传播的加强措施进行了详细解读。

（7）线上宣传与调研

本团队线上宣传主要以公众平台为主：

①微信公众号。本团队在调研初期建设了一个名为“SUIBE 红旗小队”的微信公众平台，并在此平台发布每日行程所见所闻，而后预告明日的行程安排。

②新浪微博官方账号。定期在微博更新小组调研近况，并附加当日景区的历史文化介绍及背后的红色文化精神内涵。

③微信、QQ 等个体社交网。力求让观众在观看本团队的活动记录的同时，深入了解当地在弘扬发展红色文化精神所作出的贡献，学习体会红色文化精神背后的艰辛与深刻内涵。

④调研问卷。调研周围的人对红色文化传播途径的发展及近况了解程度，并收集人们了解的红色文化精神传播途径，增添报告分析材料。本组问卷由组员对周围的人统一发放回收。（调研问卷详见附录）

2. 大别山红色文化传播现状

（1）整体现状

大别山革命老区在中国革命历史上具有重要地位，形成了极为丰富的大别山红色文化内涵。总体上大别山红色文化在城市地区的建设较为完善，从国家层面来看，大别山红色文化较其他红色文化知名度更高，由于鲜明的地域特征和相关政策支持，也使这一红色文化传播范围更广，具体表现如下：

①乡村振兴战略支持大别山地区文化创新发展。“实施乡村振兴战略”是习近平总书记在中共十九大报告中的新指示，党和国家高度重视美丽中国建设，大力支持大别山红色文化的开发、传承与发展。大别山红色文化作为我国红色文化的重要组成部分，一直具有鲜明的特色和丰富的文化底蕴。同时，大别山地区独特的山川美景也为当地建设旅游产业提供了资源和思路。以六安市金寨县为例，该县虽然是一个小镇，但当地设有著名的金寨县历史博物馆、金寨县烈士纪念塔和金寨县烈士陵园，每年都有从全国各地而来的几十万名参观者在这里凭吊革命先烈，接受爱国主义和革命传统教育。

在乡村振兴战略的背景下，创建大别山红色文化旅游区不仅是对红色文化的大力传承，更是帮助乡村实现经济增长，帮助村民脱贫致富的重要举措，为大别山地区实现经济良性发展提供了指导方向。

②大别山红色文化正在融入大学生思想政治教育。作为当代中国文化的重要组成部分，大别山红色文化充分反映了中国共产党在社会主义发展的各个时期所发挥的重要作用，当代大学生应该积极继承与弘扬大别山红色文化与精神。为此，大别山以及周边地区的各个高校和中小学校，纷纷将大别山文化纳入思想政治课。

其中，黄冈师范学院推出的“5F”教学模式，以观看影视作品、参观考察、社会调研、亲历实践、征文活动 5 种形式组合而成的教学模式成为当前高校推广红色文化教育的参考模板。此外，近年来关于大别山红色文化引入大学课堂的研究也出现了增长，且大部分建立在实践基础之上。这些研究对在全国范围内推广红色文化教育具有很强的现实意义。

③存在地区间大别山红色文化传播状况不平衡。受到当地经济状况制约，部分乡村由于当地政策以及经济等原因，红色文化发展片面，呈现效果和传播力度均无法与城市相比。以武汉市新洲区凤凰镇为例，当地政府以发展农业和工业作为推动当地发展的主要模式，在第三产业上的投入相对较少，造成了当地虽然拥有大量红色资源而开发缓慢的局面。另外，大别山红色旅游区以企业旅游和党内教育等带有目的性的旅游类型为主，休闲旅游者较少选择这些红色景区，此现象或与缺乏宣传有关。因此，存在地区间红色文化传播状况不平衡情况。

（2）传播特征及优势

目前大别山红色文化传播以文化纪念园、烈士纪念馆为主，游客通过参观，回顾那段峥嵘岁月，体会其中的红色文化精神。其中，文化纪念园和烈士纪念馆也积极超越时空的局限，汇集来自各地的信息，日益显示出文化传递、沟通、共享的强大功能，如积极使用电子展览设备，以满足各年龄段受众的参观需求；利用蜡像还原战斗场景，打破了语言和文字障碍。大别山红色文化传播特征及优势归纳如下：

①宣传到位，红色文化与当地文化相融合。目前，大别山地区积极在教育课堂及党员课堂引进关于当地红色文化的教育授课，扩大宣传面，使得红色文化旅游产业的受众从政府机关到各年龄阶段学生，受众极广。

②红色旅游景区与自然景观相结合。金寨红军广场与革命烈士陵园依山而建，充分与当地自然景观相结合，从而形成了具有山区特色的红色旅游景区。别具一格，图文并茂。利用雕塑、蜡像等艺术形式还原战斗情景，展现红色文化历史，如《八月桂花遍地开》《千里跃进大别山》经典场景雕塑作品。这种形式打破了语言文字的束缚，使那段激昂的历史更加深入人心。

③基础设施配备齐全，交通条件便利。目前，武汉市对于红色旅游产业较为重视，相关配套设施较为齐全，包括餐饮、交通、设施维护以及多媒体建设等。这些交通基础条件为大别山红色文化大范围传播打下了基础。电子展览设备及馆内讲解等辅助设施设置到位，如大别山烈士纪念园的新媒体技术运用出色，可视化和互动体验高，利于满足各年龄段人群参观需求。

④大别山红色文化景点部署完善。目前，大别山红色文化景区配备了大别山烈士纪念园、红军广场及许世友将军纪念馆等红色文化景点，令游客能一站式了解大别山红色文化，避免缺漏。充分利用当地地理优势、政策优势和资源优势，已然形成了自己的文化特色。

（三）存在的问题与不足

1. 旅游保障建设不足

旅游保障涵盖了公路、桥梁等基础设施和餐厅、旅馆等服务场所。此处以武汉市凤凰镇和六安市金寨县两地为例。凤凰镇距离武汉主城区较远。由于地理环境较差，凤凰镇将建设重点放在了优先发展本地农业上，当地与城区连接的公路以路况不佳的二级公路和乡镇土路为主。交通不便使得游客难以深入镇内的红色文化景点，不利于当地利用红色资源实现经济增长，帮助居民致富。金寨县内道路以城区主干道和城际高速公路为主，基础设施建设较为完善。该县的旅游保障建设不足体现为服务场所不足。当地各景点间相距较远，沿途的餐饮多以借助景区优势收费高昂的农家乐为主，也缺乏销售饮用水、遮阳帽的便利商店，这使当地难以吸引和承载大量游客，同样限制了当地红色资源的变现。

2. 景区内部工作人员不足

景区内的工作人员承担了管理、调度、安保、导游、修缮等诸多职责。在走访中，团队成员注意到金寨县革命博物馆、大别山革命纪念馆等地的工作人员较少且多为当地的老年人，这使得景区缺乏合理维护与管理，造成景区吸引力下降。景区内仅有的少数讲解员通常只服务企业团建和党内教育等更注重目的和形式的大型观光团。缺乏导游的讲解会让游客无法真正了解这些景点背后的历史文化底蕴，最终不利于当地红色文化给游客留下深刻印象，也不利于大别山红色文化本土化与国际化传播。

3. 现代化、智能化程度不高

团队成员走访的很多地点在网络平台合作、新媒体以及景区内部建设上普遍现代化程度不高，如门票不能通过网络购买，也不能同国内的其他热门景点一样与网络平台合作提供包含机票、火车票、专车接送、餐饮住宿等在内的配套服务。在团队成员对当地人的采访中，景区工作人员和附近居民大多不清楚这些景区是否拥有微信公众号与微博官方账号，可见当地并没有重视新媒体的宣发工作。在场所内部的智能化和现代化方面，金寨县革命博物馆和鄂豫皖革命纪念馆仍主要依靠文字展示板和人工讲解，互动感较少且缺乏吸引力。情况较好的大别山革命纪念馆运用了声光电等现代高科技手段但总体上并不能满足参观者的需求。场馆内部的电子阅读设备和短片放映室使用率不高，形同虚设，并未发挥出电子展览设备文化传递、沟通、共享的强大能力。

（四）改进建议

1. 创新运营模式，加强基础设施建设

积极探索运营模式，主动与旅行社互动，与当地党政机关、企事业单位、大中小学校和旅行社互动，走景区间联动与生态农业观光整合的路子，实现资源共享、客源互流、效益双赢，增加当地交通车辆，便于游客深入游览镇内景点；提高游客积极性，增加客流量。

增加景区内餐饮场所的数量及种类，为游客提供多种选择；在偏远地区景点增加便利商店的数量，提供基础保障，吸引更多人流。

2. 增加内部工作人员数量，建立导游队伍

协调景区与当地社区居民的利益关系，增加工作人员数量，提高管理质量。要最大限度地调动当地居民，特别是年轻人参与红色旅游事业的积极性；保证在各方面有充足的工作人员，并引导和鼓励当地居民融入景区管理之中，以保障当地旅游资源的保养与更新。

加强导游培训，建立一支人员充足、高素质、高水平的导游队伍。这支队伍既要有充足的历史知识储备，还要各司其职。不仅要服务于企业团建和党内教育等更注重目的和形式的大型观光团，也要为其他观光游客提供讲解服务；同时还要设立导游接待处，实行导游人员竞聘上岗，不断提高其综合素质。

3. 以红色文化为媒介，提高当地现代化、智能化程度

针对大别山红色文化资源的特点，要充分利用红色文化的吸引力和影响力，通过旅游业扩大红色文化的宣传力度，进一步加强红色文化的传播创新形式，提高当地现代化、智能化程度。

在运营方面，采取与通信运营商、火车站、长途客运站、高速公路服务区、大型商场等单位的客服中心合作，为游客提供相应的购票及配套服务；在宣发方面，要重视各平台的运营，如微信公众号、微博，提高当地红色文化的网络影响力，同时设立红色资源网站，开发设计既有时代特点又有吸引

力的红色资源软件，构建红色资源网络文化；在游客互动方面，要顺应发展趋势，将平面单调的文字展示改变为新的开放式的动态讲解，采用先进的科技手段，更新并完善场馆内部设备，扩大服务功能和教育功能；发掘更多更好的影视作品，以提高场馆内部电子阅读设备及放映室的利用率，尽可能地增加有娱乐性、参与性的项目，使当地红色文化纪念馆更贴近生活，从而有效提高游客的互动感及吸引力。

三、调研结论与总结

（一）调研结论

1. 贯彻落实弘扬革命文化思想

通过这次调研活动，社会实践小组深入学习贯彻党的十九大精神和习近平新时代中国特色社会主义思想，同时感受到了祖国在实现“文化自信”这一目标上作出的巨大努力与贡献。“不怕牺牲、英勇斗争”，这是精神层面对“不能因为你们今天绞死了我，就绞死了伟大的共产主义”的高度概括。革命者“只有站着死，决不跪下”……中国共产党的先驱们视死如归，令天地动容！

“随时准备为党和人民牺牲一切”，一代代中国共产党人用热血和生命践行自己的入党誓词。习近平总书记指出：“要以理服人，以文服人，以德服人，提高对外文化交流水平，完善人文交流机制，创新人文交流方式，综合运用大众传播、群体传播、人际传播等多种方式展示中华文化魅力。”全面贯彻落实习近平总书记关于红色文化传播工作的重要论述和对大别山红色文化工作系列重要指示精神，切实把文化传播作为大别山的头等大事和首要工程来抓。

2. 创新对于红色文化传播具有重要作用

改革开放以来，习近平总书记指出，“惟改革者进，惟创新者强，惟改革创新者胜”。在大众创业、万众创新的今天，我们更要拿出“敢为天下先”的勇气，锐意改革，激励创新，走出精彩人生。因此，创新在红色文化传播中的作用是举足轻重的，有时甚至起着决定性的作用。

如信阳市已经创新性地将红色文化融入当地文化中，建设青少年红色阅览室、党员活动室，在学校里更设置有大别山文化的电子教育课堂。可见，信阳红色文化充满活力，已然在全国形成了一股文化潮流。在基础设施方面，信阳利用自然景观和地区交通条件，有效实现了大别山文化旅游陆空立体交通网络，帮助信阳接待海内外游客，实现大别山红色文化的大范围传播。

（二）总结

文化与经济共同发展是一个不断追求繁荣昌盛的国家所必须探讨的话题。中国拥有多民族、灿烂的文化与兴盛的经济。如何将红色文化传播同教育并肩发展是我们必须研究的。这次“大别山红色文化传播现状调研”暑期社会实践活动虽已画上句号，但我们依旧觉得任重道远，在“红色文化传播”这个永恒的话题下，我们的探索没有尽头！

四、收获与感悟

杨琬琪：在经历了为期 7 天的大别山红色文化社会实践活动之后，感慨颇多，我们见到了红色文化在今时今日的传承与弘扬，见到了红色文化对于中国革命的伟大贡献，无数革命先烈的前仆后继都是为了实现这一伟大理想，从而让我们能够了解到红色文化对于当代大学生的意义所在。

靳佳琪：从最开始的确定项目跟撰写投标书，到具体的每日行程安排、具体规划，再到最后每天活动结束后的总结、统计等，更重要的是在短短几天社会实践里增进了大家的友谊，留下了难忘的回忆，留下了不可磨灭的印记。这段时间里有快乐、有汗水、有付出、有收获、是大学生活中的一笔珍贵的财富。

李金航：通过这次社会实践活动，我们逐步了解了社会，开阔了视野，增长了才干，并在社会实践活动中认清了自己的位置，发现了自己的不足，对自身价值能够进行客观评价。这在无形中使我们对未来有一个正确的定位，增强了自身努力学习知识并将之与社会相结合的信心和毅力。以后如果有机会，我会更加积极地参加这样的活动。

郭笑寒：感谢各位同学在这几天里互相的合作与帮助，如果不是我们之间融洽的合作，整个社会实践活动不会进行得那么顺利。我们会有不同的意见，我们大胆地说出自己的想法，然后再根据各自的意见进行调整，这种良好的合作氛围，让我们的整个活动获得了更好的效果。

柳茵之：暑期实践是一种别样的体验，既不像平时上课一样劳累乏味，也不像旅游一样可以放松地玩。到了另一个城市，在欣赏美景的同时，更重要的是了解当地的文化。几天的时间很快就过去了，虽然一起参加社会实践的同学只认识了几天，这个城市也只待了几天，要离开的时候却很不舍。暑期实践虽然很累，但带给我们更多的是收获和快乐。

张宇曦：短短一周的暑期社会实践很快就画上了句号，每个人心中都充满了不舍。未来的日子还很长，我们相见的时候也很多，只是再难有这样一个契机让我们重聚一起活动。再回想起实践小队一同为看到的美景而惊叹，为吃到的美食而满足，为走过的路途而留恋，这样的日子是美好的、难忘的、珍贵的。

附录

一、调研问卷

关于红色文化传播情况问卷调研

第 1 题　您的年龄？[单选题]

选项	人数小计/人	比例/%
0～18 岁	28	18.67
19～30 岁	113	75.33
31～40 岁	3	2.00
41～50 岁	4	2.67
50 岁以上	2	1.33
本题有效填写人次	150	

第 2 题　您了解红色文化吗？[单选题]

选项	人数小计/人	比例/%
非常了解	23	15.33
较了解	86	57.33
不太了解	36	24
不了解	5	3.33
本题有效填写人次	150	

第 3 题　您了解红色英雄吗？[单选题]

选项	人数小计/人	比例/%
了解	119	79.33
不了解	31	20.67
本题有效填写人次	150	

第 4 题　您是否曾经向他人推荐或介绍过自己家乡的红色文化？［单选题］

选项	人数小计/人	比例/%
有	82	54.67
无	68	45.33
本题有效填写人次	150	

第 5 题：您认为实地参观红色景点对你了解红色文化是否有帮助？［单选题］

选项	人数小计/人	比例/%
有很大帮助	118	78.67
没什么帮助	9	6
不清楚	23	15.33
本题有效填写人次	150	

第 6 题　您所知道的所有的红色资源形式：［多选题］

选项	人数小计/人	比例/%
机构、会议旧址	103	68.67
故居、旧居或墓地	111	74
重要事件或重大战斗遗址遗迹	114	76
纪念馆、纪念碑（塔、堂）、陈列馆	120	80
其他	4	2.67
本题有效填写人次	150	

第 7 题　您认为红色文化资源欠开发吗？［单选题］

选项	人数小计/人	比例/%
认为	118	78.67
不认为	32	21.33
本题有效填写人次	150	

第 8 题　若您所在地举办有关红色文化的活动，您会参加吗？［单选题］

选项	人数小计/人	比例/%
会，积极参加	88	58.67

续表

选项	人数小计/人	比例/%
有朋友陪同的情况下愿意参加	49	32.67
没有多大兴趣，不参加	13	8.67
本题有效填写人次	150	

第 9 题　您平时主要通过哪些渠道来了解红色文化？[多选题]

选项	人数小计/人	比例/%
网络宣传	113	75.33
报刊、书籍等实物媒介	53	35.33
参观红色纪念馆	104	69.33
学校的宣传教育	111	74
有关红色文化的电视剧、电影、短视频宣传	104	69.33
父母长辈介绍	59	39.33
实地走访参观	58	38.67
线下讲座介绍	36	24
其他	8	5.33
本题有效填写人次	150	

第 10 题　您对红色文化的宣传传播有什么看法？[单选题]

选项	人数小计/人	比例/%
宣传已经比较到位，没有什么需要改进的地方	42	28
宣传力度不够	42	28
人们学习红色文化的热情不高	60	40
没有什么看法	6	4
本题有效填写人次	150	

第 11 题　您认为以下哪种方式有助于传播红色文化？[多选题]

选项	人数小计/人	比例/%
建红色文化博物馆或者纪念馆	108	72

续表

选项	人数小计/人	比例/%
开展红色文化知识竞赛	78	52
活化红色文化，发展红色旅游	100	66.67
挖掘红色资源，保护红色遗迹	98	65.33
多开展有关红色文化的活动	83	55.33
播放红色电影	81	54
看红色书籍	56	37.33
本题有效填写人次	150	

第 12 题　您认为红色文化有利于什么？［多选题］

选项	人数小计/人	比例/%
加强爱国主义教育	136	90.67
加强公民思想道德教育	116	77.33
倡导积极向上的世界观、人生观和价值观	122	81.33
传播和弘扬优秀传统文化	111	74
有利于抵制和打击当今社会上各种腐朽、落后的文化	97	64.67
丰富了人们的精神文化生活	93	62
其他	14	9.33
本题有效填写人次	150	

二、线上采访

“SUIBE 红旗小队”在进行文化传播途径调研时，对相关宣发部门人员进行了采访，以下是采访内容。

受访者：信阳市政府公职人员井先生。

访问地点：信阳市政府。

访问日期：2021 年 7 月 20 日。

访问者：SUIBE 红旗小队。

访谈内容：

问：井先生您好！这里是“SUIBE 红旗小队”，感谢您接受此次采访！

答：不客气！

问：您作为一位土生土长的信阳人，请问您所了解信阳的红色文化有哪些呢?

答：可以说，信阳是红军的摇篮、将军的故乡，信阳的红色文化丰富多彩。例如，在中国共产党创建初期，这里就开始有了党的活动，信阳铁路工人投入了京汉铁路大罢工；又如，在土地革命时期，这里是中国工农红军诞生地之一，是鄂豫皖苏区首府所在地等。

问：那么这些宝贵的红色文化是如何保存与传播呢?

答：据我所知，信阳市政府采取了多种途径。首先，这里拥有众多的红色旧址和红色纪念地，如鄂豫皖苏区首府博物馆、许世友将军故里、红四方面军总部旧址、鄂豫皖省工农民主政府旧址等；其次，宣传部大力支持文艺活动：如大街小巷经常播放《八月桂花飘满地》《红军来了晴了天》等经典信阳红色歌曲，创编并定期巡演《上将许世友》《挺进中原》等反映信阳红色文化的戏曲、话剧作品。

问：目前，我国红色文化传播问题突出且普遍，信阳市作为全国的模范代表，有什么特色措施吗?

答：具体而言，这里依托丰富的红色资源，各单位、学校每年定期开展"走红军路，寻红军情，唱红军歌"等爱国主义教育，并参观爱国主义革命传统教育示范基地（其中的鄂豫皖首府博物馆被中国人民大学、中国政法大学、河南省委宣传部、河南省教育厅等 40 多家单位挂牌命名为革命传统教育基地）。同时，信阳市政府坚持"科技与文化相结合，时代与历史相辉映"的建设理念，积极且定期拨款投入新媒体、高科技设施建设中，如大家所熟知的 VR、4D 影院等都是信阳市传播红色文化的特色之处，获得了参观者的一致好评。

问：目前，在网络上了解到信阳市正着手红色文化传播的加强措施，方便为我们具体讲解一下吗?

答：可以的。一是开展抢救性工作，初步建立红色文化保护体系，在此基础上扎实开展红色文化调研，建立红色文化保护三级网络；二是加强对民间英雄、后代传人的保护和宣传，并定期组织开展艺术展演活动，有效推进红色文化传播，扩大红色文化影响力；三是加强红色文物保护，合理利用开发，加强红色遗址保护力度，着力打造红色文化休闲旅游。

问：感谢您抽出宝贵的时间与我们分享！

答：不客气。

革命老区红色精神传承及经济发展调研报告①

——以沂蒙革命老区为例

一、引言

蒙山巍巍，沂水汤汤，沂蒙精神，山高水长。诞生于那段峥嵘岁月的沂蒙精神，早已成为八百里沂蒙大地的肌骨，融于千万沂蒙老乡的血肉中，激励着一代又一代的沂蒙人在这片古老的土地上创造时代伟业。2013 年，习近平总书记视察临沂时，就弘扬沂蒙精神发表了重要论述。习近平总书记指出，“沂蒙精神与延安精神、井冈山精神、西柏坡精神一样，是党和国家的宝贵精神财富，要不断结合新的时代条件发扬光大”，深刻揭示沂蒙精神的核心特质是“水乳交融，生死与共”。沂蒙精神集中体现为抗日战争和解放战争时期沂蒙人民在中国共产党的领导下，英勇奋战，不畏生死的精神，生动诠释了党和人民生死相依的血肉关系。这种形成于齐鲁大地的沂蒙精神至今仍在沂蒙人民的心中传承，激励着他们在新时代昂首阔步前进。

适逢中国共产党成立 100 周年，为了更加深入地学习了解历史、深刻地感悟沂蒙精神，2021 年 8 月 3—5 日，我们小组来到革命圣地临沂，开展了“水乳交融，生死与共——寻访沂蒙老区，感悟人民伟力”的实践活动。实地考察了沂蒙红嫂纪念馆、孟良崮战役纪念馆和沂蒙革命纪念馆，采访了临沂市平邑县四合村党支部书记。此次调研以沂蒙革命老区为中心，通过收集资料、实地考察和问卷调研相结合的方式，调研沂蒙革命老区对于沂蒙精神的弘扬和传承，剖析在沂蒙精神引领下的老区发展模式。

① 作者：魏泽坤、霍俊先、魏雅雪、张永新、郑雅文、张佳琪、徐小雨。指导老师：刘晓海。

二、主体

（一）调研对象基本情况

1. 沂蒙红嫂革命纪念馆

曾长期在沂蒙革命根据地战斗工作过的中共山东省委原书记高克亭说："抗战时期，山东的中心在沂蒙，沂蒙的中心在沂南，沂南的中心在常山。"

为弘扬沂蒙红嫂的丰功伟绩，2011 年，临沂市利用仍然保留着抗战时期原始风貌的古村落建设了沂蒙红嫂纪念馆，让世人记住她们的事迹，记住她们生命中沉潜下来的民族精神。经过不断改造、提升、扩建，2013 年 7 月，重新修建后的沂蒙红嫂纪念馆以崭新的面貌迎接着来自全国各地的参观学习人员。

沂蒙红嫂纪念馆坐落于山东省临沂市沂南县马牧池乡常山庄村，占地面积 100 余亩，分为几个展区，包括主体展区、红嫂生活体验展区、沂蒙红色遗迹展区。其中，主体展区分为十大展室："红色沂蒙山"展室，以红嫂产生的历史背景为线索，再现当年党群、干群、军民鱼水情谊；"红嫂原型明德英"展室，展现了抗战时期农家哑妇明德英在八路军战士生命垂危的时刻，冲破封建观念的束缚，作出了乳汁相救的大爱壮举；"沂蒙母亲王换于"展室，真实再现了当年王换于冒着生命危险创办战时托儿所等感人事迹；"沂蒙大姐李桂芳"展室，再现了李桂芳在孟良崮战役中率领妇女用肩膀扛起"火线桥"的感人故事，她们用自己柔弱的双肩托起了通往革命胜利的桥梁；"拥军妈妈胡玉萍"展室，主要展出了全国爱国拥军模范胡玉萍拥军长达 60 多年的事迹。此外，还有"沂蒙红嫂群体"展室、"将星耀沂蒙"展室、"永远跟党走"展室等。沂蒙革命纪念馆通过沂蒙红嫂无数的感人事迹展现了以"最后一口粮当军粮，最后一块布做军装，最后一个儿子送战场"为核心内容的红嫂精神。

沂蒙红嫂纪念馆是山东沂蒙党性教育基地和省级干部教育培训基地，同时又被中央和国家部委、省、市、县等 70 多个部门和单位确立为公务员公仆意识教育基地、爱国主义教育基地、革命传统教育基地和廉政建设教育基地。沂蒙红嫂纪念馆是国内迄今唯一全面、系统介绍"红嫂"的专题纪念馆，也是中国唯一以普通群众为主题的革命纪念馆。自 2011 年运行以来，纪念馆吸引了全国大批党员干部和各界群众参观学习，每年前来学习的国家部委、省内外党员干部高达 10 万人次，年均前来参观学习的各界群众高达 30 万人次。

2. 孟良崮战役纪念馆

孟良崮战役纪念馆位于山东省临沂市蒙阴县垛庄镇，占地面积5000平方米，建筑面积1000平方米，于1984年为纪念著名的孟良崮战役而建。1947年5月，华东野战军在陈毅、粟裕的指挥下，经过浴血奋战，于孟良崮一举歼灭了国民党精锐部队整编七十四师及援军一部共32000余人，击毙该师师长张灵甫，扭转了华东乃至全国的战局，孟良崮由此而名扬海内外。

孟良崮战役纪念馆由纪念馆、烈士陵园、战役遗址区、雕塑园四部分组成。1954年，国家政务院拨专款修建了孟良崮烈士陵园，将其设为全国重点革命烈士纪念建筑物保护单位。

如今的孟良崮战役纪念馆是2007年于孟良崮战役胜利60周年前夕投资3000余万元改造建设的，总建筑面积3682平方米。纪念馆高19.47米，象征着孟良崮战役发生在1947年。纪念馆的外形为两个红色的三角形战旗，一层是主体展厅，以孟良崮战役形势、战役决策、战役实施、人民支前、欢呼胜利、英烈业绩六部分为主要内容；地下一层是情景体验厅，包括最新征集的图片、文字材料、文物等。多媒体厅的声光电设施再现战役场景，设计先进，情景逼真。原馆内的陈毅、粟裕大型雕塑移至馆前广场正中，更体现出战役指挥者的雄姿。

孟良崮战役纪念馆先后被命名为全国十大红色旅游区、全国爱国主义教育示范基地、全国百家红色旅游经典景区，被国防大学、军事科学院等30多个单位选作传统教育和国防教育基地。

3. 沂蒙革命纪念馆

沂蒙革命纪念馆位于山东省临沂市兰山区银雀山路与沂州路交会处东南角，东邻华东革命烈士陵园，是由中共中央办公厅、国务院办公厅批准建设的综合型革命历史纪念馆。

沂蒙革命纪念馆占地面积3.4万平方米，总建筑面积5万平方米，共有革命文物458件。纪念馆共有3层，主要包括沂蒙革命精神展示、红色影视教育、党史陈列、沂蒙革命精神研究、群众路线展示等内容。纪念馆于2012年6月28日开工建设，2014年4月26日正式对外开放。

沂蒙革命纪念馆是临沂市2013年十大民生工程之一，由中国工程院院士、中国建筑设计大师程泰宁先生主持设计。纪念馆外方内圆，建筑形式简洁朴实，体现了质朴高尚的沂蒙精神；暗红色基座稳扎大地，暗示沂蒙精神的革命根基；两组支座承载建筑上部主体，象征着沂蒙精神对革命胜利果实的重要支撑；中间贯穿上下的红色筒体，寓意沂蒙精神中流砥柱的强大作用。

沂蒙革命纪念馆通过图片、影视资料、实物、雕塑、场景复原、声光电等多种更为直观的形式，以高科技的手法全面展示沂蒙革命战争史。纪念馆还在每层配置讲解员，为游客参观提供帮助。游客还可借助于自助讲解系统，全面、详细了解每一件展品背后的故事。同时，在特定区域，游客还可使用闭合讲解的方式，了解展览区域内所呈现的历史人物、实物文献等。多个旅游团队一起参观时，游客使用团队讲解系统可设定各自的频道，做到互不干扰。2020 年 6 月 5 日，纪念馆被评为山东省退役军人思想政治教育基地。

4. 临沂市平邑县四合村

沂蒙精神不仅在信仰、价值观层面具有重要意义，更落实到了乡村振兴中。20 年前，由 6 个村庄合并而来的四合村是一个贫困村，村里道路坑坑洼洼，卫生脏乱差，通往村外交通极不便利。

村支书燕如成采取了调整农业产业结构、促进农业生态发展的新思路，以发展金银花标准经济种植为主导产业。燕如成将自家花费 17 万元打造的金银花试验基地无偿贡献给村集体，并动员村民流转土地 1000 多亩，打造连片金银花基地。经过多年经营，四合村成了远近闻名的金银花种植专业村。2004 年，四合社区集体收入首次突破 5 万元，四合村彻底摘下了贫困村的帽子。

在党支部的倡导下，村集体拿出 40 亩土地建设了“金银花党建扶贫基地”，由党员和贫困户共同管理。党员每月定期义务劳动，给贫困户传授种植技术，探索出一条“党支部+合作社+扶贫”的发展路子，增加了村集体和贫困户收入。2017 年，注册成立了平邑县四合果蔬农民专业合作社，村民以土地入股，村民变股民。合作社共有社员 110 余人，金银花基地占地 3000 余亩，可年产优质金银花药材 30 万公斤，每户增加收入 3 万元，仅此一项村集体就增收 50 多万元。合作社还与广药集团、中平药业签订保护价格收购协议，为村民增加收入上了一道保险。

同时，四合村立足特色产业优势，不断拉长产业链条，大力发展以金银花为主元素的乡村旅游业，打造了集群众休闲、产业观赏于一体的金银花休闲示范园。园内种植 10 多个品种的金银花，建有步道、廊亭、天壶、休闲茶吧等。改造建设特色农家乐和民宿 3 家，建设休闲茶吧 1 处，让游客亲近自然、体验农家生活，体会金银花特色小镇的气息。

四合村一直把精神文明建设作为一项重要任务。该村把传统的乡土文化和“四德建设”“美在农家”等活动有机融合，编制了四合村“清洁家园”“倡导孝文化”“讲文明、树新风”的“新三篇”，并印制成册，让每位村民学习和弘扬。四合村每年还会给村民发放三把大扫帚：一把扫帚扫庭院，建设美丽农家；一把扫帚扫村庄，打造美丽乡村；一把扫帚扫心灵，人人都行善，逐步展现出美丽乡村的新风貌。

从战火纷飞的过去到脱贫致富的今天，沂蒙人民“跟着共产党走”的信念始终如一，艰苦奋斗的精神始终如一。在党支部的领导和沂蒙精神的激励下，四合村村民种下了一株株金银花，修好了一条条柏油路。如今，整个村子成功实现了产业转型，走上了致富道路。目前，村里的主要产业是金银花的种植和销售，这里已经成为全国金银花原产地和主产区。同时，在全国优秀共产党员、省人大代表村支书燕如成的带领下，四合村先后获得省级文明村、市级美丽乡村示范村的荣誉，被评为“山东省生态文明乡村建设先进村”。

千千万万个四合村的故事，在沂蒙大地上演。千千万万个沂蒙人，演绎着开拓奋进、艰苦创业的沂蒙精神新内涵。沂蒙精神生发为沂蒙人民追求进步发展、建设美好家园的强大力量，放射出耀眼的时代光芒。

（二）调研基本做法

我们小组本次调研以沂蒙精神的传承和发扬为调研宗旨，以红嫂革命纪念馆、孟良崮革命纪念馆、沂蒙革命纪念馆和四合村为调研对象，采用实地走访和问卷调研的方法进行调研。

本小组于2021年8月4—5日前往山东省临沂市沂蒙红嫂纪念馆、孟良崮战役纪念馆、沂蒙革命纪念馆和四合村，实地考察各个纪念馆以及四合村的建设和发展情况。

在参观3个纪念馆时，我们跟随讲解并结合纪念馆的陈列，了解了沂蒙精神几十年来的发展，以及沂蒙地区人民对沂蒙精神的肯定和赞扬。

在走访四合村时，我们与村支书进行了各方面的交流，书记为我们介绍了四合村的发展历程、存在的问题和未来的调整方向，以及书记对自己在乡村建设中的定位。之后，书记带领我们在村内进行了详细的考察，为我们结合实际情况介绍了四合村近年来的发展。

这些举措为我们的调研提供了丰富的基础资料。与此同时，我们也制作了一份问卷，通过问卷星平台发放，邀请当地群众填写，从而了解到当地居民对沂蒙精神的感悟，以及他们如何发扬沂蒙精神。通过一系列的调研过程了解实施情况、分析情况、认真研究，寻找解决办法，得出结论。

（三）当地主要措施及取得的成绩

1. 加强立法和制度建设，完善监管体系

在抗日战争和解放战争时期，临沂是华东地区革命斗争的指挥枢纽和全

国著名的革命根据地，被誉为华东“小延安”，红色文化资源丰富，红色文化遗址、遗存众多。曾经，临沂的红色文化遗产保护也面临与全国各地相似的问题。已公布为文物的红色文化遗存，有《中华人民共和国文物保护法》等相关法律法规的保护，大多数保存完好。然而，对尚未公布为文保单位的红色文化遗存，其保护利用工作缺乏直接的法律法规依据，有的甚至出现了损毁情况。

2017 年，临沂市人大常委会将《临沂市红色文化保护与传承条例》（以下简称《条例》）纳入《临沂市人大常委会 2017—2021 年立法规划》。短短 3 年后，2020 年 7 月 1 日，《条例》正式施行。这是山东省第一部关于红色文化保护与传承的地方性法规，被省人大列为重点关注立法项目。《条例》特别规定：市、县（区）人民政府应当组织红色文化物质资源普查，对红色文化物质资源予以保存；市人民政府应当建立红色文化物质资源保护名录管理制度，将具有纪念、教育意义或者史料价值的红色文化物质资源纳入保护名录并及时向社会公布。2020 年 11 月，临沂市人民政府还印发了《关于推进国有建设用地考古调研勘探发掘前置工作的实施意见》，推进实施市国有土地开发建设过程中考古调研、勘探、发掘前置工作，避免了红色文物保护与基础设施建设的冲突。临沂市委、市政府出台了《临沂市加强文物保护利用改革实施细则》《加快红色旅游发展的意见》《临沂市推进红色文化研学旅行工作实施方案》《临沂市革命文物保护利用工程实施方案》等文件，组织编制完成《沂蒙精神纪念地景区争创国家 AAAAA 级景区提升规划》《沂蒙老区红色精品线路建设规划》，对红色文化资源进行全面排查，摸清了全市不可移动革命文物和馆藏革命文物基本信息，公布了 201 处市级重点抗战遗址，85 处红色堡垒镇村。

同时，临沂开展的红色文化资源保护“天网工程”，为市级革命文物保护单位安装安全监控设备，将市级以上不可移动革命文物纳入“雪亮工程”综合监管平台进行管理和联合保护，实现了红色文化资源的全天候、无缝隙监管。

2. 积极探索红色资源连片保护

临沂市沂南县是沂蒙革命根据地的中心、沂蒙精神主要发源地。近年来，当地采取“基地化建设”“课程化实施”“社会化运作”“主题化呈现”“多元化评价”等措施，形成“红色教育连成片”“红色基因代代传”的全域旅游新格局。为统筹资源保护与利用，沂南县委、县政府成立了全县中小学红色教育品牌创建领导小组和研学旅行工作专班，出台《关于在全县中小学中开展沂蒙红色研学旅行活动的决定》《沂蒙红色研学旅行课程实施方案》《研学旅行基地建设标准》等。同时，政府重点抓好全县红色教育规划、课程开发、师资培训、督导评估等工作，组建由教育、文化和旅游部门及有关企业、场馆人员组成的研学线路开发队伍，以红色、乡村、历史3条主线进行研学课程编制和研学旅行产品开发。

打破区域、所有制关系，整合优势资源，是临沂市推动红色文化资源转化的一大创新。当地发挥红色遗址多、红色景区多的优势，以大青山、孟良崮、红嫂家乡暨沂蒙红色影视基地、八路军115师司令部旧址暨山东省政府成立纪念地、沂蒙山根据地等重点为核心，积极创建国家AAAAA级旅游景区。

另外，临沂市还由市委牵头，从市委宣传部、沂蒙干部教育基地管理办公室、沂蒙精神研究中心、市委党校、市文化和旅游局等单位抽调工作人员，成立高规格的市红色文旅发展办公室，作为领导小组办公室，统筹指导协调全市红色文旅发展、红色基因传承等相关工作，重在解决制度性、规范性问题，形成了推进工作的合力。另外，当地在临沂市文化和旅游局内设科室中专门设立红色文旅发展科，负责红色基因传承工作，这在国内也为数不多。

3. 多种方式开展红色文化宣传

近年来，临沂市举办了“红色基因，薪火相承”沂蒙精神革命文物展、“跟着共产党走”临沂革命文物展等展览，讲好革命文物背后的故事。加强红色文艺作品创作，先后推出《沂蒙山》《沂蒙情》《沂蒙红崖》《沂蒙组歌》等精品剧目。组织成立20余支“沂蒙红色文艺轻骑兵”小分队，开展红色文艺精品剧目演出、红色歌曲演唱辅导培训、沂蒙精神宣讲等活动。小分队成员不仅包含文艺演出队伍，而且包含美术、文博等专业队伍。此外，临沂市还广泛开展红色研学活动，组织评选了临沂市十佳红色研学基地，组织了全市红色故事讲解员大赛、全市红色讲解员培训班。策划推出青少年研学游、重走沂蒙山红色游、沂蒙红色经典游、军事游等特色研学精品线路。《红色沂蒙薪火相传——沂蒙精神红色研学之旅》和《亲情沂蒙临沂红色研学旅行》分别获得2020年山东省首届研学线路创新设计大赛一等奖、二等奖。临沂市被授予“中国红色研学旅行目的地城市”荣誉称号。为了加大红色文化宣传推介，临沂市举办鲁南经济圈红色文旅发展大会，组织开展了红色文化旅游推介会、红色非物质文化遗产展、四市书法作品联展、“红色经典·鲁南乡韵”红色戏曲进景区展演等系列活动，并且先后举办“高铁开进沂蒙山”高铁沿线城市系列宣传推介、“亲情沂蒙红色临沂”2020长三角文化旅游推介等活动。

近年来，为适应新时代民众的观赏需求，临沂市着力推进红色文化数字化建设，组织收集沂蒙红色文化相关的音乐、戏剧、图书、电影、故事视频等资源，建立沂蒙红色文化资源数据库。引导各红色旅游景点运用智慧导览、智能音频数据库等技术为游客提供自助式浏览讲解；利用 VR 技术虚拟现实，增强游客体验功能；打造数字化红色展馆，将实体红色文化展馆搬到线上，实现足不出户网上浏览。

（四）主要问题及成因分析

1. 沂蒙红色文化知名度下降

习近平总书记 2013 年 11 月在山东临沂考察时指出："沂蒙精神与延安精神、井冈山精神、西柏坡精神一样，是党和国家的宝贵精神财富，要不断结合新的时代条件发扬光大。"但是从现实情况看，沂蒙红色文化与延安红色文化、井冈山红色文化和西柏坡红色文化的知名度和关注度还有较大差距。

首先，其他地区的人对沂蒙红色文化的了解程度较低。临沂地区的人民对当地红色文化认可度较高，具有良好的传播基础。但是，非临沂地区的人对沂蒙红色文化的了解不多，有的人表示从来没有听说过。在全媒体发展的今天，人们可以通过多种手段和途径去认识沂蒙红色文化，之所以没有听说过或者了解不多，说明传播不到位。一方面，传播的内容达不到公众满意的标准，使其丧失了吸引力；另一方面，选择的传播方式影响力和覆盖范围小，影响到的只是小众群体，达不到"走出去"的效果，因此会出现沂蒙红色文化在外界知名度低的问题。见图 1。

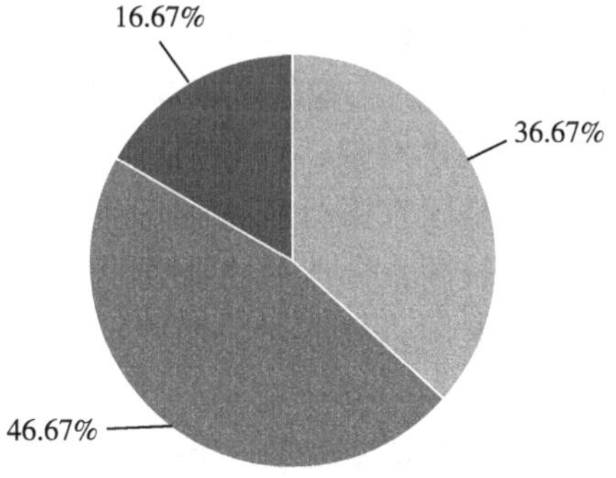

图 1　问卷结果——是否了解沂蒙地区发生过的革命战役

其次，年轻一代对沂蒙红色文化的关注度有待提高。对于年轻人来说，对新事物的接受能力比较强，但是对接触的内容要求比较高。从互联网上接触的有关沂蒙红色文化的内容相比其他特色地区的红色文化，内容上略显单薄，而且大多为说教式内容，不容易和年轻人产生共鸣。此外，网络上的部分内容涉及党史介绍、学习资料等理论性知识，更新速度慢，而且与时事联系较少。部分网站转载现象严重，内容多数雷同，缺乏新意。在这种情况下，很难引起年轻一代的普遍关注。

2. 公共交通不便，景点间联系不紧密

沂蒙地区不仅拥有丰富的红色旅游资源，还拥有独特的自然风光和悠久的历史文化资源。虽然临沂是“物流之都”，已经构建了高铁、航空、高速公路等多种现代化交通体系，但是由于历史、地理等原因，红色文化资源分布在各个县、区。我们注意到：临沂市内公路等基础设施条件并不差，但是由于缺少便捷的交通方式，不便于游客统一游览临沂的红色景点。以我们社会实践小组参观孟良崮战役纪念馆和沂蒙红嫂纪念馆为例，小组成员大多在临沂北站下高铁，孟良崮战役纪念馆距离临沂北站 48 千米，沂蒙红嫂纪念馆距离临沂北站 67 千米。若选择公共交通方式，途中需要进行多次换乘，到任何一个纪念馆均需要 3 小时以上，而且受公交车等公共出行方式的运营时间的限制，选择公共交通出行方式到达各个纪念馆开展活动时间会非常紧张。两个纪念馆虽相距不远，但相互之间没有直接联系的公共交通出行方式，很难统一游览各个纪念馆。

3. 四合村经费不足，村民思想过于保守

四合村虽然大力发展金银花产业，但依然存在集体经济家底薄、可用资金少的问题。同时，上级财政的拨款也往往不能满足需求，对乡村治理工作和公共设施建设产生了制约作用。在融资方面还存在融资难、融资贵的问题，农户和新型农业经营主体有强烈的融资需求，但由于抵押和担保品不足，经常得不到满足。小组成员了解到，当地的金银花大户基本参加了专业合作社，但由于合作社普遍存在经营规模有限、财务制度不健全、缺少有效的抵押资产等，难以从金融机构尤其是国有银行获得融资。在金融机构融资需提供足额有效的担保措施，且利率较高，合作社主要通过缴纳保险获得一定信用额度的方式进行融资，但额度有限，只能量力而行，很大程度上制约了合作社的经营发展。

村子在修路、建桥、打河坝等过程中，受到了来自部分村民的重重阻力。村支书燕如成讲了一个例子：在进行美丽乡村建设时，一户村民家门口的两个粮食垛占据了村路的空间，既不美观，也妨碍村民通行。按照该村民的说法，家门前有两个粮食垛是家境殷实的标志，可以保佑一家衣食无忧。为此，村支书多次到该村民家里交涉。但是该村民声称“好几百年都这样过来了，哪能现在说变就变?”，最终经村委会和村民反复劝说才勉强同意搬离。

（五）改进建议

1. 多种方式提升沂蒙红色文化知名度

借助于互联网平台，扩展传播渠道。“互联网+红色文化”不仅符合当下人们快速接收信息的要求，而且有利于筛选信息，提高效率，从而形成线上线下传承红色文化的大网。临沂红色文化可以摆脱以往平面文字和图文介绍的方式，采取虚拟场景技术或者建立网站，将互联网与当地红色景区进行平台对接，宣传红色景区内不同场景、地标等信息，利用虚拟现实等数字化方式对红色资源进行展示。与此同时，建立多渠道沟通方式，通过微博、知乎、微信、贴吧等多种方式，促进信息共建共享。

结合动漫的形式，提高临沂红色文化知名度。临沂市可以制作具有沂蒙特色的红色文化动漫，以革命老区为背景，以老区中乡亲们与党的相处模式为主线，再现当时老区人民送粮、送衣、送最后一个孩子上战场的感人故事。结合当下人们的审美习惯，以动漫形式寓教于乐，让革命事件更加形象生动，并在公共场所播放，可大大增强临沂红色文化的吸引力和感染力。

利用红色文化，开发红色游戏。以红色为主题的游戏可以在娱乐的基础上避免教科书式的教育，紧紧围绕“红色”“民族”“家国”等主题，激发人们的探索欲和爱国情，从而在潜意识里发挥红色文化的教育功能。在还原经典历史的基础上，让玩家从指挥官视角来体验英雄人物的征战故事。

2. 建设互联互通的沂蒙红色交通网

临沂的红色旅游资源丰富，不少游客的主要参观目的地就是各大红色纪念馆、红色遗址等。一方面，可以建立以临沂启阳机场、临沂站、临沂北站等为起点，以沂蒙革命纪念馆、沂蒙红嫂纪念馆、孟良崮战役纪念馆等为终点的公共交通服务体系，使来自各地的游客一到临沂便可以选择公共交通出行方式直达红色革命遗址，缩短游客的旅途时间。另一方面，可以建设各个红色旅游资源相互之间互联互通的红色交通网。在沂蒙红嫂纪念馆、孟良崮战役纪念馆、大青山胜利突围纪念馆、山东抗日民主政权创建纪念馆、新四军军部旧址纪念馆和华东野战军纪念馆等红色旅游资源之间建立相互联通的公共交通网络，使参访者可以便捷地从红色交通网络体系的一点到访另一点，便于游客统一游览沂蒙的各个红色旅游资源。

另外，完善红色旅游资源周边基础设施建设也十分重要。由于沂蒙红色旅游景点距离较远，很难一天游览完毕，从各个景点返回临沂市区也不方便。当地应有步骤地推进各个红色旅游资源周边的餐饮、住宿、休闲等基础设施建设，解除游客到达红色景点后吃饭、住宿等的后顾之忧，同时也有利于景区留住游客，产生更大经济效益。

3. 扩大基层组织资金来源

一是当地政府应鼓励和扶持村集体经济发展，增强村级组织自我发展和自我保障能力。目前四合村集体经济薄弱，村级组织运转经费来源单一，只能勉强维持村级组织的正常运转。因此，要大力发展村级集体经济，增强村级组织的自身“造血功能”，推动村经济健康发展。当地政府一方面可以从农村建设资金中安排适当比例资金，用于支持村级集体组织因地制宜发展村级集体经济；另一方面可以制定扶持政策，优化集体经济发展环境，如盘活土地使用权、宅基地及土地承包经营权以增加收入等。

二是当地政府应加大财政资金的支持力度。地方财政部门应安排一部分资金专门用于支持符合条件的返乡入乡创业人员和企业，为其提供一定数额的创业补贴。同时在税收、水电取暖费、厂房租金等方面予以适当减免，以降低创业成本。对于符合条件的项目建设，可利用发行地方政府专项债券筹集的资金予以支持，解决项目建设中长期资金不足问题。

三是当地应不断创新金融产品，为农村创新创业提供资金保障。金融机构特别是农村中小银行，可以根据不同地区、不同群体、不同产业和不同创业者对资金的需求，研究开发针对性强的专属金融产品。

三、调研结论与总结

经过调研，我们了解了新时代背景下政府以及社会各界对于弘扬和发展沂蒙精神所作出的努力，以及以四合村为代表的沂蒙老区经济发展情况。

在实地调研的过程中，我们深入革命圣地，参观革命纪念馆，了解了纪念馆的建设情况和革命遗址的保护情况；走访具有代表性的村子，感受到沂蒙大地上翻天覆地的变化。在资料收集的过程中，我们注意到近几年当地坚持问题导向，在加强立法和制度建设的同时，积极探索红色资源连片保护，并以多种方式开展红色文化宣传，取得了明显成效。沂蒙革命老区的经济发展，无论是质量还是速度，都愈加进步和完善。

但是，在新时代新环境下，沂蒙精神的弘扬和发展以及革命老区经济发展仍面临着新的问题和困难，如沂蒙精神知名度不足、纪念馆配套设施不到位等。在本次实践的最后，我们试着通过剖析沂蒙精神引领下的老区发展模式，结合其他红色精神应用的优点，提出一些合理和可操作的发展建议。

四、收获与感悟

在三天两夜的行程中，我们辗转于临沂各地，为革命纪念馆记录的那段恢宏的战争历史所震撼，为“村村有烈士、家家有红嫂”的军民鱼水情所感动。我们看到了青山绿水，更看到了沂蒙人开拓进取的风采。在沂蒙大地上，不仅有一个个感天动地的红嫂故事流传着、埋葬千百英灵的孟良崮静静屹立着，还有许多纪念馆默默收藏着这一桩桩一件件“鲜红”的革命事迹，更有无数后来者继承艰苦不屈、勇敢拼搏的沂蒙精神，为祖国建设洒下汗水。

沂蒙精神是长眠于此的烈士们鲜血的凝结，是“最后一块布做军装，最后一个儿子送战场”的倾尽所有，更是这片土地上的淳朴人民共同的精神基因。一日沂蒙行，一生沂蒙情。重温历史风云，数万沂蒙儿女血洒沙场，数百万沂蒙人拥军支前，这是历史画卷中浓重的一笔。忆往昔，我们热泪盈眶；看今朝，我们满腔热血。相对于其他红色精神，传承发扬沂蒙精神的路还很长，但我们相信，这段浸透着鲜血与温情的历史不会被忘却，这一伟大的精神必将代代传扬。

附录

新时代沂蒙精神传承与弘扬现状调研问卷

1. 您是否了解沂蒙精神的内涵？[单选题]

选项	人数小计/人	比例/%
是	60	50
否	60	50
本题有效填写人次	120	

2. 您对在沂蒙地区发生过的革命战役是否有所了解？[单选题]

选项	人数小计/人	比例/%
不了解	44	36.67
略有了解	56	46.67
较为了解	20	16.67
本题有效填写人次	120	

3. 您是否了解沂蒙六姐妹、沂蒙母亲等沂蒙红嫂的典型事迹？[单选题]

选项	人数小计/人	比例/%
不了解	45	37.5
略有了解	50	41.67
较为了解	25	20.83
本题有效填写人次	120	

4. 您对沂蒙地区红色文化纪念馆的了解程度？[单选题]

选项	人数小计/人	比例/%
不了解	58	48.33
了解，但从未去过	32	26.67
偶尔去，较为了解	24	20
经常去，非常了解	6	5
本题有效填写人次	120	

5. 您了解沂蒙精神的渠道是什么？［多选题］

选项	人数小计/人	比例/%
家人、朋友讲解	55	45.83
官方媒体报道	60	50
网络资料查询	44	36.67
书籍、报刊	42	35
影视、歌曲作品	44	36.67
当地旅游介绍	27	22.5
党团课程主题教育	36	30
走访红色教育基地	22	18.33
不了解	30	25
本题有效填写人次	120	

6. 您对发扬沂蒙精神而采取的一系列措施（如参观革命遗址、图文影视宣传等）的看法是什么？［单选题］

选项	人数小计/人	比例/%
深受感动鼓舞，增强了民族自豪感与自信心，促进社会风气好转	86	71.67
主意虽好，但效果甚微	29	24.17
形式主义，意义不大	5	4.17
本题有效填写人次	120	

7. 您认为沂蒙地区的红色景点建设推动有什么意义？［多选题］

选项	人数小计/人	比例/%
打造红色名片，提高家乡名气，提升本土民众自豪感	106	88.33
提高人流量，带动地区相关产业和经济发展	83	69.17
促进周边餐饮业、交通发展	65	54.17
创造更多的就业机会	58	48.33
吸引年轻人回乡创业，支持家乡经济发展	59	49.17

选项	人数小计/人	比例/%
未曾带来切实的好处，没有必要	10	8.33
本题有效填写人次	120	

8. 您认为哪些方式能够有效传播、弘扬沂蒙精神？[多选题]

选项	人数小计/人	比例/%
加强学校教育，通过课堂教学增进认知	91	75.83
政府提高宣传力度，增强民众重视程度	81	67.5
媒体发挥主流引导，依托网络平台宣传	93	77.5
影视文学作品支撑，传唱红色歌曲普及	87	72.5
大力开展红色文旅活动，拓展产业延伸	78	65
其他	5	4.17
本题有效填写人次	120	

9. 您认为沂蒙红色文化建设是否仍需改进？[多选题]

选项	人数小计/人	比例/%
非常满意，并无不足	26	21.67
形式结构单一，需要进一步丰富创新	44	36.67
传播程度不高，应当加强宣传	73	60.83
商业化程度过高，应当进行价格管控	14	11.67
缺乏体验感，对年轻群体吸引力较低	49	40.83
服务态度不够热情，人员专业性有待加强	5	4.17
旅游配套设施有待完善	20	16.67
本题有效填写人次	120	

10. 请您对新时代如何更好地弘扬沂蒙精神（红色精神）提出宝贵建议：[填空题]

把路修好，基础设施建好
加强媒体宣传，可以借助于各大短视频平台拍摄纪录短片
利用线上媒体
可以结合一些热点、时事来带动流量，如邀请奥运健儿前来沂蒙游玩，与品牌共同打造联名款等
之前去孟良崮，基础设施太差了，厕所好几天没有清理，留下了特别深刻的负面印象。现在想到孟良崮就想到那个厕所，太可怕了。这种基础的配套措施如果不完善，纪念馆的各项活动、展览做得再好也没有用。一定要注意基础配套措施!!!
加大宣传力度
继续加大宣传力度
政府提高宣传力度，人民提高重视程度
更加贴合当代青年人的新时代新要求
多开展网络宣传活动
首先要进行科普，其次要扩大宣传
希望能用多样的方式呈现

擦亮红色品牌　助力乡村振兴[①]

——江苏省南通市海安革命老区红色文化资源保护及开发情况调研

一、引言

我国“三农”问题突出，而革命老区一直以来都存在发展不平衡、不充分的问题，经济发展受到较大的限制。《国家乡村振兴战略规划（2018—2022年）》中明确指出，要帮助革命老区完成脱贫工作，早日缩小区域间的差距，实现共同富裕。因此，研究革命老区的发展情况对改善老区生活质量，实现全面小康有着重大的意义。本次社会实践以乡村振兴战略的科学内涵为理论支撑，对海安革命老区红色文化资源保护及发展情况进行了实地调研，根据其发展情况提出“擦亮红色品牌”的意见，并从不足之处提出了革命老区振兴的对策建议。

（一）调研背景

习近平总书记指出，革命老区是党和人民军队的根，我们永远不能忘记自己是从哪里走来的，永远都要从革命的历史中汲取智慧和力量，永远珍惜、铭记革命老区和老区人民的牺牲和贡献，把理想信念的火种、红色传统的基因一代代传下去，让革命事业薪火相传、血脉永续。

红色资源承载着中国共产党波澜壮阔的革命史、艰苦卓绝的奋斗史、可歌可泣的英雄史。2021 年 1 月 24 日国务院发布的《国务院关于新时代支持革命老区振兴发展的意见》中指出：巩固拓展脱贫攻坚成果，因地制宜推进振兴发展，推动实现巩固拓展脱贫攻坚成果同乡村振兴有效衔接，促进大中小城市协调发展，对接国家重大区域战略。可见，对革命老区红色文化资源进行保护与开发，不仅有利于赓续红色基因、传承红色血脉，还能够加快农业农村现代化，让当地广大农民过上更加美好的生活，助力乡村振兴。

---

① 作者：陆怡楠、彭鹏、王贤龙、叶萌。指导老师：冯正龙。

（二）调研目的

通过回顾学术界对红色资源的相关研究和成果，分析红色遗址、红色文化遗产等的重要意义。与此同时，调研当地红色资源保护及开发状况并对目前海安革命老区红色资源的现状进行阐述，对红色资源保护与开发的问题进行分析，探讨利用当地红色资源、“擦亮红色品牌”等措施存在的问题，并提出改善的建议和意见，因地制宜助力乡村振兴，推进老区振兴发展。

二、方案设计

（一）调研地点

江苏省南通市海安李堡镇杨庄村党群服务中心，苏中七战七捷纪念馆，海安市乡村振兴局，海安市税务局。

（二）调研对象

苏中七战七捷纪念馆馆长及游客，海安市乡村振兴局领导，海安市李堡镇政府干部。

（三）调研时间

1. 前期准备（2021 年 7 月 15—19 日）

联系队员组建队伍、分配队员任务，文献研究，讨论确定调研内容和调研地点，拟定调研问卷和访谈提纲，拟定公函、联系村干部和服务机构及李堡镇政府干部，确定调研的行程、交通工具等。

2. 实地调研（2021 年 7 月 20 日）

队员从各地出发，会合于江苏省南通市海安火车站，先对杨庄村的干部进行访谈，而后对村民进行问卷调研；在李堡镇对镇政府干部及农业经营性服务组织的相关人员进行访谈。

3. 后期工作（2021 年 7 月 21—31 日）

撰写调研报告，撰写通讯稿、新闻稿等，写推送，制作调研纪录片的视频，完成暑期社会实践试卷，分别在有影响力的媒体上投稿等。

（四）调研方法

1. 文献研究法

收集相关学术文献、媒体报道、统计资料等，系统树立并把握理论与实践的现状和发展趋势，形成综合理论分析框架。

2. 半开放式访谈法

认真设计围绕研究主题展开的访谈提纲，注意问题的类型、程度及措辞，在访谈过程中根据实际情况灵活调整问题，减少引导性，进行充分而全面的访谈记录。

3. 问卷调研法

本次问卷针对城镇和乡村居民，问卷设计主要围绕居民对于红色资源助力乡村振兴的了解程度和看法，收集许多宝贵意见建议。

4. 案例研究法

通过非随机抽样，在实地调研和问卷调研的基础上，获得相关典型案例，总结其不足及经验。

三、问卷数据分析与访谈结果研究

南通老区是全国最早的 9 个革命老区之一，也是江苏省建立最早、坚持最久、历史贡献最大的革命老区。海安位于江苏省南通市西北部，是名副其实的革命老区县，在土地革命战争时期，李超时、何昆等老一代革命家建立（通海）如泰革命根据地，是当时全国 15 个红军游击根据地之一。在抗日战争时期，它是当时苏中抗日根据地的核心地带，因此海安是名副其实的革命老区县。为深刻践行习近平总书记作出的“把红色资源利用好、把红色传统发扬好、把红色基因传承好”重要指示精神，我们选取海安革命老区为课题研究对象，对其红色资源的保护和开发作了深入探究，总结如下。

（一）问卷数据分析

本次调研有效参与人数总计 200 人，回收有效问卷 186 份。

1. 基本情况分析

问题 1　请问您的性别：

在被调研的对象中，男性和女性所占的比例各为 50%，基本平衡，可以使调研结果更加合理，可信度更高。

问题 2　请问您的年龄：

在被调研的对象中，年龄段在13～18岁的占13.33%，19～45岁的占53.33%，46～59岁的占26.67%，60岁及以上的占6.67%。其中青年和中青年所占比重较大。

问题3　请问您的学历：

在被调研的对象中，学历为小学的人数是13人，学历为初、高中的人数是40人，学历为中专或大专的人数是53人，学历为本科及以上的是80人。调研对象的教育程度层次多，接受教育程度高，有一定的覆盖面，科学性更强。

问题4　请问您的政治面貌：

在被调研的对象中，党员和群众所占的比例均为43%，团员所占比例为14%。可见，本次调研对象的政治归属相对集中。

2. 对海安革命老区红色文化资源的接触、认识分析

问题1　以下海安革命老区的革命遗址您知道哪些？（多选）

在被调研的对象中，所有人都了解苏中七战七捷纪念馆，其次是海安市烈士陵园，对营溪支部纪念馆、联合抗日座谈会会址和新四军联抗烈士陵园熟悉的人不足一半，没有人表示对我们所列举的革命遗址都不清楚。可见，苏中七战七捷纪念馆在当地保护和开发得最好，其受到的关注程度明显高于其他革命遗址。因此，开发、保护和推广更多的具有历史见证价值的革命遗址显得尤为重要。见图1。

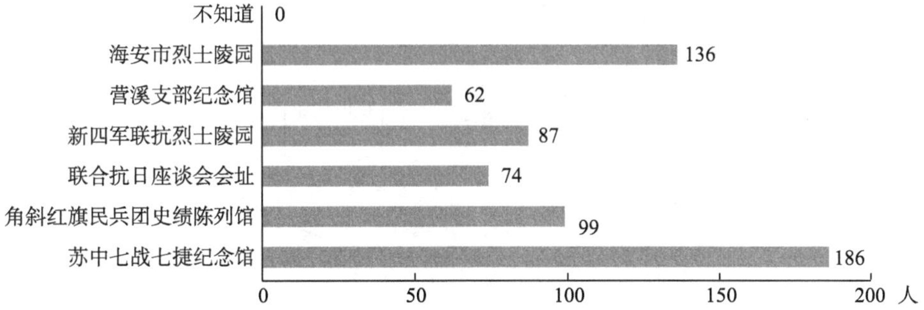

图1　受访者所知晓的革命遗址

问题2　您一般从什么渠道知道这些革命遗址？（多选）

在被调研的对象中，87人表示通过身边人群了解我们所列举的革命遗址，149人通过广播、电视，124人通过书籍、报刊。可见，虽然如今网络与新媒体发展迅速，但人们通过传统渠道了解革命遗址居多，因此需要把推广的触角延伸到网络与新媒体上来，充分发挥网络与新媒体时效性强、影响力大和范围广的优势，开启红色资源网络共享的时代。见图2。

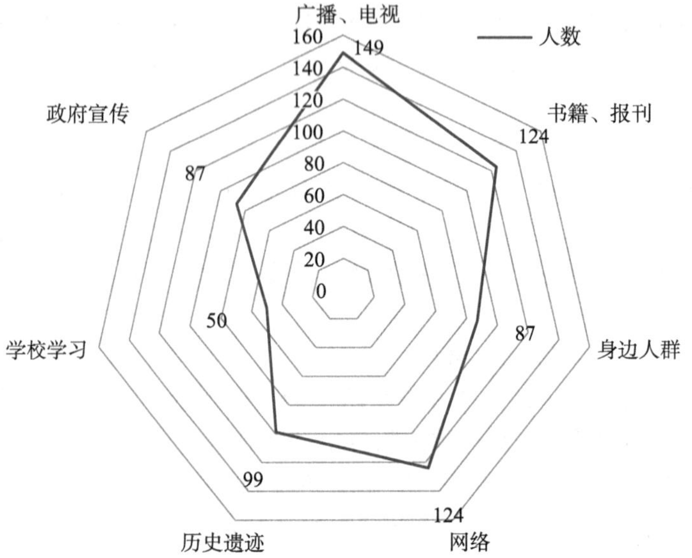

图 2　受访者了解革命遗址的渠道

问题 3　如果有机会让您参加红色乡村旅游活动，您会?

在被调研的对象中，70%的人表示愿意积极参加红色乡村旅游活动，18%的人表示有朋友一起就参加，7%的人表示参加的人多就参加，5%的人表示不参加。可以看出，人们的参与意愿还是比较高的。见图 3。

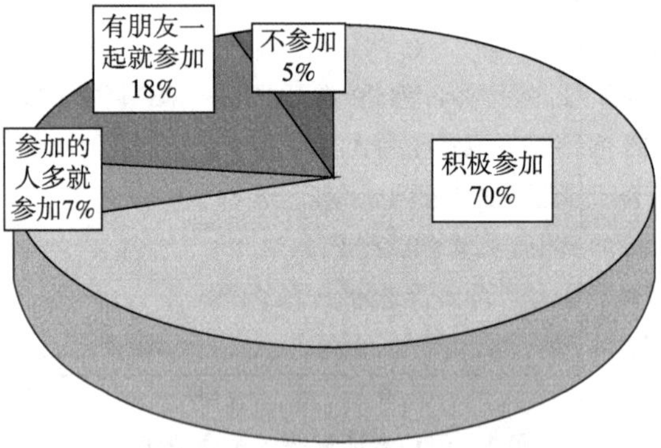

图 3　受访者参加红色乡村旅游的意愿

问题 4　您认为近年来乡村红色旅游资源的开发是否有效推动了乡村振兴工作的开展?

通过对影响当地人群参与红色乡村旅游活动意愿的因素分析，发现海安革命老区在乡村旅游开发方面具有这样一些优势和机遇。一是海安旅游资源较为丰富而且具有一定的特色，吸引农民进行创业；二是海安的区位优势明显，交通便捷，极大地扩展了潜在客源范围；三是农民对开发政策的了解为海安乡村旅游提供了外部机遇；四是海安市政府高度重视乡村旅游发展，并做了相关的战略部署，农民发展的机会增多。

针对近年来乡村红色旅游资源的开发推动乡村振兴工作开展效果，在被调研的186名对象中，认为效果“十分有效”和“比较有效”的均是74人，认为“效果不明显”的是13人，表示“不清楚”的有25人。可见，近年来海安乡村红色旅游资源的开发对推动乡村振兴工作开展产生了一定的效果，保护及开发力度还待加强。见图4。

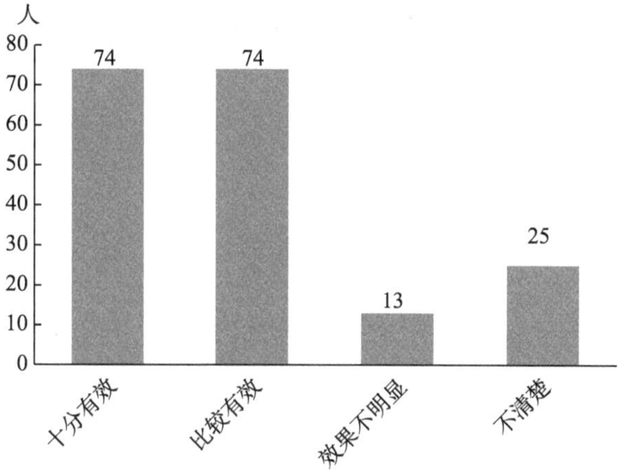

图4　受访者对开展效果的评价

问题5　海安本地红色革命基地是否给本地经济发展带来契机？

问题6　您认为海安革命老区的红色文化资源对助力乡村振兴、促进经济发展的作用怎样？

调研样本中，有161个调研对象认可海安本地红色革命基地为海安的经济发展带来了契机，为样本总体的86.6%；还有24人则表示不太清楚海安的红色革命基地是否促进了本地的经济发展；其余1人则不认同海安本地的红色革命基地对海安经济发展带来正向影响。除此之外，样本总体中有111人（占总体的59.7%）相信海安革命老区的红色文化资源对助力乡村振兴、促进当地的经济发展有很大的作用；74人认为海安革命老区的红色文化资源对助力乡村振兴、促进当地的经济发展的影响一般；另有1人并不认可两者之间存在促进关系。这些调研结果证明海安当地的居民基本都较为支持、认可红色革命基地对本地经济发展带来的积极作用，这为本项目的顺利推进奠定了坚实基础，再次证明了通过全面保护、开发海安本地红色革命基地以实现经济发展的可行性，也为打造红色品牌助力乡村振兴铺路。见图5、图6。

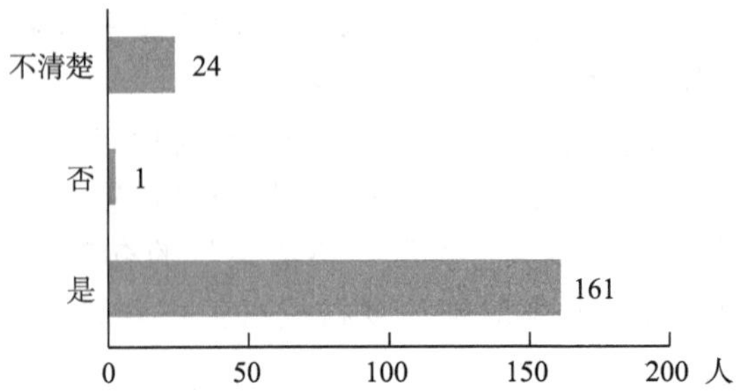

图5 红色革命基地是否给本地经济发展带来契机

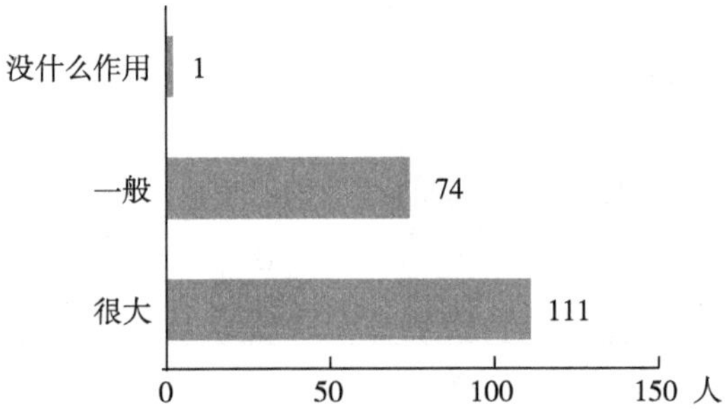

图6 红色资源带动经济发展的作用情况

问题7 您觉得以红色文化资源助推乡村发展中存在的最大问题是什么？

在“红色文化资源助推乡村发展中存在的最大问题是什么”的调研中，55.38%的调研对象认为基础设施的落后阻碍了红色文化资源助推乡村发展的进程，55.37%的人则将其归咎为缺乏技术支持以及有效带动，38.70%的被调研者认为农民自身文化素质的水平与红色文化资源助推乡村发展有较大关联，另各自有33.33%的调研对象把红色文化资源助推乡村发展中存在的最大问题归因为农村劳动力外流严重及农产品价格低、销售难。调研结果反映出的突出问题，启发我们在利用红色文化资源助推乡村发展的过程中一定要重点关注对于红色基地基础设施的升级改造，要通过高效的技术支持红色文化资源的开发、保护、推广等工作，有效带动相关产业发展。同时，也要在提升农民自身的文化素质水平和保留农村劳动力等方面努力。见图7。

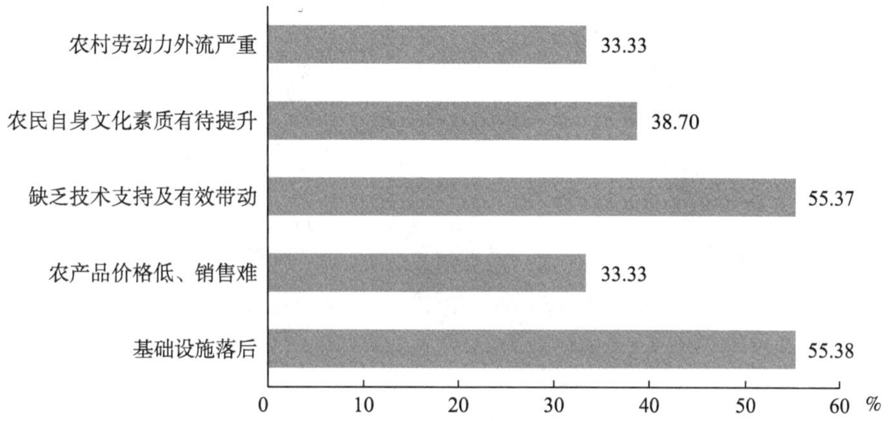

图 7　红色文化资源助推乡村发展的阻碍因素

问题 8　您认为谁应该担负红色文化资源保护及开发的主要责任？

在被调研的对象中，62%的人认为是政府的责任，24%的人认为是当地民众的责任，10%的人认为是当地媒体的责任，4%的人认为责任在于其他方面。可见当地政府应担负红色文化资源保护及开发的主要责任，对革命资源的利用率低，宣传上没有实质性行动，政府措施的效果不尽如人意。见图 8。

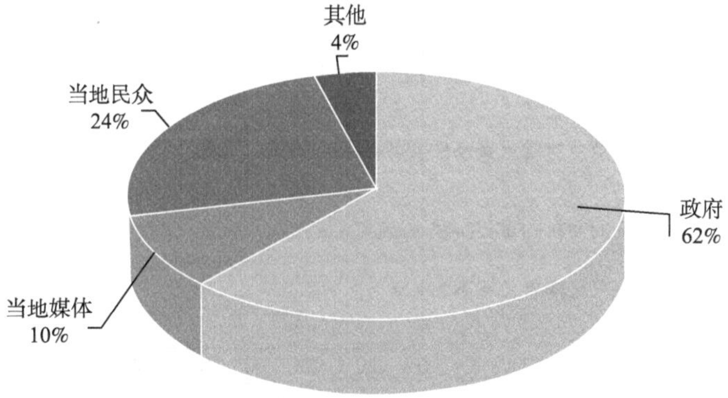

图 8　红色文化资源保护及开发的主要责任归属

问题 9　你觉得利用红色文化怎么推动当地发展？（多选）

如图 9 所示，94%的调研对象赞同通过发展红色文化，助力乡村文化旅游以推动当地发展，77%的人认为宣扬红色文化，推广农产品出售是推动当地发展的可行之策，66%的人相信通过践行红色精神，宣传当地的文化影视作品对发展大有裨益，55%的调研对象认可保护红色文化，助力当地建筑产业发展。这些调研结果也为本项目提供了宝贵思路，通过积极保护、开发海安的红色文化资源助力发展（开发）本地的乡村旅游、农产品销售渠道、红色文化影视作品等。

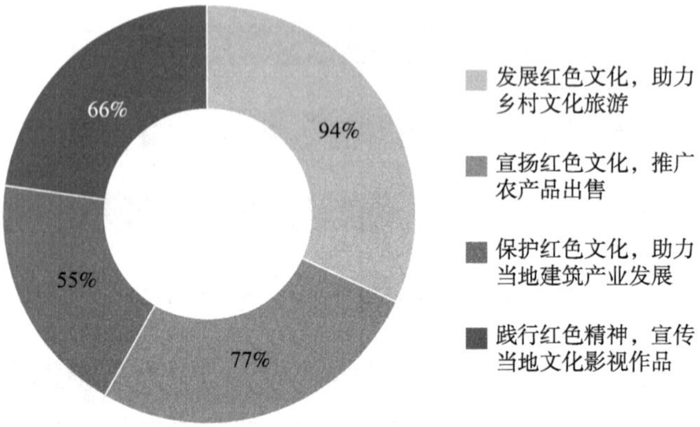

图 9　红色文化推动当地发展的方式

问题 10　您认为红色文化与乡村振兴的关系是怎样的？（多选）

经过问卷调研发现，认为弘扬红色文化，是推动乡村振兴的重要因素的有 155 人；认为传承红色基因，是创造智慧乡村的重要条件的有 124 人；认为发展红色旅游，是建设美丽乡村的重要实践的有 145 人；认为两者关系不大的人数为 0。由此可知，人们一致认为红色文化与乡村振兴的关系是密不可分的，红色文化是撬动乡村振兴发展的新动能。见图 10。

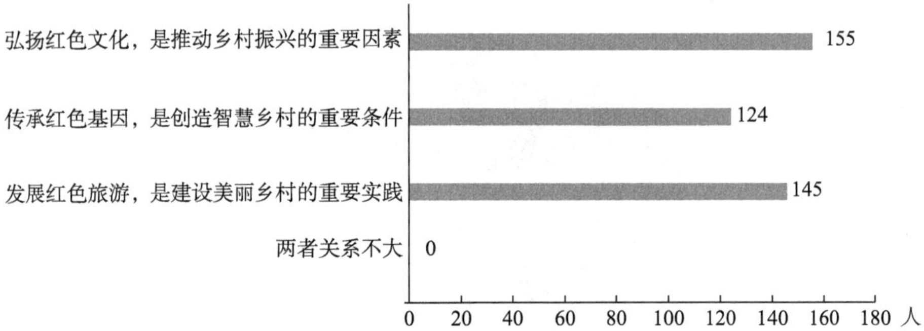

图 10　红色文化与乡村振兴的关系

问题 11　您希望政府、社会等在当地红色文化资源的保护及开发方面做哪些工作，或您对此有什么看法和建议，请填写建议意见。

通过调研问卷汇总，得到以下建议：

①红色精神应该得到传播，红色资源也应该被开发，使之与经济相结合，如发展红色旅游。

②可以在乡下播放短片或电影。

③社会成立红色资源保护组织。

（二）访谈案例记录分析

1. 走访海安市李堡镇

访谈时间：2021 年 7 月 20 日。

访谈地点：海安市李堡镇。

访谈对象：海安市李堡镇党委书记许栩。

访谈内容：

①平常过年过节人比较多的时候会不会开展一些相关性的活动，比如邀请表演人员来唱红歌或者播放红色题材的电影等。

回答：没有，年轻一代对这些方面的知识不太感兴趣，也不愿过多地关注。

②作为老区扶贫的文明实践点及助力脱贫攻坚和乡村振兴有效衔接的示范基地，九久乐家庭农场给当地带来了哪些变化呢？

回答：九久乐家庭农场通过聘请零工、对无劳动能力的家庭提供补助资金、免费发放果苗并定期邀请技术专家进行辅导 3 种方式，帮助周边建档立卡户。3 年来，农场先后结对帮扶 38 户贫困户，累计支付工资 10 万余元，免费发放果树苗 400 余株、蚕豆原种 750 多公斤、化肥 3000 多公斤，帮助 6 户 7 人建档立卡户摘掉了贫困帽子。越来越多的群众告别了穷日子，过上了好日子，李堡镇大力开展富民强村行动。2020 年年底，李堡镇实现村营收入 50 万元以上全覆盖，平均达到 106.67 万元。全镇农民人均收入超过 2.4 万元，建档立卡户平均收入也达到了 7000 元。

③村子如何实现可持续致富？

回答：产出来，也要销出去。2020 年，杨庄村获评“全国文明村”，村里的智慧农业园区是李堡镇 2021 年重点打造的农业项目之一，计划构建特色工业产业带、现代农业产业带、经济林产业带、旅游文化产业带。目前，园区初步形成了“四带一环、产居融合”的发展格局，建立了农产品质量安全监管服务所、直播平台、产学研基地。

调研发现，目前李堡镇红色教育基地比较分散：杨庄村有一块“三打李堡”的碑牌、杨庄村的“知行馆”和李堡计生办内有图片介绍。李堡镇没有规划一处场馆，全面地、系统地介绍“三打李堡”发生的历史背景、双方的兵力部署、战斗的过程和战果、本地老百姓如何支持前线、战局的重大意义等，展示李堡老区人民弘扬“三打李堡”精神，传承红色基因，以及在社会主义革命和建设，尤其是改革开放和现代化建设中取得的辉煌成就，展望乡村振兴、农业现代化的前景。李堡人民期盼建设“三打李堡”红色纪念馆和烈士墓。

2. 对讲解员进行采访

访谈时间：2021 年 7 月 20 日。

访谈地点：苏中七战七捷纪念馆、联合抗战座谈会会址、韩国钧故居。

访谈对象：纪念馆讲解员、苏中七战七捷纪念馆馆长。

访谈内容：

①游客长期参观遗址，很容易损坏文物，请问我们纪念馆是如何保护文物的？

答：首先，现在游客素质一般都是比较高的，大部分游客都十分珍惜文物，不会破坏文物的。其次，我们博物馆在日常的工作中也十分重视对文物的检查和保护，认真对每一项文物做到保护。最后，文物馆受到当地文物局的保护，有专项的资金用来维护场地及设施。

②纪念馆如今发展情况及发展资金来源？

答：国家有专项的资金用来保护纪念馆并促进其发展；另外，地方政府也高度重视文物的保护，会有相关的定向资金。

③这些红色文化资源一般是通过什么方式进行宣传的呢？请问是否拍摄介绍当地革命遗迹、遗址之类的宣传片？

答：有的，我们这里之前经常会有人来拍摄宣传片，有做相关的报道。在 2021 年 7 月 1 日之前，我们这边游客络绎不绝，接待任务都是比较紧张的，各类报道也是非常多的。

④你认为海安作为革命老区在红色文化资源的保护及开发方面还存在哪些不足呢？

答：我觉得现在整体的发展都还是不错的，不管是政府还是我们这个展馆，都对红色资源的保护高度重视，现在我们也希望开发的力度能够更大，比如能够有更多的报道，如 CCTV 等频道的报道，这样对于我们的发展具有十分重要的作用。

3. 走访海安市乡村振兴局

访谈时间：2021 年 7 月 20 日。

访谈地点：海安市乡村振兴局。

访谈对象：海安市乡村振兴局。

访谈内容：

①近年来，海安革命老区在以红色文化助推乡村振兴发展取得了显著成效。面对“十四五”，请问老区红色文化资源保护及开发还存在哪些短板？对于补齐短板下一步有哪些考虑？

答：我觉得目前我们红色老区的发展还是比较靠前的，在全国范围内都具有一定的引领作用，但是在对待农业的发展过程中，我们还需要加大科技助农，加大科技力量，推动高效率农业生产。单纯利用红色文化发展乡村经济只能带来旅游业的发展，不能够带来长期有效的发展，所以我们需要从多个角度来助力乡村振兴，比如文创产品、特色农业、高品质教育助力乡村振兴。

②“擦亮红色品牌”工作点多、面广、系统性强，对于做好新发展阶段乡村振兴工作，请问您有什么认识和思考？

答：首先，我们需要集思广益，大力推动红色品牌发展，比如目前阶段，我们正在准备建设一家海安农产品纪念馆，将海安本地的农产品一一展示，吸引更多的人关注海安。其次，我们也会积极借鉴其他地区的优秀发展经验，探寻更多的支持路径，助力乡村经济的发展，找到新出路。最后，我们将扩大宣传手段，与更多的媒体合作宣传，借助政府公益组织，推动品牌继续走向国内市场。

四、存在的问题

（一）基础设施不完善

我们在调研中发现，在红色资源保护、开发、利用工作中，存在科学谋划不够的问题。各县区对辖区内红色资源的开发利用缺乏整体规划，处于各自为政和低层次开发状态；有的在开发利用过程中随意翻建、改建，甚至形成破坏性开发等。

（二）人才和资金匮乏

我们在调研中发现，在革命遗址保护方面，普遍缺乏专门的管理人才、专业的研究人才，以及高素质的讲解人才。一些地方在红色资源保护利用方面存在职责不清、责任不明，部门各自为政、缺乏统筹协调以及资金投入不足等问题，严重影响了红色资源的保护及开发。

（三）红色品牌知名度低

海安市红色文化宣传工作不够广泛、深入，导致社会公众对红色文化的认知不深，部分地方和部门对红色基因的传承不够自觉，尤其是海安市红色文化品牌叫得不够响、市域外知名度、认可度还有待进一步提升。

（四）红色旅游资源融合度不高

海安市红色旅游产业发展势头良好，但也存在一些问题：一是对红色景区整合不够，大都以单体形式对外开放；二是红色景点档次不高，基本上以静态景观为主，属于第一代观光型旅游模式；三是红色旅游产品单一，缺乏体验性和震撼性的红色旅游项目。

五、改进建议

（一）提档“红色阵地”，战斗堡垒全面夯实

全面夯实革命老区的基础设施，一是推动政策集成、红色要素集聚和功能集合，培育红色旅游精品，建设一批功能多样、设施完备、足够有吸引力的景点。例如，提高革命博物馆等红色文化资源的建设水平，加强创新活力，努力使基础配套设施满足日益增长的红色教育需求，或是加大国家财政支持力度，继续加强烈士陵园等的保护、修缮工作，考虑广场增加绿化，新增大理石及雕塑、公共卫生间、强弱电房、设备用房等设施。二是着力打造特色产业园区。利用红色文化发展乡村经济，不能只依靠旅游业，我们需要从多个角度来助力乡村振兴，加速建设好现代化的有特色的农业产业园，有了基础设施，开发特色资源，发展特色优势产业，对接贫困地区，开展招商引资，推动产品销售等工作将变得十分便利。三是政府作为基础设施建设的主体，应该在革命老区的基础设施建设过程中发挥主导作用，要根据各地的具体情况，结合红色资源因地制宜地进行规划建设，并充分尊重、听取农民的意见和实际需求，避免使用效率低下、无益于乡村振兴的“政绩工程”和“形象工程”。

（二）激活“红色细胞”，人才与技术双引进

科技与人才能为老区创造无限的潜能，因此要注意：一要制定合理的人才补贴政策，吸引在外人才回乡创业。积极为回乡创业人员提供资金扶持，缓解其资金流转困难等问题。可采取招考、招聘、人才交流、军转安置等方式，壮大红色资源管理人才队伍。二要培养专业研究人才。依托大专院校、党史研究、档案管理等部门，培养一批研究红色资源方面的人才，深入研究全市红色文化资源禀赋和发展潜力，为红色文化资源的保护利用提供高质量、高水平的理论指导和政策、法律依据。三要灵活运用信息技术媒介，提升经济活力。利用好互联网这一现代信息技术载体，打通“互联网+”销售渠道，

实现产品和服务实时跨区域无障碍流通。

（三）打造“红色名片”，讲好老区故事

打造“红色名片”，一是红色文化宣传、传播须重点关注以青年为主体的受众群体，提高受众与红色文化之间的联系性和互动性，这方面可与时俱进地利用各类新媒体传播手段，如在 B 站、抖音、快手、微信公众号等线上平台做革命老区红色文化的下沉式分享推广工作，努力突破地域限制，凸显地域特色，带动宣传效应。二是线下的宣传活动要继续保持热烈开展的劲头，如报纸、媒体对革命老区日常活动进行报道，积极吸引各方来拍摄纪录片、宣传片以及采访报道等，在建军节、抗日战争胜利纪念日、红军长征胜利纪念日等历史节点，保持开展电视游走字幕和电子屏幕进行宣传老区精神的活动。还有类似的亲民活动，如走进老区乡村和农家院赠送春联福字，搞书画创作，主办“重阳颂”老年书画摄影作品展并出版作品集，推陈出新，以此提升革命老区文化氛围。

（四）发展“红色产业”，延伸乡村“产业链”

一要挖掘红色文化内涵，打造当地红色品牌。加强对革命遗址的保护，加大红色文化宣传力度，让群众了解红色文化，更有利于产业宣传。同时，积极开发当地的红色品牌，将特色产品进行品牌包装，不仅能加快产品销售的效率，也为老区文化打通了宣传渠道。二要打造红色生态旅游区，延长红色文化资源产业链。突出“红色+绿色生态”“红色+文化遗产”“红色+美丽乡村”“红色+研学”等不同特色产业链。利用特色资源，积极开发周边产业，注入红色地域文化，创新周边产品。

六、调研结论与总结

当前，红色文化资源的利用已被重视，“红色文化”日渐成为文化产业中一支颇具潜力的重要力量，既有利于传播先进文化，又有利于转变为经济资源。本研究在乡村振兴战略的理论基础上对海安革命老区展开实地调研，根据其发展情况总结出了 5 种模式，结合实地调研案例的分析，为革命老区的振兴提供了对策。革命老区的特殊要素为其振兴提供了一条可持续发展的路子，也因此要与其他乡村的振兴区别开来。强抓弱势，稳抓特色，在产业、生态、技术、人才等方面查漏补缺，才能重振老区经济，早日实现共同富裕。

七、收获与感悟

习近平总书记强调："青年兴则国家兴，青年强则国家强。"革命老区的美好愿景，不是敲锣打鼓唱出来的，而是靠奋斗的人生构筑起来的。青年有担当，乡村振兴才更有希望。青年人才要成为乡村振兴的中坚力量，大美青春、奋斗人生，必将在新时代书写锦绣华章。

农村之行让队员们进一步感受到创新的力量。创新意味着延续、发展以及生存。李堡镇杨庄村用实际行动证明了创新的意义，当代青年身处一个瞬息万变的时代，更应该明白创新的意义，学会怎样创新，才能紧跟时代的步伐。作为扎根农村的新时代青年，不仅要坚定理想信念，也要善于利用各方资源，还要练就过硬本领，拓宽工作思路和视野，用自己的实际行动助力乡村振兴战略。

附录

关于海安革命老区红色文化资源保护及开发情况调研问卷

您好！我们是上海对外经贸大学马克思主义学院的学生，我们正在对海安革命老区“红色文化资源保护及开发”的情况做一个调研。对您所提供的信息我们会严格保密，非常感谢你的配合。

一、基本情况

1. 请问您的性别：A. 男　B. 女

2. 请问您的年龄：A. 13～18 岁　B. 19～45 岁　C. 46～59 岁　D. 60 岁及以上

3. 请问您的学历：A. 小学　B. 初高中　C. 中专或大专　D. 本科　E. 研究生及以上

4. 请问您的政治面貌：A. 群众　B. 团员　C. 党员

二、对海安革命老区红色文化资源的接触、认识

1. 以下海安革命老区的革命遗址您知道哪些？（多选）

A. 苏中七战七捷纪念馆　B. 角斜红旗民兵团史绩陈列馆

C. 联合抗日座谈会会址　D. 新四军联抗烈士陵园

E. 营溪支部纪念馆　F. 海安市烈士陵园

G. 不知道

2. 您一般从什么渠道知道这些革命遗址？（多选）

A. 广播、电视　B. 书籍、报刊　C. 身边人群　D. 网络

E. 历史遗迹　F. 学校学习　G. 政府宣传

3. 如果有机会让您参加红色乡村旅游活动，您会？

A. 积极参加　B. 参加的人多就参加

C. 有朋友一起就参加　D. 不参加

4. 您认为近年来乡村红色旅游资源的开发是否有效推动了乡村振兴工作的开展？

A. 十分有效　B. 比较有效　C. 效果不明显　D. 不清楚

5. 海安本地红色革命基地是否给本地经济带来契机？

A. 是　B. 否　C. 不清楚

6. 您认为海安革命老区的红色文化资源对助力乡村振兴、促进经济发展的作用怎样？

A. 很大　　　　B. 一般　　　　C. 没什么作用

7. 您觉得以红色文化资源助推乡村发展中存在的最大问题是什么?

A. 基础设施落后　　　　　　　　B. 农产品价格低、销售难

C. 缺乏技术支持及有效带动　　　D. 农民自身文化素质有待提升

E. 农村劳动力外流严重

8. 您认为谁应该担负红色文化资源保护及开发的主要责任?

A. 政府　　　　B. 当地媒体　　　　C. 当地民众　　　　D. 其他

9. 你觉得利用红色文化怎么推动当地发展?(多选)

A. 发展红色文化,助力乡村文化旅游

B. 宣扬红色文化,推广农产品出售

C. 保护红色文化,助力当地建筑产业发展

D. 践行红色精神,宣传当地文化影视作品

10. 您认为红色文化与乡村振兴的关系是怎样的?(多选)

A. 弘扬红色文化,是推动乡村振兴的重要因素

B. 传承红色基因,是创造智慧乡村的重要条件

C. 发展红色旅游,是建设美丽乡村的重要实践

D. 两者关系不大

11. 您希望政府、社会等在当地红色文化资源的保护及开发方面做哪些工作,或您对此有什么看法和建议,请在下方填写您的建议意见。

海陆丰革命老区红色资源融入党性教育路径探索①

为庆祝中国共产党成立100周年，了解革命老区如何深入贯彻落实习近平总书记关于“用好红色资源，传承红色基因，把红色江山世世代代传下去”的指示精神，探索将红色资源融入党性教育的具体做法，我们团队成员于2021年8月1—3日，前往广东省汕尾市海陆丰革命老区开展“海陆丰革命老区红色资源融入党性教育”社会实践活动。在分析第一手调研材料的基础上，我们撰写了有关海陆丰革命老区将红色资源融入党性教育的调研报告。

一、引言

革命老区的红色文化是加强党性教育的优质资源。习近平总书记指出：“要把红色资源作为坚定理想信念、加强党性修养的生动教材，讲好党的故事、革命的故事、根据地的故事、英雄和烈士的故事，加强革命传统教育、爱国主义教育、青少年思想道德教育，把红色基因传承好，确保红色江山永不变色。”革命老区是因特定历史事件的发生与发展而成为历史纪念地，而革命老区红色文化是在革命战争年代由中国共产党人和人民群众共同创造并极具中国特色的先进文化，有着丰富的革命精神和厚重的历史文化内涵。海陆丰革命老区位于广东省东南部沿海，是著名的革命老区，是全国农民运动的发源地、全国第一个县级苏维埃政权的诞生地、全国13个红色根据地之一，蕴含着丰富的红色文化，为传承红色基因，赓续红色血脉，加强党性教育提供了鲜活的内容。

党性教育是中国共产党人自我净化、自我完善、自我革新、自我提高的重要途径。正如习近平总书记所说：“党性教育是共产党人的‘心学’，是党员正心修身的必修课。”恰逢建党百年之际，将红色文化融入党性教育宣传，有利于实现党员同志政治身份的认知、认同和宗旨的践行，更好地应对“四大考验”，化解“四大威胁”，更好地把我们党建设好、建设强。

---

① 作者：罗绮婷、梁楚仪、陆亭君、陈宇婷。指导老师：陈伟宏。

本次社会实践活动走入广东省海陆丰地区，对该地区的红色文化资源开展调研，走访主要革命村落和红色遗址，亲身体验和感悟海陆丰革命老区的红色文化与精神，以问卷调研法和深度访谈法相结合的模式，对当地红色资源融入党性教育的现状进行实地调研和深度剖析，展现红色资源融入党性教育在新时代同频共振的魅力，并针对调研中发现的问题，为海陆丰地区的红色资源更好融入党性教育研究提出可行的对策建议。我们期望海陆丰革命老区的红色文化资源在当地更好地得到传承和发展，在党员干部的党性教育中发挥越来越大的精神引领作用。

二、主体

我们团队成员主要是前往广东省汕尾市海陆丰革命老区，在此地区开展“海陆丰革命老区红色资源融入党性教育”社会调研实践活动。下面将从调研地区、调研对象、调研方法、调研过程来简述我们本次社会调研的基本情况。

（一）调研地区

海陆丰革命老区，范围包括汕尾市城区、陆丰市、海丰县、陆河县，惠州市惠城区、惠阳区、惠东县，河源市紫金县，普宁市，揭阳市揭西县、惠来县，汕头市潮阳区、潮南区 13 个县（市、区）。本次社会实践调研地区主要集中于广东省汕尾市海丰县、陆河县、陆丰市，实践小组成员分别前往南门纪念馆、南门社区党群服务中心、海丰红宫红场、彭湃故居、赤山约农会、海丰总农会、陆丰金厢红色纪念馆以及陆丰市教育局展开相关社会调研。

当地红色底蕴深厚，积极响应习近平总书记提出的重视红色资源的号召，以海陆丰红色革命文化为基础，依托海洋、山林生态优势，目前在一定程度上培育形成以红色旅游为主题的特色鲜明、内涵丰富、形式多样的旅游产品，在将红色文化融入党性教育的实践中也形成了具有自身特色的一些好的做法，但还存在一定的问题，有待以后予以解决。

（二）调研对象

本次社会调研主要与革命先烈蓝训材之孙蓝鸿勇、南门社区彭小靖书记以及陆丰市教育局党建工作人员进行访谈交流，更深入了解革命历程以及革命英雄的故事，也进一步了解当地红色资源融入党员学习的大致情况。同时，向海陆丰革命老区当地的居民以及到访游客、党员干部发放调研问卷，以进一步了解当地党员和非党员对海陆丰革命老区红色文化的发展以及其融入党性教育的认知情况。

（三）调研方法

本次社会调研主要采取文献研究法、问卷调研法、访谈法。

第一，文献研究法。通过对海陆丰革命老区的相关文献进行收集、整理和分析，同时将有关学者的研究成果进行归纳总结，对本文具体内容的阐释具有十分重要的参考价值和借鉴意义。

第二，问卷调研法。在实践过程中通过向海陆丰革命老区当地居民发放调研问卷，了解其对于海陆丰革命老区红色文化的现状以及不同主体对将海陆丰革命老区红色文化融入党性教育的切身诉求。

第三，访谈法。通过实地走访参观海陆丰革命老区各经典纪念馆、展馆，了解海陆丰革命老区红色文化近年来发展取得的成果。向到访的各个纪念馆的工作人员了解相关情况，并主要采访了革命先烈蓝训材之孙蓝鸿勇先生，同时还对南门社区彭小靖书记和陆丰市教育局党建工作人员进行了访谈。

（四）调研过程

第一，在实践期间分别前往南门纪念馆、南门社区党群服务中心、海丰红宫红场、彭湃故居、赤山约农会、海丰总农会、陆丰金厢红色博物馆以及陆丰市教育局进行考察。

第二，向各个展馆、纪念馆的工作人员了解纪念馆的日常保护、保养情况，对该地红色文化的发展现状进行初步了解。

第三，与革命先烈蓝训材之孙蓝鸿勇先生、南门社区彭小靖书记以及陆丰市教育局党建工作人员进行深入交流，追忆蓝训材、陈惠良等革命先烈的英雄事迹，也进一步了解当地红色资源融入党员学习的大致情况。

第四，对当地居民以及参观红色景点的群众、党员同志发放调研问卷，进行数据的收集。

本次调研共发放了 225 份调研问卷，其中有效问卷为 212 份，其中党员或预备党员占填写者的 20.3%，非党员占填写者的 79.7%。

三、红色资源融入党性教育的做法与成效

红色资源有着特殊的历史属性，是加强党性修养的生动教材，可以让党员干部和群众陶冶情操和获取革命先辈的精神财富，增强其先进性和纯洁性。在海陆丰这片土地上，曾发生许多可歌可泣、激动人心的革命故事和革命斗争，海陆丰地区政府和社会各界都在一定程度上为红色资源融入党性教育作出了努力与贡献。

（一）做好红色资源的活化与传承，为党性教育提供丰富的物质载体

海陆丰地区的革命历史波澜壮阔，红色底蕴深厚，拥有着丰富且弥足珍贵的红色资源与文化，例如，海丰县拥有着全国第一个县级苏维埃政权的诞生地，其中红宫红场旧址被誉为“东方小莫斯科”，许多老一辈无产阶级革命家如周恩来、朱德、徐向前等都在海陆丰地区留下了革命的足迹。革命者的丰功伟绩，革命旧址、遗物展现的现场等都是感动和教育党员干部的最佳题材，具有丰富的教育意义和价值。在问卷调研中，绝大部分的党员对当地的红色资源与文化较为熟悉和了解，当地居民和到访游客中有接近一半对海陆丰红色故事与文化有所了解，这在一定程度上是因为海陆丰革命老区始终重视红色资源的活化与传承，坚持以政府为主导，动员社会力量积极参与的方针对当地红色资源进行保护、利用与开发。见图 1、图 2。

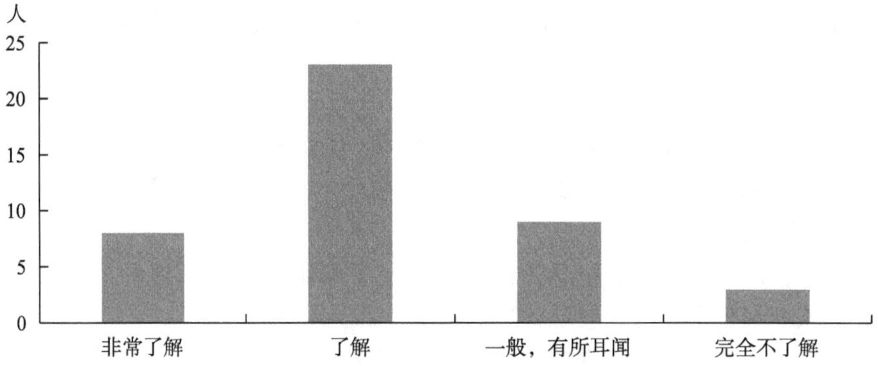

图 1　党员干部对当地红色文化资源的了解情况

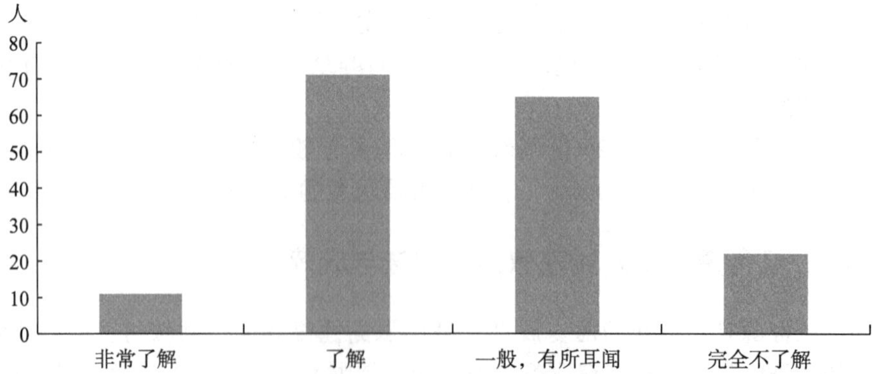

图 2　群众对当地红色文化资源的了解情况

第一，政府加大了宣传与保护力度。近年来，政府针对红色文化传播、创造性转化、创新性传承过程中起着关键性的作用。2006 年，汕尾市委、市

政府举行纪念彭湃110周年诞辰大会，中共广东省委党史研究室副主任陈弘君在会议中发表《弘扬彭湃精神与构建和谐社会》的讲话，不仅正确总结了彭湃精神，而且深刻指出建设和谐社会需要彭湃精神。2017年，海陆丰苏维埃政权建立90周年，在省委党史研究室指导下，汕尾市委、市政府和海丰县委、县政府举办了一系列纪念活动，如海陆丰苏维埃政权建立90周年座谈会、学术研讨会、文艺晚会等。2018年，汕尾市委、广东省社会科学界联合会、中共广东省委党史研究室等单位联合举办了“革命历史大讲堂——社科专家话汕尾红色文化名片”活动，将红宫红场、周恩来渡海处、彭湃故居、农会等定位为传承海陆丰革命老区红色基因的鲜活名片。红色文化名片的确立，活化了传承的内容。2020年，汕尾市宣传部举办了两期汕尾市红色文化宣讲员培训班，进一步弘扬海陆丰红色文化。同时，广东省文化学会、汕尾市社科联等部门联合主办了“奔向海陆丰——红色日记征文大赛”，来自全国15个省、市的作者踊跃投稿，真情实感记录其对海陆丰红色文化的学习与感悟。

第二，政府成立“红色村”建设领导小组。由市委副书记任组长，协调解决建设资金、人才、用地等方面遇到的难题，在成功打造下埔村“红色村”的基础上，积极推进芹洋村“红色村”建设。陆丰市政府启动《陆丰市红色革命资源保护利用总体规划》编制工作，对陆丰市红色革命历史脉络进行梳理，为全市红色革命遗址的分区保护、分级保护、活化利用以及红色旅游发展提供了具体指引。

第三，政府强化法律法规保障，增强红色资源保护力度。首先，海陆丰革命老区根据《中华人民共和国文物保护法》《中华人民共和国英雄烈士保护法》等法律法规，结合本市的实际情况，于2020年制定并通过《汕尾市革命老区红色资源保护条例》，更加注重加强红色资源保护，弘扬海陆丰革命精神。其次，政府开展革命遗址修缮保护计划，对海陆丰革命老区的总农会旧址、张威纪念亭、红宫红场、烈士陵园等进行修缮维护，统筹推进长征国家文化公园建设，建设一批标志性工程，完善相关配套设施，成为专门的管理机构。最后，政府加大对红色革命遗址保护利用项目的经费投入。

第四，政府大力推进党员教育基地建设。海陆丰地区政府积极组织开展教育基地评选，贯彻落实《汕尾市党员教育基地建设管理办法（试行）》《陆丰市党员教育基地建设管理办法（试行）》等办法，推动海陆丰地区党员教育基地推荐评选，目前已完成第一批县级党员教育基地的评选工作。同时，不断打造红色教育平台，通过线上与线下两种形式为大湾区的党员干部提供红色教育培训和实践的基地，成为党员干部开展爱国主义教育、接受革命传统教育的重要平台，促进红色文化融入党性教育。

海陆丰革命老区的政府重视红色资源，在乡村振兴的背景之下，做好红色资源的升级配套工作，通过建立相关领导小组、设立法律法规、推进教育基地建设等措施，努力做好红色资源的传承与活化工作，与时俱进地打造红色资源“硬环境”，为党性教育提供丰富的物质载体。

（二）做好海陆丰革命精神新时代阐释，为党性教育提供活泼的事例教材

海陆丰革命根据地是土地革命战争时期全国最早建立的革命根据地之一，是中国第一个县级苏维埃政权的诞生地。在海陆丰根据地的革命斗争中，一批又一批优秀中国共产党人为国家前途和人民幸福顽强拼搏，牺牲自己，由此孕育产生了海陆丰精神。

第一，“敢为人先、创新变革”是海陆丰精神的一大亮点。在 1927 年，海陆丰地区首次举行武装起义，树起了以革命的武装反抗国民党反动派的旗帜，这是全国首创的中国共产党独立领导开展群众武装斗争的英勇尝试。同年，在海陆丰第三次起义胜利之后，彭湃兼任新组建的中共东江特委书记，着手建立工农兵苏维埃政权，陆丰、海丰分别召开县工农兵代表大会，正式成立了陆丰、海丰县苏维埃政府，人口 70 余万人，这是全国最早建立县工农兵苏维埃政府的重大创举。在海陆丰革命根据地，以彭湃为首的中国共产党人颁布了革命根据地最早的《没收土地案》、创办了革命根据地第一所党校——东江党校、创办了根据地最早的工农劳动银行——海陆丰劳动银行、创办了农民训练班等，都体现着海陆丰“敢为人先、创新变革”的革命精神。

第二，“坚定忠诚、百折不回”是海陆丰精神的重要方面。海陆丰革命斗争并不是一帆风顺的，经历着“起义—失败—再起义—再失败—再起义”的艰难历程。在这个艰难的革命过程中，革命先烈们依旧坚定心中信仰，对党忠诚，虽屡败屡战，但仍百折不挠，最终迎来了苏维埃红色政权的诞生。

第三，“无私奉献、一心为民”是海陆丰精神的显著特征。海陆丰的党员始终坚守着“一心为人民”的宗旨。1927 年，海陆丰革命根据地工农兵大会召开，在此通过了没收土地、镇压反革命、改善工农兵等多项决议，解决了根据地内一切剥削和压迫，人民的生活开始有了真正改善。就如彭湃同志在牺牲前的审讯中说道：“我们共产党是代表工农人民大众的，只要我还有一口气，我就要为共产主义事业奋斗到底！为了我们的子子孙孙争得幸福的生活，我就是献出自己的生命也在所不惜！”

在新时代背景下，党员干部教育培训工作发生了新的变化，面临着更多新的问题、挑战与机遇，而那个革命抗战时代所孕育产生的海陆丰精神仍然

是今天建设海陆丰社会的不竭源泉和无穷动力。海陆丰革命老区的政府和党，在尊重史实的基础上，利用革命英雄故居、革命建筑遗址等讲好红色故事的新时代版本，运用各种纪念大会、座谈会、学术研讨会、征文比赛等多种途径，挖掘红色故事的新时代意蕴，做出新时代的阐释，为党员干部进行党性教育提供更加生动活泼的事例。

（三）党史学习教育与红色研学相结合，为党性教育提供新形式、新活力

习近平总书记在《第五批全国干部学习培训教材》序言中指出："党的历史经验和现实发展都告诉我们，没有全党大学习，没有干部大培训，就没有事业大发展。"① 新时代党员领导干部应铭记革命历史，铭记革命先烈不屈不挠，艰苦卓绝的斗争精神，继承和发扬革命前辈的优良作风，不断学习，艰苦奋斗。为了提高广大党员领导干部的思想觉悟和党性修养，从而更好地为人民服务，海陆丰地区积极采取党员干部对红色资源与党性教育相融合相对较为感兴趣的方式，将海陆丰红色文化融入红色研学，增强党性学习的趣味性，扩展党性教育新形式，形成海陆丰革命根据地红色革命历史学习路线，提高广大党员干部的党性修养。见图3。

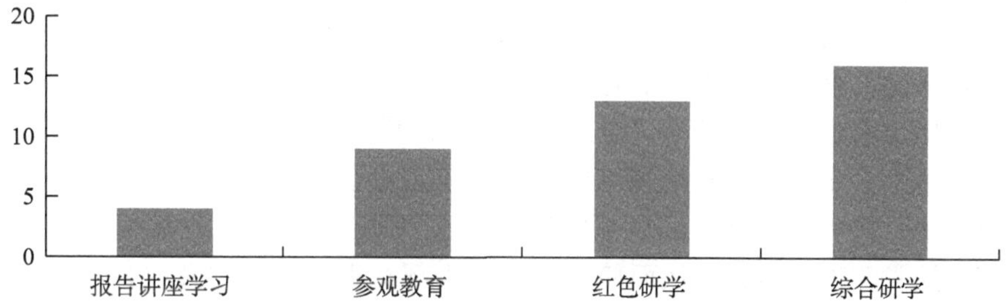

图3　党员干部对红色资源与党性教育相融合最为感兴趣的形式

第一，开展红色研学活动，在学中促发展。2020年在紫金县苏区组织了相关党员的红色研学活动，以"探究1927年东江大暴动的始末，悼念在革命中牺牲的党员群众"为主题，通过专家讲座、文化体验、调研采访、课题手工坊等多种学习探究方式相结合，借助于团队合作和头脑风暴的形式，多渠道收集信息，引导党员干部学会通力合作、独立思考，提高党性修养。

第二，开展综合性研学活动，促进革命老区振兴发展。2021年南粤古驿道定向大赛首站走进汕尾海丰，旨在学习彭湃精神，传承红色文化。此站赛

---

① 第五批全国干部学习培训教材［J］. 实践（党的教育版），2019（4）：39.

事体现了南粤古驿道定向大赛“体育+文化+旅游”全方位融合发展，打造精品赛事，助推乡村振兴的特色，其中红宫红场、新山村等著名革命文化景区的学习宣传，以及第一批列入国家级非物质文化遗产名录的戏剧——西秦戏选段《寻江南》、白字戏选段《白花会》的巡回演出，使得广大党员群众在潜移默化中接受革命精神的熏陶。

把红色革命教育融入党员干部的学习之中，让广大党员了解中国革命史，了解中国共产党苦难而辉煌的历程，引导党员干部进一步坚定理想信念，增强“四个意识”，坚定“四个自信”。

（四）做好红色资源融入党性教育，有利于党群工作提质增效

海陆丰革命老区是一个承载着红色记忆的全域革命老区，是全国第一个县级苏维埃政权诞生地，是土地革命战争时期全国 13 个红色革命根据地之一。在这里涌现了许许多多的革命烈士，形成了丰富的红色文化。为此，汕尾市在落实相关工作时深入学习贯彻习近平总书记的重要指示精神，充分把红色资源利用好、把红色传统发扬好、把红色基因传承好，努力将红色资源融入党性教育之中，使得党员干部更加坚定全心全意为人民服务的公仆意识和为民情怀，推动海陆丰革命老区的振兴发展。

第一，红色资源作为坚定理想信念、加强党性修养的生动教材，在教育引导广大党员赓续红色血脉，做好本职工作上发挥着不可磨灭的作用。2017 年，汕尾市明确发展定位为“全国红色文化传承和红色旅游示范区”，在红色文化传承上，充分利用和挖掘老区现有的丰富红色文化资源，用好用活海陆丰革命史，打造出了许多红色基因传承的重要平台，比如，完善党群服务中心等基层党建工作机制，从而使广大党员干部在得到爱国主义教育和初心使命教育的同时，能够在工作中体现革命精神，践行“全心全意为人民服务”的宗旨；2019 年，陆河县河口镇在深入学习贯彻革命老区精神和落实发展规划要求后，将农村党群服务中心打造成儿童夜晚免费辅导班，旨在为留守儿童提供学习、生活和心灵上的辅导，完善儿童的身心健康发展。

第二，将红色文化资源融入主题党日活动，引导党员干部坚定信仰，为党群服务工作提质增效。2017 年，为了解决党员干部党风涣散等问题，多地开展主题党日活动，将当地红色文化融入其中，紧紧围绕加快汕尾高质量发展和革命老区振兴发展的速度，大力传承弘扬“敢为人先、无私奉献”的海陆丰革命精神，培育积极投身建设沿海经济带亮丽明珠生动实践的党员干部，联合移动通信公司制定了《内湖镇党支部三会一课制度》等，打造出一支能代表村民利益，讲团结、敢担当、干实事的领导班子，成了全村致富带头人。

2021年，正逢建党100周年，汕尾市建成了首个党群服务中心，将汕尾当地红色文化融入党建发展中，以“党建引领促发展，凝聚民心铸辉煌”为主题，用“数字+智慧”展示方式，建成“党的建设宣传教育区”“党建互动体现区”“党群综合服务区”等区域发展。此外，汕尾市党群服务中心通过开展各项党史交流学习活动，深入挖掘红色文化融入党建发展规划，在培育党员发展的过程中，加快《汕尾市红海扬帆人才计划》政策的落实，不断为汕尾市的发展吸引“四有”人才。

海陆丰革命老区结合当地红色文化，在党员干部的发展上，坚持宗旨意识，站稳人民立场，把实现好维护好发展好广大人民群众的根本利益放在首位，深入践行“我为群众办实事”实践活动，用党员的“辛苦指数”换取老百姓的“幸福指数”。在这种革命文化的熏陶下，当地党员干部扛起时代重任，当好先锋模范，严守党的纪律，锤炼党性修养，做到遵纪守法，自觉维护党的团结统一，树立共产党员良好形象。

四、红色资源融入党性教育的不足之处

2021年是“十四五”规划的开局之年，也是中国共产党成立100周年，加强党性教育是加强我们党自身建设的题中应有之义。但是，当前海陆丰红色资源在党性教育中受到交通不便、知名度较低、整合力度较小和转化为培训力度不足等因素影响，红色资源在党性教育中的功能尚未得到充分利用和发挥。

（一）交通不便影响了红色资源融入党性教育活动的开展

广东省海陆丰革命老区是中国第一个县级苏维埃政权诞生地，被定为全国13个革命根据地之一，拥有国务院1961年颁布的第一批全国重点文物保护单位——红宫红场、彭湃故居、得趣书室、东江特别委员会旧址、赤山约农会旧址、红四师师部旧址等国家级、省级、县级文物保护单位几百处，都是党员干部进行党性教育、爱国主义教育、革命传统教育的重要场所。

广东省海陆丰革命根据地位于珠江三角洲与粤东、粤北地区接合部，是联结珠江三角洲和海峡西岸经济区之间的重要区域，由于历史以及区位等综合因素的影响，革命老区与全省和全国的发展相比，经济发展基础薄弱，总体发展水平较低，公共交通设施较为落后。

通过采访游览海陆丰革命老区红色景区的外市党员干部和群众可知，大多数非邻市的党员干部和群众都会选择高铁出行这一交通方式，但基本都需要利用高铁转乘，并不能直接到达，且高铁班次较少。从粤东地区如佛山、

中山、东莞等地区受转乘等因素影响，使得路程时间需要3~5小时才能抵达，粤西地区如湛江、茂名、恩平等地区则需要4~6小时，耗时较长。这都导致一些想要前往海陆丰革命地区学习体悟的党员干部考虑到时间、路途等交通因素会选择别的革命地区。同时，海陆丰革命老区包括13个县（市、区），每个红色景区之间相隔距离较远，如从海丰县红宫红场到陆丰市的红色文化纪念馆也需要1小时的车程，从海丰县到河源市紫金县大致需要1.5小时的车程。交通不便的因素限制了市外的党员干部前往参观学习，或者在有限的时间中停留在景区的学习时间比路途消耗的时间短，影响着党员干部进行党性教育学习的质量。

（二）红色资源所涉及人物或事件普遍知名度不高

从调研的情况可以直观看出，除了彭湃建立了中国第一个苏维埃政权、周恩来渡海等事迹外，其他革命英雄如蓝训材、古大存、张金禄、赖月婵的事迹，却鲜少为广大人民群众所熟知，知名度都十分有限。在收集到的问卷中，对先烈事迹"熟知"和"较为了解"的群体仅占到约10%，而这10%受访者多来自本地居民，即便被毛泽东喻为"农民运动大王"的彭湃，也多是为党史研究工作者、烈士遗迹所在地群众以及广东地区老一辈所知晓，并非家喻户晓。当问及不了解海陆丰革命老区红色故事原因时，大多数都选择了因为"课本没有介绍""互联网中很少接触""生活中鲜少接触"占大多数，而选择"自身没有兴趣了解"的只有8人。见图4、图5。

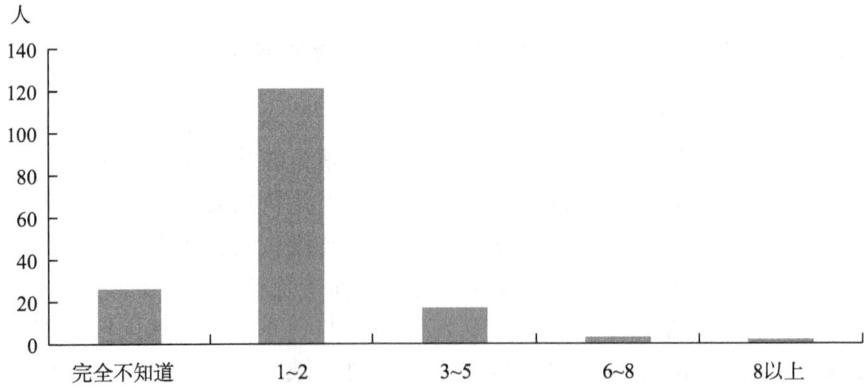

图4 "了解有关英雄彭湃的故事数量"的统计情况

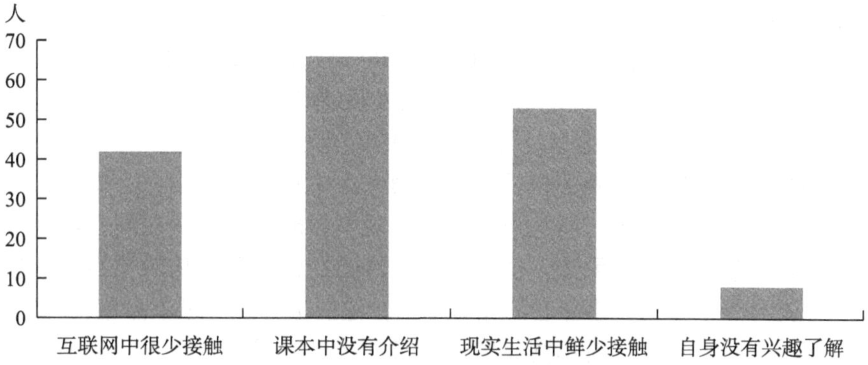

图 5　不了解海陆丰革命老区红色故事的主要原因

事实上，这并不是海陆丰革命老区所独有的情况，从广东省委宣传部确定的首批省级红色革命遗址重点建设示范点名单来看，所列遗迹的社会知晓度和影响力大多也是仅限于地方，甚至区、县一级的有限范围内，红色资源所涉及人物或事件普遍知名度不高，地方革命史长期得不到重视，导致其难以融入党性教育中。

（三）政府对红色资源的整合力度不强

红色文化资源的保护和管理力度有待加强。在“农民运动大王”彭湃的故乡涌现出一大批彭湃的追随者，如蓝训材、刘腾光、钟娘永等，他们是继彭湃等革命先辈之后，在大革命、土地革命时期参加武装起义，参与建立海丰县工农兵苏维埃政权，特别是在中共党组织遭受破坏并停止活动近 4 年的时间内，他们不怕流血牺牲，在艰苦的环境中秘密开展工作，重新建立海陆丰的党组织，为海陆丰革命事业的发展作出了不可磨灭的贡献，不断完善当地红色资源，对深入了解海陆丰革命老区文化具有重要的意义。而在海陆丰红宫红场附近的南门纪念馆的蓝训材故居——被誉为“广东省红色革命遗址”，存放了一些关于蓝训材的革命资料。通过现场查阅发现，在小小的故居里，大部分资源更新速度慢，宣传资料多为 2019 年的，故居里仅有文字和图片形式，缺少革命烈士所用的遗物，难以起到实时学习教育效果；在走访中发现，南门纪念馆中的海陆丰革命斗争史料红色长廊维修和管理力度不够，许多当地居民的出行工具占据了红色长廊的参观位置，红色长廊由于缺乏修缮，可供学习参观的文字图片趋于模糊，加上参观走廊的进出受到阻碍，使得前来学习参观的广大党员群众不能有效地学习党史。

（四）依托红色教育资源促进党员发展的力度不足

第一，对多个红色点的保护利用不够。作为教育载体的红色资源，在党性修养的培育上有着重要作用。海丰县有300多个散落的红色点，这些红色点也是革命老区发展的重要部分，在建党100周年之际，抓住发展的机遇期，更能促进红色点的振兴发展，为红色文化发展提供新的教育资源。但是，在当前发展中，海陆丰革命老区未能对现有的红色资源均衡地开发利用，使得这些散落的红色点缺乏发展的机遇，在革命老区中仅有如新山村、螺洞村等少数的红色点被管理和保护，而党员干部在参观学习时，也多次在同一红色点进行考察，容易使学习枯燥无味，也难以使丰富的红色资源成功转化为党性教育的资源。此外，由于有许多年轻的党员干部，他们未曾经历过革命年代的洗礼，对他们进行教育时更要针对不同年龄段党员的特点和需求选择不同的形式，而当地的红色教育更注重传统的形式，缺乏一定的创新力度和针对性。

第二，一些党员干部在党性修养上存在不足。问卷调研中显示，很多群众认为身边的党员干部并没有起到先锋模范的带领作用，其中党性修养不足被认为是主要原因。广东有一句俗话为："天上雷公，地上海陆丰。"陆丰市不仅是革命老区，曾经还是制毒贩毒的集中之地。近几年，全国各地破获的毒品案件不断指向汕尾陆丰市，公安部禁毒局统计的数据显示：2012年年底陆丰生产的冰毒占全国缴获总量的34.3%，2010—2012年，全国共有24个省（区、市）破获1324起冰毒案件涉及陆丰。① 一些党员干部涉嫌制贩毒，玩忽职守，贪污受贿，严重破坏了社会秩序，严重忽视了国家法律和党章的要求。生于革命老区的红色文化之地，这些党员干部却未能受到良好的红色文化熏陶，走上了违法犯罪之路，揭露了其严重缺乏党性修养的事实，也说明当地相关部门没有将丰富的革命精神融入党性教育之中，未能有效整合红色资源使之成为党员自身发展的重要力量，在党员干部的发展培训上未能提质增效。见图6、图7。

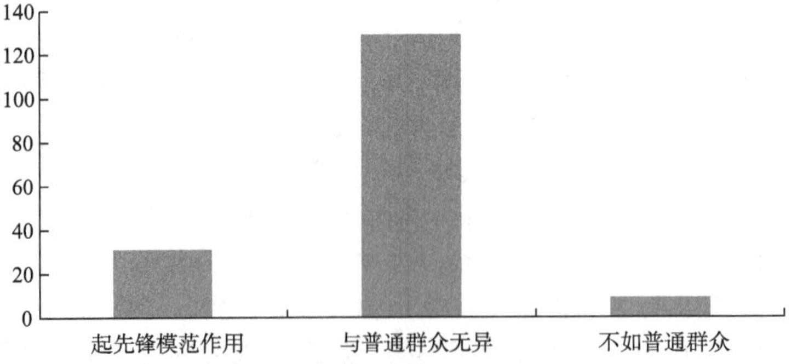

图6　对身边党员干部所起作用评价

① 袁秀月.3000多警力围剿"毒村"缴获3吨冰毒［N/OL］.中国新闻网，2019（5）：25.

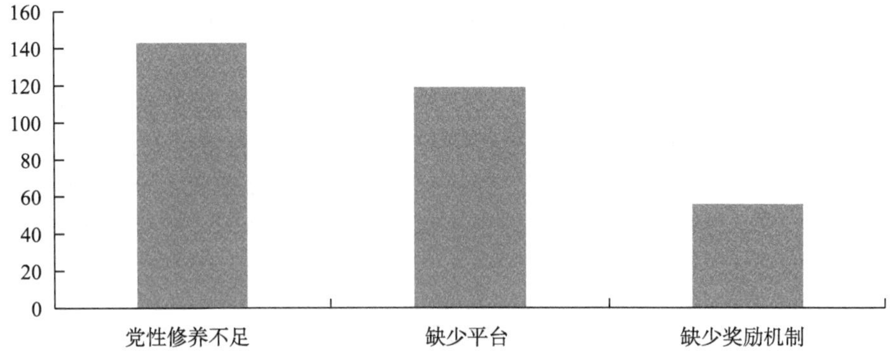

图 7　影响身边党员同志发挥先锋模范作用的主要原因

五、红色资源融入党性教育的改进路径

开展党性教育是加强党员同志先进性和纯洁性的重要途径，有效开发红色资源，既有利于从数量和质量上为党性教育提供充足资料，又能够更好地保护和传承红色基因和红色文化。

（一）完善综合交通体系，打破距离壁垒

海陆丰革命老区应大力建设以普通公路为基础，以铁路、高速公路为骨干，内联外通、服务高效的现代综合交通运输体系，不断提升交通的便捷性，让更多跨市、跨省的党员干部有条件有机会来到海陆丰革命老区参观、体验和学习。

第一，大力推进铁路建设。根据海陆丰革命老区发展振兴的规划，重点推进广东省内高速铁路项目和启动粤东城际铁路网规划，推动汕尾、河源、海丰、陆丰等地尽快融入珠三角，使得广东省内党员干部能够实现更短时间到达海陆丰革命老区，且可选高铁班次更多。

第二，加快高速公路网络建设。大力改善海陆丰地区公路等级低和路网结构不合理的问题，政府加密高速路网，努力实现高速公路的扩建工程，同时优化路网衔接，完善地方衔接道路规划建设，逐步消除城市出入口交通“瓶颈”。这将使海陆丰革命老区邻近市的党员干部能够通过更为合理便捷的公路设施到达海陆丰地区。

第三，优化提升国省道和农村公路。政府加强国省道升级改造，逐步消除交通“瓶颈”路段和穿越城镇的交通拥挤路段，使得想要来参观学习的党员干部不再担忧交通堵塞问题。同时，加快滨海旅游公路建设，加快推进惠州、汕尾、揭阳、汕头滨海旅游公路建设，将公路建设与当地自然景观、人

文景观相结合，既满足公路的功能及交通需求，又兼顾旅游景观公路的特点，更加有效吸引更多党员干部自发前往。

第四，优先发展公共交通，开设红色文旅专线公交。海陆丰革命老区包括 13 个县（市、区），每个景点之间相隔距离较远，完善城乡公交站场建设，积极发展社区公交、支线小公交，有利于缩减党员干部参观各个红色景点之间的路程时间，使得更多党员干部走进海陆丰，深入学习、感受、体悟海陆丰红色精神。

（二）打造与时俱进的红色资源硬环境，增强历史认同感

红色文化资源有着独特的教化与育人的功能，要发挥其在党员干部党性教育中的重要作用，就要破除海陆丰红色资源所涉及的历史人物和革命故事知名度普遍不高的现象，加大对于海陆丰红色文化的宣传力度，打造与时俱进的红色资源“硬环境”，为党员干部党性教育提供物质载体，增强他们对于历史的认同感。

第一，应进行全民总动员，协同合作形成合力。首先，政府应该加大对于海陆丰红色文化宣传和保护力度，如可以借着“不忘初心、牢记使命”主题教育开展相关调研活动以及学术研讨会，研讨对于提升群众红色资源的保护和利用意识、海陆丰红色文化新时代阐释等。其次，革命烈士后代应主动承担起传承和传播红色精神的时代任务，通过现身说法能够更好整理海陆丰的红色记忆，更好宣讲海陆丰的红色故事，能够更加真情实感让人们感受到革命烈士在革命时代的无私奉献精神。最后，社会各界应该为努力营造红色资源环境氛围、传承红色基因而做力所能及的事情，如在革命纪念日自发前往烈士陵园，积极参加红色景点相关活动，在参观红色景点自觉遵守相关规定，做到不乱涂、不乱画等，促进自身对于海陆丰地区红色文化的了解与感悟。

第二，应大力挖掘红色资源精神实质，深挖红色基因内涵。挖掘红色资源实质，就要顺应时代潮流，根据新时代的要求讲好海陆丰红色故事。进入中国特色社会主义新时代，步入小康社会，要使红色资源的价值与文化和这个时代相匹配，拓展红色文化的内涵，使其与社会主义核心价值观相贴合，更能让党员干部在进行党性教育时强化道德精神、坚定理想信念。同时，海陆丰地区高校应当肩负其自身的社会责任与担当，义不容辞地担当起传播红色文化，传承红色基因的时代任务，可以吸纳政府相关部门和一些民间团体等校外力量，有计划有组织有步骤地对海陆丰红色文化进行系统的调研和深入的挖掘，研究海陆丰红色文化资源内涵，使海陆丰红色文化的内核焕发时代光芒，为增强党性教育建设提供强大的精神动力和文化支撑。

第三，应着力建设专业的红色资源人才队伍。首先，加强扩充红色文化研究队伍，努力将研究与宣传两者相结合，形成博物馆、纪念馆、党校、相关政府部门与社会各界人士综合性保护、开发、利用与研究的新模式。其次，加强宣讲员的专业党史培训，完善人才输入机制。对于讲解内容，相关宣传部门、党史研究部门要严格把关，确保内容符合史实，同时又符合新时代的要求。这能够让更多专业型人才，在党员干部党性教育过程中站在大局、全局的高度去讲解、去宣传、去培训。最后，完善人才培养机制，提高工作人员薪资待遇，吸引更多的人投身于红色资源保护、开发工作，同时，可以吸纳一些有一定党史学习基础的志愿者群体加入讲解、宣传队伍，更好助力建设专业红色资源人才队伍。

（三）加大红色资源整合力度，打造红色文化品牌

海陆丰坚持红色引领，传承弘扬红色文化，以“红色+党建”“红色+旅游发展”“红色+基层治理”的多层次结合方式，为盘活当地的红色文化资源，助力开发红色研学路线和乡村振兴。

第一，不断完善海陆丰红色智库研讨会。海陆丰红色智库研讨会在2021年成立，由于处于发展初期，规模、辐射力等都有待提高。为了更好地深度挖掘当地红色文化，深究红色文化的内在价值和内涵，打造交流研讨的平台，通过专家团队、学者意见等传播红色声音，探究红色文化发展的路径，让红色文化在新发展阶段发扬光大，提高海陆丰文化的影响力。

第二，深入挖掘红色文化，扩大海陆丰革命老区的辐射力。位于海丰县的南门蓝氏书屋曾是海丰失联党员集会的旧址，现被誉为“广东省红色革命遗址”，通过调研发现，由于缺乏修缮，前来参观的人只能“望门却步”。因为这里只有遗址，没有任何的讲解和宣传资料可供学习，为此，相关部门应充分利用和保护蓝氏书屋等红色点，使得当地红色文化百花齐放。

第三，以“新山村”为模板，打造更多的红色品牌村落。通过访谈，汕尾市海丰县附城镇新山村党总支书记吕湖泳介绍，目前新山村的产业振兴主要是以红色文化教育基地为主线，并融入更多的综合性元素发展。“红色”是新山村作为革命老区的底色，“绿色”是为了提高新山村的“颜值”，新山村结合红色革命主题教育，打造成了一个独具特色的党员教育基地，并在2019年被汕尾市确立为第二批市级党员教育基地。在这个过程中，加强党员干部的教育活动，不断为党员队伍增添新的血液，形成浓厚的红色文化宣传氛围，凭借着红色名村的深厚底蕴和美丽乡村的“高颜值”，每月有六七万人来到新山村参观学习，带动了当地的经济发展，使得新山村从“空心村”向“红色

村”转型成功，在新山村形成了“产业兴旺、生态宜居、乡风文明、治理有效、生活富裕”的乡村振兴画卷。而海陆丰具有300多个红色点，它们多是红色村，也是不发达乡村，应以新山村为模板，不断整合附近红色资源，串联打造红色教育培训基地。

（四）凝结与升华红色资源，提供体验更为深刻的党性教育课堂

第一，使红色文化融入群众性主题宣传活动。学党史不仅是提高党员干部党性修养的重要内容，更是增强广大群众爱国情感的重要举措，在“两个一百年”奋斗目标历史交汇点上，深入学习贯彻习近平总书记关于开展党史学习教育的号召，在加强广大群众党史学习教育融入当地红色因素，从党的光辉历程中吸取砥砺前行的精神力量，增强广大群众的历史使命和奋斗动力，从而为实现第二个百年奋斗目标而努力。海丰是党史资源的大县，发生在20世纪20年代的海陆丰农民运动和建立苏维埃政权等事件，蕴含着丰富的治党治国治军的经验和智慧，这里较早地发动农民运动、举行工农武装起义、开展土地革命和建立农村革命根据地，为我党推进马克思主义中国化和探索中国革命道路进行大量尝试和实践。进入新时代以来，海丰县委、县政府正在朝着“把海陆丰革命老区打造成广东乃至全国的党员干部教育基地、红色文化宣传基地、党史革命史研究基地和重要的红色旅游目的地”的目标迈进。因此，要加大革命文物保护力度，切实把革命文物保护好、管理好、运用好，全面提升硬件和软件建设，更好地发挥革命文物在党史学习教育、革命传统教育、爱国主义教育中的引导作用，让党员干部在体验中更好受到思想教育，让广大群众在参观中更多了解党的故事，以一往无前的奋斗姿态和风雨无阻的精神状态奋斗新时代、奋进新征程。

第二，面对海陆丰“黄赌毒”复杂形势，形成问题导向的党性教育课堂，更好地提升党员干部的党性修养。面对一度复杂的毒品形势，陆丰在坚持“红色细胞工程”和“平安细胞工程”双推进的情况下，充分发挥党建引领作用，借鉴以“党政动手、依靠群众、预防纠纷、化解矛盾、维护稳定、促进发展”为特点的新“枫桥经验”，以党建为引领，全党动员，全民参与，掀起了一场声势浩大的新时代禁毒人民战争，开启了创建全国禁毒示范城市新征程。通过设立更多的职位岗位来保障禁毒工作和基层党建工作的开展，比如，制定有针对性、高压性和建设性的打击制毒贩毒措施，将打破制毒贩毒的陋习与党建发展结合起来，打造“平安与文明”的微党课，用红色基因的传承阻遏陋习的蔓延。

六、实践活动总结

通过对广东省海陆丰革命老区的实地考察，小组成员了解了当地革命老区的发展现状，探究了当地红色文化与党性教育的结合程度，发现了其中存在的问题并提出了初步建议，从而为革命老区的红色文化在当地得到更好传承和发展提供了支撑，为党员干部的党性教育提供了发展路径。

在深入学习贯彻习近平新时代中国特色社会主义思想，弘扬红色文化、重温红色经典、传承红色基因、讲好红色故事中，海陆丰革命老区红色文化融入党性教育的发展取得阶段性的成绩。例如，海陆丰老革命区的红色资源为党性教育提供了丰富的物质载体；在政府加大当地红色文化宣传与保护力度和增强红色资源保护力度中，推进了党员学习教育基地建设；海陆丰革命精神为党性教育提供了活泼的事例教材；党史教育与红色研学的结合为党性教育提供了新形式新活力；等等。但海陆丰革命老区红色文化融入党性教育还存在不足之处，如前往革命老区路途遥远影响着党员干部进行党性教育学习的积极性；红色资源所涉及人物或事件普遍知名度不高；政府对于红色资源的整合力度较小。

基于调研的数据和原因分析，社会实践小组从交通、红色资源的宣传力度、整合力度以及培训力度 4 个方面为解决海陆丰革命老区红色文化融入党性教育所面临的问题提供解决建设。在交通方面，政府要完善综合交通体系，打破距离壁垒，大力推进铁路建设，加快高速公路网络建设，优化提升国省道和农村公路，优先发展公共交通，开设红色文旅专线公交。在红色资源宣传力度方面，政府要打造与时俱进的红色资源硬环境，增强历史认同感。社会各界也应响应国家和政府的政策，发动全社会全民总动员，大力挖掘红色资源精神实质，着力建设专业的红色资源人才队伍。在红色资源整合力度方面，政府可以联合当地企业打造红色文化品牌，深入挖掘红色文化，扩大海陆丰革命老区的辐射力，以“新山村”为模板，打造更多的红色品牌村落。在红色资源培训力度方面，党委和政府要为党员和群众提供体验更为深刻的党性教育课堂，更好地促进党员干部的党性修养。

在建党 100 周年之际，海陆丰革命老区红色文化融入党性教育的工作有所推进，但存在的问题还需要各方进一步解决，相应的对策也需要相继推出，使革命老区的红色文化能更好地传承和发展，使党员干部的党性修养得到提升。

七、收获与感悟

在上海对外经贸大学马克思主义学院举办的 2021 年“走老区　看发展”

专项实践活动中，我们调研了广东省海陆丰革命老区红色文化与党性教育的发展现状，探析了存在的问题，掌握了革命老区红色文化与党性教育的发展方向，为传承红色基因、赓续红色血脉和加强党性教育贡献了微薄的力量。

通过实地调研重温历史，我们让思想接受先辈事迹的洗礼，把红色基因融入自己的血脉，继续砥砺前行。

在参观红宫红场、彭湃烈士故居、海丰县农民协会旧址等红色文化地中，我们领悟了老区先辈“敢为人先、创新变革、坚定忠诚、百折不回、无私奉献、一心为民”的革命精神。在走访南门纪念馆、金厢红色文化纪念馆等场馆中，我们对革命先烈蓝训材之孙蓝鸿勇先生进行采访，深入了解了纪念馆的布展情况以及成立的意义，共同追忆蓝训材、陈惠良等革命先烈的英雄事迹。在这个过程中，先辈们的革命精神对我们的影响，既润物无声而又潜移默化。我们深知正是革命先辈的前仆后继，才有今天的美好生活。缅怀先烈，铭记历史，吾辈当自强。

采访陆丰市教育局时，我们对党建中心的负责人进行了访谈，体会到了党建基层干部肩上重担的压力。基层干部作为连接上级与下级党员的桥梁，起着重要的上传下达的作用，对革命老区红色文化的宣传需要发掘新的突破点，力求使红色教育更加深入人心。而这项工作的开展对于他们来说，又是一项艰巨而富有挑战性的任务。海陆丰革命老区红色文化的传播所取得的成果离不开该地方的政府工作人员的努力。在此，我们对心系弘扬海陆丰革命老区红色文化的工作人员致以崇高的敬意。

在采访党员与群众的调研活动中，我们聆听到了党员与群众对海陆丰革命老区红色文化发展的满意声和称赞声，内心十分激动，激动的是党和国家及政府在弘扬红色文化中取得了阶段性的成果，真正做到为人民服务，把红色基因融入了党员干部和群众的血脉中。同时，我们也发现了海陆丰革命老区红色资源与文化融入党性教育的力度还有待加强，为此，我们在此调研报告中总结和分析了革命老区红色文化融入党性教育存在的问题和原因，并对其未来的发展方向建言献策，希望能为革命老区红色资源融入党性教育的发展作出微薄的贡献。

我们对革命老区红色文化的学习不是一个结果，而是一个过程，一个终身学习的过程。在这个学习过程中，我们仍需要直面其发展中存在的问题，各个攻破并勇于肩负历史与时代赋予我们的使命与责任。

附录

关于“海陆丰革命老区红色资源融入党性教育的路径探索”调研问卷

1. 请问您的政治面貌是:
A. 中共党员或中共预备党员【跳转至 2】
B. 非党员【跳转至 11】
2. 您觉得“党性”对于党员同志来说重要吗?
A. 非常重要
B. 一般重要
C. 不重要
3. 您对于党性教育的态度是?
A. 积极主动参与
B. 听从组织安排
C. 不想参加,但是被迫参与
D. 凭个人意愿决定是否参与
4. 您对于当地海陆丰地区红色文化资源是否了解?
A. 非常了解
B. 了解
C. 一般,有所耳闻
D. 完全不了解
5. 您知道或了解英雄彭湃的故事数量为?
A. 完全不知道
B. 1～2 个
C. 3～5 个
C. 6～8 个
D. 8 个以上
6. 您认为如今很多人不了解海陆丰革命老区红色故事的主要原因是?
A. 互联网中很少接触
B. 课本中没有介绍
C. 生活中鲜少接触
D. 自身没有兴趣了解
7. 根据您对海陆丰革命老区红色资源的认识,您觉得海陆丰革命老区红色资源对于党性教育是否具有重大意义？

A. 有重大意义，有利于传承红色基因，提高党员的先进性和纯洁性

B. 有一定意义，有利于了解历史，感恩先辈

C. 有一般意义，红色资源并不是党性教育缺一不可的资源载体

8. 您认为目前红色资源是否有效融入党性教育中？

A. 十分有效，党组织经常以多种形式、多种途径举措将红色资源融入党性教育

B. 一定程度上将红色资源融入党性教育，但仍存在一些问题

C. 红色资源在党性教育中利用率较低，未能有效利用

9. 您认为红色资源融入党性教育难的因素有？【多选】

A. 红色资源相关人物与事件的知名度不高

B. 红色资源相关人物与事件的认可度不高

C. 有关部门对于红色资源的整合力度不强

D. 有关部门对于红色资源转化为培训资源力度不足

10. 您自身对于红色资源与党性教育相结合中最为感兴趣的形式是？

A. 报告讲座学习

B. 参观教育学习

C. 红色研学

D. 综合研学

11. 您对身边党员发挥作用的评价是？

A. 起先锋模范作用

B. 与普通群众无异

C. 不如普通群众

12. 您认为身边党员是否具备革命先辈的品质呢？

A. 具备

B. 少部分具备

C. 基本不具备

13. 您认为影响党员发挥先锋模范作用的主要原因？【多选】

A. 党性修养不足

B. 缺少平台

C. 缺少奖励机制

14. 你认为目前身边的党员同志是否需要加强党性教育？

A. 十分需要

B. 可以但没有必要

C. 完全没有必要

15. 您对于当地海陆丰地区红色文化资源是否了解?

A. 非常了解

B. 了解

C. 一般，有所耳闻

D. 完全不了解

走进沂蒙革命老区，探寻乡村发展足迹[①]

——以山东省临沭县朱村为例

一、引言

（一）调研背景

习近平总书记曾在不同场合强调："革命老区是党和人民军队的根，我们永远不能忘记自己是从哪里走来的，永远都要从革命的历史中汲取智慧和力量……我们要实现第一个百年奋斗目标，全面建成小康社会，没有老区的全面小康，没有老区贫困人口脱贫致富，那是不完整的。"革命老区虽作为一个特殊的政治地理区域，大多数处于山区等偏远地带，长期交通闭塞、群众生产生活条件较为艰苦，但拥有众多矿产资源、山林资源、民族文化资源、红色旅游资源。2013 年 11 月 25 日，习近平总书记来朱村视察，作出了"让老区人民生活得更幸福"的重要指示。朱村位于山东省临沂市临沭县曹庄镇，该地生态环境优美，拥有省级地质公园、丹霞地貌、沭河古道、恐龙足迹化石、明清古居等丰富的人文地理自然资源。同时，更是全国一级革命老区，拥有众多红色革命资源，是临沭县最早建立的党支部，刘少奇、谷牧、铁瑛等老一辈无产阶级革命家曾在此战斗，"始终做永不卷刃的钢刀"钢八连最早便诞生于此。近年来，在党中央政策支持下，当地政府依托丰富的红色旅游资源，确立了建设"旅游经济强市、红色旅游名市"的发展目标，朱村红色资源的开发是其重要组成部分。实地调研当地红色资源开发利用现状、人民生活现状及当地基础设施现状，对于落实乡村振兴战略、巩固老区脱贫攻坚成果具有一定的现实意义。

（二）调研时间

2021 年 7 月 9—11 日。

---

① 作者：彭能、孙艳、陶也婕、王婧婷。指导老师：吕佳航。

（三）调研地点

山东省临沂市临沭县曹庄镇朱村。

（四）调研对象

朱村红色旅游项目建设现状、朱村红色资源保护及红色精神传承。

二、调研对象基本情况

（一）朱村抗日战斗纪念馆

1944 年 1 月 24 日，朱村战斗发生，“枪声就是命令”！八路军 115 师四团（滨海军区“老四团”）三营八连等闻讯赶来参加战斗，奋力击退凶残的日伪军，于大年除夕救下了朱村，谱写了一曲感天动地的军民鱼水之情。朱村人民为感谢人民子弟兵，特送三营八连“钢铁英雄连”锦旗一面，不久之后三营八连正式被山东军区授予“钢八连”称号。为了让子孙后代永远记住“钢八连”做出的牺牲，朱村人民在 2012 年建成朱村抗日烈士陵园、钢八连纪念馆、朱村历史文化陈展室、朱村档案馆、朱村民俗展馆 5 个红色文化展馆。进入新时代以来，又在原有的基础上对展馆进行改造提升，新建档案陈列展室、朱村人民支前纪念馆，陵园内建有“枪声就是命令！”雕塑和迟浩田亲笔题词的“朱村抗日战斗纪念碑”一座。

目前，朱村抗日战斗纪念馆已先后接待全国各地参观人员 6 万余名，被授予“青少年爱国主义教育基地”称号，并面向全国开展党性教育。在纪念馆旁建有朱村党员教育室，积极整合远程教育、红色文化教育基地和电子阅览室等资源，定期组织朱村党员学习。

（二）临沭县红色朱村改造提升工程

为充分发挥朱村的红色文化资源优势，进一步弘扬沂蒙革命精神，精心打造国防教育基地和红色教育基地，不断提升老区人民的幸福指数，2020 年 3 月，朱村开始进行改造提升工程。该工程由中国美院杭州风景设计研究院负责规划设计，建设“一中心、五馆、四街、五巷、三基地”（旅游接待中心，支前馆、民俗馆、村史馆、治淮馆、进士府，朱雀大道步行街区、滨水休闲街区、主题购物街区、柳编活态商贸街区，拥军巷、支前巷、进士及第巷、民谣青石巷、农耕拾遗巷，乡村客栈、康养中心、“三同”教育基地）。五馆已于 2021 年 7 月下旬正式开馆，其他建设项目还在如火如荼地进行中。该工程的建设期为3年，预计将于2023年9月完成所有项目和配套设施的建设。

三、调研方法及调研过程

本次的调研活动主要运用了实地调研法和访谈法。在调研过程中，小组成员主要走访了朱村抗日战斗纪念馆和当地项目改造工程的施工现场，对相关人员进行了访谈。

在对朱村改造提升工程的负责人进行访谈时，小组成员主要了解到负责朱村改造提升的企业依托朱村红色资源打造特色旅游项目，通过这种方式将红色资源转化为经济发展资源，同时依靠宣传系统推动朱村的红色资源更好地发展；在对朱村村干部进行访谈时，村干部向小组成员展示了朱村发展的总体规划，近年来所取得的一些成果以及今后的打算等；在对朱村抗日战争纪念馆馆长进行访谈时，他向小组成员介绍了习近平总书记当年参观朱村的一些情况，并对沂蒙精神的发展历程进行了讲解；在对村民进行访谈时，村民向小组成员讲述了朱村改造提升工程为他们带来了很多的就业机会，使得村民不用再依靠种地来过日子，增加了村民的人均年收入，提高了人们的生活质量。

四、采取的主要措施以及取得的成绩

近年来，朱村在临沭县政府的带领下，把弘扬沂蒙精神与推动乡村振兴有机融合，全力将朱村打造成为老区人民幸福生活示范村、沂蒙红色精神代代传示范村、乡村振兴齐鲁样板示范村、山东传统村落保护示范村。朱村村集体收入达到2000万元，村民人均年收入达到3.5万元，先后获得全国传统古村落、全国文明村、全国“美丽乡村”创建示范村、山东省先进基层党组织等荣誉称号，并成功入选山东省乡村振兴战略“十百千”工程。

（一）加强村庄改造，提升整体村貌

整体发展规划：为促进朱村更好地发展，临沭县委、县政府聘请浙江大学规划设计研究院、中国美术学院风景建筑设计研究总院为朱村的整体发展制订计划，提供专业的指导，明确发展定位，致力于将朱村打造成为农旅复合型的示范美丽乡村。

交通：朱村地处临沭县西南端，村庄内有3条河流穿过，交通十分不便，在沭河上建一座大桥方便出行，是村民们长久以来的愿望。2020年11月，在临沭县委、县政府及上级有关部门的支持推动下，朱村沭河大桥顺利建成通车，同时还修建了沭河东岸滨河大道、朱村沿河路等周边道路工程，进一步

打通了朱村融入临沭、对接临沂的交通大动脉。

村貌：近年来，朱村遵循“一改六化一整治”和“一村一场一汪塘”的整治思路，大力开展村庄环境卫生、道路、河道综合整治，修建下水道，栽种绿化苗木，持续改善人居环境。经过改造，现在的朱村道路宽敞，家家户户门前都有绿化，平整的水泥路一直通到田间地头，村庄的整体环境焕然一新，村民幸福指数有了很大的提高。

（二）发扬革命传统，涵养红色朱村“精气神”

为了更好地发扬革命传统，朱村对抗日烈士陵园、“钢八连”纪念馆等进行改造提升，建成沂蒙党性教育基地教学点。同时，朱村不断拓展红色资源利用渠道，探索红色资源与旅游融合发展的新路径，积极打造党性教育、乡村旅游和青少年研学游等多种旅游新模式。真正让游客走进来，让农民富起来，实现了农业与旅游、文化等产业的深度融合。每年都会有来自全国各地的党员到朱村接受红色教育，年近 90 岁支前模范王克昌坚持为前来朱村参观的游客义务讲解他的亲身经历，积极宣传朱村红色精神，影响了一批又一批的参观者。此外，每年来朱村接受革命传统教育的党员干部络绎不绝，累计接待全国各地参观人员达 20 余万人次。

（三）推动三产融合，拓宽农民收入渠道

近年来，朱村合理运用扶贫政策，按照三产融合发展的思路，大力发展特色农业，规划建设了“朱村柳韵”田园综合体，种植杞柳 2100 亩，建设了集采摘、体验、休闲于一体的现代农业示范园。同时，以“沂沭水乡、千年朱村”为主题，加快推进朱村红色文化旅游片区项目建设，以红色文化为主、历史文化和水乡文化为辅，打造朱村特色旅游区。

五、存在的问题及原因分析

（一）资源利用率较低

朱村主要以丘陵为主，平原面积较少，这就导致农民能够用来种植农作物的土地较少。在调研过程中，小组成员了解到朱村改造提升工程需要用地将近 270 亩，如此大规模的土地主要源于村户拆迁和农业土地。朱村先天的自然条件使得可耕种土地本来就少，改造提升工程的进行进一步减少了农民拥有的土地面积，导致土地流转困难，阻碍了项目的顺利进行。比如在采访项目负责人的过程中，负责人曾提出计划在整个项目当中建设一个儿童游乐

场所，需要建设用地，但是当前朱村的土地情况不能满足该需求。临沭县人均水资源占有量仅为全国人均占有量的1/4，属于中度缺水地区，按现有人口的增长速度，将会在未来一段时间成为严重缺水地区。朱村虽然相对于临沭县水资源比较丰富，有3条河，但是水资源利用起来很难，因为它是行洪河道，行洪河道有很多限制，比如有一些限高和限宽，这会导致一些大型的客运车辆难以顺利地到达朱村，从而使朱村客流量锐减。此外，行洪河道汛期河流不稳定，一些水上项目不能建设。

（二）基础设施建设不全面

我国长期实行的城乡二元发展模式，导致我国农村基础设施建设明显滞后，朱村作为具有代表性的农村之一，生产型基础设施普遍年久失修、功能老化、更新改造缓慢；大多数自然村的街道路面质量不高，排水设施落后；文化、体育、娱乐、休闲等基础设施更是缺乏。当前朱村改造提升工程还处于一期建设阶段，对于一些基础设施的建设还不够完善。在交通方面，朱村距离临沂市区仅40千米，但是却没有直达的公共交通，与临沂火车站、高铁站等地方也没有直达的公共交通，这就使得当前朱村的游客仅限于周边的村民，外地游客来参观只能打车或者到镇上转车，交通不是很便利。在住宿方面，目前朱村改造提升工程的一期项目已经开始营业，但是朱村当前的住宿配套设施还不完善，来参观的游客参观结束后只能当天返回，无法在朱村留宿，这就导致来到朱村的游客无法留下来，从而影响经济效益的增加。此外，还有景区厕所卫生较差，景区周边环境较差、餐饮单一等问题较为突出。

（三）资金支持不够、利用率不高

朱村改造提升工程的资金主要来源于地方财政。在调研过程中，小组成员了解到朱村项目的进行主要是依靠临沭县政府的投资，临沭县举全县之力推动朱村的改造发展。但随着整个改造提升工程的推进，县里的财政支持也会存在一定的困难，从而限制后期一些旅游设施的开发建设。也正是因为受到资金的制约，朱村的基础设施建设滞后，产业效益转化为经济效益的收益率低，存在上面所提到的交通不够畅通、住宿不方便等问题，无法满足游客的需求。

（四）村民观念有待提高，人才引进和培养机制不健全

中国自古以来就是一个农业大国，农民对土地有着很大的依赖性。在科技快速发展的今天，还有不少农民遵循着守旧的生产观念，依靠土地生活，

这就导致在朱村改造提升工程的建设当中，会因土地的问题在村民和负责企业之间产生矛盾，阻碍工程的顺利进行。此外，村内的很多年轻人都外出谋生，很少留在家乡进行建设，这就导致在乡村发展的过程当中缺少年轻血液，从而缺少创造活力。

另外，由于缺乏健全的人才引进和培养机制，朱村的红色文化资源开发缺乏 3 种人才。一是党史研究人才。缺乏研究“沂蒙精神”的学术型人才来对当地的红色资源进行科学合理的开发。二是复合型管理人才。缺乏既善于经营又善于管理的复合型专业人才，这制约了红色产品的市场化及其产业化，从而导致了红色资源产业发展缺乏系统的规划和个性化设计。三是旅游专业人才。目前，在朱村从事与红色资源产业相关的工作人员学历普遍偏低，且人员数量较少，阻碍了朱村红色资源产业进程。

六、改进建议

（一）提供技术支持

首先，加大农田基本建设。土地整理的有关资料表明，不同类型地区通过农耕地整理可以增加耕地面积 5%～10%，农作物单产也可大幅提高。

其次，积极探索新形势下的农村土地开发、利用，盘活现有农村土地的新途径。引进先进技术，提高土地利用效率；种植经济效益较高的农作物，培育相关品牌，加强市场营销，产生品牌效益。

最后，加强与高校和科研院所的合作，建设实践基地，在人才、技术等方面实现资源互补。

（二）提高利用率，引进新兴技术

1. 节约用水，提高用水效率

在农业方面，围绕发展高效农业积极发展喷、微灌技术，全村节水灌溉面积逐步推广。应充分挖掘地下水潜力，采取打大口井、深井、地边井等工程措施，并做好井渠配套提高农业用水利用率。

2. 深化水利产权制度改革，加快建立多元化、多渠道、多层次的水利投入体系

朱村有关部门和用水单位要立足实际，根据以自筹资金为主的方针，切实加大对水利工程建设的投入力度。建立健全稳定的投入机制，坚持国家、地方单位和个人一起上，多渠道、多层次增加投入。按照“谁投资谁所有，谁建设谁受益”的原则放开小型水利工程建设、管理和使用权，大力发展农

村小型水利工程。

（三）多措并举，拓展资金来源渠道

当前朱村的基础设施建设主要依赖财政资金和村民集资。一是继续争取上级财政资金的扶持，解决财力不足问题。二是临沭县政府尽快出台土地、金融和税收等优惠政策并简化审批程序，以加大对企业投资的吸引力。三是设立专门的“沂蒙精神”建设投融资平台。可以通过土地、产业等资源吸引社会资本进行合作，例如，在一定的条件下，村委会可考虑以劳动力等资源入股的方式，与专业机构合作，实现市场化运作。四是加强与政府机关及院校培训机构合作，通过承办各类主题活动、考察活动、现场会，开展研学游、体验营课程等方式来提升知名度。吸引乡贤、有实力的企业等社会资本共同开发建设。

（四）加强教育，转变村民观念，加强人才培养

村民作为朱村建设的主体，对推动朱村建设起着重要的作用，应充分发挥农村干部和党员对村民思想观念的积极影响作用。同时，将其积极向上的生活理念传达给当地村民，改变他们固有的观念，提升他们的生活品位。

首先，应该在广大农村地区加大政策扶持力度，吸引农民回乡工作；其次，应当加大教育事业投入，重视人文素质教育，将爱党爱国、沂蒙精神贯穿基础教育全过程；最后，充分发挥乡贤的典型示范带动作用，用德化教育教化村民，让人人成为沂蒙精神文明建设的支持者、参与者、成功者，收获更多的获得感和幸福感。

（五）挖掘沂蒙精神，开展思政教育

1. 营造文化氛围

在全村范围内加大对沂蒙精神的宣传力度，继承和发扬革命先辈所留下来的精神文化财富。例如，通过临沭县的报社、媒体并以宣传窗、横幅等形式大力宣传“沂蒙精神”，开展与“沂蒙精神”有关的红色文化相关活动，营造具有沂蒙精神内涵的文明乡风，使其深入人心，唤起群众的文化自豪感，丰富当地村民的精神文化生活。

2. 打造思想政治教育基地

依托朱村特有的红色文化资源，打造思想政治教育基地，对广大村民及村干部进行思想政治教育。一方面，通过该基地对当地红色文化进行深入讲解，提高老区人民的科学文化素养，用科学文明克服愚昧落后，破除陋习，

树立文明科学的生活观和生活习惯，使村民的思想道德科学文化水平、民主法治观念得到提高。另一方面，通过该基地对广大村干部进行廉政教育，帮助他们坚定理想信念，树立正确的世界观、人生观、价值观、权力观，从内心深处杜绝腐败，将“沂蒙精神”发扬光大，全心全意为人民服务。

强化基层治理，持续深化村党组织书记专业化管理，增强村级党组织的组织力、凝聚力、战斗力。引导激励各类人才投身乡村振兴，大力培育新农人，壮大乡村人才队伍。支持浙江大学山东（临沂）现代农业研究院创新发展，建设成为全国性“三农”人才培训基地。

扶贫先扶智，治贫先治愚，这虽然是简单的一句话，却意味着在全力决胜脱贫攻坚后，脱贫成效能否巩固，未来贫困群众是否能不靠好政策、不靠帮扶，凭借自己双手去创造美好的生活。

七、调研结论与总结

本次调研地点是在山东省临沭县朱村，调研主题为“走进沂蒙革命老区，探寻乡村发展足迹”，通过本次实践的开展，得出以下结论：

首先，开发红色文化资源，助力实施乡村振兴是解决当前朱村革命老区发展的一大优势。朱村大力弘扬“沂蒙精神”，深入贯彻乡村振兴战略，深度挖掘朱村的红色革命资源、红色传统文化、绿色生态自然资源。目前，政府在大力扶持建设与开发红色旅游项目，打造独特的“朱村模式”。通过调研得知，临沭县政府现成立专门管理机构，安排专项资金专人维护红色遗迹，加大朱村的金融资本投入力度，将保护工作贯彻到底，杜绝形式主义。政府为了加大宣传力度，积极利用互联网新媒体等媒介进行宣传，吸引外来游客参观，发展红色旅游业带动当地经济，解决村民就业问题。

其次，红色资源的保护与传承需要一个载体，临沭县朱村依靠历史底蕴丰富的“沂蒙精神”，响应上级政策开发打造生态旅游开发区，修缮沂蒙精神革命纪念馆、纪念碑、历史民俗博物馆等，旨在成为山东省革命老区建设发展的风向标，打响红色文化品牌，形成“朱村模式”，打造了具有一定影响力的红色文化交流平台，带动周边其他村落逐步走上转型致富之路。目前，朱村旅游项目建设工程已开始动工，项目规划周期为 3 年，交通、住宿、餐饮等基础配套建设还需进一步完善。

最后，临沭县委、县政府坚持以人民为中心的发展思想，以文旅农融合为发展模式，针对四大市场需求大力发展朱村产业经济。调研结果显示，山东省临沭县朱村积极探索和发展成人教育、文旅经济、高效观光农业、中草药、电商直播等产业经济带动村民脱贫致富，进一步提高老百姓的增收水平，吸引广大人才参与朱村的建设发展。通过走访得知，在项目实施的过程中，村民的生活质量逐步提高，村民的收入呈稳定上升的趋势，文化旅游思维深入人心。村民为建设更好的乡村奉献自己的力量，相信未来朱村的发展态势也一片明朗。

八、收获与感悟

社会调研是引导在校大学生走出校门，了解社会、接触社会、投身社会的良好形式；是促使大学生投身改革开放，向工农群众学习，培养锻炼才干的良好渠道；是提升思想，修身养性，树立服务社会思想的有效途径。通过参与本次马克思主义学院组织的“走老区　看发展”暑期专项社会实践调研，有助于在校大学生积极响应学院号召，深入学习贯彻习近平新时代中国特色社会主义思想，将知识与理论更好地运用到实践之中。

火红的七月，激昂的青春，在2021年的暑假，我们小组经过充足的前期准备，走进了山东省沂蒙革命老区——朱村，探寻了其发展足迹。我们小组从中领悟颇多，而这些东西也将让我们终身受用。在前期准备过程中，我们通过多种渠道收集资料，提前对全国各地革命老区红色资源开发、产业发展、社会民生发展情况有一个大致的了解，也为我们的调研打下了坚实的基础。在进行多次会议后，我们确定了本次的调研方案与实施方法，大家各司其职，积极联系当地的村干部，与指导教师进行深度沟通，这些都体现了我们小组的团结，同时对我们后期进行实地考察起到了重要的作用。在调研期间，大家克服天气炎热的困难，在调研时有序跟上当地村干部的引领并有计划地开展调研。回到住处后，我们积极整理当天所获取的资料与数据，组长对当天的调研成果进行每日总结，根据实际调研情况及时调整第二天的调研计划，并反思当日在调研中发生的一些问题和困难，及时与指导教师汇报、沟通。在调研过程中，小组成员都提高了与人沟通和团结协作的能力。正是因为我们小组的默契配合，我们的调研环节在预定时间内顺利完成。在调研后期，我们小组定期在线上举行会议，开始整理调研资料素材，对调研报告的撰写进行合理规划，也对本次实践的不足之处进行反思。由于是第一次开展小组社会实践，还存在经验上的缺失，在采访过程中样本数量没有达到预期，采访对象多为45～70岁的中老年村民，缺少其他年龄段的采访样本，同时也未根据不同采访群体设计不同访谈问题，这也对我们的访谈效率产生了一定影响。我们意识到在今后的社会实践中，需要进一步提高采访问题的专业性，同时可以采取现代技术如问卷调研收集调研数据，更加全面地了解实际情况。

本次社会实践调研小组成员走进老区，学习感悟了“吃苦耐劳、自强不息、无私奉献”的沂蒙精神，并深入了解了其历史基础和深刻内涵，接受了浓厚的革命精神的洗礼，对革命先烈燃起无限的敬仰之情，也感受到了村民们热情好客的人文气息。同时，作为马克思主义理论专业的学生，本次社会实践可以进一步与本专业基础知识相结合，深入学习体会习近平新时代中国特色社会主义思想。

最后，在革命老区经济建设开发之路上，我们小组深刻认识到红色旅游开发须切合当地实际情况，政府要坚持“以人为本”的中心，关注当地村民的实际需求，大力推进基础设施建设，加大基金投入。当地企业也应该增强社会责任感，助力乡村脱贫，实现乡村振兴，走上致富之路！

寻古村红韵故里，谱临海发展新声[①]

——基于山东省荣成市宁津街道东墩村的旅游发展现状

一、引言

乡村是具有自然、社会、经济特征的地域综合体，兼具生产、生活、生态、文化等多重功能，与城镇互促互进、共生共存，共同构成人类活动的主要空间。中国自古以来是农业人口大国，多数人口生活在乡村，因此乡村兴则国家兴，乡村衰则国家衰，重农固本是安民之基、治国之要。党的十八大以来，以习近平同志为核心的党中央高度重视“三农”问题，努力推动“三农”工作理论创新、实践创新、制度创新，农业农村发展取得了历史性成就、发生了历史性变革。进入新时代，随着我国社会主要矛盾发生重要的变化，中共中央、国务院印发《乡村振兴战略规划（2018—2022年）》，指出：“我国人民日益增长的美好生活需要和不平衡不充分的发展之间的矛盾在乡村最为突出，我国仍处于并将长期处于社会主义初级阶段的特征很大程度上表现在乡村。全面建成小康社会和全面建设社会主义现代化强国，最艰巨最繁重的任务在农村，最广泛最深厚的基础在农村，最大的潜力和后劲也在农村。”

实施乡村振兴战略是建设美丽中国的关键举措，也是传承中华优秀传统文化的有效途径。乡村振兴战略和发展乡村旅游密切相关，相互促进，实施乡村振兴战略是乡村旅游发展的重大机遇，发展乡村旅游也是乡村振兴的重要引擎、有力抓手。荣成地处山东半岛最东端，三面环海的资源优势是潜力所在，2020年全市地区生产总值达943.2亿元，“2021中国最具发展潜力百佳县市”榜单位列全国第八，山东省内第一；荣成还是革命老区，在革命战争年代中形成了独具特色的“红色文化”，是全国闻名的“将军市”，红色文化串联出荣成丰富的旅游资源。近年来，荣成市宁津街道办事处以东墩村为起点，以十里乡道为主线，打造了贯穿渠隔、苏家、留村等百年文明古村落的“十里古乡”风景带，成为荣成独具特色的旅游目的地。实践小组在建党

---

① 作者：宋梦露、李小梅、巩怡显、顾雨君、任娇娇。指导老师：庾向芳。

百年之际选择荣成进行实践调研，以荣成旅游的样板村和标杆村——东墩村作为考察对象，以该村的红色旅游与经济发展为调研目标，重点调研近年来当地依托红色文化与当地特色海洋资源优势发展的旅游产业，找出存在的问题并提出对策，这对实现乡村旅游健康的可持续发展和乡村旅游品牌建设具有积极作用。为乡村旅游资源条件和发展水平类似的村镇提供一个可复制、可推广的典型，具有一定的实践借鉴意义。

二、主体

（一）调研对象基本情况

东墩村坐落于山东省威海市荣成市宁津街道，建于明朝嘉靖年间，距今已有 500 年历史。因村南约 500 米处设有抵御倭寇而建的烟墩，故名东墩村。全村以刘姓为主，现有村民 510 户，1500 余人，党员 71 人，志愿队伍 3 支，200 多名志愿者。东墩村是国务院原副总理谷牧同志的家乡，2014 年东墩村在谷牧旧居举行了“纪念谷牧同志 100 周年诞辰”的仪式，自此开始依托谷牧故居，逐渐形成了谷牧旧居、谷牧传记馆、改革开放馆、清廉家风馆的主题展览格局，打造了红色产业园的发展模式，东墩村通过不断挖掘红色历史和儒学文化等旅游资源，发展红色旅游业。此外，还在村内打造了新时代文明实践所，通过政策理论解读、典型人物事迹宣讲等形式举办培训活动。2021 年以来，实践所共接待服务异地干部培训班 26 个班次。

东墩村紧紧抓住乡村振兴、新旧动能转换、新时代文明实践的契机，不断发掘历史底蕴和自然优势，利用旧村改造置换出的 300 多户海草房民居和近千亩土地、千亩滩涂，在村庄建设过程中，东墩村充分发挥基层党组织的战斗堡垒作用和共产党员的先锋模范作用，专挑“硬骨头”啃。8 个月的时间，东墩村硬化了 2. 6 万平方米的路面，修建了 7000 平方米的平塘，建起了 2000 平方米的文化广场；全村通上了新的自来水管道，用上了新的自来水净化设备，实现了 24 小时供水。

自 2020 年开始，东墩村确立“渔家风情”民俗文化村的定位，联合进行旅游开发，以东墩文化旅游公司为媒介，结合海草房的保护与开发，打造“一院一主题、一馆一特色”的海草房主题院落群，打造海上休闲、农事体验的产业拓展集群，推出垂钓、水上闯关等游览项目，最多时每天能接待游客 1200 余人。利用胶东地区鲅鱼等海鲜资源和竹编等民俗文化，打造了非遗作坊、特色购物、特色小吃三类 18 家店铺，形成了集红色旅游、渔家小吃、滨海休闲、民宿体验于一体的特色乡村旅游产业链，让东墩村从之前宁津街道有名的“落后村”发展到如今的“样板村”，真正成了乡村振兴的模范村。

在东墩村党支部的带领下，东墩村做到了让村民充分参与新农村的发展过程，分享产业增值增收的喜悦。发展乡村旅游之后，村民的人均收入由之前的20000余元增加到现在的30000余元。“以前，我们村因为历史遗留问题是街道有名的‘落后村’，但是现在，你看村里哪儿还跟落后沾边。”东墩村党支部书记、村委会主任刘书联说道。在刘书记看来，东墩村能迎头赶上的秘诀就在于：用好党建“一颗子”，激活乡村振兴“整盘棋”。

（二）调研过程与方法

在暑期社会实践调研的过程中，我们主要采用了实地观察法、访谈调研法、典型调研法等方法。社会实践的第一天，全组成员来到了位于山东省荣成市的东墩村参观谷牧旧居。旧居北院复原了谷牧少年时代读书和生活的场景；南院设立了谷牧生平事迹展览室，展示了谷牧各个历史时期的光辉业绩，陈列了谷牧子女及亲属捐赠的纪念品。随后实践小组随着工作人员的引导来到了谷牧传记馆，谷牧传记馆位于谷牧旧居的东侧，分为“民族独立国家富强”“情系家乡心系祖国”“峥嵘岁月多彩人生”3个主题展区，将谷牧同志生平事迹及遗留文物，采取编年史形式，以文图实物并茂的形式加以展陈，工作人员向小组成员介绍了谷牧同志为民族独立、人民解放、新中国成立和社会主义建设、改革开放事业作出的突出贡献。

此外，在实践活动的中期，我们通过实地考察和调研，感受到了东墩村独特的人文风貌和自然景观。据当地村民介绍，由于荣成地处沿海，夏季多雨潮湿，冬季多雪寒冷，当地民居以厚石砌墙，用海草晒干后作为材料苫盖屋顶，建造出海草房。东墩村村内建筑以海草房为主，现存海草房1400多间。通过实地观察的方法，我们感受了谷牧同志的革命奉献精神以及对红色革命精神的传承，一排排海草房巍然屹立，诉说着久远的故事。斑驳的墙壁勾勒出岁月的痕迹，淳朴自然的民俗风情孕育了一代代优秀的中华儿女。聆听过去的故事，感受精神的力量，那些鼓舞人心的点滴事迹是真正的精神洗礼。

在实践活动的后期，我们主要采用访谈调研法，对东墩村的刘书联书记以及精品民宿的工作人员等人进行了访谈调研。在本次采访中，主要针对为什么选择旅游产业的发展路径、通过发展带给村民生活的改变以及在发展过程中遇到的问题和困难等进行访谈，整体了解了东墩村的发展情况。东墩村是一个名副其实的红色故里。此外，在对民宿工作人员进行采访中，我们得知民宿是以村集体产业进行运营的，相关商铺也不收取租金，给村民提供了一个展现农家手艺的平台。

最后，荣成市东墩村位于宁津街道中部片区，村落古朴自然，红色底蕴深厚，2017 年入选山东省级传统村落，同时，还拥有刺绣、剪纸、面艺等民俗技艺传承至今。因此，在了解宁津街道总体的发展情况后，我们选择其作为具有代表性的调研对象。

（三）东墩村乡村旅游发展过程

1. 发挥基层党支部的战斗堡垒作用

“我们村以前是宁津街道有名的差村，村里晴天一身土、雨天一身泥，村民怨声载道，支部威信降到了谷底，大小工作出钱都没人干，更别提发展集体经济了。”回忆过往，东墩村党支部书记、村委会主任刘书联感慨万千。“火车跑得快，全靠车头带”，2011 年换届后，在刘书联的带领下，新一届村“两委”班子向全体村民作出郑重承诺，一定改变村子的面貌，让村民过上好日子。为此，东墩村党支部决定从制度建设入手，创新推行小微权力清单制度，按照财务管理、民主议事等六大类 51 小项权力事项建立小微权力清单，在村内公开栏进行张贴，接受党员群众监督。

此后在旧村改造方面投资 1.5 亿元，实施改造搬迁工程，采取“宅基地换楼房、集中养老”的模式，置换 200 多户海草房用于开发生态民宿。俗话说“巧妇难为无米之炊”，东墩村想要变好，产业是关键。东墩村红色资源丰富，既是谷牧同志的家乡，也有海草房、剪纸、面艺等传统技艺，合理利用红色资源带动乡村旅游向规范化、产业化方向发展成了东墩村推动经济发展，全面实施乡村振兴战略的必由之路。党支部带领全村群众，整合资源，形成“一院一主题、一馆一特色”的红色主题海草房院落，发展出“生态民宿+红色旅游”的双核驱动模式。同时，开办国学、烹饪、剪纸、摄影等培训班，定期组织主题活动，提高村民审美修养、展示村居人文风貌，为进一步提升乡村生活气质格调奠定良好基础。

2. 传承红色基因，发挥自然资源优势

为把红色资源利用好、把红色传统发扬好、把红色基因传承好，2014 年，利用谷牧同志 100 周年诞辰的契机，村党支部对谷牧旧居进行了整体修缮，在其后的几年间东墩村将谷牧故居发展成为当地的党员培训基地，形成了集谷牧旧居、谷牧传记馆、改革开放馆、清廉家风馆、红色研学基地于一体的红色产业园发展模式。后来，又陆续建起了石岛民俗馆、孔子学堂等，展示面塑、剪纸、草编等传统手工艺，传承和弘扬国学经典，再加上地方政府的大力宣传，在当地被媒体广泛报道，彻底打响了知名度。

如何把游客资源变为促进集体增收的法宝，村党支部又将目光汇聚到具

有“民居活化石”之称的海草房上来，创新推行“农村宅基地换房、换养老”模式，多方筹措资金建设了27栋、7万平方米住宅小区，以及1.1万平方米的老年公寓。村里的大龄青年和老人将手里的海草房折价交给村集体，大龄青年换住房，老人搬入村集体老年公寓居住生活，享受村集体提供的养老服务。这样一来，120户海草房变成了集体资源，还牵头成立了旅游公司。为了明确文旅引领发展思路，东墩村制定了《东墩片区美丽乡村规划》《东墩村乡村旅游发展战略规划》，重点围绕海草房群落、谷牧旧居等生态、人文资源，发展乡村旅游业。东墩村坚持以维护村落建筑原真性为前提，保持街巷原有肌理，合理分区、修旧如旧、灵活利用、妥善保护。随着文旅产业的不断发展，周边村也开始发展民宿、渔家乐，出现了同质发展倾向，党的十九大召开之后，东墩村开始真正落实乡村振兴战略。2018年，东墩村通过党员号召、志愿者带动的形式，不收村民一分钱，先后打造了揽云、山海间等14间精品民宿，利用沿海滩涂开发了动漫海世界、网红打卡地等娱乐项目，利用胶东地区鲅鱼、牡蛎等海鲜资源，打造了非遗作坊、特色购物、特色小吃三类18家店铺，店铺统一装修、统一运营、统一推广，形成了集红色旅游、渔家小吃、滨海休闲、民宿体验于一体的特色乡村旅游产业链，进一步拓宽了集体和群众增收致富途径。实现了乡村旅游要素全覆盖的产业生态，促进了当地旅游、文化、民俗、民宿等业态融合发展，迈向乡村振兴的步伐越走越稳。

3. 汇集群众力量，乡村旅游聚力前进

村里有了钱，也就有了为老百姓办事的资本。改善村民生活水平是摆在村党支部面前的头等大事，在东墩村党支部的带领下，东墩村汇聚群众力量，从整治村容村貌入手，拆除70多处违建设施，制定环保巡查监督制度，责任到人、卫生到户。对全村500多户住宅房前屋后、道路两侧及公共区域实施绿化美化，绿化面积达4000多平方米。东墩村的基础设施建设水平不断提升，街道办事处投入了大量资金，对东墩及周边道路进行了硬化，村庄道路硬化率达到90%；聘请专业规划设计院，按照“科学规划、分步实施、保持本土特色、产业联动”的原则，编制完成村庄布局规划，全村所有建设项目及村民建房严格按照规划报批、建设；将海草房核心保护区原有水泥路面改造成石板路，使村内整体巷道风格统一，道路整洁。

2018年东墩村启动了花海观光、精品民宿、游客服务中心、国学大家讲堂等多个旅游项目，花卉种植与养护、民宿的打造与经营、游客服务中心的管理等，均有群众积极参与的影子。通过党员号召、志愿者带动的形式，东墩村的村民纷纷加入志愿活动中来，形成“人人为我，我为人人”的良好氛围。村村通道路的实施，解决了群众出行难的问题，群众的生产生活水平有了显著提高。东墩村的旅游业发展也安上了腾飞的翅膀。

4. 发展过程敢闯敢斗，乡村振兴蹄疾步稳

海草房古朴厚拙，美食街热闹红火，水泥路平整宽阔，谷牧旧居一年四季参观者络绎不绝……近年来，东墩村党支部坚持党建引领，充分挖掘村内各类资源，按照“统一经营、成果共享”的理念，践行了“绿水青山就是金山银山”的生态理念，采取“建制度、兴产业、强服务”的具体措施，依托谷牧旧居等红色资源，将村内独特的渔家文化、耕读文化等优势转化为乡村振兴的动力，不仅摘掉了“后进村”的帽子，更实现了“农业强、农村美、农民富”的目标，走出一条村党组织领导下的多元化、可持续的富民强村之路，先后获得全国文明村、中国传统村落、山东省乡村记忆工程首批示范村、山东省旅游特色村、威海市乡村振兴示范培训基地等荣誉称号。

东墩村文旅产业的发展，吸引了10余户村民返乡创业，带动就业100余人。同时，引导当地村民加入花卉种植与养护、精品民宿和小吃街的打造与经营、游客服务中心的管理中，在保证村民原有农业、养殖业和海上捕捞收入来源的同时，依托红色旅游来推动村民的从业方式的改变，村集体为村民打造了小吃街这样的平台，不向村民收取任何租金，让村民展现农家手艺。自实施乡村振兴战略以来，东墩村做到了发展成果与村民共享，共同收获产业增值增收的喜悦。在重点发展乡村旅游之后，早在2018年东墩村接待游客的人数就达到了8万人，仅讲解、停车等服务费每年就能收入15万元。集体收入则达到了200万元，近年来村里接待游客人数和集体收入仍在不断增长。此外，从实践小组与刘书联书记的采访中，我们得知威海市发起了农业旅游活动，组织老年团买菜，村民通过自己具有经营权的小菜园来增加收入，从2016年开始收入翻了几番，这是东墩村发展旅游业的重点，再加上美食街、民宿等项目联动，村民的人均收入在发展旅游产业以后增加了1万元。刘书记还表示，2020年的新冠肺炎疫情并没有对东墩村的旅游业产生较大的影响，村民的人均收入和生活水平仍处于稳步增长阶段。

曾经的东墩村，是远近闻名的贫困村，如今的东墩村，党组织坚强有力，乡村振兴蹄疾步稳。在支部把舵领航、党员争先带头、村民热情参与下，这个经历了500多年风雨的古村落，正乘着乡村振兴的东风，放飞着农业强、农村美、农民富的新梦想。

（四）存在的问题

结合对精品民宿的工作人员的采访，我们也了解到东墩村在发展过程中

仍存在一些不容忽视的问题。

第一，缺乏专业人才。在采访中刘书记表示，“我们有人员，但是缺人才”。

在实地调研中我们看到，村民中除考上大学之外的年轻人基本选择了留在村里，但是真正学习旅游产业与专门从事艺术创作的专业人才并不多见。这也是制约东墩村下一步发展的一个“瓶颈”。展望“十四五”，东墩村在现有的基础上需要不断继续前行，寻找新的经济增长点，缺乏专业旅游产业人才将会制约东墩村的旅游产业再上新台阶。此外，东墩村虽然有剪纸、面人等传统手工艺的展示，但是如何吸收更多样化的专门从事艺术创作的民间艺人以及专业人员，打造出既具有当地特色又适应时下潮流的艺术品与文创产品，为东墩村的经济发展再添新动力，仍然需要继续探索。

第二，缺乏完整的产业链条。乡村振兴发展初期，东墩村的发展主要存在三方面问题：一是发展思路不明确，村内虽然有海草房、谷牧故居等自然、人文旅游资源，但如何将其转化为乡村旅游产业，思路不清。二是生态保护不规范，村内垃圾处理、环境治理、文物保护等工作推进较慢，一些百年海草房因年久失修废弃，缺乏开发利用，珍贵旅游资源正逐渐消失。三是产业链条不完整，村内生活业态简单、单调，观光要素难以形成消费价值，生活业态与观光资源缺少联动，乡村旅游产业价值链亟待完善。经过近几年的发展，前两个问题已经得到了很好的解决，东墩村的旅游业已经得到大力发展，而产业链条不完善的问题日益突出。这也制约了东墩村产业的发展。

第三，缺乏新媒体与网络资源的应用。在我们前往东墩村之前，队员们线上查询东墩村，但是发现并没有公众号、App 等平台用来宣传，也没有完善的预约和导航等功能。在当前大数据广泛应用的背景下，通过网络平台使参观与旅行更加便捷化，实现部门间数据共享和开放，是非常必要的。虽然当地政府也进行了大量的宣传，但是多数仍然是传统的宣传形式，比如户外广告、当地的报刊等纸媒体，并没有覆盖到时下年轻人常用的社交网络，使得宣传影响范围较为狭窄，难以吸引更多的年轻人前来参观游玩，这在一定程度上阻碍了东墩村旅游业的发展。

第四，缺乏相关文创产品，品牌意识淡薄。游客结束游览与参观后，东墩村并没有设置能够体现当地特色的纪念品或者文创商店，特别相关的红色旅游产品。不可否认，时下的纪念品和文创商品，诸如同款水壶、书签、等比例缩小的建筑模型和印有当地特色的晴雨伞等，对于打造具有当地特色的旅游文化品牌可以起到巨大的推动作用。东墩村有谷牧同志的旧居，有独具一格的海草房，这些资源都可以成为文创产品的原型，但是目前东墩村尚未形成当地文旅的品牌。

（五）解决问题的建议

1. 采用多种方式培育与引进人才

人才永远是核心的竞争力，对于乡村发展具有至关重要的作用。只有大量的专业人员投入才能确保乡村旅游业的转型升级。2021 年中共中央办公厅、国务院办公厅印发《关于加快推进乡村人才振兴的意见》，明确指出：坚持农业农村优先发展，坚持把乡村人力资本开发放在首要位置，大力培养本土人才，引导城市人才下乡，推动专业人才服务乡村。政府要提高对乡村旅游发展人才培养的重视程度，制定合理可行的人才政策，并采取有效措施加强与各大院校的合作，合理设置乡村旅游业的相关课程。可引导毕业生到乡村实习学习，到专业对口部门直接参与规划、管理、讲解等相关工作。此外，当地政府也要有所作为，如提供优惠的政策吸引全国各地的旅游专业人才与艺术人才到东墩村工作，可以充分利用东墩村的红色资源与自然资源，采用弹性引进人才、共建工作室、定期到东墩村驻村工作等不同模式，帮助东墩村吸引专业型人才。

东墩村可联系政府邀请专家、学者授课，培养本土旅游管理、策划、讲解等方面的人才，培养当地村民的乡村发展理念，指导其更好地发展本村旅游产业。东墩村也可举办一些乡村交流会，在同样的发展模式中吸取其他村的经验教训，各村相互交流学习；还可派遣负责人员外出学习调研交流。

2. 营销传播手段的改进与目标消费群体的定位

加强宣传力度，跟上新媒体时代的步伐，也是东墩村发展的关键。网络时代，游客旅游大多会通过相关 App 进行搜索了解，东墩村可以利用网络平台发布景点宣传图片和视频，宣传本乡村的红色文化和特色的旅游产品。也可以与电信、联通、电视台、交通枢纽等媒体合作，充分利用短信、微信、微博、宣传片等形式，实现全方位、高效率的营销传播。东墩村要建立自己的官方网站与微信公众号等，学习相关传媒知识，也可培养这方面的专业人才，保证媒体传播的质量，在宣传投放中，要把握好不同平台用户的使用调性，针对不同类型的消费群体进行画像，在展现整体风格和突出重点方面做到张弛有度，实时发布景区的活动动态，提高人们对景区的认知度和关注度。

3. 完善旅游产业链条与充盈村内生活业态

在乡村振兴发展初期，东墩村就存在产业链条不完整，村内生活业态简单、单调，观光要素难以形成消费价值，生活业态与观光资源缺少联动等问题。在乡村旅游产业价值链基本形成的情况下，进一步完善产业价值链是东墩村发展乡村旅游、提高附加值、巩固乡村振兴成果的必然要求。近年来，东墩村在利用红色资源的基础上，已经开展了夏令营研学、接待干部培训班等活动，要在此基础上进一步充实活动内容，借助于当地优越的海洋资源优势，促进活动形式多元化发展，以此扩大规模吸引更多的人参与进来。

4. 打造地域文化品牌与设计文创产品

推进红色旅游与自然旅游双宣传工作，充分挖掘东墩村的乡村文化，开发有趣的文化创意产品，让文化活起来，发挥出文旅融合发展的作用，打响“探寻谷牧故居，重返红韵古里，领略临海乡土人情”的品牌。在设计文创产品时，要注重其精神内涵，融合红色文化与当地海洋特色，适当加入一些具象符号或抽象符号实现创新设计，使文创产品既具有使用价值又有纪念意义。除了研发内在文化类产品外，还要利用互联网讲好文化故事，紧跟新时代媒体的宣传，始终以游客需求为导向，树立品牌形象，扩大对消费市场的吸引力，为进一步促进本村旅游业发展创造条件。

三、调研结论与总结

第一，依靠党在十九大报告中提出的乡村振兴战略政策。2018 年，荣成市出台了《乡村振兴战略规划》，紧紧围绕省委提出的“打造乡村振兴的齐鲁样板”部署要求，立足职能，推动乡村振兴战略落实落地。荣成市紧抓农村产业融合模式创新机遇，立足该市海洋优势，着力打造农村产业融合发展的示范样板和平台载体。同时，海洋牧场建设以及专业旅游企业的入驻，让这里实现了由卖产品向卖体验、卖文化的转变。乡村旅游也是推动第一、第二、第三产业融合，发挥乘数效应的“密码”。荣成市 3 年内打造乡村旅游精品线路 5 条，新增国家级休闲渔业示范基地 2 家，乡村旅游综合收入达到 50 亿元，实现了“一镇一特色、一镇一产业、一镇一风情”的发展格局。每逢“五一”“十一”等节假日或者旅游旺季，这里便迎来全国各地的游客。

东墩村在乡村振兴发展初期，存在发展思路不明确、生态保护不规范、产业链条不完整的问题。如何将当地的海草房、谷牧故居等自然人文资源转化为乡村旅游产业，加快解决对村内的环境治理、文物保护等问题，完善乡村旅游产业价值链，充盈村内生活业态，打造多维度观光要素，都是东墩村在实施乡村振兴战略初期亟待解决的问题。建议以谷牧旧居为中心，打造 5 个红色旅游展馆，打造“一院一主题、一馆一特色”的红色主题海草房院落，形成“生态民宿+红色旅游”的双核驱动模式。

第二，发挥基层党组织的坚强战斗堡垒作用。经过多年的摸索，村党支部意识到要想彻底改变东墩村面貌，必须充分发挥基层党组织战斗堡垒作用，凝聚合力助推乡村振兴，不能只让老百姓享受成果，必须让他们参与到村子的发展中，为集体作贡献。2021 年是中国共产党成立 100 周年，我们了解到宁津街道东墩村党支部在全省“两优一先”表彰中荣获“先进基层党组织”称号，实施乡村振兴战略必须要加强党组织基层建设。“火车跑得快，全靠车头带”，基层干部要有勇于担当攻坚克难的品质，才能带领村民们在乡村振兴路上做到敢于斗争、善于斗争，提升实际工作成效，迈向乡村振兴的步子也会越走越稳。

第三，依靠东墩村村民的勤劳与开拓精神。东墩村将共建共享理念贯穿于产业链开发全过程，以“房屋置换”腾清海草房开发用地，以“免费装修+收益返还”推动乡村风格一体化建设，以“一店一品”“一院一主题”征集差异化运营团队，村民全程参与乡村旅游的开发建设、运营管理以及品牌维护过程，切实感受到发展旅游带来的获得感、幸福感，强化了村民的使命感、荣誉感，最大限度地调动了农民群众的积极性、主动性和创造性。譬如美食节产业是村委会承建的，由居民自愿参与、培训并经营，免费为村民提供平台，不向村民收取任何租金，充分给予村民展现与发挥手艺的机会；揽云、山海间等 14 间精品民宿也由村委会统一管理，交由村民经营，精致独特的装修风格使许多游客慕名而来，给村民带来了可观的收入。精品民宿“一房难求”、网红打卡频上热搜、游客观光感受和消费价值显著提升。东墩村在发展乡村旅游，实施乡村振兴战略的过程中，做到了充分发动群众，激发群众内生动力，在基层党支部的带领下，人民群众成为脱贫致富、共建美好新生活的奋斗主体。

四、收获与感悟

东墩村，曾经是远近闻名的一个贫困村，附近有民谣这样说道：“甲子山区三穷村：八河南港和东墩。”在实地调研之前，荣成市东墩村对我们小组成员来说都是一个陌生的名词，在集合点会合后，大家或多或少都有些兴奋、紧张，但很快，清爽的海风拂去了路程颠簸的疲惫，东墩村的全新面貌令我们眼前一亮，经过几天的走访参观，我们了解到在基层党组织的领导下，东墩村在发展过程中做到了一切为了群众、一切依靠群众，我们真切地感受到了这一革命老区在新时代乡村振兴路上的巨大发展。正如习近平总书记强调，要把扶贫开发同农村基层组织建设有机结合起来，把贫困革命老区农村基层党组织建设成联系群众、服务群众、凝聚群众、造福群众的战斗堡垒和带领群众脱贫致富的领路人。可以说，东墩村脱贫致富给全国的贫困老区如何实践习近平革命老区脱贫攻坚思想、真正做到脱贫致富起到了榜样示范作用。

山东省荣成市是革命老区，是威海最早建立党组织的地方，走出了 170

多位共和国将军，在艰苦岁月中形成了独具特色的“红色文化”，而东墩村这个有着悠久历史的古村落更充满了红色记忆，从抗日战争到解放战争，再到抗美援朝战争，东墩村就有数十位烈士为国捐躯，而曾任国务院副总理的谷牧同志，其故乡便是东墩村。革命理想高于天，红色基因代代传。在实践的第一天，小组成员通过工作人员对谷牧传记馆的介绍讲解，深感当今的幸福生活来之不易，不仅要从红色基因中汲取奋进力量，激发不渝斗志，更重要的是将这股斗志转化为拼搏向上的勇气与恒心。我们深觉自己作为当代研究生、社会主义建设者和接班人对于红色基因传承的深切责任，正如习近平总书记 2020 年在湖南考察时所说：“你们今天是小树苗，将来要长成参天大树，中华民族伟大复兴的中国梦将在你们身上实现。希望同学们把红色基因传承好，好好学习知识和本领，努力成长为德智体美劳全面发展的社会主义建设者和接班人。”

“纸上得来终觉浅，绝知此事要躬行。”本次社会实践为我们提供了理论与实际相结合的机会，在建党百年之际，来到东墩村进行暑期社会实践也是我们青年学生扎根中国大地了解世情国情省情、感受社情乡情民情的良好契机。有别于传统刻板的农村形象，小组组员们经过几天的走访参观，感受到的是东墩村行走在新时代乡村振兴路上的稳健身姿，在实践中回顾那些动人的光辉事迹，接受精神上的洗礼；在实践中感受新时代农村建设的蓬勃朝气。我们切实看到人民的生活正在一天天变好，曾经的革命老区正焕发出新的发展活力。此次社会实践让学生充分发挥青春力量，对于进一步强化新时代大学生“学用结合”具有重要意义。此外，还有助于广大学生在社会实践中厚植家国情怀，增长见识才干，强化使命担当，为青年学生投入新时代全面建设社会主义现代化国家的新征程注入了更多的动力。

附录

问：我们现在来到的是宁津街道十里古乡旅游发展办公室，今天要采访的是东墩村的刘书联书记。我们都知道，近两年东墩村依托红色资源发展起来了旅游产业。那我们当时是怎么想到这样一个发展路径的？

答：因为我们是一个红色故里，是国务院原副总理谷牧的家乡。2014 年也就是谷牧同志 100 周年诞辰，我们在谷牧旧居举行了一个百年诞辰的仪式。总体来说我们依托谷牧故居，现在建成了谷牧旧居、谷牧传记馆、改革开放馆、清廉家风馆，形成了一个类似于红色产业园的发展模式，因此吸引了很多人来参观学习。我们就是这样依托红色文化发展旅游业，并且我们还在实施旧村改造。我们本着保护古村落的原则，将海草房保存下来。动员我们的村民参与，使我们村能可持续发展，也就是从壮大我们村的集体经济和增加村民的总体收入做起。

问：也就是说，我们一方面依托红色资源发展旅游，另一方面通过当地的海洋特色来吸引游客。经过这两年的发展，我们在数据上有什么亮眼的表现或者说村民的生活有什么样切实的改善吗？

答：由于我们村三面环海，村民以前主要以从事养殖捕捞为生。随着近年来乡村振兴战略的推进，同时依托红色旅游来改变村民的从业方式，像我们现在的村集体给村民打造了小吃街这样的平台，我们不向村民收取任何租金，让村民展现农家手艺。一年之间，我们在海上的时间是有限的，像是我们养殖业关于海带是 100 来天，上船捕捞这方面也是 100 来天，剩下的时间我们就组织村民发展旅游业，由渔业转变成旅游业是我们未来的发展趋势。村民之前的收入是一年两三千元，在村南的菜市场卖菜，一开始他们无法接受这样的观念，而现在从 2016 年、2017 年开始收入翻了几番，我们每年能增长几番，2018 年是 6000 多元钱，2019 年是 9000 多元钱。虽然 2000 年新冠肺炎疫情暴发，但是我们的旅游业并没有受到影响。我们威海市发起了农业旅游活动，组织老年团买菜，所以我们收入依旧是翻了番。村民有自己的小菜园，并且有责任权，通过卖花生、地瓜，可以收入 15000 元。这是我们旅游业很大的一个发展重点，之前我们村民的人均收入是 2 万元左右，在发展旅游产业以后人均收入增加了 1 万元。这是我们的情况，可以说，是在 2017 年党的十九大后，我们真正落实了乡村振兴战略。

问：那在这个发展过程中，我们遇到过什么困难吗？

答：“作为支部书记，我只是乡村振兴的铺路者。”我每走一步现在都是困难，因为我不知道应该怎么走，就像我们谷牧副总理说的，中国的改革开放是“摸着石头过河”。我也一样，在我这块我看到前景是美好的，但在经济收益、人均收入和壮大集体经济方面，我还看不到效益，但我依然执着地往前走。所以说，我只是个铺路者。

问：我们经过前两天在美食街的走访观察，是否有人才上的缺乏和改进宣传手段上的需要呢？尤其是在网络传播上，很多人是通过手机来获得旅游资讯。也就是说，我们这边在宣传上做的是否到位？宣传是否也可以成为推进旅游业发展的一个突破点？

答：在“五大振兴”之中，我们在人才和宣传上确实存在困难。在我们村，除了考上大学的，大部分年轻人都留在村中，基本上都在村里居住，再加上我们在实行旧村改造，所以在这方面我们有人员，但是缺人才。没有人才就谈不上宣传，虽然地方政府帮助我们宁津街道进行了大量宣传，但还是不够。我们确实是跟不上新时代新媒体传播的步伐。所以，人才宣传确实是很令人头疼的问题。我们的美食街在2020年国庆节前的9月26日开业，我们的海动漫世界是6月26日开业，游乐场是腊月二十八开业，因为是在疫情期间开业，所以我们是在困难中发展。乡村振兴是习近平总书记寄希望于我们农民去实现。在20世纪80年代末90年代初，乡镇企业如雨后春笋般涌出，一个命令两年时间，每个街道每个村都有相应的镇村办企业，所以说在发展这方面，我们农民胆子是很大的，敢闯敢干。但在如今的时代，只是敢闯敢干是不够的，还缺乏人才。我们知道该做，但是具体怎么规划怎么设计我们不明白，怎么能吸引人才，怎么样能把我们的东西宣传出去，这几点我们确实不行。可以说，这就是我们目前最大的困难。

采访当天，刘书记表示，今天他们要接待济南的16个孩子来参加夏令营。他们有教官、老师、安全员、卫生员，但只依靠他们这帮人是不够的。进行怎样的对外宣传来吸引人，其中的差距是很大的。